AVENTURAS

Primer curso de lengua española

SECOND EDITION

Philip Redwine Donley, late

José Luis Benavides
California State University, Northridge

José A. Blanco

VISTA
HIGHER LEARNING

Boston, Massachusetts

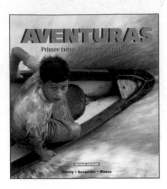

Publisher: José A. Blanco

Senior Vice President, General Manager: Janet Dracksdorf

Vice President & Editorial Director: Denise St. Jean

Director of Production & Manufacturing: Lisa Flanagan Perrier

Director of Art & Design: Linda Jurras

Photo Research and Art Buying: Linde Gee

Project Manager: Alicia Spinner

Editors: Kristen Chapron, Brendeign Covell, Martha Mesa

Contributing Writers: Sharon Alexander, María Solares

Design Manager: Polo Barrera

Designer: Andrea Golden

Photo Researcher & Art Buyer: Linda Gee

Photographer: Martin Bernetti

Production: Compset

Manufacturing Coordinator: Gustavo Cinci

Senior Vice President, Operations: Tom Delano

Executive Marketing Manager: Ben Rivera

Printed in the United States of America.

ISBN-13: 978-1-59334-897-7
ISBN-10: 1-59334-897-5

Library of Congress Card Number: 2005937026

3 4 5 6 7 8 9 R 09 08

Introduction

Welcome to **AVENTURAS, Second Edition**, Vista Higher Learning's highly successful introductory Spanish program designed to provide you with an active learning experience. You are about to embark on an exciting adventure as you learn Spanish and explore the diverse cultures of the Spanish-speaking world.

Original hallmark features

- Fresh, user-friendly design and layout that supports and facilitates language learning

- A highly structured, easy-to-navigate, color-coded lesson organization

- An abundance of illustrations, photos, charts, and graphs, all specifically chosen or created to help you learn

- Integration of an appealing video, up-front in each lesson of the student text

- Practical, high-frequency vocabulary for communicating in real-life situations

- Clear, concise grammar explanations that graphically highlight important concepts

- Numerous guided activities to practice the vocabulary and grammar you are learning so that you feel confident communicating in Spanish

- Abundant opportunities to interact in a variety of communicative situations with a classmate, small groups, or the entire class

- Systematic development of reading, writing, and listening skills through learning strategies and a process approach

- Presentation of important cultural aspects of the daily lives of Spanish speakers and coverage of the entire Spanish-speaking world

- A complete set of print and technology ancillaries to make learning Spanish easier

New to the Second Edition

- Jump-start **Para empezar** activities on each lesson's opening page

- Engaging information gap activities for vocabulary and grammar practice

- Increased attention to culture through **Variación léxica** and **Hispanos en los Estados Unidos** boxes and **Ritmos hispanos** music sections

- A two-page spread of review activities for each lesson

- Ancillaries like the **Aventuras en los países hispanos** cultural video, DVDs, and the **AVENTURAS** super Website, all closely integrated with your student text

To familiarize yourself with the textbook's organization, as well as its *original* and *new* features, turn to page xii and take the **AVENTURAS**-at-a-glance tour.

table of contents

	PREPARACIÓN	**AVENTURAS**

table of contents

	PREPARACIÓN	AVENTURAS

GRAMÁTICA	LECTURA	AVENTURAS EN LOS PAÍSES HISPANOS

table of contents

	PREPARACIÓN	AVENTURAS

GRAMÁTICA	LECTURA	AVENTURAS EN LOS PAÍSES HISPANOS

table of contents

	PREPARACIÓN	AVENTURAS

GRAMÁTICA	LECTURA	AVENTURAS EN LOS PAÍSES HISPANOS

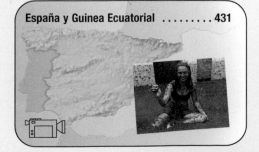

Lesson Openers
outline the content and goals of each lesson.

4 El fin de semana

Communicative Goals

You will learn how to:
- talk about pastimes, weekend activities, and sports
- make plans and invitations
- say what you are going to do

PREPARACIÓN

pages 84–89
- Words related to pastimes and sports
- Places and activities in the city
- Word stress and accent marks

AVENTURAS

pages 90–93
- Don Francisco informs the students that they have an hour of free time. Inés and Javier decide to walk through the city. Maite and Álex go to a park.

GRAMÁTICA

pages 94–105
- Present tense of **ir**
- Present tense of stem-changing verbs
- Verbs with irregular **yo** forms

LECTURA

pages 106–107
- Newspaper article: *Guía para el fin de semana*

PARA EMPEZAR
- ¿Cómo son estas personas? ¿Gordas o flacas?
- ¿Son pelirrojas, morenas o rubias?
- ¿Son jóvenes o viejas?
- ¿Tienen calor o frío?
- ¿Crees que son amigos?

New! Para empezar Jump-start activities allow you to use the Spanish you know to talk about the photos.

Lesson organization Each lesson's content is organized in major sections that are color-coded for easy navigation.

Preparación
introduces meaningful vocabulary central to the lesson theme.

Art High-frequency vocabulary is presented with dynamic, full-color photos and illustrations.

Vocabulary Important theme-related vocabulary appears in easy-to-reference Spanish-English lists.

New! Recursos Re-designed, these boxes organize all student ancillaries by print, audio, video, and online components, making it even easier for you to know exactly what print and technology ancillaries you can use to reinforce and expand on every section of every lesson. See page xxviii for a legend of the **recursos** boxes.

New! Variación léxica highlights the richness of Spanish by presenting alternate words and expressions used throughout the Spanish-speaking world.

AVENTURAS-at-a-glance

Preparación
practices vocabulary in stages in a variety of contexts.

A escuchar Practice always begins with a full page of listening activities to allow you to recognize and understand the new vocabulary in real-life contexts before you have to use it orally or in writing. Drawings and photos are often used to facilitate your comprehension.

A practicar Practice always continues with a full page of guided, meaningful activities that reinforce the new vocabulary in diverse and engaging formats.

Icons provide on-the-spot visual cues for listening, pair, small group, and other interactive activities. See page xxviii for a legend of the icons used in the student text.

Preparación
wraps up vocabulary practice with communicative activities.

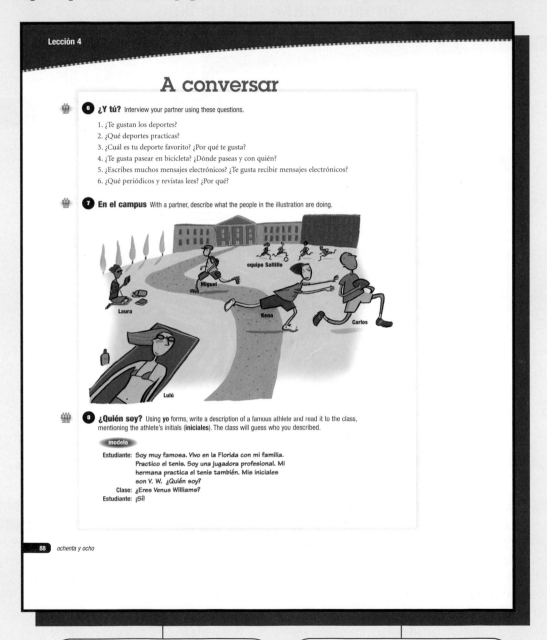

A conversar

6 **¿Y tú?** Interview your partner using these questions.

1. ¿Te gustan los deportes?
2. ¿Qué deportes practicas?
3. ¿Cuál es tu deporte favorito? ¿Por qué te gusta?
4. ¿Te gusta pasear en bicicleta? ¿Dónde paseas y con quién?
5. ¿Escribes muchos mensajes electrónicos? ¿Te gusta recibir mensajes electrónicos?
6. ¿Qué periódicos y revistas lees? ¿Por qué?

7 **En el campus** With a partner, describe what the people in the illustration are doing.

equipo Saltillo

Miguel

Laura

Kena

Carlos

Lulú

8 **¿Quién soy?** Using **yo** forms, write a description of a famous athlete and read it to the class, mentioning the athlete's initials (**iniciales**). The class will guess who you described.

modelo

Estudiante: Soy muy famosa. Vivo en la Florida con mi familia. Practico el tenis. Soy una jugadora profesional. Mi hermana practica el tenis también. Mis iniciales son V. W. ¿Quién soy?
Clase: ¿Eres Venus Williams?
Estudiante: ¡Sí!

A conversar This final set of activities gets you using the words and expressions creatively for self-expression in interactions with a partner, a small group, or the entire class.

New! Information Gap activities in Lessons 5–16 engage you and a partner in problem-solving and other situations based on handouts your instructor gives you. You and your partner have only half of the information you need, so you must work together to accomplish the task at hand.

XV

Preparación

Pronunciación and *Ortografía* present the basics of Spanish pronunciation and spelling.

Pronunciación explains the sounds and pronunciation of Spanish in Lessons 1–9.

Ortografía focuses on topics related to Spanish spelling in Lessons 10–16.

Aventuras
tells the story of four students traveling in Ecuador.

Personajes The photo-based conversations take place among a cast of recurring characters—four college students on vacation in Ecuador and the bus driver who accompanies them.

AVENTURAS Video The photo-based **Aventuras** conversations appear in the textbook's video program. To learn more about the video, turn to page xxvi in this at-a-glance tour.

Conversations Taken from the **AVENTURAS** video, the conversations re-enter vocabulary from **Preparación**. They also preview structures from the upcoming **Gramática** section in context <u>and</u> in a comprehensible way.

New! Para recordar video recap activities in Lessons 2–16 help you recall the events of the previous lesson's **Aventuras** episode and prepare you for the upcoming one.

Expresiones útiles organizes new, active words and expressions by language function so you can focus on using them for real-life, practical purposes.

Aventuras

¿Qué piensas? reinforces the *Aventuras* conversations and *Exploración* provides cultural information related to them.

¿Qué piensas? provides guided exercises to check your understanding of the **Aventuras** conversations and communicative activities to allow you to react to them in a personalized way.

Dynamic photos bring to life important facets of the cultural topic.

Photo captions expand on the cultural points, spotlighting important and intriguing facts.

Coméntalo gives you the opportunity to discuss and react to the cultural information.

Gramática
uses innovative design to support the learning of Spanish.

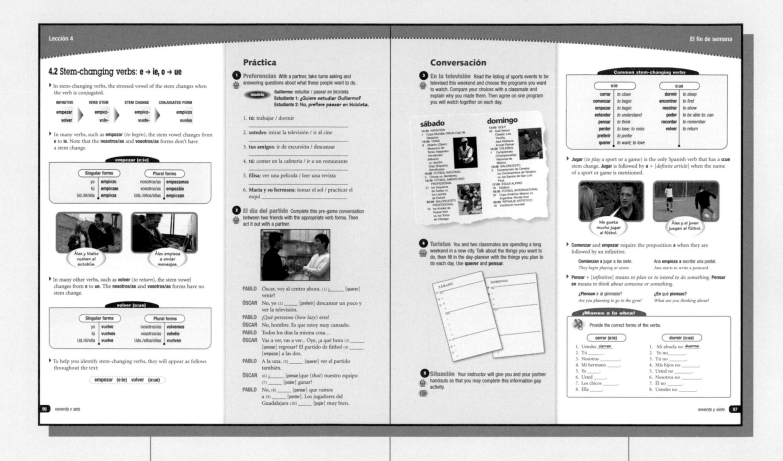

Text Format For each grammar point, the explanation and practice activities appear on one self-contained spread of two facing pages. Grammar explanations in the outside panels offer handy on-page support for the activities in the central, inside panels, providing you with immediate access to information essential to communication.

Charts and Diagrams Within the clear, easy-to-grasp grammar explanations, colorful, carefully designed charts and diagrams call out key grammatical structures and forms, as well as important related vocabulary.

Graphics-intensive Design Photos from the **AVENTURAS** Video Program consistently integrate the lesson's video episode and **Aventuras** section with the grammar explanations. Additional photos, drawings, and graphic devices enliven activities and heighten visual interest.

Gramática
provides varied types of directed and communicative practice.

¡Manos a la obra! exercises are your first step in practicing each new grammar point. They get you working with the grammar point right away in simple, easy-to-understand formats.

Práctica activities provide a wide range of guided exercises in contexts that combine current and previously learned vocabulary with the current grammar point.

Español en vivo activities incorporate authentic documents, like advertisements and movie posters, into the grammar practice, highlighting the new grammar point in a real-life context.

Conversación offers opportunities for creative expression using the lesson's grammar and vocabulary. Activities take place with a partner, in small groups, or with the whole class.

New! Information Gap activities involve you and a partner in tasks and problem-solving situations, just as they do in **Preparación**.

Gramática
now ends with review exercises and a music section.

New! Repaso Two directed and/or communicative exercises provide additional practice opportunities for each grammar point.

New! Síntesis Every **Repaso** section concludes with an open-ended, cumulative activity that allows you and your classmates to re-combine the grammar points of the lesson with the lesson's vocabulary.

New! Ritmos hispanos sections put the spotlight on Spanish-speaking musicians and one of their songs that is related to the lesson's theme and/or its vocabulary and grammar. Information on the **AVENTURAS** super Website provides additional support.

AVENTURAS-at-a-glance

Gramática

Ampliación develops language skills as it synthesizes the lesson's grammar and vocabulary.

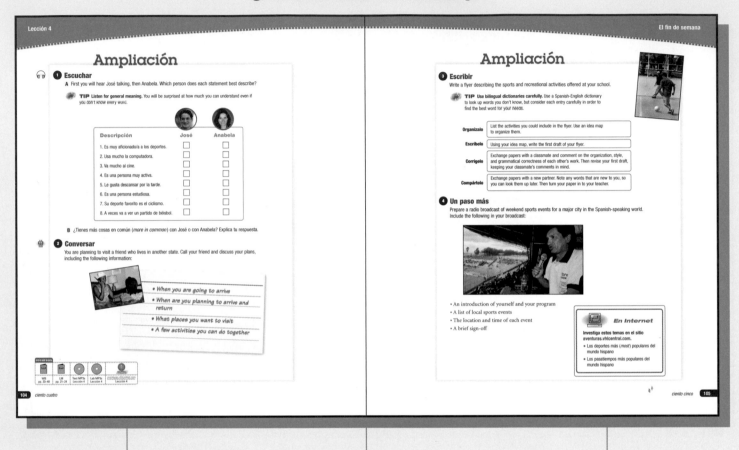

Escuchar uses a recorded conversation or narration to develop your listening skills in Spanish and checks your understanding of what you heard.

Tips present valuable on-the-spot listening and writing strategies to help you carry out the accompanying activities more easily and effectively.

Conversar focuses on developing your oral communication skills through realistic, practical role-plays and situations.

Escribir provides a writing topic and takes you step-by-step through the writing process, including planning, writing a first draft, peer review, and correcting your work.

Un paso más engages you in a project in which you research and create a tangible product such as a radio broadcast, a brochure, or a Web page.

En Internet lists relevant topics you can research on the Web through the **AVENTURAS** super Website.

Lectura
develops reading skills in the context of the lesson theme.

Antes de leer presents helpful reading strategies and pre-reading activities to build your reading abilities in Spanish.

Readings are specifically related to the lesson theme and recycle the vocabulary and grammar you have learned. Lessons 13 – 16 feature literary selections so you can experience reading works by well-known authors in Spanish.

Después de leer includes exercises to check your comprehension of the reading.

Coméntalo activities encourage you to discuss and to apply the material in the reading to your own life.

Vocabulario
summarizes all the active vocabulary in each lesson.

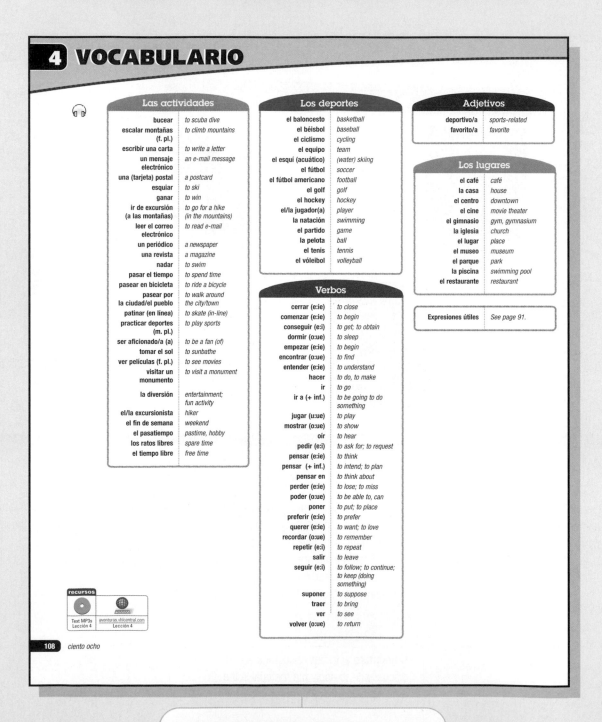

4 VOCABULARIO

Las actividades

bucear	to scuba dive
escalar montañas (f. pl.)	to climb mountains
escribir una carta	to write a letter
un mensaje electrónico	an e-mail message
una (tarjeta) postal	a postcard
esquiar	to ski
ganar	to win
ir de excursión (a las montañas)	to go for a hike (in the mountains)
leer el correo electrónico	to read e-mail
un periódico	a newspaper
una revista	a magazine
nadar	to swim
pasar el tiempo	to spend time
pasear en bicicleta	to ride a bicycle
pasear por la ciudad/el pueblo	to walk around the city/town
patinar (en linea)	to skate (in-line)
practicar deportes (m. pl.)	to play sports
ser aficionado/a (a)	to be a fan (of)
tomar el sol	to sunbathe
ver películas (f. pl.)	to see movies
visitar un monumento	to visit a monument
la diversión	entertainment; fun activity
el/la excursionista	hiker
el fin de semana	weekend
el pasatiempo	pastime, hobby
los ratos libres	spare time
el tiempo libre	free time

Los deportes

el baloncesto	basketball
el béisbol	baseball
el ciclismo	cycling
el equipo	team
el esquí (acuático)	(water) skiing
el fútbol	soccer
el fútbol americano	football
el golf	golf
el hockey	hockey
el/la jugador(a)	player
la natación	swimming
el partido	game
la pelota	ball
el tenis	tennis
el vóleibol	volleyball

Verbos

cerrar (e:ie)	to close
comenzar (e:ie)	to begin
conseguir (e:i)	to get; to obtain
dormir (o:ue)	to sleep
empezar (e:ie)	to begin
encontrar (o:ue)	to find
entender (e:ie)	to understand
hacer	to do, to make
ir	to go
ir a (+ inf.)	to be going to do something
jugar (u:ue)	to play
mostrar (o:ue)	to show
oír	to hear
pedir (e:i)	to ask for; to request
pensar (e:ie)	to think
pensar (+ inf.)	to intend; to plan
pensar en	to think about
perder (e:ie)	to lose; to miss
poder (o:ue)	to be able to, can
poner	to put; to place
preferir (e:ie)	to prefer
querer (e:ie)	to want; to love
recordar (o:ue)	to remember
repetir (e:i)	to repeat
salir	to leave
seguir (e:i)	to follow; to continue; to keep (doing something)
suponer	to suppose
traer	to bring
ver	to see
volver (o:ue)	to return

Adjetivos

deportivo/a	sports-related
favorito/a	favorite

Los lugares

el café	café
la casa	house
el centro	downtown
el cine	movie theater
el gimnasio	gym, gymnasium
la iglesia	church
el lugar	place
el museo	museum
el parque	park
la piscina	swimming pool
el restaurante	restaurant

Expresiones útiles	See page 91.

recursos

Text MP3s
Lección 4

aventuras.vhlcentral.com
Lección 4

New! Recorded vocabulary The headset icon and the **recursos** box highlight that the vocabulary is recorded on the Textbook MP3s CD-ROM and on the **AVENTURAS** super Website at **aventuras.vhlcentral.com**.

Aventuras en los países hispanos
presents the countries of the Spanish-speaking world.

Maps illustrate significant geographical sites and features and situate the country or area within its region and the world.

New! Hispanos en los Estados Unidos boxes feature Hispanics in the United States who are of the ancestry or heritage of the featured countries and highlight their accomplishments and contributions to society.

Photo captions Contemporary, eye-catching photos with captions explore key facets of the target location's culture such as history, fine arts, foods, celebrations, and traditions.

New! Cultural video A video segment for each featured country lets you experience the sights and sounds of the Spanish-speaking world.

En Internet suggests related topics for you to investigate further on the Web through the **AVENTURAS** super Website.

Opening and closing pages The opening page sets the scene for the section with a dramatic photo and statistics about the location. **¿Qué aprendiste?** activities on the closing page check your understanding of key ideas.

Aventuras Video program

Fully integrated with your textbook, the **AVENTURAS** Video contains fifteen episodes. The episodes present the adventures of four college students who are studying at the **Universidad de San Francisco** in Quito, Ecuador. They each decide to spend their vacation break on a bus tour of the Ecuadorian countryside with the ultimate goal of hiking up a volcano. The video, shot in various locations in Ecuador, tells their story and the story of Don Francisco, the tour bus driver who accompanies them.

The **Aventuras** section in each textbook lesson is actually an abbreviated version of the dramatic episode featured in the video. Therefore, each **Aventuras** section can be done before you see the corresponding video episode, after it, or as a section that stands alone in its own right.

As you watch each video episode, you will first see a dramatic segment in which the characters interact using vocabulary and grammar you are studying. As the video progresses, the dramatic segments carefully combine new vocabulary and grammar with previously taught language. You will then see a **Resumen** segment in which one of the main video characters recaps the dramatic segment, emphasizing the grammar and vocabulary you are studying with the context of the episode's key events.

In addition, in most of the dramatic episodes, there are brief pauses to allow the characters to reminisce about their home countries. These flashbacks—montages of real-life images shot in Spain, Mexico, Puerto Rico, and various parts of Ecuador—connect the theme of the dramatic episodes to everyday life in various parts of the Spanish-speaking world.

The Cast

Here are the main characters you will meet when you watch the **AVENTURAS** video:

From Ecuador,
Inés Ayala Loor

From Puerto Rico,
Javier Gómez Lozano

From Spain,
María Teresa (Maite) Fuentes de Alba

And, also from Ecuador,
don Francisco Castillo Moreno

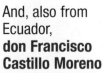

From Mexico,
Alejandro (Álex) Morales Paredes

Aventuras en los países hispanos Video program

The **Aventuras en los países hispanos** Video is integrated with each **Aventuras en los países hispanos** section in **AVENTURAS, Second Edition**. Each segment is 2–3 minutes long and consists of documentary footage from each of the countries featured. The images were specially chosen for interest level and visual appeal, and the all-Spanish narrations were carefully written to reflect the vocabulary and grammar covered in the textbook.

As you watch the video segments, you will experience a diversity of images and topics: cities, monuments, traditions, festivals, archaeological sites, geographical wonders, and more. You will be transported to each Spanish-speaking country including the United States and Canada, thereby having the opportunity to expand your cultural perspectives with information directly related to the content of **AVENTURAS**.

Table of Contents

Icons and recursos boxes

Icons Familiarize yourself with these icons that appear throughout **AVENTURAS, Second Edition**.

Icons legend		
Pair activity	Listening activity/section	Information Gap activity
Group activity	Video-based activity/section	Internet-related activity/section

Recursos boxes let you know exactly what print and technology ancillaries you can use to reinforce and expand on every section of every lesson in your textbook. They even include page numbers when applicable. If multiple ancillaries apply to a section, they always appear in the following order: print items first, audio items second, video items third, and online components last. See the next page for a description of the ancillaries.

Recursos boxes legend		
Workbook — WB pp. 37–38	Textbook MP3s — Text MP3s Lección 4	AVENTURAS Super Website — aventuras.vhlcentral.com Lección 4
Lab Manual — LM p. 19	Lab Program MP3s — Lab MP3s Lección 4	
Video Manual — VM pp. 199–200	Video CD-ROM — VCD-ROM Lección 4	

Student Ancillaries

- **Expanded! Workbook/Video Manual**
  The Workbook activities provide additional practice of the vocabulary and grammar in each textbook lesson and the information in the **Aventuras en los países hispanos** sections. The Video Manual includes pre-, while-, and post-viewing activities for the **Aventuras** Video and the new **Aventuras en los países hispanos** Video.

- **Lab Manual**
  The Lab Manual contains activities for each textbook lesson that build listening comprehension, speaking, and pronunciation skills in Spanish.

- **Lab Program MP3s**
  The Lab Program MP3s provide the recordings to be used in conjunction with the activities in the Lab Manual.

Instructor Ancillaries

- **Instructor's Annotated Edition**
  The IAE contains a wealth of teaching information to support classroom teaching.

- **WB/VM/LM Answer Key****
  This contains the answers to all activities with discrete responses in the Workbook/Video Manual and Lab Manual.

- **New! Aventuras Video on DVD**
  This text-specific video is closely integrated into the **Aventuras** and **Gramática** sections of each textbook lesson. It contains dramatic episodes, cultural shots, and unique summary features. See page xxvi for more information.

- **New! Aventuras en los países hispanos Video on DVD**
  This provides the **Aventuras** and the **Aventuras en los países hispanos** videos with Spanish and English subtitles.

Student Ancillaries

- **New! Textbook MP3s CD-ROM***
  The Textbook MP3s CD-ROM contains the recordings for the listening activities in the **Preparación, Pronunciación,** and **Ampliación** sections in each lesson of the student text, as well as the active vocabulary in each end-of-lesson **Vocabulario** list.

- **Expanded! Video CD-ROM***
  This CD-ROM provides the complete **Aventuras** and **Aventuras en los países hispanos** videos with Spanish and English videoscripts.

- **Expanded! Web-SAM**
  Incorporating the **Aventuras** and **Aventuras en los países hispanos** Videos, as well as the complete Lab Audio Program, the Web-SAM delivers the Workbook, Video Manual, and Lab Manual online with automatic scoring. Instructors have access to powerful classroom management and gradebook tools that allow in-depth tracking of students' scores and customization of activities.

- **VHL Intro Spanish Pocket Dictionary & Language Guide***
  The Pocket Dictionary & Language Guide is a portable reference for Spanish words, expressions, idioms, and more, created expressly to complement and extend the student text.

- **New! aventuras.vhlcentral.com super Website***
  The expanded and re-organized **AVENTURAS** super Website is located at a new URL: **aventuras. vhlcentral.com**. Among the extensive online resources it offers are highly interactive activities for each section of the student text, information gap activity handouts, additional readings, activities for extra practice, reference tools, links to the entire Spanish-speaking world, a gateway to the **AVENTURAS** Web-SAM, and <u>all</u> of the program's multimedia components, including the songs of the textbook's **Ritmos hispanos** sections. All of the content on the Website can be easily integrated with WebCT and Blackboard.

*Included with the purchase of a new Student Text
**Included on the Instructor's Resource CD-ROM

Instructor Ancillaries

- **New! Instructors' Resource CD-ROM**
  This delivers the instructor ancillaries and resources from the super Website, all on one convenient CD-ROM.

- **Expanded! Instructor's Resource Manual****
  The IRM contains the Lab and Textbook Audioscripts, the **Aventuras** and **Aventuras en los países hispanos** Videoscripts, English translations of the **Aventuras** conversations and the **Aventuras en los países hispanos** video, instructor annotations for **Preparación** and **Gramática**, **Vocabulario adicional** handouts, and the information gap activity handouts.

- **Overhead Transparencies****
  These consist of maps of the Spanish-speaking countries, drawings to reinforce the textbook's **Preparación** vocabulary sections, and other textbook illustrations.

- **Testing Program****
  This contains two versions of tests for each textbook lesson, semester exams and quarter exams, listening scripts, answer keys, and suggestions for oral tests. It is provided in ready-to-print PDFs and in RTF word processing files.

- **Testing Program MP3s****

- **Test Generator****
  This provides a test bank of the entire **AVENTURAS** Testing Program, plus a robust online testing component. Instructors can modify existing tests, create their own tests, and randomly generate new tests. Test items with discrete answers are automatically scored, and grades are easily exported to Blackboard and WebCT.

- **New! aventuras.vhlcentral.com super Website**
  This includes lesson plans, student tracking, and more.

On behalf of its authors and editors, Vista Higher Learning expresses its sincere appreciation to the many educators nationwide who contributed their ideas and suggestions to **AVENTURAS, First Edition**. We are grateful to the more than eighty members of the Spanish-teaching community who reviewed the original manuscript and/or class-tested the materials. Their insights and detailed comments were invaluable to us as we created the First Edition.

AVENTURAS, Second Edition, has been informed by extensive reviews and ongoing input from both students and instructors using the First Edition. Accordingly, we gratefully acknowledge those who shared their suggestions, recommendations, and ideas as we prepared this Second Edition.

We acknowledge Dr. Solivia Márquez of the Massachusetts Institute of Technology for her work with us on the First Edition, and we thank her for her contributions to activities and the **Lectura** sections.

We thank Barbara Diaz of Coastal Carolina University in South Carolina for her detailed input on the grammar sections.

We express our appreciation to the instructors using **AVENTURAS, First Edition**, who completed our online reviews. Their comments and suggestions were instrumental in shaping the entire **AVENTURAS, Second Edition**, program.

A special nod of gratitude goes to the two instructors who provided in-depth reviews of **AVENTURAS, First Edition**, based on the everyday use of the materials in their classrooms. Their ideas played a critical role in helping us to fine-tune virtually every page of every lesson.

In-depth reviewers

Diane Lúcar-Ellens
Hope College, Hope, MI

Dana Nichols
Gainesville College, Gainesville, GA

Reviewers

Ellen Aramburu
University of Missouri-Rolla

Nicole Bach
Jefferson College, MO

Lisa Barboun
Coastal Carolina University, SC

Randy Barrette
Morehead State University, KY

Karima Benremouga
San Jacinto College-Central, TX

Juan Antonio Bernabe
Laramie County Community College, WY

Berta Bilbao
Biola University, CA

Elizabeth Church
Wake Technical Community College, NC

Sandra Clevenger
Calvin College, MI

María Esperanza Cohn
Piedmont Community College, NC

Dale S. Crandall
Gainesville College, GA

Kari Daus
TriCounty Technical College, SC

Jeff Di Iuglio
Curry College, MA

Maureen Dougher
Western Piedmont Community College, NC

Melissa L. Fiori-Agoren
Juniata College, PA

David García de Formica-Corsi
Juniata College, PA

José Ignacio González
Clayton College & State University, GA

Miguel González-Abellas
Washburn University, KS

Cynthia Grindlay
Purdue University North Central, IN

Rosalinda G. Herrera
Laredo Community College, TX

Tammy Hertel
Juniata College, PA

Harriet Hutchinson
Bunker Hill Community College, MA

David C. Julseth
Belmont University, TN

Marie Karam
University of Scranton, PA

Jorge Koochoi
Central Piedmont Community
College, NC

Edith Lebrato-Shepherd
Greensboro College, NC

Ilia Lively
Central Piedmont Community
College, NC

Lori Madden
St. Petersburg College, FL

Dolores Magee
Williams Baptist College, AR

Sergio Martínez
San Antonio College, TX

Mary Yetta McKelva
Grayson County College, TX

Carolin McManus
College of Southern Maryland

Diane McNab
Santa Fe Community College, NM

José L. Mireles
Coastal Carolina University, SC

Carolina Moctezuma
Cabrini College, PA

Anna Montoya
Florida Institute of Technology

Samuel Moody
Union College, KY

Cathie Mount
Eastern Washington University, WA

Perry Nigh
Milwaukee Area Technical College, WI

Carolyn O'Brien
Morehead State University, KY

Peregrina Pereiro
Washburn University, KS

Glenda Johana Pérez
Campbellsville University, KY

Graciela Pérez
Biola University, CA

Jorge Alberto Pérez
Coastal Carolina University, SC

Toon Phapphayboun
Western Piedmont Community
College, NC

Mari Pino del Rosario
Greensboro College, NC

José A. Ramos
Massachusetts Institute of Technology

Renate Robinson
Santa Fe Community College, NM

Rosa Salinas Samelson
Palo Alto College, TX

José A. Sandoval
Des Moines Area Community College, IA

Belinda A. Sauret
Gainesville College, GA

Gabriela Segal
Arcadia University, PA

Brenda Stanek
Olivet Nazarene University, IL

Charlene Suscavage
University of Southern Maine

Henry Thurston-Griswold
Juniata College, PA

María Luisa Torres
Coastal Carolina University, SC

Sixto E. Torres
Gainesville College, GA

Trini M. Tumlin
TriCounty Technical College, SC

Nicholas J. Uliano
Cabrini College, PA

Edith Valladares McElroy
Central Piedmont Community
College, NC

Anthony J. Vetrano
Le Moyne College, NY

Virginia Wempe
Augustana College, SD

Rebecca Williams
Coastal Carolina University, SC

Mary L. Zampini
Le Moyne College, NY

1 Hola, ¿qué tal?

Communicative Goals

You will learn how to:

- use greetings, farewells, courtesy expressions and numbers
- identify yourself and others
- tell time

PARA EMPEZAR

- Guess what the people in the photo are saying:
  a. Por favor.   b. Hola.   c. amigo
- Most likely they would also say:
  a. Gracias.   b. fiesta   c. Buenos días.

HOLA, ¿QUÉ TAL?

SALUDOS Y DESPEDIDAS

Buenas noches. *Good evening; good night.*

Buenas tardes. *Good afternoon.*

Hasta la vista. *See you later.*

Hasta pronto. *See you soon.*

Hasta mañana. *See you tomorrow*

SEÑORA	Hola, señor Lara. ¿Cómo está usted?
SEÑOR	Muy bien, gracias. ¿Y usted, señora Salas?
SEÑORA	Bien, gracias.
SEÑOR	Hasta luego, señora Salas. Saludos al señor Salas.
SEÑORA	Adiós.

JUANA	Hasta luego, Sofía.
SOFÍA	Chau, Juana. Nos vemos mañana.

¿CÓMO ESTÁS?

¿Cómo estás? *How are you? (familiar)*

No muy bien. *Not very well.*

¿Qué pasa? *What's happening?; what's going on?*

CARLOS	¿Qué tal, Roberto?
ROBERTO	Regular. ¿Y tú?
CARLOS	Bien. ¿Qué hay de nuevo?
ROBERTO	Nada.

recursos

WB pp. 1–2	LM p. 1	Text MP3s Lección 1	Lab MP3s Lección 1	aventuras.vhlcentral.com Lección 1

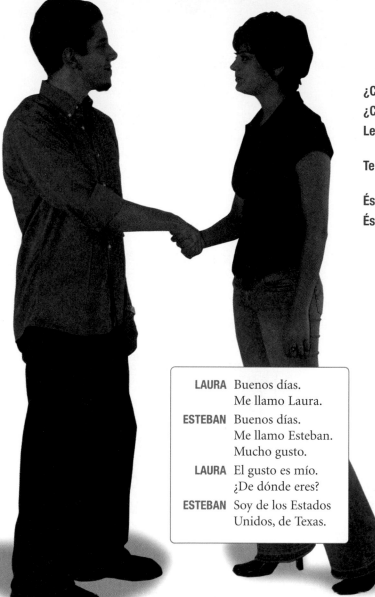

PRESENTACIONES

¿Cómo se llama usted? *What's your name? (formal)*

¿Cómo te llamas (tú)? *What's your name? (fam.)*

Le presento a… *I would like to introduce (name) to you. (form.)*

Te presento a… *I would like to introduce (name) to you. (fam.)*

Éste es… *This is... (masculine)*

Ésta es… *This is... (feminine)*

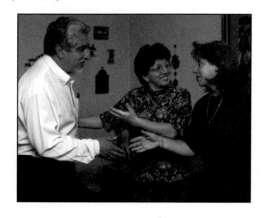

LAURA   Buenos días.
        Me llamo Laura.
ESTEBAN Buenos días.
        Me llamo Esteban.
        Mucho gusto.
LAURA   El gusto es mío.
        ¿De dónde eres?
ESTEBAN Soy de los Estados
        Unidos, de Texas.

SUSANA   Leti, éste es el señor
             Garza.
LETICIA   Encantada.
SEÑOR GARZA Igualmente. ¿De dónde
             es usted, señora?
LETICIA   Soy de Puerto Rico.
             ¿Y usted?
SEÑOR GARZA De México.

EXPRESIONES DE CORTESÍA

¡Muchas gracias!

Por favor. *Please.*

De nada. *You're welcome.*

No hay de qué. *You're welcome.*

Lo siento. *I'm sorry.*

Muchas gracias. *Thank you very much; thanks a lot.*

Variación léxica

Buenos días. ←→ Buenas.
De nada. ←→ A la orden.
Lo siento. ←→ Perdón.
¿Qué tal? ←→ ¿Cómo te va?,
            ¿Qué hubo? (*Col.*)

A escuchar

1 ¿**Lógico o ilógico?** Listen to each conversation and indicate whether the conversation is logical or illogical.

	Lógico	Ilógico
1.	_____	_____
2.	_____	_____
3.	_____	_____
4.	_____	_____
5.	_____	_____
6.	_____	_____

2 ¡**Hola!** Margarita is having an all-day party to celebrate her twentieth birthday.
Listen to the conversations and indicate whether each guest is arriving (**Llega**) or leaving (**Sale**).

	Llega	Sale
1. Ramiro	_____	_____
2. Sra. Sánchez	_____	_____
3. Luisa	_____	_____
4. Vicente	_____	_____
5. Profesor Lado	_____	_____
6. Sr. Torres	_____	_____

3 **Seleccionar** Listen to each question or statement, then choose the correct response.

1. a. Muy bien, gracias.   b. Me llamo Graciela.
2. a. Lo siento.   b. Mucho gusto.
3. a. Soy de Puerto Rico.   b. No muy bien.
4. a. No hay de qué.   b. Regular.
5. a. Mucho gusto.   b. Hasta pronto.
6. a. Nada.   b. Igualmente.
7. a. Me llamo Guillermo Montero.   b. Muy bien, gracias.
8. a. Buenas tardes. ¿Cómo estás?   b. El gusto es mío.

recursos

Text MP3s
Lección 1

aventuras.vhlcentral.com
Lección 1

A practicar

4 Escoger For each expression, write a word or phrase that expresses a similar idea.

modelo ¿Cómo estás? _¿Qué tal?_

1. De nada. _____
2. Encantado. _____
3. Adiós. _____
4. Te presento a Antonio. _____
5. ¿Qué hay de nuevo? _____
6. Mucho gusto. _____

5 Ordenar With a classmate, put this scrambled conversation in order. Then act it out.

—Muy bien, gracias. Soy Rosabel.

—Soy del Ecuador. ¿Y tú?

—Mucho gusto, Rosabel.

—Hola. Me llamo Carlos. ¿Cómo estás?

—Soy de la Argentina.

—Igualmente. ¿De dónde eres, Carlos?

CARLOS _____

ROSABEL _____

CARLOS _____

ROSABEL _____

CARLOS _____

ROSABEL _____

6 Cambiar With a partner, correct the second part of each conversation to make it logical.

modelo

—¿Qué tal?

—~~No hay de qué.~~ Bien. ¿Y tú?

1.—Hasta mañana, señora Ramírez. Saludos al señor Ramírez.
   —_Muy bien, gracias._ _____

2.—¿Qué hay de nuevo, Alberto?
   —_Me llamo Alberto. ¿Cómo te llamas tú?_ _____

3.—Miguel, ésta es la señorita Perales.
   —_No hay de qué, señorita._ _____

4.—¿De dónde eres, Antonio?
   —_Muy bien, gracias. ¿Y tú?_ _____

A conversar

7 Diálogos With a partner, complete and act out these conversations.

DIÁLOGO 1

—Hola. Me llamo Teresa. ¿Cómo te llamas tú?

_____

—Soy de Puerto Rico. ¿Y tú?

_____

DIÁLOGO 2

_____

—Muy bien, gracias. ¿Y usted, señora López?

_____

—Hasta luego, señora. Saludos al señor López.

_____

8 Conversaciones With a partner, make up a conversation in Spanish for each photo.

9 Situaciones Work with two classmates to write and act out these situations.

1. As you leave class on the first day of school, you strike up a conversation with the two students who were sitting next to you. Find out each person's name and where he or she is from before you say goodbye.
2. You meet up with a friend and find out how he or she is doing. As you are talking, your friend Elena walks by. Introduce her to your friend.
3. You say hello to your parents' friends Sra. Sánchez and Sr. Rodríguez and find out how they are doing. As you say goodbye, send greetings to Sra. Rodríguez.

🎧 Pronunciación

The Spanish alphabet

The Spanish alphabet consisted of 29 letters until 1994, when the **Real Academia Española** (*Royal Spanish Academy*) removed **ch** (**che**) and **ll** (**elle**). You may still see **ch** and **ll** listed as separate letters in reference works printed before 1994. The Spanish letter, **ñ** (**eñe**), doesn't appear in the English alphabet. The letters **k** (**ka**) and **w** (**doble ve**) are used only in words of foreign origin.

Letra	Nombre(s)	Ejemplo(s)	Letra	Nombre(s)	Ejemplo(s)
a	a	adiós	ñ	eñe	mañana
b	be	bien, problema	o	o	once
c	ce	cosa, cero	p	pe	profesor
d	de	diario, nada	q	cu	qué
e	e	estudiante	r	ere	regular, señora
f	efe	foto	s	ese	señor
g	ge	gracias, Gerardo, regular	t	te	tú
h	hache	hola	u	u	usted
i	i	igualmente	v	ve	vista, nuevo
j	jota	Javier	w	doble ve	walkman
k	ka, ca	kilómetro	x	equis	existir, México
l	ele	lápiz			
m	eme	mapa	y	i griega, ye	yo
n	ene	nacionalidad	z	zeta, ceta	zona

Práctica Spell these words aloud in Spanish.

1. nada
2. maleta
3. quince
4. muy
5. hombre
6. por favor
7. San Fernando
8. Estados Unidos
9. Puerto Rico
10. España
11. Javier
12. Ecuador
13. Maite
14. gracias
15. Nueva York

Oraciones Repeat these sentences after your instructor, then spell each word aloud.

1. Me llamo Carmen.
2. Hasta luego, señora Herrera.
3. ¿Qué tal, David?
4. Buenos días, Pedro.

Refranes Read these sayings aloud after your instructor.

Ver es creer.[1]

En boca cerrada
no entran moscas.[2]

1 Seeing is believing.
2 Silence is golden.

¡Todos a bordo!

Los cuatro estudiantes, don Francisco y la Sra. Ramos se reúnen (*meet*) en la universidad.

1

SRA. RAMOS Buenos días, chicos. Yo soy Isabel Ramos de la agencia Ecuatur.

DON FRANCISCO Y yo soy don Francisco, el conductor.

2

SRA. RAMOS Bueno, ¿quién es María Teresa Fuentes de Alba?

MAITE ¡Soy yo!

SRA. RAMOS Ah, bien. Aquí tienes los documentos de viaje.

MAITE Gracias.

3

SRA. RAMOS ¿Javier Gómez Lozano?

JAVIER Aquí... Soy yo.

6

JAVIER ¿Qué tal? Me llamo Javier.

ÁLEX Mucho gusto, Javier. Yo soy Álex. ¿De dónde eres?

JAVIER De Puerto Rico. ¿Y tú?

ÁLEX Yo soy de México.

7

DON FRANCISCO Bueno, chicos, ¡todos a bordo!

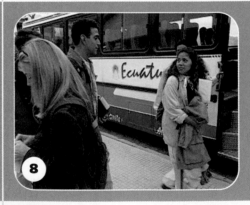

8

INÉS Con permiso.

recursos

VM pp. 169–170

VCD-ROM Lección 1

aventuras.vhlcentral.com Lección 1

4

5

SRA. RAMOS Y tú eres Inés Ayala Loor, ¿verdad?

INÉS Sí, yo soy Inés.

SRA. RAMOS Y tú eres Alejandro Morales Paredes, ¿no?

ÁLEX Sí, señora.

INÉS Hola. Soy Inés.

MAITE Encantada. Yo me llamo Maite. ¿De dónde eres?

INÉS Soy del Ecuador, de Portoviejo. ¿Y tú?

MAITE De España. Soy de Madrid, la capital. Oye, ¿qué hora es?

INÉS Son las diez y tres minutos.

9

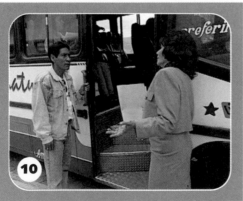

10

ÁLEX Perdón.

DON FRANCISCO ¿Y los otros?

SRA. RAMOS Son todos.

DON FRANCISCO Está bien.

Personajes

 DON FRANCISCO
 JAVIER
 INÉS
 ÁLEX
 MAITE
 SRA. RAMOS

Expresiones útiles

Identifying yourself and others
¿Cómo se llama usted?
What's your name?
Yo soy don Francisco, el conductor.
I'm Don Francisco, the driver.

¿Cómo te llamas?
What's your name?
Me llamo Javier.
My name is Javier.

¿Quién es… ?
Who is… ?
Aquí… Soy yo.
Here… That's me.
Tú eres… , ¿verdad?/¿no?
You are… , right?/no?

Saying what time it is
¿Qué hora es?
What time is it?
Es la una. / Son las dos.
It's one o'clock. / It's two o'clock.
Son las diez y tres minutos.
It's 10:03.

Saying "excuse me"
Con permiso.
Pardon me; excuse me. (to request permission)
Perdón.
Pardon me; excuse me.
(to get someone's attention or to ask forgiveness)

When starting a trip
¡Todos a bordo!
All aboard!
¡Buen viaje!
Have a good trip!

Getting a friend's attention
Oye…
Listen…

¿Qué piensas?

1 Completar Complete this conversation.

INÉS Hola. ¿Cómo te (1) _____?

MAITE (2) _____ llamo (3) _____.
¿Y (4) _____?

INÉS Inés. Mucho (5) _____.

MAITE (6) _____ gusto (7) _____ mío.

INÉS ¿De dónde (8) _____?

MAITE (9) _____ de (10) _____.
¿Y (11) _____?

INÉS Del (12) _____.

2 ¿Cierto o falso? Indicate if each statement is **cierto** (*true*) or **falso** (*false*). Then correct the false statements.

Cierto	Falso	
_____	_____	1. Javier y Álex son pasajeros (*passengers*). _____
_____	_____	2. Javier Gómez Lozano es el conductor. _____
_____	_____	3. Inés Ayala Loor es de la agencia Ecuatur. _____
_____	_____	4. Inés es del Ecuador. _____
_____	_____	5. Maite es de España. _____
_____	_____	6. Javier es de Puerto Rico. _____
_____	_____	7. Álex es del Ecuador. _____

3 Conversar Using these cues, have a conversation with someone you just met at an airport.

- Greet each other.
- Find out each other's names.
- Ask each other how you are feeling today.
- Find out where each of you is from.
- Wish each other a good trip and say goodbye.

Exploración
Los saludos

Daniel y Juan se dan un abrazo (*give each other a hug*).

El señor Rivas y la señora Casas se dan la mano (*shake hands*).

Rita le da un beso a su abuela (*kisses her grandmother*).

Observaciones

• **Darse la mano**
Hispanics generally shake hands when they meet for the first time.

• **El abrazo**
Hispanic men often greet men they know well with an **abrazo**—a quick hug and a pat on the back.

• **El beso**
Hispanic women often greet friends and loved ones with a brief kiss on one or both cheeks.

Coméntalo

With a classmate, discuss these questions.

• How do you greet a person you don't know well?

• How do you greet your friends?

• How do you greet your parents?

1.1 Nouns and articles

▸ Nouns identify people, animals, places, or things. All Spanish nouns have gender (masculine or feminine) and number (singular or plural).

▸ Most nouns that refer to males are masculine. Most nouns that refer to females are feminine.

Masculine		Feminine	
el hombre	the man	la mujer	the woman
el chico	the boy	la chica	the girl
el pasajero	the passenger	la pasajera	the passenger
el conductor	the driver	la conductora	the driver
el profesor	the teacher	la profesora	the teacher

la chica	la pasajera	el chico	el conductor

▸ Most nouns ending in **–o**, **–ma**, and **–s** are masculine. Most nouns ending in **–a**, **–ción**, and **–dad** are feminine.

Masculine		Feminine	
el cuaderno	the notebook	la cosa	the thing
el diario	the diary	la escuela	the school
el diccionario	the dictionary	la grabadora	the tape recorder
el número	the number	la maleta	the suitcase
el video	the video	la mochila	the backpack
el problema	the problem	la palabra	the word
el programa	the program	la lección	the lesson
el autobús	the bus	la conversación	the conversation
el país	the country	la nacionalidad	the nationality
		la comunidad	the community

¡ojo! El **lápiz** (*pencil*), **el mapa** (*map*), and **el día** (*day*) are masculine. **La mano** (*hand*) is feminine.

▸ Some nouns have identical masculine and feminine forms. The definite article (**el** or **la**) indicates the gender of these words.

Masculine		Feminine	
el **turista**	the tourist	la **turista**	the tourist
el **joven**	the young man	la **joven**	the young woman
el **estudiante**	the student	la **estudiante**	the student

Práctica

1 **Singular y plural** Make the singular words plural and the plural words singular.

1. el turista _____
2. la cosa _____
3. la chica _____
4. la palabra _____
5. los países _____
6. el problema _____
7. unos números _____
8. unos diarios _____
9. un programa _____
10. una escuela _____

2 **Identificar** For each photo, provide the noun and the appropriate definite and indefinite articles.

modelo

las maletas, unas maletas

1. _____ 2. _____

3. _____ 4. _____

5. _____ 6. _____

Conversación

3 **Clasificar** With a partner, identify the photos in Spanish and supply the definite and indefinite articles. Then indicate whether the photos represent objects or persons.

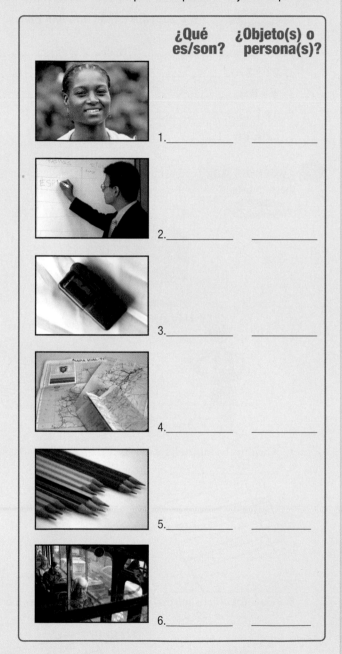

	¿Qué es/son?	¿Objeto(s) o persona(s)?
1.	_____	_____
2.	_____	_____
3.	_____	_____
4.	_____	_____
5.	_____	_____
6.	_____	_____

4 **Charadas** In groups, play a game of charades. Individually, think of two nouns for each charade—for example, a boy using a computer (**un chico; una computadora**). The first person to guess correctly acts out the next charade.

Plural of nouns

▸ Nouns that end in a vowel form the plural by adding **–s**. Nouns that end in a consonant add **–es**. Nouns that end in **–z** change the **–z** to **–c**, then add **–es**.

SINGULAR	PLURAL	SINGULAR	PLURAL
el chico	los chicos	el país	los países
la palabra	las palabras	el lápiz	los lápices

¡ojo! When a singular noun has an accent mark on the last syllable, the accent is dropped from the plural form:

(la lección → las lecciones) (el autobús → los autobuses)

▸ The masculine plural form may refer to a mixed-gender group.

(1 pasajero + 2 pasajeras = 3 pasajeros)

Spanish articles

Spanish has four forms that are equivalent to the English definite article *the*. Spanish also has four forms that are equivalent to the English indefinite article, which, according to context, may mean *a, an,* or *some*.

Spanish articles

Definite articles

MASCULINE		FEMININE	
el **diccionario**	*the dictionary*	la **computadora**	*the computer*
los **diccionarios**	*the dictionaries*	las **computadoras**	*the computers*

Indefinite articles

un **pasajero**	*a (one) passenger*	una **fotografía**	*a (one) photograph*
unos **pasajeros**	*some passengers*	unas **fotografías**	*some photographs*

¡Manos a la obra!

Provide the correct articles.

(¿el, la, los o las?)

1. __la__ chica
2. _____ chico
3. _____ maleta
4. _____ cuadernos
5. _____ mochila
6. _____ mujeres

(¿un, una, unos o unas?)

1. __un__ autobús
2. _____ escuelas
3. _____ computadora
4. _____ hombres
5. _____ señora
6. _____ lápices

1.2 Numbers 0-30

Numbers 0–30				
0 cero	6 seis	12 doce	18 dieciocho	24 veinticuatro
1 uno	7 siete	13 trece	19 diecinueve	25 veinticinco
2 dos	8 ocho	14 catorce	20 veinte	26 veintiséis
3 tres	9 nueve	15 quince	21 veintiuno	27 veintisiete
4 cuatro	10 diez	16 dieciséis	22 veintidós	28 veintiocho
5 cinco	11 once	17 diecisiete	23 veintitrés	29 veintinueve
				30 treinta

▶ Before a masculine noun, **uno** shortens to **un**. Before a feminine noun, **uno** changes to **una**.

> un hombre → veintiún hombres

> una mujer → veintiuna mujeres

▶ To ask *how many*, use **¿Cuántos?** with a masculine noun and **¿Cuántas?** with a feminine one. **Hay** means both *there is* and *there are*. Use **¿Hay…?** to ask *is/are there…?* Use **no hay** to express *there is/are not*.

—**¿Hay** chicas en la fotografía?
Are there girls in the picture?

—No, **no hay** chicas.
No, there aren't any girls.

—**¿Cuántos** chicos **hay?**
How many guys are there?

—**Hay** cuatro.
There are four.

¡ojo! The numbers **16–19** and **21–29** can also be written as three words, as in **diez y seis** and **veinte y uno**. **Uno** and **veintiuno** are used when counting (**uno, dos, tres… veinte, veintiuno, veintidós…**). They are also used after a noun, even if it is feminine (**la lección uno**).

¡Manos a la obra!

Provide the Spanish words for these numbers.

1. 7 ___siete___
2. 16 _____
3. 29 _____
4. 1 _____
5. 0 _____
6. 15 _____
7. 21 _____
8. 9 _____
9. 23 _____
10. 11 _____
11. 30 _____
12. 4 _____
13. 12 _____
14. 28 _____
15. 14 _____
16. 10 _____
17. 2 _____
18. 5 _____
19. 22 _____
20. 13 _____

Práctica

1 **Matemáticas** Solve these math problems.

> **+ más   – menos   = es (singular)/son (plural)**

> **modelo**   **9 + 2 = Nueve más dos son once.**

1. **3 + 10 =** _____
2. **22 – 3 =** _____
3. **4 + 8 =** _____
4. **17 + 13 =** _____
5. **22 + 1 =** _____
6. **5 – 2 =** _____
7. **11 + 12 =** _____
8. **10 – 10 =** _____
9. **3 + 14 =** _____
10. **22 – 11 =** _____

2 **¿Cuántos hay?** How many persons or things are there in these drawings?

modelo

¿Cuántas maletas hay?
Hay cuatro maletas.

1. ¿Cuántos hombres hay?

2. ¿Cuántas fotografías hay?

3. ¿Cuántos chicos hay?

4. ¿Cuántos turistas hay?

5. ¿Cuántas conductoras hay?

6. ¿Cuántas chicas hay?

Conversación

3 Describir Get together with a classmate and answer these questions about the photo.

1. ¿Cuántos conductores hay en la fotografía?

_____

2. ¿Cuántas mujeres hay?

_____

3. ¿Cuántos hombres hay?

_____

4. ¿Cuántos pasajeros hay?

_____

5. ¿Cuántos pasajeros son hombres?

_____

6. ¿Cuántos autobuses hay?

_____

4 En la clase With a classmate, take turns asking and answering these questions about your classroom.

1. ¿Cuántos estudiantes hay?
2. ¿Hay un profesor?
3. ¿Hay una profesora?
4. ¿Cuántos hombres hay?
5. ¿Cuántas mujeres hay?
6. ¿Hay una computadora?
7. ¿Hay fotografías?
8. ¿Cuántos mapas hay?
9. ¿Hay diccionarios?
10. ¿Hay cuadernos?
11. ¿Cuántas grabadoras hay?
12. ¿Cuántas mochilas hay?

Español en vivo

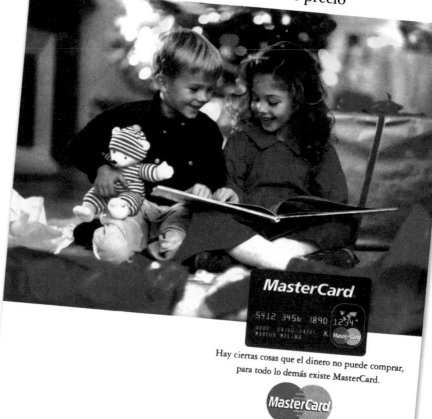

Libro de cuentos: $ 12

Oso con pijama: $ 15

Árbol de Navidad: $ 30

La felicidad: no tiene precio

Hay ciertas cosas que el dinero no puede comprar, para todo lo demás existe MasterCard.

Aceptada en más lugares de los que imaginas.

Identificar

Scan the advertisement above, find the places where numbers appear, and say the numbers out loud.

Preguntas

1. Fill in the prices of the following items:
   Teddy bear _____ Storybook _____ Christmas tree _____
2. What is the message of the advertisement?
3. Do you think it is effective? Why?

1.3 Present tense of ser (*to be*)

Subject pronouns

Subject pronouns				
	Singular		**Plural**	
FIRST PERSON	yo	*I*	nosotros / nosotras	*we (masculine)* / *we (feminine)*
SECOND PERSON	tú / usted (Ud.)	*you (familiar)* / *you (formal)*	vosotros / vosotras / ustedes (Uds.)	*you (masc., fam.)* / *you (fem., fam.)* / *you (form.)*
THIRD PERSON	él / ella	*he* / *she*	ellos / ellas	*they (masc.)* / *they (fem.)*

▶ A subject pronoun replaces the name or title of a person or thing and acts as the subject of a verb.

> Carlos es estudiante. → Él es estudiante.

▶ Spanish has four subject pronouns that mean *you*. Use **tú** when talking to a friend, a family member, or a small child. Use **usted** when talking to someone with whom you have a more formal relationship, such as an employer or a professor, or to someone who is older than you. In Latin America, **ustedes** is used as the plural of both **tú** and **usted**. In Spain, **vosotros/as** is used as the plural of **tú**.

▶ **Usted** and **ustedes** are abbreviated **Ud.** and **Uds.**

▶ **Nosotros**, **vosotros**, and **ellos** refer to a group of males or to a group of males and females. **Nosotras**, **vosotras**, and **ellas** refer only to groups of females.

nosotros, vosotros, ellos   nosotros, vosotros, ellos   nosotras, vosotras, ellas

▶ There is no Spanish equivalent of the English subject pronoun *it*.

—¿Qué es?   —Es una computadora.
What is it?   *It's a computer.*

Práctica

1 **¿Quién es?** With a partner, take turns asking who these people are and where they are from.

> **modelo**
>
> Estudiante 1: ¿Quién es?
> Estudiante 2: Es Jennifer López.
>
> Estudiante 1: ¿De dónde es?
> Estudiante 2: Es de Nueva York.

Jennifer López / Nueva York

1. Martin Sheen / Ohio   2. Manny Ramírez / La República Dominicana

3. Gloria Estefan / Cuba   4. Salma Hayek / México

5. Shakira / Colombia   6. Carlos Santana / México

2 **¿Qué es?** Ask your partner what each object is and to whom it belongs.

> **modelo**
>
> Estudiante 1: ¿Qué es?
> Estudiante 2: Es una grabadora.
> Estudiante 1: ¿De quién es?
> Estudiante 2: Es del profesor.

1.

2.

3.

4.

Conversación

3 **En el dormitorio** Using the items in the word bank, ask your partner questions about Susana's dorm room.

¿Quién?	¿De dónde?	¿Cuántos?
¿Qué?	¿De quién?	¿Cuántas?

4 **Personas famosas** Pretend to be a person from Spain, Mexico, Puerto Rico, Cuba, or the United States who is famous in one of these professions. Your classmates will try to guess who you are.

actor	actor
actriz	actress
deportista	athlete
escritor(a)	writer
cantante	singer
músico/a	musician

modelo

Estudiante 3: ¿Eres de Cuba?
Estudiante 1: Sí.
Estudiante 2: ¿Eres mujer?
Estudiante 1: No. Soy hombre.
Estudiante 3: ¿Eres músico?
Estudiante 1: No. Soy actor.
Estudiante 2: ¿Eres Andy García?
Estudiante 1: ¡Sí! ¡Sí!

Andy García

The present tense of ser

ser (to be)

Singular forms		Plural forms	
yo	soy (I am)	nosotros/as	somos (we are)
tú	eres (you are)	vosotros/as	sois (you are)
Ud./él/ella	es (you are; he/she is)	Uds./ellos/ellas	son (you/they are)

▶ Use **ser** to identify people and things.

—¿Quién **es** ella?
Who is she?
—**Es** Inés Ayala Loor.
She's Inés Ayala Loor.

—¿Qué **es**?
What is it?
—**Es** un mapa.
It's a map.

▶ Use **ser** to express possession, along with **de. De** combines with **el** to form the contraction **del.**[1] Note that Spanish doesn't use [apostrophe] + s to indicate possession.

—¿**De** quién **es?**
Whose is it?
—**Es** el diario **de** Maite.
It's Maite's diary.

—¿**De** quiénes **son?**
Whose are they?
—**Son** los lápices **del** chico.
They are the boy's pencils.

▶ Use **ser** to express origin, along with **de.**

—¿**De** dónde **es** Inés?
Where is Inés from?
—**Es del** Ecuador.
She's from Ecuador.

▶ Use **ser** to talk about someone's occupation.[2]

Don Francisco **es** conductor.
Don Francisco is a driver.

Isabel **es** profesora.
Isabel is a teacher.

[1] **De** does not form contractions with **la, los,** or **las.**
[2] Spanish does not use **un** or **una** after **ser** when mentioning a person's occupation, unless the occupation is accompanied by an adjective.

¡Manos a la obra!

Provide the correct subject pronouns in the first column, and the correct present forms of **ser** in the second column. The first item has been done for you.

1. Gabriel — *él* — *es*
2. Juan y yo
3. Tú, el pasajero
4. Adriana
5. las turistas
6. el chico
7. Yo, el conductor
8. el señor y la señora Ruiz

Lección 1

1.4 Telling time

▶ Use numbers with the verb **ser** to tell time. To ask what time it is, use **¿Qué hora es?** To say what time it is, use **es la** with **una** and **son las** with other hours.

Es la una.

Son las cuatro.

▶ Express time from the hour to the half hour by adding minutes.

Son las dos **y diez**.

Son las ocho **y veinte**.

▶ Use **y cuarto** or **y quince** to say that it's fifteen minutes past the hour. Use **y media** or **y treinta** to say that it's thirty minutes past the hour.

Son las cuatro **y cuarto**.

Son las nueve **y media**.

Práctica

1 **Emparejar** Match each watch with the correct statement.

_____ _____ _____

_____ _____ _____

1. Son las ocho menos veinticinco de la mañana.
2. Es la una menos diez de la mañana.
3. Son las tres y cinco de la mañana.
4. Son las dos menos cuarto de la tarde.
5. Son las seis y media de la mañana.
6. Son las once y veinte de la noche.

2 **¿Qué hora es?** With a partner, answer the questions using the clocks as a guide.

modelo

Estudiante 1: Son las siete de la noche en Los Ángeles. ¿Qué hora es en San Antonio?
Estudiante 2: Son las nueve de la noche en San Antonio.

Miami   **San Antonio**   **Denver**   **Los Ángeles**

1. Son las cuatro en punto de la tarde en Los Ángeles. ¿Qué hora es en Miami? _____
2. Son las seis de la tarde en San Antonio. ¿Qué hora es en Denver? _____
3. Son las siete de la noche en Denver. ¿Qué hora es en Los Ángeles? _____
4. Son las dos y media de la tarde en Los Ángeles. ¿Qué hora es en Miami? _____
5. Son las once de la mañana en San Antonio. ¿Qué hora es en Los Ángeles? _____
6. Es la una de la tarde en Los Ángeles. ¿Qué hora es en San Antonio? _____

Conversación

3 **En la televisión** With a partner, take turns asking and answering questions about these television listings.

modelo

Estudiante 1: ¿A qué hora es el programa
Las computadoras?
Estudiante 2: *Es a las nueve en punto de la noche.*

TV Hoy
Programación

11:00 am	Telenovela: *Cuatro viajeros y un autobús*
12:00 pm	Película: *El cóndor* (drama)
2:00 pm	Telenovela: *Dos mujeres y dos hombres*
3:00 pm	Programa juvenil: *Fiesta*
3:30 pm	Telenovela: *¡Sí, sí, sí!*
4:00 pm	Telenovela: *El diario de la Sra. González*
5:00 pm	Telenovela: *Tres mujeres*
6:00 pm	Noticias
7:00 pm	Especial musical: *Música folklórica de México*
7:30 pm	La naturaleza: *Jardín secreto*
8:00 pm	Noticiero: *Veinticuatro horas*
9:00 pm	Documental: *Las computadoras*
10:00 pm	Telecomedia: *Don Paco y doña Tere*
11:00 pm	Película: *Pedro Páramo*

4 **Entrevista** Use the following questions to interview a classmate.

1. ¿Qué hora es?
2. ¿A qué hora es la clase de español?
3. ¿A qué hora es el programa *60 minutes?*
4. ¿A qué hora es el programa *Nightline?*
5. ¿Hay una fiesta el sábado (*on Saturday*)? ¿A qué hora es?
6. ¿Hay un concierto el sábado? ¿A qué hora es?

5 **¿Qué hora es?** Your instructor will give you and your partner handouts so that you may complete this information gap activity.

▶ To express time from the half-hour to the hour in Spanish, subtract minutes or a portion of an hour from the next hour.

Son las dos **menos cuarto.**

Son las once **menos quince.**

Son las nueve **menos diez.**

Son las ocho **menos cinco.**

Time-telling expressions

▶ Here are some useful phrases related to time-telling.

—**¿Qué hora es?**
What time is it?

—Son las nueve **de la mañana.**
It's 9 a.m. (in the morning).

—Son las cuatro **de la tarde.**
It's 4 p.m. (in the afternoon).

—Es **el mediodía.**
It's noon.

—Son las diez **de la noche.**
It's 10 p.m. (at night).

—Es **la medianoche.**
It's midnight.

—**¿A qué hora es** la clase?
(At) what time is the class?

—La clase es **a las dos.**
The class is at two o'clock.

—La clase es **a la una.**
The class is at one o'clock.

—La clase es a las ocho **en punto.**
The class is at 8 o'clock on the dot (sharp).

¡Manos a la obra!

Practice telling time by completing these sentences. The first item has been done for you.

1. (1:00 a.m.) Es la ___una___ de la mañana.
2. (2:50 a.m.) Son las tres _____ diez de la mañana.
3. (4:15 p.m.) Son las cuatro y _____ de la tarde.
4. (8:30 p.m.) Son las ocho y _____ de la noche.
5. (9:15 a.m.) Son las nueve y quince de la _____.
6. (12:00 p.m.) Es el _____.
7. (6:00 a.m.) Son las seis de la _____.
8. (4:05 p.m.) Son las cuatro y cinco de la _____.
9. (12:00 a.m.) Es la _____.
10. (9:55 p.m.) Son las _____ menos cinco de la noche.

Repaso

1.1 Nouns and adjectives

1 Combinar Combine the articles and the nouns. There are at least two correct answers for each noun.

un	chicas
una	país
unos	profesoras
unas	videos
el	conductora
la	cuaderno
los	estudiantes
las	lápiz
	conversación
	nacionalidades

2 Examinarse (Test yourselves) Write at least six singular or plural nouns on a sheet of paper and the appropriate definite and indefinite articles. Then work with a partner. One person says a noun and the other responds saying the correct articles and the noun.

modelo

Estudiante 1: **autobuses**
Estudiante 2: **los autobuses, unos autobuses**

1.2 Numbers 0–30

3 Bingo With a partner, take turns announcing these numbers.

B 10   G 17   I 23
N 8   O 19   N 14   O 22
B 27   I 4   G 30

4 Precios (Prices) Using the cues provided, tell how much each item costs.

modelo

cuaderno / $3.00
Un cuaderno cuesta (costs) tres dólares.

1. grabadora / $25.00 _____
2. mapa del país / $6.00 _____
3. diccionario / $11.00 _____
4. mochila / $28.00 _____
5. video / $20.00 _____
6. diario / $9.00 _____

1.3 Present tense of ser

5 ¿Tú, usted o ustedes? Which form of *you* would you use when addressing these people?

1	2	3	4	5	6
DOCTORA MÁRQUEZ	ÁLEX Y JAVIER	INÉS	UN POLICÍA	MANUEL	DON FRANCISCO Y SEÑORA RAMOS

1. Doctora Márquez _____
2. Alex y Javier _____
3. Ines _____
4. un policía _____
5. Manuel _____
6. Don Francisco y señora Ramos _____

6 Completar Get together with a classmate and complete the correct forms of the verb **ser**.

DAVID ¡Hola! Tú (1)_____ Teresa, ¿verdad?

TERESA Sí, yo (2) _____ Teresa y ésta (3) _____ Elena. ¿Y quiénes (4) _____ ustedes?

DAVID (5) _____ David y él (6) _____ Roberto. ¿De dónde (7) _____ ustedes?

TERESA (8) _____ de México, de la capital. ¿Y tú?

DAVID Yo (9) _____ de Los Ángeles, pero (*but*) Roberto (10)_____ de San Francisco.

TERESA ¿De quién (11) _____ la guitarra (*guitar*)? ¿(12) _____ músico, David?

DAVID No, no (13) _____ músico. La guitarra (14) _____ de Roberto.

1.4 Telling time

¿Qué hora es? Say what time it is.

1.

2.

3.

4.

5.

6.

 En el Aeropuerto Internacional de Miami With a partner, take turns asking and answering questions about the departure times and the gate numbers of these flights.

modelo

Estudiante 1: ¿A qué hora es el vuelo (*flight*) para Bogotá?
Estudiante 2: Es a las diez de la mañana.
Estudiante 1: ¿Y cuál (*what*) es el número de la puerta (*gate*)?
Estudiante 2: Es E9.

Destino	Salida	Puerta
Bogotá	10:00 a.m.	E9
Cancún	2:10 p.m.	A7
Caracas	11:02 a.m.	A14
La Habana	12:30 p.m.	G5
Lima	4:40 p.m.	E11
Montreal	1:27 p.m.	D24
Quito	11:59 a.m.	E6
San Juan	8:15 a.m.	E10

Síntesis

9 **Una excursión** You are going on one of Ecuatur's tours. This is the first day, and you want to get to know some of the people. With a classmate, act out this situation. Use the cues in brackets to answer some of the questions.

- Greet someone, tell the person who you are, and find out his or her name.
- Find out if the person is from the United States.
- Ask if he/she is a professor.
- Find out how many people are taking the tour (*hacen la excursión*). [21 people]

Ritmos hispanos

Alejandro Sanz:
Un latino de origen español

The Spanish pop musician, composer and singer **Alejandro Sanz** started playing guitar when he was seven years old. He started composing his own songs when he was ten, and he recorded his first song at the age of sixteen. His professional debut began in 1991 with the album *Viviendo de prisa,* a work that launched one of the most remarkable Spanish music careers. Now, more than fourteen years later, his albums have exceeded all sales predictions and have been recognized with multiple awards, including several Latin Grammies and Platinum Europe Awards. Additionally, Sanz is the first Spanish singer to record an "MTV Unplugged" album. His music is a fusion of cultures and a blend of styles, mixing flamenco, Latin-jazz, Caribbean and Hip Hop, while his lyrics describe political subjects, environmental issues, and our daily lives.

Discografía selecta

- *Viviendo de prisa* (1991; 7 Platinum albums)
- *Básico* (1994)
- *Alejandro Sanz III* (1995)
- *Más* (1997)
- *MTV Unplugged* (2001; ASCAP Record and Song of the Year)
- *No es lo mismo* (2003; Grammy for Best Latin Pop Album; Latin Grammy for Best Album of the Year)

 Go to **aventuras.vhlcentral.com** to learn more about the artist, his music and his songs.

Ampliación

1 Escuchar

A Listen to the conversation between Srta. Martínez and a traveler. Then fill in the missing information on the form.

 TIP Listen for words you know. Listening for familiar words and phrases will help you follow a conversation.

Aero Tur

Número de pasajeros

1. _____

Nombre (*first name*) del pasajero

2. _____

Apellido (*last name*) del pasajero

3. _____

Destino

4. _____

Número de maletas

5. _____

B When does this conversation take place? How do you know?

2 Conversar

With two classmates, act out an interview between school newspaper reporters and a visiting **profesor de literatura.** After introducing themselves, the reporters should find out the following information.

- *The professor's name*
- *Where the professor is from*
- *What time the professor's class starts*
- *How many students are in the class*

Ampliación

③ Escribir

Write a list of names, numbers, addresses, and websites that will help you in your study of Spanish. Use the plan below to guide you in your writing.

 TIP **Write in Spanish.** Use grammar and vocabulary that you know. Also, look at your textbook for examples of style, format, and expressions in Spanish.

Organízalo | Make a list of campus resources and contact information. Then explore web resources and jot down a few addresses.

Escríbelo | Using the material you have compiled, write the first draft of your list.

Corrígelo | Exchange papers with a classmate and comment on the organization, style, and grammatical correctness of each other's work. Then revise your first draft, keeping your classmate's comments in mind.

Compártelo | Share your list with two new classmates. If they found resources you didn't mention, add them to your list. Store your list with your other study aids.

④ Un paso más

Prepare a presentation about how Hispanic cultures have influenced an American city. Include the following in your presentation:

- An introduction of yourself in Spanish
- A general description of the city
- Examples of how Hispanic cultures have influenced the city
- Photos, drawings, and charts to make your presentation more interesting

 En Internet

Investiga estos temas en el sitio aventuras.vhlcentral.com.
- Ciudad de Nueva York
- Ciudad de Miami
- Ciudad de Los Ángeles

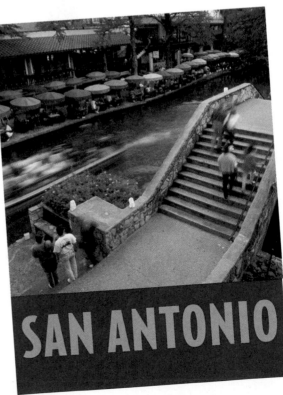

SAN ANTONIO

Antes de leer

Cognates are words that share similar meanings and spellings in two or more languages. The Spanish words **computadora**, **problema**, and **programa** are examples of cognates.

When you read in Spanish, look for cognates and use them to get the general meaning of what you're reading. But watch out for false cognates such as **librería**, which means *bookstore*, not *library*.

Laura, a university student, made a list of important names and numbers she needed to remember. Look for cognates while you read her list.

For now, read the phone numbers one digit at a time. The period (.) is called **punto** and the "at" symbol (@) is called **arroba.**

Teléfonos importantes

Sra. Ruiz (asistente de matemáticas) 74.87.11

Oficina de ayuda financiera 74.14.57

Administración universitaria
(número principal) 74.83.00

Dormitorio Los Pinos 74.90.83

Policía del campus 74.87.40

Dra. Chen 74.24.81

Estadio de béisbol 74.75.44

Pizzería Roma 74.77.23

Cooperativa Orgánica Fina 74.66.04

Llamar a la
Sra. Ruiz

10 a.m.

Direcciones electrónicas

Oficina de matemáticas
ofna@matematicas.unimetro.edu.pe

Profesora González
a.gonzalez@matematicas.unimetro.edu.pe

Farmacia
rx@farmaciagomez.com.pe

Gimnasio
informacion@gimnasio.unimetro.edu.pe

A B C D E F G H I J K L M N O P Q R S T U V W X Y Z

Después de leer

¿Comprendiste?

Indicate whether each statement is **cierto** (*true*) or **falso** (*false*).

Cierto	Falso	
_____	_____	1. Professor González works in the math department.
_____	_____	2. If Laura wanted to get a student loan, she would call 74.83.00.
_____	_____	3. Laura never eats pizza.
_____	_____	4. If Laura needed to report a crime, she would call 74.87.40.
_____	_____	5. To find out the price of organic apples, Laura would call 74.66.04.
_____	_____	6. Laura would call 74.75.44 to get a baseball ticket.

Coméntalo

Think about the names, phone numbers, and e-mail addresses that Laura keeps in her address book. If you were preparing a similar address book, what names, telephone numbers, and e-mail addresses would you include?

Saludos

Hola.	Hello; hi.
Buenos días.	Good morning.
Buenas tardes.	Good afternoon.
Buenas noches.	Good evening; good night.

Despedidas

Adiós.	Good-bye.
Nos vemos.	See you.
Hasta luego.	See you later.
Hasta la vista.	See you later.
Hasta pronto.	See you soon.
Hasta mañana.	See you tomorrow.
Saludos a…	Greetings to…
Chau.	Bye.

¿Cómo está?

¿Cómo está usted?	How are you? (form.)
¿Cómo estás?	How are you? (fam.)
¿Qué hay de nuevo?	What's new?
¿Qué pasa?	What's happening?; what's going on?
¿Qué tal?	How are you?; how is it going?
(Muy) bien, gracias.	(Very) well, thanks.
Nada.	Nothing.
No muy bien.	Not very well.
Regular.	So-so; OK.

Expresiones de cortesía

De nada.	You're welcome.
Lo siento.	I'm sorry.
(Muchas) gracias.	Thank you (very much); thanks (a lot).
No hay de qué.	You're welcome.
Por favor.	Please.

Títulos

señor (Sr.)	Mr.; sir
señora (Sra.)	Mrs.; ma'am
señorita (Srta.)	Miss

Presentaciones

¿Cómo se llama usted?	What's your name? (form.)
¿Cómo te llamas (tú)?	What's your name? (fam.)
Me llamo…	My name is…
¿Y tú?	And you? (fam.)
¿Y usted?	And you? (form.)
Mucho gusto.	Pleased to meet you.
El gusto es mío.	The pleasure is mine.
Encantado/a.	Delighted; Pleased to meet you.
Igualmente.	Likewise.
Éste/Ésta es…	This is…
Le presento a…	I would like to introduce you to… (form.)
Te presento a…	I would like to introduce you to… (fam.)

Países

Ecuador	Ecuador
España	Spain
Estados Unidos (EE.UU.)	United States
México	Mexico
Puerto Rico	Puerto Rico

Verbos

ser	to be

¿De dónde es?

¿De dónde es usted?	Where are you from? (form.)
¿De dónde eres?	Where are you from? (fam.)
Soy de…	I'm from…

Expresiones adicionales

¿Cuánto(s)/a(s)?	How many?
¿De quién…?	Whose…? (sing.)
¿De quiénes…?	Whose…? (plural)
(No) Hay	There is (not); there are (not)
¿Qué es?	What is it?
¿Quién es?	Who is?

Sustantivos

el autobús	bus
la capital	capital city
la chica	girl
el chico	boy
la computadora	computer
la comunidad	community
el/la conductor(a)	driver; chauffeur
la conversación	conversation
la cosa	thing
el cuaderno	notebook
el día	day
el diario	diary
el diccionario	dictionary
la escuela	school
el/la estudiante	student
la foto(grafía)	photograph
la grabadora	tape recorder
el hombre	man
el/la joven	youth; young person
el lápiz	pencil
la lección	lesson
la maleta	suitcase
la mano	hand
el mapa	map
la mochila	backpack
la mujer	woman
la nacionalidad	nationality
el número	number
el país	country
la palabra	word
el/la pasajero/a	passenger
el problema	problem
el/la profesor(a)	teacher
el programa	program
el/la turista	tourist
el video	video

Expresiones útiles	See page 9.
Numbers 0–30	See page 14.
Subject pronouns	See page 16.
Time-telling expressions	See pages 18–19.

2 **Las clases**

Communicative Goals
You will learn how to:
- talk about people, places, classes
- express likes and dislikes
- chat with a new friend
- talk about prices

PARA EMPEZAR
- ¿Cuántos chicos hay en la foto? ¿Dos o tres?
- ¿Cuántos hombres y cuántas mujeres?
- ¿Qué hora es?
  a. La una de la tarde.   b. Las dos de la mañana.
  c. Es la medianoche.

LAS CLASES

LOS LUGARES

el laboratorio *laboratory*

la **cafetería** *cafeteria*
la **librería** *bookstore*
la **residencia estudiantil** *dormitory*
la **universidad** *university*

el estadio
stadium

la biblioteca
library

LOS CURSOS

la química
chemistry

la **administración** *business administration*
  de empresas
el **arte** *art*
la **biología** *biology*
la **clase** *class*
la **contabilidad** *accounting*
los **cursos** *courses*
el **español** *Spanish*
la **física** *physics*
la **historia** *history*
el **inglés** *English*
las **lenguas extranjeras** *foreign languages*

las **matemáticas** *mathematics*
el **periodismo** *journalism*
la **psicología** *psychology*
la **sociología** *sociology*

la geografía
geography

la computación
computer science

recursos				
WB pp. 9–10	LM p. 7	Text MP3s Lección 2	Lab MP3s Lección 2	aventuras.vhlcentral.com Lección 2

EN LA CLASE

el reloj
clock; watch

el borrador *eraser*
el examen *test; exam*
el horario *schedule*
la mesa *table*
el papel *paper*
la pizarra *blackboard*
la pluma *pen*
la prueba *test; quiz*
la puerta *door*
el semestre *semester*
la silla *chair*
la tarea *homework*
la tiza *chalk*
el trimestre *trimester; quarter*
la ventana *window*

el mapa
map

el libro
book

Variación léxica
pluma ⟷ bolígrafo
pizarra ⟷ tablero (*Col.*)
tarea ⟷ asignación (*P. Rico*); deberes (*Esp., Arg.*)

el escritorio
desk

LAS PERSONAS

el/la compañero/a de clase *classmate*
el/la compañero/a de cuarto *roommate*
el/la estudiante *student*

LOS DÍAS DE LA SEMANA

lunes *Monday*
martes *Tuesday*
miércoles *Wednesday*
jueves *Thursday*
viernes *Friday*
sábado *Saturday*
domingo *Sunday*

el día *day*
la semana *week*

Hoy es… *Today is…*

el profesor
teacher, professor

A escuchar

 1 **Escuchar** Listen to Professor Morales talk about her Spanish classroom, then check the items she mentions.

1. puerta ❑   7. sillas ❑

2. ventanas ❑   8. libros ❑

3. pizarra ❑   9. plumas ❑

4. borrador ❑   10. mochilas ❑

5. tiza ❑   11. papel ❑

6. escritorios ❑   12. reloj ❑

2 **Mis clases** Listen and fill in the calendar with María's class schedule. Then complete the sentences below.

María

Estudiante		María	Semestre Nº 1		
	lunes	martes	miércoles	jueves	viernes
AM					
PM					

1. Éste es el primer (*first*) _____ de María en la universidad.

2. El horario de María es de cuatro _____ .

3. La clase de _____ es el lunes a las diez y media de la mañana.

4. La clase de _____ es el martes a las dos y quince de la tarde.

5. La clase de periodismo es el _____ a las once de la mañana.

6. La clase de _____ es el jueves a las tres y media de la tarde.

7. María estudia (*studies*) en la _____ los viernes.

A practicar

3 Clasificar Indicate whether each word is a **Persona**, **Objeto**, **Curso**, or **Lugar** (*place*).

	Persona	Objeto	Curso	Lugar
1. el periodismo	____	____	____	____
2. la residencia estudiantil	____	____	____	____
3. la estudiante	____	____	____	____
4. el estadio	____	____	____	____
5. la tiza	____	____	____	____
6. la contabilidad	____	____	____	____
7. la pluma	____	____	____	____
8. la compañera de clase	____	____	____	____

4 Cursos What is the subject matter of each class?

modelo   la cultura de España, los verbos
Es la clase de español.

1. los microbios, los animales

   _____

2. George Washington, Martin Luther King, Jr.

   _____

3. la geometría, la trigonometría

   _____

4. Frida Kahlo, Leonardo da Vinci

   _____

5. África, el río Amazonas

   _____

6. Freud, Jung

   _____

Frida Kahlo, famosa pintora (*painter*) mexicana.

El río Amazonas, en América del Sur.

5 Analogías Use these words to complete the analogies. Five words will not be used.

1. dos ⟷ cuatro ⊜ martes ⟷ _____
2. hoy ⟷ mañana ⊜ viernes ⟷ _____
3. EE.UU. ⟷ mapa ⊜ hora ⟷ _____
4. inglés ⟷ lengua ⊜ miércoles ⟷ _____
5. maleta ⟷ pasajero/a ⊜ mochila ⟷ _____
6. pluma ⟷ papel ⊜ tiza ⟷ _____
7. papel ⟷ cuaderno ⊜ libro ⟷ _____

biblioteca	pizarra	profesor(a)
jueves	semana	miércoles
estudiante	día	reloj
sábado	martes	domingo

A conversar

6 **Horario** Create your own class schedule like the one below. Then discuss it with a classmate.

Manuel Domínguez

Estudiante	Manuel Domínguez		Semestre Nº 1	
lunes	martes	miércoles	jueves	viernes
8:30 biología Profesora Morales		8:30 biología		8:30 biología
10:15 inglés Profesor Herrera	9:45 historia Península Ibérica Profesora Cortés	10:15 inglés	9:45 historia	10:15 inglés
	12:45 psicología Profesor Blanco		12:45 psicología	
3:30 laboratorio (biología)		1:15 arte Profesor Pérez		1:15 arte
4:30 discusión (historia) biblioteca				

modelo

Estudiante 1: ¿Cuándo tomas (*when do you take*) biología?
Estudiante 2: Los lunes, miércoles y viernes tomo (*I take*) biología a las ocho y media de la mañana.
Estudiante 1: ¿Quién es el profesor?
Estudiante 2: Es la profesora Morales.

7 **Entrevistas** Use these questions to interview two classmates. Then share the results of your interviews with the class.

1. ¿Cómo te llamas?
2. ¿Cómo estás hoy?
3. ¿De dónde eres?
4. ¿Cuántos cursos tomas?

5. ¿Cuándo tomas…?
6. ¿A qué hora es la clase de…?
7. ¿Quién es el/la profesor(a)?
8. ¿Qué hora es ahora (*now*)?

8 **Nuevos amigos** You meet a new student in the cafeteria. Have a conversation based on the following cues.

- Greet your new acquaintance.
- Find out how he or she is doing.
- Ask where he or she is from.
- Compare class schedules.
- Say goodbye.

Pronunciación

Spanish vowels

a   **e**   **i**   **o**   **u**

Spanish vowels are never silent; they are always pronounced in a short, crisp way without the glide sounds used in English.

Álex	**clase**	**nada**	**encantada**

The letter **a** is pronounced like the *a* in *father,* but shorter.

el	**ene**	**mesa**	**elefante**

The letter **e** is pronounced like the *e* in *they*, but shorter.

Inés	**chica**	**tiza**	**señorita**

The letter **i** sounds like the *ee* in *beet,* but shorter.

hola	**con**	**libro**	**don Francisco**

The letter **o** is pronounced like the *o* in *tone,* but shorter.

uno	**regular**	**saludos**	**gusto**

The letter **u** sounds like the *oo* in *room,* but shorter.

Práctica Practice the vowels by saying the names of these places in Spain.

1. Madrid
2. Alicante
3. Tenerife
4. Toledo
5. Barcelona
6. Granada
7. Burgos
8. La Coruña

Oraciones Read the sentences aloud, focusing on the vowels.

1. Hola. Me llamo Ramiro Morgado.
2. Estudio arte en la Universidad de Salamanca.
3. Tomo también (*also*) literatura y contabilidad.
4. Ay, tengo clase en cinco minutos. ¡Nos vemos!

Refranes Practice the vowels by reading these sayings aloud.

Cada loco con su tema.[2]

Del dicho al hecho hay un gran trecho.[1]

1 *Easier said than done.*
2 *To each his own.*

¿Qué clases tomas?

Maite, Inés, Javier y Álex hablan de las clases.

ÁLEX Hola Ricardo… Aquí estamos en la Mitad del Mundo. ¿Qué tal las clases en la UNAM?

MAITE Es exactamente como las fotos en los libros de geografía.

INÉS ¡Sí! ¿También tomas tú geografía?

MAITE Yo no. Yo tomo inglés y literatura. También tomo una clase de periodismo.

MAITE Muy buenos días. María Teresa Fuentes, de Radio Andina FM 93. Hoy estoy con estudiantes de la Universidad San Francisco de Quito. ¡A ver! La señorita que está cerca de la ventana… ¿Cómo te llamas y de dónde eres?

MAITE ¿En qué clase hay más chicos?

INÉS Bueno, eh… en la clase de historia.

MAITE ¿Y más chicas?

INÉS En la de sociología hay más chicas, casi un ochenta y cinco por ciento.

MAITE Y tú, joven, ¿cómo te llamas y de dónde eres?

JAVIER Me llamo Javier Gómez y soy de San Juan, Puerto Rico.

MAITE ¿Tomas muchas clases este semestre?

JAVIER Sí, tomo tres: historia y arte los lunes, miércoles y viernes, y computación los martes y jueves.

MAITE ¿Te gustan las computadoras, Javier?

JAVIER No me gustan nada. Me gusta mucho más el arte… y, sobre todo, me gusta dibujar.

ÁLEX ¿Cómo que no? ¿No te gustan las computadoras?

recursos

VM
pp. 171–172

VCD-ROM
Lección 2

aventuras.vhlcentral.com
Lección 2

Para recordar

Before doing this **Fotonovela** section, review the previous one with this activity.

1. ¿Quiénes son Maite, Inés, Javier y Álex?
2. ¿Cómo se llama el conductor?
3. ¿Quiénes son del Ecuador?
4. ¿De dónde es Maite? ¿Y Álex? ¿Y Javier?

INÉS Hola. Me llamo Inés Ayala Loor y soy del Ecuador, de Portoviejo.

MAITE Encantada. ¿Qué clases tomas en la universidad?

INÉS Tomo geografía, inglés, historia, sociología y arte.

MAITE Tomas muchas clases, ¿no?

INÉS Pues sí, me gusta estudiar mucho.

ÁLEX Pero si son muy interesantes, hombre.

JAVIER Sí, ¡muy interesantes!

Expresiones útiles

Talking about classes

¿Qué tal las clases en la UNAM?
How are classes going at UNAM?

Tomas muchas clases, ¿no?
You're taking lots of classes, aren't you?

Pues sí.
Well, yes.

¿En qué clase hay más chicos?
In which class are there more guys?

En la clase de historia.
In history class.

Talking about likes/dislikes

¿Te gusta estudiar?
Do you like to study?

Sí, me gusta mucho. Pero también me gusta mirar la televisión.
Yes, I like it a lot. But I also like to watch television.

¿Te gustan las computadoras?
Do you like computers?

Sí, me gustan muchísimo.
Yes, I like them very much.

No, no me gustan nada.
No, I don't like them at all.

Talking about location

Aquí estamos en…
Here we are at/in…

¿Dónde está la señorita?
Where is the young woman?

Está cerca de la ventana.
She's near the window.

Expressing hesitation

A ver…
Let's see…

Bueno…
Well…

Personajes

JAVIER   **INÉS**   **ÁLEX**   **MAITE**

¿Qué piensas?

1 **Escoger** Choose the answer that best completes each sentence.

1. Maite toma (*is taking*) _____ en la universidad.

   a. geografía, inglés y periodismo   b. inglés, periodismo y arte
   c. periodismo, inglés y literatura

2. Inés toma sociología, geografía, _____ .

   a. inglés, historia y arte   b. periodismo, computación y arte
   c. historia, literatura y biología

3. Javier toma _____ clases este semestre.

   a. cuatro   b. tres
   c. dos

4. Javier toma historia y _____ los _____ .

   a. computación; martes y jueves   b. arte; lunes, martes y miércoles
   c. arte; lunes, miércoles y viernes

Inés

Javier   Maite

2 **Completar** These sentences are similar to things said in the **Aventuras** episode. Complete each sentence with the correct word(s).

1. Maite, Javier, Inés y yo estamos en _____.

2. Hay fotos impresionantes de la Mitad del Mundo en los libros de _____.

3. Me llamo María Teresa Fuentes. Estoy aquí con estudiantes de _____.

4. Hay muchos chicos en _____.

5. No me gustan las computadoras. Me gusta más _____.

3 **Conversar** Use the following guidelines to have a conversation with a partner.

• Greet each other.
• Ask each other where you are from.
• Find out what each of you likes to study.
• Find out how many classes each of you is taking.
• Find out which classes each of you likes and dislikes.
• Say goodbye.

Exploración
Las universidades hispanas

Estadísticas universitarias

PRINCIPALES UNIVERSIDADES DEL MUNDO HISPANO	Número de estudiantes
1. Universidad Nacional Autónoma de México (México)	255.000
2. Universidad de Buenos Aires (Argentina)	206.700
3. Universidad Complutense de Madrid (España)	140.000
4. Universidad Autónoma de Santo Domingo (República Dominicana)	100.000

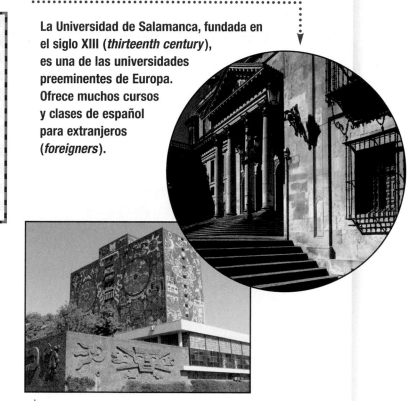

La Universidad de Salamanca, fundada en el siglo XIII (*thirteenth century*), es una de las universidades preeminentes de Europa. Ofrece muchos cursos y clases de español para extranjeros (*foreigners*).

La Universidad Nacional Autónoma de México (UNAM), con unos 255.000 (doscientos cincuenta y cinco mil) estudiantes, es una de las más grandes del mundo (*biggest in the world*).

Fundada en 1821 (mil ochocientos veintiuno), la Universidad de Buenos Aires (UBA) es un importante centro de estudios sociales y científicos. La UBA ayudó (*helped*) en la formación de tres científicos que ganaron (*won*) el Premio Nobel.

Coméntalo

With a classmate, discuss the following questions.

- ¿Cuál (*which*) es la universidad más grande en tu ciudad (*city*) o estado (*state*)?
- ¿Te gustaría (*would you like*) estudiar español en Salamanca? (Sí, me gustaría… / No, no me gustaría…)

recursos

aventuras.vhlcentral.com
Lección 2

2.1 The present tense of regular –ar verbs

▸ To create the forms of regular verbs, drop the infinitive endings (–ar, –er, –ir). Then add the endings of the different subject pronouns. The chart below demonstrates how to conjugate regular –ar verbs.

estudiar (to study)

yo	**estudio**	*I study*
tú	**estudias**	*you (fam.) study*
Ud./él/ella	**estudia**	*you (form.) study; he/she studies*
nosotros/as	**estudiamos**	*we study*
vosotros/as	**estudiáis**	*you (fam.) study*
Uds./ellos/ellas	**estudian**	*you (form.)/they study*

¿Tomas muchas clases este semestre?

Sí, tomo tres.

Common –ar verbs

✓ **bailar**	*to dance*	**explicar**	*to explain*
buscar	*to look for*	**hablar**	*to talk; to speak*
✓ **caminar**	*to walk*	**llegar**	*to arrive*
✓ **cantar**	*to sing*	**llevar**	*to carry*
✓ **comprar**	*to buy*	**mirar**	*to look (at); to watch*
contestar	*to answer*	**necesitar**	*to need*
conversar	*to talk*	**practicar**	*to practice*
✓ **descansar**	*to rest*	**preguntar**	*to ask (a question)*
desear	*to want; to wish*	**preparar**	*to prepare*
✓ **dibujar**	*to draw*	**regresar**	*to return*
✓ **enseñar**	*to teach*	**terminar**	*to end; to finish*
✓ **escuchar**	*to listen*	**tomar**	*to take; to drink*
esperar	*to wait (for); to hope*	**trabajar**	*to work*
✓ **estudiar**	*to study*	**viajar**	*to travel*

▸ The Spanish present tense can be translated in several ways. Note the following examples.

Ana **trabaja** en la cafetería.
Ana works in the cafeteria.
Ana is working in the cafeteria.
Ana does work in the cafeteria.

Paco **viaja** a Madrid mañana.
Paco travels to Madrid tomorrow.
Paco is traveling to Madrid tomorrow.
Paco does travel to Madrid tomorrow.

Práctica

1 **¿Te gusta… ?** Get together with a classmate and take turns asking each other if you like these activities.

¿Te gusta… ?	Sí, me gusta/No, no me gusta
Do you like… ?	*Yes, I like/No, I don't like*

modelo
Estudiante 1: ¿Te gusta tomar el autobús?
Estudiante 2: Sí, me gusta tomar el autobús. / No, no me gusta tomar el autobús.

	Sí	No
bailar	____	____
cantar	____	____
dibujar	____	____
estudiar	____	____
mirar la televisión	____	____
trabajar	____	____
viajar	____	____

2 **Completar** Complete the conversation with a partner.

Juan   Linda

JUAN ¡Hola, Linda! ¿Qué tal las clases?

LINDA Bien. (1) _____ [tomar] tres clases: química, biología y computación. Y tú, ¿cuántas clases (2) _____ [tomar]?

JUAN (3) _____ [tomar] cuatro: sociología, biología, arte y literatura. Yo (4) _____ [tomar] biología a las cuatro. ¿Y tú?

LINDA Lily, Alberto y yo (5) _____ [tomar] biología a las diez.

JUAN ¿ (6) _____ [estudiar] ustedes mucho?

LINDA Sí, porque (*because*) hay muchos exámenes. Alberto y yo (7) _____ [estudiar] dos horas juntos todos los días (*together every day*).

JUAN ¿Lily no (8) _____ [estudiar] con ustedes?

LINDA No, ella (9) _____ [estudiar] con su novio (*boyfriend*), Arturo.

Conversación

 3 **Describir** With a partner, describe what the people in the photos are doing.

Manuela

modelo

Manuela baila.

Héctor

1. _____

Ernesto

2. _____

Mariana y Tina

3. _____

Mario y Celia

4. _____

4 **Entrevista** Use these questions to interview a classmate.

1. ¿Qué clases tomas?
2. ¿A qué hora terminan las clases?
3. ¿Qué llevas a la clase de español?
4. ¿Cuántas lenguas hablas?
5. ¿Estudias en la biblioteca o en la residencia estudiantil?
6. ¿Necesitas estudiar hoy para un examen?
7. ¿Miras mucho la televisión?
8. ¿Te gusta viajar? ¿Viajas mucho?
9. ¿Te gusta bailar? ¿Bailas salsa?
10. ¿Cuándo (*when*) descansas?
11. ¿Caminas a la clase de español?
12. ¿Te gusta conversar con tus amigos? ¿Conversan ustedes en español?

Using verbs in Spanish

▶ When two verbs are used together with no change of subject, the second verb is generally in the infinitive.

Deseo hablar con Maite.
I want to speak with Maite.

Necesito comprar lápices.
I need to buy pencils.

▶ To make a sentence negative, use **no** before the conjugated verb.

Yo **no** miro la televisión.
I don't watch television.

Ella **no** desea bailar.
She doesn't want to dance.

▶ Subject pronouns are often omitted because the verb endings indicate who the subject is.

¿Hablas español?

No, no hablo español.

▶ Subject pronouns are occasionally used for clarification.

—¿Qué enseñan **ellos**?
What do they teach?

—**Él** enseña arte y **ella** enseña química.
He teaches art and she teaches chemistry.

▶ Sometimes subject pronouns are used for emphasis.

—¿Quién desea trabajar hoy?
Who wants to work today?

—**Yo** no deseo trabajar.
I don't want to work.

¡Manos a la obra!

 Provide the present tense forms of the verbs.

1. ¿A qué hora __regresan__ [regresar] ustedes?
2. Yo _____ [hablar] español.
3. Uds. _____ [desear] trabajar.
4. Elena y yo _____ [estudiar] mucho.
5. Mateo no _____ [bailar] muy bien.
6. Tú no _____ [trabajar] en la cafetería.
7. Yo no deseo _____ [estudiar].
8. Ellos _____ [cantar] muy bien.

2.2 Forming questions in Spanish

▶ You can form a question by raising the pitch of your voice at the end of a sentence. Be sure to use an upside-down question mark (¿) at the beginning of a question and a regular question mark (?) at the end.

¿Dibujas mucho?

Las computadoras son muy interesantes, ¿no?

Statement	Question
Uds. trabajan los sábados.	¿Uds. trabajan los sábados?
You work on Saturdays.	*Do you work on Saturdays?*
Miguel busca un mapa.	¿Miguel busca un mapa?
Miguel is looking for a map.	*Is Miguel looking for a map?*

▶ You can also form a question by putting the subject after the verb. The subject may even be placed at the end of the sentence.

Statement	Question
SUBJECT VERB	VERB SUBJECT
Ustedes trabajan los sábados.	**¿Trabajan ustedes** los sábados?
You work on Saturdays.	*Do you work on Saturdays?*
SUBJECT VERB	VERB SUBJECT
Carlota regresa a las seis.	**¿Regresa** a las seis **Carlota?**
Carlota returns at six.	*Does Carlota return at six?*
SUBJECT VERB	VERB SUBJECT
La clase termina a las cinco.	**¿Termina** a las cinco **la clase?**
The class ends at five.	*Does the class end at five?*

▶ Questions can also be formed by adding **¿no?** or **¿verdad?** at the end of a statement.

Statement	Question
Uds. trabajan los sábados.	Uds. trabajan los sábados, **¿verdad?**
You work on Saturdays.	*You work on Saturdays, right?*
Carlota regresa a las seis.	Carlota regresa a las seis, **¿no?**
Carlota returns at six.	*Carlota returns at six, doesn't she?*
La clase termina a las cinco.	La clase termina a las cinco, **¿no?**
The class ends at five.	*The class ends at five, doesn't it?*

Práctica

1 En el centro estudiantil Use the cues to ask questions about what's going on at the student center.

modelo

Ernesto / estudiar español
**¿Estudia Ernesto español? /
¿Estudia español Ernesto?**

1. Sandra / hablar con su compañera de cuarto

   _____
   _____

2. La profesora Soto / buscar una mesa

   _____
   _____

3. Jaime / preparar la tarea

   _____
   _____

4. Jorge y Leticia / trabajar en la cafetería

   _____
   _____

5. Los chicos / escuchar música por la radio

   _____
   _____

2 Una conversación Irene and Manolo are chatting (quietly!) in the library. Complete their conversation with the appropriate questions.

IRENE (1) _____

MANOLO Bien, gracias. (2) _____

IRENE Muy bien. (3) _____

MANOLO Son las nueve.

IRENE (4) _____

MANOLO Estudio historia.

IRENE (5) _____

MANOLO Porque hay un examen mañana.

IRENE (6) _____

MANOLO Sí, me gusta mucho la clase.

IRENE (7) _____

MANOLO El profesor Padilla enseña la clase.

IRENE (8) _____

MANOLO No, no tomo psicología este semestre.

Conversación

3 Encuesta Change the phrases in the first column into questions and use them to survey two or three classmates. Then report the results of your survey to the class.

Actividades	Nombres
1. Estudiar contabilidad	_____
2. Tomar una clase de sociología	_____
3. Dibujar bien	_____
4. Cantar bien	_____
5. Bailar bien	_____
6. Escuchar jazz	_____
7. Necesitar comprar un reloj	_____
8. Tomar el autobús a la escuela	_____
9. Llevar una mochila a clase	_____
10. Desear viajar a España	_____

4 Entrevista Imagine that you are a reporter for the school newspaper. Use these questions and write three of your own to interview a classmate about student life.

1. ¿Dónde estudias? ¿Cuándo?
2. ¿Quién es tu profesor favorito?
3. ¿Cuántas clases tomas?
4. ¿Necesitas estudiar más (*more*)?
5. ¿Cómo llegas a la escuela?
6. ¿Trabajas? ¿Dónde?
7. ¿Qué programas miras en la televisión?
8. ¿_____?
9. ¿_____?
10. ¿_____?

Spanish interrogative words

▸ The following interrogative words are used to form questions in Spanish.

Interrogative words

¿Cómo?	How?	¿De dónde?	From where?
¿Cuál?, ¿Cuáles?	Which?; Which one(s)?	¿Por qué?	Why?
¿Cuándo?	When?	¿Cuánto/a?	How much?
¿Qué?	What?; which?	¿Cuántos/as?	How many?
¿Dónde?	Where?	¿Quién?, ¿Quiénes?	Who?
¿Adónde?	Where (to)?		

▸ Use interrogative words in questions that require more than a simple *yes* or *no* answer. Interrogative words always carry a written accent mark.

¿Cuándo descansan ustedes?
When do you rest?

¿Adónde caminamos?
Where are we walking to?

¿Qué clases tomas?
What classes are you taking?

¿De dónde son ellos?
Where are they from?

▸ In questions that contain interrogative words, the pitch of your voice falls at the end of the sentence.

¿Cómo llegas a la escuela?
How do you get to school?

¿Por qué necesitas estudiar?
Why do you need to study?

¡Manos a la obra!

Make questions out of these statements. Use intonation in the first column and **¿no?** in the second.

Statement	Intonation	¿no?
1. Hablas inglés.	¿Hablas inglés?	Hablas inglés, ¿no?
2. Trabajamos mañana.	_____	_____
3. Ustedes desean bailar.	_____	_____
4. Raúl estudia mucho.	_____	_____
5. Enseño a las nueve.	_____	_____
6. Luz mira la televisión.	_____	_____
7. Los chicos descansan.	_____	_____
8. Él prepara la prueba.	_____	_____
9. Tomamos el autobús.	_____	_____
10. Necesito una pluma.	_____	_____

2.3 The present tense of estar

▶ In Lesson 1, you learned how to conjugate and use the verb **ser** (*to be*). You will now learn a second verb which means *to be*, the verb **estar**.

▶ Although **estar** ends in **–ar**, it does not follow the pattern of regular **–ar** verbs. The **yo** form (**estoy**) is irregular. Also, all forms but the **yo** and **nosotros/as** forms have an accented **á**. As you will see, **ser** and **estar** are used in different ways.

estar (to be)

yo	estoy	*I am*
tú	estás	*you (fam.) are*
Ud./él/ella	está	*you (form.) are; he/she is*
nosotros/as	estamos	*we are*
vosotros/as	estáis	*you (fam.) are*
Uds./ellos/ellas	están	*you (form.)/they are*

Hola, Ricardo. Aquí estamos en la Mitad del Mundo.

Hoy estoy con estudiantes de la universidad.

Uses of *ser* and *estar*

Uses of estar

LOCATION

Estoy en el Ecuador.
I am in Ecuador.

Inés está al lado de Javier.
Inés is next to Javier.

HEALTH

Álex está enfermo hoy.
Álex is sick today.

WELL-BEING

¿Cómo estás, Maite?
How are you, Maite?

Estoy muy bien, gracias.
I'm very well, thank you.

Uses of ser

IDENTITY

Hola, soy Maite.
Hello, I'm Maite.

OCCUPATION

Soy estudiante.
I'm a student.

ORIGINS

¿Eres de España?
Are you from Spain?

Sí, soy de España.
Yes, I'm from Spain.

TIME-TELLING

Son las cuatro.
It's four o'clock.

Práctica

1 Completar Complete this phone conversation between Daniela and her mother with the correct forms of **ser** or **estar**.

MAMÁ Hola, Daniela. ¿Cómo (1) _estás_ ?

DANIELA Hola, mamá. (2) _Estoy_ bien. ¿Dónde (3) _está_ papá? ¡Ya (*already*) (4) _son_ las ocho de la noche!

MAMÁ No (5) _está_ aquí. (6) _Está_ en la oficina.

DANIELA Y Andrés y Margarita, ¿dónde (7) _están_ ellos?

MAMÁ (8) _Están_ en el restaurante García con Martín.

DANIELA ¿Quién (9) _es_ Martín?

MAMÁ (10) _Es_ un compañero de clase. (11) _Es_ de México.

DANIELA Y el restaurante García, ¿dónde (12) _está_ ?

MAMÁ (13) _Está_ cerca de la Plaza Mayor, en San Modesto.

DANIELA Gracias, mamá. Voy (*I'm going*) al restaurante. ¡Hasta pronto!

2 ¿Dónde está... ? You are having trouble finding several things in the school bookstore. Look at the drawing and ask the clerk (your partner) where the items are located.

modelo

Estudiante 1: **¿Dónde están las mochilas?**
Estudiante 2: **Las mochilas están debajo de las computadoras.**

Conversación

3 **¿Dónde estás... ?** Find out where your partner is at these times.

1. ¿Dónde estás los viernes al mediodía?
2. ¿Dónde estás los miércoles a las nueve y cuarto de la mañana?
3. ¿Dónde estás los lunes a las once y diez de la mañana?
4. ¿Dónde estás los jueves a las doce y media de la tarde?
5. ¿Dónde estás los viernes a las dos y veinticinco de la tarde?
6. ¿Dónde estás los martes a las cuatro menos diez de la tarde?
7. ¿Dónde estás los jueves a las seis menos cuarto de la tarde?
8. ¿Dónde estás los miércoles a las ocho y veinte de la noche?

4 **La Ciudad Universitaria** You and your partner are at the **Facultad de Bellas Artes** (*School of Fine Arts*). Take turns asking each other where other buildings on the campus map are located.

Facultad de Medicina
Facultad de Administración de Empresas
Facultad de Química
biblioteca
Colegio Mayor Cervantes
Facultad de Bellas Artes

1. ¿Está lejos la biblioteca de la Facultad (*school*) de Bellas Artes?
2. ¿Dónde está la Facultad de Medicina?
3. ¿Está la Facultad de Administración de Empresas a la derecha de la biblioteca?
4. ¿Dónde está el Colegio Mayor Cervantes?
5. ¿Está la Facultad de Administración de Empresas detrás del Colegio Mayor Cervantes?
6. ¿Dónde está la Facultad de Química?

Estar with prepositions of locations

Prepositions of location			
al lado de	next to; beside	**delante de**	in front of
a la derecha de	to the right of	**detrás de**	behind
a la izquierda de	to the left of	**encima de**	on top of
en	in; on; at	**entre**	between; among
cerca de	near	**lejos de**	far from
con	with	**sobre**	on; over
debajo de	below; under		

¡A ver! La señorita que está cerca de la ventana...

Aquí estoy con cuatro estudiantes de la universidad... ¡Qué aventura!

▶ **Estar** is often used with certain prepositions to describe the location of a person or an object.

La cafetería está **al lado de** la biblioteca.
The cafeteria is beside the library.

Los libros están **encima del** escritorio.
The books are on top of the desk.

El laboratorio está **cerca de** la clase.
The lab is near the classroom.

Maribel está **delante de** José.
Maribel is in front of José.

El estadio no está **lejos de** la librería.
The stadium isn't far from the bookstore.

Estamos **entre** amigos.
We are among friends.

Juan está **en** la biblioteca.
Juan is at the library.

El libro está **sobre** la mesa.
The book is on the table.

¡Manos a la obra!

Provide the present tense forms of **estar**.

1. Uds. ___están___ en la clase.
2. José _está_ en la biblioteca.
3. Yo _estoy_ en el estadio.
4. Nosotras _estamos_ en la cafetería.
5. Tú _estás_ en el laboratorio.
6. Elena _está_ en la librería.
7. Ellas _están_ en la clase.
8. Ana y yo _estamos_ en la clase.
9. Ud. _está_ en la biblioteca.
10. Javier y Maribel _están_ en el estadio.
11. Nosotros _estamos_ en la clase.
12. Yo _estoy_ en el laboratorio.
13. Carmen y María _están_ en la librería.
14. Tú _estás_ en la clase.

2.4 Numbers 31–100

Numbers 31–100

31 treinta y uno	37 treinta y siete	50 cincuenta
32 treinta y dos	38 treinta y ocho	60 sesenta
33 treinta y tres	39 treinta y nueve	70 setenta
34 treinta y cuatro	40 cuarenta	80 ochenta
35 treinta y cinco	41 cuarenta y uno	90 noventa
36 treinta y seis	42 cuarenta y dos	100 cien, ciento

¿En qué clase hay más chicas?

En la de sociología... casi un ochenta y cinco por ciento.

▶ The word **y** is used in most numbers from **31** through **99**.

Hay **ochenta y cinco** exámenes.
There are eighty-five exams.

Hay **cuarenta y dos** estudiantes.
There are forty-two students.

▶ With numbers that end in **uno** (31, 41, etc.), **uno** becomes **un** before a masculine noun and **una** before a feminine noun.

Hay **treinta y un** chicos.
There are thirty-one guys.

Hay **treinta y una** chicas.
There are thirty-one girls.

▶ **Cien** is used before nouns and in counting. The words **un**, **una**, and **uno** are never used before **cien** in Spanish. **Ciento** is used for numbers over one hundred.

—¿Cuántos libros hay?
How many books are there?

—Hay **cien** libros.
There are one hundred books.

—¿Cuántas sillas hay?
How many chairs are there?

—Hay **ciento diez** sillas.
There are one hundred ten chairs.

¡Manos a la obra!

Provide the word form of each number.

1. **56** cincuenta y seis
2. **31** _____
3. **84** _____
4. **99** _____
5. **43** _____
6. **68** _____
7. **72** _____
8. **35** _____
9. **87** _____
10. **59** _____
11. **100** _____
12. **61** _____
13. **96** _____
14. **74** _____
15. **42** _____

Práctica

1 **Baloncesto** Provide these basketball scores in Spanish.

1. _____   2. _____

3. _____   4. _____

5. _____   6. _____

2 **Números de teléfono** You are a telephone operator in Spain. Give the appropriate phone numbers and addresses when callers ask for them.

122	MORALES – NAYA	
Morales Ballesteros, José	Venerable Centenares, 22	(91) 944-6662
Morales Benito, Francisco	Plaza Ahorro, 16	(91) 773-1216
Morales Borrego, Flora	Mayor, 51	(91) 634-3211
Morales Calvo, Emilio	Villafuerte, 49	(91) 472-2350
Morales Campos, María Josefa	Toledo, 35	(91) 419-7660
Morales Cid, Pedro	Rosal, 98	(91) 773-1382
Morales Conde, Ángel	Alameda, 67	(91) 944-3915
Morales Crespo, José Pascual	Fernando de la Peña, 13	(91) 634-7148
Morales de la Iglesia, Juliana	Buenavista, 80	(91) 834-5238
Morales Fraile, María Rosa	Plaza March, 74	(91) 834-3371

modelo

Estudiante 1: ¿Cuál es el número de teléfono de José Morales Ballesteros, por favor?

Estudiante 2: Es el noventa y uno, noventa y cuatro, cuatro, sesenta y seis, sesenta y dos.

Conversación

3 **Precios** (*prices*) With a partner, take turns asking how much the items in the ad cost.

> **modelo**
>
> **Estudiante 1:** Deseo comprar papel. ¿Cuánto cuesta (*how much does it cost*)?
> **Estudiante 2:** Un paquete cuesta (*costs*) cuatro dólares y cuarenta y un centavos.

$4,41 paquete
$5,59 caja
$36
3:30
$19,50
$4,98
$5,31 caja
$87

4 **Entrevista** Find out the telephone numbers and e-mail addresses of four classmates.

> **modelo**
>
> **Estudiante 1:** ¿Cuál es tu (*your*) número de teléfono?
> **Estudiante 2:** Es el 63-5-19-51.
> **Estudiante 1:** ¿Y tu dirección de correo electrónico (*e-mail address*)?
> **Estudiante 2:** Es jota-Smith-arroba (*at*)-pe-ele-punto-e-de-u (*jsmith@pl.edu*).

5 **¿A qué distancia...?** Your instructor will give you and your partner handouts so that you may complete this information gap activity.

Español en vivo

Below is the table of contents from a Latin American magazine.

CONTENIDO

37 Correo
42 Mi Álbum de Fotos
56 Salud
57 Dinero
59 Amor
61 Familia
69 Mi Cocina
74 Música
82 Horóscopo

59 Cuestionario
¿Dónde buscas el amor?

62 Encuesta
Entrevistamos a 100 estudiantes de la universidad para preguntarles cuáles son los cursos más importantes para su futuro profesional.

74 Rock en Español
Conversamos con la cantante mexicana Paulina Rubio sobre su nuevo álbum.

Identificar

Identify in Spanish the numbers used in the above document.

Preguntas

1. ¿En qué página está la información sobre la familia?
2. ¿Con quién conversan en la página 74?
3. ¿Dónde buscas información sobre (*about*) tu futuro?

Repaso

2.1 The present tense of regular –ar verbs

1 Completar Complete the sentences with the appropriate forms of these verbs. Use each verb only once.

buscar	terminar
mirar	tomar
regresar	viajar

1. Ustedes _____ arte, ¿no?
2. El examen _____ a las diez.
3. ¿Qué _____ (tú)?
4. Yo _____ un mapa.
5. Nosotros _____ mañana.
6. Ellos _____ el lunes.

2 Combinar Combine words from the columns to create sentences about yourself and these people.

modelo
Yo necesito escuchar en la clase.

1	2	3	4
Yo	(no) desear	caminar	más
Mi (*My*) compañero/a	(no) necesitar	comprar	mucho
El/La profesor(a)		contestar	español
La clase		escuchar	música
Nosotros		esperar	el examen
Los estudiantes		explicar	los libros
		hablar	la lección 2
		llegar	la tarea
		enseñar	en la clase
		practicar	¿?

2.2 Forming questions in Spanish

3 Examinarse Write at least five questions about these characters in the **Aventuras** video using interrogative words. Then get together in groups of three and take turns asking and answering your questions.

modelo

¿Quién dibuja bien?
¿Adónde viajan ellos?

4 ¿Qué pasa? Write at least five questions about this photo using interrogative words. Then, with a partner take turns asking and answering each other's questions.

1. _____
2. _____
3. _____
4. _____
5. _____

2.3 The present tense of estar

5 Oraciones Form sentences using the appropriate forms of **ser** or **estar** and the cues provided.

1. ¿De dónde / ustedes?
2. Nosotros / de Barcelona
3. ¿Por qué / ustedes en El Escorial?
4. Nosotros / profesores / historia.
5. Yo / doctor Ochoa y éste / profesor Mendoza
6. Nosotros / aquí para visitar / biblioteca
7. La biblioteca / izquierda, ¿verdad?

6 Entrevista Use these questions to interview a classmate.

1. ¿Cómo estás hoy?
2. ¿Cómo está tu (*your*) compañero/a de cuarto?
3. ¿Dónde está tu compañero/a de cuarto ahora?
4. ¿Quién(es) no está(n) en la clase hoy?
5. ¿Cuándo es la prueba sobre la lección 2?
6. ¿Dónde está tu libro de español?
7. ¿Dónde está la cafetería? ¿la librería?
8. ¿Eres de los Estados Unidos?

2.4 Numbers 31–100

Prueba de matemáticas Solve these math problems.

> (+ más − menos = es (singular)/son (plural))

> (30 + 40 = **Treinta más cuarenta son setenta.**)

1. **20 + 32 =** _____
2. **_±18 = 83** _____
3. **46 +   = 97** _____
4. **76 +13 =** _____
5. **93 −   = 48** _____
6. **81 − 34 =** _____
7. **   − 66 = 11** _____
8. **90 − 55 =** _____

El clima With a partner, take turns asking what the high and low temperatures are in these cities today.

(**modelo**)

Estudiante 1: ¿Cuál es la temperatura máxima en
    Nueva York para hoy?
Estudiante 2: Es cincuenta y cinco grados.
Estudiante 1: ¿Cuál es la temperatura mínima en
    Nueva York para hoy?
Estudiante 2: Es cuarenta grados.

Ciudad	Máx. / Mín.	Ciudad	Máx. / Mín.
Santiago de Chile	37/24	San Salvador	78/62
Buenos Aires	73/51	Montevideo	55/41
La Paz	48/35	Managua	87/64
Ciudad de México	58/42	Bogotá	72/46
San José	80/69	Quito	63/50

Síntesis

9 **El Cuerpo de Paz (*The Peace Corps*)** Imagine that you are a supervisor in the Peace Corps and a volunteer in El Salvador wants to start an elementary school in a remote area. You want some information about the project. With a classmate, act out this situation.

- Find out how many students there are. [31 students]
- Find out who the teacher is. [Sra. Ana Pelayo]
- Ask what furniture (*muebles*) and things she needs.
- Find out what courses she wants to teach.
- Find out if the school is located far from the village (*la aldea*).
- Say very well. I like the idea (*idea*).

(**Ritmos hispanos**)

Manu Chao:
Activista social

Manu Chao, originally Oscar Tramor, was born in Paris to Spanish parents. There, with his brother Antonio and his cousin Santiago, he started his musical career, creating the band *Hot Pants.* Later in 1987, he founded the group *Mano Negra,* and recorded five albums with folk and rock melodies. After the break up of the band, Manu Chao spent several years in South and Central America playing and recording songs that he would later release on *Clandestino,* his first solo album. He calls himself a musical journalist, as most of his songs are about worldwide social and economic problems. His music is known across different continents, as he not only sings in Spanish, but also in French, Portuguese and English. In his second album *Próxima estación: Esperanza,* this multilingual and multicultural musician mixes Latin American and African rhythms. His latest release in 2002 was recorded live with the group *Radio Bemba Sound System* that he formed in Spain in 1995.

Discografía selecta

- *Clandestino* (1998)
- *Próxima estación: Esperanza* (2001)
- *Radio Bemba Sound System* (live album, 2002)

Go to **aventuras.vhlcentral.com** to learn more about the artist, his music and his songs.

Ampliación

1 Escuchar

A Listen to Armando and Julia's conversation. Then list the classes each person is taking.

 TIP **Listen for cognates.** Cognates are words that have similar spellings and meanings in two or more languages. Listening for cognates will help you increase your comprehension.

Armando	Julia
1. _____	1. _____
2. _____	2. _____
3. _____	3. _____
4. _____	4. _____
5. _____	5. _____

B ¿Cuántas clases toman Armando y Julia? ¿Cuántas clases tomas tú? ¿Qué clases te gustan y qué clases no te gustan?

2 Conversar

Greet a classmate, find out how he or she is, and get to know your classmate better by asking these questions.

- ¿Cómo te llamas?
- ¿De dónde eres?
- ¿Qué clases tomas?
- ¿Cuántas horas estudias cada día (each day) y dónde?
- ¿Cuál es tu número de teléfono?

Ampliación

 ¡Hola! Me llamo Alicia Roberts. Estudio matemáticas en la Universidad de Nueva York.

③ Escribir

Write a description of yourself to post on a website in order to meet Spanish-speaking people.

 TIP **Brainstorm.** Spend ten to fifteen minutes writing down ideas about the topic you are going to write about. The more ideas you write down, the more you'll have to choose from later when you start to organize your thoughts.

Organízalo	Make a list of things you would like people to know about you, including your name, your major, where you go to school, what you're studying, where you work, and your likes and dislikes.
Escríbelo	Using the material you have compiled, write the first draft of your description.
Corrígelo	Exchange papers with a classmate and comment on the organization, style, and grammatical correctness of each other's work. Then revise your first draft, keeping your classmate's comments in mind.
Compártelo	Read your descriptions aloud in small groups. Point out the three best features of each description.

④ Un paso más

Create a poster that will encourage students to study in a university in a Spanish-speaking country. The poster might include these elements:

- A simple title
- Photos of university locations
- A campus map
- A short summary of the university's programs
- Photos of the town where the university is located

En Internet

Investiga estos temas en el sitio aventuras.vhlcentral.com.

- Las universidades en España
- Las universidades en América Latina y en el Caribe

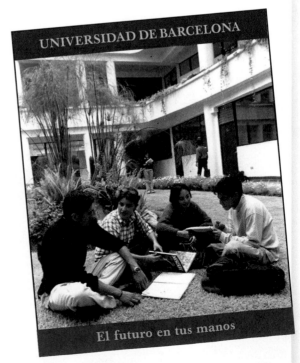

UNIVERSIDAD DE BARCELONA

El futuro en tus manos

Antes de leer

Examina el texto

Recognizing the format of a document can help you to predict its content. For instance, invitations and classified ads follow an easily identifiable format, which usually gives you a general idea of the information they contain. Glance at the document on this page and identify it based on its format.

Cognados

With a classmate, make a list of cognates in the text and guess their English meanings. What do the cognates reveal about the content of the document?

Piénsalo

If you guessed that this text is a brochure from a university, you are correct. You can now infer that the document contains information on courses, departments, and the university campus.

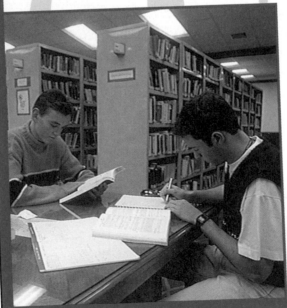

UAM

LA MEJOR UNIVERSIDAD DE EUROPA
Universidad Autónoma de Madrid

En el campus de la UAM hay ocho facultades:

- Ciencias
- Derecho
- Medicina
- Psicología
- Filosofía y Letras
- Ciencias Económicas y Empresariales
- Escuela Técnica Superior de Computación
- Facultad de Formación de Profesorado y Educación

Toma cursos de:

- Antropología Aplicada - Microbiología - Contabilidad - Derecho Privado - Ecología - Economía General - Filosofía Antigua - Física General - Geografía - Historia Contemporánea - Computación - Literatura Española - Matemáticas - Psicología Social - Química - Sociología -

AVENTURAS EN LOS PAÍSES HISPANOS

Todos los años *(every year)*, en el mes de junio, Nueva York organiza un gran desfile *(great parade)* en honor a los puertorriqueños.

ESTADOS UNIDOS Y CANADÁ

Estados Unidos

Población de origen hispano: 39.000.000

País de origen de hispanos en EE.UU.:

- 19,8% otros
- 9,6% Puerto Rico
- 8,6% Centroamérica y Sudamérica
- 58,5% México
- 3,5% Cuba

Estados de mayor población hispana:
California, Texas, Nueva York y Florida

SOURCE: U.S. Census Bureau

Canadá

Población de origen hispano: 300.000

País de origen de hispanos en Canadá:

- 12,4% México
- 11,6% Chile
- 9% El Salvador
- 67% otros

Ciudades de mayor población hispana:
Montreal, Toronto y Vancouver

SOURCE: Statistics Canada

La Pequeña Habana

La Pequeña Habana (*Little Havana*) es un barrio (*neighborhood*) de Miami, Florida, donde viven (*live*) muchos cubanoamericanos. Es un lugar donde se encuentran (*are found*) las costumbres (*customs*) de la cultura cubana, los aromas y sabores (*flavors*) de su comida y la música salsa. La Pequeña Habana es una parte de Cuba en los Estados Unidos.

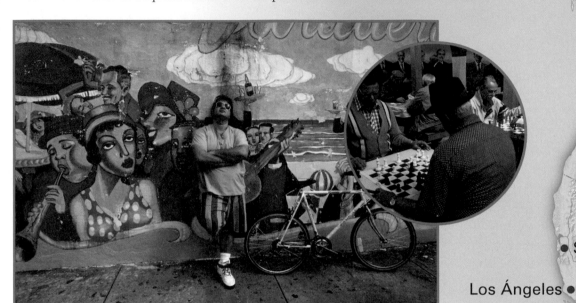

CANADÁ

• Vancouver • Calgary

EE.UU.

• San Francisco

Los Ángeles • • Las Vegas

• San Diego

MÉXICO

Personalidades

Latinos famosos

Los estadounidenses de origen hispanoamericano contribuyen (*contribute*) en todos los niveles (*at all levels*) a la cultura y a la economía de los Estados Unidos.

Martin Sheen, actor, de origen salvadoreño

Ellen Ochoa, astronauta, de origen mexicano

Rosie Pérez, actriz, de origen puertorriqueño

Geraldo Rivera, periodista, de origen puertorriqueño

Ottawa

Toronto •
Chicago •
Ciudad de
Nueva York

Washington D.C.

Océano
Atlántico

Miami

Golfo
de México

Mar Caribe

Comida

La comida mexicana

En casi todas las ciudades *(almost all cities)* de los Estados Unidos hay restaurantes mexicanos. Hoy día, los tacos y las quesadillas son tan populares como *(are as popular as)* las hamburguesas y las papas fritas *(french fries)*.

Sociedad

La influencia hispánica en Canadá

En 1998 (mil novecientos noventa y ocho) se establecieron *(were established)* los *Latin American Achievement Awards Canada*, para reconocer *(to recognize)* los logros *(achievements)* de la comunidad en varios campos *(fields)*.

Dos figuras canadienses importantes de origen argentino son: el novelista, Alberto Manguel y el Embajador *(Ambassador)* de Canadá en las Naciones Unidas *(United Nations)*, Sergio Marchi.

Algunos de los grupos musicales que son parte de la cultura hispana en Canadá son: Dominicanada, Bomba, Norteño y Rasca.

recursos

| WB pp. 19–20 | VM pp. 199–200 | VCD-ROM Lección 2 | aventuras.vhlcentral.com Lección 2 |

¿Qué aprendiste?

1 **¿Cierto o falso?** Indicate whether the following statements are true or false, based on what you've learned about Hispanics in the USA and Canada.

Cierto	Falso	
_____	_____	1. Los mexicanos son el grupo hispano más grande *(biggest)* de los EE.UU..
_____	_____	2. En Florida no hay muchas personas de origen hispano.
_____	_____	3. En Texas hay muchos hispanos.
_____	_____	4. La Pequeña Habana está en la isla de Cuba.
_____	_____	5. Martin Sheen es un policía en Los Ángeles.
_____	_____	6. Geraldo Rivera es de origen hispano.
_____	_____	7. En los Estados Unidos no hay restaurantes mexicanos.
_____	_____	8. A los estadounidenses, no les gustan los tacos.
_____	_____	9. Los chilenos son el grupo hispano más grande de Canadá.
_____	_____	10. Dominicanada es un grupo musical de Canadá.

2 **Preguntas** Answer the following questions.

1. ¿Hay muchos hispanos en tu *(your)* comunidad? ¿De dónde son?

2. ¿Quién es Ellen Ochoa?

3. ¿En qué estados de los Estados Unidos hay más habitantes hispanos?

4. ¿Te gustan los restaurantes mexicanos? ¿Por qué?

5. ¿En qué ciudades de Canadá hay muchos hispanos?

6. ¿Cuál es la población de origen hispano en Canadá?

En Internet

Busca más información sobre estos temas en el sitio aventuras.vhlcentral.com. Presenta la información a tus compañeros/as de clase.

- El desfile de los puertorriqueños
- La Pequeña Habana
- Rosie Pérez
- Geraldo Rivera
- Dominicanada

3 La familia

Communicative Goals

You will learn how to:
- talk about your family
- describe people
- express ownership

PARA EMPEZAR

- ¿Cuántas personas hay en la fotografía? ¿Tres o cuatro?
- ¿Son ellos compañeros de clase o son una familia?
- ¿Está el hombre lejos de la mujer o al lado de ella?
- ¿Ellos conversan, descansan o bailan?

LA FAMILIA

LA FAMILIA

el/la **esposo/a** *husband/wife*

el/la **hermanastro/a** *stepbrother/stepsister*

el/la **hermano/a** *brother/sister*

el/la **hijastro/a** *stepson/stepdaughter*

la **madrastra** *stepmother*

el/la **medio/a hermano/a** *half-brother/half-sister*

el **padrastro** *stepfather*

los **padres** *parents*

Variación léxica

madre ⟷ mamá, mami (*colloquial*)

padre ⟷ papá, papi (*colloquial*)

padres ⟷ papás, papis (*colloquial*)

el abuelo
grandfather

la abuela
grandmother

el padre
father

la madre
mother

los hijos
sons; children

la hija
daughter

LA FAMILIA EXTENDIDA

el/la **cuñado/a** *brother-in-law/sister-in-law*

el/la **nieto/a** *grandson/granddaughter*

la **nuera** *daughter-in-law*

los **parientes** *relatives*

el/la **primo/a** *cousin*

el/la **sobrino/a** *nephew/niece*

el/la **suegro/a** *father-in-law/mother-in-law*

el/la **tío/a** *uncle/aunt*

el **yerno** *son-in-law*

el artista
artist

LAS PROFESIONES

el/la ingeniero/a *engineer*
el/la médico/a *doctor*
el/la periodista *journalist*
el/la programador(a) *computer programmer*

la doctora
doctor

OTRAS PALABRAS

el/la amigo/a *friend*
la gente *people*
el/la muchacho/a *boy/girl*
la persona *person*

mi *my (sing.)*
mis *my (pl.)*

el niño
boy; child

el novio
boyfriend

la novia
girlfriend

la niña
girl

A escuchar

 1 **Escuchar** Find Luisa Moya Sánchez on the family tree. Then listen to her statements and indicate whether they are **cierto** (*true*) or **falso** (*false*), based on her family tree.

Eduardo Sánchez Moreno

Sara García de Sánchez

Javier Moya Galán

Irene Sánchez de Moya

Adela Sánchez García

Pilar Sánchez de Donoso

Andrés Donoso Álvarez

Luisa Moya Sánchez

Miguel Moya Sánchez

Elena Donoso Sánchez

	Cierto	Falso		Cierto	Falso
1.	____	____	6.	____	____
2.	____	____	7.	____	____
3.	____	____	8.	____	____
4.	____	____	9.	____	____
5.	____	____	10.	____	____

 2 **Emparejar** You will hear some definitions of vocabulary words. Provide the letter of the phrase that matches each definition.

1. a. Son mis padres.   b. Son mis abuelos.   c. Son mis suegros.

2. a. Es mi yerno.   b. Es mi sobrino.   c. Es mi cuñado.

3. a. Es un ingeniero.   b. Es una programadora.   c. Es una artista.

4. a. Es mi prima.   b. Es mi sobrina.   c. Es mi abuela.

5. a. Son mis nietos.   b. Son mis primos.   c. Son mis abuelos.

6. a. Es mi nieto.   b. Es mi tío.   c. Es mi hermano.

recursos

Text MP3s
Lección 3

aventuras.vhlcentral.com
Lección 3

A practicar

3 Completar Complete these sentences with the correct words.

1. Mi madre y mi padre son mis _____.
2. El padre de mi madre es mi _____.
3. Yo soy el _____ del hijo de mi hermana.
4. La esposa de mi hijo es mi _____.
5. Yo soy el _____ de los padres de mi esposa.
6. La hija de mi hermana es mi _____.
7. Mi hijo es el _____ de mi padre.
8. El esposo de mi hermana es mi _____.

4 Profesiones Complete the description of each photo.

1. Juanita Fuertes es _____.

2. Héctor Ibarra es _____.

3. Alberto Díaz es _____.

4. Elena Vargas Soto es _____.

5. Carlota López es _____.

6. Irene González es _____.

A conversar

5 **La familia Vargas** With a classmate, identify the members in the family tree by asking questions about how each family member is related to Graciela Vargas García.

 modelo

Estudiante 1: ¿Quién es Beatriz Pardo de Vargas?
Estudiante 2: Es la abuela de Graciela.

David Vargas Olmedo — de Quito

Beatriz Pardo de Vargas — de Ibarra

Carlos Antonio López Ríos — de Cuenca

Lupe Vargas de López — de Quito

Juan Vargas Pardo — de Quito

María Susana García de Vargas — de Guayaquil

Ernesto López Vargas — de Loja

Ramón Vargas García — de Machala

Graciela Vargas García — de Machala

Now take turns asking each other these questions.

1. ¿Cómo se llama el tío de Graciela?

2. ¿De dónde es María Susana?

3. ¿Cómo se llama la hermana de Juan?

4. ¿De dónde es el yerno de David y Beatriz?

5. ¿Cómo se llama el sobrino de Lupe?

6. ¿De dónde es la abuela de Ernesto?

6 **¿Y tú?** With a classmate, take turns asking each other the following questions.

1. ¿Cuántas personas hay en tu familia?

2. ¿Cómo se llaman tus padres? ¿De dónde son?

3. ¿Cuántos hermanos tienes? ¿Cómo se llaman?

tengo *I have*	**tus** *your (fam., pl.)*
tienes *you (fam.) have*	**tu** *your (fam., sing.)*

4. ¿Cuántos primos tienes? ¿Cuántos son niños y cuántos son adultos?

5. ¿Eres tío/a? ¿Cómo se llaman tus sobrinos/as? ¿Dónde estudian o trabajan?

6. ¿Tienes novio/a? ¿Tienes esposo/a? ¿Cómo se llama?

🎧 Pronunciación

Diphthongs and linking

. . . .

hermano   **niña**   **cuñado**

In Spanish, **a**, **e**, and **o** are considered strong vowels. The weak vowels are **i** and **u**.

. . . .

ruido   **parientes**   **periodista**

A diphthong is a combination of two weak vowels or of a strong vowel and a weak vowel. Diphthongs are pronounced as a single syllable.

. . . .

la abuela   **mi hijo**   **una clase excelente**

Two identical vowel sounds that appear together are pronounced like one long vowel.

. . . .

con Natalia   **sus sobrinos**   **las sillas**

Two identical consonants together sound like a single consonant.

. . . .

es ingeniera   **mis abuelos**   **sus hijos**

A consonant at the end of a word is linked with the vowel at the beginning of the next word.

. . . .

mi hermano   **su esposa**   **nuestro amigo**

A vowel at the end of a word is linked with the vowel at the beginning of the next word.

. . . .

Práctica Say these words aloud, focusing on the diphthongs.

1. historia	5. residencia	9. lenguas
2. nieto	6. prueba	10. estudiar
3. parientes	7. puerta	11. izquierda
4. novia	8. ciencias	12. ecuatoriano

Oraciones Read these sentences aloud to practice diphthongs and linking words.

1. Hola. Me llamo Anita Amaral. Soy del Ecuador.
2. Somos seis en mi familia.
3. Tengo dos hermanos y una hermana.
4. Mi papá es del Ecuador y mi mamá es de España.

Refranes Read these sayings aloud to practice diphthongs and linking sounds.

> Hablando del rey de Roma, por la puerta se asoma.[2]

> Cuando una puerta se cierra, otra se abre.[1]

1 When one door closes, another opens.
2 Speak of the devil and he will appear.

recursos

| LM p. 14 | Text MP3s Lección 3 | Lab MP3s Lección 3 | aventuras.vhlcentral.com Lección 3 |

¿Es grande tu familia?

Los viajeros hablan de sus familias en el autobús.

1

MAITE Inés, ¿tienes una familia grande?

INÉS Pues, sí... mis papás, mis abuelos, cuatro hermanas y muchos tíos y primos.

2

INÉS Sólo tengo un hermano mayor, Pablo. Su esposa, Francesca, es médica. No es ecuatoriana, es italiana. Sus papás viven en Roma, creo. Vienen de visita cada año. Ah... y Pablo es periodista.

MAITE ¡Qué interesante!

3

INÉS ¿Y tú, Javier? ¿Tienes hermanos?

JAVIER No, pero aquí tengo unas fotos de mi familia.

INÉS ¡Ah! ¡Qué bien! ¡A ver!

6

INÉS ¿Y cómo es él?

JAVIER Es muy simpático. Él es viejo, pero es un hombre muy trabajador.

7

MAITE Oye, Javier, ¿qué dibujas?

JAVIER ¿Eh? ¿Quién? ¿Yo? ¡Nada!

MAITE ¡Venga! ¡No seas tonto!

8

MAITE Jaaavieeer... Oye, pero ¡qué bien dibujas!

JAVIER Este... pues...¡Sí! ¡Gracias!

recursos

VM pp. 173–174	VCD-ROM Lección 3	aventuras.vhlcentral.com Lección 3

Para recordar

Before doing this **Fotonovela** section, review the previous one with this activity.

1. ¿Quién estudia periodismo?
2. ¿Quién toma cinco clases?
3. ¿En qué clase de Inés hay más chicas?
4. ¿Tiene Álex una computadora?

JAVIER ¡Aquí están!

INÉS ¡Qué alto es tu papá! Y tu mamá, ¡qué bonita!

JAVIER Mira, aquí estoy yo. Y éste es mi abuelo. Es el padre de mi mamá.

INÉS ¿Cuántos años tiene tu abuelo?

JAVIER Noventa y dos.

MAITE Álex, mira, ¿te gusta?

ÁLEX Sí, mucho. ¡Es muy bonito!

DON FRANCISCO Epa, ¿qué pasa con Inés y Javier?

PERSONAJES

DON FRANCISCO

JAVIER

INÉS

ÁLEX

MAITE

Expresiones útiles

Talking about your family

¿Tienes una familia grande?
Do you have a large family?

Sí… mis papás, mis abuelos, cuatro hermanas y muchos tíos.
Yes, my parents, my grandparents, four sisters, and many (aunts and) uncles.

Sólo tengo un hermano mayor/menor.
I only have one older/younger brother.

¿Tienes hermanos?
Do you have siblings?

No, soy hijo único.
No, I'm an only (male) child.

Su esposa, Francesca, es médica.
His wife, Francesca, is a doctor.

No es ecuatoriana, es italiana.
She's not Ecuadorian, she's Italian.

Pablo es periodista.
Pablo is a journalist.

Es el padre de mi mamá.
He is my mother's father.

Describing people

¡Qué alto es tu papá!
Your father is so tall!

Y tu mamá, ¡qué bonita!
And your mother, how pretty!

¿Cómo es tu abuelo?
What is your grandfather like?

Es simpático.
He's nice.

Es viejo.
He's old.

Es un hombre muy trabajador.
He's a very hard-working man.

Saying how old people are

¿Cuántos años tienes?
How old are you?

¿Cuántos años tiene tu abuelo?
How old is your grandfather?

Noventa y dos.
Ninety-two.

¿Qué piensas?

1 **¿Cierto o falso?** Indicate whether each sentence is **cierto** or **falso.** Correct the false statements.

Cierto   Falso

_____ _____   1. Inés tiene una familia grande.

_____

_____ _____   2. Pablo, el hermano de Inés, es médico.

_____

_____ _____   3. La cuñada de Inés es italiana.

_____

_____ _____   4. Javier no tiene hermanos.

_____

_____ _____   5. El abuelo de Javier es muy perezoso (*lazy*).

_____

_____ _____   6. Javier habla del padre de su (*his*) padre.

_____

2 **Adivinar** Read these sentences and guess which video character is being described. Each name is used twice.

JAVIER   INÉS   MAITE

1. Tiene cuatro hermanas y muchos tíos y primos. _____
2. Su abuelo tiene noventa y dos años, pero es muy trabajador. _____
3. Ella dice que (*says that*) Javier dibuja muy bien. _____
4. Ella tiene muchas preguntas para (*for*) sus amigos. _____
5. Su mamá es muy bonita. _____
6. Su cuñada es médica. _____

3 **Sus familias** With a partner, use these questions to talk about your families.

- ¿Es grande o pequeña (*small*) tu (*your*) familia? ¿Cuántas personas hay en tu familia?
- ¿Tienes muchos tíos y primos? ¿Dónde viven?
- ¿Tienes un(a) tío/a o un(a) primo/a favorito/a? ¿Cómo se llama?

Exploración
La familia en el mundo hispano

En los países hispanos las personas usan dos apellidos (*two last names*): uno del padre y el otro (*other*) de la madre. En la foto está Juan Antonio Moreno López con su esposa, María Eugenia Rojas de Moreno, y sus hijos Emilio Moreno Rojas y Ana Moreno Rojas.

En muchas familias hispanas, los abuelos y los tíos viven (*live*) en la misma casa (*same house*). En la foto, aparecen Osvaldo Marín Donoso y su (*his*) esposa Mónica, con sus (*their*) dos hijas, su yerno y sus cuatro nietos.

Muchos estudiantes universitarios viven (*live*) con sus padres durante sus estudios (*during their studies*). Eduardo Mansur Amaya, en la foto, asiste (*attends*) a la Universidad de Caracas y vive en casa con sus padres José Manuel y Laura.

Estadísticas de la familia

Tamaño medio (*average size*) de la familia

Colombia 5.2
México 5.0
Argentina 3.7
Uruguay 3.3
España 2.9
Estados Unidos 2.6

SOURCE: UN Secretariat

Coméntalo

With a classmate, discuss these questions.

- ¿Usas dos apellidos? ¿cuál sería (*would be*) tu nombre con dos apellidos?
- ¿Te gustaría vivir (*would you like to live*) con tu familia extendida? ¿Por qué sí o por qué no? (Sí, me gustaría… / No, no me gustaría…)
- ¿Te gustaría vivir con tus padres hasta (*until*) tu graduación de la universidad?
- ¿Quiénes son los miembros de tu familia que viven contigo (*with you*)?

recursos

aventuras.vhlcentral.com
Lección 3

3.1 Descriptive adjectives

▸ Descriptive adjectives describe nouns. In Spanish, most adjectives agree in gender and number with the nouns or pronouns they describe.

▸ Adjectives that end in **–o** and **–or** have four forms.

Masculine	Feminine
el chico alto	la chica alta
los chicos altos	las chicas altas
el hombre trabajador	la mujer trabajadora
los hombres trabajadores	las mujeres trabajadoras

▸ Adjectives that end in **–e** or a consonant have the same masculine and feminine forms.

Masculine	Feminine
el chico inteligente	la chica inteligente
los chicos inteligentes	las chicas inteligentes
el chico joven	la chica joven
los chicos jóvenes	las chicas jóvenes

▸ Adjectives that refer to nouns of different genders use the masculine plural form.

Paco es alto. Ana es alta. → Paco y Ana son altos.

Common adjectives

alto/a	tall	**gordo/a**	fat	**moreno/a**	dark-haired
antipático/a	unpleasant	**grande**	large; great	**mucho/a**	much; many; a lot of
bajo/a	short	**guapo/a**	handsome		
bonito/a	pretty	**importante**	important	**pelirrojo/a**	red-haired
bueno/a	good	**inteligente**	intelligent	**pequeño/a**	small
delgado/a	thin; slender	**interesante**	interesting	**rubio/a**	blond
difícil	hard; difficult	**joven**	young	**simpático/a**	nice; likeable
fácil	easy	**malo/a**	bad	**tonto/a**	silly; foolish
feo/a	ugly	**mismo/a**	same	**trabajador(a)**	hard-working
				viejo/a	old

Adjectives of nationality

▸ Adjectives of nationality are formed like other descriptive adjectives. Note that adjectives of nationality that end in a consonant add **–a** to form the feminine.

Masculine	Feminine
Toño es mexicano.	Gloria es mexicana.
Ellos son mexicanos.	Ellas son mexicanas.
Héctor es español.	Sara es española.
Ellos son españoles.	Ellas son españolas.

Práctica

1 **Emparejar** Read the descriptions and match them with the photos.

1. __ Mateo es moreno.
2. __ Henri es francés.
3. __ Luisa es rubia.
4. __ Andrés hace el (*acts*) tonto.
5. __ Tanya es vieja.
6. __ Raquel es pelirroja.

A

B

C

D

E

F

2 **Completar** Look at the photo of Amanda's family and imagine their personalities. Complete the sentences with appropriate adjectives.

Amanda

1. Mi familia es _____.
2. Mis abuelos son _____. Mi abuelo es _____ y mi abuela es _____.
3. Mi padre se llama Julio. Él es _____.
4. Mi madre se llama Victoria. Ella es _____.
5. Mi hermana se llama Rosa. Ella es _____.
6. Y mi hermano Tomás es muy _____.

Conversación

3 Describir With a partner, take turns describing each photo. Tell your partner whether you agree (**Estoy de acuerdo**) or disagree (**No estoy de acuerdo**) with the descriptions.

modelo

Estudiante 1: Los Ángeles es muy bonita.
Estudiante 2: No estoy de acuerdo. Es muy fea.

Los Ángeles

1. **Celia Cruz**

2. **La Torre (Tower) Sears**

3. **Plácido Domingo**

4. **Enrique Iglesias**

5. **Santa Fe, Nuevo México**

6. **Nelly Furtado**

4 Anuncio personal Write a personal ad that describes your ideal mate. Compare your ad with a classmate's.

SOY ALTA, morena y bonita. Estudio arte en la universidad. Busco un chico similar. Mi novio ideal es alto, moreno, inteligente y muy simpático.

5 Diferencias Your instructor will give you and your partner handouts so that you may complete this information gap activity.

Some adjectives of nationality

alemán, alemana	German	francés, francesa	French
canadiense	Canadian	japonés, japonesa	Japanese
ecuatoriano/a	Ecuadorian	inglés, inglesa	English
español(a)	Spanish	mexicano/a	Mexican
estadounidense	from the United States	norteamericano/a	(North) American
		puertorriqueño/a	Puerto Rican

The position of adjectives

▸ Adjectives generally follow the nouns they modify.

La mujer **rubia** es de España.
The blond girl is from Spain.

¿Cómo se llama la mujer **ecuatoriana**?
What is the Ecuadorian woman's name?

¡ojo! Unlike descriptive adjectives, adjectives of quantity are placed before the modified noun.

Hay **muchos** estudiantes.
There are many students.

Hablo con **dos** turistas.
I am talking with two tourists.

▸ **Bueno/a** and **malo/a** can be placed before or after a noun. Before a masculine singular noun, the forms are shortened: **bueno → buen; malo → mal.**

José es un **buen** amigo.
José es un amigo **bueno**.
José is a great friend.

Hoy es un **mal** día.
Hoy es un día **malo**.
Today is a bad day.

▸ When **grande** appears before a singular noun, it is shortened to **gran**.

¡ojo! The adjective **grande** also changes its definition depending on its position: **gran** = *great*, but **grande** = *big, large*.

Mandela es un **gran** hombre.
Mandela is a great man.

La familia de Inés es **grande**.
Inés' family is large.

¡Manos a la obra!

Give the appropriate forms of the adjectives provided.

1. Eres _simpático/a_ .
2. Yolanda es _____.
3. Nosotros somos _____.
4. Dolores y Pilar son _____.
5. Diego es _____.
6. Tomás y yo somos _trabajadores_ .
7. Ellas son _____.
8. La médica es _____.
9. Los niños son _____.
10. Él es _____.

1. Soy _español(a)_ .
2. Ángela es _____.
3. Los turistas son _____.
4. Nosotros somos _____.
5. El periodista es _____.
6. Ellos son _norteamericanos_ .
7. Clara y Bárbara son _____.
8. Ella es _____.
9. Rafael y yo somos _____.
10. Luis es _____.

3.2 Possessive adjectives

▸ Possessive adjectives express ownership.

Forms of possessive adjectives

Singular forms		Plural forms	
mi		mis	my
tu		tus	your (fam.)
su		sus	his, her, its, your (form.)
nuestro/a		nuestros/as	our
vuestro/a		vuestros/as	your (fam.)
su		sus	their, its, your (form.)

¡ojo! Spanish possessive adjectives agree in number with the nouns they modify. **Nuestro** and **vuestro** agree in gender and number.

mi primo	mis primos		mi tía	mis tías
nuestro tío	nuestros tíos		nuestra tía	nuestras tías

▸ Possessive adjectives are placed before the nouns they modify.

¡Qué alto es tu papá! Y tu mamá, ¡qué bonita!

Éste es mi abuelo. Es el padre de mi mamá.

▸ **Su** and **sus** have multiple meanings (*your, his, her, their, its*). To avoid confusion, use this construction: [*article*] + [*noun*] + **de** + [*subject pronoun*].

sus parientes	los parientes de él/ella	his/her relatives
	los parientes de Ud./Uds.	your relatives
	los parientes de ellos/ellas	their relatives

¡Manos a la obra!

Provide the appropriate form of each possessive adjective.

1. Es ___mi___ (*my*) libro.
2. _____ (*my*) familia es ecuatoriana.
3. _____ (*your, fam.*) esposo es italiano.
4. _____ (*our*) profesor es español.
5. Es _____ (*her*) reloj.
6. Es _____ (*your, fam.*) mochila.
7. Es _____ (*your, form.*) maleta.
8. _____ (*their*) sobrina es alemana.
9. _____ (*her*) primos son franceses.
10. _____ (*our*) primos son canadienses.
11. Son _____ (*their*) lápices.
12. _____ (*their*) nietos son japoneses.

Práctica

1 Completar Marta just took a photo of her family. Complete her description of the photo.

Ésta es una foto de (1) _____ familia. Aquí están (2) _____ abuelos. Son los padres de (3) _____ papá. (4) _____ casa (*home*) está en Chicago.

Este hombre es (5) _____ papá. Se llama David y es doctor. (6) _____ mamá se llama Rebeca; es periodista.

(7) _____ tía Silvia es la hermana de (8) _____.

Y aquí está (9) _____ hermano Ramón. La esposa de (10) _____ se llama Sonia. (11) _____ hijos Javier y Sara son (12) _____ sobrinos. Son muy simpáticos.

2 ¿Dónde está? You can't remember where you put some of your belongings. Your partner will look at the pictures and remind you.

modelo

Estudiante 1: ¿Dónde está mi pluma?
Estudiante 2: Tu pluma está al lado de la computadora.

1.

2.

3.

4.

5.

6.

Conversación

 Describir With a partner, describe these people and places.

modelo

La biblioteca de tu universidad
**La biblioteca de mi universidad es muy grande.
Hay muchos libros en la biblioteca.**

1. Tus padres
2. Tus abuelos
3. Tu mejor (*best*) amigo/a
4. Tu novio/a ideal
5. Tu universidad
6. La librería de tu universidad
7. Tu profesor(a) favorito/a
8. Tu clase de español

 Tres fotos Choose one of the three family photos and describe the family as if it were your own. Your partner will guess which photo you are describing. Then switch roles.

Familia 1

Familia 2

Familia 3

Español en vivo

Gran chisme:
¡Mi niño tiene bigote!

¡La leche es nuestra bebida favorita!
A mi hijo le gusta por su excelente sabor.
Su vaso de leche diario contiene vitaminas y minerales esenciales para su crecimiento.
Y yo la tomo para que mis huesos sean más fuertes contra la osteoporosis.

¿Bebes leche?

Identificar

Scan the advertisement above, and identify the instances where possessive adjectives are used.

Preguntas

1. ¿Quiénes son las personas del anuncio (*advertisement*)?
2. ¿Qué beben (*do they drink*)?
3. ¿Por qué les gusta la leche?

3.3 Present tense of regular –er and –ir verbs

▶ In Lesson 2, you learned how to form the present tense of regular –ar verbs. You also learned about the importance of verb forms, which change to show who is performing the action. The chart below contains the forms of the regular –ar verb **trabajar**, which is conjugated just like **hablar, enseñar, comprar, estudiar,** and other –ar verbs you have learned. The chart also shows the forms of an –er verb and an –ir verb.

▶ **–Ar, –er,** and **–ir** verbs have very similar endings. Study the following chart to detect the patterns that make it easier for you to learn the forms of these verbs and to use them to communicate in Spanish.

Inés y Javier comen.

Maite escribe.

Present tense of –ar, –er, and –ir verbs

	trabajar	comer	escribir
	to work	*to eat*	*to write*
yo	trabajo	como	escribo
tú	trabajas	comes	escribes
Ud./él/ella	trabaja	come	escribe
nosotros/as	trabajamos	comemos	escribimos
vosotros/as	trabajáis	coméis	escribís
Uds./ellos/ellas	trabajan	comen	escriben

▶ The **yo** forms of all three types of verbs end in **–o**.

trabajo	como	escribo

▶ The endings for **–ar** verbs begin with **–a**, except for the **yo** form.

hablo	habla	habláis
hablas	hablamos	hablan

▶ The endings for **–er** verbs begin with **–e**, except for the **yo** form.

como	come	coméis
comes	comemos	comen

▶ **–Er** and **–ir** verbs have the exact same endings, except in the **nosotros/as** and **vosotros/as** forms.

nosotros	comemos	vosotros	coméis
	escribimos		escribís

Práctica

1 Emparejar Susana is describing her family. Complete each sentence with the correct verb form.

1. Mi familia y yo _____ [vivir] en Montevideo, Uruguay.

2. Mi hermano Alfredo es muy inteligente. Él _____ [asistir] a clases de lunes a viernes.

3. Los martes Alfredo y yo _____ [correr] en el parque.

4. Mis padres _____ [comer] mucho; son un poco gordos.

5. Yo _____ [creer] que (*that*) mis padres [deber] _____ comer menos.

2 Completar Juan is talking about what he and his friends do after school. Complete his sentences.

modelo

Yo __*corro*__ por (*for*) una hora.

1. Nosotros _____ en el restaurante.

2. Elena _____ en su diario.

3. Sofía y Eugenio _____ café.

4. Susana y Bárbara _____ unas fotos.

5. Carlos _____ en la biblioteca.

Conversación

3 **Entrevista** Use these questions to interview a classmate. Then report the results of your interview to the class.

1. ¿Dónde comes al mediodía? ¿Comes mucho?
2. ¿Debes comer más (*more*) o menos (*less*)?
3. ¿Dónde vives?
4. ¿Con quién vives?
5. ¿Qué días asistes a tus clases?
6. ¿Cuál es tu clase favorita? ¿Por qué?
7. ¿Qué cursos debes tomar el próximo (*next*) semestre?
8. ¿Lees *The National Enquirer*? ¿Qué periódicos (*newspapers*) leen tus padres?
9. ¿Recibes muchos mensajes electrónicos (*e-mails*)? ¿De quién?
10. ¿Escribes poemas o cuentos (*stories*)?

4 **Encuesta** Walk around the class and ask your classmates if they do (or should do) the things mentioned on the questionnaire. Try to find at least two people for each item.

Actividad	Nombres
1. Asistir a conciertos de rock	_____
2. Correr todos los días (*every day*)	_____
3. Comprender chino	_____
4. Deber ser más (*more*) trabajador(a)	_____
5. Leer mucho para (*for*) un examen	_____
6. Compartir sus cosas	_____
7. Abrir las ventanas cuando hace frío (*it's cold*)	_____
8. Trabajar en las tardes	_____
9. Aprender contabilidad	_____
10. Creer que (*that*) la clase de español es fácil	_____
11. Vivir en una residencia estudiantil	_____
12. Comer en la escuela	_____

Common –er and –ir verbs

Common –er and –ir verbs

–er verbs			-ir verbs	
aprender	to learn		abrir	to open
beber	to drink		asistir (a)	to attend
comer	to eat		compartir	to share
comprender	to understand		decidir	to decide
correr	to run		describir	to describe
creer (en)	to believe (in)		escribir	to write
deber (+ inf.)	should, ought to; must		recibir	to receive
leer	to read		vivir	to live

Eugenio y Lilia **corren** en el parque.

Ramón **escribe** una carta.

¡Manos a la obra!

Provide the correct forms of the verbs below.

correr
1. Graciela ___corre___.
2. Tú _____.
3. Mi primo y yo _____.
4. Yo _____.
5. Mis hermanos _____.
6. Ud. _____.
7. Uds. _____.
8. La familia _____.
9. Marcos y yo _____.

abrir
1. Ellos ___abren___ la puerta.
2. Carolina _____ la maleta.
3. Yo _____ las ventanas.
4. Nosotras _____ los libros.
5. Ud. _____ el cuaderno.
6. Tú _____ la ventana.
7. Uds. _____ las maletas.
8. Él _____ el libro.
9. Los muchachos _____ los cuadernos.

aprender
1. Él ___aprende___ español.
2. Uds. _____ espanol.
3. Maribel y yo _____ inglés.
4. Tú _____ japonés.
5. Uds. _____ francés.
6. Mi hijo _____ chino.
7. Yo _____ alemán.
8. Ud. _____ inglés.
9. Nosotros _____ italiano.

3.4 Present tense of **tener** and **venir**

▸ The verbs **tener** (*to have*) and **venir** (*to come*) are frequently used. You will have to learn each form individually because most of the forms are irregular.

Present tense of *tener* and *venir*

	tener	**venir**
	to have	*to come*
yo	tengo	vengo
tú	tienes	vienes
Ud./él/ella	tiene	viene
nosotros/as	tenemos	venimos
vosotros/as	tenéis	venís
Uds./ellos/ellas	tienen	vienen

¿Tienes hermanos?

Sí, tengo cuatro hermanas y un hermano mayor.

▸ Note that the **yo** forms are irregular:

tengo   vengo

▸ The **nosotros** and **vosotros** forms are regular:

tenemos   venimos
tenéis   venís

▸ In the **tú, Ud./él/ella** and **Uds./ellos/ellas.** forms, the **e** of the stem changes to **ie** as shown below.

INFINITIVE	VERB STEM		VERB FORM
tener	ten-	tú	tienes
		Ud./él/ella	tiene
		Uds./ellos/ellas	tienen
venir	ven-	tú	vienes
		Ud./él/ella	viene
		Uds./ellos/ellas	vienen

Práctica

1 **Completar** Complete the sentences with the forms of **tener** or **venir**.

1. Hoy nosotros _tenemos_ una reunión familiar.

2. Todos (*all*) mis parientes _vienen_, excepto mi tío Ricardo.

3. Él no _viene_ porque vive en Guayaquil.

4. Mi prima Inés y su novio no _vienen_ hasta las ocho porque ella _tiene_ que trabajar.

5. En las fiestas mis sobrinos siempre (*always*) _tienen_ ganas de cantar y bailar.

6. Después de (*after*) las fiestas, mi madre siempre dice que mis sobrinos son muy simpáticos. Creo que ella _tiene_ razón.

2 **Describir** Describe these people using **tener** expressions.

1. _tiene prisa_   2. _tienen hambre_

3. _tiene calor_   4. _tienen frío_

5. _tiene veintiuno años._   6. _tiene sed_

Conversación

 3 **¿Sí o no?** Decide if these statements are true for you. Then, find out if they apply to your partner.

modelo

Estudiante 1: Sí, mi madre tiene cincuenta años.
Estudiante 1: ¿Tiene tu madre cincuenta años?
Estudiante 2: No, tiene cuarenta y dos años.

	Yo	Mi amigo/a
1. Mi madre tiene cincuenta años.	Sí	No
2. Mi padre tiene 57 años.	No	
3. Mis padres vienen mucho a la universidad.	No	
4. Vengo a clase a la medianoche.	No	
5. Tengo dos pruebas hoy.	No	
6. Mis amigos vienen mucho a mi casa (*house*).	Sí	
7. Tengo muchos problemas con mi novio/a.	No	
8. Tengo sed.	Sí	
9. Tengo miedo de comer sushi.	No	
10. Tengo que estudiar los domingos.	Sí	
11. Tengo una familia grande.	No	

4 **Entrevista** Use these questions to interview a classmate.

1. ¿Cuántos años tienes? ¿Y tus hermanos?
2. ¿Cuándo vienes a la clase de español?
3. ¿Tienes que estudiar hoy? ¿Por qué?
4. ¿Siempre (*always*) tienes razón?
5. ¿Tienes muchas fiestas en tu casa (*house*)? ¿Quiénes vienen a tus fiestas?
6. ¿Tienes sueño? ¿Por qué?
7. ¿Qué tienes ganas de hacer (*what do you feel like doing*) el sábado?
8. ¿De qué tienes miedo? ¿Por qué?
9. ¿Cuándo vienen tus amigos a tu casa, apartamento o residencia estudiantil?

Expressions with tener

▶ In certain expressions, Spanish uses the construction **tener** + [*noun*] instead of **ser** or **estar** to express the English equivalent *to be* + [*adjective*].

Expressions with *tener*	
tener... años	to be . . . years old
tener (mucho) calor	to be (very) hot
tener (mucho) cuidado	to be (very) careful
tener (mucho) frío	to be (very) cold
tener (mucha) hambre	to be (very) hungry
tener (mucho) miedo	to be (very) afraid/scared
tener (mucha) prisa	to be in a (big) hurry
tener razón	to be right
no tener razón	to be wrong
tener (mucha) sed	to be (very) thirsty
tener (mucho) sueño	to be (very) sleepy
tener (mucha) suerte	to be (very) lucky

▶ To express an obligation, use **tener que** (*to have to*) + [*infinitive*].

—¿**Tienes que** estudiar hoy? —**Sí, tengo que** estudiar física.
Do you have to study today? *Yes, I have to study physics.*

▶ To ask people if they feel like doing something, use **tener ganas de** (*to feel like*) + [*infinitive*].

—¿**Tienes ganas de** comer? —No, **tengo ganas de** dormir.
Do you feel like eating? *No, I feel like sleeping.*

¡Manos a la obra!

 Provide the appropriate forms of **tener** and **venir**.

tener

1. Ellos **tienen** dos hermanos.
2. Yo **tengo** una hermana.
3. El artista **tiene** tres primos.
4. Nosotros **tenemos** diez tíos.
5. Eva y Diana **tienen** un sobrino.
6. Ud. **tiene** cinco nietos.
7. Tú **tienes** dos hermanastras.
8. Uds. **tienen** cuatro hijos.
9. Ella **tiene** una hija.

venir

1. Mis padres **vienen** de México.
2. Tú **vienes** de España.
3. Nosotras **venimos** de Cuba.
4. Pepe **viene** de Italia.
5. Yo **vengo** de Francia.
6. Uds. **vienen** de Canadá.
7. Alfonso y yo **venimos** de Portugal.
8. Ellos **vienen** de Alemania.
9. Ud. **viene** de Venezuela.

Repaso

3.1 Descriptive adjectives

1 Corregir All of these statements are false. Change the adjectives of nationality to make them true.

1. Antonio Banderas y Penélope Cruz son canadienses.

2. Una persona de Ecuador es estadounidense.

3. Celine Dion y Mike Myers son españoles.

4. Salma Hayek es japonesa.

5. Los habitantes de Puerto Rico son franceses.

6. Tony Blair y Margaret Thatcher son alemanes.

2 Oraciones Combine words from the boxes to create sentences about yourself and the people you know.

> **modelo**   Mi familia no es grande.

A		B	C	
Yo	Mis hijos/as	(no) ser	alto/a	moreno/a
Mi abuelo/a	Mi padre/		bajo/a	pelirrojo/a
Mi esposo/a	madre		grande	rubio/a
Mi familia	Mis padres		inteligente	simpático/a
Mi familia y	Mis primos		interesante	tonto/a
yo	Mis tíos		joven	trabajador(a)
Mi hermano/a	Mi ¿?		viejo/a	¿?

3.2 Possessive adjectives

3 La familia de Carmen Complete each sentence with the correct possessive adjective. Use the subject of each sentence as a guide.

1. Me llamo Carmen. _____ hermano es Javier.
   a. Nuestro   b. Sus   c. Mi

2. _____ madre es médica y trabaja en un hospital.
   a. Nuestra   b. Sus   c. Mis

3. _____ padre es profesor y enseña biología.
   a. Tus   b. Nuestro   c. Nuestros

4. Él admira mucho a _____ estudiantes porque trabajan mucho.
   a. mis   b. su   c. sus

5. Yo estudio en la misma universidad, pero no tomo clases con _____ padre.
   a. nuestras   b. mi   c. tus

6. Y dime (*tell me*), ¿cómo es _____ familia?
   a. tu   b. mi   c. su

4 Entrevista Get together with a classmate and ask each other these questions.

1. ¿Cómo se llaman los miembros (*members*) de tu familia?

2. ¿Cómo es tu familia?

3. ¿Cómo son tus amigos/as?

4. ¿Cómo son tus profesores/as?

3.3 Present tense of regular -er and -ir verbs

5 Oraciones Form sentences using the cues provided.

1. Yo / asistir / clase de arte

2. Miguel / abrir / correo electrónico (*e-mail*)

3. Cristóbal y yo / comer / cafetería / universidad

4. Tomás y Luca / aprender / alemán.

5. Tú / leer / biblioteca

6. Lisa y Cristina / correr / por el parque (*park*)

6 Describir Look at the drawing and describe what people are doing using -er and -ir verbs.

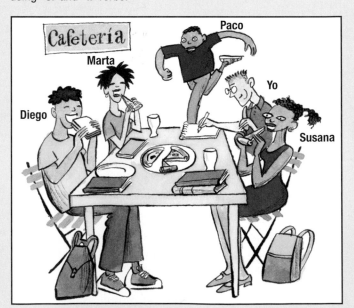

Diego _____

Marta y Susana _____

Yo _____

Paco _____

3.4 Present tense of **tener** and **venir**

7 **Emparejar** React to these statements logically using **tener** expressions.

> **modelo**
> Estamos en el Polo Norte.
> **Tenemos frío.**

1. Mi hermana come mucho.
2. Estoy en una sauna.
3. Mis primos son muy inteligentes.
4. Luisa y Marta terminan de estudiar a las dos de la mañana.
5. Estás en *La casa de terror*.
6. Viajo solo (*alone*).

Completar Complete Juan's e-mail to David with the forms of **tener** or **venir**.

> ✉ Email
>
> Juan:
> ¿Qué (1) _____ ganas de hacer el sábado? Mis hermanos César y Beatriz (2) _____ a visitarme de Madrid. César (3) _____15 años y Beatriz (4) _____ 17 años. Ellos (5) _____ mucho a la universidad. Yo (6) _____ suerte porque mis hermanos son muy simpáticos. Mi compañero de cuarto y yo (7) _____ hambre ahora. ¿(8) _____ (tú) a la cafetería con nosotros?
> Hasta pronto,
> David

Síntesis

Describe a tu familia In groups of three, describe your families.

- Describe your family to your classmates in several sentences (**Mi padre es alto y moreno. Mi madre es delgada y muy inteligente. Mis hermanos son ...**)
- Your classmates will work together to try to repeat your description (**Su padre es alto y moreno. Su madre ...**)
- If they forget any details, they will ask you questions (**¿Cuántos años tiene tu abuelo?**)
- Alternate roles until all of you have described your families.

Ana Belén:
Mujer de muchos talentos

The singer and actress **Ana Belén** was born in Madrid, Spain. At the age of thirteen, her career as a musician started with her first single, and later, in 1966, her career as an actress began with her participation in the movie *Zampo y yo*. In 1986 Belén was distinguished by the French government for contributions to popular culture. Over the years, she continued singing and acting, and in 1991 she started a new adventure: filmmaking. She directed the movie *Cómo ser mujer y no morir en el intento,* in which Belén was nominated for best director by the Spanish Cinematography Academy. Her big breakthrough in music came with the smash hit *Balancé* on her album, *Ana en Río,* produced with Brazilian musicians.

Discografía selecta

- *Rosa de amor y fuego* (1989)
- *Ana en Río* (1991)
- *Mucho mas que dos* (1994)
- *Mírame* (1997)
- *Peces de ciudad* (2001)
- *Viva L'Italia* (2003)
- *Como una novia* (2004)

 Go to **aventuras.vhlcentral.com** to learn more about the artist, her music and her songs.

Ampliación

1 Escuchar

A Listen to Cristina and Laura's conversation. Then indicate who would make each statement.

 TIP Ask for repetition. You can ask someone to repeat by saying **¿Cómo?** (*What?*) or **¿Perdón?** (*Pardon me?*). You can ask your teacher to repeat by saying **Repítalo, por favor** (*Repeat it, please*). If you don't understand a recorded activity, simply replay it.

	Cristina	Laura
1. Mi novio habla sólo (*only*) del fútbol y del béisbol.	☐	☐
2. Tengo un novio muy interesante y simpático.	☐	☐
3. Mi novio es alto y moreno.	☐	☐
4. Mi novio trabaja mucho.	☐	☐
5. Mi amiga no tiene buena suerte con los muchachos.	☐	☐
6. Mi novio es un poco gordo, pero guapo.	☐	☐

B ¿Cómo son Laura y Cristina? ¿Cómo son sus novios? ¿Tienes novio/a? ¿Cómo es?

2 Conversar

You are taking a friend to a reunion of your extended family. So that there will not be any surprises for your friend, you have a conversation with him or her to talk about your relatives. During the conversation, your friend should find out about the following:

- Which family members are coming, including their names and their relationship to you
- What each family member is like
- How old each person is
- Where each person is from
- Where each person lives

Ampliación

3 Escribir

An e-mail friend wants to know about your family. Write a letter describing your family or an imaginary family.

 TIP **Use idea maps.** Idea maps help you group your information.

Organízalo
Use an idea map to help you list and organize information about your family.

Escríbelo
Using the material you have compiled, write the first draft of your letter. Use an appropriate greeting, such as **Querido/a** (*Dear*), and an appropriate closing, such as **Un abrazo** (*A hug*).

Corrígelo
Exchange papers with a classmate and comment on the organization, style, and grammatical correctness of each other's work. Then revise your first draft, keeping your classmate's comments in mind.

Compártelo
Read your letter aloud to a small group of classmates. Discuss how your families are similar (**semejantes**) and how they are different (**distintas**).

4 Un paso más

Create an illustrated family tree for your family and share it with the class. Your family tree might include these elements:

- A simple title
- A format that clearly shows the relationships between family members
- Photos of family members and their names, following Hispanic naming conventions
- A few adjectives that describe each family member.

 En Internet

Investiga estos temas en el sitio aventuras.vhlcentral.com.

- La familia en las culturas hispanas
- La amistad (*friendship*) en las culturas hispanas

Antes de leer

You don't need to understand every word you read in Spanish. When you come across words you haven't learned, try to guess what they mean by looking at the context—the surrounding words and sentences. Look at this article about families and find a few words or phrases you don't know. Then guess what they mean, using the context as your guide.

Familias de todo tipo

◄Hermana dedicada

Me llamo Isabel y tengo dieciocho años. Vivo con mi hermanito Daniel, mi padre Carlos y mi madre Estela. Estudio para programadora en la universidad. Soy muy buena para las computadoras. Por las tardes, le ayudo a Daniel a usar la computadora para hacer sus tareas. ¡Daniel aprende muy rápido!

Una madre► orgullosa

Me llamo Ángela. Tengo dos hijos. Estoy muy orgullosa de ellos. La mayor se llama Lourdes y el menor José María. Lourdes tiene 18 años y José María tiene 15 años. Mis dos hijos son unos excelentes estudiantes. Lourdes toma clases de arquitectura y José María toma clases de italiano.

Primas futbolistas ►

Me llamo Roberto Sandoval. Mi hija se llama Mónica y es una aficionada al fútbol. Los sábados y domingos ella juega al fútbol con su prima Carolina y juntas ven todos los partidos de fútbol en la televisión. Mónica y Carolina desean jugar en el equipo nacional. ¡Qué honor... dos primas en el equipo nacional!

Después de leer

¿Comprendiste?

Look at the magazine article and see how the words and phrases in the first box are used in context. Then find their translations in the second box.

1. ayudo _____	a. the oldest
2. aficionada _____	b. producer
3. la mayor _____	c. proud
4. el menor _____	d. they watch
5. orgullosa _____	e. I help
6. único _____	f. the youngest
	g. only
	h. fan

Preguntas

1. ¿Cuántas personas hay en la familia de Isabel?
_____

2. ¿Con quién vive Luis?
_____

3. ¿Cómo se llaman los abuelos de Luis?
_____

4. ¿Quiénes desean jugar en el equipo nacional?
_____

5. ¿Son Mónica y Carolina hermanas?
_____

6. ¿Cuántos hijos tiene Ángela?
_____

Coméntalo

¿Es similar tu familia a las familias del artículo? En tu opinión, ¿son ideales las familias del artículo? ¿Cómo es la familia ideal?

juega	plays
juntas	together
ven	they watch
partidos	games
jugar	to play
equipo	team
ni	nor

◀ Nieto único

Me llamo Luis y vivo con mi abuelo Artemio y mi abuela María. Soy su único nieto. No tengo hermanos ni primos. Mis abuelos trabajan mucho. Los fines de semana comemos con mis tías Carmen y Beatriz. Mis tías son muy cómicas.

MAYO DE 2003

recursos
aventuras.vhlcentral.com
Lección 3

La familia

el/la abuelo/a	grandfather/grandmother
el/la cuñado/a	brother-in-law/sister-in-law
el/la esposo/a	husband/wife; spouse
la familia	family
el/la hermanastro/a	stepbrother/stepsister
el/la hermano/a	brother/sister
el/la hijastro/a	stepson/stepdaughter
el/la hijo/a	son/daughter
los hijos	children; sons
la madrastra	stepmother
la madre	mother
el/la medio/a hermano/a	half-brother/half-sister
el/la nieto/a	grandson/granddaughter
la nuera	daughter-in-law
el padrastro	stepfather
el padre	father
los padres	parents
los parientes	relatives
el/la primo/a	cousin
el/la sobrino/a	nephew/niece
el/la suegro/a	father-in-law/mother-in-law
el/la tío/a	uncle/aunt
el yerno	son-in-law

Adjetivos

alto/a	tall
antipático/a	unpleasant
bajo/a	short
bonito/a	pretty
buen, bueno/a	good
delgado/a	thin; slender
difícil	difficult; hard
fácil	easy
feo/a	ugly
gordo/a	fat
gran, grande	big, large; great
guapo/a	handsome; good-looking
importante	important
inteligente	intelligent
interesante	interesting
joven	young
mal, malo/a	bad
mismo/a	same
moreno/a	dark-haired
mucho/a	much; many; a lot of
pelirrojo/a	red-haired
pequeño/a	small
rubio/a	blond
simpático/a	nice; likeable
tonto/a	silly; foolish
trabajador(a)	hard-working
viejo/a	old

Verbos

abrir	to open
aprender	to learn
asistir (a)	to attend
beber	to drink
comer	to eat
compartir	to share
comprender	to understand
correr	to run
creer (en)	to believe (in)
deber (+ inf.)	to have to; should
decidir	to decide
describir	to describe
escribir	to write
leer	to read
recibir	to receive
tener	to have
venir	to come
vivir	to live

Expresiones con *tener*

tener… años	to be… years old
tener (mucho) calor	to be (very) hot
tener (mucho) cuidado	to be (very) careful
tener (mucho) frío	to be (very) cold
tener ganas de (+ inf.)	to feel like (doing something)
tener (mucha) hambre	to be (very) hungry
tener (mucho) miedo	to be (very) afraid/scared
tener (mucha) prisa	to be in a (big) hurry
tener que (+ inf.)	to have to (do something)
tener razón	to be right
no tener razón	to be wrong
tener (mucha) sed	to be (very) thirsty
tener (mucho) sueño	to be (very) sleepy
tener (mucha) suerte	to be (very) lucky

Otras personas

el/la amigo/a	friend
la gente	people
el/la muchacho/a	boy/girl
el/la niño/a	child; boy/girl
el/la novio/a	boyfriend/girlfriend
la persona	person

Las profesiones

el/la artista	artist
el/la doctor(a)	doctor; physician
el/la ingeniero/a	engineer
el/la médico/a	doctor; physician
el/la periodista	journalist
el/la programador(a)	computer programmer

Expresiones útiles	See page 65.
Nationalities	See page 69.
Possessive adjectives	See page 70.

recursos

Text MP3s
Lección 3

aventuras.vhlcentral.com
Lección 3

4 El fin de semana

Communicative Goals

You will learn how to:

- talk about pastimes, weekend activities, and sports
- make plans and invitations
- say what you are going to do

PARA EMPEZAR

- ¿Cómo son estas personas? ¿Gordas o flacas?
- ¿Son pelirrojas, morenas o rubias?
- ¿Son jóvenes o viejas?
- ¿Tienen calor o frío?
- ¿Crees que son amigos?

EL FIN DE SEMANA

pasear en bicicleta
to ride a bicycle

LAS ACTIVIDADES Y LAS DISTRACCIONES

escalar montañas *to climb mountains*

escribir una carta *to write a letter*

un mensaje electrónico *to write an e-mail*

esquiar *to ski*

ir de excursión (a las montañas) *to go on a hike (in the mountains)*

leer el periódico *to read the newspaper*

el correo electrónico *to read e-mail*

una revista *to read a magazine*

nadar en la piscina *to swim in the pool*

pasear por la ciudad/el pueblo *to walk around the city/town*

practicar deportes (m. pl.) *to practice sports*

ver películas *to see movies*

visitar un monumento *to visit a monument*

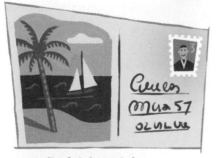

patinar (en línea)
to skate (in-line)

tomar el sol
to sunbathe

una (tarjeta) postal
a postcard

bucear
to scuba dive

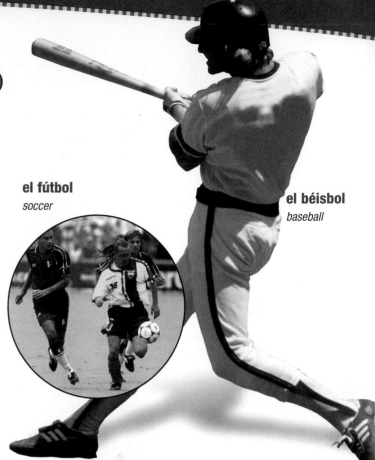
el béisbol
baseball

LOS DEPORTES

el **baloncesto** *basketball*

el **ciclismo** *cycling*

el **esquí (acuático)** *(water) skiing*

el **fútbol americano** *football*

el **golf** *golf*

el **hockey** *hockey*

la **natación** *swimming*

el **tenis** *tennis*

el **vóleibol** *volleyball*

el **equipo** *team*

el/la **jugador(a)** *player*

el **partido** *game*

la **pelota** *ball*

ganar *win*

ser aficionado/a (a) *to be a fan (of)*

deportivo/a *sports-related*

el fútbol
soccer

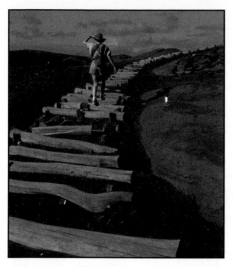

el/la excursionista
hiker

Variación léxica

piscina ⟷ pileta (*Arg.*), alberca (*Méx.*)

baloncesto ⟷ básquetbol (*Amér. L.*)

béisbol ⟷ pelota (*P. Rico, Rep. Dom.*)

LOS LUGARES

la **casa** *house*

el **centro** *downtown*

el **cine** *movie theater*

el **gimnasio** *gym, gymnasium*

el **museo** *museum*

el **parque** *park*

el **restaurante** *restaurant*

la iglesia
church

el café
café

OTRAS PALABRAS

la **diversión** *entertainment; fun activity*

el **fin de semana** *weekend*

el **lugar** *place*

el **pasatiempo** *pastime, hobby*

los **ratos libres** *spare time*

el **tiempo libre** *free time*

favorito/a *favorite*

pasar el tiempo *to spend time*

la piscina
pool

A escuchar

1 **Una estudiante muy activa** Every day Laura does many things. Number the drawings in the order in which you hear Laura mention them.

2. 1

3. 2

1. 3

4. 4

5. 5

2 **¿Qué haces?** Berta and Julio are discussing their plans for this weekend. Listen to their conversation and mark the activities that correspond to each person.

Berta **Julio**

	Berta	Julio
1. El domingo voy a la piscina con mis amigas.	✓	☐
2. El sábado voy a jugar un partido de fútbol.	☐	✓
3. Voy a ver una película.	✓	✓
4. Practico el fútbol todos los días.	☐	✓
5. El sábado por la tarde trabajo en el café de mis padres.	✓	☐

A practicar

3 **Tiempo libre** Indicate whether each statement is **cierto** or **falso**.

Gustavo y Simón

Los chicos

José

Don Fernando

Maribel

Doña Leonor

1. ___C___ Gustavo y Simón pasean por la ciudad en bicicleta.
2. ___C___ Los chicos juegan al fútbol.
3. ___F___ José hace una excursión a las montañas.
4. ___C___ Don Fernando lee el periódico en el parque.
5. ___F___ Maribel patina en línea.
6. ___C___ Doña Leonor pasea por la ciudad.

4 **Los pasatiempos** Circle the word or phrase that doesn't belong.

1. (bucear) • ir de excursión • leer una revista • esquiar
2. el baloncesto • (el ciclismo) • el vóleibol • el fútbol
3. (la natación) • el cine • el café • la iglesia
4. (el golf) • la aficionada • el jugador • el excursionista
5. el periódico • (el pasatiempo) • la revista • el correo
6. ver películas • ir al museo • (practicar el hockey) • leer un periódico

5 **Dos amigos** Complete the conversation with the words given.

LUISA ¿Cómo te gusta (1) _pasar_ los ratos libres, Manuel?

MANUEL Bueno, Luisa, no tengo mucho (2) _tiempo_ libre,
pero los fines de (3) _semana_ me gusta ver películas.
Y tú, Luisa, ¿cuáles son tus (4) _pasatiempo_ favoritos?

LUISA Voy al (5) _gimnasio_ Nado en la (6) _piscina_.
Y los sábados juego al (7) _vóleibol_.

MANUEL ¡Uf! ¿Y qué haces para descansar?

LUISA Pues… para descansar me gusta ver películas.

MANUEL ¡Excelente! Hay una buena en un (8) _cine_ del (9) _centro_ ¿Quieres ir?

LUISA Sí, Manuel. Buena idea.

centro	pasar	semana
cine	pasatiempos	tiempo
gimnasio	piscina	vóleibol

A conversar

 6 ¿Y tú? Interview your partner using these questions.

1. ¿Te gustan los deportes?

2. ¿Qué deportes practicas?

3. ¿Cuál es tu deporte favorito? ¿Por qué te gusta?

4. ¿Te gusta pasear en bicicleta? ¿Dónde paseas y con quién?

5. ¿Escribes muchos mensajes electrónicos? ¿Te gusta recibir mensajes electrónicos?

6. ¿Qué periódicos y revistas lees? ¿Por qué?

 7 En el campus With a partner, describe what the people in the illustration are doing.

 8 ¿Quién soy? Using **yo** forms, write a description of a famous athlete and read it to the class, mentioning the athlete's initials (**iniciales**). The class will guess who you described.

modelo

Estudiante: Soy muy famosa. Vivo en la Florida con mi familia. Practico el tenis. Soy una jugadora profesional. Mi hermana practica el tenis también. Mis iniciales son V. W. ¿Quién soy?

Clase: ¿Eres Venus Williams?

Estudiante: ¡Sí!

🎧 Pronunciación

Word stress and accent marks

. . . .

pe-lí-cu-la   **e-di-fi-cio**   **ver**   **yo**

Every Spanish syllable contains at least one vowel. When two vowels (two weak vowels or one strong and one weak) are joined in the same syllable, they form a **diphthong**. A **monosyllable** is a word formed by a single syllable.

. . . .

bi-blio-te-ca   **vi-si-tar**   **par-que**   **fút-bol**

The syllable of a Spanish word that is pronounced most emphatically is the "stressed" syllable.

. . . .

pe-lo-ta   **pis-ci-na**   **ra-tos**   **ha-blan**

Words that end in **n, s,** or a **vowel** are usually stressed on the next-to-last syllable.

. . . .

na-ta-ción   **pa-pá**   **in-glés**   **Jo-sé**

If words that end in **n, s,** or a **vowel** are stressed on the last syllable, they must carry an accent mark on the stressed syllable.

. . . .

bai-lar   **es-pa-ñol**   **u-ni-ver-si-dad**   **tra-ba-ja-dor**

Words that do **not** end in **n, s,** or a **vowel** are usually stressed on the last syllable.

. . . .

béis-bol   **lá-piz**   **ár-bol**   **Gó-mez**

If words that do **not** end in **n, s,** or a **vowel** are stressed on the next-to-last syllable, they must carry an accent mark on the stressed syllable.

. . . .

Práctica Pronounce each word, stressing the correct syllable. Then give the word stress rule for each word.

1. profesor
2. Puebla
3. ¿Cuántos?
4. Mazatlán
5. examen
6. ¿Cómo?
7. niños
8. Guadalajara
9. programador
10. México
11. están
12. geografía

Oraciones Read the conversation aloud to practice word stress.

MARINA Hola, Carlos. ¿Qué tal?

CARLOS Bien. Oye, ¿a qué hora es el partido de fútbol?

MARINA Creo que es a las siete.

CARLOS ¿Quieres ir?

MARINA Lo siento, pero no puedo. Tengo que estudiar biología.

Refranes Read these sayings aloud to practice word stress.

En la unión está la fuerza.[2]

Quien ríe de último, ríe mejor.[1]

1 He who laughs last laughs loudest.
2 In unity, there is strength.

recursos			
LM p. 20	Text MP3s Lección 4	Lab MP3s Lección 4	aventuras.vhlcentral.com Lección 4

¡Vamos al parque!

Los estudiantes pasean por la ciudad y hablan de sus pasatiempos.

DON FRANCISCO Tienen una hora libre.
Pueden explorar la ciudad, si quieren.

JAVIER Inés, ¿quieres ir a pasear por
la ciudad?

INÉS Sí, vamos.

ÁLEX ¿Por qué no vamos al parque, Maite?
Podemos hablar y tomar el sol.

MAITE ¡Buena idea! También quiero escribir
unas postales.

ÁLEX ¡Maite!

MAITE ¡Dios mío!

JOVEN Mil perdones. Lo siento muchísimo.

MAITE ¡No es nada! Estoy bien.

ÁLEX Ya son las dos y treinta. Debemos
regresar al autobús, ¿no?

MAITE Tienes razón.

ÁLEX Oye, Maite, ¿qué vas a hacer esta noche?

MAITE No tengo planes. ¿Por qué?

Para recordar

Before doing this **Fotonovela** section, review the previous one with this activity.

1. _____ tiene una familia grande.
2. El _____ de Javier es viejo y trabajador.
3. _____ no tiene hermanos.
4. Inés tiene _____ hermanas.

MAITE ¿Eres aficionado a los deportes, Álex?

ÁLEX Sí, me gusta mucho el fútbol. Me gusta también nadar, correr e ir de excursión a las montañas.

MAITE Yo también corro mucho.

ÁLEX Oye, Maite, ¿por qué no jugamos al fútbol con él?

MAITE Mmm… No quiero.
Voy a terminar de escribir unas postales.

ÁLEX Eh, este… A veces salgo a correr por la noche. ¿Quieres venir a correr conmigo?

MAITE Sí, vamos. ¿A qué hora?

ÁLEX ¿A las seis?

MAITE Perfecto.

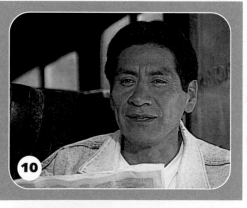

DON FRANCISCO Esta noche van a correr. ¡Y yo no tengo energía para pasear!

Expresiones útiles

Making invitations

¿Por qué no vamos al parque?
Why don't we go to the park?

¡Buena idea!
Good idea!

¿Por qué no jugamos al fútbol?
Why don't we play soccer?

Mmm… no quiero.
Hmm… I don't want to.

Lo siento, pero no puedo.
I'm sorry, but I can't.

¿Quieres pasear por la ciudad conmigo?
Do you want to walk around the city with me?

Sí, vamos.
Yes, let's go.

Making plans

¿Qué vas a hacer esta noche?
What are you going to do tonight?

No tengo planes.
I don't have any plans.

Talking about pastimes

¿Eres aficionado/a a los deportes?
Are you a sports fan?

Sí, me gustan todos los deportes.
Yes, I like all sports.

Sí, me gusta mucho el fútbol.
Yes, I like soccer a lot.

Apologizing

Mil perdones./Lo siento muchísimo.
I'm so sorry.

PERSONAJES

DON FRANCISCO   JAVIER   INÉS   ÁLEX   MAITE   JOVEN

¿Qué piensas?

1 Ordenar Put the following events in order from 1 to 5.

_____1_____ a. Álex y Maite deciden ir al parque.

_____3_____ b. Álex y el joven juegan al fútbol.

_____5_____ c. Maite y Álex vuelven al autobús.

_____2_____ d. Maite decide escribir unas postales.

_____4_____ e. El joven causa un accidente.

2 Pasatiempos Scan **Aventuras** and indicate which pastimes the characters mention. Then indicate whether you participate in each pastime.

ÁLEX

Fútbol, nadar, correr, ir de excursión a las montañas

MAITE

Correr, escribir

3 Preguntas Get together with a partner and take turns asking each other these questions.

1. ¿Qué desean hacer Inés y Javier?
   Desean posear por la ciudad.

2. ¿Cuáles son los deportes favoritos de Álex?
   Fútbol, nadar, correr

3. ¿Qué desea hacer Maite en el parque?
   Escribir unas postales

4. ¿Qué desea hacer Álex en el parque?
   Hablar y tomar el sol

5. ¿Qué deciden hacer Álex y Maite esta noche?
   Ir a correr

6. ¿Cuáles son tus pasatiempos favoritos?
   Montar caballos, hacer ejercicio

7. ¿Cuáles son los pasatiempos favoritos de tu mejor (best) amigo/a?
   El mismo de yo.

Exploración
El fútbol: pasión de multitudes

La Copa Mundial de Fútbol (*World Cup*) es uno de los eventos más vistos en los países hispanos. Los aficionados celebran los triunfos de sus equipos con grandes fiestas en los centros de las ciudades.

El Real Madrid, equipo español, ha ganado (*has won*) la Copa de Europa nueve veces.

El fútbol es el deporte más popular en todo el mundo hispanohablante. El Estadio Azteca de la Ciudad de México tiene una capacidad de 106.000 (clento seis mil) espectadores. Es el estadio más grande (*the biggest*) de los países hispanohablantes.

Estadísticas de la Copa Mundial

Equipos ganadores

Argentina	2
Uruguay	2

Equipos con más participaciones

Argentina	13
México	12

Jugadores con más participaciones

Antonio Carvajal, Méx.	5
Pedro Rocha, Uru.	4
Andoni Zubizarreta, Esp.	4

Mundiales sin un equipo suramericano en la final	6

Coméntalo

With a classmate, discuss these questions.

- ¿Te gusta el fútbol? Explica por qué.
- ¿Crees que el fútbol va a ser más (*is going to be more*) popular en los Estados Unidos?
- ¿Se juega (*do they play*) al fútbol en tu comunidad?

recursos

aventuras.vhlcentral.com
Lección 4

4.1 The present tense of ir

ir (to go)

Singular forms		Plural forms	
yo	voy	nosotros/as	vamos
tú	vas	vosotros/as	vais
Ud./él/ella	va	Uds./ellos/ellas	van

▸ The verb **ir** (*to go*) is irregular in the present tense.

▸ **Ir** is often used with the preposition **a** (*to*). When **a** is followed by the article **el,** they form the contraction **al.** There is no contraction when **a** is followed by **la, las,** and **los.**

a + el = al

Voy al cine con María.
I'm going to the movies with María.

Ellos **van a** las montañas.
They are going to the mountains.

▸ The construction **ir a** + [*infinitive*] expresses actions that are going to happen in the future. It is equivalent to the English *to be going to* + [*infinitive*].

Voy a escribir unas postales.

Álex y Maite van a volver al autobús.

▸ **Vamos a** + [*infinitive*] can also express the idea of *let's (do something).*

Vamos a pasear.
Let's take a stroll.

¡Vamos a ver!
Let's see!

¡ojo! Use **adónde** instead of **dónde** when asking a question with **ir.**

¿Adónde vas?
Where are you going?

¿Adónde van hoy?
Where are they going today?

¡Manos a la obra!

Provide the present tense forms of **ir.**

1. Ellos __van__ .
2. Yo __voy__ .
3. Tu novio __va__ .
4. Adela __va__ .
5. Mi prima y yo __vamos__
6. Tú __vas__ .
7. Ustedes __van__ .
8. Nosotros __vamos__ .
9. Usted __va__ .
10. Nosotras __vamos__
11. Miguel __va__ .
12. Ellos __van__.

Práctica

1 Adivina Roberto has gone to see Doña Imelda, a fortune teller. Using **ir a** + [*infinitive*], say what Doña Imelda predicts.

modelo

Tu hermano Gabriel ___va a___ ir a Europa.

1. Tú __vas a__ correr en el Maratón de Boston.
2. Tú y tu familia __van a__ escalar el monte Everest.
3. Tu hermano Pablo __va a__ jugar en la Liga Nacional de Fútbol.
4. Tu hermana Tina __va a__ recibir una carta misteriosa.
5. Tu hermana Rosario __va a__ patinar en los Juegos Olímpicos.
6. Tus padres __van a__ tomar el sol en Acapulco.
7. Tú __vas a__ ver las pinturas (*paintings*) de tu amiga en el Museo Nacional de Arte.
8. ¡Y yo __voy a__ ser muy, muy rica!

2 ¿Adónde vas? You and some friends are visiting Madrid. Work with a partner and ask each other which sites you will visit today. Use the cues provided in the map.

modelo

Estudiante 1: ¿Adónde va Ricardo?
Estudiante 2: Va al Palacio Real.

Conversación

Situaciones With a partner, say where you and your friends go in the following situations.

1. Cuando deseo descansar…
2. Cuando mi novio/a tiene que estudiar…
3. Si mis amigos necesitan practicar el español…
4. Si deseo hablar con unos amigos…
5. Cuando tengo dinero (money)…
6. Cuando mis amigos y yo tenemos hambre…
7. Si tengo tiempo libre…
8. Cuando mis amigos desean esquiar…
9. Si estoy de vacaciones (on vacation)…
10. Si quiero leer…

Encuesta Walk around the class and ask your classmates if they are going to do these activities today. Try to find at least two people for each item and write their names on the worksheet. Report your findings to the class.

Actividades	Nombres
1. Comer en un restaurante	_____
2. Mirar la televisión	_____
3. Leer una revista	_____
4. Escribir un mensaje electrónico	_____
5. Correr	_____
6. Ver una película	_____
7. Pasear en bicicleta	_____
8. Estudiar en la biblioteca	_____

5 Entrevista Interview two classmates to find out what they are going to do this weekend.

modelo

Estudiante 1: ¿Adónde vas este (this) fin de semana?
Estudiante 2: Voy a Guadalajara con mis amigos.
Estudiante 1: ¿Y qué van a hacer (to do) ustedes en Guadalajara?
Estudiante 2: Vamos a visitar unos monumentos y unos museos.

Español en vivo

Esta familia siempre va a estar unida, porque el Banco Atlantis siempre va a estar con ellos.

Luis va a trabajar lejos de su familia, pero ellos van a estar tranquilos. Luis va a depositar su sueldo en el Banco Atlantis y así, él va a ahorrar mucho dinero.

BANCO ATLANTIS
Vamos a ganarle dinero

Identificar

Scan the advertisement above and identify the instances where the **ir a** + [infinitive] construction is used.

Preguntas

1. ¿Quiénes son las personas de la familia?
2. ¿Cómo va a estar la familia?
3. ¿Qué va a hacer (to do) el hijo?
4. En tu opinión, ¿por qué el hijo escoge (does he choose) el Banco Atlantis?

4.2 Stem-changing verbs: e → ie, o → ue

▶ In stem-changing verbs, the stressed vowel of the stem changes when the verb is conjugated.

INFINITIVE	VERB STEM	STEM CHANGE	CONJUGATED FORM
empezar	empez-	empiez-	empiezo
volver	volv-	vuelv-	vuelvo

▶ In many verbs, such as **empezar** (*to begin*), the stem vowel changes from **e** to **ie**. Note that the **nosotros/as** and **vosotros/as** forms don't have a stem change.

empezar (e:ie)

Singular forms		Plural forms	
yo	empiezo	nosotros/as	empezamos
tú	empiezas	vosotros/as	empezáis
Ud./él/ella	empieza	Uds./ellos/ellas	empiezan

Álex y Maite
vuelven al
autobús.

Álex empieza
a enviar
mensajes.

▶ In many other verbs, such as **volver** (*to return*), the stem vowel changes from **o** to **ue**. The **nosotros/as** and **vosotros/as** forms have no stem change.

volver (o:ue)

Singular forms		Plural forms	
yo	vuelvo	nosotros/as	volvemos
tú	vuelves	vosotros/as	volvéis
Ud./él/ella	vuelve	Uds./ellos/ellas	vuelven

▶ To help you identify stem-changing verbs, they will appear as follows throughout the text:

empezar (e:ie) volver (o:ue)

Práctica

1 **Preferencias** With a partner, take turns asking and answering questions about what these people want to do.

> **modelo**
> Guillermo: estudiar / pasear en bicicleta
> Estudiante 1: ¿Quiere estudiar Guillermo?
> Estudiante 2: No, prefiere pasear en bicicleta.

1. **tú:** trabajar / dormir
_____

2. **ustedes:** mirar la televisión / ir al cine
_____

3. **tus amigos:** ir de excursión / descansar
_____

4. **tú:** comer en la cafetería / ir a un restaurante
_____

5. **Elisa:** ver una película / leer una revista
_____

6. **María y su hermana:** tomar el sol / practicar el esquí _____

2 **El día del partido** Complete this pre-game conversation between two friends with the appropriate verb forms. Then act it out with a partner.

PABLO Óscar, voy al centro ahora. (1) ¿_____ [querer] venir?

ÓSCAR No, yo (2) _____ [preferir] descansar un poco y ver la televisión.

PABLO ¡Qué perezoso (*how lazy*) eres!

ÓSCAR No, hombre. Es que estoy muy cansado.

PABLO Todos los días la misma cosa...

ÓSCAR Vas a ver, vas a ver... Oye, ¿a qué hora (3) _____ [pensar] regresar? El partido de fútbol (4) _____ [empezar] a las dos.

PABLO A la una. (5) _____ [querer] ver el partido también.

ÓSCAR (6) ¿_____ [pensar] que (*that*) nuestro equipo (7) _____ [poder] ganar?

PABLO No, (8) _____ [pensar] que vamos a (9) _____ [perder]. Los jugadores del Guadalajara (10) _____ [jugar] muy bien.

Conversación

3 **En la televisión** Read the listing of sports events to be televised this weekend and choose the programs you want to watch. Compare your choices with a classmate and explain why you made them. Then agree on one program you will watch together on each day.

sábado

13:30 NATACIÓN
1   Copa Mundial *(World Cup)* de Natación
15:00 TENIS
8   Abierto *(Open)* Mexicano de Tenis: Alejandro Hernández (México) vs. Jacobo Díaz (España) Semifinales
16:00 FÚTBOL NACIONAL
3   Chivas vs. Monterrey
16:30 FÚTBOL AMERICANO PROFESIONAL
21 los Vaqueros de Dallas vs. los Leones de Detroit
20:00 BALONCESTO PROFESIONAL
16 los Knicks de Nueva York vs. los Toros de Chicago

domingo

13:00 GOLF
40 Audi Senior Classic: Lee Treviño, Jack Nicklaus, Arnold Palmer
14:30 VÓLEIBOL
1   Campeonato *(Championship)* Nacional de México
16:00 BALONCESTO
3   Campeonato de Cimeba: los Correcaminos de Tampico vs. los Santos de San Luis Final
17:00 ESQUÍ ALPINO
19 Eslálom
18:30 FÚTBOL INTERNACIONAL
30 Copa América: México vs. Argentina. Ronda final
20:00 PATINAJE ARTÍSTICO
16 Exhibición mundial

4 **Turistas** You and two classmates are spending a long weekend in a new city. Talk about the things you want to do, then fill in the day-planner with the things you plan to do each day. Use **querer** and **pensar**.

SÁBADO

DOMINGO

5 **Situación** Your instructor will give you and your partner handouts so that you may complete this information gap activity.

---

e:ie		o:ue	
cerrar	to close	dormir	to sleep
comenzar	to begin	encontrar	to find
empezar	to begin	mostrar	to show
entender	to understand	poder	to be able to; can
pensar	to think	recordar	to remember
perder	to lose; to miss	volver	to return
preferir	to prefer		
querer	to want; to love		

Common stem-changing verbs

▶ **Jugar** (*to play* a sport or a game) is the only Spanish verb that has a **u:ue** stem change. **Jugar** is followed by **a** + [*definite article*] when the name of a sport or game is mentioned.

Me gusta mucho jugar al fútbol.

Álex y el joven juegan al fútbol.

▶ **Comenzar** and **empezar** require the preposition **a** when they are followed by an infinitive.

Comienzan a jugar a las siete.
They begin playing at seven.

Ana **empieza a** escribir una postal.
Ana starts to write a postcard.

▶ **Pensar** + [*infinitive*] means *to plan* or *to intend to do something*. **Pensar en** means *to think about someone or something.*

¿**Piensan** ir al gimnasio?
Are you planning to go to the gym?

¿**En** qué **piensas**?
What are you thinking about?

¡Manos a la obra!

Provide the correct forms of the verbs.

cerrar (e:ie)	dormir (o:ue)
1. Ustedes **cierran**.	1. Mi abuela no **duerme**.
2. Tú cierras	2. Yo no duermo
3. Nosotras cerramos	3. Tú no duermes
4. Mi hermano cierra	4. Mis hijos no duermen
5. Yo cierro	5. Usted no duerme
6. Usted cierra	6. Nosotros no dormimos
7. Los chicos cierran	7. Él no duerme
8. Ella cierra	8. Ustedes no duermen

4.3 Stem-changing verbs: e → i

▸ In some verbs, such as **pedir** (*to ask for; to request*), the stressed vowel in the stem changes from **e** to **i**, as shown in the diagram.

INFINITIVE	VERB STEM	STEM CHANGE	CONJUGATED FORM
pedir ▸	ped- ▸	pid- ▸	pido

▸ As with other stem-changing verbs you have learned, there is no stem change in the **nosotros/as** or **vosotros/as** forms in the present tense.

pedir (e:i)

	Singular forms		Plural forms
yo	pido	nosotros/as	pedimos
tú	pides	vosotros/as	pedís
Ud./él/ella	pide	Uds./ellos/ellas	piden

▸ To help you identify verbs with the **e:i** stem change, they will appear as follows throughout the text:

pedir (e:i)

▸ The following are the most common **e:i** stem-changing verbs:

conseguir	repetir	seguir
to get; to obtain	*to repeat*	*to follow; to continue; to keep (doing something)*

Le pido un favor a un amigo.
I'm asking a friend for a favor.
Consiguen ver buenas películas.
They get to see good movies.

Repito la pregunta.
I repeat the question.
Sigue esperando.
He keeps waiting.

¡ojo! The **yo** forms of **seguir** and **conseguir** have a spelling change as well as a stem change.

Sigo su plan.
I'm following their plan.
Consigo novelas en la librería.
I get novels at the bookstore.

¡Manos a la obra!

Provide the correct forms of the verbs.

repetir (e:i)	pedir (e:i)	seguir (e:i)
1. Arturo y Eva _repiten_ .	1. Yo _pido_ .	1. Yo _sigo_ .
2. Yo _repito_ .	2. Él _pide_.	2. Nosotros _seguimos_
3. Nosotros _repetimos_	3. Tú _pides_	3. Tú _sigues_
4. Julia _repite_.	4. Usted _pide_ .	4. Los chicos _siguen_
5. Sofía y yo _repetimos_	5. Ellas _piden_.	5. Usted _sigue_.
6. Tú _repites_	6. Nosotros _pedimos_	6. Anita _sigue_

Práctica

1 **En la clase** You're teaching Spanish at an elementary school. Fill in the blanks to describe a typical day in your class. Use stem-changing verbs (**e:ie**), (**o:ue**), and (**e:i**).

1. Yo entro en la clase y _cierro_ [cerrar] la puerta.
2. La clase _comienza_ [comenzar] a las nueve en punto.
3. Yo _pido_ [pedir] la tarea del día anterior (*previous*).
4. Los estudiantes _repiten_ [repetir] las palabras del vocabulario.
5. Pablo no _sigue_ [seguir] mis instrucciones.
6. Pedro _pierde_ [perder] su lápiz.
7. Otro estudiante _encuentra_ [encontrar] el lápiz de Pedro.
8. La clase termina y yo _____ [volver] a casa muy cansado/a.

2 **Combinar** Combine words from the columns to create sentences about yourself and people you know.

Yo	pedir muchos favores
Mi compañero/a de cuarto	dormir hasta el mediodía
Mi mejor (*best*) amigo/a	nunca (*never*) pedir perdón
Mi familia	nunca seguir las instrucciones del profesor
Mis amigos/as	siempre seguir las instrucciones del profesor
Mis amigos/as	conseguir libros en Internet
Mis padres	poder hablar dos lenguas extranjeras
Mi hermano/a	repetir el vocabulario
Mi profesor(a) de español	siempre perder sus libros

Conversación

3 **Opiniones** Work in pairs to guess how your partner completed the sentences from **Actividad 2**. If you guess incorrectly, your partner must supply the correct answer. Switch roles.

> **modelo**
>
> **Estudiante 1: Tus padres consiguen libros en Internet.**
> **Estudiante 2: ¡No! Mi hermana consigue libros en Internet.**

4 **Las películas** Use these questions to interview a classmate.

1. ¿Prefieres las películas románticas, las películas de acción o las películas de horror? ¿Por qué?

2. ¿Dónde consigues información sobre (*about*) una película?

3. ¿Dónde consigues las entradas (*tickets*) para una película?

4. Para decidir qué películas vas a ver, ¿sigues las recomendaciones de los críticos?

5. ¿Qué cines en tu comunidad muestran las mejores (*best*) películas?

6. ¿Vas a ver una película esta semana? ¿A qué hora empieza la película?

Español en vivo

Identificar

Scan the movie poster above and identify the stem-changing verbs.

Preguntas

1. ¿Qué palabras indican que *Un mundo azul oscuro* (*Dark Blue World*) es una película dramática?

2. ¿Cuántas personas hay en el póster?

3. ¿Cómo son las personas del póster? ¿Qué relación tienen?

4. ¿Te gustan las películas como ésta (*this one*)?

4.4 Verbs with irregular yo forms

▶ In Spanish, several verbs have irregular **yo** forms in the present tense.

▶ The verbs **hacer** (*to do, to make*), **poner** (*to put, to place*), **salir** (*to leave*), **suponer** (*to suppose*), and **traer** (*to bring*) have **yo** forms that end in **–go**. The other forms are regular.

Verbs with irregular yo forms

	hacer	poner	salir	suponer	traer
yo	hago	pongo	salgo	supongo	traigo
tú	haces	pones	sales	supones	traes
Ud./él/ella	hace	pone	sale	supone	trae
nosotros/as	hacemos	ponemos	salimos	suponemos	traemos
vosotros/as	hacéis	ponéis	salís	suponéis	traéis
Uds./ellos/ellas	hacen	ponen	salen	suponen	traen

A veces salgo a correr por la noche.

Nunca salgo a correr, no hago ejercicio, pero sí tengo energía... ¡para leer el periódico y tomar un café!

▶ **Poner** can mean *to turn on* a household appliance.

Carlos **pone** la radio.
Carlos turns on the radio.

María **pone** la televisión.
María turns on the television.

▶ **Salir de** is used to indicate that someone is leaving a particular place.

Hoy **salgo del** hospital.
Today I leave the hospital.

Sale de la clase a las cuatro.
He leaves class at four.

▶ **Salir para** is used to indicate someone's destination.

Mañana **salgo para** México.
Tomorrow I leave for Mexico.

Hoy **salen para** España.
Today they leave for Spain.

▶ **Salir con** means *to leave with someone or something,* or *to date someone.*

Alberto **sale con** su amigo.
Alberto is leaving with his friend.

Hoy voy a **salir con** mi hermana.
Today I'm going out with my sister.

Margarita **sale con** Guillermo.
Margarita is going out with Guillermo.

Mi primo **sale con** una chica muy bonita.
My cousin is going out with a very pretty girl.

Práctica

1 Completar Complete this conversation with the appropriate verb forms. Then act it out with a partner.

ERNESTO David, ¿qué (1) haces [hacer] hoy?

DAVID Ahora estudio biología, pero esta noche (2) salgo [salir] con Luisa. Vamos al cine. Queremos (3) ver [ver] la nueva (*new*) película de Almodóvar.

ERNESTO ¿Y Diana? ¿Qué (4) hace [hacer] ella?

DAVID (5) Sale [salir] a comer con sus padres.

ERNESTO ¿Qué (6) hacen [hacer] Andrés y Javier?

DAVID Tienen que (7) hacer [hacer] las maletas. (8) Salen [salir] para Monterrey mañana.

ERNESTO Pues, ¿qué (9) hago [hacer] yo?

DAVID (10) Supongo [suponer] que puedes estudiar o (11) ver [ver] la televisión.

ERNESTO No quiero estudiar. Mejor (12) pongo [poner] la televisión.

2 Describir Form complete sentences with the cues provided.

1. Fernán/poner

2. Yo/traer

3. Nosotras/ver

4. El estudiante/hacer

3 Oraciones Form sentences using the cues given.

modelo
Tú / ? / los libros / debajo de / escritorio
Tú pones los libros debajo del escritorio.

1. Nosotros / ? / mucha / tarea
2. ¿Tú / ? / la radio?
3. Yo / no / ? / el problema
4. Marta / ? / una grabadora / clase
5. Los señores Marín / ? / su casa / siete
6. Yo / ? / que (*that*) / tú / ir / cine / ¿no?

Conversación

4 Preguntas Get together with a classmate and ask each other these questions.

1. ¿A qué hora sales de tu residencia o de tu casa por la mañana? ¿A qué hora llegas a la universidad?
2. ¿A qué hora comienza la clase de español?
3. ¿Traes un diccionario a la clase de español? ¿Por qué? ¿Qué más traes?
4. ¿A qué hora salimos de la clase de español?
5. Cuando vuelves a la casa, ¿dónde pones tus libros? ¿Siempre (*always*) pones tus cosas en su lugar?
6. ¿Pones fotos de tu familia en tu casa? ¿De quiénes son las fotos?
7. ¿Cuándo estudias? ¿Haces la tarea cada (*each*) noche o prefieres ver la televisión?
8. ¿Oyes la radio cuando estudias?
9. ¿Qué vas a hacer mañana?
10. ¿Qué haces los fines de semana? ¿Sales con los amigos? ¿Adónde van?

5 Charadas In groups, play a game of charades. Each person should think of a phrase using **hacer, poner, salir, oír, traer,** or **ver** and act out the phrase. The first person to guess correctly acts out the next charade.

6 Situación Ask a classmate if he or she wants to go out. He or she will accept. Then find out what activities your classmate prefers so you can decide where you want to go. Finally, negotiate the place and the time for your date with your classmate.

The verbs ver and oír

The verb **ver** (*to see*) has an irregular **yo** form. The other forms of **ver** are regular but note that the **vosotros/as** forms do not carry an accent.

ver (to see)

Singular forms		Plural forms	
yo	veo	nosotros/as	vemos
tú	ves	vosotros/as	veis
Ud./él/ella	ve	Uds./ellos/ellas	ven

Oye, ¿por qué no jugamos al fútbol?

Maite ve la pelota.

The verb **oír** (*to hear*) has an irregular **yo** form and a spelling change in the **tú, usted, él, ella, ustedes, ellos,** and **ellas** forms. The **nosotros/as** and **vosotros/as** forms have an accent mark.

oír (to hear)

Singular forms		Plural forms	
yo	oigo	nosotros/as	oímos
tú	oyes	vosotros/as	oís
Ud./él/ella	oye	Uds./ellos/ellas	oyen

Oigo a unas personas en la otra sala. | **¿Oyes** la música latina?
I hear some people in the other room. | *Do you hear the Latin music?*

¡Manos a la obra!

Provide the correct forms of the verbs.

1. **salir** — Isabel _sale_. Nosotros _salimos_. Yo _salgo_.
2. **ver** — Yo _veo_. Ustedes _ven_. Tú _ves_.
3. **poner** — Rita y yo _ponemos_. Yo _pongo_. Los niños _ponen_.
4. **hacer** — Yo _hago_. Tú _haces_. Usted _hace_.
5. **oír** — Él _oye_. Nosotros _oímos_. Yo _oigo_.
6. **traer** — Ellas _traen_. Yo _traigo_. Tú _traes_.
7. **suponer** — Yo _supongo_. Mi amigo _supone_. Nosotras _suponemos_.

Repaso

4.1 The present tense of ir

1 Estoy aburrido/a (*bored*) You are bored. With a partner, take turns suggesting various places you can go or things you can do.

> **modelo**
>
> Estudiante 1: Estoy aburrido/a.
> Estudiante 2: ¡Vamos al parque!
> Estudiante 1: No, no deseo ir al parque ahora. Vamos . . .

2 Agendas para la semana Make a schedule listing your activities for this week. Write at least one or two activities for each day. Then in groups of three compare what you are going to do.

> **modelo**
>
> domingo: practicar tenis, terminar la tarea
> Estudiante 1: El domingo voy a practicar tenis. ¿Van ustedes a practicar tenis también?
> Estudiante 2: No, no voy a practicar tenis el domingo. Voy a terminar la tarea.
> Estudiante 3: Sí, voy a practicar tenis también.

4.2 Stem-changing verbs: e → ie, o → ue

3 Describir It's Saturday afternoon. Describe what this family is doing based on the cues provided.

1. papá / jugar / golf
   _____

2. niños / preferir / nadar / piscina
   _____

3. yo / pensar / jugar / béisbol
   _____

4. mamá / querer / leer / revista
   _____

5. Los gatos Fritz y Mauricio / dormir / casa
   _____

6. El perro Maximiliano / encontrar / una pelota
   _____

4 Entrevista Use these questions to interview a classmate.

1. ¿A qué hora vuelves a casa (a la residencia) hoy?
2. ¿Recuerdas la dirección de correo electrónico del / de la profesor/a? ¿Cuál es?
3. ¿Qué piensas del / de la profesor/a de español?
4. ¿A qué hora empiezas a estudiar por la noche?
5. ¿Duermes mucho? ¿Cuántas horas duermes?
6. ¿Pierdes tus cosas mucho?

4.3 Stem-changing verbs: e → i

5 Oraciones Form sentences using the cues provided. Use stem-changing verbs **(e:ie)**, **(o:ue)**, and **(e:i)**.

1. ¿Querer / conocer / equipo / fútbol / Monterrey?
2. Por favor / conseguir / entrevista (*interview*) / Monterrey
3. Yo / no / querer / perder / oportunidad (*opportunity*) / conocer / Monterrey
4. El equipo / jugar / Estadio Tecnológico / domingo
5. Millones de / aficionados / seguir / al fútbol
6. Pedir / 100 pesos por / boleto

6 Los videojuegos (*video games*) Use these questions to interview a classmate.

1. ¿Te gusta jugar videojuegos?
2. ¿Cuál es tu videojuego favorito? ¿Por qué?
3. ¿Prefieres los videojuegos de deportes o (*or*) de acción y aventura?
4. ¿Sigues las aventuras de Dante, Lara Croft o los Sims?
5. ¿Dónde consigues videojuegos?
6. Antes de (*Before*) comprar un videojuego, ¿pides recomendaciones a tus amigos?

4.4 Verbs with irregular **yo** forms

7 **Las diversiones** Complete Jorge's description of what he and his friends do on Saturday nights.

El sábado por la noche yo (1) _____ [hacer] muchas cosas diferentes. Unas semanas yo (2) _____ [salir] con amigos. Nosotros (3) _____ [ir] al cine o (*or*) a un club. Otras (*Other*) semanas mis amigos (4) _____ [venir] a mi casa. Uno (5) _____ [traer] pizza y nosotros (6) _____ [ver] un video. O yo (7) _____ [poner] música y nosotros (8) _____ [bailar]. ¡Nos divertimos mucho!

8 **Situación** You are doing a market research report on lifestyles. Interview a classmate to find out when he/she goes out with the following people and what they do for entertainment.

- la familia
- el/la novio/a
- los amigos
- compañeros/as

Síntesis

9 **Situación** Imagine that you are speaking with your roommate. With a partner, prepare a conversation using these cues.

Estudiante 1

1. Ask your partner what he or she is doing.
2. Say what you suppose he or she is watching.
3. Say no, because you are going out with friends and say where you are going.
4. Say what you are going to do, and ask your partner whether he or she wants to come along.

Estudiante 2

1. Tell your partner that you are watching TV.
2. Say that you like the show _____. Ask if he or she wants to watch.
3. Say you think that's a good idea, and ask what your partner and his friends are doing there.
4. Say no and tell your partner what you prefer to do.

Los Fabulosos Cadillacs:
Querer es poder

Formed in 1985, the Argentine rock group, **Los Fabulosos Cadillacs,** is considered one of the premier rock bands in Latin America. Their music began by being imitative of ska, but it quickly evolved into their own distinctive style which combines ska, reggae, calypso, rap, jazz, salsa, and other Latin rhythms. In the 1990s, after having survived Argentina's severe economic crisis, Los Fabulosos Cadillacs toured internationally, filling theaters and stadiums with their fans everywhere they appeared. They have collaborated with various stars of Latin music like Celia Cruz, and their music can be heard in the films of Quentin Tarantino and John Cusack. Vicentico Fernández, the band's founder, lead singer, and composer of the majority of its songs is, together with Flavio Cianciarullo, the soul of the band. In the year 2000, the band celebrated fifteen years together.

Discografía selecta

- *Bares y fondas* (1986)
- *Yo te avisé* (Gold album, Double Platinum album,1987)
- *El ritmo mundial* (1988)
- *El león* (1992)
- *Vasos vacíos* (Platinum album,1993)
- *Fabulosos Calavera* (Latin Grammy for Best Album of 1998)

Go to **aventuras.vhlcentral.com** to learn more about the band, its music and its songs.

Ampliación

1 Escuchar

A First you will hear José talking, then Anabela. Which person does each statement best describe?

⭐ **TIP Listen for general meaning.** You will be surprised at how much you can understand even if you don't know every word.

Descripción	José	Anabela
1. Es muy aficionado/a a los deportes.	☐	☐
2. Usa mucho la computadora.	☐	☐
3. Va mucho al cine.	☐	☐
4. Es una persona muy activa.	☐	☐
5. Le gusta descansar por la tarde.	☐	☐
6. Es una persona estudiosa.	☐	☐
7. Su deporte favorito es el ciclismo.	☐	☐
8. A veces va a ver un partido de béisbol.	☐	☐

B ¿Tienes más cosas en común (*more in common*) con José o con Anabela? Explica tu respuesta.

2 Conversar

You are planning to visit a friend who lives in another state. Call your friend and discuss your plans, including the following information:

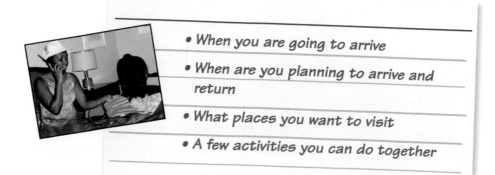

- When you are going to arrive
- When are you planning to arrive and return
- What places you want to visit
- A few activities you can do together

recursos				
WB pp. 33–40	LM pp. 21–24	Text MP3s Lección 4	Lab MP3s Lección 4	aventuras.vhlcentral.com Lección 4

104 *ciento cuatro*

Ampliación

③ Escribir

Write a flyer describing the sports and recreational activities offered at your school.

 TIP Use bilingual dictionaries carefully. Use a Spanish-English dictionary to look up words you don't know, but consider each entry carefully in order to find the best word for your needs.

Organízalo List the activities you could include in the flyer. Use an idea map to organize them.

Escríbelo Using your idea map, write the first draft of your flyer.

Corrígelo Exchange papers with a classmate and comment on the organization, style, and grammatical correctness of each other's work. Then revise your first draft, keeping your classmate's comments in mind.

Compártelo Exchange papers with a new partner. Note any words that are new to you, so you can look them up later. Then turn your paper in to your teacher.

④ Un paso más

Prepare a radio broadcast of weekend sports events for a major city in the Spanish-speaking world. Include the following in your broadcast:

- An introduction of yourself and your program
- A list of local sports events
- The location and time of each event
- A brief sign-off

En Internet

Investiga estos temas en el sitio aventuras.vhlcentral.com.

- Los deportes más (*most*) populares del mundo hispano
- Los pasatiempos más populares del mundo hispano

Antes de leer

The following article appeared in one of Mexico City's daily newspapers. Scan the headings and the visual elements of the article. Based on what you see, what do you think the reading is about?

Can you guess the meaning of the following cognates that appear in the article?

baladas	misticismo
concierto	naturaleza
exposición	realista
festival	recomendar
isla	romántico/a
majestuosidad	pintor
misterio	serenidad

GUÍA para el fin

CINE

Festival de cine argentino

Para los aficionados al cine este fin de semana comienza El Festival de cine argentino en el Cine Rex. Se muestran las últimas películas de directores como Juan José Campanella, Fito Páez, Gabriela Tagliavini y Aníbal Di Salvo. Recomendamos especialmente la película *El hijo de la novia* del director Juan José Campanella. Esta película fue nominada para el Óscar como mejor película extranjera.

Fechas: 10-14 de marzo
Hora: 8:00 p.m.
Lugar: Cine Rex
Dirección: Calle del Espanto, 152

CONCIERTO

Canta Maribel Puértolas

Si quiere escuchar música, la cantante Maribel Puértolas va a ofrecer un concierto en el Café Los Amigos. Puértolas es una joven cantante de origen puertorriqueño. Sus baladas están en el nuevo CD *Verano de amor.* Si quiere pasar una noche muy romántica con su novio o novia, recomendamos este concierto.

Fecha: 15 de marzo
Hora: 7:00 p.m.
Lugar: Café Los Amigos
Dirección: Avenida Bolívar, 345

de semana

EXPOSICIÓN

El pintor Tomás Sánchez

El Museo de Arte Moderno ofrece una exposición del pintor cubano Tomás Sánchez. Las obras de Sánchez son paisajes realistas de la naturaleza de la isla de Cuba. Las pinturas expresan la serenidad y majestuosidad de la selva tropical cubana, en una atmósfera de misterio y misticismo. Tomás Sánchez es tal vez uno de los pintores cubanos contemporáneos más conocidos.

Fechas: 12 de marzo – 8 de abril
Lugar: Museo de Arte Moderno
Dirección: Avenida Juárez, 248

Después de leer

¿Comprendiste?

Based on the article, are these statements **cierto** or **falso?**

Cierto	Falso	
_____	_____	1. El artículo presenta noticias sobre eventos deportivos.
_____	_____	2. La película *El hijo de la novia* fue nominada para un Óscar.
_____	_____	3. Maribel Puértolas es una cantante de baladas.
_____	_____	4. Las pinturas de Tomás Sánchez se exhiben en el Cine Rex.
_____	_____	5. Juan José Campanella es un director de cine argentino.
_____	_____	6. En el Café Los Amigos hay una exposición de arte.

Preguntas

Answer these questions based on the information provided in the reading.

1. ¿De dónde es Maribel Puértolas?
_____

2. ¿Qué clase de canciones (*songs*) canta ella?
_____

3. ¿Cómo son las pinturas de Tomás Sánchez?
_____

4. ¿Dónde está la exposición de Tomás Sánchez?
_____

5 ¿Qué película está dirigida por Juan José Campanella?
_____

6 ¿Dónde es el festival de cine?
_____

Coméntalo

Get together with several classmates. Discuss which of the activities in the article you would each prefer to do on a weekend and why.

últimas	*latest*
fue nominada para	*was nominated for*
extranjera	*foreign*
cantante	*singer*
ofrecer	*to offer*
verano	*summer*
paisajes	*landscapes*
selva	*jungle*

recursos

aventuras.vhlcentral.com
Lección 4

Las actividades

bucear	to scuba dive
escalar montañas (f. pl.)	to climb mountains
escribir una carta	to write a letter
un mensaje electrónico	an e-mail message
una (tarjeta) postal	a postcard
esquiar	to ski
ganar	to win
ir de excursión (a las montañas)	to go for a hike (in the mountains)
leer el correo electrónico	to read e-mail
un periódico	a newspaper
una revista	a magazine
nadar	to swim
pasar el tiempo	to spend time
pasear en bicicleta	to ride a bicycle
pasear por	to walk around
la ciudad/el pueblo	the city/town
patinar (en línea)	to skate (in-line)
practicar deportes (m. pl.)	to play sports
ser aficionado/a (a)	to be a fan (of)
tomar el sol	to sunbathe
ver películas (f. pl.)	to see movies
visitar un monumento	to visit a monument
la diversión	entertainment; fun activity
el/la excursionista	hiker
el fin de semana	weekend
el pasatiempo	pastime, hobby
los ratos libres	spare time
el tiempo libre	free time

Los deportes

el baloncesto	basketball
el béisbol	baseball
el ciclismo	cycling
el equipo	team
el esquí (acuático)	(water) skiing
el fútbol	soccer
el fútbol americano	football
el golf	golf
el hockey	hockey
el/la jugador(a)	player
la natación	swimming
el partido	game
la pelota	ball
el tenis	tennis
el vóleibol	volleyball

Verbos

cerrar (e:ie)	to close
comenzar (e:ie)	to begin
conseguir (e:i)	to get; to obtain
dormir (o:ue)	to sleep
empezar (e:ie)	to begin
encontrar (o:ue)	to find
entender (e:ie)	to understand
hacer	to do, to make
ir	to go
ir a (+ inf.)	to be going to do something
jugar (u:ue)	to play
mostrar (o:ue)	to show
oír	to hear
pedir (e:i)	to ask for; to request
pensar (e:ie)	to think
pensar (+ inf.)	to intend; to plan
pensar en	to think about
perder (e:ie)	to lose; to miss
poder (o:ue)	to be able to, can
poner	to put; to place
preferir (e:ie)	to prefer
querer (e:ie)	to want; to love
recordar (o:ue)	to remember
repetir (e:i)	to repeat
salir	to leave
seguir (e:i)	to follow; to continue; to keep (doing something)
suponer	to suppose
traer	to bring
ver	to see
volver (o:ue)	to return

Adjetivos

deportivo/a	sports-related
favorito/a	favorite

Los lugares

el café	café
la casa	house
el centro	downtown
el cine	movie theater
el gimnasio	gym, gymnasium
la iglesia	church
el lugar	place
el museo	museum
el parque	park
la piscina	swimming pool
el restaurante	restaurant

Expresiones útiles	See page 91.

recursos

Text MP3s
Lección 4

aventuras.vhlcentral.com
Lección 4

AVENTURAS EN LOS PAÍSES HISPANOS

En Acapulco, un saltador (*diver*) salta desde un acantilado (*cliff*) frente al océano Pacífico. El lugar se llama La Quebrada y miles de turistas lo visitan cada (*each*) día. ¿Te gustaría (*would you like*) visitarlo algún (*some*) día?

MÉXICO

MÉXICO

Área: 1.972.550 km² (761.603 millas²)
Población: 110.139.000
Capital: **México, D.F.** – 18.934.000
Ciudades importantes: Guadalajara, Monterrey, Puebla, Cancún, Ciudad Juárez
Moneda: peso mexicano

SOURCE: Population Division, UN Secretariat

La independencia de México

El 16 de septiembre los mexicanos celebran la independencia de su país. A estas celebraciones se les llaman las fiestas patrias. En todas las ciudades se ponen decoraciones con los colores de la bandera (*flag*) mexicana y se hacen fiestas con mariachis, comida típica y bailes (*dances*) tradicionales.

ESTADOS UNIDOS

Ciudad Juárez

Baja California

Golfo de California

Río Bravo

MÉXICO

Océano Pacífico

Puerto Vallarta

Guadalajara

Diego Rivera y Frida Kahlo

Frida Kahlo y Diego Rivera son los pintores mexicanos más famosos. Casados (*married*) en 1929, los dos se interesaron (*became interested*) en las condiciones sociales de la gente indígena y de los campesinos (*farmers*) de su país. Puedes ver algunas de sus obras (*works*) en el Museo de Arte Moderno de la Ciudad de México.

Los mayas

La cultura maya habitó (*inhabited*) la región del sur de México, la península de Yucatán y otros países de Centroamérica. Los mayas crearon (*created*) formidables ciudades con templos religiosos en forma de pirámide, que hoy día son visitados (*are visited*) por millones de turistas.

Río Grande

Monterrey

Golfo de México

Península de Yucatán
Mérida
Cancún

ad de
xico

ebla

Veracruz

Bahía de Campeche

BELICE

Istmo de Tehuantepec

ulco

GUATEMALA

Las tortillas

La base de la comida mexicana es la tortilla, que está hecha (*is made from*) de maíz (*corn*) y de harina (*wheat flour*).
Los tacos, las enchiladas y las quesadillas están hechos (*are made*) con tortillas y son tan populares en México como en los Estados Unidos. ¿Conoces un restaurante mexicano en tu comunidad?

Hispanos en los Estados Unidos

Alfonso Cuarón, director de cine
Carmen Lomas Garza, pintora
Eva Longoria, actriz
Jorge Ramos, periodista
Lee Treviño, golfista (ganador de *US Open* y *US PGA*)
Linda Ronstadt, cantante (Premio Grammy)
Loretta Sánchez, política
Mario Molina, químico (Premio Nobel)
Óscar de la Hoya, boxeador (campeón mundial)
Sandra Cisneros, escritora

¿Qué aprendiste?

1 ¿Cierto o falso? Say whether the following statements are **cierto** or **falso**, based on what you've learned about Mexico.

Cierto   **Falso**

_____   _____   1. La Quebrada está en México D.F.

_____   _____   2. Frida Kahlo es una pintora.

_____   _____   3. El 16 de septiembre en México organizan una celebración religiosa.

_____   _____   4. Los mayas inventaron (*invented*) las tortillas.

_____   _____   5. En México celebran la independencia con las fiestas patrias.

_____   _____   6. Los mexicanos hacen las tortillas con tomates.

_____   _____   7. Diego Rivera fue (*was*) el esposo de Frida Kahlo.

_____   _____   8. Puebla es la capital de México.

_____   _____   9. La harina es la base de la comida mexicana.

_____   _____   10. La moneda mexicana es el dólar mexicano.

2 Preguntas Answer the following questions, based on what you've learned about Mexico.

1. ¿Qué aspecto cultural te interesa más (*interests you most*) de México: el arte, la historia o la comida? Explica tu respuesta.

2. ¿Cómo celebran los mexicanos la independencia de su país?

3. ¿Te gustan los cuadros de Diego Rivera y Frida Kahlo? Explica por qué.

4. ¿Por qué piensas que los mayas son importantes en la historia de México?

5. ¿Qué platos (*dishes*) típicos de México te gustan más? ¿Por qué?

6. ¿Por qué Diego Rivera y Frida Kahlo decidieron pintar (*decided to paint*) gente indígena y campesinos?

En Internet

Busca más información sobre estos temas en el sitio aventuras.vhlcentral.com. Presenta la información a tus compañeros/as de clase.

- El 16 de septiembre en México
- Frida Kahlo y Diego Rivera
- Los mayas
- La comida mexicana

5 Las vacaciones

Communicative Goals

You will learn how to:
- talk to hotel personnel
- describe a hotel
- talk about how you feel

PARA EMPEZAR

- ¿Los chicos en la foto, nadan, bucean o toman el sol?
- ¿Están ellos en el mar o en una piscina?
- ¿Quién tiene sueño? ¿El hombre o la mujer?
- ¿Cuántos años crees que tienen: veinte o cuarenta?
- ¿Es el mediodía o la medianoche?

LAS VACACIONES

el pasaporte
passport

la estación del tren
train station

LAS VACACIONES Y LOS VIAJES

el aeropuerto *airport*
la agencia de viajes *travel agency*
el/la agente de viajes *travel agent*
la estación de autobuses *bus station*
del metro *subway station*
el/la inspector(a) de aduanas *customs officer*
el pasaje (de ida y vuelta) *(round-trip) ticket*
la tienda de campaña *tent*
el/la viajero/a *traveler*

¿QUÉ TIEMPO HACE?

¿Qué tiempo hace? *How's the weather?;
What's the weather like?*
Está despejado. *It's clear.*
    (muy) nublado. *It's (very) cloudy.*
Hace buen/mal tiempo. *It's nice/bad
weather.*
    (mucho) calor. *It's (very) hot.*
    fresco. *It's cool.*
    (mucho) frío. *It's (very) cold.*
    (mucho) sol. *It's (very) sunny.*
    (mucho) viento. *It's (very) windy.*
Hay (mucha) niebla. *It's (very) foggy.*

llover (o:ue) *to rain*
Llueve. *It's raining.*
nevar (e:ie) *to snow*
Nieva. *It's snowing.*

el botones
bellhop

EN EL HOTEL

el alojamiento *lodging*
el ascensor *elevator*
la cabaña *cabin*
la cama *bed*
el/la empleado/a *employee*
el equipaje *luggage*
la habitación *room*
    individual *single room*
    doble *double room*
el hotel *hotel*
el/la huésped *guest*
la pensión *boarding house*
el piso *floor (of a building)*
la planta baja *ground floor*

la llave
key

recursos

| WB pp. 45–46 | LM p. 25 | Text MP3s Lección 5 | Lab MP3s Lección 5 | aventuras.vhlcentral.com Lección 5 |

LAS ACTIVIDADES

acampar *to camp*

confirmar una reservación *to confirm a reservation*

estar de vacaciones *to be on vacation*

hacer turismo (m.) *to go sightseeing*

un viaje *to take a trip*

una excursión *to go on a hike; to go on a tour*

ir a la playa *to go to the beach*

ir de pesca *to go fishing*

de vacaciones *to go on vacation*

ir en autobús (m.) *to go by bus*

en auto(móvil) (m.) *to go by car*

en avión (m.) *to go by plane*

en barco (m.) *to go by boat*

en taxi (m.) *to go by taxi*

pasar por la aduana *to go through customs*

pescar *to fish*

Variación léxica
automóvil ⟷ coche (*Esp.*), carro (*Amér. L.*)
autobús ⟷ camión (*Méx.*), guagua (*P. Rico*)
motocicleta ⟷ moto (*colloquial*)

ir en motocicleta (f.)
to go by motorcycle

hacer las maletas
to pack (one's suitcases)

sacar fotos (f. pl.)
to take pictures

montar a caballo
to go horseback riding

LAS ESTACIONES Y LOS MESES

el invierno *winter*

la primavera *spring*

el verano *summer*

el otoño *fall, autumn*

el año *year*

la estación *season*

el mes *month*

LOS NÚMEROS ORDINALES

primer, primero/a *first*

segundo/a *second*

tercer, tercero/a *third*

cuarto/a *fourth*

quinto/a *fifth*

sexto/a *sixth*

séptimo/a *seventh*

octavo/a *eighth*

noveno/a *ninth*

décimo/a *tenth*

OTRAS PALABRAS Y EXPRESIONES

el campo *countryside*

la llegada *arrival*

el mar *ocean, sea*

la salida *departure; exit*

¿Cuál es la fecha de hoy? *What is today's date?*

Hoy es el primero (dos, tres,...) de marzo. *Today is March first (second, third,...).*

enero *January*	
febrero *February*	
marzo *March*	
abril *April*	
mayo *May*	
junio *June*	
julio *July*	
agosto *August*	
septiembre *September*	
octubre *October*	
noviembre *November*	
diciembre *December*	

A escuchar

1 **Escuchar** Indicate who would probably make each statement you hear. Each answer is used twice.

El agente de viajes

La inspectora de aduanas

El empleado del hotel

1. _____
2. _____
3. _____
4. _____
5. _____
6. _____

1. _____
2. _____
3. _____
4. _____
5. _____
6. _____

1. _____
2. _____
3. _____
4. _____
5. _____
6. _____

2 **¿Cierto o falso?** Listen to each sentence and indicate whether it is **cierto** or **falso**. Correct the false statements.

Cierto	Falso	
_____	_____	1. _____
_____	_____	2. _____
_____	_____	3. _____
_____	_____	4. _____
_____	_____	5. _____
_____	_____	6. _____
_____	_____	7. _____
_____	_____	8. _____

recursos

Text MP3s
Lección 5

aventuras.vhlcentral.com
Lección 5

A practicar

3 Analogías Complete the analogies.

equipaje	huésped	sacar
inspector	habitación	mar
febrero	llover	viajar
pasaporte		

1. primero ⟶ segundo ⊜ enero ⟶ <u>febrero</u>
2. aeropuerto ⟶ viajero ⊜ hotel ⟶ <u>huésped</u>
3. invierno ⟶ nevar ⊜ primavera ⟶ <u>llover</u>
4. mes ⟶ año ⊜ maleta ⟶ <u>equipaje</u>
5. hotel ⟶ botones ⊜ aduana ⟶ <u>inspector</u>
6. pasaje ⟶ avión ⊜ llave ⟶ <u>habitación</u>
7. acampar ⟶ campo ⊜ pescar ⟶ <u>mar</u>
8. estudiante ⟶ libro ⊜ turista ⟶ <u>pasaporte</u>
9. llave ⟶ abrir ⊜ pasaje ⟶ <u>viajar</u>
10. maleta ⟶ hacer ⊜ foto ⟶ <u>sacar</u>

4 Contestar Answer these questions with a classmate.

modelo

¿Cuál es el primer mes de la primavera?
Estudiante 1: ¿Cuál es el primer mes de la primavera?
Estudiante 2: Marzo.

1. ¿Cuál es la fecha de hoy?
2. ¿Qué estación es? ¿Te gusta esta (*this*) estación?
3. ¿Cuál es el segundo mes del verano?
4. ¿Cuál es el primer mes del invierno?
5. ¿Cuál es la cuarta estación del año?
6. ¿Prefieres el otoño o la primavera? ¿Por qué?
7. ¿Prefieres el mar o la montaña? ¿Por qué?
8. ¿Te gusta más el campo o la ciudad?
9. ¿Cuando estás de vacaciones, qué clima prefieres: el calor o el frío?
10. ¿En qué mes piensas ir de vacaciones este año? ¿Adónde quieres ir?
11. ¿Cómo vas a ir: en barco, en motocicleta…?
12. ¿Prefieres comprar el pasaje en una agencia de viajes o en Internet?

A conversar

 5 Describir With a partner, describe what these people are doing.

1. Enrique y Juan **2. Josefina** **3. Ricardo**

4. Don Luis **5. Amalia** **6. El señor y la señora Montes**

 6 Minidrama With two or three classmates, prepare and act out a skit about people who are on or are going on vacation. The skit should take place in one of the areas mentioned below.

1. Una agencia de viajes 4. Un aeropuerto
2. Una casa 5. Un hotel
3. Una estación de tren 6. Una playa

 7 Un viaje Your instructor will give you and your partner handouts so that you may complete this information gap activity.

🎧 Pronunciación

Spanish **b** and **v**

bueno	**vólei**bol	**bi**blioteca	vi**v**ir

There is no difference in pronunciation between the Spanish letters **b** and **v**. However, each letter can be pronounced two different ways, depending on which letters appear next to them.

bonito	**v**iajar	tam**b**ién	in**v**estigar

B and **v** are pronounced like the English hard *b* when they appear either as the first letter of a word, at the beginning of a phrase, or after **m** or **n**.

de**b**er	no**v**io	a**b**ril	cer**v**eza

In all other positions, **b** and **v** have a softer pronunciation, which has no equivalent in English. Unlike the hard **b**, which is produced by tightly closing the lips and stopping the flow of air, the soft **b** is produced by keeping the lips slightly open.

bola	**v**ela	Cari**b**e	decli**v**e

In both pronunciations, there is no difference between **b** and **v**. The English *v* sound, produced by friction between the upper teeth and lower lip, does not exist in Spanish. Instead, the soft **b** comes from friction between the two lips.

Verónica y su esposo cantan boleros.

When **b** or **v** begins a word, its pronunciation depends on the previous word. At the beginning of a phrase or after a word that ends in **m** or **n**, it is pronounced as a hard **b**.

Benito es de Boquerón pero vive en Victoria.

Words that begin with **b** or **v** are pronounced with a soft **b** if they appear immediately after a word that ends in a vowel or any consonant other than **m** or **n**.

Práctica Read these words aloud to practice the **b** and the **v**.

1. hablamos	4. van	7. doble	10. cabaña
2. trabajar	5. contabilidad	8. novia	11. llave
3. botones	6. bien	9. béisbol	12. invierno

> **Hombre prevenido vale por dos.**[2]

Oraciones Read these sentences aloud to practice the **b** and the **v**.

1. Vamos a Guaynabo en autobús.
2. Voy de vacaciones a la Isla Culebra.
3. Tengo una habitación individual en el octavo piso.
4. Víctor y Eva van en avión al Caribe.
5. La planta baja es bonita también.

> **No hay mal que por bien no venga.**[1]

Refranes Read these sayings aloud to practice the **b** and the **v**.

[1] *Every cloud has a silver lining.*
[2] *An ounce of prevention equals a pound of cure.*

recursos

LM p. 26	Text MP3s Lección 5	Lab MP3s Lección 5	aventuras.vhlcentral.com Lección 5

Tenemos una reservación.

Don Francisco y los estudiantes llegan al hotel.

1

2

3

EMPLEADA ¿En qué puedo servirles?

DON FRANCISCO Mire, yo soy Francisco Castillo Moreno y tenemos una reservación a mi nombre.

EMPLEADA Mmm… No veo su nombre aquí. No está.

DON FRANCISCO ¿Está segura, señorita? Quizás la reservación está a nombre de la agencia de viajes, Ecuatur.

EMPLEADA Pues sí, aquí está… dos habitaciones dobles y una individual, de la ciento uno a la ciento tres… todas en las primeras cabañas.

DON FRANCISCO Gracias, señorita. Muy amable.

BOTONES Bueno, la habitación ciento dos… Por favor.

6

7

8

INÉS Oigan, yo estoy aburrida. ¿Quieren hacer algo?

JAVIER ¿Por qué no vamos a explorar la ciudad un poco más?

INÉS ¡Excelente idea! ¡Vamos!

MAITE No, yo no voy. Estoy cansada y quiero descansar un poco porque a las seis voy a correr con Álex.

ÁLEX Y yo quiero escribir un mensaje electrónico antes de ir a correr.

JAVIER Pues nosotros estamos listos, ¿verdad, Inés?

INÉS Sí, vamos.

MAITE Adiós.

INÉS & JAVIER ¡Chau!

recursos

VM
pp. 177–178

VCD-ROM
Lección 5

aventuras.vhlcentral.com
Lección 5

Las vacaciones

Para recordar

Before doing this **Fotonovela** section, review the previous one with this activity.

1. ¿Qué van a hacer Inés y Javier en su hora libred?
2. ¿A dónde van Maite y Álex?
3. ¿Por qué no quiere Maite jugar al fútbol?
4. ¿Qué van a hacer Maite y Álex a las seis?

ÁLEX Hola, chicas. ¿Qué están haciendo?
MAITE Estamos descansando.

JAVIER Oigan, no están nada mal las cabañas, ¿verdad?
INÉS Y todo está muy limpio y ordenado.
ÁLEX Sí, es excelente.
MAITE Y las camas son tan cómodas.

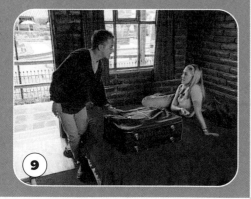

ÁLEX Bueno, nos vemos a las seis.
MAITE Sí, hasta luego.
ÁLEX Adiós.

MAITE ¿Inés y Javier? Juntos otra vez.

Expresiones útiles

Talking to hotel personnel
¿En qué puedo servirles?
How can I help you?
Tenemos una reservación a mi nombre.
We have a reservation in my name.
Mmm… No veo su nombre. No está.
I don't see your name. It's not here.
¿Está seguro/a? Quizás/Tal vez está a nombre de Ecuatur.
Are you sure? Maybe it's in the name of Ecuatur.
Aquí está… dos habitaciones dobles y una individual.
Here it is, two double rooms and one single.
Aquí tienen las llaves.
Here are your keys.
Gracias, señorita. Muy amable.
Thank you, miss. You're very kind.
¿Dónde pongo las maletas?
Where do I put the suitcases?
Allí, encima de la cama.
There, on the bed.

Describing a hotel
No están nada mal las cabañas.
The cabins aren't bad at all.
Todo está muy limpio y ordenado.
Everything is very clean and orderly.
Es excelente/estupendo/ fabuloso/fenomenal.
It's excellent/stupendous/ fabulous/great.
Es increíble/magnífico/ maravilloso/perfecto.
It's incredible/magnificent/ marvelous/perfect.
Las camas son tan cómodas.
The beds are so comfortable.

Talking about how you feel
Estoy un poco aburrido/a/cansado/a.
I'm a little bored/tired.

PERSONAJES

DON FRANCISCO   JAVIER   INÉS   ÁLEX   MAITE   EMPLEADA   BOTONES

¿Qué piensas?

1 Ordenar Put these events in the correct order.

_3_ a. Las chicas descansan en su habitación.

_5_ b. Javier e Inés deciden ir a explorar la ciudad.

_1_ c. Don Francisco habla con la empleada del hotel.

_4_ d. Javier, Maite, Inés y Álex hablan en la habitación de las chicas.

_2_ e. El botones pone las maletas en la cama.

2 Completar Complete these sentences using the words below.

descansar	aburrida	el empleado
habitación individual	las camas	habitaciones dobles
las maletas	hacer las maletas	
cansada	la agencia de viajes	

1. La reservación para el hotel está a nombre de _la agencia de viajes_

2. Los estudiantes tienen dos _habitaciones dobles_

3. Don Francisco tiene una _habitación individual_

4. Maite va a _descansar_ porque está _cansada_

5. El botones lleva _las maletas_ a las habitaciones.

6. Las habitaciones son buenas y _las camas_ son cómodas.

3 Minidrama With two or three classmates, prepare a skit with the following scenes:

Scene 1: You call your travel agent and make a hotel reservation for a specific date.

Scene 2: You go to the front desk at the hotel to check in and find out that there are problems with your reservation. You solve the problems and check in.

Scene 3: You find a bellhop to take your bags to your room.

Scene 4: Your bellhop shows you to your room and asks you where to put your bags. You tell the bellhop where to put them and thank him or her.

Exploración
El alojamiento

España tiene unos paradores impresionantes. Generalmente los paradores son castillos o palacios que reflejan la cultura de la región.

Hay muchos tipos de alojamiento para las personas que viajan a los países hispanos. Por ejemplo, hay muchos hoteles elegantes como el Hotel San Juan en San Juan, Puerto Rico. Está cerca de la playa y ofrece hermosas (*beautiful*) habitaciones y jardines (*gardens*) tropicales.

Muchos estudiantes prefieren los albergues juveniles (*youth hostels*) porque son baratos (*inexpensive*). Además, los huéspedes tienen la oportunidad de conocer (*meet*) a personas de todo el mundo (*around the world*).

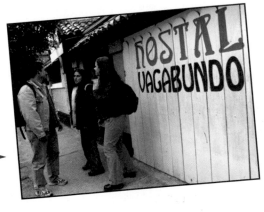

Estadísticas de hoteles

Cadenas de hoteles más importantes:

- Sol Meliá (España)
- Posadas de México (México)
- N.H. Hoteles (España)

Hoteles más grandes del mundo hispano:

- Moon Palace Hotel (Cancún, México)
- Oasis Cancún Hotel (Cancún, México)
- Sheraton María Isabel Hotel & Towers (México, D.F.)
- Hilton (Caracas, Venezuela)
- Catalonia Bávaro Resort (República Dominicana)
- Caribe Hilton Hotel (San Juan, Puerto Rico)

Coméntalo

With a classmate, discuss these questions.

- Imagina que vas de vacaciones. ¿Prefieres estar en un hotel, un parador o en un albergue juvenil? ¿Por qué?
- ¿Hay un albergue juvenil en tu comunidad? ¿Hay un lugar similar a un parador?

recursos

aventuras.vhlcentral.com
Lección 5

5 GRAMÁTICA

5.1 Estar with conditions and emotions

▶ **Estar** is used to talk about health and to say where nouns are located. (See page 42.)

Estoy bien, gracias.
I'm fine, thanks.

Juan **está** en la biblioteca.
Juan is at the library.

▶ **Estar** is used with adjectives to describe the physical condition of nouns.

La puerta **está** cerrada.
The door is closed.

Todo **está** muy limpio.
Everything is very clean.

▶ **Estar** is also used with adjectives to describe how people feel.

Estoy aburrida.

Estoy cansada.

Adjectives that describe emotions and conditions

abierto/a	open	equivocado/a	wrong; mistaken
aburrido/a	bored; boring	feliz	happy
alegre	happy, joyful	limpio/a	clean
avergonzado/a	embarrassed	nervioso/a	nervous
cansado/a	tired	ocupado/a	busy
cerrado/a	closed	ordenado/a	orderly
cómodo/a	comfortable	preocupado/a (por)	worried (about)
contento/a	happy, content	seguro/a	sure; safe
desordenado/a	disorderly; messy	sucio/a	dirty
enamorado/a (de)	in love (with)	triste	sad
enojado/a	mad, angry		

¡Manos a la obra!

 Provide the correct forms of **estar.**

1. La biblioteca __está__ cerrada los domingos por la noche.
2. Nosotros _estamos_ muy ocupados todos los lunes.
3. Ellas _están_ alegres porque tienen tiempo libre.
4. Javier _está_ enamorado de Maribel.
5. Diana _está_ enojada con su novio.
6. Yo _estoy_ nerviosa por el examen.
7. La habitación _está_ ordenada cuando vienen sus padres.
8. Ustedes _están_ equivocados.
9. Ana _está_ cansada.

Práctica

1 **Un viaje** Tere is going on a trip. Say how she, her family, and her friends are feeling.

nerviosa	enojado	felices
equivocados	están	estamos
estoy	está	

Tere

1. Hoy yo _estoy_ muy contenta porque mañana voy a hacer un viaje a Chicago.
2. También estoy _nerviosa_ porque voy en avión.
3. Mis padres _están_ preocupados porque voy sola (*alone*).
4. Mi amiga Patricia y yo _estamos_ tristes porque ella no puede ir.
5. Es que Patricia _está_ ocupada con sus clases.
6. Mi novio César está _enojado_ porque no puede ir.
7. Mis hermanos Juan y Rafael están _felices_ porque no voy a estar en casa.
8. Todos (*they all*) piensan que voy a tener problemas. Creo que están _equivocados_

2 **¿Dónde están y cómo están?** Indicate where these people are and how they feel.

Sebastián

1. _Parque – contento_

Olivia y Marco

2. _Parque – enamorado_

Mónica

3. _biblioteca – cansada_

El profesor Olmos

4. _escuela – enojado_

Conversación

3 Situaciones With a partner, talk about how you feel in these situations.

1. Cuando estoy de vacaciones...

2. Cuando hago un examen...

3. Cuando estoy con la familia...

4. Cuando estoy en la clase de español...

5. Cuando llueve...

6. Cuando asisto a un funeral...

7. Cuando mi novio/a sale con otro/a chico/a...

4 Describir With a partner, describe the following people and places.

1. Anabela

2. Juan y Luisa

3. la habitación de Teresa

4. la habitación de César

5 Preguntas Use these questions to interview your partner.

1. ¿Estás ocupado/a este fin de semana? ¿Qué vas a hacer?

2. ¿Estás enamorado/a? ¿De quién?

3. ¿Qué haces cuando estás contento/a?

4. ¿Qué haces cuando estás aburrido/a?

5. ¿Qué haces cuando estás cansado/a?

6. ¿Qué haces cuando estás nervioso/a?

Español en vivo

TÚ: en la ciudad. Estás muy ocupado, cansado y nervioso.
Si crees que el invierno es así para todos, estás equivocado.

OFERTA ESPECIAL $797

CURAÇAO
Donde siempre es verano

El paquete incluye:
- Pasaje de ida y vuelta
- Cómoda estancia de 5 días en habitación doble
- Excursiones en barco a los maravillosos lugares de la isla

Consulte su Agencia de Viajes.

ELLOS: de vacaciones en Curaçao. Están felices y relajados. ¿Estás listo para hacer tus maletas?

Identificar

Scan the above advertisement and identify the adjectives that take the verb **estar**.

Preguntas

1. ¿Cómo están las personas del anuncio?

2. ¿Cuál es el aspecto más atractivo de la oferta (*offer*)?

3. ¿Te identificas (*do you identify*) con la descripción de la vida en la ciudad?

5.2 The present progressive

▶ Both Spanish and English have a present progressive tense, which consists of the present tense of the verb *to be* and the present participle (the *-ing* form of the verb in English).

Los chicos **están jugando.**
The kids are playing.

Los turistas **están viajando.**
The tourists are traveling.

Estoy escribiendo una postal.
I am writing a postcard.

Estás mirando la televisión.
You are watching television.

¿Qué están haciendo?

Estamos descansando.

▶ The present progressive is formed with **estar** and the present participle of the main verb.

ESTAR + PRESENT PARTICIPLE
Están cantando.
They are singing.

Estamos esperando.
We are waiting.

ESTAR + PRESENT PARTICIPLE
Estoy comiendo.
I am eating.

Ella **está trabajando.**
She is working.

▶ The present participle of regular verbs is formed as follows:

INFINITIVE	STEM	ENDING	PRESENT PARTICIPLE
hablar	habl-	-ando	hablando
comer	com-	-iendo	comiendo
escribir	escrib-	-iendo	escribiendo

▶ When the stem of an **–er** or **–ir** verb ends in a vowel, the present participle ends in **–yendo**.

INFINITIVE	STEM	ENDING	PRESENT PARTICIPLE
leer	le-	-yendo	leyendo
oír	o-	-yendo	oyendo
traer	tra-	-yendo	trayendo

Práctica

1 **De vacaciones** Mauricio and his family are vacationing in Mazatlan, Mexico. Complete his description of what everyone is doing right now.

1. Yo _tomo el sol_   2. Mi mamá _saca fotos_,

3. Mi hermana Elena _nada._   4. Mis hermanos _van a la playa._

5. Mi papá _monta a caballo._   6. Mi abuela _patina._

2 **Un amigo preguntón** You are on summer vacation. A nosy friend calls you at all hours to see what you're doing. Look at the clocks and tell him.

 modelo   6:30 PM

Estoy descansando.

3:30 AM   3:30 PM

1. _Estoy durmiendo_ 2. _estoy nadando_

12:30 PM   10:00 AM

3. _Estoy comiendo_ 4. _Estoy duchándome._

Conversación

 ¿Qué están haciendo? With a partner, say what these celebrities are doing right now, using the cues provided.

 Tiger Woods está jugando al golf.

Tiger Woods

  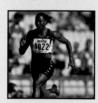

1. Carlos Costa   2. Nomar Garciaparra   3. Marion Jones

4. Michelle Kwan   5. Carlos Santana   6. Christina Aguilera

 Describir With a partner, describe what's going on in this picture.

¿Qué están haciendo? Your instructor will give you and your partner handouts so that you may complete this information gap activity.

Irregular present participles

▶ The verbs **ir, poder,** and **venir** have irregular present participles (**yendo, pudiendo, viniendo**). Several other verbs have irregular present participles.

-ir stem-changing verbs

e:ie in the present tense	PRESENT PARTICIPLE
preferir	prefiriendo
sentir	sintiendo
e:i in the present tense	
conseguir	consiguiendo
pedir	pidiendo
seguir	siguiendo
o:ue in the present tense	
dormir	durmiendo

Using the present progressive

▶ The present progressive is used less in Spanish than in English. In Spanish, the present progressive emphasizes that an action is *in progress*.

Ella todavía **está escuchando** música.
She is still listening to music.

Javier **está dibujando** ahora mismo.
Javier is drawing right now.

▶ In English, the present progressive is used with actions that occur over time or in the future. In Spanish, the simple present tense is used.

Practican fútbol este verano.
They're playing soccer this summer.

Salgo hoy a las tres.
I'm leaving today at three.

¡Manos a la obra!

Create complete sentences using the present progressive.

1. Mis amigos / descansar en la playa <u>Mis amigos **están descansando** en la playa.</u>
2. Nosotros / practicar deportes <u>Nosotros estamos practicamos deportes</u>
3. Carmen / comer en casa <u>Carmen está comiendo en casa.</u>
4. Nuestro equipo / ganar el partido <u>Nuestro equipo esta ganando el partido.</u>
5. Yo / traer el periódico <u>Yo estoy trayendo el periódico.</u>
6. Él / pensar en comprar una bicicleta <u>Él está pensando en comprar una bicicleta.</u>
7. Ustedes / explicar la lección <u>Ustedes están explicando la lección.</u>
8. José y Francisco / pedir café <u>José y Francisco están pidiendo café.</u>
9. Marisa / leer el correo electrónico <u>Marisa está leyendo el correo electrónico.</u>
10. Yo / preparar sándwiches <u>Yo estoy preparando sándwiches.</u>
11. Carlos / tomar fotos <u>Carlos está tomando fotos.</u>
12. ¿Tú / dormir? <u>¿Tú estás durmiendo?</u>

5.3 Comparing ser and estar

▶ **Ser** and **estar** both mean *to be*, but are used for different purposes.

Uses of *ser*

Nationality and place of origin	Los Gómez son peruanos.
	Luisa es de Cuzco.
Profession or occupation	Adela es ingeniera.
	Ana y yo somos médicos.
Traits of people and things	Sus padres son amables.
	El hotel es muy grande.
Generalizations	Es necesario trabajar.
Possession	Las postales son de Maite.
What something is made of	Las llaves son de metal.
Date and time	¿Qué hora es? Son las tres.
	¿Qué día es hoy? Hoy es lunes.
	Hoy es el dos de abril.
Where or when events occur	La fiesta es en mi casa.
	El concierto es a las ocho.

Soy Francisco Castillo Moreno. Yo soy de la agencia Ecuatur.

Su nombre no está en mi lista.

Uses of *estar*

Location or spatial relationships	El hotel no está lejos.
	Álex está en el cine.
Health	¿Cómo estás?
	Estoy enfermo.
Physical states and conditions	El conductor está cansado.
	Las puertas están cerradas.
Emotional states	Silvio está aburrido.
	Estoy contenta con el viaje.
Certain weather expressions	Está despejado.
	Está nublado.
On-going actions (progressive)	Estamos buscando el museo.
	Chela está durmiendo.

Práctica

1 Completar Complete this conversation with the correct forms of **ser** and **estar**.

TINA ¡Hola, Ricardo! ¿Cómo (1) _estás_ ?

RICARDO Hola, Tina. Bien, gracias. ¡Qué guapa (2) _eres_ hoy!

TINA Gracias. (3) _Eres_ muy amable. Oye, ¿qué (4) _estás_ haciendo? (5) ¿_Estás_ ocupado?

RICARDO No, sólo (6) _estoy_ escribiendo un mensaje electrónico a mi amigo Sancho.

TINA ¿De dónde (7) _es_ él?

RICARDO Sancho (8) _es_ de Ponce, pero ahora él y su familia (9) _están_ de vacaciones en Nueva York.

TINA Y… ¿cómo (10) _es_ Sancho?

RICARDO (11) _Es_ moreno y un poco bajo. También (12) _es_ muy listo. Quiere (13) _ser_ ingeniero.

2 En el aeropuerto Describe a person in the picture telling what he or she looks like and what he or she is doing. Have your partner guess the name of the person.

Conversación

 Adivinar Using the questions below as a guide, describe a few classmates to your partner. Don't mention their names. Your partner should guess which classmates you are describing. For a challenge, describe a couple of celebrities and your partner will guess their identities.

- ¿Cómo es?
- ¿Cómo está?
- ¿De dónde es?
- ¿Dónde está?
- ¿Qué está haciendo?

 Describir With a partner, describe the people in the drawing. Your descriptions should answer these questions.

1. ¿Quiénes son?
2. ¿Dónde están?
3. ¿Cómo son?
4. ¿Cómo están?
5. ¿Qué están haciendo?
6. ¿Qué estación es?
7. ¿Qué tiempo hace?

Ser and estar with adjectives

▸ With many adjectives, both **ser** and **estar** can be used, but with different connotations. Statements with **ser** describe inherent, permanent qualities. **Estar** is used to describe temporary and changeable conditions.

Juan **es** nervioso.
Juan is nervous.

Juan **está** nervioso hoy.
Juan is nervous today.

Ana siempre **es** feliz.
Ana is always happy.

Ana **está** feliz hoy.
Ana is happy today.

▸ Some adjectives change in meaning depending on whether they are used with **ser** or **estar**.

With *ser*	With *estar*
El chico **es listo.**	El chico **está listo.**
*The boy is **smart**.*	*The boy is **ready**.*
La profesora **es mala.**	La profesora **está mala.**
*The professor is **bad**.*	*The professor is **sick**.*
Jaime **es aburrido.**	Jaime **está aburrido.**
*Jaime is **boring**.*	*Jaime is **bored**.*
Las peras **son verdes.**	Las peras **están verdes.**
*The pears are **green**.*	*The pears are **not ripe**.*
El gato **es muy vivo.**	El gato **está vivo.**
*The cat is very **lively**.*	*The cat is **alive**.*
El puente **es seguro.**	Él no **está seguro.**
*The bridge is **safe**.*	*He's not **sure**.*

¡Manos a la obra!

 Form complete sentences with **ser** or **estar**.

1. Alejandra / cansado
   Alejandra está cansada.
2. Ellos / guapo hoy
   Ellos son guapo hoy.
3. Carmen / alto
   Carmen es alto.
4. Yo / la clase de español
   Yo estoy a la clase de español.
5. Película / a las once
   Película 19 es a las once.
6. Hoy / viernes
   Hoy es viernes.
7. Nosotras / enojado
   Nosotras estamos enojado.
8. Antonio / médico
   Antonio es médico.
9. Romeo y Julieta / enamorado
   Romeo y Julieta estian enamorada
10. Libros / de Ana
    Libros son de Ana.
11. Marisa y Juan / estudiando
    Marisa y Juan estan estudiando.
12. Fiesta / gimnasio
    Fiesta es a la gimnasio

5.4 Direct object nouns and pronouns

▶ A direct object noun receives the action of the verb directly and generally follows the verb. In the example below, the direct object noun answers the question *What is Maite writing?*

SUBJECT	VERB	DIRECT OBJECT NOUN
Maite *Maite*	está escribiendo *is writing*	unas postales. *some postcards.*

¿Dónde pongo las maletas?

Puede ponerlas encima de la cama.

Hay muchos lugares interesantes por aquí. ¿Quieren ir a verlos?

▶ When a direct object noun is a person or a pet, it is preceded by the word **a**. The "personal **a**" has no English equivalent.

Marta busca **a** sus amigos.
Marta looks for her friends.

Escucho **al** profesor.
I listen to the professor.

Direct object pronouns

Singular forms		Plural forms	
me	*me*	nos	*us*
te	*you (fam.)*	os	*you (fam.)*
lo	*you (m., form.);* *him; it (m.)*	los	*you (m., form.);* *them (m.)*
la	*you (f., form.);* *her; it (f.)*	las	*you (f., form.);* *them (f.)*

▶ Direct object pronouns replace direct object nouns. Like English, Spanish sometimes uses a direct object pronoun to avoid repetition.

DIRECT OBJECT	DIRECT OBJECT PRONOUN	
Maribel hace las maletas.	Maribel **las** hace.	*Maribel packs them.*
Felipe compra el sombrero.	Felipe **lo** compra.	*Felipe buys it.*
Vicky tiene la llave.	Vicky **la** tiene.	*Vicky has it.*

¡ojo! In Spain and parts of Latin America, **le** and **les** are used when referring to people.

No **le** veo.
I don't see him/her.

No **les** escucha.
He/she doesn't listen to them.

Práctica

1 Seleccionar Choose the correct response.

1. ¿El artista quiere dibujarte con tu mamá?
   a. Sí, quiere dibujarlos mañana.
   b. Sí, nos quiere dibujar mañana.
   c. Sí, quiere dibujarte mañana.

2. ¿Quién tiene los pasajes?
   a. Yo lo tengo.
   b. Rita las lleva al aeropuerto.
   c. Mónica los tiene.

3. ¿Vas a llevar a tu hermana a la playa?
   a. No, no voy a llevarlas.
   b. No, no voy a llevarte.
   c. No, no voy a llevarla.

4. ¿Vas a hacer las maletas?
   a. Sí, voy a hacerla.
   b. Sí, voy a hacerlas.
   c. Sí, los voy a hacer.

5. ¿Quién tiene la llave de nuestra habitación?
   a. Yo no la tengo.
   b. Amalia los tiene.
   c. Yo lo tengo.

6. ¿Me puedes llevar al partido de fútbol?
   a. No, no las puedo llevar.
   b. Sí, los puedo llevar.
   c. Sí, te puedo llevar.

2 ¿Qué estás haciendo? A classmate has called to find out what you are doing to prepare for your trip to Cancún. Answer his or her questions.

modelo

buscar tu cámara

Estudiante 1: ¿Estás buscando tu cámara?
Estudiante 2: No, no estoy buscándola.
Estudiante 1: ¿Cuándo la vas a buscar?
Estudiante 2: Voy a buscarla mañana (el lunes, a las dos, etc.).

1. preparar los documentos de viaje
2. confirmar tus reservaciones
3. buscar tu pasaje
4. buscar tu mochila
5. hacer tus maletas

Conversación

 Entrevista Use these questions to interview a classmate. Your classmate should respond using direct object pronouns.

1. ¿Quién prepara la comida (*food*) en tu casa?
2. ¿Visitas mucho a tus abuelos?
3. ¿Cuándo ves a tus amigos?
4. ¿Estudias español todos los días?
5. ¿Traes tu libro a clase? ¿Y tu cuaderno?
6. ¿Cuándo vas a hacer la tarea de la clase de español?
7. ¿Ves mucho la televisión? ¿Cuándo vas a ver tu programa favorito?
8. ¿Tienes las llaves de tu casa? ¿De tu carro (*car*)?

 En un café Get together with a partner and take turns asking each other questions about the drawing.

modelo

Estudiante 1: ¿Quién está leyendo el mapa?
Estudiante 2: El Sr. Torres está leyéndolo.

Ana
Santiago
La Sra. Torres
El Sr. Torres
Mario

Using direct object pronouns

▸ In affirmative sentences, direct object pronouns generally appear before the conjugated verb. In negative sentences, the pronoun is placed between the word **no** and the verb.

Armando **me** escucha.	Armando no **me** escucha.
Katia **las** tiene.	Katia no **las** tiene.

▸ In the present progressive and in infinitive constructions, such as **ir a** + [*infinitive*], the direct object pronoun can be placed before the conjugated form, or attached to the present participle or infinitive.

Laura **nos** quiere ver.	Laura quiere ver**nos**.
Lo vamos a hacer.	Vamos a hacer**lo**.

▸ When a pronoun is attached to the present participle, an accent mark is added to maintain the proper stress.

Te están llamando.	Están llamándo**te**.
Los estás mirando.	Estás mirándo**los**.

 ¡Manos a la obra!

 Write new sentences, changing the direct object nouns into pronouns and making any other necessary changes.

1. Juan tiene el pasaporte.
   Juan lo tiene.
2. Confirman la reservación.
   _____
3. Tengo los pasajes.
   _____

4. Van a ver la película.
   _____
5. Quiero ver los monumentos.
   _____
6. Están explorando el pueblo.
   _____

 Complete these sentences with the appropriate direct object pronouns.

1. (me) Quiere.
   _____
2. (you, *fam.*) Busco.
   _____
3. (us) Enrique no habla.
   _____

4. (you, *fam.*) Quiero ver.
   _____
5. (us) Van a llamar.
   _____
6. (me) Javier dibuja.
   _____

Repaso

5.1 Estar with conditions and emotions

1 Más situaciones Describe how you feel in these situations.

1. Cuando hace sol ...
2. Cuando tienes mucho trabajo ...
3. Cuando viajas en avión ...
4. Cuando vas al partido de tu equipo favorito ...
5. Cuando ves una película con tu actor/actriz favorito/a ...
6. Cuando vas a la playa ...
7. Cuando tu habitación está desordenada ...
8. Cuando pierdes algo ...

2 Adivinanzas Play a guessing game in which you describe what you or someone else is doing, and your partner guesses where you are. Then switch roles. Each person should give at least four descriptions.

modelo

Estudiante 1: Mi novio y yo montamos a caballo.
Estudiante 2: ¿Están ustedes en el campo?
Estudiante 1: Sí, estamos en el campo.

5.2 The present progressive

3 Puerto de escala (*Port of call*) Karla and her family are on a Caribbean cruise and the ship has stopped in San Juan. Complete her e-mail with the correct forms of the present progressive.

✉ Mensaje electrónico

Nora:
Por fin (Finally), tengo unos minutos libres.
Mateo (1) _____ [conseguir]
tarjetas postales y la niña (2) _____
[dormir] una siesta. Nuestros amigos César
y Ángela (3) _____ [comer] en el
café Zaguán. Los señores Villalobos
(4) _____ [pasear] por el centro.
Los otros (other) pasajeros (5) _____
[hacer] una excursión a El Yunque o
(6) _____ [visitar] el Viejo San Juan.
Y tú, ¿cómo (7) _____ [pasar]
las vacaciones?

Karla

4 Situaciones With a partner, describe what these people are doing in these situations. Write at least two possibilities. Then get together with another pair and compare your ideas.

modelo

tú / en las montañas
Yo estoy acampando en las montañas.

1. el inspector / en la aduana
2. tu familia / en el parque
3. los turistas / en el hotel
4. los pasajeros / en un barco de cruceros (*cruise ship*)
5. tus padres / en la agencia de viajes
6. tú / en la aduana
7. tus amigos y tú / en el campo
8. tu compañero/a de cuarto / en la habitación

5.3 Comparing ser and estar

5 Completar Complete these sentences using the cues provided and either **ser** o **estar**.

1. Carolina _____ mala.
2. El ascensor _____ seguro.
3. Nosotros _____ listos para ir de pesca.
4. Las bananas _____ verdes.
5. Este programa _____ aburrido. Los jóvenes _____ aburridos.
6. Ernesto _____ muy listo. Va a _____ arquitecto (*architect*).

6 Combinar Combine words from the boxes to create sentences describing a hotel and the people there.

modelo   *Mi amiga es simpática.*

A	B	C
Yo	(no) ser	bonito/a
Tú	(no) estar	grande
Mi amigo/a		norteamericano/a
El hotel		ocupado/a
El botones		trabajador(a)
Nosotros		de vacaciones
Los huéspedes		en el tercer piso
Las habitaciones		en la habitación
El equipaje		cómodo/a
		simpático/a

5.4 Direct object nouns and pronouns

Identificar Match the photos of the people in the video with the direct object pronouns in the sentences. Then form the questions that would correspond to these answers.

A	B	C	D
INÉS Y MAITE	DON FRANCISCO	INÉS Y JAVIER	SEÑORA RAMOS

1. Sí, la veo. _____
2. Sí, los vemos. _____
3. Sí, las vemos. _____
4. Sí, lo veo. _____

Entrevista Use these questions to interview a classmate. Your classmate should respond using direct object pronouns.

1. ¿Te llama tu novio/a esta noche?
2. ¿Quién te llama mucho?
3. ¿Me esperas después de (*after*) la clase?
4. ¿Ahora mismo te esperan tus amigos? ¿Dónde?
5. ¿Me escuchas?
6. ¿Quién nos escucha cuando hablamos en clase?
7. ¿Nos mira el/la profesor/a?
8. ¿Por qué me miras?
9. ¿Te visitan tus padres este fin de semana?
10. ¿Me llevas al aeropuerto el sábado?

Síntesis

Nuestras vacaciones Work in groups of three. Each person will describe his or her ideal vacation at one of these places: **un centro turístico** (*resort*) **en las montañas o cerca del mar, un campamento** (*campground*) **o una ciudad.**

- Describe the location and who is with you.
- Describe the weather.
- Describe your accommodations.
- Describe what activities you are doing there in the morning, afternoon, and evening using the present progressive.

Ritmos hispanos

Miguel Bosé:
Un amante de la música

Spanish musician and actor **Miguel Bosé** was born in 1956 to a Spanish bullfighter father and an Italian actress mother. Growing up with Pablo Picasso as his godfather and Ernest Hemingway as a family friend, the arts were always an important part of his life. In 1973, he moved to London to study art, and two years later, he debuted as a singer. Since then, his music has been in the top charts in Spain, Latin American, and Italy. He has recorded over thirty albums, and had various songs translated to different languages. He has also appeared in over twenty Italian, French, Mexican, and Spanish movies, such as Pedro Almodovar´s *Tacones lejanos*. Throughout his career, he has received several awards, including a Latin Grammy. Because of his humanitarian contributions, he has also been designated as a UNESCO Artist for Peace.

Discografía selecta

- *Bandido* (1984)
- *Salamandra* (1986)
- *XXX* (1987)
- *Los chicos no lloran* (1990)
- *Bajo el signo de Cain* (1993; Platinum album)
- *11 maneras de ponerse un sombrero* (1998)
- *Sereno* (2001; Latin Grammy: Best Male Pop Album)

Go to **aventuras.vhlcentral.com** to learn more about the artist, his music and his songs.

Ampliación

1 Escuchar

A Listen to the weather report by Hernán Jiménez and indicate which of these phrases are correct.

 TIP **Listen for key words.** Listening for key words and phrases will help you identify the subject and main ideas, as well as some of the details.

Santo Domingo

___ 1. hace sol

___ 2. va a hacer frío

___ 3. una mañana de mal tiempo

___ 4. va a estar nublado

___ 5. buena tarde para tomar el sol

___ 6. buena mañana para ir a la playa

San Francisco de Macorís

___ 1. hace frío

___ 2. hace sol

___ 3. va a nevar

___ 4. va a llover

___ 5. hay niebla

___ 6. buen día para excursiones

B ¿Qué tiempo hace en Santo Domingo ahora? ¿Y en San Francisco de Macorís? ¿Qué tiempo hace en tu ciudad?

2 Conversar

Get together with a classmate you don't know very well and ask each other questions using **ser, estar**, and other verbs. Be sure to ask about the following topics.

- *Las clases*
- *La familia*
- *Los amigos*
- *Los pasatiempos*
- *Las vacaciones*
- *Los parientes*
- *El tiempo*
- *Los compañeros de clase*

recursos

| WB pp. 47–52 | LM pp. 27–30 | Text MP3s Lección 5 | Lab MP3s Lección 5 | aventuras.vhlcentral.com Lección 5 |

Ampliación

3 Escribir

Write a tourist brochure for a hotel or resort.

 TIP Make an outline. Separate topics and subtopics in order to provide a framework for the information you want to present.

Descripción del sitio (con foto)
A. Playa Grande
1. Playas seguras y limpias
2. Ideal para tomar el sol y descansar
B. El hotel
1. Abierto los 365 días del año
2. Piscina grande

Organízalo   Jot down the most attractive aspects of your hotel or resort. Then, organize your ideas into an outline.

Escríbelo   Using the outline you have compiled, write the first draft of your brochure.

Corrígelo   Exchange papers with a classmate and comment on the brochure's completeness, organization, grammatical correctness, and level of interest. Then revise your first draft, keeping your classmate's comments in mind.

Compártelo   Swap brochures with a classmate. After you have read the brochure, name the three aspects of the hotel or resort that appeal to you most or least.

4 Un paso más

Create a real or simulated website to promote a travel package to a resort in a Spanish-speaking country. Include images whenever possible. Your website should consist of the following pages:

- A home page with a general description of the tour and links to your other pages
- A page describing the means of transportation
- A page describing hotels and accommodations
- A page about the locations to be visited
- A page detailing activities available to travelers

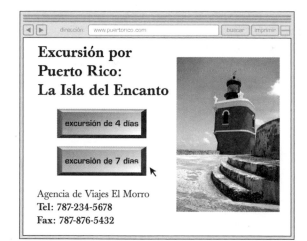

Excursión por Puerto Rico: La Isla del Encanto

dirección: www.puertorico.com

excursión de 4 días

excursión de 7 días

Agencia de Viajes El Morro
Tel: 787-234-5678
Fax: 787-876-5432

 En Internet

Investiga estos temas en el sitio aventuras.vhlcentral.com.

- Balnearios (*resorts*) de España
- Balnearios de América del Sur
- Balnearios de México, Centroamérica y el Caribe

Antes de leer

By scanning for specific information, you can learn a great deal about a text without reading it word for word. For example, you can scan a document to identify its format, to find cognates, or to find specific facts.

Examinar el texto

Scan the reading selection for cognates and write a few of them down.

1. _____
2. _____
3. _____
4. _____
5. _____

Based on the cognates you found, what do you think this document is about?

_____

_____

Preguntas

Read the following questions. Then scan the document again to look for answers to the questions.

1. What is the format of the reading selection?

_____

2. What place is the document about?

_____

3. What are some of the visual cues this document provides? What do they tell you about the content of the document?

_____

_____

4. Who produced the document, and what do you think the document is for?

_____

_____

¡Descubre el Viejo San Juan!

El Morro

El Morro es una fortaleza que defendió la bahía de San Juan entre los años 1500 y 1900. La arquitectura del lugar es extraordinaria. El Morro tiene numerosos túneles secretos, oscuras mazmorras y fantásticas vistas de la bahía. Además, en su interior hay un museo donde se explica la historia de la fortaleza.

La Iglesia de San José

La Iglesia de San José está en el norte de la ciudad, en la famosa plaza del mismo nombre. Esta iglesia es una construcción de 1532. De hecho, es la iglesia más antigua de la isla y un excelente ejemplo de la arquitectura gótica española del siglo XVI.

El Museo Pablo Casals

Pablo Casals es un famoso violonchelista español, que vivió los últimos años de su vida, de 1956 a 1973, en la isla de Puerto Rico. El Museo Pablo Casals es un interesante edificio del siglo XVIII. En su interior hay muchos objetos personales del músico, como su chelo, su piano y una gran cantidad de manuscritos y fotografías.

Hermosos hoteles y cafés

El Viejo San Juan ofrece unos hoteles impresionantes, con habitaciones lujosas y vistas increíbles de la ciudad y del mar. Cerca de los hoteles hay cafés muy agradables, donde los viajeros pueden conversar y escuchar diferentes estilos de música.

Después de leer

¿Comprendiste?

Indicate whether each statement is **cierto** or **falso**.

Cierto	Falso	
_____	_____	1. El Morro es una fortaleza en la bahía de San Juan.
_____	_____	2. El Viejo San Juan no tiene hoteles buenos.
_____	_____	3. El Museo Pablo Casals tiene muchos artículos personales del famoso violonchelista.
_____	_____	4. La Iglesia de San José tiene un museo donde se explica la historia de Puerto Rico.
_____	_____	5. El Museo Pablo Casals es un edificio del siglo XVIII.
_____	_____	6. La Iglesia de San José es de estilo moderno.

Preguntas

1. ¿Dónde pasa Pablo Casals los últimos años de su vida?
_____

2. Describe la arquitectura de la Iglesia de San José.
_____

3. ¿Qué podemos hacer en los cafés del Viejo San Juan?
_____

4. ¿Qué hay en el interior de El Morro?
_____

5. ¿Dónde está la Iglesia de San José?
_____

Coméntalo

Imagina que vas de vacaciones al Viejo San Juan. ¿En qué mes del año deseas ir? ¿Por qué? ¿Cómo prefieres viajar, en avión o en barco? ¿Quieres visitar los lugares mencionados aquí? ¿Por qué?

mazmorras	*dungeons*
además	*besides*
se explica	*they explain; (something) is explained*
de hecho	*in fact*
más antigua	*oldest*
siglo	*century*
edificio	*building*
lujosas	*luxurious*

recursos

aventuras.vhlcentral.com
Lección 5

Las vacaciones y los viajes

el aeropuerto	airport
la agencia de viajes	travel agency
el/la agente de viajes	travel agent
la estación de autobuses	bus station
del metro	subway station
del tren	train station
el/la inspector(a) de aduanas	customs inspector
el pasaje (de ida y vuelta)	(round-trip) ticket
el pasaporte	passport
la tienda de campaña	tent
el/la viajero/a	traveler
acampar	to camp
confirmar una reservación	to confirm a reservation
estar de vacaciones	to be on vacation
hacer las maletas	to pack (one's suitcases)
hacer turismo (m.)	to go sightseeing
hacer un viaje	to take a trip
una excursión	to go on a hike; to go on a tour
ir a la playa	to go to the beach
ir de pesca	to go fishing
ir de vacaciones	to go on vacation
ir en autobús (m.)	to go by bus
en auto(móvil) (m.)	to go by car
en avión (m.)	to go by plane
en barco (m.)	to go by boat
en motocicleta (f.)	to go by motorcycle
en taxi (m.)	to go by taxi
montar a caballo	to ride a horse
pasar por la aduana	to go through customs
pescar	to fish
sacar fotos (f. pl.)	to take pictures

En el hotel

el alojamiento	lodging
el/la botones	bellhop
la cabaña	cabin
la cama	bed
el/la empleado/a	employee
la habitación	room
individual	single room
doble	double room
el hotel	hotel
el/la huésped	guest
la llave	key
la pensión	boarding house
el piso	floor (of a building)
la planta baja	ground floor

Adjetivos

abierto/a	open
aburrido/a	bored; boring
alegre	happy; joyful
amable	nice; friendly
avergonzado/a	embarrassed
cansado/a	tired
cerrado/a	closed
cómodo/a	comfortable
contento/a	happy; content
desordenado/a	disorderly; messy
enamorado/a (de)	in love (with)
enojado/a	mad, angry
equivocado/a	wrong; mistaken
feliz	happy
limpio/a	clean
listo/a	ready; smart
malo/a	bad; sick
nervioso/a	nervous
ocupado/a	busy
ordenado/a	orderly
preocupado/a (por)	worried (about)
seguro/a	sure; safe
sucio/a	dirty
triste	sad
verde	green; not ripe
vivo/a	lively; alive

¿Qué tiempo hace?

¿Qué tiempo hace?	How's the weather?; What's the weather like?
Está despejado.	It's clear.
Está (muy) nublado.	It's (very) cloudy.
Hace buen/mal tiempo.	It's nice/bad weather.
(mucho) calor.	It's (very) hot.
fresco.	It's cool.
(mucho) frío.	It's (very) cold.
(mucho) sol.	It's (very) sunny.
(mucho) viento.	It's (very) windy.
Hay (mucha) niebla.	It's (very) foggy.
llover (o:ue)	to rain
Llueve.	It's raining.
nevar (e:ie)	to snow
Nieva.	It's snowing.

Palabras y expresiones adicionales

el ascensor	elevator
el campo	countryside
el equipaje	luggage
la llegada	arrival
el mar	ocean, sea
la salida	departure; exit
ahora mismo	right now
todavía	yet; still
¿Cuál es la fecha de hoy?	What is today's date?
Hoy es el primero (dos, tres,...) de marzo.	Today is March first (second, third,...).

Las estaciones y los meses	See page 115.
Los numeros ordinales	See page 115.
Expresiones útiles	See page 121.
Direct object pronouns	See page 130.

recursos

Text MP3s Lección 5 | aventuras.vhlcentral.com Lección 5

6 ¡De compras!

Communicative Goals

You will learn how to:
- discuss how much things cost
- talk about clothing
- talk to salespeople

PARA EMPEZAR

- ¿Crees que está comprando algo el hombre?
- ¿Crees que el empleado es amable?
- ¿Es delgado? ¿Es moreno?
- ¿Quién lleva bluejeans: el empleado o el cliente?
- ¿Qué tiempo crees que hace: frío o calor?

¡DE COMPRAS!

DE COMPRAS

el almacén *department store*

la caja *cash register*

el centro comercial *shopping mall*

el/la cliente/a *client*

el/la dependiente/a *clerk*

el mercado (al aire libre) *(open-air) market*

la rebaja *sale*

la tienda *shop, store*

el/la vendedor(a) *salesperson*

costar (o:ue) *to cost*

gastar *to spend (money)*

hacer juego (con) *to match*

ir de compras *to go shopping*

llevar *to wear*

regatear *to bargain*

usar *to wear; to use*

vender *to sell*

el precio (fijo)
(fixed, set) price

la tarjeta de crédito
credit card

el dinero
money

recursos				
WB pp. 53–54	LM p. 31	Text MP3s Lección 6	Lab MP3s Lección 6	aventuras.vhlcentral.com Lección 6

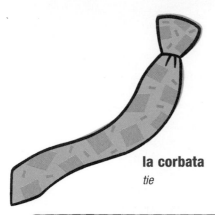

la corbata
tie

Variación léxica

calcetines ⟷ medias (*Amér. L.*)
cinturón ⟷ correa (*Col., Venez.*)
gafas de sol ⟷ lentes oscuros, lentes
negros (*Amér. L.*)
zapatos de tenis ⟷ zapatillas de deporte
(*Esp.*) zapatillas (*Arg., Perú*)
bluejeans ⟷ pantalones de mezclilla
(*Méx.*), vaqueros, tejanos (*Esp.*)

LA ROPA

el abrigo *coat*
los bluejeans *jeans*
la blusa *blouse*
la bolsa *bag; purse*
las botas *boots*
los calcetines *socks*
la camisa *shirt*
la camiseta *t-shirt*
la cartera *wallet*
la chaqueta *jacket*
el cinturón *belt*
la falda *skirt*
los guantes *gloves*
el impermeable *raincoat*

las medias *pantyhose, stockings*
los pantalones *pants*
    cortos *shorts*
el par *pair*
la ropa *clothing, clothes*
    interior *underwear*
las sandalias *sandals*
el sombrero *hat*
el suéter *sweater*
el traje *suit*
    de baño *bathing suit*
el vestido *dress*
los zapatos de tenis *sneakers*

las gafas (de sol)
(sun)glasses

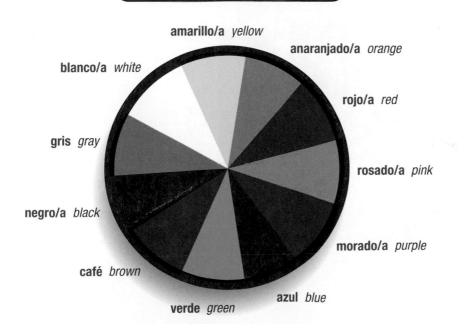

los zapatos
shoes

LOS COLORES

amarillo/a *yellow*
anaranjado/a *orange*
blanco/a *white*
rojo/a *red*
gris *gray*
rosado/a *pink*
negro/a *black*
morado/a *purple*
café *brown*
azul *blue*
verde *green*

ADJETIVOS

barato/a *cheap*
bueno/a *good*
cada *each*
caro/a *expensive*
corto/a *short*
clcgante *elegant*
hermoso/a *beautiful*
largo/a *long*
loco/a *crazy*
nuevo/a *new*
otro/a *other; another*
pobre *poor*
rico/a *rich*

A escuchar

1 Escuchar Listen to Juanita and Vicente talk about what they're packing for their vacations. Indicate who is packing each item. If both are packing an item, write both names. If neither is packing an item, write an X.

Vicente

Juanita

Artículo	Nombre(s)	Artículo	Nombre(s)
1. abrigo	_____	7. gafas de sol	_____
2. zapatos de tenis	_____	8. camisetas	_____
3. impermeable	_____	9. traje de baño	_____
4. chaqueta	_____	10. botas	_____
5. sandalias	_____	11. pantalones cortos	_____
6. bluejeans	_____	12. suéter	_____

2 ¿Cierto o falso? Look at the drawing and indicate whether each statement you hear is **cierto** or **falso**.

	Cierto	Falso
1.	_____	_____
2.	_____	_____
3.	_____	_____
4.	_____	_____
5.	_____	_____
6.	_____	_____
7.	_____	_____
8.	_____	_____

A practicar

3 **Escoger** Which item in each group does not belong?

1. bolsa • camiseta • blusa
2. medias • calcetines • sombrero
3. chaqueta • falda • abrigo
4. almacén • vendedora • tienda • mercado
5. regatear • gastar • llevar • costar
6. vestido • dinero • caja • tarjeta de crédito

4 **Anita la contraria** Your friend Anita always contradicts you. Indicate how she would respond to each sentence.

modelo
El suéter nuevo de Tina es muy hermoso.
No, su suéter es muy feo.

1. Las sandalias de Rufino están sucias. _____
2. El impermeable de don José es muy grande. _____
3. La corbata del señor Garza es larga. _____
4. Los trajes de Mauricio son bonitos. _____
5. Los zapatos de tenis de Noelia son nuevos. _____
6. El cinturón de Amalia es caro. _____

5 **Preguntas** Answer these questions with a classmate.

1. ¿De qué color es el suéter?

2. ¿De qué color es la corbata?

3. ¿De qué color es la planta?

4. ¿De qué color es la rosa de Texas?

5. ¿De qué color es la casa donde vive el presidente de EE.UU.?

6. ¿De qué color es una cebra?

A conversar

6 **Marta y el señor Vega** With a classmate, answer the questions about the drawing.

Marta   El señor Vega

1. ¿Qué lleva Marta?

2. ¿De qué color es su vestido?

3. ¿De qué color son sus zapatos?

4. ¿De qué color son su sombrero y su bolsa?

5. ¿Qué lleva el señor Vega?

6. ¿De qué color es su camisa?

7. ¿De qué color son sus pantalones?

8. ¿Hacen juego la chaqueta, la camisa y los pantalones del señor Vega?

7 **Entrevista** Use these questions to interview a classmate. Then report your findings to the class.

1. ¿Adónde vas para (*in order to*) comprar ropa? ¿Por qué?

2. ¿Cuánto dinero gastas en ropa cada mes? ¿Cada año?

3. Cuando vas de compras, ¿buscas rebajas? ¿regateas?

4. ¿Prefieres pagar en efectivo (*cash*) o con una tarjeta de crédito?

8 **El Almacén Gigante** Your instructor will give you and your partner handouts so that you may complete this information gap activity.

🎧 Pronunciación

The consonants **d** and **t**

¿Dónde?   **vender**   **nadar**   **verdad**

Like **b** and **v**, the Spanish **d** can also have a hard sound or a soft sound, depending on which letters appear next to it.

Don   **dinero**   **tienda**   **falda**

At the beginning of a phrase and after **n** or **l**, the letter **d** is pronounced with a hard sound. This sound is similar to the English *d* in *dog,* but a little softer and duller. The tongue should touch the back of the upper teeth, not the roof of the mouth.

medias   **verde**   **vestido**   **huésped**

In all other positions, **d** has a soft sound. It is similar to the English *th* in *there,* but a little softer.

Don Diego no tiene el diccionario.

When **d** begins a word, its pronunciation depends on the previous word. At the beginning of a phrase or after a word that ends in **n** or **l**, it is pronounced as a hard **d**.

Doña Dolores es de la capital.

Words that begin with **d** are pronounced with a soft **d** if they appear immediately after a word that ends in a vowel or any consonant other than **n** or **l**.

traje   **pantalones**   **tarjeta**   **tienda**

When pronouncing the Spanish **t,** the tongue should touch the back of the upper teeth, not the roof of the mouth. Unlike the English *t,* no air is expelled from the mouth.

Práctica Read these phrases aloud to practice the **d** and the **t**.

1. Hasta pronto.
2. De nada.
3. Mucho gusto.
4. Lo siento.
5. No hay de qué.
6. ¿De dónde es usted?
7. ¡Todos a bordo!
8. No puedo.
9. Es estupendo.
10. No tengo computadora.
11. ¿Cuándo vienen?
12. Son las tres y media.

Oraciones Read these sentences aloud to practice the **d** and the **t**.

1. Don Teodoro tiene una tienda en un almacén en La Habana.

2. Don Teodoro vende muchos trajes, vestidos y zapatos todos los días.

3. Un día un turista, Federico Machado, entra en la tienda para comprar un par de botas.

4. Federico regatea con don Teodoro y compra las botas y también un par de sandalias.

Refranes Read these sayings aloud to practice the **d** and the **t**.

En la variedad está el gusto.[1]

Aunque la mona se vista de seda, mona se queda.[2]

1 Variety is the spice of life.
2 You can't make a silk purse out of a sow's ear.

recursos			
LM p. 32	Text MP3s Lección 6	Lab MP3s Lección 6	aventuras.vhlcentral.com Lección 6

🎥 ¡Qué ropa más bonita!

Javier e Inés van de compras al mercado.

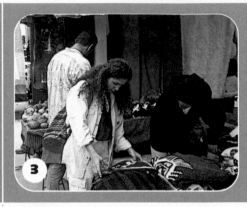

INÉS Javier, ¡qué ropa más bonita! A mí me gusta esa camisa blanca y azul. Debe ser de algodón. ¿Te gusta?

JAVIER Yo prefiero la camisa de la izquierda, la gris con rayas rojas. Hace juego con mis botas marrones.

INÉS Está bien, Javier. Mira, necesito comprarle un regalo a mi hermana Graciela. Acaba de empezar un nuevo trabajo…

JAVIER ¿Tal vez una bolsa?

VENDEDOR Esas bolsas son típicas de las montañas. ¿Le gustan?

INÉS Sí. Quiero comprarle una a mi hermana.

VENDEDOR Buenas tardes, joven. ¿Le puedo servir en algo?

JAVIER Sí. Voy a ir de excursión a las montañas y necesito un buen suéter.

VENDEDOR ¿Qué talla usa usted?

JAVIER Uso talla grande.

VENDEDOR Éstos son de talla grande.

JAVIER ¿Qué precio tiene ése?

VENDEDOR ¿Le gusta este suéter? Le cuesta ciento cincuenta mil sucres.

JAVIER Quiero comprarlo. Pero, señor, no soy rico. ¿Ciento veinte mil sucres?

VENDEDOR Bueno, para usted… sólo ciento treinta mil sucres.

JAVIER Está bien, señor.

recursos
 VM pp. 179–180
 VCD-ROM Lección 6
aventuras.vhlcentral.com Lección 6

Para recordar

Before doing this **Fotonovela** section, review the previous one with this activity.

1. ¿Qué pasa cuando llegan al hotel?
2. ¿Qué piensan Javier, Inés, Maite y Álex de las cabañas?
3. ¿Por qué quiere Maite descansar?
4. ¿Qué está pensando Maite cuando los demás salen de la habitación?

INÉS Me gusta aquélla. ¿Cuánto cuesta?

VENDEDOR Ésa cuesta ciento sesenta mil sucres. ¡Es de muy buena calidad!

INÉS Uy, demasiado cara. Quizás otro día.

JAVIER Acabo de comprarme un suéter. Y tú, ¿qué compraste?

INÉS Compré esta bolsa para mi hermana.

INÉS También compré una camisa y un sombrero. ¿Qué tal me veo?

JAVIER ¡Guapa, muy guapa!

Personajes

JAVIER

INÉS

EL VENDEDOR

Expresiones útiles

Talking about clothing

¡Qué ropa más bonita!
What pretty clothing!

Me gusta esta/esa camisa blanca de rayas negras.
I like this/that white shirt with black stripes.

Está de moda.
It's in fashion.

Debe ser de algodón/lana/seda.
It must be cotton/wool/silk.

Es de cuadros/lunares/rayas.
It's plaid/polka-dotted/striped.

Me gusta este/ese suéter.
I like this/that sweater.

Es de muy buena calidad.
It's very good quality.

¿Qué talla lleva/usa usted?
What size do you wear?

Llevo/Uso talla grande.
I wear a large.

¿Qué número calza usted?
What (shoe) size do you wear?

Calzo el treinta y seis.
I wear a size thirty-six.

Talking about how much things cost

¿Cuánto cuesta?
How much does it cost?

Sólo cuesta noventa mil sucres.
It only costs ninety thousand sucres.

Demasiado caro/a.
Too expensive.

Es una ganga.
It's a bargain.

Saying what you bought

¿Qué compró usted/él/ella?
What did you (form.)/he/she buy?

Compré esta bolsa para mi hermana.
I bought this bag for my sister.

¿Qué compraste?
What did you buy?

Acabo de comprarme un sombrero.
I have just bought myself a hat.

¿Qué piensas?

1 **¿Cierto o falso?** Indicate whether each sentence is **cierto** or **falso**. Correct the false statements.

Cierto   **Falso**

_____ _____   1. A Inés le gusta la camisa verde y amarilla.

_____

_____ _____   2. Javier necesita comprarle un regalo a su hermana.

_____

_____ _____   3. Las bolsas del mercado son típicas de las montañas.

_____

_____ _____   4. Javier busca un traje de baño en el mercado.

_____

_____ _____   5. Inés compró un sombrero, un suéter y una bolsa.

_____

_____ _____   6. Javier regatea con el vendedor.

_____

2 **Contestar** Answer these questions about the **Aventuras** episode.

1. Inés quiere comprarle un regalo a su hermana. ¿Por qué?

_____

2. ¿Cuánto cuesta la bolsa típica de las montañas?

_____

3. ¿Por qué necesita Javier un buen suéter?

_____

4. ¿Cuánto cuesta el suéter que compra Javier?

_____

5. ¿Cuántas cosas compró Inés en el mercado?

_____

6. ¿Qué talla usa Javier?

_____

3 **Conversar** With a classmate, role-play a conversation in which the salesperson greets a customer in an open-air market and offers assistance. The customer is looking for a particular item of clothing. The salesperson and the customer discuss colors, sizes, and negotiate a price.

Exploración
De compras en los países hispanos

Las tiendas pequeñas son muy populares en los países hispanos. El nombre de muchas de estas tiendas se refiere al producto que venden. Por ejemplo, una tienda que vende zapatos es una zapatería y una tienda que vende libros es una librería.

Los mercados al aire libre son muy importantes en el mundo hispano. En ellos se venden muchos productos como ropa, comida (*food*) y libros. En estos mercados tienes que pagar en efectivo (*cash*), pero puedes regatear. El Rastro en Madrid es un mercado muy conocido (*well-known*).

Datos interesantes

- El centro comercial Larcomar en Lima, Perú, está situado sobre un espléndido acantilado (*cliff*).
- En los pueblos pequeños las tiendas generalmente cierran durante la hora del almuerzo (*lunch*).
- El Centro Sambil en Caracas, Venezuela, es el centro comercial más grande de Suramérica. Tiene una terraza, con restaurantes y cafés, que ofrece una vista espectacular de la ciudad.

Muchas ciudades grandes, como la Ciudad de México, Caracas y Madrid, tienen centros comerciales que ofrecen tiendas exclusivas, restaurantes y música en vivo (*live music*).

Coméntalo

Con un(a) compañero/a, contesta las siguientes preguntas.

- ¿Conoces alguna tienda que tiene un nombre similar al producto que vende?
- Piensa en los artículos que te gusta comprar. ¿Dónde prefieres comprarlos?
- ¿Hay un mercado al aire libre o un centro comercial en tu comunidad?

6.1 Numbers 101 and higher

▸ Note that Spanish uses a period, rather than a comma, to indicate thousands and millions.

Numbers 101 and higher

101	ciento uno	1.000	mil
200	doscientos/as	1.100	mil cien
300	trescientos/as	2.000	dos mil
400	cuatrocientos/as	5.000	cinco mil
500	quinientos/as	100.000	cien mil
600	seiscientos/as	200.000	doscientos mil
700	setecientos/as	550.000	quinientos cincuenta mil
800	ochocientos/as	1.000.000	un millón (de)
900	novecientos/as	8.000.000	ocho millones (de)

Ésa cuesta ciento sesenta mil sucres.

Aquí está la reservación... dos habitaciones dobles y una individual, de la ciento uno a la ciento tres.

▸ The numbers **200** through **999** agree in gender with the nouns they modify.

324 tiendas
trescient**as** veinticuatro tiendas

605 clientes
seiscient**os** cinco clientes

873 habitaciones
ochocient**as** setenta y tres habitaciones

990 euros
novecient**os** noventa euros

500 mujeres
quinient**as** mujeres

257 estudiantes
doscient**os** cincuenta y siete estudiantes

▸ **Mil** can mean *a thousand* or *one thousand*. The plural form **miles** is rarely used. The plural form of **un millón** (*a million* or *one million*) is **millones**, which has no accent.

1.000 dólares
mil dólares

2.000.000 de pesos
dos millones de pesos

1.000 aviones
mil aviones

1.000.000 de personas
un millón de personas

5.000 bicicletas
cinco mil bicicletas

1.000.000 de aficionados
un millón de aficionados

Práctica

1 **Completar** Complete these sequences in Spanish.

1. 100, 120, 140, ... 200

_____
_____

2. 5.000, 10.000, 15.000, ... 30.000

_____
_____

3. 50.000, 100.000, 150.000, ... 300.000

_____
_____

4. 100.000.000, 200.000.000, 300.000.000, ... 900.000.000

_____
_____

2 **Resolver** Read the math problems aloud and solve them.

modelo

$$\begin{array}{r} 300 \\ +400 \\ \hline 700 \end{array}$$

Trescientos más cuatrocientos son setecientos.

+ más − menos = es (singular)/son (plural)

1.
$$\begin{array}{r} 150 \\ +150 \\ \hline \end{array}$$

2.
$$\begin{array}{r} 3.000 \\ +\ 753 \\ \hline \end{array}$$

3.
$$\begin{array}{r} 43.000 \\ -10.000 \\ \hline \end{array}$$

4.
$$\begin{array}{r} 200.000 \\ +350.000 \\ \hline \end{array}$$

5.
$$\begin{array}{r} 20.000 \\ +\ \ 555 \\ \hline \end{array}$$

6.
$$\begin{array}{r} 1.000.000 \\ -\ 75.000 \\ \hline \end{array}$$

7.
$$\begin{array}{r} 32.000 \\ -30.000 \\ \hline \end{array}$$

8.
$$\begin{array}{r} 800.000 \\ +\ 175.000 \\ \hline \end{array}$$

Conversación

3 **¿Cuándo?** With a partner, look at the timeline and say when these events occur.

1914-1918	1939-1945	1968	1969	1997
Primera Guerra Mundial	Segunda Guerra Mundial	Martin Luther King Jr. es asesinado.	Los astronautas llegan a la Luna.	El *Pathfinder* llega al planeta Marte.

1. La Primera Guerra Mundial comienza.

2. El *Pathfinder* llega al planeta Marte.

3. Martin Luther King Jr. es asesinado.

4. La Primera Guerra Mundial termina.

5. La Segunda Guerra Mundial termina.

6. Los astronautas llegan a la Luna (*moon*).

7. La Segunda Guerra Mundial comienza.

4 **¿Cuánto cuesta?** Ask your partner how much each item costs.

modelo

40.000 pesos

Estudiante 1: ¿Cuánto cuestan las gafas de sol?
Estudiante 2: Cuarenta mil pesos.

1. 210.000 pesos
2. 61.500 pesos
3. 160.150 pesos
4. 84.450 pesos
5. 48.200 pesos
6. 22.790 pesos

Using numbers

▶ In Spanish, years are not expressed as pairs of 2-digit numbers as they are in English (*1979, nineteen seventy-nine*).

1945
mil novecientos cuarenta y cinco

2005
dos mil cinco

1898
mil ochocientos noventa y ocho

1220
mil doscientos veinte

Le cuesta ciento cincuenta mil sucres.

Bueno, para usted... sólo ciento treinta mil sucres.

Pero, señor, no soy rico. ¿Ciento veinte mil sucres?

▶ When **millón** or **millones** are used before a noun, place **de** between the two.

1.000.000 **de** hombres = un **millón de** hombres
12.000.000 **de** aviones = doce **millones de** aviones
15.000.000 **de** personas = quince **millones de** personas

¡ojo! Note this difference between Spanish and English:

mil millones
a billion (1.000.000.000)

un billón
a trillion (1.000.000.000.000)

Hay **mil millones** de personas en China.
There are a billion people in China.

Hay un **billón** de planetas en el universo.
There are a trillion planets in the universe.

¡Manos a la obra!

 Give the Spanish equivalent of each number.

1. 102 _____ciento dos_____
2. 935 _____
3. 5.000.000 _____
4. 2001 _____
5. 1776 _____
6. 345 _____
7. 550.300 _____
8. 235 _____
9. 1999 _____
10. 113 _____
11. 205 _____
12. 2.105 _____
13. 17.123 _____
14. 497 _____

6.2 The preterite tense of regular verbs

▸ The preterite is used to talk about actions or states completed in the past.

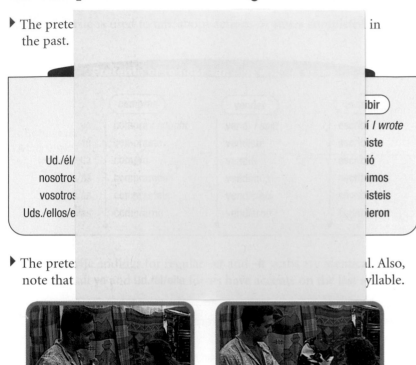

▸ The preterite endings for regular -er and -ir verbs are identical. Also, note that the yo and Ud./él/ella forms have accents on the last syllable.

¿Qué compraste?

Compré esta bolsa.

▸ Note that the **nosotros/as** forms of regular **-ar** and **-ir** verbs in the preterite are identical to the present tense forms. The context will help you tell the difference.

En invierno **compramos** suéteres.
In the winter we buy sweaters.

Anoche **compramos** unas sandalias.
Last night we bought some sandals.

Escribimos poemas en clase.
We write poems in class.

Ya **escribimos** dos veces al presidente.
We already wrote to the president twice.

▸ **-Ar** and **-er** verbs that have a stem change in the present tense do *not* have a stem change in the preterite.

INFINITIVE	PRESENT	PRETERITE
cerrar (e:ie)	Ana cierra la puerta.	Ana cerró la puerta.
volver (o:ue)	Memo vuelve a las dos.	Memo volvió a las dos.
jugar (u:ue)	Él juega al fútbol.	Él jugó al fútbol.
pensar (e:ie)	Pienso mucho.	Pensé mucho.

Práctica

1 **Preguntas** A pesky friend keeps asking you questions. Respond that you already did or have just done what he/she asks. Use direct object pronouns.

modelo
leer la lección
Estudiante 1: ¿Leíste la lección?
Estudiante 2: Sí, ya la leí./Sí, acabo de leerla.

1. lavar (*to wash*) la ropa

2. encontrar tu tarjeta de crédito

3. comprar los suéteres

4. practicar los verbos

5. empezar la composición

6. ver la película *La momia* (*The Mummy*)

2 **¿Qué hicieron?** Combine words from each list to talk about things you and others did.

modelo

Yo leí un buen libro la semana pasada.

¿Quién?	¿Qué?	¿Cuándo?
yo	ver la televisión	anoche
mi compañero/a de cuarto	hablar con un(a) chico/a guapo/a	anteayer
mis amigos y yo	estudiar español	ayer
mis padres	comprar ropa nueva	la semana pasada
mi abuelo/a	leer un buen libro	el año pasado
el/la profesor(a) de español	bailar en el centro comercial	una vez
el presidente de los Estados Unidos	viajar a la Luna (*moon*)	dos veces
mi perro (*dog*)	llegar tarde a clase	
	viajar a Europa	
	escribir una carta	
	llevar ropa muy fea	
	comer siete hamburguesas	

Conversación

3 **Encuesta** Find out if your partner did the activities listed. Report the results to the class.

modelo

llevar un impermeable ayer
Estudiante 1: ¿Llevaste un impermeable ayer?
Estudiante 2: No, no llevé un impermeable ayer.

Actividades	Respuestas
1. Ver cuatro películas de aventura el año pasado	_____
2. Escribir una telenovela (*soap opera*) el mes pasado	_____
3. Viajar a Latinoamérica el verano pasado	_____
4. Salir con una persona famosa la semana pasada	_____
5. Comprar ropa interior ayer	_____
6. Recibir un regalo (*gift*) de un(a) "admirador(a) secreto/a" anteayer	_____

4 **Nuestras vacaciones** You took these photos on a vacation with friends. Use the pictures to tell your partner about the trip.

1.

2.

3.

4.

5 **¿Qué hiciste ayer?** Get together with a partner and take turns asking each other what you did yesterday, the day before yesterday, and last week.

Verbs with spelling changes

▶ Verbs that end in **–car**, **–gar**, and **–zar** have a spelling change in the **yo** form of the preterite. All the other forms are regular.

buscar → busqué   llegar → llegué   empezar → empecé

▶ **Creer**, **leer**, and **oír** have spelling changes in the preterite.

creer : creí, creíste, creyó, creímos, creísteis, creyeron
leer : leí, leíste, leyó, leímos, leísteis, leyeron
oír : oí, oíste, oyó, oímos, oísteis, oyeron

▶ **Ver** is regular in the preterite, but none of its forms has an accent.

ver → vi, viste, vio, vimos, visteis, vieron

Words commonly used with the preterite

anoche	last night	desde... hasta...	from... until...
anteayer	the day before yesterday	pasado/a	(adj.) last; past
		la semana pasada	last week
el año pasado	last year	una vez	once; one time
ayer	yesterday	dos veces	twice; two times
de repente	suddenly	ya	already

Compré una camisa **ayer**.
I bought a shirt yesterday.

Miré la televisión **anoche**.
I watched TV last night.

Useful phrases

¿Qué hiciste?	What did you (fam., sing.) do?
¿Qué hizo usted?	What did you (form., sing.) do?
¿Qué hicieron ustedes?	What did you (form., pl.) do?
¿Qué hizo él/ella?	What did he/she do?
¿Qué hicieron ellos/ellas?	What did they do?

¡ojo! **Acabar de** + [*infinitive*] is used to say that something has just occurred. Note that **acabar** is in the present tense in this construction.

Acabo de comprar un suéter.
I just bought a sweater.

Acabas de ir de compras.
You just went shopping.

¡Manos a la obra!

 Give the preterite form of each verb.

1. Elena ___celebró___ [celebrar].
2. Ellos _____ [oír].
3. Emilio y yo _____ [comprar].
4. Los niños _____ [comer].
5. Usted _____ [salir].
6. Yo _____ [llegar].
7. Yo _____ [empezar].
8. Tú _____ [vender].
9. Ustedes _____ [escribir].
10. Juan _____ [ver].

6.3 Indirect object pronouns

SUBJECT	INDIRECT OBJECT	VERB	DIRECT OBJECT	INDIRECT OBJECT
Roberto	le	prestó	cien pesos	a Luisa.
Roberto		*loaned*	*100 pesos*	*to Luisa.*

▸ An indirect object is the noun or pronoun that answers the question *to whom* or *for whom* an action is done. In the example above, the indirect object answers this question: **¿A quién le prestó Roberto cien pesos?** *To whom did Roberto loan 100 pesos?*

Indirect object pronouns

Singular forms

me	(to, for) me
te	(to, for) you (fam.)
le	(to, for) you (form.);
	(to, for) him; (to, for) her

Plural forms

nos	(to, for) us
os	(to, for) you (fam.)
les	(to, for) you (form.);
	(to, for) them

¿Le puedo servir en algo?

Sí, necesito comprarme un buen suéter.

▸ The indirect object pronoun and the indirect object noun (to which the pronoun refers) are often used in the same sentence. This is done to emphasize or clarify *to whom* the pronoun refers. The indirect object pronoun is often used without its indirect object noun when the person for whom the action is being done is known.

Iván **le** prestó un lápiz **a Rico**.
Iván loaned a pencil to Rico.

También **le** prestó papel.
He also loaned him paper.

Sabrina **le** compró un café **a Sarah**.
Sabrina bought Sarah a coffee.

También **le** compró un sándwich.
She also bought her a sandwich.

¡ojo! Since **le** and **les** have multiple meanings, **a** + [*noun*] or **a** + [*pronoun*] is often used to clarify to whom the pronouns refer.

Unclear

Ella **les** vendió ropa.
She sold clothing (to them or to you all).

Yo **le** presté una camisa.
I loaned a shirt (to you or to him or to her).

Clearer

Ella **les** vendió ropa **a ellos**.
She sold clothing to them.

Yo **le** presté una camisa **a Luis**.
I loaned a shirt to Luis.

Práctica

1 Completar Complete Emilio's description of his family's holiday shopping.

1. Yo _____ compré una cartera a mi padre.

2. Mi tía _____ compró una corbata muy fea (a mí).

3. Mis primos _____ compraron a mis padres dos pares de guantes.

4. A mi mamá yo _____ compré un suéter azul.

5. A nosotros mis abuelos _____ compraron muchos regalos.

6. Y yo _____ compré una camiseta bonita a mi novia.

2 Minidiálogos Supply the missing words.

ESPOSO ¿Vas a comprarme una cartera? ¿Un cinturón?

ESPOSA No, (1) _____ ropa interior.

. . .

PACO ¿Vas a comprarle un regalo a tu novio?

GISELA ¡No (2) _____ nada!

. . .

NIÑOS Mamá, ¿vas a leernos un cuento (*story*)?

MAMÁ Sí, (3) _____ "Blancanieves" (*Snow White*).

. . .

PROFESORA Andrés, ¿ (4) _____ la verdad?

ANDRÉS Claro que (*of course*) le digo la verdad, profesora.

. . .

ALFREDO Ramón, (5) _____ tu bicicleta hoy?

RAMÓN No, no te puedo prestar mi bicicleta. Lo siento, pero es que tienes muchos accidentes.

. . .

ELISA ¿ (6) _____ una tarjeta postal a Maripili?

NACHO No, estoy escribiéndoles una tarjeta postal a Laura y Enrique. ¿Por qué?

Conversación

3 Describir With a partner, describe what's happening in these photos based on the cues provided. Use indirect object pronouns.

1. escribir / mensaje electrónico

2. mostrar / fotos

3. pedir / llaves

4. vender / suéter

4 Entrevista Use these questions to interview a classmate.

1. ¿Te gusta ir de compras?
2. ¿Qué tiendas o centros comerciales prefieres?
3. ¿Le compras mucha ropa a tu novio/a?
4. ¿Les compras regalos a tus amigos?
5. ¿Me compraste un regalo el año pasado?
6. Quiero ir de compras. ¿Cuánto dinero me prestas?

5 ¡Somos ricos! You and your classmates are very rich and want to spend money on your loved ones. In groups of three, discuss what each person is buying.

modelo

Estudiante 1: *Quiero comprarle un vestido nuevo a mi mamá y una camiseta a mi novio.*

Estudiante 2: *Y yo voy a darles un carro nuevo a mis padres. A mis compañeras de cuarto les voy a comprar blusas y faldas nuevas.*

Estudiante 3: *Voy a comprarles una casa a mis padres. Pero a mis amigos no les voy a dar nada.*

Estudiante 1: *¡Qué malo eres!*

6 El fin de semana Your instructor will give you and your partner handouts so that you may complete this information gap activity.

Using indirect object pronouns

▶ Indirect object pronouns usually precede the conjugated verb. In negative phrases, place the pronoun between **no** and the conjugated verb.

Le compré un abrigo.
I bought him a coat.

No le compré nada.
I didn't buy him anything.

▶ When an infinitive or present participle follows the conjugated verb, the indirect object pronoun may be placed before the conjugated verb, or attached to the infinitive or present participle. When a pronoun is attached to a present participle, an accent mark is added.

Estoy mostrándo**les** las fotos.
Les estoy mostrando las fotos.
I'm showing them the photos.

¿Vas a comprar**le** un regalo?
¿**Le** vas a comprar un regalo?
Are you going to buy a gift for her?

▶ The irregular verbs **dar** (*to give*) and **decir** (*to say; to tell*) often occur with indirect object pronouns.

Dar and decir

	dar	decir
yo	**doy**	**digo**
tú	**das**	**dices**
Ud./él/ella	**da**	**dice**
nosotros/as	**damos**	**decimos**
vosotros/as	**dais**	**decís**
Uds./ellos/ellas	**dan**	**dicen**
Present Participle	**dando**	**diciendo**

Mi abuela **me da** muchos regalos.
My grandmother gives me lots of gifts.

Te digo la verdad.
I'm telling you the truth.

Voy a **darle** un beso.
I'm going to give her a kiss.

No les **digo** mentiras a mis padres.
I don't tell lies to my parents.

¡Manos a la obra!

Use the cues in parentheses to provide the indirect object pronoun for the sentence. The first item has been done for you.

1. Martha _____le_____ quiere dar un regalo. *(to Elena)*
2. Alfonso _____ prepara un café. *(for us)*
3. Guillermo y Alejandra _____ escriben de Cuba. *(to me)*
4. Francisco y yo _____ compramos unos guantes. *(for them)*
5. Los vendedores _____ venden ropa. *(to you, fam. sing.)*
6. La dependienta _____ enseña los guantes. *(to us)*

6.4 Demonstrative adjectives and pronouns

Demonstrative adjectives

▶ Demonstrative adjectives demonstrate or point out nouns. Demonstrative adjectives precede the nouns they modify and agree with them in gender and number.

este vestido
this dress

esos zapatos
those shoes

aquella tienda
that store (over there)

Demonstrative adjectives

Singular forms		Plural forms		
MASCULINE	FEMININE	MASCULINE	FEMININE	
este	esta	estos	estas	*this; these*
ese	esa	esos	esas	*that; those*
aquel	aquella	aquellos	aquellas	*that; those (over there)*

▶ The demonstrative adjectives **este**, **esta**, **estos**, and **estas** are used to point out nouns that are close to both the speaker and the listener.

Me gusta este vestido.

▶ The demonstrative adjectives **ese**, **esa**, **esos**, and **esas** are used to point out nouns that are not close to the speaker. The objects may, however, be close to the listener.

¡Pero esos zapatos son horrendos!

▶ The demonstrative adjectives **aquel**, **aquella**, **aquellos**, and **aquellas** are used to point out nouns that are far away from both the speaker and the listener.

Aquella tienda es mi favorita.

Práctica

1 **En un almacén** Gabriel and María are at a department store. Complete their conversation.

MARÍA No me gustan (1) _esos_ (*those*) pantalones. Voy a comprar (2) _éstos_ (*these*).

GABRIEL Yo prefiero (3) _aquéllos_ (*those over there*).

MARÍA Sí, me gustan a mí también. ¿Qué piensas de (4) _estos_ (*these*) cinturones?

GABRIEL (5) _Éstos_ (*these*) cuestan demasiado (*too much*).

MARÍA También busco un vestido elegante. ¿Te gusta (6) _éste_ (*this one*)?

GABRIEL No, es muy feo. ¿Necesitas una falda nueva? (7) _Ésta_ (*this one*) es bonita.

MARÍA No, no necesito una falda. Vamos, Gabriel. Me gusta (8) _este_ (*this*) almacén, pero (9) _aquél_ (*that one over there*) es mejor (*better*).

2 **¿De qué color es?** Use demonstrative adjectives and pronouns to discuss the colors of your classmates' clothing.

rojo/a	amarillo/a	azul	verde
anaranjado/a	blanco/a	café	negro/a

modelo

Estudiante 1: ¿Esos zapatos son azules?
Estudiante 2: No, ésos son verdes. Aquéllos son azules.
Estudiante 1: Y esa camiseta, ¿es roja?
Estudiante 2: No, ésa es blanca. Aquélla es roja.

Conversación

Nuestros compañeros Get together with a partner and take turns asking each other questions about the people around you.

¿Cómo se llama… ?	¿Cómo es/son… ?
¿Qué clases toma(n)… ?	¿De dónde es/son… ?
¿Cuándo… ?	¿De quién es/son… ?
¿A qué hora… ?	¿Cuántos años tiene(n)… ?

modelo

Estudiante 1: ¿De dónde es ese chico?

Estudiante 2: Es de Nueva York. ¿De dónde es esa chica?

Estudiante 1: Creo que es de Los Ángeles. ¿Qué clases toma aquella chica?

Estudiante 2: Ella toma inglés, español y arte.

En una tienda You and a classmate are in a small clothing store. Look at the illustration, then have a conversation about what you see around you.

modelo

Estudiante 1: ¿Te gusta esa chaqueta que está debajo de las camisas?

Estudiante 2: No, prefiero aquélla que está al lado de los pantalones. ¿Dónde están los zapatos?

Estudiante 1: Están en el centro de la tienda.

Demonstrative pronouns

▸ Demonstrative pronouns are identical to demonstrative adjectives, except that they carry an accent mark on the stressed vowel. They agree in number and gender with the corresponding noun.

No me gusta **este** suéter. Prefiero **ése**.	Ella quiere comprar **esa** bolsa, no **aquélla**.
I don't like this sweater. I prefer that one.	*She wants to buy that purse, not that one over there.*
No voy a comprar **estos** zapatos. Quiero **aquéllos**.	¿Qué precio tienen **esos** pantalones? **Ésos** cuestan quince dólares.
I'm not going to buy these shoes. I want those ones over there.	*How much do those pants cost? Those cost fifteen dollars.*

Demonstrative pronouns

Singular forms		Plural forms		
MASCULINE	FEMININE	MASCULINE	FEMININE	
éste	ésta	éstos	éstas	*this one; these*
ése	ésa	ésos	ésas	*that one; those*
aquél	aquélla	aquéllos	aquéllas	*that one; those (over there)*

▸ There are three neuter forms: **esto**, **eso**, and **aquello**. These forms refer to unidentified or unspecified nouns, situations, and ideas. They do not change in gender or number and never carry an accent mark.

¿Qué es **esto**?	**Eso** es interesante.	**Aquello** es bonito.
What's this?	*That's interesting.*	*That's pretty.*

¡Manos a la obra!

Provide the correct form of the demonstrative adjective and demonstrative pronoun for these nouns.

1. la falda / este
   _____esta falda; ésta_____

2. los estudiantes / este
   _____

3. los países / aquel
   _____

4. la ventana / ese
   _____

5. los periodistas / ese
   _____

6. las empleadas / ese
   _____

7. el chico / aquel
   _____

8. las sandalias / este
   _____

9. el autobús / ese
   _____

10. las chicas / aquel
    _____

11. el abrigo / aquel
    _____

12. los pantalones / este
    _____

13. las medias / ese
    _____

14. la bolsa / aquel
    _____

Repaso

6.1 Numbers 101 and higher

1 Inventario *(Inventory)* You are taking inventory in a store. With a partner, take turns asking how many items there are.

> **modelo**
> cinturones: 274
>
> **Estudiante 2:** Hay *doscientos setenta y cuatro cinturones.*

1. abrigos: 190
2. chaquetas: 351
3. pares de botas: 436
4. camisas: 912
5. faldas: 685
6. vestidos: 562
7. suéteres: 829
8. corbatas: 743

2 Estadísticas With a partner, take turns asking each other what the populations of these countries are.

> **modelo**
> **Estudiante 1:** ¿Cuál es la población *(population) de* Colombia? (45.600.000)
> **Estudiante 2:** Colombia tiene cuarenta y cinco millones seiscientos mil habitantes *(inhabitants).*

Poblaciones

México: 110.139.000
España: 43.064.000
Venezuela: 26.749.000
Cuba: 11.369.000
Rep. Dominicana: 9.026.000
Puerto Rico: 4.091.000

6.2 The preterite tense of regular verbs

3 Completar Complete this conversation with the appropriate verb form using the preterite.

OMAR Pedro, ¿(1) _____ [asistir] al partido de fútbol anoche? Te (2) _____ [llamar] pero tú no (3) _____ [contestar].

PEDRO Dora y yo (4) _____ [decidir] no ir. (Nosotros) (5) _____ [mirar] un video.

OMAR Entonces, (6) ¿_____ [oír] (tú) que *(that)* los Dorados (7) _____ [ganar]? Te (8) _____ [perder] un partido fenomenal. Todos (9) _____ [jugar] muy bien y Álvarez (10) _____ [hacer] dos goles *(goals).* Nosotros (11) _____ [celebrar] en El Reloj. (Nosotros) (12) _____ [bailar] mucho.

4 Una cita Get together with a partner and take turns asking and answering questions about a recent date **(una cita reciente)** you had.

- Find out whom he or she went out with and what time they left
- Ask what he or she wore
- Find out what they did on their date and what time they returned home
- Ask if he or she is going to go out with the person again

6.3 Indirect object pronouns

5 Encuesta Using indirect object pronouns, find out to or for whom your partner usually does these things.

> **modelo**
> abrir la puerta
>
> **Estudiante 1:** ¿A quién(es) abres la puerta?
> **Estudiante 2:** Les abro la puerta a las mujeres.

Actividades	¿A quiénes?
1. Dar regalos	_____
2. Mostrar las compras	_____
3. Prestar ropa	_____
4. Pedir favores	_____
5. Dar un beso	_____
6. Decir mentiras	_____
7. Hablar en español	_____

6 Combinar Combine indirect object pronouns with the words from each column to create sentences about yourself and these people.

> **modelo**
> El profesor les explicó la tarea a ellos.

¿Quién?	¿Qué?	¿A quién?
Yo	(no) explicar la tarea	mí
Tú	preguntar	ti
Mi amigo/a	contestar	el/la novio/a
Mi hermano/a	enseñar español	mi compañero/a
El/La profesor(a)	buscar un libro	nosotros
Él/Ella	explicar el problema	los padres
Nosotros	vender la motocicleta	ellos/as
Mis padres	prestar $20.00	el/la profesor(a)
Los chicos	comprar un abrigo	tu primo

6.4 Demonstrative adjectives and pronouns

7 ¿De quién es? Some passengers left these items on your tour bus, and the driver wants to know to whom they belong. With a partner, alternate asking and answering the questions using the cues provided.

modelo

Estudiante 1: ¿De quién es esta chaqueta?
Estudiante 2: ¿Ésa? Es de Daniel.

1. Raquel

2. Miguel

3. Señor Romero

4. Señora Espinosa

5. yo

6. Señora Cifuentes

Síntesis

8 Hacer las compras en Internet In groups of three, discuss your online shopping experiences.

- Explain why you like or don't like to shop on the Internet.
- Describe the items you bought on the Internet in the past year, for whom you bought each item, how much each item cost and where you bought it. If you have one or more of the items with you, show it to the group as you talk about it.
- Explain how you paid (pagar) for your purchases.

Ritmos hispanos

Maná:
Una banda de música pop

The Mexican group **Maná** started in the mid 1970's when the lead singer Fernando Olvera and his friends formed the garage band *Green Hat*. In 1986, drummer Alex Gonzalez was added to the band under the new name Maná. Since then, the group has been followed by a growing number of fans around the world. Their music blends rock with more mellow pop sounds and hints of calypso and reggae. In fall 2000, they won the first annual Latin Grammy Award for Best Pop Performance with *Se me olvidó otra vez* from their *MTV Unplugged* CD. The members of the band address environmental problems in their lyrics and also in their actions. In fact, they started the non-profit foundation Selva Negra to fund several projects, including protecting the Pacific Coastline, saving turtles threatened with extinction, and providing food to needy communities.

Discografía selecta

- *Maná* (1987; 4 Gold albums)
- *¿Dónde jugarán los niños?* (1992; Latin Billboard Award)
- *Cuando los ángeles lloran* (1995)
- *Sueños líquidos* (1997; Grammy: Best Latin Rock Performance)
- *MTV Unplugged* (1999: Latin Billboard Award; Latin Grammy: Best Pop Performance)
- *Revolución de amor* (2002; Latin Grammy: Best Latin Rock Album)

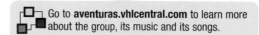 Go to **aventuras.vhlcentral.com** to learn more about the group, its music and its songs.

Ampliación

1 Escuchar

A Listen to Marisol and Alicia's conversation. Make a list of the clothing items that each person mentions, then note if she actually purchased it.

 TIP Listen for linguistic cues. Listening for the verb endings of conjugated verbs will help you identify when an event occurs—in the past, present, or future. Verb endings also give cues about who is doing the action.

Marisol	Alicia
1. _____	1. _____
2. _____	2. _____
3. _____	3. _____
4. _____	4. _____

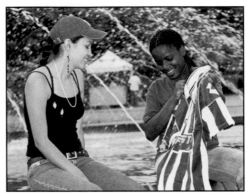

B ¿Crees que la moda (*fashion*) es importante para Alicia? ¿Y para Marisol? ¿Por qué? En tu opinión, ¿es importante estar a la moda (*to be in fashion*)?

2 Conversar

With a classmate, take turns playing the roles of a shopper and a clerk in a clothing store. Use the following guidelines.

- The shopper talks about the clothing he/she is looking for as a gift, mentions for whom the clothes are intended, and says what he/she bought for the same person last year
- The clerk recommends items, based on the shopper's descriptions
- The shopper asks how much items cost, and the clerk answers

recursos

| WB pp. 55–62 | LM pp. 33–36 | Text MP3s Lección 6 | Lab MP3s Lección 6 | aventuras.vhlcentral.com Lección 6 |

Ampliación

3 Escribir

Write a report for the school newspaper about an interview you conducted with a student concerning his or her shopping habits and clothing preferences.

 TIP **Reporting an interview.** You may transcribe the interview verbatim, simply summarize it, or summarize it with occasional speaker quotes. Your report will be more interesting if you include a title and introduction, and end with a conclusion.

Organízalo | Use an idea map to organize the interview questions and develop an outline for your report. Then brainstorm a title for your report.

Escríbelo | Using your outline as a guide, write the first draft of your report.

Corrígelo | Exchange papers with a classmate and comment on the report's title, introduction, conclusion, organization, level of interest, and correctness. Then revise your first draft, with your classmate's comments in mind.

Compártelo | Exchange reports in groups of four. Give a superlative title to each report on the basis of its strongest points, for example, "best use of Spanish" or "most interesting questions."

4 Un paso más

Develop a business plan to open a store in a Spanish–speaking country.

- Decide which products you are going to sell and select an appealing name for your store
- Choose a location for your store
- Include a visual presentation of your products
- Itemize your products' prices and your expected profits
- Explain why you think your store will be successful

 En Internet

Investiga estos temas en el sitio aventuras.vhlcentral.com.

- Tiendas y almacenes famosos
- La moneda de los países hispanos

Antes de leer

Skimming involves quickly reading through a document to absorb its general meaning. This strategy allows you to understand the main ideas without having to read word for word. Skim the reading selection to get its general meaning.

Examinar el texto

Look at the format of the reading selection. How is it organized? What does the organization of the document tell you about its content?

Buscar cognados

Scan the reading selection to locate cognates and write a few of them down. Based on the cognates, what is the reading selection about?

1. _____
2. _____
3. _____
4. _____
5. _____

6. The reading selection is about _____ .

Impresiones generales

Now skim the reading selection to understand its general meaning. Jot down your impressions. What new information did you learn about the document by skimming it? Based on all the information you now have, answer these questions.

1. Who produced this document?

2. What is its purpose?

3. Who is its intended audience?

El Palacio de la

¡Donde la rebaja es la reina! ¡Aproveche nuestras ofertas!

Abierto de lunes a viernes de 10 a 21 horas • sábado de 12 a 20 horas

Suéter de algodón para mujeres/todas las tallas Rebajados de 3.450,00 PESOS A SÓLO 2.760,00 PESOS

Pantalones formales para caballeros/colores gris, negro y azul con el 30% de rebaja, de 5.200,00 PESOS A SÓLO 3.640,00 PESOS

Hermosas **blusas** de seda para damas/tallas mediana y grande Rebajadas de 2.030,00 PESOS al increíble precio de 1.450,00 PESOS

Elegantes **chaquetas** para caballeros/colores café, negro, azul y verde con rebaja del 25%, de 5.370,00 PESOS A SÓLO 4.027,50 PESOS

GANGA

Aceptamos todas las tarjetas de crédito.

Faldas largas para mujeres/colores café, morado, azul y gris rebajadas de 2.468,00 PESOS A SÓLO 1.974,00 PESOS

Baratos **trajes de baño** para hombres en amarillo, blanco, azul, verde y morado
Con rebaja del 40%, de 1.384,00 PESOS A SÓLO 830,40 PESOS

Nuevo **modelo de botas**
Para mujeres
Números 35 a 38
Rebajados de 3.370,00 PESOS
A SÓLO 2.596,00 PESOS

Zapatos de tenis
Para hombres
Números 40 a 45
rebajados de 2.976,00 PESOS A SÓLO 2.315,00 PESOS

Después de leer

¿Comprendiste?

Indicate whether each statement is **cierto** or **falso**. Correct the false statements.

Cierto	Falso	
_____	_____	1. Con 4.000 pesos un cliente puede comprar un pantalón formal para hombre.
_____	_____	2. Normalmente las blusas de seda cuestan más de 2.000 pesos.
_____	_____	3. El Palacio de la Ganga abre a las diez de la mañana los domingos.
_____	_____	4. Una elegante chaqueta azul cuesta 4.027,50 pesos.
_____	_____	5. Los trajes de baño para hombre tienen una rebaja del veinticinco por ciento.
_____	_____	6. Hay rebaja de suéteres de algodón para hombres.
_____	_____	7. El Palacio de la Ganga acepta tarjetas de crédito.
_____	_____	8. El Palacio de la Ganga está abierto los sábados.

Preguntas

1. ¿Cuánto cuestan los zapatos de tenis?
   _____

2. ¿Hay rebaja de blusas de algodón?
   _____

3. ¿Hay rebaja de ropa para niños en el Palacio de la Ganga? _____

4. ¿Hay rebaja de minifaldas? _____

Coméntalo

Imagina que vas a ir al Palacio de la Ganga. ¿Qué ropa vas a comprar? ¿Hay tiendas similares al Palacio de la Ganga en tu comunidad? ¿Cómo se llaman? ¿Tienen muchas rebajas?

el palacio	palace
la reina	queen
aproveche	take advantage of
caballeros	gentlemen
damas	ladies

recursos

aventuras.vhlcentral.com
Lección 6

La ropa

el abrigo	coat
los bluejeans	jeans
la blusa	blouse
la bolsa	bag; purse
las botas	boots
los calcetines	socks
la camisa	shirt
la camiseta	t-shirt
la cartera	wallet
la chaqueta	jacket
el cinturón	belt
la corbata	tie
la falda	skirt
las gafas (de sol)	(sun)glasses
los guantes	gloves
el impermeable	raincoat
las medias	pantyhose; stockings
los pantalones	pants
los pantalones cortos	shorts
el par	pair
la ropa	clothing, clothes
la ropa interior	underwear
las sandalias	sandals
el sombrero	hat
el suéter	sweater
el traje	suit
el traje de baño	bathing suit
el vestido	dress
los zapatos	shoes
los zapatos de tenis	sneakers

Adjetivos

barato/a	cheap
bueno/a	good
cada	each
caro/a	expensive
corto/a	short
elegante	elegant
hermoso/a	beautiful
largo/a	long
loco/a	crazy
nuevo/a	new
otro/a	other; another
pobre	poor
rico/a	rich

De compras

el almacén	department store
la caja	cash register
el centro comercial	shopping mall
el/la cliente/a	client
el/la dependiente/a	clerk
el dinero	money
el mercado (al aire libre)	(open-air) market
el precio (fijo)	(fixed, set) price
la rebaja	sale
la tarjeta de crédito	credit card
la tienda	shop, store
el/la vendedor(a)	salesperson
costar (o:ue)	to cost
gastar	to spend (money)
hacer juego (con)	to match
ir de compras	to go shopping
llevar	to wear
regatear	to bargain
usar	to wear; to use
vender	to sell

Palabras y expresiones

anoche	last night
anteayer	the day before yesterday
el año pasado	last year
ayer	yesterday
de repente	suddenly
desde	from
hasta	until
pasado/a	(adj.) last; past
la semana pasada	last week
una vez	once; one time
dos veces	twice; two times
ya	already
el beso	kiss
la mentira	lie
el regalo	gift
la verdad	truth
¿Qué hiciste?	What did you (fam., sing.) do?
¿Qué hizo usted?	What did you (form., sing.) do?
¿Qué hizo él/ella?	What did he/she do?
¿Qué hicieron ustedes?	What did you (form., pl.) do?
¿Qué hicieron ellos/ellas?	What did they do?
acabar de (+ inf.)	to have just done something
dar	to give
decir	to say; to tell
prestar	to loan

Los colores	See page 141.
Expresiones útiles	See page 147.
Numbers 101 and higher	See page 150.
Indirect object pronouns	See page 154.
Demonstrative adjectives and pronouns	See pages 156–157.

recursos

Text MP3s
Lección 6

aventuras.vhlcentral.com
Lección 6

AVENTURAS EN LOS PAÍSES HISPANOS

El mar Caribe, de aguas cálidas *(warm)* y transparentes, está al este de América Central y rodea *(surrounds)* a las Islas Antillas. Cuba, Puerto Rico y República Dominicana son tres de estas islas. El Caribe goza *(enjoys)* de un clima tropical todo el año. Las plantas y animales del Caribe son muy variados y exóticos. Personas de todo el mundo *(world)* viajan al Caribe para disfrutar *(to enjoy)* del clima, la naturaleza y las hermosas playas. ¿Te gustaría ir al Caribe algún día?

EL CARIBE

Puerto Rico

Área: 8.959 km^2 (3.459 millas^2)
Población: 4.091.000
Capital: San Juan – 1.466.000
Ciudades principales: Caguas, Mayagüez, Ponce
Moneda: dólar estadounidense

SOURCE: Population Division, UN Secretariat

Cuba

Área: 110.860 km^2 (42.083 millas^2)
Población: 11.369.000
Capital: La Habana – 2.306.000
Ciudades principales: Santiago de Cuba, Camagüey, Holguín, Guantánamo
Moneda: peso cubano

SOURCE: Population Division, UN Secretariat

República Dominicana

Área: 48.730 km^2 (18.815 millas^2)
Población: 9.026.000
Capital: Santo Domingo – 2.889.000
Ciudades principales: Santiago de los Caballeros, La Vega
Moneda: peso dominicano

SOURCE: Population Division, UN Secretariat

La Habana Vieja

La Habana Vieja es la parte antigua *(old)* de la capital de Cuba. Fue *(was)* declarada Patrimonio Cultural de la Humanidad por la UNESCO en 1982. Tiene muchas construcciones coloniales, como el Palacio de los Capitanes generales, que ahora es un museo. También hay calles estrechas *(narrow)* y casas antiguas con balcones.

Estrecho de la Florida

ISLAS BAHAMAS

★ La Habana

Cordillera de los Órganos

Isla de la Juventud

CUBA

Deportes

Mar de las Antillas

Camagüey •

Holguín •

El béisbol

El béisbol es un deporte muy popular en el Caribe. Los primeros países hispanos en tener una liga de béisbol fueron *(were)* Cuba y México, en el siglo XIX. El béisbol es el deporte nacional de la República Dominicana. David Ortiz y Pedro Martínez son dos de los muchos beisbolistas dominicanos que alcanzaron *(achieved)* la fama en este deporte.

Sierra Maestra

Santiago de Cuba •

Guantánamo

JAMAICA

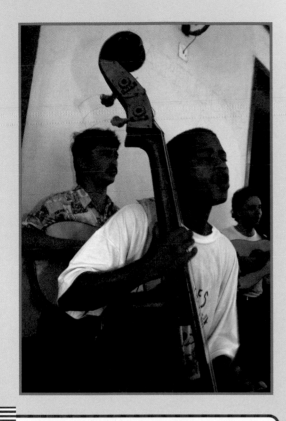

Océano
Atlántico

La salsa y el merengue

La música salsa nació en Nueva York entre los inmigrantes de Puerto Rico y Cuba. Esta música es muy rítmica y está hecha *(is made)* para bailar. Tiene ese nombre porque es la "salsa" *(sauce)* de las fiestas. Tres de los músicos de salsa más populares son Tito Puente, Willie Colón y Héctor Lavoe.

El merengue, una música tradicional de la República Dominicana, tiene sus raíces *(roots)* en el campo. Tradicionalmente, las canciones eran *(were)* historias de los problemas sociales de los campesinos *(country people)*. El merengue también está hecho para bailar. Hay muchos músicos de merengue famosos internacionalmente. Juan Luis Guerra es uno de ellos.

El Morro

El Morro es un fuerte *(fort)* que está en la bahía *(bay)* de San Juan, Puerto Rico. Lo hicieron los españoles en el siglo *(century)* XVI para defenderse de los piratas. Desde mil novecientos sesenta y uno, El Morro es un museo que atrae *(attracts)* a miles de turistas. También es el sitio más fotografiado de Puerto Rico. La arquitectura del fuerte es impresionante. Tiene túneles misteriosos, mazmorras *(dungeons)* y vistas *(views)* fabulosas de la bahía.

Hispanos en los Estados Unidos

Puerto Rico
Benicio del Toro, actor (Premio Oscar)
Esmeralda Santiago, escritora
Gigi Fernández, tenista (medalla olímpica)

Cuba
Cameron Diaz, actriz
Nilo Cruz, compositor musical (Premio Pulitzer)
Ray Rodríguez, empresario Univision

La República Dominicana
Felix Berroa, pintor
Michelle Jiménez, bailarina
Zoé Saldaña, actriz

Puerto Plata

Santiago

Río Yuna

HAITÍ

LA REPÚBLICA DOMINICANA

Sierra de Neiba

Sierra de Baoruco

Santo
Domingo

San Pedro
de Macorís

San
Juan

Arecibo

Fajardo

Isla
Culebra

Mayagüez

Ponce

Isla de Vieques

PUERTO RICO

recursos

| WB
pp. 63–64 | VM
pp. 203–206 | VCD-ROM
Lección 6 | aventuras.vhlcentral.com
Lección 6 |

¿Qué aprendiste?

1 **¿Cierto o falso?** Indica si las siguientes frases son **ciertas** o **falsas**.

	Cierto	Falso
1. El mar Caribe está al Norte de América Central.	_____	_____
2. El área de Cuba es mayor que el área de Puerto Rico.	_____	_____
3. San Juan es la capital de Puerto Rico.	_____	_____
4. El Morro fue construido por los piratas en el siglo XVI.	_____	_____
5. El Morro es actualmente un museo.	_____	_____
6. La Habana Vieja es Patrimonio Cultural de la Humanidad.	_____	_____
7. La Habana Vieja es la parte nueva de la capital de Cuba.	_____	_____
8. Los primeros países hispanos en tener una liga de béisbol fueron Chile y Uruguay.	_____	_____
9. El béisbol es el deporte nacional de la República Dominicana.	_____	_____
10. La salsa nació en Nueva York.	_____	_____
11. El merengue tiene sus raíces en la ciudad.	_____	_____
12. Juan Luis Guerra es un cantante de merengue.	_____	_____

2 **Preguntas** Contesta las siguientes preguntas con frases completas.

1. ¿Dónde está el mar Caribe? ¿Cómo son sus aguas?

2. ¿Cómo es la arquitectura del fuerte El Morro?

3. ¿Por qué crees que la Habana Vieja fue declarada Patrimonio Cultural de la Humanidad?

4. ¿En qué países del Caribe es popular el béisbol?

5. ¿En qué país nació la música salsa? ¿En qué país nació el merengue?

 En Internet

Busca más información sobre estos temas en el sitio aventuras.vhlcentral.com. Presenta la información a tus compañeros/as de clase.

- El Morro
- La Habana Vieja
- El béisbol
- La salsa y el merengue

7 # La vida diaria

Communicative Goals

You will learn how to:

- tell where you went
- talk about daily routines and personal hygiene
- reassure someone

PARA EMPEZAR

- ¿Ella lleva una camisa o un suéter?
- ¿De qué color son sus ojos? ¿Y su pelo?
- ¿Crees que ella está en su casa o en una tienda?
- ¿Crees que ella está aburrida o feliz?

LA VIDA DIARIA

LA HIGIENE PERSONAL

cepillarse el pelo *to brush one's hair*
ducharse *to shower*
lavarse la cara *to wash one's face*
las manos *to wash one's hands*
maquillarse *to put on makeup*
peinarse *to comb one's hair*

el baño *bathroom*
el champú *shampoo*
la crema de afeitar *shaving cream*
el maquillaje *makeup*
la rutina diaria *daily routine*
la toalla *towel*

el espejo
mirror

el despertador
alarm clock

cepillarse los dientes
to brush one's teeth

el jabón
soap

afeitarse
to shave

bañarse
to bathe; to take a bath

recursos

| WB pp. 65–66 | LM p. 37 | Text MP3s Lección 7 | Lab MP3s Lección 7 | aventuras.vhlcentral.com Lección 7 |

POR LA MAÑANA Y POR LA NOCHE

acostarse (o:ue) *to lie down; to go to bed*
despertarse (e:ie) *to wake up*
vestirse (e:i) *to get dressed*

Variación léxica
afeitarse ⟷ rasurarse (*Méx., Amér. C.*)
ducha ⟷ regadera (*Col., Méx., Venez.*)
ducharse ⟷ bañarse (*Amér. L.*)

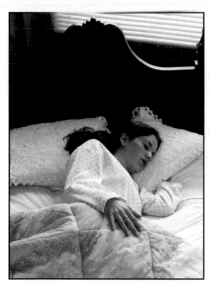

dormirse (o:ue)
to go to sleep; to fall asleep

levantarse
to get up

OTRAS PALABRAS Y EXPRESIONES

Se acuesta. *He/she goes to bed; you (form.) go to bed.*
Se afeita. *He/she shaves; you shave.*
Se cepilla los dientes. *He/she brushes his/her teeth; you brush your teeth.*
Se despierta. *He/she wakes up; you wake up.*
Se peina. *He/she combs his/her hair; you comb your hair.*
Se viste. *He/she gets dressed; you get dressed.*

Se lava las manos.
She washes her hands.

Se ducha.
He takes a shower.

ADVERBIOS Y PREPOSICIONES DE TIEMPO

antes (de) *before*
después *afterwards; then*
después de *after*
durante *during*
entonces *then*
luego *afterwards; then*
más tarde *later*
por la mañana *in the morning*
por la noche *at night*
por la tarde *in the afternoon; in the (early) evening*
por último *finally*

A escuchar

1 **¿Cierto o falso?** Escucha las frases, mira las fotos e indica si cada frase es **cierta** o **falsa**.

	Cierto	Falso
1.	_____	_____
2.	_____	_____
3.	_____	_____
4.	_____	_____
5.	_____	_____
6.	_____	_____
7.	_____	_____
8.	_____	_____

 1.
 2.

 3.
 4.

 5.
 6.
 7.
 8.

2 **Escuchar** Escucha las frases e indica si cada frase es **lógica** o **ilógica**.

	Lógico	Ilógico
1.	_____	_____
2.	_____	_____
3.	_____	_____
4.	_____	_____
5.	_____	_____
6.	_____	_____

recursos

Text MP3s
Lección 7

aventuras.vhlcentral.com
Lección 7

A practicar

3 **Ordenar** Pon (*put*) esta historia (*story*) en orden.

_____ a. Después de afeitarse, cepillarse los dientes y vestirse, sale para las clases.

_____ b. Por último, se acuesta a las once y media de la noche.

_____ c. Entonces se ducha antes de afeitarse.

_____ d. Por la noche come un poco. Luego estudia antes de acostarse.

_____ e. Asiste a todas sus clases y vuelve a casa por la tarde.

_____ f. Por la mañana, Fabio se despierta a las seis y media.

4 **Identificar** Con un(a) compañero/a, indica las cosas que cada persona necesita.

> modelo

Manuel / vestirse
Estudiante 1: ¿Qué necesita Manuel para (*in order to*) vestirse?
Estudiante 2: Necesita una camiseta y unos pantalones.

1. **Daniel / acostarse**

2. **Raúl / despertarse**

3. **Mercedes / lavarse la cara**

4. **Leonardo / afeitarse**

5. **Sofía / lavarse el pelo**

6. **Yolanda / maquillarse**

A conversar

5 **La rutina diaria** Con un(a) compañero/a, mira las fotos y describe lo que hace cada (*each*) persona.

modelo

Estudiante 1: ¿Qué hace Armando?
Estudiante 2: *Se afeita.*

Armando

Rocío

Noelia

don Carlos

doña Juana

Marisela

Néstor

6 **Describir** Trabajen en parejas (*pairs*) para describir la rutina diaria de dos o tres de estas personas. Pueden usar las palabras de la lista.

1. mi mejor (*best*) amigo/a
2. nuestro/a profesor(a) de español
3. mi padre/madre
4. mi compañero/a de cuarto

primero	durante el día	después
luego	antes	después de
entonces	antes de	por último

7 **Diferencias** Your instructor will give you and your partner handouts so that you may complete this information gap activity.

🎧 Pronunciación

The consonant r

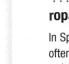

. . . .

ropa   **rutina**   **rico**   **Ramón**

In Spanish, **r** has a strong trilled sound at the beginning of a word. No English words have a trill, but English speakers often produce a trill when they imitate the sound of a motor.

 . . . .

gustar   **durante**   **primero**   **crema**

In any other position, **r** has a weak sound similar to the English *tt* in *better* or the English *dd* in *ladder*.
In contrast to English, the tongue touches the roof of the mouth behind the teeth.

. . . .

pizarra   **corro**   **marrón**   **aburrido**

The letter combination **rr**, which only appears between vowels, always has a strong trilled sound.

. . . .

caro   **carro**   **pero**   **perro**

Between vowels, the difference between the strong trilled **rr** and the weak **r** is very important, as a mispronunciation could lead to confusion between two different words.

. . . .

Práctica Lee las palabras en voz alta, prestando (*paying*) atención a la pronunciación de la **r** y la **rr**.

1. Perú
2. Rosa
3. borrador
4. madre
5. comprar
6. favor
7. rubio
8. reloj
9. Arequipa
10. tarde
11. cerrar
12. despertador

Oraciones Lee las oraciones en voz alta, prestando atención a la pronunciación de la **r** y la **rr**.

1. Ramón Robles Ruiz es programador. Su esposa Rosaura es artista.
2. A Rosaura Robles le encanta regatear en el mercado.
3. Ramón nunca regatea… le aburre regatear.
4. Rosaura siempre compra cosas baratas.
5. Ramón no es rico, pero prefiere comprar cosas muy caras.
6. ¡El martes Ramón compró un carro nuevo!

Refranes Lee en voz alta los refranes, prestando atención a la **r** y a la **rr**.

Perro que ladra no muerde.[1]

No se ganó Zamora en una hora.[2]

1 The dog's bark is worse than its bite.
2 Rome wasn't built in a day.

recursos

| LM p. 38 | Text MP3s Lección 7 | Lab MP3s Lección 7 | aventuras.vhlcentral.com Lección 7 |

¡Jamás me levanto temprano!

Álex y Javier hablan de sus rutinas diarias.

1

JAVIER Hola, Álex. ¿Qué estás haciendo?

ÁLEX Nada… Sólo estoy leyendo mi correo electrónico. ¿Adónde fueron?

2

JAVIER Inés y yo fuimos a un mercado. Fue muy divertido. Mira, compré este suéter. Me encanta. No fue barato, pero es chévere, ¿no?

ÁLEX Sí, es ideal para las montañas.

3

JAVIER ¡Qué interesantes son los mercados al aire libre! Me gustaría volver, pero ya es tarde. Oye, Álex, ¿sabes que mañana tenemos que levantarnos temprano?

ÁLEX Ningún problema.

6

JAVIER ¡Increíble! ¡Álex, el superhombre!

ÁLEX Oye, Javier, ¿por qué no puedes levantarte temprano?

JAVIER Es que por la noche no quiero dormir, sino dibujar y escuchar música. Por eso es difícil despertarme por la mañana.

7

JAVIER El autobús no sale hasta las ocho y media. ¿Vas a levantarte mañana a las seis también?

ÁLEX No, pero tengo que levantarme a las siete menos cuarto porque voy a correr.

8

JAVIER Ah, ya… ¿Puedes despertarme después de correr?

ÁLEX Éste es el plan para mañana. Me levanto a las siete menos cuarto y corro por treinta minutos. Vuelvo, me ducho, me visto y a las siete y media te despierto. ¿De acuerdo?

JAVIER ¡Absolutamente ninguna objeción!

Expresiones útiles

Telling where you went
¿Adónde fuiste/fue usted?
Where did you (sing.) go?
Fui a un mercado.
I went to a market.
¿Adónde fueron ustedes?
Where did you (pl.) go?
Fuimos a un mercado. Fue muy divertido.
We went to a market. It was a lot of fun.

Talking about morning routine
(Jamás) me levanto temprano/tarde.
I (never) get up early/late.
Nunca oigo el despertador.
I never hear the alarm clock.
Es difícil/fácil despertarme.
It's hard/easy for me to wake up.
Cuando estoy en casa, siempre me despierto a las seis en punto.
When I'm at home, I always wake up at six on the dot.
Me ducho y luego me cepillo los dientes.
I take a shower and then I brush my teeth.
Después me afeito y me visto.
Afterwards, I shave and get dressed.

Reassuring someone
Ningún problema.
No problem.
No te preocupes. / No se preocupe.
Don't worry.

Additional vocabulary
sino
but (rather)
Es chévere.
It's cool.

JAVIER ¿Seguro? Pues yo jamás me levanto temprano. Nunca oigo el despertador cuando estoy en casa y mi mamá se enoja mucho.

ÁLEX Tranquilo, Javier. Yo tengo una solución.

ÁLEX Cuando estoy en casa en la Ciudad de México, siempre me despierto a las seis en punto. Me ducho en cinco minutos y luego me cepillo los dientes. Después me afeito, me visto y ¡listo! ¡Me voy!

DON FRANCISCO Hola, chicos. Mañana salimos temprano, a las ocho y media… ni un minuto antes ni un minuto después.

ÁLEX No se preocupe, don Francisco. Todo está bajo control.

DON FRANCISCO Bueno, pues, hasta mañana.

DON FRANCISCO ¡Ay, los estudiantes! Siempre se acuestan tarde. ¡Qué vida!

PERSONAJES

DON FRANCISCO   **ÁLEX**   **JAVIER**

¿Qué piensas?

1 **¿Cierto o falso?** Indica si las frases son **ciertas** o **falsas.** Corrige (*correct*) las frases falsas.

Cierto　　Falso

____　____　1. Álex siempre se despierta a las seis cuando está en casa.

_____

____　____　2. Álex está mirando la televisión.

_____

____　____　3. El suéter que Javier acaba de comprar es caro, pero es muy bonito.

_____

____　____　4. A Javier le gusta mucho dibujar y escuchar música por la noche.

_____

____　____　5. Javier cree que los mercados al aire libre son aburridos.

_____

____　____　6. El autobús va a salir hoy a las siete y media en punto.

_____

____　____　7. Álex va a nadar por la mañana.

_____

____　____　8. Javier siempre oye el despertador cuando está en casa.

_____

2 **Los planes de Álex** Ordena correctamente los planes que tiene Álex para mañana. Si hay algo (*something*) que Álex no menciona, escribe una **X.**

_____ a. Voy a lavarme las manos.
_____ b. Voy a vestirme.
_____ c. Voy a correr por media hora.
_____ d. Voy a acostarme temprano.
_____ e. Voy a despertar a mi amigo a las siete y media.
_____ f. Voy a volver a la habitación.
_____ g. Voy a levantarme a las siete menos cuarto.
_____ h. Voy a ducharme.

3 **Conversación** En parejas (*pairs*), preparen una conversación sobre sus rutinas de los domingos. Pregunten a qué hora hacen las actividades más importantes.

modelo

Estudiante 1: ¿Prefieres levantarte temprano o tarde?
Estudiante 2: Prefiero levantarme tarde... muy tarde.
Estudiante 1: ¿A qué hora desayunas?
Estudiante 2: A las once. ¿Y tú?

Exploración
La vida diaria

Alejandra Arce de Valera vive en Barcelona, España. Va a la oficina a las ocho de la mañana y trabaja hasta las cinco. Durante la mañana ella y dos o tres colegas (*colleagues*) descansan de quince a treinta minutos. Pero no se quedan en la oficina para descansar; van a un café para relajarse (*relax*), tomar un café (*have a cup of coffee*) y conversar.

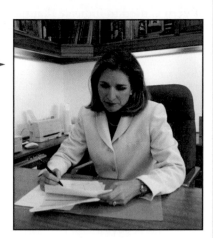

Margarita Benítez Morales vive en Caracas, Venezuela. Trabaja en casa cuidando de (*taking care of*) sus hijas. ¡Pero Margarita no se queda (*doesn't stay*) en el sofá mirando la televisión! Durante un día típico, prepara tres comidas (*meals*), arregla la casa (*straightens the house*), va de compras, juega con las niñas y les lee varios cuentos (*stories*).

Luis Romero Reyes tiene diecinueve años y es estudiante de la Universidad Nacional Autónoma de México (UNAM). En un día típico se levanta temprano, asiste a una clase y estudia en la biblioteca. Va a su casa para comer al mediodía, pero después vuelve al campus para asistir a las clases de la tarde.

Observaciones

- Hay mujeres hispanas que prefieren ser amas de casa (*housewives*). Pero cada año hay más mujeres que escogen (*choose*) una carrera profesional.

- La costumbre de la siesta (un descanso de dos o tres horas durante el día) no es hoy tan común como (*as common as*) antes. Cuando España entró en la Unión Europea, por ejemplo, muchas empresas (*businesses*) eliminaron la siesta para tener el mismo horario que los otros países.

- La siesta es más común en los pueblos pequeños que en las ciudades grandes.

Coméntalo

Con un(a) compañero/a, contesta las siguientes preguntas.

- Piensa en la rutina diaria de tu familia y de tus amigos/as. ¿Es similar a la rutina diaria de Margarita Benítez Morales, Alejandra Arce de Valera y Luis Romero Reyes?

- ¿Descansas un poco durante un día típico? ¿Cuándo y dónde descansas?

recursos

aventuras.vhlcentral.com
Lección 7

7.1 Reflexive verbs

▶ A reflexive verb is used to indicate that the subject does something to or for himself or herself. Reflexive verbs always use reflexive pronouns.

SUBJECT   REFLEXIVE VERB

Carlos **se afeita** todos los días.

Reflexive verbs

lavarse
to wash oneself

yo	me lavo	*I wash (myself)*
tú	te lavas	*you wash (yourself)*
Ud.	se lava	*you wash (yourself)*
él/ella	se lava	*he/she washes (himself/herself)*
nosotros/as	nos lavamos	*we wash (ourselves)*
vosotros/as	os laváis	*you wash (yourselves)*
Uds.	se lavan	*you wash (yourselves)*
ellos/ellas	se lavan	*they wash (themselves)*

▶ The pronoun **se** attached to an infinitive identifies it as a reflexive verb, as in **lavarse** (*to wash oneself*) and **levantarse** (*to get up*).

Me ducho, me cepillo los dientes, me visto y ¡listo!

¡Ay, los estudiantes! ¡Siempre se acuestan tarde!

▶ Reflexive pronouns follow the same rules for placement as object pronouns. They are placed before the conjugated verb, or attached to the infinitive or present participle. When a pronoun is attached to the participle, an accent mark is added.

José **se** levanta temprano.
José gets up early.

José **se** va a levantar temprano.
José va a levantar**se** temprano.
José is going to get up early.

Carlos **se** afeita.
Carlos shaves.

Carlos está afeitándo**se**.
Carlos **se** está afeitando.
Carlos is shaving.

¡ojo! The definite article, not a possesive article, is usually used when referring to clothing or parts of the body.

La niña se quitó **los** zapatos.

Me cepillé **los** dientes.

Práctica

1 **Emparejar** Empareja las fotos con las frases que siguen.

1.

2.

3.

4.

5.

6.

_____ a. Julia se enoja.

_____ b. Juan y Enrique se despiden.

_____ c. Manuela baña a su hija.

_____ d. Estela se pone los calcetines.

_____ e. El abuelo despierta a sus nietas.

_____ f. Ramón se cepilla los dientes.

2 **Conversaciones** Completa las conversaciones.

MARIO Tú (1) _____ [lavar / lavarse] los platos ayer, ¿no?

TOMÁS Sí, los (2) _____ [lavar / lavarse] después de las clases.

• • •

BEATRIZ ¿Normalmente (3) _____ [duchar / ducharse] antes de ir a clase?

DAVID Sí, (4) _____ [duchar / ducharse] por la mañana después de despertarme.

• • •

MAMÁ ¿Anoche (5) _____ [acostar / acostarse] a los niños a las ocho?

PAPÁ No, no los (6) _____ [acostar / acostarse] a las ocho.

• • •

ANA Yo (7) _____ [sentir / sentirse] nerviosa hoy.

PATRICIA Bueno…tú siempre (*always*) (8) _____ [sentir / sentirse] nerviosa antes de un examen de biología.

Conversación

 3 Preguntas Usa estas preguntas para entrevistar (*interview*) a un(a) compañero/a.

1. ¿Cuándo te enojas?
2. ¿Cuándo te sientes feliz?
3. ¿Te duermes en la clase de español?
4. ¿Te lavas las manos antes de comer?
5. ¿A qué hora te despertaste ayer?
6. ¿A qué hora te levantaste hoy?
7. ¿Te cepillaste los dientes esta mañana?
8. ¿A qué hora te vas a acostar esta noche?

 4 Charadas Piensa en una frase con un verbo reflexivo y dramatízala en frente de tus compañeros/as. La primera persona que adivina (*guesses*) la frase selecciona a la persona para dramatizar la próxima (*next*) charada.

 5 Entrevista Prepara un horario con las actividades que hiciste (*you did*) anoche. Después de completar el horario, trabajen en parejas, comparen las actividades y tomen apuntes (*notes*) de lo que hizo el/la compañero/a.

6:00 p.m.	En el Centro Comercial. Me probé un vestido.
7:30 p.m.	Cine con Javier. Muy aburrido. Casi me dormí.
9:00 p.m.	En el restaurante "Cangrejo". Me enojé con Ana.
11:00 p.m.	Fiesta en casa de Antonio. Me acosté tarde.

6 La familia ocupada Your instructor will give you and your partner handouts so that you may complete this information gap activity.

Common reflexive verbs

Common reflexive verbs			
acordarse (de) (o:ue)	to remember	levantarse	to get up
acostarse (o:ue)	to go to bed	llamarse	to be called/named
afeitarse	to shave	maquillarse	to put on makeup
bañarse	to bathe; to take a bath	peinarse	to comb one's hair
		ponerse	to put on
cepillarse	to brush	ponerse + adj.	to become + adj.
despedirse (de) (e:i)	to say goodbye (to)	preocuparse (por)	to worry (about)
despertarse (e:ie)	to wake up	probarse (o:ue)	to try on
dormirse (o:ue)	to go to sleep	quedarse	to stay; to remain
ducharse	to shower	quitarse	to take off
enojarse (con)	to get angry (with)	sentarse (e:ie)	to sit down
irse	to go away; to leave	sentirse (e:ie)	to feel
		vestirse (e:i)	to get dressed
lavarse	to wash oneself		

▸ Most Spanish verbs can be reflexive. If the verb acts on the subject, use the reflexive form. If it acts on something else, use the non-reflexive form.

Lola **lava** los platos.

Lola **se lava** la cara.

¡ojo! Reflexive verbs and their non-reflexive counterparts sometimes have different meanings.

acordar *to agree*   **acordarse** *to remember*
levantar *to lift*   **levantarse** *to get up*

¡Manos a la obra!

 Indica el presente de los verbos reflexivos.

despertarse		**ponerse**	
1. Ellos _se despiertan_ tarde.		1. Ella _se pone_ la blusa.	
2. Tú _____ tarde.		2. Yo _____ la blusa.	
3. Nosotros _____ tarde.		3. Usted _____ la blusa.	
4. Benito _____ tarde.		4. Nosotras _____ la blusa.	
5. Yo _____ tarde.		5. Las niñas _____ la blusa.	
6. Ustedes _____ tarde.		6. Tú _____ la blusa.	

7.2 Indefinite and negative words

▸ Indefinite words, like *someone* or *something*, refer to people and things that are not specific. Negative words, like *no one* or *nothing*, deny the existence of people and things or contradict statements.

Indefinite and negative words

Indefinite words		Negative words	
algo	*something; anything*	nada	*nothing; not anything*
alguien	*someone; anyone*	nadie	*no one; not anyone*
alguno/a(s), algún	*some; any*	ninguno/a, ningún	*no; none; not any*
o… o	*either… or*	ni… ni	*neither… nor*
siempre	*always*	nunca, jamás	*never*
también	*also; too*	tampoco	*neither; not either*

▸ There are two ways to form negative sentences in Spanish. You can place the negative word before the verb, or you can place **no** before the verb and the negative word after the verb.

Nadie está en casa.
No está **nadie** en casa.
Nobody is home.

Ninguno me gusta.
No me gusta **ninguno**.
I don't like any.

Ellos **no** se enojan **nunca**.
Ellos **nunca** se enojan.
They never get angry.

Nada me despierta.
No me despierta **nada**.
Nothing wakes me.

Yo siempre
me despierto
a las seis.

Yo jamás me
levanto temprano. Nunca
oigo el despertador.

▸ In Spanish, sentences frequently contain two or more negative words. Once a sentence is negative, all indefinite ideas must be expressed in the negative.

Ella **no** tiene **ninguna** idea.
She doesn't have any idea.

Jamás me preocupo por **nada**.
I never worry about anything.

Nunca te pido **nada**.
I never ask you for anything.

Tampoco me despido de **nadie**.
I don't say goodbye to anyone either.

Práctica

1 **La familia de Claudia** Completa las frases con **pero** o **sino**.

> **modelo**

Mi abuela es aburrida, ___*pero*___ amable.

1. No me ducho por la mañana, _____ por la noche.
2. A mí no me gusta nadar, _____ correr.
3. Mi hermana María Luisa es alta, _____ delgada.
4. Mi hermano Emilio no es moreno, _____ rubio.
5. Mis padres no se acuestan temprano, _____ tarde.
6. Mi primo Manuel es inteligente, _____ no es interesante.
7. Mi madre y yo siempre nos despertamos temprano, _____ nunca estamos cansadas.
8. Mi amiga Mariana es pequeña, _____ fuerte.

2 **Completar** Completa la conversación con palabras negativas.

AURELIO Ana María, ¿encontraste algún regalo para Eliana?
ANA MARÍA (1) _____

AURELIO ¿Viste a algunas amigas en el centro comercial?
ANA MARÍA (2) _____

AURELIO Ana María, ¿quieres ir al teatro o al cine esta noche conmigo?
ANA MARÍA (3) _____

AURELIO ¿Quieres salir a comer?
ANA MARÍA (4) _____

AURELIO ¿Hay algo interesante en la televisión esta noche?
ANA MARÍA (5) _____

AURELIO ¿Tienes algún problema?
ANA MARÍA (6) _____

AURELIO ¿Eres siempre tan antipática?
ANA MARÍA (7) _____

Conversación

3 **Quejas** Con un(a) compañero/a, prepara una lista de las quejas (*complaints*) comunes de los estudiantes universitarios.

modelo   ¡Nadie me entiende!
¡Jamás puedo levantarme tarde!

Ahora preparen una lista de las quejas que los padres tienen de sus hijos.

modelo   ¡Nunca limpian sus habitaciones!
¡No se lavan las manos tampoco!

4 **Anuncios** Mira el anuncio (*ad*). Con un(a) compañero/a, prepara otro anuncio usando expresiones indefinidas o negativas.

¿Buscas algún producto especial?

¡Siempre hay algo para todos en las tiendas García!

Using indefinite words

▸ **Alguien** and **nadie** are often used with the personal **a**. The personal **a** is also used before **alguno/a**, **algunos/as**, and **ninguno/a** when these words refer to people.

—Carlos, ¿ves **a alguien** allí?
—No, no veo **a nadie**.

—¿Oyes **a alguno** de los chicos?
—No, no oigo **a ninguno**.

¡ojo! Before a masculine singular noun, **alguno** and **ninguno** are shortened to **algún** and **ningún**.

—¿Tienen ustedes **algún** amigo peruano?
—No, no tenemos **ningún** amigo peruano.

▸ Although **pero** and **sino** both mean *but*, they are not interchangeable. **Sino** is used when the first part of a sentence is negative and the second part contradicts it. In this context, **sino** means *but rather* or *on the contrary*. **Pero** is used in all other cases.

No se acuesta temprano, **sino** tarde.
*He doesn't go to bed early, **but rather** late.*

Canto, **pero** nunca en público.
*I sing, **but** never in public.*

No queremos irnos, **sino** quedarnos.
*We don't want to leave, **but rather** stay.*

Me desperté a las once, **pero** estoy cansada.
*I woke up at eleven, **but** I'm tired.*

¡Manos a la obra!

 Cambia las frases para que sean negativas.

1. Siempre se viste bien. <u>Nunca</u> se viste bien. <u>No</u> se viste bien <u>nunca</u>.
2. Alguien se ducha. _____ se ducha. _____ se ducha _____.
3. Ellas van también. Ellas _____ van. Ellas _____ van _____.
4. Alguien se pone nervioso. _____ se pone nervioso. _____ se pone nervioso _____.
5. Tú siempre te lavas las manos. Tú _____ te lavas las manos. Tú _____ te lavas las manos _____.
6. Juan también se afeita. Juan _____ se afeita. Juan _____ se afeita _____.
7. Voy a traer algo. _____ voy a traer _____.
8. Mis amigos viven en una residencia o en una casa. Mis amigos _____ viven _____ en una residencia _____ en una casa.
9. La profesora hace algo en su escritorio. La profesora _____ hace _____ en su escritorio.
10. Tú y yo vamos al mercado. _____ tú _____ yo vamos al mercado.
11. Tienen un espejo en su casa. _____ tienen _____ espejo en su casa.
12. Algunos niños se ponen el abrigo. _____ niño se pone el abrigo.

7.3 Preterite of ser and ir

▸ The preterite forms of **ir** (*to go*) and **ser** (*to be*) are irregular, so you will need to memorize them. None of these forms has an accent mark.

Preterite of *ser* and *ir*

	ser — *to be*	ir — *to go*
yo	fui	fui
tú	fuiste	fuiste
Ud./él/ella	fue	fue
nosotros/as	fuimos	fuimos
vosotros/as	fuisteis	fuisteis
Uds./ellos/ellas	fueron	fueron

▸ The preterite forms of **ser** and **ir** are identical. The context clarifies which of the two verbs is being used.

Lina **fue** a ver una película.
Lina went to see a film.

La película **fue** muy interesante.
The film was very interesting.

Fui a Barcelona el año pasado.
I went to Barcelona last year.

Fue un viaje maravilloso.
It was a wonderful trip.

¿Adónde fueron Uds.?

Fuimos a un mercado. Fue muy divertido.

¡Manos a la obra!

Completa las siguientes frases usando el pretérito de **ir** y **ser**.

ir

1. Los viajeros _fueron_ a Perú.
2. Patricia _____ a Cuzco.
3. Tú _____ a Iquitos.
4. Gregorio y yo _____ a Lima.
5. Yo _____ a Trujillo.
6. Ustedes _____ a Arequipa.
7. Mi padre _____ a Lima.
8. Nosotras _____ a Cuzco.

ser

1. Usted _fue_ muy amable.
2. Yo _____ muy cordial.
3. Ellos _____ muy simpáticos.
4. Nosotros _____ muy impacientes.
5. Ella _____ muy antipática.
6. Tú _____ muy listo.
7. Ustedes _____ muy cordiales.
8. La gente _____ muy paciente.

Práctica

1 Conversación Andrés y Laura están chismeando (*gossiping*). Completa su conversación con el pretérito de **ser** e **ir**.

ANDRÉS Cristina y Vicente (1) _____ novios, ¿no?

LAURA Sí, pero ahora no salen. Anoche Cristina (2) _____ a comer con Luis y la semana pasada ellos (3) _____ al partido de fútbol.

ANDRÉS ¿Ah, sí? Mercedes y yo (4) _____ al partido y no los vimos.

LAURA ¿(5) _____ tú con Mercedes? Y después del partido, ¿adónde (6) _____ ustedes?

ANDRÉS (7) _____ al café Paraíso y vimos a Vicente con otra chica.

LAURA ¿Él (8) _____ al café Paraíso con otra chica? ¡Qué horror!

2 Frases Forma frases con los siguientes elementos. Usa el pretérito.

Sujetos	Verbos	Actividades
yo	(no) ir	a un restaurante
tú	(no) ser	en autobús a Nueva York
mis amigos		estudiante(s)
nosotros/as		a una discoteca en Buenos Aires
ustedes		por avión a Europa
Antonio Banderas		a casa muy tarde
Gloria Estefan		a la playa con su novio/a
		dependiente/a en una tienda

Conversación

 3 Preguntas En parejas, túrnense (*take turns*) para hacerse las siguientes preguntas.

1. ¿Adónde fuiste de vacaciones este año?
2. ¿Con quién fuiste de vacaciones?
3. ¿Cómo fueron tus vacaciones?
4. ¿Fuiste de compras esta semana? ¿Qué compraste?
5. ¿Cómo se llama la última (*last*) película que viste?
6. ¿Cuándo fuiste a ver esta película?
7. ¿Cómo fue la película?
8. ¿Adónde fuiste durante el fin de semana? ¿Por qué?

4 El fin de semana pasado En parejas, hablen de lo que hicieron (*you did*) ustedes el fin de semana pasado por la mañana, por la tarde y por la noche. Luego reporten la información a la clase.

	Yo	Mi compañero/a
Por la mañana		
Por la tarde		
Por la noche		

 5 Personas famosas En grupos pequeños, cada estudiante debe pensar en una de estas persona famosa del pasado u otras. Luego, los miembros del grupo tienen que hacer preguntas usando el pretérito hasta que adivinen (*they guess*) la identidad de la persona. Por ejemplo, pueden hacer preguntas acerca de (*about*) su profesión, su nacionalidad, su personalidad o su apariencia (*appearance*) física.

- George Washington
- Eli Whitney
- Thomas Edison
- Martin Luther King Jr.

Español en vivo

Fue una experiencia increíble.

Cuando fui a Caldea, me olvidé de todo. Fui para despedirme de todas mis preocupaciones y descubrir los efectos calmantes del agua de las lagunas. Después de bañarme en las aguas termales, se me fueron el cansancio y el estrés. Fueron unas vacaciones extraordinarias.

 caldea
SIEMPRE TE ESTAMOS ESPERANDO.

Identificar
Lee el anuncio (*advertisement*) y busca ejemplos del pretérito de los verbos **ser** e **ir**.

Preguntas
1. ¿Cómo se siente el hombre del anuncio?
2. ¿Por qué fue a Caldea? ¿Cómo fue su visita?
3. En tu opinión, ¿se acuerda este hombre de sus responsabilidades diarias mientras (*while*) está en Caldea?
4. En tu opinión, ¿va a volver a Caldea este hombre? ¿Por qué?

7.4 Gustar and verbs like gustar

▸ **Me gusta(n)** and **te gusta(n)** express the concepts of *I like* and *you* (fam.) *like*. The literal meaning of **gustar** is *to be pleasing to (someone)*.

Me gusta ese champú.
That shampoo is pleasing to me.
I like that shampoo.

¿**Te gustan** los deportes?
Are sports pleasing to you?
Do you like sports?

▸ **Me gusta(n)** and similar constructions require an indirect object pronoun. In Spanish, the object or thing being liked (**el champú**) is the subject of the sentence. The person who likes the object is an indirect object that answers the question *to whom is the object pleasing?*

I.O. PRONOUN	SUBJECT		SUBJECT	DIRECT OBJECT
Me gusta	ese champú.		I	like	that shampoo.

Me gusta el suéter que compraste.

Me gustan el arte y la música.

▸ **Gustar** and similar verbs are usually used in the third-person singular and plural. When the object or person liked is singular, the form **gusta** is used. When two or more objects or persons are liked, **gustan** is used.

Me gustan el mar y la montaña.
I like the ocean and the mountains.

¿**Les gusta** la ciudad?
Do they like the city?

SINGULAR	me, te, le	▸	gusta gustó	▸	la película el concierto
PLURAL	nos, os, les		gustan gustaron		las papas fritas los helados

▸ To express what someone likes or does not like to do, the singular form **gusta** is used, followed by one or more infinitives.

Me gusta levantarme tarde.
I like to get up late.

Me gusta comer y **dormir**.
I like to eat and sleep.

▸ To express the English equivalent of *would like* (*something* or *to do something*), use the construction [*i.o. pronoun*] + **gustaría(n)**.

Nos gustaría ver esa película.
We would like to see that movie.

Me gustarían unos días sin clases.
I would like a few days without class.

Práctica

1 **Describir** Describe los dibujos con uno de los siguientes verbos.

aburrir	interesar
encantar	molestar
faltar	quedar

1. A Mauricio / libros
_____

2. A Lorena / despertador
_____

3. A ellos / bailar
_____

4. A él / camisa
_____

2 **Completar** Completa las siguientes frases.

1. _____ Adela _____ [gustar] las canciones (*songs*) de Enrique Iglesias.

2. A _____ me _____ [gustar] más la música de Ricky Martin.

3. A mis amigos _____ [encantar] la música de Gloria Estefan.

4. _____ Juan y Rafael les _____ [encantar] la música de Shakira.

5. _____ nosotros _____ [fascinar] los grupos de pop latino.

6. Creo que a Elena _____ [interesar] más la música clásica.

7. A _____ me _____ [aburrir] la música clásica.

8. ¿A _____ te _____ [faltar] dinero para el concierto de Carlos Santana?

9. Sí. Sólo _____ [quedar] cinco dólares.

10. ¿Cuánto dinero te _____ [quedar] a _____?

Conversación

 3 **Preguntas** En parejas, túrnense (*take turns*) para hacer y contestar estas preguntas.

1. ¿Te gusta levantarte temprano o tarde? ¿Por qué?
2. ¿A tu compañero/a de cuarto le gusta levantarse temprano o tarde?
3. ¿Te molesta cuando tu compañero/a de cuarto se levanta muy temprano?
4. ¿Te gusta acostarte temprano o tarde?
5. ¿Prefiere tu compañero/a de cuarto acostarse temprano o tarde?
6. ¿Te gusta bañarte o ducharte?
7. ¿Qué te gusta de esta universidad? ¿Qué te molesta?
8. ¿Te interesan más las ciencias o las humanidades? ¿Por qué?
9. ¿Te aburren las películas románticas?
10. ¿Te molesta cuando alguien llega tarde a una cita (*appointment*)?

4 **Encuesta** Pregúntales a dos o tres compañeros qué cosas o actividades les encantan, les aburren o les molestan.

Nombre	Le encanta(n)	Le aburre(n)	Le molesta(n)
_____	_____	_____	_____
_____	_____	_____	_____
_____	_____	_____	_____
_____	_____	_____	_____
_____	_____	_____	_____
_____	_____	_____	_____
_____	_____	_____	_____
_____	_____	_____	_____

Using the verb gustar

▶ The construction **a** + [*personal pronoun*] (**a mí, a ti, a usted, a él, a ella, a nosotros/as, a vosotros/as, a ellos, a ellas, a ustedes**) clarifies or emphasizes the people who are pleased. **A** + [*noun*] can also be used.

A mí me gusta levantarme temprano. ¿Y **a ti**?
I like to get up early. How about you?

Al profesor le gustó el libro.
The teacher liked the book.

▶ Here is a list of common verbs used in the same way as **gustar.**

<table>
<tr><td colspan="4">Verbs like gustar</td></tr>
<tr><td>aburrir</td><td>to bore</td><td>importar</td><td>to be important to; to matter</td></tr>
<tr><td>encantar</td><td>to like very much; to love (objects)</td><td>interesar</td><td>to be interesting to; to interest</td></tr>
<tr><td>faltar</td><td>to lack; to need</td><td>molestar</td><td>to bother; to annoy</td></tr>
<tr><td>fascinar</td><td>to fascinate</td><td>quedar</td><td>to be left over; to fit (clothing)</td></tr>
</table>

▶ **Faltar** and **quedar** express what someone lacks or has left. Also, **quedar** is used to talk about how clothing fits or looks on someone.

Le falta dinero.
He/she is short of money.

Me faltan dos pesos.
I need two pesos.

Nos quedan cinco libros.
We have five books left.

La falda **te queda** bien.
The skirt looks good on you.

¡Manos a la obra!

 Indica el pronombre de objeto indirecto y la forma del tiempo presente adecuados en cada frase.

gustar

1. A él _le gusta_ viajar.
2. A mí _____ bailar.
3. A nosotras _____ cantar.
4. A ustedes _____ leer.
5. A ti _____ correr, ¿no?
6. A Elena _____ gritar.
7. A mis padres _____ beber.
8. A usted _____ jugar al tenis.
9. A mi esposo y a mí _____ dormir.
10. A Pinto _____ dibujar.
11. A nosotros _____ leer.
12. A Pili no _____ trabajar.

aburrir

1. A ellos _les aburren_ los deportes.
2. A ti _____ las películas, ¿no?
3. A usted _____ los viajes.
4. A mí _____ las revistas.
5. A ellas _____ los deportes.
6. A nosotros _____ las clases.
7. A ustedes _____ las fiestas.
8. A Marcela _____ leer.
9. A ellos _____ los museos.
10. A ella _____ la televisión.
11. A Pedro _____ ir de compras.
12. A ti y a mí _____ bailar.

Repaso

7.1 Reflexive verbs

1 De vacaciones Tus amigos y tú están de vacaciones en la playa. Forma oraciones en el presente con los siguientes elementos.

1. Martín y Mónica / sentarse / en la cafetería del hotel
   _____

2. Armando / ponerse / bloqueador (*sun block*) / antes de tomar el sol _____

3. Ustedes / quedarse / en el cuarto del hotel / durante la noche _____

4. Josefina y yo / probarse / trajes de baño / en la tienda
   _____

5. Tú / ducharse / después / nadar en el mar
   _____

6. Lucía / quitarse / las sandalias / antes de entrar a la piscina _____

2 Fiesta Los hermanos Angélica y Mauricio tienen un horario de su rutina para ir a una fiesta. Contesta las preguntas.

Hora	Angélica	Mauricio
6:00 p.m.	bañarse	afeitarse
6:30 p.m.	peinarse	ducharse
7:00 p.m.	maquillarse	peinarse
7:30 p.m.	vestirse	vestirse
8:00 p.m.	irse a la fiesta	irse a la fiesta

modelo
¿Qué hace Mauricio a las seis de la tarde?
Mauricio se afeita a las seis de la tarde.

1. ¿Qué hace Angélica antes de maquillarse?
2. ¿Qué hacen Angélica y Mauricio a las siete de la noche?
3. ¿Qué hace Mauricio después de afeitarse?
4. ¿Qué hace Angélica antes de peinarse?
5. ¿Qué hace Mauricio a las siete y media?
6. ¿Qué hacen Angélica y Mauricio a las ocho de la noche?

7.2 Indefinite and negative words

3 Tu novio/a ideal En parejas, describan a su novio/a ideal usando expresiones indefinidas.

modelo
Es alguien que siempre dice la verdad.

4 La rutina diaria Cambia las oraciones para que sean negativas.

modelo
Algunas personas se duchan por la noche.
Ninguna persona se ducha por la noche.

1. Siempre nos acostamos a las diez en punto.
   _____

2. Mis padres se levantan a las seis o a las seis y media.
   _____

3. Alguien se baña antes de ir a la escuela.
   _____

4. Yo también trabajo por la tarde.
   _____

5. Ustedes comen algo. _____
6. Tú te lavas el pelo con algún champú caro.
   _____

7.3 Preterite of **ser** and **ir**

5 Un mensaje electrónico Completa con el pretérito de los verbos **ser** o **ir**. Después indica si se trata del infinitivo del verbo **ser** o del verbo **ir**.

✉ Mensaje electrónico
Hola Lulú:
Ayer (1) _____ un día loco. Mi hermano y yo nos levantamos muy temprano y (2) _____ a correr al parque. Después me duché y (3) _____ a mi oficina. Por la tarde, mis primos (4) _____ a mi casa. ¡Y en la noche me sentí muy cansado! Tú (5) _____ muy amable por contestar mi mensaje. Tu familia y tú (6) _____ muy cordiales conmigo cuando los visité en España. ¿Cuándo vienes a México?
Esteban

6 Ayer En parejas, describan las actividades que hicieron durante el día de ayer, usando el pretérito de los verbos **ir** y **ser**.

modelo
Por la mañana, yo fui a hacer ejercicio.

1. Mi rutina de la mañana . . .
2. Por la tarde, . . .
3. Por la noche, . . .
4. Antes de acostarme, . . .

7.4 **Gustar** and verbs like **gustar**

7 **Combinar** Forma oraciones lógicas usando un elemento de cada columna.

A	B	C
Al empleado del hotel	me	aburrir
A mí	te	encantar
A nosotros	le	fascinar
A Elena y a ti	nos	gustar
A ti	les	importar
A los estudiantes		molestar

8 **Gustos y disgustos** En grupos de tres, túrnense *(take turns)* para hacer estas preguntas y contestarlas siguiendo el modelo.

modelo

Estudiante 1: ¿A tus amigas les gusta maquillarse mucho?
Estudiante 2: No, a mis amigas no les gusta maquillarse mucho.
Estudiante 3: A tus amigas les gusta maquillarse poco.

1. ¿Te gusta ducharte por la mañana?
2. ¿A tu novio/a le gustan los perfumes?
3. ¿A tu compañero/a de cuarto y a ti les gusta acostarse tarde?
4. ¿Te gusta comprar ropa cara?
5. ¿A tu mejor amigo/a le gusta levantarse temprano?
6. ¿A tus padres les gusta dormir una siesta por la tarde?

Síntesis

9 **Un día típico** En parejas, describan la rutina diaria de dos o tres de estas personas. Usen tres o más verbos reflexivos, una expresión indefinida, una palabra negativa y dos expresiones con el verbo **gustar**.

• Shakira
• Pedro Martínez
• El presidente de los Estados Unidos
• La reina Sofía de España
• Soledad O'Brien

Ritmos hispanos

Luis Miguel:
Una estrella mexicana

Luis Miguel was born in Puerto Rico in 1970, but raised in Mexico. Since 1982, he has been recording Latin pop, boleros, and mariachi albums. He is considered to be an international star both for the quality of his albums and for his live performances. Not only does Luis Miguel have a star on the Hollywood Boulevard, he was also invited to record the soundtrack for Disney's *Hunchback of Notre Dame* and the theme song for the Barcelona Olympic Games. He has won numerous Grammies and Billboard awards, as well an MTV award for Best International Video. With his four romantic bolero albums, Luis Miguel has been able to revive the bolero genre that was very popular in the early 1900s.

Discografía selecta

• *Soy como quiero ser* (1988; 5 Platinum albums, 8 Gold albums)
• *Busca una mujer* (1989; #1 for more than a year on Billboard Hot Latin Tracks)
• *Romance* (1992; Billboard for Best Latin Artist, Best Album, and Best Song in Spanish)
• *Segundo romance* (1993; Grammy for Best Latin Pop Performance)
• *Nada es igual* (1996; 30 Platinum albums)
• *Romances* (1997; Grammy for Best Latin Pop Performance)
• *Amarte es un placer* (1999; 2 Latin Grammies: Best Male Pop Performance and Best Pop Album)

Go to **aventuras.vhlcentral.com** to learn more about the artist, his music and his songs.

Ampliación

1 Escuchar

A Escucha la entrevista entre Carolina y Julián, teniendo en cuenta (*taking into account*) lo que ya sabes sobre este tipo de situación. Elige la opción que completa correctamente cada oración.

⭐ **TIP Use background information.** Use what you already know about a topic to help you guess the meaning of unknown words or linguistic structures.

1. Julián es
   a. político.   b. deportista profesional.
   c. artista de cine.

2. El público de Julián quiere saber de
   a. sus películas.   b. su vida.
   c. su novia.

3. Julián habla de
   a. sus viajes y sus rutinas.   b. sus parientes y amigos.
   c. sus comidas favoritas.

4. Julián
   a. se levanta y se acuesta a horas diferentes todos los días.
   b. tiene una rutina diaria.   c. no quiere hablar de su vida.

B ¿Crees que Julián siempre ha sido (*has been*) rico? ¿Por qué? ¿Qué piensas de Julián como persona?

2 Conversar

Túrnense (*take turns*) para hacerse estas preguntas.

- ¿A qué hora te levantaste ayer? ¿Usaste un despertador?
- ¿Cuántas veces te cepillaste los dientes ayer?
- ¿Adónde fuiste ayer después de las clases?
- ¿Te gusta mirar la televisión antes de acostarte?
- ¿A qué hora te acostaste anoche?

recursos

| WB pp. 67–74 | LM pp. 39–42 | Text MP3s Lección 7 | Lab MP3s Lección 7 | aventuras.vhlcentral.com Lección 7 |

Ampliación

③ Escribir

Escribe una composición en la que describes tu rutina diaria en algún lugar interesante de tu propia invención (en una isla desierta, en el Polo Norte, en el desierto, etc.). Considera los elementos básicos de tu rutina: ¿Dónde vas a dormir? ¿Cómo te vas a bañar?

 TIP Use adverbs to sequence events. You can use adverbs and adverbial phrases as transitions between the introduction, the body, and the conclusion of a narrative.

Organízalo | Utiliza estos adverbios para planear la secuencia de tu composición: **primero, después, entonces, más tarde** y **al final.** Escribe unas notas sobre la introducción a tu narración. Recuerda: **¿qué?, ¿quién?, ¿cuándo?, ¿dónde?, ¿cómo?** y **¿por qué?**

Escríbelo | Utiliza tus notas para escribir el primer borrador de la composición.

Corrígelo | Intercambia tu composición con un(a) compañero/a. Comenta sobre la introducción, la secuencia de eventos, el nivel de interés y los errores de gramática o de ortografía. Revisa el primer borrador según las indicaciones de tu compañero/a.

Compártelo | Intercambia tu composición con otro/a compañero/a. Lee su trabajo y en otra hoja de papel dibuja las escenas que describe, utilizando los adverbios que introducen la narración. Tu compañero/a puede usar los dibujos para presentar la composición a la clase.

④ Un paso más

Planea un viaje a un lugar famoso del mundo hispano. Utiliza elementos visuales en tu proyecto.

- Prepara un folleto (*pamphlet*) para presentar el itinerario de cada día de viaje e indica la hora para cada actividad.
- Describe la rutina diaria de un viajero típico.
- Describe el país, la historia del lugar y también las actividades programadas para el viaje.
- Comenta sobre los restaurantes, el transporte y los hoteles.

 En Internet

Investiga estos temas en el sitio aventuras.vhlcentral.com.
- Lugares de interés en España y América del Sur
- Lugares de interés en México, Centroamérica y el Caribe

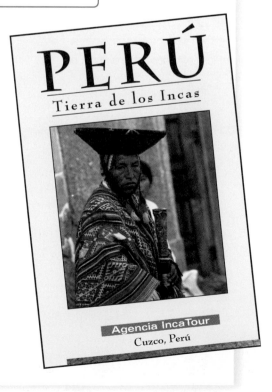

Antes de leer

Predicting content from the title will help you increase your reading comprehension in Spanish. We can usually predict the content of a newspaper article in English from its headline, for example.

Examinar el texto

Lee el título de la lectura y haz tres predicciones sobre el contenido. Escribe tus predicciones en una hoja de papel.

Compartir

Comparte tus ideas con un(a) compañero/a de clase.

Cognados

Escribe una lista de cuatro cognados que encuentres en la lectura.

1. _____
2. _____
3. _____
4. _____

¿Qué te dicen los cognados sobre el tema de la lectura?

15 de octubre

¡Una mañana desastrosa!

—Me levanté de la cama a las seis y media.

Esta mañana me levanté de la cama a las seis y media y corrí a despertar a mis dos hijas. —Yolanda, Dolores, van a perder el autobús de la escuela, —les grité. Pero ellas no se despertaron. Jamás se despiertan temprano. Siempre se sientan a ver la televisión por la noche y se acuestan muy tarde.

—Corrimos para llegar a la parada del autobús.

Yolanda y Dolores salieron de la casa sin cepillarse los dientes, pero eso no importa. Por lo menos se acordaron de ponerse las botas y el abrigo antes de irse. Corrimos para llegar a la parada del autobús de la escuela, que pasa a las siete de la mañana.

—Nunca llegó el autobús.

Esperamos media hora, pero nunca llegó el autobús. Regresamos a casa. Llamamos por teléfono a la escuela, pero nadie contestó. Tomamos el automóvil y salimos de casa.

—¡Por fin se despertaron mis hijas!

¡Por fin se despertaron! Medio dormidas y medio enojadas, ellas entraron al baño para lavarse la cara y peinarse. Luego volvieron a su habitación para vestirse. Yo fui a la cocina para prepararles el desayuno. A mis hijas les encanta comer un buen desayuno, pero hoy les di cereales y les preparé dos sándwiches para el almuerzo.

—¡Hoy es sábado!

Llegamos a la escuela antes de las ocho y entonces me di cuenta de que hoy es sábado. ¡Y los sábados no hay clases!

Después de leer

¿Comprendiste?

Selecciona la respuesta *(answer)* correcta.

1. ¿Quién es el/la narrador(a)?
   a. el padre de las chicas   b. Yolanda
   c. Dolores

2. ¿A qué hora se despertó el papá?
   a. a las seis de la mañana   b. a las seis y media
   c. a las siete y media

3. ¿Qué comieron las chicas antes de salir de la casa?
   a. un sándwich   b. cereales
   c. dos sándwiches

4. ¿Cómo fueron las chicas a la escuela?
   a. Corrieron.   b. Fueron en autobús.
   c. Fueron en automóvil.

Preguntas

1. ¿Por qué nunca se despiertan temprano las chicas?
   _____

2. ¿Se bañaron las chicas esta mañana?
   _____

3. ¿A qué hora llega generalmente el autobús?
   _____

4. ¿A qué hora llegó el autobús hoy?
   _____

5. ¿Por qué no contestó nadie cuando llamaron a la escuela?
   _____

Coméntalo

¿Qué crees que le dicen Yolanda y Dolores a su papá después de volver de la escuela? Imagina que eres el papá. ¿Cómo respondes a lo que te dicen las chicas?

grité	*I shouted*
medio dormidas y medio enojadas	*half asleep and half mad*
desayuno	*breakfast*
almuerzo	*lunch*
sin	*without*
di	*I gave*
parada	*stop*
llamamos por teléfono	*we called on the phone*
me di cuenta de que	*I realized that*

recursos

aventuras.vhlcentral.com
Lección 7

Los verbos reflexivos

acordarse (de) (o:ue)	to remember
acostarse (o:ue)	to lie down; to go to bed
afeitarse	to shave
bañarse	to bathe; to take a bath
cepillarse el pelo	to brush one's hair
cepillarse los dientes	to brush one's teeth
despedirse (de) (e:i)	to say goodbye (to)
despertarse (e:ie)	to wake up
dormirse (o:ue)	to go to sleep; to fall asleep
ducharse	to shower, to take a shower
enojarse (con)	to get angry (with)
irse	to go away; to leave
lavarse la cara	to wash one's face
lavarse las manos	to wash one's hands
levantarse	to get up
llamarse	to be called; to be named
maquillarse	to put on makeup
peinarse	to comb one's hair
ponerse	to put on
ponerse (+ adj.)	to become (+ adj.)
preocuparse (por)	to worry (about)
probarse (o:ue)	to try on
quedarse	to stay, to remain
quitarse	to take off
sentarse (e:ie)	to sit down
sentirse (e:ie)	to feel
vestirse (e:i)	to get dressed

En el baño

el baño	bathroom
el champú	shampoo
la crema de afeitar	shaving cream
el espejo	mirror
el jabón	soap
el maquillaje	makeup
la toalla	towel

Adverbios y preposiciones de tiempo

antes (de)	before
después	afterwards; then
después de	after
durante	during
entonces	then
luego	afterwards; then
más tarde	later
por último	finally

Verbos como *gustar*

aburrir	to bore
encantar	to like very much; to love (inanimate objects)
faltar	to lack; to need
fascinar	to fascinate
gustar	to be pleasing to; to like
importar	to be important to; to matter
interesar	to be interesting to; to interest
me gustaría(n)…	I would like…
molestar	to bother; to annoy
quedar	to be left over; to fit (clothing)

Otras palabras y expresiones

el despertador	alarm clock
por la mañana	in the morning
por la noche	at night
por la tarde	in the afternoon; in the (early) evening
la rutina diaria	daily routine

Expresiones útiles	See page 177.
Indefinite and negative words	See page 182.

8 ¡A comer!

Communicative Goals

You will learn how to:
- talk about food
- order at a restaurant
- talk about where you are
- discuss familiar people and places

PARA EMPEZAR
- ¿Están los muchachos en un mercado al aire libre?
- ¿Crees que las frutas son caras o baratas?
- ¿De qué color es el suéter del empleado?
- ¿Crees que el cliente está contento?
- ¿Te gusta esta fotografía?

¡A COMER!

EN UN RESTAURANTE

el plato (principal) *(main) dish*
la sección de (no) fumadores *(non)smoking section*
el almuerzo *lunch*
la cena *dinner*
la comida *food; meal*
el desayuno *breakfast*
almorzar (o:ue) *to have lunch*
cenar *to have dinner*
desayunar *to have breakfast*
pedir (e:i) *to order (food)*
probar (o:ue) *to taste; to try*
recomendar (e:ie) *to recommend*
servir (e:i) *to serve*

el menú
menu

el camarero
waiter

los entremeses
hors d'oeuvres

LOS SABORES

agrio/a *sour*
delicioso/a *delicious*
dulce *sweet*
picante *hot, spicy*
rico/a *tasty; delicious*
sabroso/a *tasty; delicious*
salado/a *salty*

el pollo (asado)
(roast) chicken

LAS CARNES Y LOS MARISCOS

el atún *tuna*
los camarones *shrimp*
la carne *meat*
la carne de res *beef*
la chuleta de cerdo *pork chop*
la hamburguesa *hamburger*
el jamón *ham*
la langosta *lobster*
el pavo *turkey*
el pescado *fish*
la salchicha *sausage*
el salmón *salmon*

el bistec
steak

los mariscos
seafood

recursos				
WB pp. 75–76	LM p. 43	Text MP3s Lección 8	Lab MP3s Lección 8	aventuras.vhlcentral.com Lección 8

LAS FRUTAS

la banana *banana*

el limón *lemon*

la manzana *apple*

la naranja *orange*

las uvas *grapes*

Variación léxica

camarones ⟷ gambas (*Esp.*)

refresco ⟷ gaseosa (*Amér. L.*)

sándwich ⟷ bocadillo (*Esp.*), torta (*Méx.*)

arveja ⟷ guisante (*Esp.*), chícharo (*Méx.*)

papa ⟷ patata (*Esp.*)

las frutas
fruit

LOS GRANOS Y LAS VERDURAS

las arvejas *peas*

la cebolla *onion*

los frijoles *beans*

la lechuga *lettuce*

el maíz *corn*

la papa/patata *potato*

el tomate *tomato*

la zanahoria *carrot*

las verduras *vegetables*

los champiñones
mushrooms

la ensalada
salad

OTRAS COMIDAS

el aceite *oil*

el ajo *garlic*

el arroz *rice*

el azúcar *sugar*

los cereales *cereal; grain*

la ensalada *salad*

el huevo *egg*

la mantequilla *butter*

la margarina *margarine*

la mayonesa *mayonnaise*

el pan (tostado) *(toasted) bread*

las papas/patatas fritas *French fries*

el queso *cheese*

la sal *salt*

la sopa *soup*

el vinagre *vinegar*

la pimienta
pepper

LAS BEBIDAS

la bebida *drink*

la cerveza *beer*

el jugo (de fruta) *(fruit) juice*

la leche *milk*

el refresco *soft drink*

el té (helado) *(iced) tea*

el vino (blanco/tinto) *(white/red) wine*

el agua (f.) (mineral)
(mineral) water

el café
coffee

el sándwich
sandwich

A escuchar

 1 **¿Lógico o ilógico?** Escucha las frases e indica si son **lógicas** o **ilógicas**.

	Lógico	Ilógico
1.	✓	
2.		✓
3.	✓	
4.		✓
5.	✓	
6.	✓	
7.		✓
8.		✓

2 **¿Qué pide Nora?** Escucha la conversación entre Nora y el camarero en un restaurante. Luego indica las comidas y las bebidas que Nora pide.

Restaurante
Las
Fuentes

Avenida Las Lomas, 22

ENTREMESES
___ papas fritas
✓ cóctel de frutas con queso
___ sopa de verduras
___ sopa de pollo
✓ pan con mantequilla

PLATOS PRINCIPALES
___ sándwich de jamón y queso
___ pollo asado
___ hamburguesa
___ hamburguesa con queso
✓ enchiladas de res
___ enchiladas de queso

BEBIDAS
✓ agua mineral
___ té helado
___ leche
___ café
___ jugo de naranja

recursos

 Text MP3s
Lección 8

 aventuras.vhlcentral.com
Lección 8

A practicar

3 **¿Qué es?** Identifica estas comidas. Luego indica si son **carnes, frutas, verduras, bebidas** o **condimentos.**

modelo

Un limón:
es una fruta.

1. _pollo. es carne._   2. _potate. es una verdura._

3. _lechuga. es una verdura._ 4. _sal y pimienta son unos condimentos_ 5. _jugo de naranja. es una bebida._

6. _bistéc. es carne._ 7. _zanahoria es una verdura._ 8. _uvas. son unas frutas._

4 **La comida** Indica la palabra que no está relacionada con su grupo.

1. (mariscos) • manzana • banana
2. salmón • (cereales) • camarones
3. frijoles • champiñón • (naranja) • cebolla
4. (mantequilla) • salchicha • carne de res • jamón
5. arvejas • lechuga • zanahoria • (cerveza)
6. refresco • (sopa) • agua mineral • leche

5 **Completar** Completa las frases con las palabras correctas.

1. El hombre que sirve la comida en un restaurante es el _camarero_.
2. Camarero, ¿puedo ver el _menú_, por favor?
3. El bistec y el jamón son dos tipos de _carne_.
4. El té helado, el café y el refresco son ejemplos de _bebidas_.
5. El condimento blanco que pongo en mi café es el _azucar_.
6. Las tres comidas principales del día son el _desayuno_, el almuerzo y la cena.

A conversar

6 **¿Te gusta(n)?** Mira la lista e indica si te gusta cada comida o bebida.

¿Te gusta(n)?	Me gusta(n)	No me gusta(n)
1. el vino tinto		✓
2. la hamburguesa	✓	
3. el queso	✓	
4. los camarones		✓
5. el tomate	✓	
6. los champiñones		✓
7. los huevos	✓	
8. los limones		✓

Ahora compara tus reacciones con las opiniones de un(a) compañero/a.

modelo

la carne de res
Estudiante 1: A mí me gusta mucho la carne de res.
Estudiante 2: A mí no. Prefiero el pollo.

7 **Conversación** En grupos, contesten las preguntas.

1. ¿Desayunas? ¿Qué comes y bebes por la mañana? Sí, Fruta, jugo de naranja, huevos, carne, y cereal
2. ¿A qué hora, dónde y con quién almuerzas? A las doce y media a la cafetería.
3. ¿Cuáles son las comidas típicas de tu almuerzo? Comemos pasta, sándwiches, tacos, y pizza.
4. ¿A qué hora, dónde y con quién cenas? Comemos con la familia a las seis y media a casa.
5. ¿Qué comidas prefieres para la cena? Comemos salmon y verduras
6. ¿Cuáles son las comidas y bebidas más frecuentes en tu dieta?
7. ¿Te gusta cocinar (to cook)? ¿Qué comidas preparas para tus amigos? ¿Y para tu familia?
8. ¿Qué comida les recomiendas a tus amigos? ¿Por qué?
9. ¿Qué comidas te gustaría probar?
10. ¿Eres vegetariano/a? ¿Crees que ser vegetariano/a es una buena idea? ¿Por qué?

8 **Crucigrama** Su profesor(a) va a darles a ti y a tu compañero/a la información necesaria para completar esta actividad.

🎧 Pronunciación

ll, ñ, c, and z

pollo	llave	ella	cebolla

Most Spanish speakers pronounce the letter **ll** like the *y* in *yes*.

mañana	señor	baño	niña

The letter **ñ** is pronounced much like the *ny* in *canyon*.

café	colombiano	cuando	rico

Before **a, o,** or **u**, the Spanish **c** is pronounced like the *c* in *car*.

cereales	delicioso	conducir	conocer

Before **e** or **i**, the Spanish **c** is pronounced like the *s* in *sit*. (In parts of Spain, **c** before **e** or **i** is pronounced like the *th* in *think*.)

zeta	zanahoria	almuerzo	cerveza

The Spanish **z** is pronounced like the *s* in *sit*. (In parts of Spain, **z** before a vowel is pronounced like the *th* in *think*.)

Práctica Lee las palabras en voz alta.

1. mantequilla
2. cuñado
3. aceite
4. manzana
5. español
6. cepillo
7. zapato
8. azúcar
9. quince
10. compañera
11. almorzar
12. calle

Oraciones Lee las oraciones en voz alta.

1. Mi compañero de cuarto se llama Toño Núñez. Su familia es de la Ciudad de Guatemala y de Quetzaltenango.

2. Dice que la comida de su mamá es deliciosa, especialmente su pollo al champiñón y sus tortillas de maíz.

3. Creo que Toño tiene razón porque hoy cené en su casa y quiero volver mañana para cenar allí otra vez.

Refranes Lee los refranes en voz alta.

Panza llena, corazón contento.[2]

Las apariencias engañan.[1]

1 Looks can be deceiving.
2 A full belly makes a happy heart.

recursos			
LM p. 44	Text MP3s Lección 8	Lab MP3s Lección 8	aventuras.vhlcentral.com Lección 8

¿Qué tal la comida?

Don Francisco y los estudiantes van al restaurante El Cráter.

JAVIER ¿Sabes dónde estamos?

INÉS Mmm, no sé. Oiga, don Francisco, ¿sabe usted dónde estamos?

DON FRANCISCO Estamos cerca de Cotacachi.

ÁLEX ¿Dónde vamos a almorzar, don Francisco? ¿Conoce un buen restaurante en Cotacachi?

DON FRANCISCO Pues, conozco a doña Rita Perales, la dueña del mejor restaurante de la ciudad, el restaurante El Cráter.

DOÑA RITA Hombre, don Paco, ¿usted por aquí?

DON FRANCISCO Sí, doña Rita… y hoy le traigo clientes. Le presento a Maite, Inés, Álex y Javier. Los llevo a las montañas para ir de excursión.

MAITE Voy a tomar un caldo de patas y un lomo a la plancha.

JAVIER Para mí las tortillas de maíz y el ceviche de camarón.

ÁLEX Yo también quisiera las tortillas de maíz y el ceviche de camarón.

INÉS Voy a pedir caldo de patas y lomo a la plancha.

DON FRANCISCO Yo quiero tortillas de maíz y una fuente de fritada, por favor.

DOÑA RITA Y de tomar, les recomiendo el jugo de piña, frutilla y mora. ¿Se lo traigo a todos?

TODOS Sí, perfecto.

CAMARERO ¿Qué plato pidió usted?

MAITE Un caldo de patas y lomo a la plancha.

recursos

VM
pp. 183–184

VCD-ROM
Lección 8

aventuras.vhlcentral.com
Lección 8

 202 *doscientos dos*

Para recordar

Before doing this **Fotonovela** section, review the previous one with this activity.

1. ¿Qué no hace Javier jamás?
2. ¿Qué hace Javier por la noche?
3. ¿Qué va a hacer Álex por Javier?
4. ¿Qué hace Álex por la mañana?

DOÑA RITA ¡Bienvenidos al restaurante El Cráter! Están en muy buenas manos... don Francisco es el mejor conductor del país. Y no hay nada más bonito que nuestras montañas. Pero, si van a ir de excursión, deben comer bien. Vengan, chicos, por aquí.

JAVIER ¿Qué nos recomienda usted?

DOÑA RITA Bueno, las tortillas de maíz son riquísimas. La especialidad de la casa es el caldo de patas... ¡tienen que probarlo! El lomo a la plancha es un poquito más caro que el caldo, pero es sabrosísimo. También les recomiendo el ceviche de camarón y la fuente de fritada.

DOÑA RITA ¿Qué tal la comida? ¿Rica?

JAVIER Rica, no. ¡Riquísima!

ÁLEX Sí, y nos la sirvieron tan rápidamente.

MAITE Una comida deliciosa, gracias.

DON FRANCISCO Hoy es el cumpleaños de Maite...

DOÑA RITA ¡Ah! Tenemos unos pasteles que están como para chuparse los dedos...

PERSONAJES

 DON FRANCISCO
 JAVIER
 INÉS
 ÁLEX
 MAITE
 DOÑA RITA
CAMARERO

Expresiones útiles

Finding out where you are
¿Sabe usted/Sabes dónde estamos?
Do you know where we are?
Estamos cerca de Cotacachi.
We're near Cotacachi.

Talking about people and places you're familiar with
¿Conoce usted/Conoces un buen restaurante en Cotacachi?
Do you know a good restaurant in Cotacachi?
Sí, conozco varios.
Yes, I know several.
¿Conoce/Conoces a doña Rita?
Do you know Doña Rita?
Sí, es la dueña del mejor restaurante de la ciudad.
Yes, she's the owner of the best restaurant in the city.

Ordering food
¿Qué le puedo traer?
What can I bring you?
Voy a tomar/pedir un caldo de patas y un lomo a la plancha.
I am going to have/to order the beef soup and grilled flank steak.
Para mí las tortillas de maíz y el ceviche de camarón, por favor.
Corn tortillas and lime-marinated shrimp for me, please.
Yo también quisiera...
I would also like...
Y de tomar, el jugo de piña, frutilla y mora.
And to drink, pineapple-strawberry-blackberry juice.
¿Qué plato pidió usted?
What did you order?
Yo pedí un caldo de patas.
I ordered the beef soup.

Talking about the food at a restaurant
¿Qué tal la comida?
How is the food?
Muy rica, gracias.
Very tasty, thanks.
¡Riquísima!
Extremely delicious!

¿Qué piensas?

1 En el restaurante Escoge la respuesta (*answer*) que completa cada oración.

1. Inés va a pedir
   a. las tortillas de maíz y la fuente de fritada (*mixed grill*).   b. el ceviche y el caldo de patas.
   c. el caldo de patas y el lomo a la plancha.

2. Doña Rita es
   a. la hermana de don Francisco.   b. la dueña del restaurante.
   c. una camarera que trabaja en El Cráter.

3. Don Francisco lleva a los estudiantes a
   a. cenar.   b. desayunar.
   c. almorzar.

4. Doña Rita les recomienda a los viajeros
   a. el caldo de patas y el lomo a la plancha.   b. el bistec, las verduras frescas y el vino tinto.
   c. unos pasteles (*cakes*).

2 Preguntas Contesta las preguntas.

1. ¿Dónde comieron don Francisco y los estudiantes? <u>Al restaurante El Cráter.</u>

2. Según (*according to*) doña Rita, ¿por qué deben comer bien los viajeros? <u>Porque van</u>
   <u>a ir de excursión.</u>

3. ¿Cuál es la especialidad del restaurante? _____

4. ¿Qué pidió Maite? _____

5. ¿Qué pidió Álex? _____

6. ¿Qué tomaron todos? _____

7. ¿Cuándo es el cumpleaños (*birthday*) de Maite? _____

8. ¿Qué tal son los pasteles (*cakes*) en El Cráter? _____

3 Dos situaciones

1. Prepara con un(a) compañero/a una conversación en
   la que le preguntas si conoce algún buen restaurante
   en su comunidad. Tu compañero/a responde que
   sí conoce un restaurante donde sirven comida deliciosa.
   Lo/La invitas a cenar y él/ella acepta. Determinan la hora
   para verse en el restaurante y se despiden.

2. Trabaja con un(a) compañero/a para representar
   un diálogo entre un(a) cliente/a y un(a) camarero/a
   en un restaurante. El/La camarero/a te pregunta qué te
   puede servir y tú preguntas cuál es la especialidad del
   restaurante. El/La camarero/a te lo dice y te recomienda algunos platos del menú.
   Tú pides entremeses, un plato principal y una bebida. El/La camarero/a te da las
   gracias y luego te sirve la comida.

Exploración
La comida hispana

El asado es la barbacoa (*barbecue*) argentina. Un asado típico consiste en chorizos (*sausages*) y otras carnes a la parrilla (*grilled*). Según los argentinos, el secreto de un buen asado es el corte (*cut*) de la carne y el control del fuego (*fire*).

La paella es el plato típico de España. Tradicionalmente se prepara al aire libre. Los ingredientes principales son: arroz, mariscos, pescado, carne y verduras.

El ceviche es una comida muy popular en el Perú y el Ecuador. En su preparación, se combina el jugo de limón con pescado o mariscos crudos (*raw*).

Observaciones
- Hay cerca de 4.000 variedades de papa.
- La palabra **papa** es de origen quechua (la lengua de los incas).
- En el Perú, hay 35 variedades de maíz, más que en ningún otro país del mundo.
- En Madrid, España, el restaurante más antiguo es la Casa Botín, fundado en el año 1725.

Coméntalo

Con un(a) compañero/a, contesta las siguientes preguntas.

- ¿Te gustaría probar los platos mencionados en esta página? ¿Por qué o por qué no?
- Describe los platos tradicionales de tu región o comunidad. ¿Los preparas con frecuencia en tu casa? ¿Son fáciles o difíciles de preparar?

8.1 Preterite of stem-changing verbs

▶ As you know, –ar and –er stem-changing verbs have no stem change in the preterite. –Ir stem-changing verbs, however, do have a stem change.

Preterite of –ir stem-changing verbs		
	servir (e→i)	morir (*to die*) (o→u)
yo	serví *I served*	morí *I died*
tú	serviste	moriste
Ud./él/ella	sirvió	murió
nosotros/as	servimos	morimos
vosotros/as	servisteis	moristeis
Uds./ellos/ellas	sirvieron	murieron

▶ Stem-changing –ir verbs, in the preterite only, have an **e** to **i** or **o** to **u** stem change in the Ud./él/ella and Uds./ellos/ellas forms.

INFINITIVE	VERB STEM	STEM CHANGE	PRETERITE
pedir	ped-	pid-	pidió, pidieron
dormir	dor-	dur-	durmió, durmieron

Perdón, ¿quiénes pidieron las tortillas de maíz?

¿Y qué plato pidió usted?

¡Manos a la obra!

Cambia los infinitivos al pretérito.

1. yo [servir, dormir, pedir, preferir, repetir, seguir]
   serví, dormí, pedí, preferí, repetí, seguí

2. usted [morir, conseguir, pedir, sentirse, despedirse, vestirse]
   murió, consiguió, pidió, se sentió, se despidió, se vistió

3. tú [conseguir, servir, morir, pedir, dormir, repetir]
   conseguiste, serviste, moriste, pediste, dormiste, repetiste

4. ellas [repetir, dormir, seguir, preferir, morir, servir]
   repitieron, durmieron, siguieron, prefirieron, murieron, sirvieron

5. nosotros [seguir, preferir, servir, vestirse, despedirse, dormirse]
   seguimos, preferimos, servimos, nos vestimos, nos despedimos, nos dormimos

6. ustedes [sentirse, vestirse, conseguir, pedir, despedirse, dormirse]
   se sintieron, se vistieron, consiguieron, pidieron, se despidieron, se durmieron

Práctica

1 **¡Pobre señor Suárez!** Completa las frases.

1. Los señores Suárez llegaron al restaurante a las ocho y *siguieron* [seguir] al camarero a una mesa.

2. El señor Suárez *pidió* [pedir] una chuleta de cerdo. La señora Suárez decidió probar los camarones.

3. Para tomar, los dos *pidieron* [pedir] vino.

4. El camarero *repitió* [repetir] el pedido (*the order*) para confirmarlo.

5. La comida tardó mucho (*took a long time*) en llegar y los señores Suárez casi (*almost*) *se durmió* [dormirse] esperándola.

6. A las nueve les *sirvió* [servir] la comida.

7. Después de comer la chuleta de cerdo, el señor Suárez *se sintieron* [sentirse] muy mal.

8. De repente, el señor Suárez se *murió* [morir].

9. ¡Pobre señor Suárez! ¿Por qué no *pediste* [pedir] los camarones?

2 **El camarero loco** Indica lo que los clientes pidieron y lo que el camarero loco les sirvió.

modelo

Claudia / hamburguesa

Claudia pidió una hamburguesa, pero el camarero le sirvió zanahorias.

1. Juan y Rafael / té helado
Juan y Rafael pidieron té helado, pero el camarero les sirvió el vino tinto.

2. Laura / arroz
Laura pidió arroz, pero el camarero le sirvió camarones.

3. Nosotros / papas fritas
Pedimos maíz, pero el camarero nos sirvió papas fritas.

4. Margarita / salmón
Margarita pidió el salmón, pero el camarero le sirvió uvas.

Conversación

3 Preguntas Usa estas preguntas para entrevistar a tu compañero/a.

¿Te acostaste tarde o temprano anoche?

Me acosté tarde, a la una de la mañana.

1. ¿Te acostaste tarde o temprano anoche? ¿A qué hora te dormiste? ¿Dormiste bien?
2. ¿A qué hora te despertaste esta mañana? ¿A qué hora te levantaste?
3. ¿Llegaste a tiempo (*on time*) a la clase de español?
4. ¿Cuándo empezaste a estudiar español?
5. ¿Se durmió alguien en alguna de tus clases la semana pasada? ¿En qué clase?
6. ¿Quién preparó anoche la cena en tu casa? ¿Y quién la sirvió?

4 Una cena romántica En grupos, describan la cena romántica de Eduardo y Rosa. Usen la foto y las preguntas como guía (*as a guide*).

- ¿Adónde salieron a cenar?
- ¿Qué pidieron?
- ¿Les sirvieron rápidamente (*quickly*) la comida?
- ¿Les gustó la comida?
- ¿Cuánto costó?
- ¿Van a volver a ese restaurante en el futuro?

Español en vivo

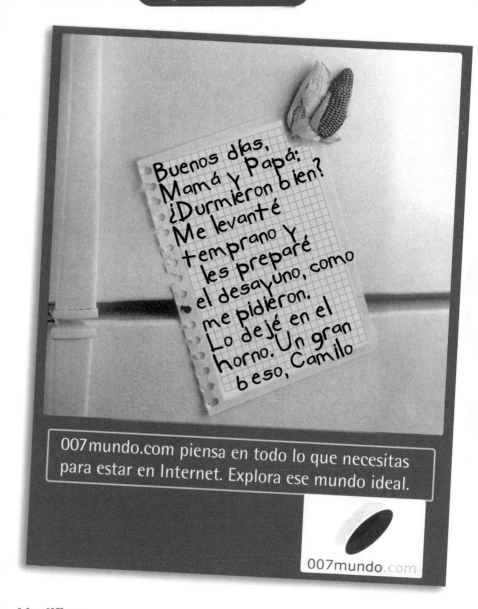

Buenos días, Mamá y Papá: ¿Durmieron bien? Me levanté temprano y les preparé el desayuno, como me pidieron. Lo dejé en el horno. Un gran beso, Camilo

007mundo.com piensa en todo lo que necesitas para estar en Internet. Explora ese mundo ideal.

007mundo.com

Identificar

Lee el anuncio (*advertisement*) e identifica los verbos que cambian de raíz (*stem*) en el pretérito. Dormir, pedir

Preguntas

1. ¿Quién escribió la nota del anuncio? Camilo escribió la nota.
2. ¿Qué les preguntó Camilo a sus padres? ¿Durmieron bien?
3. En tu opinión, ¿se sintieron los padres felices o infelices cuando se despertaron? Se sintieron felices en mi opinión.

8.2 Double object pronouns

▸ In previous lessons you learned that direct and indirect object pronouns replace nouns. You'll now learn how to use direct and indirect object pronouns together.

INDIRECT OBJECT PRONOUNS

me   te   le (se)   nos   os   les (se)

+

DIRECT OBJECT PRONOUNS

lo   la   los   las

▸ When direct and indirect object pronouns are used together, the indirect object pronoun goes before the direct object pronoun.

I.O.	D.O.		DOUBLE OBJECT PRONOUNS

El camarero me muestra el menú.
The waiter shows me the menu.
▸ **El camarero me lo muestra.**
The waiter shows it to me.

Nos sirven los platos.
They serve us the dishes.
▸ **Nos los sirven.**
They serve them to us.

Maribel te pidió una hamburguesa.
Maribel ordered a hamburger for you.
▸ **Maribel te la pidió.**
Maribel ordered it for you.

Les recomiendo el jugo de piña... ¿Se lo traigo a todos?

Sí, perfecto.

▸ The indirect object pronouns **le** and **les** always change to **se** when they are used with **lo, los, la,** and **las**.

I.O.	D.O.		DOUBLE OBJECT PRONOUNS

Le escribí la carta.
I wrote him the letter.
▸ **Se la escribí.**
I wrote it to him.

Les sirvió los entremeses.
He served them the hors d'oeuvres.
▸ **Se los sirvió.**
He served them to them.

Le pedimos un café.
We ordered him a coffee.
▸ **Se lo pedimos.**
We ordered it for him.

Práctica

1 **En un restaurante** Imagínate que trabajas de camarero/a en un restaurante. Indica lo que se dicen (*say to each other*) tú y tus clientes.

modelo

señora Guzmán

señora Guzmán: Una hamburguesa, por favor.
camarero/a: Enseguida (*right away*) se la traigo.

1. tus compañeros/as de cuarto

2. tus padres

3. Tu profesor(a) de español

4. señorita Salas

5. señor Ramos

6. doctor Cifuentes

2 **¿Quién?** La señora Ceballos está hablando sola de los planes para una cena. Cambia los sustantivos subrayados (*underlined nouns*) por pronombres de objeto directo.

modelo ¿Quién va a traerme <u>la carne</u> del supermercado? [Mi esposo]
Mi esposo va a traérmela./Mi esposo me la va a traer.

1. ¿Quién les mandó <u>las invitaciones</u> a los invitados (*guests*)? [Mi hija] _____

2. ¿Quién me puede comprar <u>el pan</u>? [Mi hijo]

_____

3. ¿Quién puede prestarme <u>los platos</u> que necesito? [Mi mamá] _____

4. Nos falta mantequilla. ¿Quién nos trae <u>la mantequilla</u>? [Mi cuñada] _____

5. ¡Los postres (*desserts*)! ¿Quién está preparándonos <u>los postres</u>? [Silvia y Renata] _____

6. ¿Quién puede pedirle <u>el azúcar</u> a Mónica? [Mi hijo] _____

Conversación

3 Contestar Trabajen en parejas (*pairs*) y formulen preguntas usando las palabras interrogativas **¿Quién?** o **¿Cuándo?**

modelo

nos enseña español
Estudiante 1: ¿Quién nos enseña español?
Estudiante 2: La profesora Castro nos lo enseña.

Preguntas	Respuestas
1. te escribe mensajes electrónicos	_____
2. me vas a prestar tu computadora	_____
3. les vende los libros de texto a los estudiantes	_____
4. le enseñó español al/a la profesor(a)	_____
5. te compró esa camiseta	_____
6. me vas a mostrar tu casa o apartamento	_____

4 Preguntas Contesta estas preguntas con un(a) compañero/a.

1. ¿Me prestas tu coche (*car*)? ¿Ya le prestaste tu coche a otro amigo?
2. ¿Me puedes comprar un coche nuevo?
3. ¿Quién te presta dinero cuando lo necesitas?
4. ¿Les prestas dinero a tus amigos? ¿Por qué?
5. ¿Les prestas tu casa o apartamento a tus amigos? ¿Por qué?
6. ¿Nos compras el almuerzo a mí y a los otros compañeros de clase?
7. ¿Me describes tu casa?
8. ¿Quién te va a preparar la cena esta noche?
9. ¿Quién te va a preparar el desayuno mañana?
10. ¿Vas a leerles el cuento (*story*) de "Blancanieves" (*Snow White*) a tus nietos? ¿Qué otros cuentos les vas a leer?

5 Regalos de Navidad Su profesor(a) va a darles a ti y a tu compañero/a la información necesaria para completar esta actividad.

▸ Because **se** has multiple meanings, Spanish speakers clarify to whom the pronoun refers by adding **a Ud., a él, a ella, a Uds., a ellos,** or **a ellas.**

¿El sombrero? Carlos **se** lo vendió **a ella.**   ¿Las verduras? Ellos **se** las compran **a usted.**
The hat? Carlos sold it to her.   *The vegetables? They buy them for you.*

▸ Double object pronouns are placed before a conjugated verb. With infinitives and present participles, double object pronouns may be placed before the conjugated verb or attached to the end of the infinitive or present participle.

▸ When double object pronouns are attached to an infinitive or a present participle, an accent mark is added to maintain the original stress.

Me lo estoy comiendo.   **Se la** van a traer.
Estoy comiéndo**melo.**   Van a traér**sela.**
I am eating it.   *They are going to bring it to you.*

DOUBLE OBJECT PRONOUNS	DOUBLE OBJECT PRONOUNS
Te lo **voy a mostrar.**	Voy a mostrár**telo.**
Nos las **están sirviendo.**	Están sirviéndo**noslas.**

Qué tal la comida, ¿rica?

Sí, y nos la sirvieron tan rápidamente.

¡Manos a la obra!

  Escribe el pronombre de objeto directo o indirecto que falta en cada frase.

Objeto directo

1. ¿La ensalada? El camarero nos __la__ sirvió.
2. ¿El salmón? La dueña me _____ recomienda.
3. ¿La comida? Voy a preparárte _____.
4. ¿Las bebidas? Estamos pidiéndose _____.
5. ¿Los refrescos? Te _____ puedo traer ahora.
6. ¿Los platos de arroz? Van a servírnos _____ después.

Objeto indirecto

1. ¿Puedes traerme tu plato? No, no __te__ lo puedo traer.
2. ¿Quieres mostrarle la carta? Sí, voy a mostrár _____ la ahora.
3. ¿Les serviste la carne? No, no _____ la serví.
4. ¿Vas a leerle el menú? No, no _____ lo voy a leer.
5. ¿Me recomiendas la langosta? Sí, _____ la recomiendo.
6. ¿Cuándo vas a prepararnos la cena? _____ la voy a preparar en una hora.

8.3 Saber and conocer

▸ Spanish has two verbs that mean *to know*, **saber** and **conocer**, but they are used differently. Note that only the **yo** forms of **saber** and **conocer** are irregular in the present tense.

Saber and conocer

	saber		conocer
yo	sé		conozco
tú	sabes		conoces
Ud./él/ella	sabe		conoce
nosotros/as	sabemos		conocemos
vosotros/as	sabéis		conocéis
Uds./ellos/ellas	saben		conocen

▸ **Saber** means *to know a fact or piece(s) of information* or *to know how to do something*.

No **sé** tu número de teléfono.
I don't know your telephone number.

Mi hermana **sabe** hablar francés.
My sister knows how to speak French.

▸ **Conocer** means *to know or be familiar/acquainted with a person, place, or thing.*

¿**Conoces** la ciudad de Nueva York?
Do you know New York City?

No **conozco** a tu amigo Esteban.
I don't know your friend Esteban.

▸ When the direct object of **conocer** is a person or pet, the personal **a** is used. Compare these sentences.

¿**Conoces a** Rigoberta Menchú? ¿**Conoces** ese restaurante?

¡ojo! These verbs are conjugated like **conocer**.

conducir (*to drive*)	conduzco, conduces, conduce, etc.
ofrecer (*to offer*)	ofrezco, ofreces, ofrece, etc.
parecer (*to seem*)	parezco, pareces, parece, etc.
traducir (*to translate*)	traduzco, traduces, traduce, etc.

¡Manos a la obra!

Escribe las formas apropiadas de **saber** y **conocer**.

1. José no ___*sabe*___ la hora.
2. Usted y yo _____ bien Miami.
3. Mis padres _____ hablar japonés.
4. Nadie me _____ bien.
5. ¿ _____ tú a la tía de Eduardo?
6. ¿Por qué no _____ tú estos verbos?
7. Mis hermanas no _____ nadar.
8. Yo _____ a qué hora empieza la clase.
9. ¿ _____ usted las librerías de Madrid?
10. Sara y yo _____ jugar al tenis.

Práctica

1 Completar Completa las frases con la forma apropiada de **saber** o **conocer**.

Quetzaltenango

1. —¿_____ ustedes dónde vive Pilar?
   —No, nosotras no lo _____ .
2. Mi amiga Carla _____ conducir, pero yo no _____ .
3. —¿_____ tú a Mateo, mi hermano mayor?
   —No, no lo _____ .
4. —Yo todavía no _____ a tu novio.
   —Sí, ya lo _____ .
5. Tú _____ esquiar, pero Tino y Luis son pequeños y no _____ .
6. —Nosotros no _____ Guatemala.
   —Ah, ¿no? Yo _____ bien las ciudades de Escuintla, Quetzaltenango y Antigua.
7. Roberto _____ bien el *Popol Vuh*, el libro sagrado de los mayas; también _____ leer los jeroglíficos de los templos mayas.

2 Oraciones Combina las palabras de las tres columnas para hacer oraciones completas.

modelo

No conozco a Cher. Yo conozco a Andy García.

Sujetos	Verbos	Objetos directos
Katie Couric		Cameron Díaz
Cher		Andy García
Ozzy Osbourne		cantar
Tom Hanks		el lago de Maracaibo en Venezuela
Carlos Santana	(no) conocer	hablar dos lenguas extranjeras
Manny Ramírez	(no) saber	hacer reír (*laugh*) a la gente
yo		la fecha de hoy
tú		escribir novelas de terror
tu compañero/a		programar computadoras
tu profesor(a)		muchas personas importantes

Conversación

3 **Deportes** Pregúntale a un(a) compañero/a qué deportes practica y por qué.

modelo

Estudiante 1: ¿Sabes esquiar?
Estudiante 2: Sí, sé esquiar porque aprendí de niño. / Sí, sé esquiar porque me gusta mucho el invierno.

1. 2. 3.

4. 5. 6.

4 **Preguntas** Con un(a) compañero/a, contesten las siguientes preguntas.

1. ¿Qué restaurantes buenos conoces? ¿Cenas en los restaurantes frecuentemente (*frequently*)?

2. En tu familia, ¿quién sabe cantar mejor (*best*)? ¿Tu opinión es objetiva?

3. ¿Conoces a algún/alguna artista hispano/a?

4. ¿Sabes usar bien Internet? ¿Te parece fácil o difícil usar la computadora?

5. ¿Sabes escuchar cuando alguien te habla de sus problemas?

6. ¿Conoces a algún/alguna chef famoso/a? ¿Qué tipo de comida prepara?

7. ¿Conoces a algún/alguna escritor(a) famoso/a?

8. ¿Sabes si ofrecen cursos de administración de empresas en tu universidad?

Español en vivo

Él sabe dónde comer lo que más le gusta

Él sabe cómo jugar cuatro horas seguidas

Él sabe dónde está su regalo de cumpleaños

Él sabe dónde divertirse

... y usted sabe dónde puede encontrar un poco de todo. ¿Conoce algún otro lugar como éste?

Oviedo Centro Comercial

Sabe lo que te gusta

Identificar

Lee el anuncio (*advertisement*) y busca ejemplos de los verbos **saber** y **conocer**.

Preguntas

1. Después de leer el anuncio, ¿qué sabes del Centro Comercial Oviedo?

2. ¿Qué puedes hacer en el Centro Comercial Oviedo?

3. ¿A quién está dirigido el anuncio?

4. ¿Conoces un centro comercial como éste? ¿Cómo se llama? ¿En qué ciudad está?

8.4 Comparisons and superlatives

Comparisons of inequality

▶ Comparisons of inequality are formed by placing **más** (*more*) or **menos** (*less*) before adjectives, adverbs, and nouns and **que** (*than*) after them. When the comparison involves a numerical expression, **de** is used before the number.

Tengo más hambre que un elefante.

El lomo a la plancha es un poquito más caro que el caldo.

El té es **más caro que** el jugo.
The tea is more expensive than the juice.

Susana es **menos generosa que** su prima.
Susana is less generous than her cousin.

Tú eres **más alto que** Jorge.
You are taller than Jorge.

Hay **más de cincuenta** naranjas.
There are more than fifty oranges.

▶ With verbs, use this construction to make comparisons of inequality: [*verb*] + **más/menos que**.

Mis hermanos **comen más que** yo.
My brothers eat more than I (do).

Antonio **viaja más que** tú.
Antonio travels more than you (do).

Arturo **duerme menos que** su padre.
Arturo sleeps less than his father (does).

Ana **habla menos que** yo.
Ana talks less than I (do).

Comparisons of equality

▶ The constructions **tan** + [*adverb, adjective*] + **como** and **tanto/a(s)** + [*singular noun, plural noun*] + **como** are used to make comparisons of equality.

Este plato es **tan delicioso como** aquél.
This dish is as delicious as that one.

Yo comí **tanta comida como** tú.
I ate as much food as you (did).

Tu amigo es **tan simpático como** tú.
Your friend is as nice as you (are).

Ustedes probaron **tantos platos como** ellos.
You tried as many dishes as they (did).

▶ Comparisons of equality with verbs are formed by placing **tanto como** after the verb. Note that **tanto** does not change in number or gender.

No **duermo tanto como** mi tía.
I don't sleep as much as my aunt (does).

Estudiamos tanto como ustedes.
We study as much as you (do).

Práctica

1 **Lucila y Tita** Escoge (*choose*) la palabra correcta para comparar a dos hermanas muy diferentes. Haz (*make*) las adaptaciones necesarias.

Lucila   Tita

1. Lucila es más alta y más bonita _____ [de, más, menos, que] Tita.

2. Tita es más delgada porque practica deportes _____ [de, más, menos, que] que su hermana.

3. Lucila es más _____ [listo, simpático, bajo] que Tita porque es alegre.

4. A Tita le gusta quedarse en casa. Va a _____ [de, más, menos, que] fiestas que su hermana.

5. Tita es tímida e inteligente. _____ [abrir, oír, estudiar] más que Lucila. Ahora está tomando más _____ [de, más, menos, que] cinco clases.

6. Lucila se preocupa _____ [de, más, menos, que] que Tita por estudiar. ¡Son _____ [como, tan, tanto] diferentes!

2 **Mario y Luis** Completa las oraciones (*sentences*) con las palabras correctas para comparar a Mario y a Luis, los novios de Lucila y Tita.

amigos extranjeros	tan guapo
como	tan interesante
diferencia	tantas
francés	tantos

Mario   Luis

1. Mario es _____ como Luis.

2. Mario viaja tanto _____ Luis.

3. Luis habla _____ lenguas extranjeras como Mario.

4. Luis habla _____ tan bien como Mario.

5. Mario tiene tantos _____ como Luis.

6. ¡Qué casualidad (*coincidence*)! Mario y Luis también son hermanos, pero no hay tanta _____ entre ellos como entre Lucila y Tita.

Conversación

3 **Comparaciones** En parejas, conversen sobre los siguientes temas u otros.

modelo papas fritas

Estudiante 1: Las papas fritas del restaurante Los Pinos son las mejores del mundo.

Estudiante 2: Pues yo creo que las papas fritas del restaurante López son tan buenas como las papas fritas del restaurante Los Pinos.

Estudiante 1: No, porque son más saladas que las papas fritas del restaurante Los Pinos.

cafés en tu comunidad	las personas famosas
comidas favoritas	los profesores
los cursos que tomas	restaurantes en tu comunidad
libros favoritos	
periódicos en tu comunidad	revistas favoritas
	tiendas en tu comunidad

4 **La familia García** En grupos, túrnense (*take turns*) para hacer comparaciones entre Rafael, Eva, Esteban y Lourdes García.

modelo

Estudiante 1: Esteban es el más guapo de la familia.

Estudiante 2: Pues yo creo que Rafael es tan guapo como Esteban.

Estudiante 1: Mmm, pero Esteban es mucho más alto.

Superlatives

▶ Use this construction to form superlatives. Note that the noun is preceded by a definite article and that **de** is equivalent to the English *in* or *of*.

> el/la/los/las + [*noun*] + más/menos + [*adjective*] + de

Es **el café más rico del** país.
It's the most delicious coffee in the country.

Es **el menú menos caro de** todos éstos.
It is the least expensive menu of all of these.

▶ The noun in a superlative construction can be omitted if it is clear to whom or what the superlative refers.

¿El restaurante El Cráter?
Es **el más elegante de** la ciudad.
The El Cráter restaurant? It's the most elegant (one) in the city.

Recomiendo el pollo asado.
Es **el más sabroso del** menú.
I recommend the roast chicken. It's the most delicious item on the menu.

¡ojo! The absolute superlative, which ends in **–ísimo/a(s)**, is equivalent to the English *extremely/very* + [*adjective*] or *extremely/very* + [*adverb*]. For example: **muchísimo** (*very much*), **malísimo** (*very bad*).

▶ Note these spelling changes.

rico → riquísimo
fácil → facilísimo

largo → larguísimo
joven → jovencísimo

feliz → felicísimo
trabajador → trabajadorcísimo

Irregular comparisons and superlatives

Irregular comparative and superlative forms					
Adjective		**Comparative form**		**Superlative form**	
bueno/a	*good*	mejor	*better*	el/la mejor	*(the) best*
malo/a	*bad*	peor	*worse*	el/la peor	*(the) worst*
grande	*big*	mayor	*bigger*	el/la mayor	*(the) biggest*
pequeño/a	*small*	menor	*smaller*	el/la menor	*(the) smallest*
joven	*young*	menor	*younger*	el/la menor	*(the) youngest*
viejo/a	*old*	mayor	*older*	el/la mayor	*(the) oldest*

▶ When **grande** and **pequeño/a** refer to age, the irregular comparative and superlative forms, **mayor/menor**, are used. However, when **grande** and **pequeño/a** refer to size, **más grande** and **más pequeño/a** are used.

Isabel es **la mayor**.
Isabel is the oldest.

Tu ensalada es **más grande que** ésa.
Your salad is bigger than that one.

▶ **Bien** and **mal** have the same comparative forms as **bueno/a** and **malo/a**.

Julio nada **mejor que** los otros chicos.
Julio swims better than the other boys.

Ellas cantan **peor que** las otras chicas.
They sing worse than the other girls.

Repaso

8.1 Preterite of stem-changing verbs

Por comer mucho Toño y sus tíos fueron a cenar a un restaurante. Indica las diferencias entre las acciones de Toño y las de sus tíos.

> **modelo**
> Toño/sus tíos
> vestirse con ropa informal / ropa elegante
> **Toño se vistió con ropa informal. Sus tíos se vistieron con ropa elegante.**

1. pedir dos refrescos / vino tinto

2. preferir la carne de res con papas / el pescado con ajo

3. servirse entremeses picantes / ensalada de verduras

4. (no) despedirse del camarero / (sí) del camarero

5. sentirse mal en la noche / bien en la noche

6. dormirse tarde / temprano

¿Qué desayunaron? En parejas, describan el desayuno de las personas en los dibujos. Usen el pretérito de los verbos **pedir, preferir, servir, repetir, sentirse y despedirse**.

1. Elisa y Ana   2. Memo y Olga

8.2 Double object pronouns

En la cafetería Cambia los sustantivos (nouns) por pronombres de objeto directo. Después, usa un pronombre de objeto directo y un pronombre de objeto indirecto en una palabra.

> **modelo**
> Me están sirviendo café.
> **Me lo están sirviendo. Están sirviéndomelo.**

1. Nos van a dar unas patatas fritas.

2. Te van a servir los refrescos.

3. Le están preparando la ensalada.

4. Les voy a recomendar unos postres.

5. Te están pidiendo las bebidas.

6. Me voy a comer los champiñones.

¿Quién tiene el menú? Andrea prestó un menú del restaurante y lo perdió. En parejas, lean las siguientes pistas (cues) y encuentren (find out) quién le dio (gave) el menú a cada persona.

Andrea → Lola	a. Andrea le dio el menú a Lola.
Daniel → Mónica	b. Daniel le dio el menú a Mónica.
Lola ↛ Daniel	c. Lola no se lo dio a Daniel.
Mónica ↛ Luis	d. Mónica no se lo dio a Luis.
Luis ↛ Fernando	e. Luis no se lo dio a Fernando.

> **modelo**
> ¿A quién le dio el menú Andrea?
> **Andrea se lo dio a Lola.**

1. ¿A quién le dio el menú Daniel?

2. ¿A quién le dio el menú Mónica?

3. ¿A quién le dio el menú Lola?

4. ¿A quién le dio el menú Luis?

5. ¿A quién le dio el menú Fernando?

6. ¿Quién tiene el menú?

8.3 Saber and conocer

Completar Escribe las formas apropiadas de los verbos correctos. No todos los verbos se usan.

conducir	ofrecer	preparar	servir
conocer	parecer	saber	traducir

Mis amigos y yo estamos de vacaciones en Perú. Nosotros no
(1) _____ Lima. Don Antonio (2) _____ un taxi por Lima
y nos (3) _____ llevarnos a conocer la ciudad. Mis amigos
(4) _____ preocupados porque no hablan bien español. Yo les
(5) _____ lo que (what) dice don Antonio. Yo sí (6) _____
hablar español.

¿Quién soy? Escribe oraciones con los verbos **saber** y **conocer** para describir a tres personas famosas. En grupos de tres, cada persona lee sus oraciones y los demás miembros del grupo adivinan (guess) de quién está hablando.

> **modelo**
> Estudiante 1: **Sé cantar canciones románticas.**
> **Conozco a Julio Iglesias porque es mi padre.**
> Estudiante 2: **¡Enrique Iglesias!**

8.4 Comparisons and superlatives

 En el restaurante del señor Chávez Cambia las oraciones omitiendo *(omitting)* el sujeto y usando los superlativos.

> **modelo**
> Jorge es mal camarero. (el restaurante)
> **Es el peor del restaurante.**

1. La leche es deliciosa. (las bebidas)

2. El restaurante del señor Chávez es elegante. (la ciudad)

3. Los señores García son cordiales. (los clientes)

4. El pollo con zanahorias es un buen plato. (el menú)

5. Juliana y Marcela son camareras jóvenes. (las camareras)

6. El arroz con leche es sabroso. (los postres)

El almuerzo familiar La familia Solís está almorzando. En parejas, escriban comparaciones usando las formas superlativas y comparativas.

> **modelo**
> El sándwich de Sandra es grandísimo.
> La abuela Beatriz es la mayor de la familia.

Síntesis

 ¡Su restaurante es malísimo! En parejas, escriban una carta al dueño de un restaurante. Comenten que fueron a cenar a su restaurante y que la comida fue muy mala.

- Expliquen lo que ustedes pidieron y lo que les sirvieron.
- Expliquen que ustedes saben cocinar muy bien y que la comida fue muy mala.
- Expliquen que conocen otros restaurantes mejores.
- Comparen el restaurante con otros restaurantes.
- Despídanse.

Ritmos hispanos

Inti Illimani:
La magia de la música andina

En 1966 empezaron a reunirse en Santiago de Chile varios estudiantes de la ex-Universidad del Estado para escuchar la música de varios grupos universitarios. De ahí surgió el grupo **Inti Illimani** (Inti: sol en aymará; Illimani: montaña cerca de La Paz, Bolivia). Desde entonces, el grupo chileno, que ha tenido varios miembros diferentes, ha viajado extensamente ofreciendo sus interpretaciones de la música andina a audiencias de todo el mundo. En los años setenta ya eran muy conocidos por sus habilidades musicales y por los temas políticos de sus canciones. Sus miembros tocan más de treinta instrumentos de viento, cuerda y percusión. La combinación de instrumentos y voces crea un sonido único lleno de pasión y poesía que invita a la paz individual y a la paz mundial. En 1997 la Universidad de California, Berkeley les otorgó el Premio de Derechos Humanos.

Discografía selecta

- *Fragments of a Dream* 1987
- *Leyenda* 1990
- *Andadas* 1993
- *Arriesgaré la piel* 1996
- *La rosa de los vientos* 1999
- *Lugares comunes* 2003

 Para más información sobre este grupo, su música y sus canciones, visita **aventuras.vhlcentral.com**.

andina from the Andes **reunirse** to meet **surgió** rose **ha tenido** has had **extensamente** extensively **todo el mundo** all over the world **cuerda** string **voces** voices **crea** create **sonido** sound **lleno** full **paz** peace **otorgó** granted **premio** *prize* **Derechos** Rights **Andadas** Wanderings **Arriesgaré la piel** I will give it my all

Ampliación

1 Escuchar

A Escucha a Ramón Acevedo. Toma apuntes (*notes*) de las instrucciones que él da.

⭐ **TIP** **Jot down notes as you listen.** Jotting down notes while you listen will help you to focus actively on comprehension rather than on remembering what you have heard.

Ingredientes del relleno:	Poner dentro del pavo:
_____	_____
_____	_____
_____	_____
_____	
_____	
_____	
_____	

- Untarlo con _____ .
- Cubrirlo con _____ de aluminio.
- Ponerlo en el horno a _____ grados, por unas _____ horas.

B ¿Es similar el plato que prepara Ramón Acevedo a algún plato que tu familia come habitualmente? ¿En qué es similar? ¿En qué es distinto?

2 Conversar

En parejas, túrnense (*take turns*) para contestar estas preguntas. Luego informen a la clase de los resultados.

- ¿Con quién comiste la semana pasada?
- ¿A qué restaurante fueron?
- ¿Qué pidieron? ¿Les gustó la comida?
- ¿Se la sirvieron rápidamente (*quickly*)?
- ¿Fue mejor o peor que la comida que comes en casa? ¿Fue muy cara?
- ¿Van a volver a ese restaurante en el futuro?

Ampliación

③ Escribir

Escribe una crítica culinaria sobre un restaurante local para el periódico de la universidad.

 TIP **Expressing and supporting opinions.** Use details, facts, examples, and other forms of evidence to convince your readers to take your opinions seriously.

Organízalo	Usa un mapa de ideas para organizar tus comentarios sobre la comida, el servicio, el ambiente (*atmosphere*) y otras informaciones sobre el restaurante.
Escríbelo	Utiliza tus notas para escribir el primer borrador de tu artículo culinario.
Corrígelo	Intercambia (*exchange*) tu composición con un(a) compañero/a. Comenta sobre el título, la organización, los detalles específicos y los errores de gramática o de ortografía.
Compártelo	Revisa el primer borrador según las indicaciones de tu compañero/a. Incorpora nuevas ideas y/o más información para reforzar (*support*) tu opinión. Luego entrégale (*hand in*) la crítica culinaria a tu profesor(a).

④ Un paso más

Diseña el menú de un nuevo restaurante en la capital de un país hispano.

- Decide en qué país y ciudad vas a abrir el restaurante.
- Investiga cuáles son las comidas típicas y los platos más populares del país.
- Indica el nombre del restaurante.
- Diseña el menú, incluyendo entremeses, platos principales, ensaladas, postres (*desserts*) y bebidas.
- Indica los precios de los platos en la moneda del país.
- Intercambia tu menú con tres o cuatro compañeros y comparen los platos que escogieron.

 En Internet

Investiga estos temas en el sitio aventuras.vhlcentral.com.

- Capitales de los países hispanos
- Comidas del mundo hispano

El Tamalito

Especialidades guatemaltecas

5a calle (Los Próceres)
Zona 4
Tel: (502) 345 89 76
Fax: (502) 243 56 34

Antes de leer

Reading for the main idea is a useful strategy; it involves locating the topic sentences of each paragraph in order to determine the author's purpose for writing a particular piece. The first sentence in each paragraph can provide clues about the content of each paragraph, as well as impressions of how the entire reading selection is organized.

Examinar el texto

En esta sección tenemos dos textos diferentes. ¿Qué estrategias puedes usar para leer la crítica culinaria? ¿Cuáles son las apropiadas para familiarizarte con el menú? Utiliza las estrategias más eficaces para cada texto. ¿Qué tienen en común?

Identificar la idea principal

Lee la primera frase de cada párrafo de la crítica culinaria del restaurante **El Palmito**. Apunta el tema principal de cada párrafo. Luego lee todo el primer párrafo. ¿Crees que el restaurante le gustó a la autora de la crítica culinaria? ¿Por qué? Ahora lee la crítica entera. En tu opinión, ¿cuál es la idea principal de la crítica? ¿Por qué la escribió la autora? Compara tus opiniones con las de un(a) compañero/a.

37E

Restaurantes

Cinco estrellas para El Palmito

Margarita Galán, crítica de restaurantes

El viernes pasado cené en el restaurante **El Palmito,** donde se unen de una manera extraordinaria la comida tradicional de nuestra región y la belleza arquitectónica de nuestra ciudad. Su propietario, Héctor Suárez, es uno de los jefes de cocina más respetados del país.

El exterior del restaurante refleja el estilo colonial de la ciudad. Por dentro, la decoración rústica crea un ambiente cálido. Hay que mencionar también el hermoso patio, lleno de plantas y flores, donde muchas personas se reúnen para tomar un café en un ambiente relajado y cordial.

Uno no se puede quejar del servicio de **El Palmito.** El personal del restaurante es muy amable y atento, desde los cocineros que preparan la comida hasta los camareros que la sirven.

La comida del restaurante es exquisita. Las tortillas, que se sirven con ajiaceite, son deliciosas. La sopa de pollo y huevo es excelente, y los frijoles enchilados, ricos. También recomiendo el tomaticán, cocinado con una gran variedad de verduras muy ricas. De postre, don Héctor me preparó su especialidad, un rico pastel de yogur.

Les recomiendo que visiten **El Palmito** cuando tengan ocasión.

El Palmito
de lunes a sábado 10:00a.m.-11:00p.m.
domingo 11:00a.m.-10:00p.m.

Comida *****
Servicio *****
Ambiente *****
Precio ****

M E N Ú

Entremeses

Pan tostado con
• Queso frito   • Mantequilla y jalea

Tortillas con
• Ajicomino (chile, comino)   • Ajiaceite (chile, aceite)

Sopas

• Cebolla   • Verduras   • Pollo y huevo   • Mariscos

Platos Principales

Chilaquil
(tortilla de maíz, queso, hierbas y chile)

Tomaticán
(tomate, papas, maíz, chile, arvejas, zanahorias y verduras)

Tamales
(maíz, azúcar, ajo, cebolla)

Frijoles enchilados
(frijoles negros, carne de cerdo o de res, arroz, chile)

Postres

• Helado de piña   • Plátanos caribeños
• Uvate (uvas, azúcar de caña y ron)   • Pastel de yogur

Bebidas

• Té helado   • Vino tinto
• Vino blanco   • Agua mineral   • Jugos
• Chilate (maíz, chile y cacao)

Después de leer

¿Comprendiste?

Selecciona las palabras que mejor completan cada frase.

1. La arquitectura del restaurante es _____
   [moderna, colonial, fea].
2. [Los clientes, Los cocineros, Los camareros] _____
   sirven la comida.
3. [Los clientes, Los cocineros, Los camareros] _____
   preparan la comida.
4. El dueño del restaurante es uno de los _____
   [peores, menores, mejores] jefes de cocina del país.
5. La comida en este restaurante, según la autora, es _____
   [muy buena, mala, regular].

Preguntas

1. ¿Cómo se llama el dueño del restaurante?
   _____

2. ¿Qué tipo de comida se sirve en El Palmito?
   _____

3. ¿Cómo es el ambiente del restaurante?
   _____

4. ¿Quién escribió este artículo?
   _____

5. ¿Qué es la autora del artículo?
   _____

6. ¿Cuántos platos probó la autora del artículo?
   _____

Coméntalo

¿Te interesan las comidas y bebidas que sirven en El Palmito?
¿Cuáles te interesan más? ¿Por qué? ¿Se sirven platos y bebidas
similares a éstos en tu región o comunidad?

jefes de cocina	head chefs	uno no se puede quejar	one can't complain
por dentro	inside	postres	desserts
cálido	warm	cuando tengan ocasión	when you have the opportunity
hay que	one must		
lleno	full	jalea	jelly
ambiente	atmosphere	comino	cumin
relajado	relaxed	helado	ice cream

recursos

aventuras.vhlcentral.com
Lección 8

Las comidas

el/la camarero/a	waiter
el/la dueño/a	owner
el menú	menu
la sección de (no) fumadores	(non)smoking section
el almuerzo	lunch
la cena	dinner
la comida	food; meal
el desayuno	breakfast
los entremeses	hors d'oeuvres
el plato (principal)	(main) dish
agrio/a	sour
delicioso/a	delicious
dulce	sweet
picante	hot, spicy
rico/a	tasty; delicious
sabroso/a	tasty; delicious
salado/a	salty
almorzar (o:ue)	to have lunch
cenar	to have dinner
desayunar	to have breakfast
pedir (e:i)	to order (food)
probar (o:ue)	to taste; to try
recomendar (e:ie)	to recommend
servir (e:i)	to serve

Las bebidas

el agua (f.) (mineral)	(mineral) water
la bebida	drink
el café	coffee
la cerveza	beer
el jugo (de fruta)	(fruit) juice
la leche	milk
el refresco	soft drink
el té (helado)	(iced) tea
el vino (blanco/tinto)	(white/red) wine

Los granos y las verduras

las arvejas	peas
la cebolla	onion
el champiñón	mushroom
la ensalada	salad
los frijoles	beans
la lechuga	lettuce
el maíz	corn
la papa/patata	potato
el tomate	tomato
las verduras	vegetables
la zanahoria	carrot

La carne y el pescado

el atún	tuna
el bistec	steak
los camarones	shrimp
la carne	meat
la carne de res	beef
la chuleta de cerdo	pork chop
la hamburguesa	hamburger
el jamón	ham
la langosta	lobster
los mariscos	seafood
el pavo	turkey
el pescado	fish
el pollo (asado)	(roast) chicken
la salchicha	sausage
el salmón	salmon

Las frutas

la banana	banana
las frutas	fruit
el limón	lemon
la manzana	apple
la naranja	orange
las uvas	grapes

Otras comidas

el aceite	oil
el ajo	garlic
el arroz	rice
el azúcar	sugar
los cereales	cereals; grains
el huevo	egg
la mantequilla	butter
la margarina	margarine
la mayonesa	mayonnaise
el pan (tostado)	(toasted) bread
las papas/patatas fritas	French fries
la pimienta	pepper
el queso	cheese
la sal	salt
el sándwich	sandwich
la sopa	soup
el vinagre	vinegar

Verbos

conocer	to know; to be acquainted with
conducir	to drive
morir (o:ue)	to die
ofrecer	to offer
parecer	to seem
saber	to know; to know how
servir (e:i)	to serve
traducir	to translate

Expresiones útiles	See page 203.
Comparisons and superlatives	See pages 212–213.

recursos

Text MP3s
Lección 8

aventuras.vhlcentral.com
Lección 8

AVENTURAS EN LOS PAÍSES HISPANOS

El Amazonas es el río más caudaloso *(the largest)* del mundo. Por ser muy profundo *(deep)* y ancho *(wide)*, tiene otro nombre: "río océano". Los barcos más grandes pueden navegar en él. También pueden navegar barcos pequeños, como la canoa que vemos en la foto. Alrededor *(around)* del río Amazonas hay una gran selva *(jungle)* y muy poca gente vive allí.

SURAMÉRICA I

Venezuela
Área: 912.050 km² (352.144 millas²)
Población: 26.468.000
Capital: Caracas–3.261.000
Ciudades principales: Maracaibo, Valencia, Maracay, Barquisimeto
Moneda: bolívar

SOURCE: Population Division, UN Secretariat

Colombia
Área: 1.138.910 km² (439.734 millas²)
Población: 45.580.000
Capital: Bogotá–7.596.000
Ciudades principales: Cali, Medellín, Barranquilla, Cartagena
Moneda: peso colombiano

SOURCE: Population Division, UN Secretariat

Ecuador
Área: 283.560 km² (109.483 millas²)
Población: 13.798.000
Capital: Quito–1.832.000
Ciudades principales: Guayaquil, Cuenca, Machala, Portoviejo
Moneda: dólar estadounidense

SOURCE: Population Division, UN Secretariat

Perú
Área: 1.285.220 km² (496.224 millas²)
Población: 27.804.000
Capital: Lima–8.185.000
Ciudades principales: Arequipa, Trujillo, Chiclayo, Iquitos
Moneda: nuevo sol

SOURCE: Population Division, UN Secretariat

Indígenas de Ecuador

Ecuador tiene mucha población indígena *(native)*. La lengua oficial de Ecuador es el español, pero la gente habla otras lenguas en el país. Aproximadamente unos 4.000.000 de ecuatorianos hablan lenguas indígenas. La mayoría de ellos habla quechua. Los indígenas son agricultores y excelentes tejedores *(weavers)*. Los tejidos de Ecuador son famosos en todo el mundo por sus colores vivos y sus hermosos diseños *(designs)*. En el mercado de Otavalo se venden mantas *(blankets)*, ropas tradicionales y tapices *(tapestries)* hechos por los indígenas.

Lugares

El Salto Ángel

El Salto Ángel, en el sureste de Venezuela, es la catarata *(waterfall)* más alta del mundo. Tiene 979 m. (3.212 pies) de altura *(height)*. Es diecisiete veces más alta que las cataratas del Niágara. El Salto Ángel tiene su nombre porque James C. Angel lo descubrió *(discovered)* en 1937. Está en el Parque Nacional Canaima y los indígenas lo llaman *Churún Merú*.

Mar Caribe

Barranquilla •

Maracaibo

• Medellín

★ Bogotá

• Cali

R. Magdalena

COLOMBIA

Pasto •

Quito
★
ECUADOR
Guayaquil

• Iquitos

Cordillera de los Andes

PERÚ

Lima ★

Cuzco •

Océano Pacífico

Lago Titicaca

Arequipa •

recursos			
WB pp. 85–86	VM pp. 207–210	VCD-ROM Lección 8	aventuras.vhlcentral.com Lección 8

Puerto España
TRINIDAD

Caracas

VENEZUELA

R. Orinoco

GUAYANA

BRASIL

GABRIEL GARCÍA MÁRQUEZ
CIEN AÑOS DE SOLEDAD

EDITORIAL SUDAMERICANA.

Literatura

Gabriel García Márquez

El colombiano Gabriel García Márquez es uno de los escritores contemporáneos más importantes del mundo. Ganó el Premio Nobel de Literatura en 1982. García Márquez publicó su primer cuento *(story)* en 1947, cuando era *(was)* un estudiante universitario. Su libro más famoso se llama *Cien años de soledad*. El estilo literario de García Márquez es el "realismo mágico", un estilo que mezcla *(mixes)* la realidad con la fantasía. Otros escritores relacionados *(related)* con el realismo mágico son Alejo Carpentier *(Cuba)*, Arturo Uslar Pietri *(Venezuela)* y Julio Cortázar *(Argentina)*.

Economía

Las alpacas del Perú

La alpaca es un animal sudamericano de la familia de la llama y la vicuña. Vive en rebaños *(herds)* en los Andes del Perú. La alpaca escupe *(spits)* para defenderse. Es un animal muy importante para la economía del país. Da una lana muy buena que los indígenas peruanos utilizan para hacer ropa, mantas y bolsas.

Hispanos en los Estados Unidos
Venezuela
Luis Aparicio, beisbolista
Marisol Escobar, pintora y escultora
Xiomara González, periodista
Colombia
Juanes, cantante (Pemios Grammy)
Rafael Palomino, chef
Rodolfo Llinás Riascos, científico
Ecuador
Christina Aguilera, cantante
Lourdes G. Baird, jueza
Martha de la Torre, periodista
Perú
Carlos Noriega, astronauta
Ernesto Palacios, tenor
Sofía Mulanovich, surfista

PARAGUAY

¿Qué aprendiste?

1 **¿Cierto o falso?** Indica si las oraciones son **ciertas** o **falsas**.

	Cierto	Falso
1. El río Amazonas es el más caudaloso del mundo.	____	____
2. Alrededor del río Amazonas hay una gran playa.	____	____
3. La moneda de Ecuador es el dólar estadounidense.	____	____
4. Arequipa es una de las ciudades principales de Venezuela.	____	____
5. La lengua oficial de Ecuador es el quechua.	____	____
6. Los tejidos de Ecuador son famosos en todo el mundo.	____	____
7. Las cataratas del Niágara son más altas que el Salto Ángel.	____	____
8. Los indígenas llaman *Churún Merú* al Salto Ángel.	____	____
9. García Márquez ganó el Premio Nobel en 1982.	____	____
10. García Márquez publicó su primer cuento en 1999.	____	____
11. La alpaca es de la familia de la llama y la vicuña.	____	____
12. La alpaca escupe para defenderse.	____	____

2 **Preguntas** Contesta las siguientes preguntas.

1. ¿Qué otro nombre tiene el río Amazonas? ¿Por qué?

_____

2. ¿Qué se vende en el mercado de Otavalo? ¿Qué te gustaría comprar allí?

_____

3. ¿Dónde está el Salto Ángel? ¿Crees que se puede nadar allí?

_____

4. ¿Cuál es el estilo literario de Gabriel García Márquez? Explica.

_____

5. ¿Por qué crees que la alpaca es importante para la economía del Perú?

_____

 En Internet

Busca más información sobre estos temas en el sitio aventuras.vhlcentral.com. Presenta la información a tus compañeros/as de clase.

- Indígenas de Ecuador
- El Salto Ángel
- Gabriel García Márquez
- Las alpacas del Perú

9 Las celebraciones

Communicative Goals

You will learn how to:
- wish somebody a happy birthday
- talk about celebrations and personal relationships
- ask for the bill in a restaurant
- express gratitude

PARA EMPEZAR
- ¿Cómo crees que se sienten ellos, alegres o tristes?
- ¿De qué color es el vestido de la mujer joven, blanco o amarillo?
- ¿Crees que los jóvenes tienen planes para ir de vacaciones?

LAS CELEBRACIONES

la boda
wedding

LAS FIESTAS

el aniversario (de bodas) *(wedding) anniversary*
el día de fiesta *holiday*
la fiesta *party*
el/la invitado/a *guest*
la Navidad *Christmas*
la quinceañera *young woman's fifteenth birthday celebration*
la sorpresa *surprise*

cambiar (de) *to change*
celebrar *to celebrate*
cumplir años *to have a birthday*
dejar una propina *to leave a tip*
divertirse (e:ie) *to have fun*
invitar *to invite*
pagar la cuenta *to pay the bill*
pasarlo bien/mal *to have a good/bad time*

regalar *to give (a gift)*
reírse (e:i) *to laugh*
relajarse *to relax*
sonreír (e:i) *to smile*
sorprender *to surprise*

graduarse (de)
to graduate (from)

el cumpleaños
birthday

brindar
to toast

LOS POSTRES Y OTRAS COMIDAS

la botella de vino *bottle of wine*
los dulces *sweets; candy*
el helado *ice cream*
el pastel *cake*
  de cumpleaños *birthday cake*
los postres *desserts*

las galletas
cookies

el flan
baked custard

el champán
champagne

recursos				
WB pp. 89–90	LM p. 49	Text MP3s Lección 9	Lab MP3s Lección 9	aventuras.vhlcentral.com Lección 9

LAS ETAPAS DE LA VIDA

la etapa *stage*
la juventud *youth*
el nacimiento *birth*
la vida *life*

jubilarse *to retire (from work)*
nacer *to be born*

la niñez
childhood

Variación léxica
comprometerse ⟷ prometerse (*Esp.*)
pastel ⟷ torta (*Arg., Venez.*), queque (*C. Rica*)

LAS RELACIONES PERSONALES

la adolescencia
adolescence

la alegría *happiness*
la amistad *friendship*
el amor *love*
el divorcio *divorce*
el estado civil *marital status*
el matrimonio *marriage; married couple*
la pareja *couple; partner*
el/la recién casado/a *newlywed*

casado/a *married*
divorciado/a *divorced*
juntos/as *together*
separado/a *separated*
soltero/a *single*
viudo/a *widowed*

la madurez
maturity; middle age

casarse (con) *to get married (to)*
comprometerse (con) *to get engaged (to)*
divorciarse (de) *to get divorced (from)*
enamorarse (de) *to fall in love (with)*
llevarse bien/mal (con) *to get along well/badly (with)*
odiar *to hate*
romper (con) *to break up (with)*
salir (con) *to go out (with); to date*
separarse (de) *to separate (from)*
tener una cita *to have a date; to have an appointment*

la vejez
old age

OTRAS PALABRAS

el apellido *last name*
el consejo *advice*
la respuesta *answer*

la muerte
death

A escuchar

1 **¿Lógico o ilógico?** Escucha las oraciones e indica si son **lógicas** o **ilógicas**.

	Lógico	Ilógico
1.	✓	
2.	✓	
3.		✓
4.		✓
5.		✓
6.		✓
7.	✓	
8.	✓	

2 **¡Feliz cumpleaños!** Los amigos de Silvia están preparándole una fiesta de cumpleaños. Escucha la conversación y contesta las preguntas.

1. ¿Sabe Silvia que sus amigos le van a dar una fiesta? _No, no sabe. Es una sorpresa._
2. ¿Qué van a comer los amigos en la fiesta? _Van a comer helado y pastel._
3. ¿A Silvia le gusta el chocolate? _Sí, le gusta el chocolate._
4. ¿Dónde compraron el helado? _cerca del residencia estudiantil._
5. ¿Por qué no quieren comer el helado de la cafetería? _El helado de la tienda es mejor._
6. ¿Cuántos años cumple Silvia? _Silvia cumple dieciocho años._
7. ¿Con qué brindan los amigos? _Brindan el champán._
8. ¿Silvia es mayor o menor que sus amigos? _Es menor que sus amigos_

A practicar

3 **Seleccionar** Selecciona la mejor expresión o palabra.

dejó una propina	se jubiló
nació	se llevan bien
nos divertimos	sonrió
lo pasaron mal	tenemos una cita
se casaron	

1. Nelson y Mildred _se casaron_ el septiembre pasado. La boda fue maravillosa.

2. Mi tía le _dejó una p_ muy grande al camarero.

3. Mi padrastro _se jubiló_ hace un año.

4. A Alejandra le gustan las galletas. Ella _sonrió_ después de comérselas todas.

5. Luis y yo _nos divertimos_ en la fiesta. Bailamos y comimos mucho.

6. ¡Tengo una nueva sobrina! Ella _nació_ ayer por la mañana.

7. Irene y su esposo _se llevan bien_. Son muy felices.

8. Rocío y Eddie _lo pasaron mal_ en el cine. La película fue muy mala.

9. Isabel y yo _tenemos una cita_ esta noche. Vamos a ir a un restaurante muy elegante.

4 **La fiesta de Susana** Completa las frases con palabras adecuadas.

1. Susana siempre _celebra_ su cumpleaños con su familia y sus amigos.

2. Su mamá invitó a mucha gente; todos los _invitados_ llegaron tarde.

3. Su papá contó chistes (*told jokes*) y todos _se reyeron_

4. A Susana le _regalé_ muchos regalos.

5. El hermano de Susana comió muchos trozos (*pieces*) de _pastel_.

6. Su amiga Anabela va a _casarse_ con su novio en dos semanas.

7. Susana está un poco triste porque ayer _rompió con_ su novio.

8. Pero Susana _tiene una cita_ el próximo viernes con su amigo Jorge.

5 **Te equivocas** Túrnate (*take turns*) con un(a) compañero/a para decir que sus afirmaciones son falsas. Corrige las afirmaciones falsas usando el opuesto de las expresiones subrayadas.

modelo
Nuestros amigos <u>lo pasaron mal</u> en la playa.
Estudiante 1: Nuestros amigos lo pasaron mal en la playa.
Estudiante 2: No, te equivocas (*you're wrong*). Ellos lo pasaron bien.

1. <u>El nacimiento</u> es el fin de la vida. No, te equivocas. El muerte es el fin de la vida.

2. A los sesenta y cinco años muchas personas <u>comienzan a trabajar.</u> No te equivocas. Ellos se jubilan.

3. Francisco y Gloria <u>se divorcian</u> mañana. No, te equivocas. Se casan mañana.

4. Pancho <u>se comprometió</u> con Yolanda. No, te equivocas. Se divorció de Yolanda.

5. Marcela <u>odia</u> a Ramón. No, te equivocas. Ella se enamora de Ramón.

6. <u>La juventud</u> es la etapa de la vida cuando nos jubilamos. No, te equivocas. La vejez es cuando nos jubilamos.

A conversar

6 **Planes para una fiesta** Trabaja con dos compañeros/as para planear una fiesta. Recuerda incluir la siguiente información.

1. ¿Qué tipo de fiesta es? *Es una sorpresa.*
2. ¿Dónde va a ser? ¿Cuándo va a ser? *Vamos a estar a mi casa a las siete.*
3. ¿A quién van a invitar? *Vamos a invitar todos nuestros amigos*
4. ¿Qué van a comer? ¿Quién va a llevar o a preparar la comida? *Vamos a comer pizza que el restaurante prepara.*
5. ¿Qué van a beber? ¿Quién va a traer las bebidas? *Vamos a beber refrescos y yo los voy a tener a mi casa.*
6. ¿Qué van a hacer todos durante la fiesta? *Todos van a bailar.*
7. Después de la fiesta, ¿qué van a hacer? *Vamos a volver a casa y dormir.*

7 **Encuesta** Pregunta a dos o tres compañeros/as para saber qué actitudes (*attitudes*) tienen en sus relaciones personales. Comparte los resultados de la encuesta con la clase.

Preguntas	Nombres	Actitudes
1. ¿Te importa la amistad? ¿Por qué?	Noelia	Sí, porque hace ella feliz.
2. ¿Es mejor tener un(a) buen(a) amigo/a o muchos amigos?	Noelia	Una buena amiga.
3. ¿Cuáles son las características que buscas en tus amigos?	Noelia	Busca lealtad y honradez.
4. ¿Tienes novio/a? ¿A qué edad (*age*) es posible enamorarse?	Noelia	No. A todos los edades es posible.
5. ¿Debe la pareja hacer todas las cosas juntos?	Noelia	No. Necesitan un poco tiempo solo.
6. ¿Debe la pareja tener siempre las mismas opiniones? ¿Por qué?	Noelia	No. Opiniones diferentes hacen gente interesante.

8 **Una fiesta memorable** Cuéntale (*tell*) a un(a) compañero/a cómo fue una fiesta memorable. Incluye los siguientes elementos.

- ¿Qué? ✓   • ¿Cómo? ✓   • ¿Por qué? ✓ ¿Quién? ✓
- ¿Cuándo? ✓ • ¿Cuántos? ✓ • ¿Dónde? ✓ • ¿A qué hora? ✓

Fui a una fiesta en carro en el sábado. Quedó a la casa de mi mejor amiga para su cumpleaños. Fue mucha gente, y duró hasta las una de la mañana.

9 **La historia de Ana** Su profesor(a) va a darles a ti y a tu compañero/a la información necesaria para completar esta actividad.

Pronunciación

The letters h, j, and g

helado	**hombre**	**hola**	**hermosa**

The Spanish **h** is always silent.

José	**jubilarse**	**dejar**	**pareja**

The letter **j** is pronounced much like the English *h* in *his*.

agencia	**general**	**Gil**	**Gisela**

The letter **g** can be pronounced three different ways. Before **e** or **i**, the letter **g** is pronounced much like the English *h*.

Gustavo, gracias por llamar el domingo.

At the beginning of a phrase or after the letter **n**, the Spanish **g** is pronounced like the English *g* in *girl*.

Me gradué en agosto.

In any other position, the Spanish **g** has a somewhat softer sound.

Guerra	**conseguir**	**guantes**	**agua**

In the combinations **gue** and **gui**, the **g** has a hard sound and the **u** is silent. In the combination **gua**, the **g** has a hard sound and the **u** is pronounced like the English *w*.

Práctica Lee las palabras en voz alta, prestando atención a la **h**, la **j** y la **g**.

1. hamburguesa	5. geografía	9. seguir	13. Jorge
2. jugar	6. magnífico	10. gracias	14. tengo
3. oreja	7. espejo	11. hijo	15. ahora
4. guapa	8. hago	12. galleta	16. guantes

Oraciones Lee las oraciones en voz alta, prestando atención a la **h**, la **j** y la **g**.

1. Hola. Me llamo Gustavo Hinojosa Lugones y vivo en Santiago de Chile.
2. Tengo una familia grande; somos tres hermanos y tres hermanas.
3. Voy a graduarme en mayo.
4. Para celebrar mi graduación mis padres van a regalarme un viaje a Egipto.
5. ¡Qué generosos son!

Refranes Lee los refranes en voz alta, prestando atención a la **h**, la **j** y la **g**.

El hábito no hace al monje.[2]

A la larga, lo más dulce amarga.[1]

1 *Too much of a good thing.*
2 *The clothes don't make the man.*

recursos			
LM p. 50	Text MP3s Lección 9	Lab MP3s Lección 9	aventuras.vhlcentral.com Lección 9

¡Feliz cumpleaños, Maite!

Don Francisco y los estudiantes celebran el cumpleaños de Maite en el restaurante El Cráter.

INÉS A mí me encantan los dulces. Maite, ¿tú qué vas a pedir?

MAITE Ay, no sé. Todo parece tan delicioso. Quizás el pastel de chocolate.

JAVIER Para mí el pastel de chocolate con helado. Me encanta el chocolate. Y tú Álex, ¿qué vas a pedir?

ÁLEX Generalmente prefiero la fruta, pero hoy creo que voy a probar el pastel de chocolate.

DON FRANCISCO Yo siempre tomo un flan y un café.

DOÑA RITA & CAMARERO ¡Feliz cumpleaños, Maite!

INÉS ¿Hoy es tu cumpleaños, Maite?

MAITE Sí, el 22 de junio. Y parece que vamos a celebrarlo.

TODOS MENOS MAITE ¡Felicidades!

ÁLEX Yo también acabo de cumplir los veintitrés años.

MAITE ¿Cuándo?

ÁLEX El cuatro de mayo.

DOÑA RITA Aquí tienen un flan, pastel de chocolate con helado… y una botella de vino para dar alegría.

MAITE ¡Qué sorpresa! ¡No sé qué decir! Muchísimas gracias.

DON FRANCISCO El conductor no puede tomar vino. Doña Rita, gracias por todo. ¿Puede traernos la cuenta?

DOÑA RITA Enseguida, Paco.

Para recordar

Before doing this **Fotonovela** section, review the previous one with this activity.

1. ¿Quién es doña Rita Perales?
2. ¿Qué platos sirven en El Cráter?
3. ¿Qué opinión tienen los estudiantes de la comida?
4. ¿Cuál es la ocasión especial ese día?

MAITE ¡Gracias! Pero, ¿quién le dijo que es mi cumpleaños?
DOÑA RITA Lo supe por don Francisco.

ÁLEX Ayer te lo pregunté, ¡y no quisiste decírmelo! ¿Eh? ¡Qué mala eres!
JAVIER ¿Cuántos años cumples?
MAITE Veintitrés.

INÉS Creo que debemos dejar una buena propina. ¿Qué les parece?
MAITE Sí, vamos a darle una buena propina a la señora Perales. Es simpatiquísima.

DON FRANCISCO Gracias una vez más. Siempre lo paso muy bien aquí.
MAITE Muchísimas gracias, señora Perales. Por la comida, por la sorpresa y por ser tan amable con nosotros.

Expresiones útiles

Celebrating a birthday party
¡Feliz cumpleaños!
Happy birthday!
¡Felicidades!/¡Felicitaciones!
Congratulations!
¿Quién le dijo que es mi cumpleaños?
Who told you that it's my birthday?
Lo supe por don Francisco.
I found out from Don Francisco.
¿Cuántos años cumples/cumple usted?
How old are you now?
Veintitrés.
Twenty-three.

Asking for the bill
¿Puede traernos la cuenta?
Can you bring us the bill?
La cuenta, por favor.
The bill, please.
Enseguida, señor/señora/señorita.
Right away, sir/ma'am/miss.

Expressing gratitude
¡(Muchas) gracias!
Thank you (very much)!
Muchísimas gracias.
Thank you very, very much.
Gracias por todo.
Thanks for everything.
Gracias una vez más.
Thanks once again.

Leaving a tip
Creo que debemos dejar una buena propina. ¿Qué les parece?
I think we should leave a good tip. What do you guys think?
Sí, vamos a darle una buena propina.
Yes, let's give him/her a good tip.

PERSONAJES

DON FRANCISCO　JAVIER　INÉS　ÁLEX　MAITE　DOÑA RITA　CAMARERO

¿Qué piensas?

1 Completar Completa las frases con la información correcta.

1. De postre, don Francisco siempre pide _un flan y un café_

2. A Javier le encanta _el chocolat_e.

3. Álex cumplió los _veintitrés_ años _el cuatro de mayo_

4. Hoy Álex quiere probar algo diferente. De postre, va a pedir _el pastel de chocolate_

5. El conductor no puede _tomar vino_.

6. Los estudiantes van a dejar _una buena_ _propina_ a doña Rita.

2 Seleccionar Selecciona algunas de las opciones de la lista para completar las frases.

una botella de vino	¡Qué sorpresa!
comer	la quinceañera
la cuenta	una sorpresa
pedir	veintidós
el postre	veintitrés

1. Hoy Maite cumple _veintitrés_ años.

2. Maite no sabe que van a celebrar su cumpleaños porque es _una sorpresa_.

3. Cuando una pareja celebra su aniversario y quiere tomar algo especial, compra _una botella de vino_.

4. Después de una cena o un almuerzo, es normal pedir _el postre_.

5. De postre, Inés y Maite no saben exactamente lo que van a _comer_ .

6. Álex tiene _veintidos_ años.

3 Situación Trabajen en grupos para representar una conversación. Uno/a de ustedes está celebrando su cumpleaños en un restaurante. Un(a) amigo/a le desea feliz cumpleaños y le pregunta cuántos años cumple. Luego, cada uno/a le pide al/a la camarero/a un postre y algo para beber. Después de comer los postres, un(a) amigo/a pide la cuenta y otro/a habla de dejar una propina. Los amigos dicen que quieren pagar la cuenta y la persona que cumple años les da las gracias por todo.

Exploración
Fiestas y celebraciones

En Sevilla, la Semana Santa (*Holy Week*) es especialmente colorida (*colorful*) y emocionante. Las procesiones religiosas son muy famosas y muchos turistas quieren verlas.

Argentina celebra su independencia el 25 de mayo, fecha en que, en 1810, los argentinos establecieron su propio gobierno (*own government*). La celebración es en la Plaza de Mayo de Buenos Aires; hay discursos (*speeches*) oficiales y fuegos artificiales (*fireworks*).

En México, se celebra el Día de los Muertos (*the dead*) el primero y el segundo de noviembre. Mucha gente va al cementerio para honrar a sus seres queridos (*loved ones*). Es común ofrecerles flores, incienso y comida a los muertos.

Observaciones

- Los españoles celebran el Año Nuevo comiendo rápidamente doce uvas. Una uva por cada mes del año.
- En las regiones de Suramérica donde hace calor en diciembre, es común celebrar la Navidad en la playa.
- En el Ecuador se celebra el Carnaval tirando (*throwing*) agua a todos los que pasan.

Coméntalo

Con un(a) compañero/a, contesta las siguientes preguntas.
- ¿Cuál de estas celebraciones te interesa más? ¿Por qué?
- ¿Son similares o diferentes a los días de fiesta en tu comunidad?
- ¿Cuáles son las fiestas más populares en tu comunidad o región? ¿Cómo las celebras?

recursos

aventuras.vhlcentral.com
Lección 9

9.1 Irregular preterites

▶ You already know that **ir** and **ser** are irregular in the preterite. Here are some other verbs that are irregular in the preterite.

Preterite of *tener, venir,* and *decir*

	tener (e → u)	venir (e → i)	decir (e → i)
yo	**tuve**	**vine**	**dije**
tú	**tuviste**	**viniste**	**dijiste**
Ud./él/ella	**tuvo**	**vino**	**dijo**
nosotros/as	**tuvimos**	**vinimos**	**dijimos**
vosotros/as	**tuvisteis**	**vinisteis**	**dijisteis**
Uds./ellos/ellas	**tuvieron**	**vinieron**	**dijeron**

▶ Observe the stem changes in the chart: the **e** in **tener** changes to **u**, and the **e** in **venir** and **decir** changes to **i**. Note also that the **c** in **decir** changes to **j**. None of these verbs have written accents in the **yo** or **Ud./él/ella** forms.

▶ These verbs have similar stem changes.

INFINITIVE	U-STEM	PRETERITE FORMS
poder	pud-	pude, pudiste, pudo, pudimos, pudisteis, pudieron
poner	pus-	puse, pusiste, puso, pusimos, pusisteis, pusieron
saber	sup-	supe, supiste, supo, supimos, supisteis, supieron
estar	estuv-	estuve, estuviste, estuvo, estuvimos, estuvisteis, estuvieron

INFINITIVE	I-STEM	
querer	quis-	quise, quisiste, quiso, quisimos, quisisteis, quisieron
hacer	hic-	hice, hiciste, hizo, hicimos, hicisteis, hicieron

INFINITIVE	J-STEM	
traer	traj-	traje, trajiste, trajo, trajimos, trajisteis, trajeron
conducir	conduj-	conduje, condujiste, condujo, condujimos, condujisteis, condujeron
traducir	traduj-	traduje, tradujiste, tradujo, tradujimos, tradujisteis, tradujeron

¡ojo! Verbs with **j**-stems omit the letter **i** in the **Uds.** form. For example, **tener ➤ tuvieron,** but **decir ➤ dijeron.**

Most verbs that end in **–cir** are **j**-stem verbs in the preterite. For example, **producir ➤ produje, produjiste,** etc.

¿Dijiste larga distancia?
En tarjetas prepagadas ninguna te da más minutos para hablar

Práctica

1 **Una fiesta sorpresa** Completa estas frases con el pretérito de los verbos indicados.

1. El sábado _____ [haber] una fiesta sorpresa para Elsa en mi casa.

2. Sofía _____ [hacer] un pastel para la fiesta y Miguel _____ [traer] un flan.

3. Los amigos y parientes de Elsa _____ [venir] y _____ [traer] regalos.

4. El hermano de Elsa no _____ [venir] porque _____ [tener] que trabajar.

5. Su tía María Dolores tampoco _____ [poder] venir.

6. Cuando Elsa abrió la puerta, todos gritaron (*shouted*): "¡Feliz cumpleaños!" y su esposo le _____ [dar] un beso.

7. Al final de la fiesta, todos _____ [decir] que se divirtieron mucho.

8. La fiesta le _____ [dar] a Elsa tanta alegría que no _____ [poder] dormir esa noche.

2 **¿Qué hicieron?** Usa los verbos apropiados para describir lo que hicieron estas personas.

dar	**hacer**	**venir**	**traducir**
estar	**poner**	**tener**	**traer**

1. El señor López/dinero   2. Nosotros/fiesta

_____   _____

3. Norma/pavo   4. Roberto y Elena/regalo

_____   _____

Conversación

3 **Preguntas** En parejas, túrnense para contestar estas preguntas.

1. ¿Qué hiciste anoche?
2. ¿Quiénes no estuvieron en clase la semana pasada?
3. ¿Qué trajiste a clase ayer?
4. ¿Qué trajiste a clase hoy?
5. ¿Hiciste la tarea para esta clase?
6. ¿Cuándo hiciste la tarea? ¿Se la diste al/a la profesor(a)?
7. ¿Hubo una fiesta en tu casa o residencia el sábado pasado?
8. ¿Alguien dio una fiesta para tu cumpleaños el año pasado? ¿Quién?
9. ¿Cuándo fue la última (*last*) vez que tus parientes vinieron a visitarte? ¿Te trajeron algo? ¿Qué te trajeron?
10. ¿Les diste a tus padres un regalo para su aniversario de bodas? ¿Qué les regalaste?
11. ¿Le dijiste una mentira a tu novio/a o esposo/a la semana pasada?

4 **Encuesta** Circula por la clase y formula preguntas hasta que encuentres a alguien que corresponda a alguna descripción de la lista. Luego informa a la clase de los resultados de tu encuesta.

Descripciones	Nombres
1. Tuvo un examen ayer.	_____
2. Trajo dulces a clase.	_____
3. Condujo su carro (*car*) a clase.	_____
4. Estuvo en la biblioteca ayer.	_____
5. Le dio consejos a alguien ayer.	_____
6. No pudo levantarse esta mañana.	_____
7. Tuvo que levantarse temprano ayer.	_____
8. Hizo un viaje a un país hispano el verano pasado.	_____
9. Tuvo una cita anoche.	_____
10. Dijo una mentira ayer.	_____
11. Fue a una fiesta el fin de semana pasado.	_____
12. Tuvo que trabajar el sábado pasado.	_____

The preterite of dar

	The preterite of *dar*		
yo	di	nosotros/as	dimos
tú	diste	vosotros/as	disteis
Ud./él/ella	dio	Uds./ellos/ellas	dieron

▶ The endings for **dar** are the same as the regular preterite endings for **–er** and **–ir** verbs, but there are no written accent marks.

La camarera me **dio** el menú.
The waitress gave me the menu.

Le **di** a Juan algunos consejos.
I gave Juan some advice.

Los invitados le **dieron** un regalo.
The guests gave him a gift.

Nosotros **dimos** una gran fiesta.
We gave a great party.

▶ The preterite of **hay** (*inf.* **haber**) is **hubo** (*there was/were*).

Hubo una fiesta el sábado pasado.
There was a party last Saturday.

Hubo muchos invitados.
There were a lot of guests.

Hubo una sorpresa especial para mi hermana.
There was a special surprise for my sister.

También **hubo** muchos regalos y champán.
There were also a lot of gifts and champagne.

Hubo una fiesta en el restaurante El Cráter.

Doña Rita les dio una botella de vino a los viajeros.

¡Manos a la obra!

 Escribe en cada espacio en blanco la forma correcta del pretérito de cada verbo.

1. Tú ___quisiste___ [querer].
2. Usted _____ [decir].
3. Nosotras _____ [hacer].
4. Yo _____ [traer].
5. Ellas _____ [conducir].
6. Ella _____ [estar].
7. Tú _____ [tener].
8. Ella y yo _____ [dar].
9. Yo _____ [traducir].
10. Ayer _____ [haber].
11. Usted _____ [saber].
12. Ellos _____ [poner].
13. Yo _____ [venir].
14. Tú _____ [poder].
15. Ustedes _____ [querer].
16. Nosotras _____ [estar].
17. Tú _____ [decir].
18. Ellos _____ [saber].
19. Él _____ [hacer].
20. Yo _____ [poner].
21. Nosotras _____ [traer].
22. Yo _____ [tener].
23. Tú _____ [dar].
24. Ustedes _____ [poder].

...hat change meaning in the preterite

► **Conocer, saber, poder,** and **querer** change meanings in the preterite.

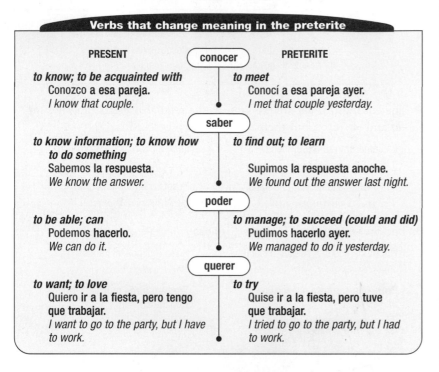

PRESENT	**conocer**	**PRETERITE**
to know; to be acquainted with		*to meet*
Conozco a esa pareja.		**Conocí a esa pareja ayer.**
I know that couple.		*I met that couple yesterday.*
	saber	
to know information; to know how to do something		*to find out; to learn*
Sabemos la respuesta.		**Supimos la respuesta anoche.**
We know the answer.		*We found out the answer last night.*
	poder	
to be able; can		*to manage; to succeed (could and did)*
Podemos hacerlo.		**Pudimos hacerlo ayer.**
We can do it.		*We managed to do it yesterday.*
	querer	
to want; to love		*to try*
Quiero ir a la fiesta, pero tengo que trabajar.		**Quise ir a la fiesta, pero tuve que trabajar.**
I want to go to the party, but I have to work.		*I tried to go to the party, but I had to work.*

► In the preterite, **poder** and **querer** have different meanings, depending on whether they are used in affirmative or negative sentences.

Affirmative		**Negative**	
pude	*I was able (to)*	no pude	*I failed (to)*
quise	*I tried (to)*	no quise	*I refused (to)*

¡Manos a la obra!

Cambia los verbos del presente al pretérito.

1. No quiero hacerlo. No _____quise_____ hacerlo.
2. ¿Sabes la respuesta? ¿ _____ la respuesta?
3. Las chicas pueden divertirse. Las chicas _____ divertirse.
4. ¿Conoces a los recién casados? ¿ _____ a los recién casados?
5. No puedo encontrar a Patricia. No _____ encontrar a Patricia.
6. Josefina quiere relajarse. Josefina _____ relajarse.
7. Conocemos a Julio. _____ a Julio ayer.
8. Ella no puede venir a la fiesta. Ella no _____ venir a la fiesta.
9. Queremos pasarlo bien. _____ pasarlo bien.
10. Ustedes saben del problema, ¿no? Ustedes _____ del problema, ¿no?
11. No queremos ir a la fiesta. No _____ ir a la fiesta.
12. Puedes venir conmigo. _____ venir conmigo.

Práctica

1 Oraciones Forma frases con los siguientes elementos. Usa el pretérito.

Mis padres / no querer / venir / fiesta
Mis padres no quisieron venir a la fiesta.

1. Anoche / nosotros / saber / que / Carlos y Eva / divorciarse _____
2. Tú / conocer / Nora / clase / historia / ¿no? _____
3. ¿Poder / ustedes / visitar / la Isla de Pascua? _____
4. Ayer / yo / saber / que / Paco / querer / romper / Olivia _____
5. El señor Navarro / querer / jubilarse / pero / no poder _____
6. Gustavo y Elena / conocer / mi esposo / quinceañera de Ana _____
7. Yolanda / no poder / dormir / anoche _____
8. Irma / saber / que / nosotros / traer / galletas _____
9. Ayer / yo / no poder / llamar / tú _____
10. Nosotros / querer / pagar la cuenta _____

2 Completar Completa estas frases de una manera lógica.

1. Ayer yo supe…
2. Ayer mi compañero/a de cuarto supo…
3. Esta mañana no pude…
4. El fin de semana pasado mis amigos y yo no pudimos…
5. Conocí a mi mejor amigo/a en…
6. Mis padres no quisieron…
7. Mi mejor amigo/a no pudo…
8. Mi novio/a y yo nos conocimos en…
9. La semana pasada supe…
10. Ayer mis amigos quisieron…
11. Mis abuelos pudieron…

Conversación

3 Telenovela En parejas, preparen un diálogo para una escena de una telenovela (*soap opera*). La escena trata de (*is about*) una situación amorosa entre tres personas: Mirta, Daniel y Raúl. Usen el pretérito de **conocer, poder, querer** y **saber** en su diálogo.

1. Daniel

2. Mirta

3. Raúl

PASIÓN   AVENTURA

HECHICERÍA   INQUISICIÓN

LA MUJER DOBLE

4 El fin de semana Escribe dos listas: las cosas que hiciste durante el fin de semana pasado y las cosas que quisiste hacer, pero no pudiste. Luego, con un(a) compañero/a, comparen sus listas y expliquen por qué no pudieron hacer esas cosas.

Cosas que hice	Cosas que quise hacer
1. _____	1. _____
2. _____	2. _____
3. _____	3. _____
4. _____	4. _____
5. _____	5. _____
6. _____	6. _____
7. _____	7. _____
8. _____	8. _____
9. _____	9. _____
10. _____	10. _____

Español en vivo

Hubo un día en el que la humanidad quiso ir más allá de sus límites. Pudo conocer un mundo increíble. Supo asegurar su futuro.

Ahora todos lo pueden hacer.

BANCO DAVIVIENDA

Identificar

Lee el anuncio e identifica los verbos en el pretérito.

Preguntas

1. ¿Qué quiso hacer la humanidad? ¿Qué pudo conocer?
2. ¿Cuándo llegó el hombre a la Luna (*Moon*)?
3. ¿Qué tipo de compañía es la del anuncio?
4. ¿Es eficaz (*effective*) la conexión entre el viaje a la Luna y los servicios bancarios?

9.3 Relative pronouns

▸ Relative pronouns are used to combine two sentences or clauses that share a common element, such as a noun or pronoun. Study the following diagrams.

Éste es el flan.
This is the flan.

Manuela preparó el flan.
Manuela made the flan.

Éste es el flan que Manuela preparó.
This is the flan that Manuela made.

Lourdes es muy inteligente.
Lourdes is very intelligent.

Lourdes estudia español.
Lourdes studies Spanish.

Lourdes, quien estudia español, es muy inteligente.
Lourdes, who studies Spanish, is very intelligent.

La comida que pidieron fue muy sabrosa.

Doña Rita, quien les sirve el vino, es la dueña del restaurante.

▸ Spanish has three commonly-used relative pronouns. Note that relative pronouns never carry an accent, unlike interrogative words such as **¿qué?** and **¿quién(es)?**.

Common relative pronouns	
que	*that; which; who*
quien(es)	*who; whom; that*
lo que	*that which; what*

▸ **Que**, the most frequently used relative pronoun, can refer to things or to people. Unlike the English *that*, **que** is never omitted.

¿Dónde está el pastel **que** pedí?
Where is the cake (that) I ordered?

El hombre **que** sirve la comida se llama Diego.
The man who serves the food is named Diego.

Práctica

1 **Una fiesta de aniversario** Amparo está hablando de la fiesta de aniversario de sus abuelos. Completa las oraciones con las expresiones de la lista.

a quien conozco muy bien, se llama Ana	que se graduó
de quienes te hablé	quien es la novia de Ramón
que saqué	quien se jubiló

1. El sábado fui a la fiesta de aniversario de mis abuelos, _____ la semana pasada.
2. Éstas son las fotos _____ durante la fiesta.
3. Éste es Ramón, mi primo. Es el chico _____ de la universidad en junio.
4. Éste es mi abuelo, _____ el año pasado.
5. La mujer en esta foto, _____.
6. Y ésta es Lucita, _____.

2 **Una fiesta de cumpleaños** Describe la fiesta sorpresa que van a dar Jaime y Tina, usando los pronombres relativos **que, quien, quienes** y **lo que**.

1. Jaime y Tina son las personas _____ están planeando la fiesta.
2. Manuela, _____ cumple veintiún años mañana, no sabe que ellos están planeando una fiesta.
3. Éstas son las personas _____ van a invitar.
4. Juan y Luz, _____ son los hermanos de Manuela, van a venir.
5. Marco, _____ es el novio de Manuela, va a venir también.
6. _____ Jaime y Tina van a servir de postre es un pastel de chocolate.
7. Después del pastel, _____ está delicioso, todos brindan con champán.

Conversación

3 **Entrevista** En parejas, túrnense para hacerse las siguientes preguntas.

1. ¿Qué es lo que más te gusta de los días de fiesta? ¿Por qué?

2. ¿Qué es lo que menos te gusta de los días de fiesta? ¿Por qué?

3. ¿Quiénes son las personas con quienes celebras tu cumpleaños?

4. ¿Quién es el/la pariente o amigo/a a quien más le gustan los cumpleaños? ¿Por qué le gustan tanto?

5. ¿Dónde compras los regalos que le regalas a tu mejor amigo/a?

6. ¿Tienes hermanos o amigos que están casados? ¿Dónde viven?

7. ¿Quién es la persona que más te importa?

8. ¿Quiénes son las personas con quienes te diviertes más? ¿Por qué lo pasas bien con ellos/ellas?

4 **Definiciones** En parejas, definan las siguientes palabras, usando **que, quien(es)** y **lo que.** Luego compartan sus definiciones con la clase.

modelo

un pastel de cumpleaños

Estudiante 1: ¿Qué es un pastel de cumpleaños?
Estudiante 2: Es un postre que comes en tu cumpleaños./Es lo que comes en tu cumpleaños.

1. el helado
2. el champán
3. una propina
4. una boda
5. un invitado
6. la Navidad
7. una recién casada
8. los dulces
9. la camarera
10. la leche
11. una viuda
12. una quinceañera

Uses of **quien(es)**, and **lo que**

▶ **Quien** (singular) and **quienes** (plural) refer only to people and are often used after a preposition or the personal **a.**

Eva, **a quien** vi anoche, cumple veinticinco años hoy.
Eva, whom I saw last night, turns twenty-five today.

¿Son ésas las chicas **de quienes** me hablaste la semana pasada?
Are those the girls you told me about last week?

▶ **Quien(es)** is occasionally used instead of **que** in clauses set off by commas.

Lola, **quien** es cubana, es médica.
Lola, who is Cuban, is a doctor.

Mi hermana, **quien** vive en Madrid, me llamó por teléfono.
My sister, who lives in Madrid, called me on the phone.

Su tía, **que** es alemana, ya llegó.
Her aunt, who is German, already arrived.

Juan, **que** estuvo muy contento, brindó conmigo.
Juan, who was very happy, toasted with me.

▶ **Lo que** refers to an idea, a situation, or a past event and means *what, that which,* or *the thing that.*

Juana tiene todo **lo que** necesitamos.
Juana has everything we need.

Lo que quiero es verte.
What I want is to see you.

Lo que me molesta es el calor.
What bothers me is the heat.

Lo que más te gusta es divertirte.
What you like most is to have fun.

Maite, a quien le compramos un pastel, cumple años hoy.

Lo que le gusta a Inés son los dulces.

¡Manos a la obra!

Completa las siguientes oraciones con pronombres relativos.

1. La chica _____que_____ me invitó a la fiesta se llama Anabel.
2. Ese mercado tiene todo _____ necesitamos.
3. Úrsula, _____ es la dueña del restaurante, es de Uruguay.
4. Donaldo, a _____ viste en la fiesta, es chileno.
5. A Cecilia no le gusta el regalo _____ le compré.
6. No me gusta hablar con personas a _____ no conozco.
7. Rosana es la chica de _____ te hablé.
8. El chico _____ está a la izquierda es mi primo.
9. Ana, con _____ voy a la fiesta, es muy simpática.
10. _____ me sorprendió fue ver a tantos invitados.

9.4 ¿Qué? and ¿cuál?

▸ As you know, **¿qué?** and **¿cuál?** or **¿cuáles?** mean *what?* or *which?* However, they are not interchangeable.

▸ **¿Qué?** is used to ask for a definition or explanation.

¿Qué es un flan?
What is flan?

¿Qué estudias?
What do you study?

▸ **¿Cuál(es)?** is used when there is a choice among several possibilities.

¿Cuáles quieres, éstos o ésos?

Which (ones) do you want, these ones or those ones?

¿Cuál es tu apellido, Martínez o Vilanova?

What is your last name, Martínez or Vilanova?

▸ **¿Cuál(es)?** cannot be used before a noun **¿qué?** is used instead.

¿Cuál es tu color favorito?
What is your favorite color?

¿Qué colores te gustan?
What colors do you like?

▸ **¿Qué?** used before a noun has the same meaning as **¿cuál?**.

¿Qué regalo te gusta?
What/which gift do you like?

¿Qué dulces quieren ustedes?
What/which sweets do you want?

Review of interrogative words and phrases

¿a qué hora?	at what time?	¿cuánto/a?	how much?
¿adónde?	(to) where?	¿cuántos/as?	how many?
¿cómo?	how?	¿de dónde?	from where?
¿cuál(es)?	what?; which?	¿dónde?	where?
¿cuándo?	when?	¿qué?	what?; which?
		¿quién(es)?	who?

¡Manos a la obra!

Completa las preguntas con **¿qué?** o **¿cuál(es)?**, según el contexto.

1. ¿ _Cuál_ te gusta más?
2. ¿_Qué_ es tu teléfono?
3. ¿_Qué_ tipo de pastel pediste?
4. ¿____ es una quinceañera?
5. ¿____ haces ahora?
6. ¿____ son tus platos favoritos?
7. ¿____ bebidas te gustan más?
8. ¿____ es esto?
9. ¿_Cuál_ es el mejor?
10. ¿____ es tu opinión?
11. ¿____ fiestas celebras tú?
12. ¿____ vino prefieres?
13. ¿____ es tu clase favorita?
14. ¿____ pones en la mesa?
15. ¿____ restaurante prefieres?
16. ¿____ clases tomas?
17. ¿____ quieres comer ahora?
18. ¿____ es la tarea para mañana?
19. ¿____ color prefieres?
20. ¿_Cómo_ opinas?

Práctica

1 Minidiálogos Completa los minidiálogos con las palabras interrogativas correctas.

SORAYA ¿ (1) _Cuándo_ es la fiesta de aniversario de tus padres?
ERNESTO El sábado por la noche.

• • •

MICAELA ¿ (2) _Dónde_ va a ser la fiesta de cumpleaños?
TIMOTEO En casa de mi primo.

• • •

MARCIA ¿ (3) _Cuál_ es tu clase favorita?
CARLOS La clase de arte es mi favorita.

• • •

TOMÁS ¿ (4) _Cuánto_ dinero te van a dar tus abuelos para tu graduación de la universidad?
MERCEDES Dicen que van a darme dos mil dólares.

• • •

LIDIA ¿ (5) _Qué_ compraste para tu sobrino?
MARTA Una raqueta de tenis.

• • •

BLAS ¿ (6) _Adónde_ vas después de la boda?
GIL Mi novia y yo vamos al cine. ¿Quieres venir?

2 Completar Completa estas preguntas con una palabra interrogativa. A veces se puede usar más de una palabra interrogativa.

1. ¿En _cuál_ país nacieron tus padres?
2. ¿_Cuál_ es la fecha de tu cumpleaños?
3. ¿_Dónde_ naciste?
4. ¿_Qué_ es tu estado civil?
5. ¿_Cuándo_ te relajas?
6. ¿_Cuáles_ son tus programas favoritos de la televisión?
7. ¿_Quién_ es tu mejor amigo?
8. ¿_Adónde_ van tus amigos para divertirse?
9. ¿_Cuáles_ postres te gustan? ¿____ te gusta más?
10. ¿_Qué_ problemas tuviste el primer día de clase?
11. ¿_Cuántos_ primos tienes?

Conversación

Una invitación En parejas, lean esta invitación. Luego, túrnense para hacerse (*ask each other*) preguntas basadas en la información de la invitación.

FERNANDO SANDOVAL VALERA   LORENZO VÁSQUEZ AMARAL

ISABEL ARZIPE DE SANDOVAL   ELENA SOTO DE VÁSQUEZ

TIENEN EL AGRADO DE INVITARLOS
A LA BODA DE SUS HIJOS

MARÍA LUISA Y JOSÉ ANTONIO

LA CEREMONIA RELIGIOSA TENDRÁ LUGAR
EL SÁBADO 10 DE JUNIO A LAS DOS DE LA TARDE
EN EL TEMPLO DE SANTO DOMINGO
(CALLE SANTO DOMINGO, 961).

DESPUÉS DE LA CEREMONIA SÍRVANSE PASAR A LA RECEPCIÓN EN EL SALÓN
DE BAILE DEL HOTEL METRÓPOLI (SOTERO DEL RÍO, 465).

Preguntas Con un(a) compañero/a, formula preguntas sobre las fotos.

modelo

Estudiante 1: ¿Quién es esta mujer?
Estudiante 2: Es una estudiante.
Estudiante 1: ¿Dónde está?
Estudiante 2: En la biblioteca.
Estudiante 1: ¿Qué está haciendo?
Estudiante 2: Está estudiando.

1.

2.

3.

4.

5 Quinceañera Su profesor(a) va a darles a ti y a tu compañero/a la información necesaria para completar esta actividad.

¿Con quién quieres compartir tus momentos mágicos?
¿Cuáles son tus prioridades en la vida?
¿Qué te sugiere la palabra "libertad"?
Tú eliges cómo vivir.

¿Te gusta conducir?

Identificar

Lee el anuncio e identifica las palabras interrogativas.

Preguntas

1. ¿Qué puedes hacer con un coche (*car*) como éste?
2. ¿Te gustaría comprar un coche como éste? ¿Por qué?
3. ¿Te gusta este anuncio? ¿Por qué? ¿Crees que es eficaz (*effective*)?

Repaso

9.1 Irregular preterites

1 **La graduación** El fin de semana pasado fue tu fiesta de graduación. Tus parientes de Colombia vinieron a la celebración. Describe qué pasó en la fiesta, usando las oraciones siguientes en el pretérito.

conducir el automóvil	traducir del inglés
decir el discurso (*speech*)	traer un regalo
producir un video	venir desde Colombia

2 **La Navidad pasada** En parejas, túrnense para describir la fiesta de Navidad del año pasado. Comenten qué regalos dieron y qué regalos les dieron. También comenten qué hubo de cenar, de beber y de postre.

> **modelo**
> La Navidad pasada, mis padres me dieron una computadora. De beber hubo vino tinto y refrescos.

9.2 Verbs that change meaning in the preterite

3 **¡Qué desastre!** Completa el párrafo del diario (*journal*) de Romeo con el pretérito de los verbos **conocer, saber, poder** y **querer**.

Estimado diario,

Julieta y yo nos (1) _____ en una fiesta el año pasado. Al día siguiente, yo (2) _____ invitarla a salir. La llamé por teléfono, pero no (3) _____ encontrarla. Julieta (4) _____ que yo la llamé. Ella (5) _____ escribirme un mensaje electrónico, ¡pero yo no tengo correo electrónico! Julieta y yo nunca (6) _____ tener una cita. ¡Estoy muy triste!

Romeo

4 **De joven . . .** Imaginen que tienen ochenta años de edad. En grupos de tres, escriban un párrafo diciendo las cosas que quisieron hacer de jóvenes, las cosas que no quisieron hacer, las actividades que pudieron hacer y las que no pudieron hacer.

> **modelo**
> De joven, siempre quise tener una cita con una actriz de cine, pero no pude conocer a ninguna.

9.3 Relative pronouns

5 **Combinar** Combina los oraciones para formar una sola oración con los pronombres relativos **que, quien(es)** y **lo que**.

> **modelo**
> Mi hermano y mi novia se llevan bien. Ellos planearon una fiesta sorpresa para mí.
> Mi hermano y mi novia, quienes se llevan bien, planearon una fiesta sorpresa para mí.

1. La fiesta fue en un restaurante peruano. Mi novia lo eligió (*chose*).
2. Mi amigo Hernán es colombiano. Él vino desde Bogotá.
3. Los camareros trajeron un pastel de cumpleaños. El pastel es de chocolate.
4. Mis tíos fueron a la fiesta. Fue incómodo (*uncomfortable*) porque están separados.
5. Mis hermanos son mayores que yo. Ellos dejaron una propina al camarero.
6. Mis invitados bailaron mucho. Es bueno porque se divirtieron.

6 **Anuncio** En parejas, escriban un anuncio de un salón para celebrar bodas. Usen los pronombres relativos y los verbos **creer, pensar, decir** y **suponer**.

> **modelo**
> ¡Pensamos que este salón es perfecto para tu boda! Suponemos que quieres una boda divertidísima.

9.4 ¿Qué? and ¿cuál?

7 **Las etapas de la vida** Completa las preguntas con ¿qué? o ¿cuál(es)? Después responde a las preguntas.

1. ¿_____ etapa de la vida ocurre después de la niñez?

2. ¿_____ es la etapa en la que nos jubilamos?

3. ¿_____ son las mejores etapas de la vida?

4. ¿_____ son las etapas que ocurren antes de la vejez?

5. ¿_____ es la etapa de la vida después de la madurez?

6. ¿_____ celebraciones son las favoritas de los niños?

8 **La quinceañera de Ana** En parejas, escriban preguntas para entrevistar a Ana usando todas las palabras interrogativas. Después, túrnense para hacer y responder a las preguntas.

Síntesis

9 **Conversar** Tu amigo y tú están chismeando (*gossiping*) de la vida de los artistas. En parejas, escriban un diálogo donde comenten las noticias (*news*) de las personas famosas.

modelo

Estudiante 1: ¿Supiste que Penélope Cruz rompió con Tom Cruise?

Estudiante 2: Sí, lo supe. Creo que ella se enamoró de otro actor de cine.

Estudiante 1: ¿Quién te dijo eso?

Estudiante 2: Lo dijeron en el programa de entrevistas de las seis de la tarde. ¿No pudiste ver el programa?

Estudiante 1: No. Quise mirar la televisión, pero no pude porque tuve que ir a la biblioteca.

Ritmos hispanos

Rubén Blades:
Un poeta con ritmo

Rubén Blades es uno de los vocalistas con más éxito en la historia de la música panameña y uno de los más conocidos y versátiles artistas dentro del mundo musical latino. En 1974 se graduó en Derecho en la Universidad Nacional de Panamá y diez años más tarde realizó un máster de Derecho en la Universidad de Harvard. A partir de entonces comenzó su carrera profesional como cantante y también como actor. Este artista polifacético ha grabado más de veinte álbumes y ha actuado en veintiséis películas. En sus canciones expresa su amor por la literatura y la política. A lo largo de su trayectoria musical ha recibido muchos premios y reconocimientos internacionales. En el año 2000 fue nombrado embajador mundial contra el racismo por las Naciones Unidas. Desde el año 2004 es ministro del Instituto Panameño de Turismo.

Discografía selecta

• *Bohemio y poeta* (1979)

• *Escenas* (1985; Premio Grammy Latino)

• *Antecedente* (1988; Premio Grammy Latino)

• *La rosa de los vientos* (1996; Premio Grammy Latino)

• *Tiempos* (1999; Premio Grammy Latino)

• *Mundo* (2002; Premio Grammy Latino)

 Para más información sobre el artista, su música y sus canciones, visita **aventuras.vhlcentral.com**.

éxito success **mundo** world **Derecho** Law **realizó** earned **A partir de entonces** At that point in time **carrera** career **polifacético** versatile **ha grabado** has recorded **A lo largo de** In the course of **premios** awards **reconocimientos** recognitions **nombrado** named **mundial** worldwide **contra** against

Ampliación

1 Escuchar

A Escucha la conversación entre Josefina y Rosa. Cuando oigas una de las palabras de la **columna A**, usa el contexto para identificar un sinónimo en la **columna B**.

 TIP **Guess the meaning of the words from context.** Listen to the words and phrases around an unfamiliar word to guess its meaning.

A	B
_____ 1. festejar	a. conmemoración religiosa de una muerte
_____ 2. yo lo disfruté (disfrutar)	b. tolera
_____ 3. dicha	c. suerte
_____ 4. bien parecido	d. celebrar
_____ 5. finge (fingir)	e. me divertí
_____ 6. soporta (soportar)	f. horror
	g. crea una ficción
	h. guapo

Margarita Robles de García
y Roberto García Olmos

Piden su presencia en la celebración
del segundo aniversario de bodas
el día 13 de marzo de 2001
con una misa en la Iglesia Virgen del Coromoto
a las 6:30 p.m.

❧

Seguida por cena y baile
en el restaurante El Campanero,
Calle Principal, Las Mercedes
a las 8:30 p.m.

B ¿Son solteras Rosa y Josefina? ¿Cómo lo sabes?

2 Conversar

Trabaja con un(a) compañero/a para comparar cómo celebraron Uds. el Día de Acción de Gracias (*Thanksgiving Day*) el año pasado. Incluyan la siguiente información en la conversación.

- ¿Dónde celebraron el día de fiesta? ¿Lo pasaron bien?
- ¿Cuál fue el menú? ¿Quiénes prepararon la comida?
- ¿Trajeron ustedes algo? ¿Qué trajeron?
- ¿Quiénes vinieron a comer? ¿Conocieron a alguien?

Ampliación

③ Escribir

En una composición, compara dos celebraciones a las que tú asististe recientemente.

 TIP Use Venn diagrams. Use Venn diagrams to organize your ideas visually before comparing and contrasting people, places, objects, events, or issues. Differences are listed in the outer circles; similarities appear where the two circles overlap.

Boda de Silvia Reyes y Carlos Espinoza

Diferencias:
1. Primero hay una celebración religiosa.
2. Se celebra en un restaurante.

Similitudes:
1. Las dos fiestas se celebran por la noche.
2. Las dos fiestas son bailables.

Quinceañera de Ana Ester Larenas Vera

Diferencias:
1. Se celebra en un club.
2. Vienen invitados especiales.

Organízalo	Utiliza un diagrama de Venn para anotar las similitudes y las diferencias entre las dos celebraciones.
Escríbelo	Utiliza tus notas para escribir el primer borrador de tu composición.
Corrígelo	Intercambia tu composición con un(a) compañero/a. Ofrécele algunas sugerencias y si ves errores gramaticales u ortográficos, coméntaselos.
Compártelo	Revisa el primer borrador según las indicaciones de tu compañero/a. Incorpora nuevas ideas y/o más información para ampliar la comparación. Luego comparte tu composición con otro/a compañero/a.

④ Un paso más

Imagina que eres un(a) periodista de un país hispano. Escribe un artículo sobre un día de fiesta o una celebración que viste.

- Investiga las fiestas, las celebraciones y los festivales de tu país. Elige la celebración que más te interese.
- Incluye en el artículo el nombre de la celebración, cuándo fue y cómo la celebraron.
- Incluye información sobre la ropa especial que llevaron, la comida, la música y el baile.
- Indica qué hiciste tú durante la celebración.
- Presenta el artículo a la clase. Es importante explicar los detalles y mostrar fotos.

 En Internet

Investiga estos temas en el sitio aventuras.vhlcentral.com.

- Festivales nacionales del mundo hispano
- Fiestas religiosas del mundo hispano

Antes de leer

Recognizing root words and word families can help you guess the meaning of words in context, ensuring better comprehension of a reading selection. Using this strategy will enrich your Spanish vocabulary as well.

Look through the reading selection and find words related to the following terms. Give the meanings of both sets of words, based on context and on your knowledge of these words or similar words.

Root word	Related word	Meaning
1. sabroso	_____	_____
2. amar	_____	_____
3. éxito	_____	_____
4. la diversión	_____	_____
5. el oficial	_____	_____
6. invitar	_____	_____

SOCIEDAD

Fiesta de cumpleaños
Marisa Castillo Solís

Marisa Castillo Solís cumplió 21 años el martes pasado. Para celebrarlo, sus amigos Cristina Montes Vallejo y Tomás Méndez Esquivel le organizaron una fiesta sorpresa en casa de Cristina. Marisa estudia periodismo en la Universidad de Buenos Aires y es una gran amante del cine.

A la fiesta acudió un grupo de amigos de Marisa y su hermano mayor Martín, que viajó desde Mendoza para traerle un regalo muy especial: una colección de las mejores películas argentinas de las últimas décadas. La fiesta fue un gran éxito. Todos los invitados disfrutaron de la comida y se divirtieron bailando al son de diferentes ritmos musicales. De postre, Tomás preparó un delicioso pastel. ¡Felicidades, Marisa!

Aniversario
Lola Navarro de Ibáñez y Bernardo Ibáñez Narváez

Lola Navarro de Ibáñez y Bernardo Ibáñez Narváez celebraron sus cincuenta años de matrimonio en compañía de sus hijos y nietos. La celebración tuvo lugar en el restaurante El Tulipán, donde los invitados saborearon un delicioso banquete. Después de la cena, la Orquesta Armonía animó la fiesta con canciones para todas las edades. Como regalo de aniversario de bodas, los hijos de Lola y Bernardo les organizaron un

viaje a Cádiz, ciudad de la costa andaluza española donde se conocieron de niños.

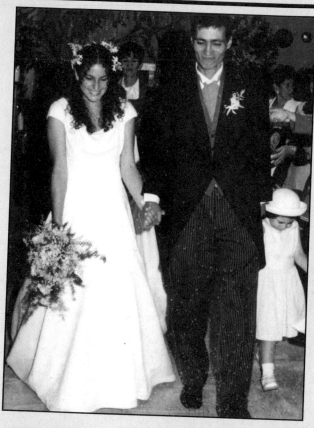

Boda

José Luis Pastor Gómez y Elena Limón Ávila

El pasado 10 de agosto, a las 19 horas, se celebró la boda entre José Luis y Elena en Buenos Aires. La ceremonia fue muy emotiva al ser oficiada por un amigo de la pareja. Tras la breve e íntima ceremonia religiosa, los novios se reunieron con sus invitados en la casa de los padres de José Luis. Allí tuvo lugar el banquete nupcial, que comenzó a las 22:15 de la noche y terminó la mañana siguiente.

Después de leer

¿Comprendiste?

Indica si lo que se dice en cada oración es **cierto** o **falso**. Corrige las oraciones falsas.

Cierto	Falso	
_____	_____	1. Bernardo Ibáñez Narváez y Lola Navarro de Ibáñez tuvieron una fiesta en su casa para celebrar su aniversario de bodas.
_____	_____	2. Martín no pudo asistir a la fiesta de cumpleaños de su hermana.
_____	_____	3. A Marisa le encantan las películas.
_____	_____	4. José Luis Pastor Gómez y Elena Limón Ávila se casaron en una ceremonia religiosa.
_____	_____	5. Después de la boda de José Luis Pastor Gómez y Elena Limón Ávila, los invitados no comieron nada.

Preguntas

1. ¿Qué les regalaron a Bernardo y Lola sus hijos?

_____

2. ¿Cuántos años cumplió Marisa?

_____

3. ¿Dónde tuvo lugar el banquete después de la boda?

_____

4. ¿Qué le regaló Martín a su hermana Marisa?

_____

5. ¿Cuántos años de matrimonio celebran Lola y Bernardo?

_____

Coméntalo

¿Hay una sección de notas sociales en el periódico de tu universidad, comunidad o región? ¿Qué tipo de información encuentras en la sección de notas sociales? ¿La lees normalmente? ¿Por qué?

amante del cine	*film lover*
acudió	*attended*
últimas	*last few*
son	*sound*
éxito	*success*
disfrutaron de	*enjoyed*
saborearon	*enjoyed* (with respect to food)
animó	*livened up*
tuvo lugar	*took place*

Las celebraciones

el aniversario (de bodas)	(wedding) anniversary
la boda	wedding
el cumpleaños	birthday
el día de fiesta	holiday
la fiesta	party
el/la invitado/a	guest
la Navidad	Christmas
la quinceañera	young woman's fifteenth birthday celebration
la sorpresa	surprise
brindar	to toast (drink)
cambiar (de)	to change
celebrar	to celebrate
cumplir años	to have a birthday
dejar una propina	to leave a tip
divertirse (e:ie)	to have fun
graduarse (de)	to graduate (from)
invitar	to invite
pagar la cuenta	to pay the bill
pasarlo bien/mal	to have a good/bad time
regalar	to give (a gift)
reírse (e:i)	to laugh
relajarse	to relax
sonreír (e:i)	to smile
sorprender	to surprise

Los postres y otras comidas

la botella de vino	bottle of wine
el champán	champagne
los dulces	sweets; candy
el flan	baked custard
las galletas	cookies
el helado	ice cream
el pastel	cake
el pastel de cumpleaños	birthday cake
los postres	desserts

Las relaciones personales

la alegría	happiness
la amistad	friendship
el amor	love
el divorcio	divorce
el estado civil	marital status
el matrimonio	marriage; married couple
la pareja	couple; partner
el/la recién casado/a	newlywed
casado/a	married
divorciado/a	divorced
juntos/as	together
separado/a	separated
soltero/a	single
viudo/a	widowed
casarse (con)	to get married (to)
comprometerse (con)	to get engaged (to)
divorciarse (de)	to get divorced (from)
enamorarse (de)	to fall in love (with)
llevarse bien/mal (con)	to get along well/badly (with)
odiar	to hate
romper (con)	to break up (with)
salir (con)	to go out (with); to date
separarse (de)	to separate (from)
tener una cita	to have a date; to have an appointment

Palabras adicionales

el apellido	last name
el consejo	advice
la respuesta	answer

Las etapas de la vida

la adolescencia	adolescence
la etapa	stage
la juventud	youth
la madurez	maturity; middle age
la muerte	death
el nacimiento	birth
la niñez	childhood
la vejez	old age
la vida	life
jubilarse	to retire (from work)
nacer	to be born

Expresiones útiles	See page 233.
Relative pronouns	See page 240.
Interrogative words and phrases	See page 242.

10 En el consultorio

PARA EMPEZAR

- ¿Crees que hace mucho tiempo que se conocen?
- ¿Cuál de ellos es doctor, el hombre o la mujer?
- ¿Es uno de ellos mayor que el otro o son aproximadamente de la misma edad?
- ¿Crees que el hombre ya pagó la cuenta?

EN EL CONSULTORIO

la cabeza *head*

el cuello *neck*

la garganta *throat*

el brazo *arm*

el dedo *finger*

EL CUERPO

el corazón *heart*
el cuerpo *body*
el estómago *stomach*
el hueso *bone*
la rodilla *knee*
el tobillo *ankle*

la oreja *(outer) ear*

el ojo *eye*

la nariz *nose*

la boca *mouth*

el pie *foot*

la pierna *leg*

LA SALUD

el accidente *accident*
la clínica *clinic*
el consultorio *doctor's office*
el/la doctor(a) *doctor*
el/la enfermero/a *nurse*
el examen médico *physical exam*
el hospital *hospital*
el/la paciente *patient*
la operación *operation*
la radiografía *X-ray*
la sala de emergencia(s) *emergency room*
la salud *health*

el dentista *dentist*

la farmacia
pharmacy

recursos				
WB pp. 99–100	LM p. 55	Text MP3s Lección 10	Lab MP3s Lección 10	aventuras.vhlcentral.com Lección 10

tomar(le) la temperatura (a alguien)
to take (someone's) temperature

VERBOS

caerse *to fall (down)*

doler (o:ue) *to hurt*

enfermarse *to get sick*

estar enfermo/a *to be sick*

lastimarse (el pie) *to injure (one's foot)*

poner una inyección *to give an injection*

recetar *to prescribe*

romperse (la pierna) *to break (one's leg)*

sacar(se) una muela *to have a tooth pulled*

ser alérgico/a (a) *to be allergic (to)*

tener fiebre (f.) *to have a fever*

torcerse (el tobillo) *to sprain (one's ankle)*

toser *to cough*

estornudar
to sneeze

LAS ENFERMEDADES Y LOS SÍNTOMAS

el dolor (de cabeza) *(head)ache; pain*

la enfermedad *illness; sickness*

la gripe *flu*

la infección *infection*

el resfriado *cold*

el síntoma *symptom*

la tos *cough*

congestionado/a *congested; stuffed-up*

mareado/a *dizzy; nauseated*

Variación léxica

resfriado ⟷ resfrío (*Cono Sur*), catarro (*Méx.*)

sala de emergencia(s) ⟷ sala de urgencias (*Amér. L.*)

romperse ⟷ quebrarse (*Amér. L.*)

LOS MEDICAMENTOS

el antibiótico *antibiotic*

el medicamento *medication*

la medicina *medicine*

las pastillas *pills; tablets*

la receta *prescription*

la aspirina
aspirin

ADJETIVOS

embarazada *pregnant*

grave *grave; serious*

médico/a *medical*

saludable *healthy*

sano/a *healthy*

A escuchar

1 Escuchar Escucha las frases y selecciona la respuesta más adecuada.

1. _____
2. _____
3. _____
4. _____
5. _____
6. _____
7. _____
8. _____

a. Tengo dolor de cabeza y fiebre.
b. No fui a la clase porque estaba enfermo.
c. Me caí ayer jugando al tenis.
d. Debes ir a la farmacia.
e. Porque tengo gripe.
f. Sí, tengo mucha tos por las noches.
g. Lo llevaron directamente a la sala de emergencia.
h. No sé. Todavía tienen que tomarme la temperatura.

2 Me duele Escucha la conversación entre Virginia Cubillos y el doctor Dávila. Luego indica las frases que resumen (*sum up*) la conversación.

___F___ 1. Virginia le dice a la enfermera que le duelen las rodillas.
___C___ 2. La chica dice que tomó una aspirina anoche.
___C___ 3. El médico le pregunta a Virginia si se cayó o tuvo un accidente.
___F___ 4. Virginia dice que ayer corrió cinco kilómetros con un amigo.
___F___ 5. El doctor Dávila le receta un antibiótico a Virginia.
___F___ 6. El médico le dice a Virginia que puede correr mañana si se toma las pastillas.
___C___ 7. El médico le recomienda tomar dos pastillas al día.
___C___ 8. El doctor Dávila le dice a Virginia que no debe correr por siete días.

A practicar

3 **Actividades** En parejas, identifiquen las partes del cuerpo que ustedes asocian con las siguientes actividades.

 nadar
Estudiante 1: Usamos los brazos para nadar.
Estudiante 2: También usamos las piernas.

1. estudiar biología
2. llevar zapatos
3. toser
4. comer arroz con pollo

5. comprar un perfume
6. ver una película
7. hablar por teléfono
8. correr en el parque

9. tocar el piano
10. escuchar música
11. levantar pesas
12. tomar unas pastillas

4 **Cuestionario** Selecciona las respuestas que mejor reflejen tus experiencias. Suma (*add*) los puntos de cada respuesta y anota el resultado. Después, compara los resultados con el resto de la clase.

¿Tienes buena salud?

27-30 puntos — Salud y hábitos excelentes
23-26 puntos — Salud y hábitos buenos
22 puntos o menos — Salud y hábitos problemáticos

1. ¿Con qué frecuencia te enfermas (resfriados, gripe, etc.)?
- Cuatro veces por año o más. (1 punto)
- Dos o tres veces por año. (2 puntos)
- Casi nunca. (3 puntos)

2. ¿Con qué frecuencia tienes dolor de estómago o problemas digestivos?
- Con mucha frecuencia. (1 punto)
- A veces. (2 puntos)
- Casi nunca. (3 puntos)

3. ¿Con qué frecuencia tienes dolor de cabeza?
- Frecuentemente. (1 punto)
- A veces. (2 puntos)
- Casi nunca. (3 puntos)

4. ¿Comes verduras y frutas?
- No, casi nunca. (1 punto)
- Sí, a veces. (2 puntos)
- Sí, todos los días. (3 puntos)

5. ¿Eres alérgico/a a algo?
- Sí, a muchas cosas. (1 punto)
- Sí, a algunas cosas. (2 puntos)
- No. (3 puntos)

6. ¿Haces ejercicios aeróbicos?
- No, casi nunca hago ejercicios aeróbicos. (1 punto)
- Sí, a veces. (2 puntos)
- Sí, con frecuencia. (3 puntos)

7. ¿Con qué frecuencia te haces un examen médico?
- Nunca o casi nunca. (1 punto)
- Cada dos años. (2 puntos)
- Cada año y/o antes de practicar un deporte. (3 puntos)

8. ¿Con qué frecuencia vas al dentista?
- Nunca voy al dentista. (1 punto)
- Sólo cuando me duele una muela. (2 puntos)
- Por lo menos una vez por año. (3 puntos)

9. ¿Qué comes normalmente por la mañana?
- No como nada. (1 punto)
- Tomo una bebida dietética. (2 puntos)
- Como cereales y fruta. (3 puntos)

10. ¿Con qué frecuencia te sientes mareado/a?
- Frecuentemente. (1 punto)
- A veces. (2 puntos)
- Casi nunca. (3 puntos)

A conversar

5 ¿**Cuáles son sus síntomas?** En parejas, túrnense para representar los papeles (*roles*) de un(a) médico/a y su paciente.

> **modelo**
>
> **Estudiante 1:** ¿Cuáles son sus síntomas?
> **Estudiante 2:** Me duele la garganta y toso.
> **Estudiante 1:** Creo que usted tiene una infección de la garganta. Voy a recetarle un antibiótico.

6 ¿**Qué le pasó?** En un grupo de dos o tres, hablen de lo que les pasó y de cómo se sienten estas personas.

1. Víctor

2. La señora Naranjo

3. Gabriela

4. El señor Ayala

7 **Un accidente** Cuéntale (*tell*) a la clase cómo fue un accidente o una enfermedad que tuviste. Incluye información que conteste las siguientes preguntas.

- ¿Qué ocurrió?
- ¿Dónde y cuándo ocurrió?
- ¿Cómo ocurrió?
- ¿Quién te ayudó y cómo?

8 **Crucigrama** Tu profesor(a) va a darles a ti y a tu compañero/a la información necesaria para completar esta actividad.

Ortografía

El acento y las sílabas fuertes

In Spanish, written accent marks are used on many words. Here is a review of some of the principles governing word stress and the use of written accents.

as-pi-ri-na   **gri-pe**   **to-man**   **an-tes**

In Spanish, when a word ends in a vowel, **-n**, or **-s**, the spoken stress usually falls on the next-to-last syllable. Words of this type are very common and do not need a written accent.

a-sí   **in-glés**   **in-fec-ción**   **hé-ro-e**

When a word ends in a vowel, **-n**, or **-s**, and the spoken stress does *not* fall on the next-to-last syllable, then a written accent is needed.

hos-pi-tal   **na-riz**   **re-ce-tar**   **to-ser**

When a word ends in any consonant *other* than **-n** or **-s**, the spoken stress usually falls on the last syllable. Words of this type are very common and do not need a written accent.

lá-piz   **fút-bol**   **hués-ped**   **sué-ter**

When a word ends in any consonant *other* than **-n** or **-s** and the spoken stress does *not* fall on the last syllable, then a written accent is needed.

far-ma-cia   **bio-lo-gí-a**   **su-cio**   **frí-o**

Diphthongs (two weak vowels or a strong and weak vowel together) are normally pronounced as a single syllable. A written accent is needed when a diphthong is broken into two syllables.

sol   **pan**   **mar**   **tos**

Spanish words of only one syllable do not usually carry a written accent.

Práctica Busca las palabras que necesitan acento y escribe su forma correcta.

1. sal-mon
2. ins-pec-tor
3. nu-me-ro
4. fa-cil
5. ju-go
6. a-bri-go
7. ra-pi-do
8. sa-ba-do
9. vez
10. me-nu
11. o-pe-ra-cion
12. im-per-me-a-ble
13. a-de-mas
14. re-ga-te-ar
15. an-ti-pa-ti-co
16. far-ma-cia
17. es-qui
18. pen-sion
19. pa-is
20. per-don

El ahorcado Juega al ahorcado (*hangman*) para adivinar las palabras.

1. __ l __ __ __ __ __ a   Vas allí cuando estás enfermo.
2. __ __ __ __ e __ c __ __ __ n   Se usa para poner una vacuna (*vaccination*).
3. __ __ __ d __ o __ __ __ __ __ a   Se usa para ver los huesos.
4. __ __ __ __ i __ o   Trabaja en un hospital.
5. a __ __ __ b __ __ __ __ __ __ __   Es una medicina.

recursos

LM
p. 56

Lab MP3s
Lección 10

aventuras.vhlcentral.com
Lección 10

¡Uf! ¡Qué dolor!

Don Francisco y Javier van a la clínica de la doctora Márquez.

JAVIER Estoy aburrido…
Tengo ganas de dibujar.
Con permiso.

INÉS ¡Javier! ¿Qué te pasó?

JAVIER ¡Ay! ¡Uf! ¡Qué dolor! ¡Creo que me rompí el tobillo!

DON FRANCISCO No te preocupes, Javier. Estamos cerca de la clínica donde trabaja la doctora Márquez, mi amiga.

DRA. MÁRQUEZ ¿Cuánto tiempo hace que se cayó?

JAVIER Ya se me olvidó… déjeme ver… este… eran más o menos las dos o dos y media cuando me caí… o sea hace más de una hora. ¡Me duele mucho!

DRA. MÁRQUEZ Bueno, vamos a sacarle una radiografía. Queremos ver si se rompió uno de los huesos del pie.

DON FRANCISCO Sabes, Javier, cuando era chico yo les tenía mucho miedo a los médicos. Visitaba mucho al doctor porque me enfermaba con mucha frecuencia… Tenía muchas infecciones de la garganta. No me gustaban las inyecciones ni las pastillas. Una vez me rompí la pierna jugando al fútbol…

JAVIER ¡Doctora! ¿Qué dice? ¿Está roto el tobillo?

DRA. MÁRQUEZ Tranquilo, le tengo buenas noticias, Javier. No está roto el tobillo. Apenas está torcido.

recursos

VM pp. 187–188 | VCD-ROM Lección 10 | aventuras.vhlcentral.com Lección 10

JAVIER ¿Tengo dolor? Sí, mucho. ¿Dónde? En el tobillo. ¿Tengo fiebre? No lo creo. ¿Estoy mareado? Un poco. ¿Soy alérgico a algún medicamento? No. ¿Embarazada? Definitivamente NO.

DRA. MÁRQUEZ ¿Cómo se lastimó el pie?

JAVIER Me caí cuando estaba en el autobús.

JAVIER Pero, ¿voy a poder ir de excursión con mis amigos?

DRA. MÁRQUEZ Creo que sí. Pero debe descansar y no caminar mucho durante un par de días. Le receto unas pastillas para el dolor.

DRA. MÁRQUEZ Adiós, Francisco. Adiós, Javier. ¡Cuidado! ¡Buena suerte en las montañas!

Expresiones útiles

Discussing medical conditions
¿Cómo se lastimó el pie?
How did you hurt your foot?
¿Te duele el tobillo?
Does your ankle hurt? (fam.)
¿Le duele el tobillo?
Does your ankle hurt? (form.)
Sí, (me duele) mucho.
Yes, (it hurts) a lot.
¿Es usted alérgico/a a algún medicamento?
Are you allergic to any medication?
Sí, soy alérgico/a a la penicilina.
Yes, I'm allergic to penicillin.
¿Está roto el tobillo?
Is the ankle broken?
No está roto. Apenas está torcido.
It's not broken. It's just twisted.
¿Te enfermabas frecuentemente?
Did you used to get sick frequently? (fam.)
Sí, me enfermaba frecuentemente.
Yes, I used to get sick frequently.
Tenía muchas infecciones.
I used to get a lot of infections.

Other expressions
hace + [period of time] + que + [present tense]:
¿Cuánto tiempo hace que te duele?
How long has it been hurting?
Hace una hora que me duele.
It's been hurting for an hour.

hace + [period of time] + que + [preterite]:
¿Cuánto tiempo hace que se cayó?
How long ago did you fall?
Me caí hace más de una hora./Hace más de una hora que me caí.
I fell more than an hour ago.

PERSONAJES

DON FRANCISCO · JAVIER · INÉS · DRA. MÁRQUEZ

¿Qué piensas?

1 **¿Cierto o falso?** Decide si las siguientes frases sobre Javier son **ciertas** o **falsas.** Corrige las frases falsas.

Cierto **Falso**

✓ _____ 1. Está aburrido y tiene ganas de hacer algo creativo.

_____

_____ ✓ 2. Cree que se rompió la rodilla.

Cree que se rompió el tobillo.

✓ _____ 3. Se lastimó cuando se cayó en el autobús.

_____

✓ ✓ 4. Hace menos de una hora que se cayó.

Hace mas de una hora que se cayó.

_____ ✓ 5. Es alérgico a dos medicamentos.

No es alérgico a ningun medicamentos.

_____ ✓ 6. No está mareado, pero sí tiene un poco de fiebre.

No tiene fiebre, pero sí está un poco mareado.

2 **Ordenar** Pon los siguientes eventos en el orden correcto.

4 a. La doctora le saca una radiografía.

6 b. La doctora le receta unas pastillas para el dolor.

2 c. Javier se lastima el tobillo en el autobús.

5 d. Don Francisco le habla a Javier de cuando era chico.

1 e. Javier quiere dibujar un rato (*a while*).

3 f. Don Francisco lo lleva a una clínica.

3 **En el consultorio** En parejas, preparen una conversación entre un(a) médico/a y su paciente. El/La paciente se cayó en su casa y piensa que se rompió un dedo. El/La médico/a le pregunta al/a la paciente si le duele y cuánto tiempo hace que se cayó. El/La paciente describe su dolor. Finalmente, el/la médico/a le recomienda un tratamiento (*treatment*). Usen las siguientes preguntas y frases en su conversación.

¿Cómo se lastimó…?	Estoy…	Hace… que me lastimé…
¿Cuánto tiempo hace que le duele…?	¿Es usted alérgico/a a algún medicamento?	¿Le duele…?
¿Cuánto tiempo hace que se lastimó…?	Hace… que me duele.	Tengo…
		Usted debe…

Exploración
La medicina en los países hispanos

En España y en muchos países de Hispanoamérica, hay clínicas y hospitales públicos donde los servicios médicos son gratuitos.

Para las personas que no quieren visitar las instalaciones (*facilities*) públicas, hay clínicas y hospitales privados.

En algunas regiones del mundo hispano, especialmente en las áreas rurales, los curanderos (*healers*) son muy populares. Los curanderos usan plantas y hierbas para tratar (*treat*) las enfermedades.

Médicos célebres

- El médico argentino **René Favaloro** fue el pionero de la operación conocida (*known*) como el *bypass*.
- El doctor **Manuel Elkin Patarroyo**, de Colombia, descubrió la vacuna (*vaccine*) contra la malaria.
- La doctora **Antonia Novello**, puertorriqueña, fue la primera mujer y la primera hispana en asumir el puesto de Cirujana-General (*Surgeon General*) de los Estados Unidos.
- El doctor **Pedro Penzini Fleury** tiene mucha fama en Venezuela por sus artículos de periódico y sus programas de radio sobre medicina y nutrición.

Coméntalo

Con un(a) compañero/a, contesta las siguientes preguntas.
- ¿Debe ofrecer el gobierno servicios médicos gratuitos? ¿Por qué?
- ¿Hay servicios médicos públicos en tu comunidad o región?
- ¿Qué piensas de la medicina alternativa? ¿Por qué?

recursos

aventuras.vhlcentral.com
Lección 10

10.1 The imperfect tense

▶ In Lesson 6, you learned the preterite tense. Now you will learn the imperfect tense, which describes past activities in a different way.

The imperfect of regular verbs

	cantar	beber	escribir
yo	cantaba	bebía	escribía
tú	cantabas	bebías	escribías
Ud./él/ella	cantaba	bebía	escribía
nosotros/as	cantábamos	bebíamos	escribíamos
vosotros/as	cantabais	bebíais	escribíais
Uds./ellos/ellas	cantaban	bebían	escribían

¡ojo! The imperfect endings of **–er** and **–ir** verbs are the same. The **nosotros** form of **–ar** verbs has an accent on the first **a** of the ending. **–Er** and **–ir** verb forms carry an accent on the first **i** of the ending.

Cuando era chico yo les tenía mucho miedo a los médicos.

Tenía que ir mucho a una clínica. ¡No me gustaban nada las inyecciones!

▶ There are no stem changes in the imperfect tense.

Me **duelen** los pies.
My feet hurt.

Me **dolían** los pies.
My feet were hurting.

▶ The imperfect form of **hay** is **había** (*there was/were/used to be*).

Había sólo un médico.
There was only one doctor.

Había dos pacientes allí.
There were two patients there.

¡ojo! **Ir, ser,** and **ver** are the only irregular verbs in the imperfect.

Irregular verbs in the imperfect

	ir	ser	ver
yo	iba	era	veía
tú	ibas	eras	veías
Ud./él/ella	iba	era	veía
nosotros/as	íbamos	éramos	veíamos
vosotros/as	ibais	erais	veíais
Uds./ellos/ellas	iban	eran	veían

Práctica

1 **¡Pobre Miguelito!** Completa las frases con el imperfecto. Luego, pon las oraciones en un orden lógico.

___3___ a. Miguelito no __iba__ [ir] a jugar más. Ahora quería ir a casa a descansar.

___8___ b. El doctor dijo que no __era__ nada [ser] grave.

___6___ c. El niño le dijo a la enfermera que __le dolía__ [dolerle] la nariz.

___2___ d. Los niños __jugaban__ [jugar] en el patio.

___4___ e. Su mamá __estaba__ [estar] dibujando cuando Miguelito entró llorando.

___1___ f. __Era__ [ser] las dos de la tarde.

___5___ g. Miguelito __tenía__ [tener] mucho dolor. Fueron a la sala de emergencias.

___7___ h. El doctor __quería__ [querer] examinar la nariz del niño.

2 **La salud** Completa las frases con el imperfecto.

caerse	esperar	mirar	sentirse
doler	estar	poder	tener
enfermarse	estornudar	querer	toser

1. Después de correr, a Dora le __dolía__ los pies.

2. Ana __miraba__ el termómetro; con tanta fiebre no __podía__ leerlo.

3. Él __esperaba__ porque la enfermera __estaba__ muy ocupada.

4. Ellos __estornudaban__ y __estaban__ congestionados porque __tenían__ gripe.

5. Lorenzo __tenía__ dolor de muelas, pero no __quería__ ir al dentista.

6. Paco y Luis __tenían__ dolor de estómago y __querían__ unas pastillas para el dolor.

7. Le __dolía__ la cabeza y __estaba__ mareado.

8. Luisa __estornudaba__ porque es alérgica al polen.

9. Antes de la operación, le __dolía__ todo el cuerpo.

10. De niño, nunca __quería__ ir al médico.

11. Ella __se enfermaba__ con frecuencia cuando era pequeña.

12. Juan Carlos siempre __se caía__ de la bicicleta.

Conversación

3 **Entrevista** Trabajen en parejas. Un(a) estudiante entrevista a su compañero/a. Luego compartan los resultados de la entrevista con la clase.

Preguntas	Respuestas
1. ¿Cuántos años tenías en 1988? ¿Y en 1997?	_____
2. ¿Veías mucha televisión cuando eras niño/a?	_____
3. Cuando eras niño/a, ¿qué hacía tu familia durante las vacaciones?	_____
4. Cuando eras estudiante de primaria, ¿te gustaban tus profesores?	_____
5. Cuando tenías diez años, ¿cuál era tu programa de televisión favorito?	_____
6. Cuando tenías quince años, ¿cuál era tu grupo musical favorito?	_____
7. Cuando eras estudiante de secundaria, ¿qué hacías con tus amigos?	_____
8. Antes de tomar esta clase, ¿sabías hablar español?	_____

4 **Describir** En parejas, túrnense para describir lo que hacían durante algunos momentos de sus vidas. Pueden usar las preguntas de la lista u otras ideas. Luego informen a la clase sobre la vida del/de la compañero/a.

modelo

De niña, mi familia y yo siempre íbamos a Puntarenas. Tomábamos el tren. Salíamos a las 6 de la mañana. Todos los días nadábamos. En Navidad mis papás siempre hacían una gran fiesta. Mi mamá y mis tías preparaban mucha comida. Toda la familia venía.

• ¿Qué hacías durante las vacaciones cuando eras niño/a?
• ¿Qué hacían en ocasiones especiales?
• ¿Cómo eran las celebraciones con tus amigos o familia?
• ¿Cómo era tu escuela?
• ¿Cómo eran tus amigos?
• ¿A qué jugabas?

5 **En el consultorio** Tu profesor(a) va a darles a ti y a tu compañero/a la información necesaria para completar esta actividad.

Uses of the imperfect

▶ The imperfect is used to describe past events in a different way than the preterite. Generally, the imperfect describes actions which are seen by the speaker as incomplete or continuing, while the preterite describes actions which have been completed. The imperfect expresses what was happening at a certain time or how things used to be.

—¿Qué te **pasó**?   —Me **torcí** el tobillo.
What happened to you?   *I sprained my ankle.*

—¿Dónde **vivías** de niño?   —**Vivía** en San José.
Where did you live as a child?   *I lived in San José.*

▶ Use the following words and expressions with the imperfect to express habitual or repeated actions: **de niño/a** (*as a child*), **todos los días** (*every day*), **mientras** (*while*).

Uses of the imperfect

Habitual or repeated actions	**Íbamos al parque los domingos.** *We used to go to the park on Sundays.*
Events or actions that were in progress	**Yo leía mientras él estudiaba.** *I was reading while he was studying.*
Time-telling	**Eran las tres y media.** *It was 3:30.*
Age	**Los niños tenían seis años.** *The children were six years old.*
Physical characteristics	**Era alto y guapo.** *He was tall and handsome.*
Mental or emotional states	**Quería mucho a su familia.** *He loved his family very much.*

¡Manos a la obra!

Indica la forma correcta de cada verbo en el imperfecto.

1. Yo [hablar, bailar, descansar, correr, comer, decidir, vivir]
   hablaba, bailaba, descansaba, corría, comía, decidía, vivía
2. Tú [nadar, encontrar, comprender, venir, ir, ser, ver]
   nadabas, encontrabas, comprendías, venías, ibas, eras, veías
3. Usted [hacer, regatear, asistir, ser, pasear, poder, ir]
   hacía, regateaba, asistía, era, paseaba, podía, iba
4. Nosotras [ser, tomar, ir, poner, seguir, ver, pensar]
   éramos, tomábamos, íbamos, poníamos, seguíamos, veíamos, pensábamos
5. Ellos [salir, viajar, ir, querer, ser, pedir, empezar]
   salían, viajaban, iban, querían, eran, pedían, empezaba
6. Yo [ver, estornudar, sufrir, ir, dar, ser, toser]
   veía, estornudaba, sufría, iba, daba, era, tosía

10.2 Constructions with se

Impersonal constructions with se

▸ As you know, **se** can be used as a reflexive pronoun (**Él se despierta.**). **Se** is also used in other ways.

▸ Non-reflexive verbs can be used with **se** to form impersonal constructions. In impersonal constructions, the person performing the action is not expressed or defined. In English, the passive voice or indefinite subjects (*you, they, one*) are used.

Se habla español en Costa Rica.
Spanish is spoken in Costa Rica.

Se puede leer en la sala de espera.
You can read in the waiting room.

¡ojo! The third person singular verb form is used with singular nouns and the third person plural form is used with plural nouns.

Se vende ropa.　　　　**Se venden camisas.**

▸ You often see the impersonal **se** in signs and advertisements.

SE PROHÍBE NADAR

Se necesitan programadores
GRUPO TECNO
Tel. 778-34-34

ENTRADA ←

Se entra por la izquierda

Se for unplanned events

▸ **Se** is used to de-emphasize the person who performs the action in question, so as to imply that the accident or event is not his or her direct responsibility. Use the following pattern:

se	+	INDIRECT OBJECT PRONOUN	+	VERB	+	SUBJECT
Se		**me**		**cayó**		**la pluma.**

I dropped the pen.

▸ In this construction, what would normally be the direct object of the sentence becomes the subject and agrees with the verb.

	I.O. PRONOUN	VERB	SUBJECT
Se	me	perdieron	las llaves.
	te	cayó	la taza.
	le	dañó	el radio.
	nos	rompieron	las botellas.
	os	olvidaron	las pastillas.
	les		

Práctica

1 **¿Cierto o falso?** Lee estas oraciones sobre la vida en 1901. Indica si lo que dice cada oración es **cierto** o **falso**. Luego corrige las oraciones falsas.

Cierto　Falso

_____　_____　1. Se veía mucha televisión.

_____　_____　2. Se escribían muchos libros.

_____　_____　3. Se viajaba mucho en tren.

_____　_____　4. Se montaba a caballo.

_____　_____　5. Se mandaba mucho correo electrónico.

_____　_____　6. Se preparaban muchas comidas en casa.

_____　_____　7. Se llevaban minifaldas.

_____　_____　8. Se pasaba mucho tiempo con la familia.

2 **Letreros** Traduce estos letreros (*signs*) al español con el **se** impersonal.

ENGINEERS NEEDED

1. _____

NO TALKING

2. _____

EATING AND DRINKING PROHIBITED

3. _____

TEACHER NEEDED

4. _____

PROGRAMMERS SOUGHT

5. _____

WE SELL BOOKS

6. _____

WE SPEAK ENGLISH

7. _____

DO NOT ENTER

8. _____

WE SELL COMPUTERS

9. _____

SPANISH SPOKEN

10. _____

Conversación

3 **Preguntas** Trabajen en parejas y usen estas preguntas para entrevistarse.

1. ¿Qué comidas se sirven en tu restaurante favorito?

2. ¿Se te olvidó invitar a alguien a tu última fiesta o cena?

3. ¿A qué hora se abre la cafetería de tu universidad?

4. ¿Alguna vez se te quedó algo importante en casa?

5. ¿Alguna vez se te perdió algo importante durante un viaje?

6. ¿Qué se vende en la librería de la universidad?

7. ¿Sabes si en la librería se aceptan cheques?

8. ¿Alguna vez se te rompió un plato o un vaso (*glass*)?

9. ¿Alguna vez se te cayó una botella de vino?

Minidiálogos En parejas, preparen los siguientes minidiálogos. Luego preséntenlos a la clase.

1. A Spanish professor asks for a student's workbook. The student explains why he or she doesn't have it.

2. A tourist asks the bellhop where the best food in the city is served, and the bellhop gives several suggestions.

3. A patient tells the doctor that he or she can't walk. The doctor examines the patient and explains what's wrong.

4. A parent asks a child how the plates got broken. The child apologizes profusely and explains what happened.

Anuncios En grupos, preparen dos anuncios de televisión para presentar a la clase. Deben usar el imperfecto y dos construcciones con **se**.

modelo

Se me cayeron unos libros en el pie y ¡Ayyyyy! Sentía mucho, pero mucho dolor. Pero ya no, gracias a Superaspirina 500. ¡Tomé dos pastillas y se me fue el dolor! ¡Se puede comprar Superaspirina 500 en todas las farmacias Recetamax!

▶ These verbs are often used with **se** to describe unplanned events.

caer	to fall; to drop	perder (e:ie)	to lose
dañar	to damage; to break down	quedar	to be left behind
		romper	to break
olvidar	to forget		

¡ojo! **Dejar caer** (*to let fall*) is often used to mean *to drop*.

Elena **dejó caer** el libro.
Elena dropped the book.

El médico **dejó caer** la aspirina.
The doctor dropped the aspirin.

¿Cuánto tiempo hace que se cayó?

Bueno, vamos a sacarle una radiografía para ver si se le rompió un hueso.

Ya se me olvidó.

▶ **A** + [*noun*] or **a** + [*prepositional pronoun*] is frequently used to clarify or emphasize who is involved in the action.

Al estudiante se le perdió la tarea.
The student lost his homework.

A mí se me olvidó ir a clase ayer.
I forgot to go to class yesterday.

¡Manos a la obra!

Completa las frases de la primera columna con **se** impersonal y el tiempo presente. Completa las frases de la segunda columna con **se** para sucesos imprevistos (*unplanned events*) y los verbos en pretérito.

Presente

1. _Se enseñan_ [enseñar] cinco lenguas en esta universidad.
2. _____ [comer] muy bien en El Cráter.
3. _____ [vender] muchas camisetas allí.
4. _____ [servir] platos exquisitos cada noche.
5. _____ [necesitar] mucho dinero.
6. _____ [buscar] secretaria.

Pretérito

1. _Se me rompieron_ [*I broke*] las gafas.
2. _____ [*you* (fam.) *dropped*] las pastillas.
3. _____ [*they lost*] la receta.
4. _____ [*you* (form.) *left*] aquí la radiografía.
5. _____ [*we forgot*] pagar la medicina.
6. _____ [*they left*] los cuadernos en casa.

10.3 Adverbs

▸ Adverbs describe how, when, and where actions take place. They modify verbs, adjectives, and even other adverbs. The list below contains some adverbs you have already learned.

bien	nunca	temprano
mal	hoy	ayer
muy	siempre	aquí

▸ Most adverbs end in **–mente**. These are equivalent to the English adverbs which end in *-ly*.

lentamente	*slowly*	**generalmente**	*generally*
verdaderamente	*truly, really*	**simplemente**	*simply*

▸ To form adverbs which end in **–mente**, add **–mente** to the feminine form of the adjective. If the adjective does not have a feminine form, just add **–mente** to the standard form.

ADJECTIVE	FEMININE FORM	SUFFIX	ADVERB
lento	lenta	-mente	lentamente
fabuloso	fabulosa	-mente	fabulosamente
enorme		-mente	enormemente
feliz		-mente	felizmente

▸ Adverbs that end in **–mente** generally follow the verb, while adverbs that modify an adjective or another adverb precede the word they modify.

Javier dibuja **maravillosamente**.   Inés está **casi siempre** ocupada.
Javier draws wonderfully.   *Inés is almost always busy.*

Common adverbs and adverbial expressions

a menudo	*often*	**así**	*like this; so*	**menos**	*less*
a tiempo	*on time*	**bastante**	*enough; quite*	**muchas veces**	*a lot; many times*
a veces	*sometimes*	**casi**	*almost*		
además (de)	*furthermore; besides*	**con frecuencia**	*frequently*	**poco**	*little*
				por lo menos	*at least*
apenas	*hardly; scarcely*	**de vez en cuando**	*from time to time*	**pronto**	*soon*

¡Manos a la obra!

Transforma los siguientes adjetivos en adverbios.

1. alegre ___alegremente___
2. constante _____
3. gradual _____
4. perfecto _____
5. real _____
6. frecuente _____
7. tranquilo _____
8. regular _____
9. maravilloso _____
10. normal _____
11. básico _____
12. afortunado _____

Práctica

1 **En la clínica** Completa las oraciones con los adverbios adecuados.

1. La cita era a las nueve, pero llegamos _____ [aquí, nunca, tarde].

2. El problema fue que _____ [aquí, ayer, así] se nos rompió el despertador.

3. La recepcionista no se enojó porque sabía que normalmente llegábamos _____ [a veces, a tiempo, poco].

4. El doctor estaba _____ [por lo menos, mal, casi] listo.

5. _____ [así, además, apenas] tuvimos que esperar cinco minutos.

6. El doctor dijo que nuestra hija Irene necesitaba una operación _____ [temprano, menos, inmediatamente].

7. Cuando Irene salió de la operación, le preguntamos _____ [con frecuencia, nerviosamente, muchas veces] al doctor cómo estaba nuestra hija.

8. _____ [por lo menos, afortunadamente, a menudo] el médico nos contestó que Irene estaba bien.

2 **Oraciones** Combina palabras de las tres columnas para formar oraciones completas.

modelo

Mi mejor amigo se enferma frecuentemente.
Britney Spears conduce rápidamente.

Sujetos	Verbos	Adverbios
mi mejor amigo/a	caerse	bien
mi(s) padre(s)	casarse	fabulosamente
el/la profesor(a) de español	conducir	felizmente
	divertirse	mal
yo	enfermarse	frecuentemente
los jóvenes	estornudar	muchas veces
Tiger Woods	ir	poco
Britney Spears	levantarse	rápidamente
Tina Turner	llevarse	pronto
todos nosotros	vestirse	tarde
		temprano
		tranquilamente

Conversación

Preguntas Usa estas preguntas para entrevistar a tu compañero/a.

1. ¿Qué sabes hacer muy bien?
2. ¿Vas al doctor de vez en cuando?
3. ¿Qué estudias además de español?
4. ¿Hay compañeros/as de clase a quienes apenas conoces?
5. ¿Te enfermas a menudo?
6. ¿Con qué frecuencia cenas en un restaurante?
7. ¿Generalmente, llegas a tiempo a las clases y citas?
8. ¿Qué haces si te sientes congestionado/a y estornudas muchas veces?

¿Con qué frecuencia? Circula por la clase y pregúntales a tus compañeros/as con qué frecuencia hacen las actividades que se mencionan en la lista. Comparte la información con la clase.

modelo pasear en bicicleta

Estudiante 1: ¿Paseas en bicicleta con mucha frecuencia?
Estudiante 2: Sí, paseo en bicicleta con mucha frecuencia./No, casi nunca paseo en bicicleta.

Actividades	con mucha frecuencia	de vez en cuando	casi nunca	nunca
1. Nadar	____	____	____	____
2. Jugar al tenis	____	____	____	____
3. Hacer la tarea	____	____	____	____
4. Salir a bailar	____	____	____	____
5. Mirar la televisión	____	____	____	____
6. Dormir en clase	____	____	____	____
7. Perder las gafas	____	____	____	____
8. Tomar una medicina	____	____	____	____
9. Ir al dentista	____	____	____	____

Español en vivo

No Hay Tiempo Para el Dolor de Cabeza

Si tienes prisa, o simplemente si quieres que tu dolor de cabeza se vaya muy pronto, piensa en Bayer. Se asimila mejor y actúa rápidamente. Ya no se puede perder tiempo por un dolor de cabeza.

ASPIRINA® masticable
ASPIRINA² masticable

Bayer
Siempre a tu lado.

Identificar

Lee el anuncio e identifica los adverbios.

Preguntas

1. Según el anuncio, ¿cuáles son las ventajas (*advantages*) de este tipo de aspirina? ¿Cuáles son sus cualidades?
2. ¿Te duele a menudo la cabeza? ¿Tomas aspirina cuando te duele la cabeza?
3. ¿Necesitas una receta del médico para comprar aspirina?
4. Cuando estás enfermo/a, ¿prefieres tomar un medicamento o llamar antes al doctor?

Repaso

10.1 The imperfect tense

1 **El docto...** (tener) la información correcta o incorrecta
de los ver...

Cuando ...

(2) _____ ...

(ir) a su ...

(4) _____ ...

(ser) m...

muy a...

docto...

¿Uste...?

2 **En las telenovelas...** En tu telenovela fa...
sucedían cosas dramáticas. Di lo que pasaba siguiendo el modelo.

> **modelo**
> Rosalinda (estar enferma) / su mamá (llevarla al doctor)
> **Cuando Rosalinda estaba enferma, su mamá la llevaba al doctor.**

1. Rosalinda (ir a la clínica) / ella (llorar mucho)
2. Gustavito (tener dolor de cabeza) / su abuela (no darle una aspirina)
3. Gustavito (tener temperatura alta) / él (sentirse mareado)
4. la enfermera (ponerle una inyección a Rosalinda) / ella (sentir mucho dolor)
5. Rosalinda y Gustavito (no tomarse las medicinas) / sus padres (enojarse)
6. nosotros (no hacer la tarea) / nuestros padres (no dejarnos ver la telenovela)

3 **El dentista** En parejas, describan sus visitas al dentista cuando eran niños, usando el imperfecto.

> **modelo**
> **Iba al dentista cuando me dolía alguna muela. Siempre había muchos pacientes en el consultorio del dentista.**

10.2 Constructions with se

4 **Oraciones** Forma oraciones con los siguientes elementos, usando **se** para sucesos imprevistos (*unplanned events*) y los verbos en pretérito.

> **modelo**
> A Cecilia / olvidar / la medicina en la farmacia.
> **A Cecilia se le olvidó la medicina en la farmacia.**

1. A ti / romper / el brazo y la pierna
2. A los pacientes / dañar / las radiografías
3. Al enfermero / perder / los antibióticos
4. A mí / quedar / la receta en el consultorio
5. A Hugo y a ti / caer / la bicicleta en los pies
6. A nosotros / olvidar / el teléfono del doctor Gómez

5 **El enfermero** La doctora Suárez tiene un enfermero nuevo. El enfermero hace muchas preguntas. Escribe sus preguntas.

> **modelo**
> Vamos a tomar la temperatura del paciente.
> **¿Cómo se toma la temperatura del paciente?**

1. Vamos a poner una inyección.
   _____
2. Llevar a un enfermo a la sala de emergencia.
   _____
3. Vamos a sacar las radiografías.
   _____
4. Vamos a recetar dos medicamentos.
   _____
5. Vamos a hacer un examen médico.
   _____
6. Vamos a buscar un antibiótico nuevo.
   _____

6 **¿Qué se debe hacer?** En parejas, escriban qué se debe hacer en las situaciones siguientes. Después comparen sus respuestas con la clase.

> **modelo**
> Para estar sanos
> **Se debe hacer ejercicio. No se debe fumar.**

1. Para aprender un idioma nuevo
2. Para preparar una fiesta sorpresa
3. Para llegar a tiempo a una cita
4. Para tener dientes sanos
5. Para preparar un pastel.
6. Para ir de vacaciones a una playa.

10.3 Adverbs

7 **¡Tristemente!** Escribe seis oraciones describiendo lo que le pasó a Héctor. Usa adverbios terminados en **–mente**.

> **modelo**
> Héctor paseaba en su bicicleta felizmente.

1.   2.   3.

Consejos Tu amiga Elsa está embarazada y no sabe cómo cuidarse. En grupos de tres, escriban consejos para Elsa usando los adverbios adecuados.

además (de)	a veces	poco
a menudo	con frecuencia	por lo menos
así	muchas veces	pronto

> **modelo**
> *Debes caminar por lo menos durante media hora cada día.*
> *Si te sientes mal, debes ir pronto al doctor.*

Síntesis

Nueva clínica Imagina que hace diez años, en tu ciudad, no había una clínica. En parejas, describan cómo era la situación usando el imperfecto. Después describan cómo es la situación ahora, usando construcciones con **se**. Usen tres adverbios terminados en **–mente** y tres adverbios que no terminan en **–mente**.

Antes	Ahora
Aquí no había una clínica.	Afortunadamente tenemos una clínica.

Ritmos hispanos

Juanes:
Convierte sueños en éxitos

La carrera musical de Juan Esteban Aristizábal, más conocido como **Juanes**, empezó en Medellín, Colombia, cuando sólo tenía 15 años. Allí formó el grupo rock/metal *Ekhymosis* el cual abandonó once años después y con el que grabó cinco álbumes, convirtiéndose en el grupo favorito de Colombia. En 1999, decide dejar el grupo para iniciar una carrera en solitario como Juanes y en cuatro años y tres álbumes grabados, se convierte en el artista latino con más copias vendidas en todo el mundo. Este artista colombiano es cantante, guitarrista y autor de la mayoría de los temas que interpreta. En los últimos cuatro años ha ganado 9 premios Grammy Latinos, 5 premios MTV y 6 premios Lo nuestro, entre otros muchos reconocimientos internacionales. A pesar de tener sólo tres álbumes en el mercado, Juanes es sin ninguna duda un artista consolidado, quien ha logrado una fama sin precedentes dentro de la música latina y es actualmente el artista latino con más proyección en el mercado internacional. La revista *Time* lo incluyó en la lista de "Las 100 personas más influyentes hoy en el mundo".

Discografía selecta

- *Fíjate bien* (2000; 3 premios Grammy Latinos)
- *Un día normal* (2002; 5 premios Grammy Latinos)
- *Mi sangre* (2004; Mejor video de la MTV y álbum de platino)

Para más información sobre el artista, su música y sus canciones, visita **aventuras.vhlcentral.com**.

sueños dreams **éxitos** successes **carrera** career **el cual** which **grabó** recorded **dejar** to quit **vendidas** sold **en todo el mundo** worldwide **últimos** last **premios** awards **reconocimientos** recognitions **A pesar de** In spite of **sin ninguna duda** without a doubt **consolidado** acclaimed **ha logrado** has achieved **sin** without **dentro de** in **proyección** exposure **mundo** world **Fíjate bien** Pay close attention **sangre** blood

Ampliación

1 Escuchar

A Escucha la conversación de la señorita Méndez y Carlos Peña. Marca las frases donde se mencionan los síntomas de Carlos.

 TIP **Listen for specific information.** Identify the subject of a conversation and use your background knowledge to predict what kinds of information you might hear. For example, what would you expect to hear in a conversation between a sick person and a doctor's receptionist?

_____ 1. Tiene infección en los ojos.

_____ 2. Se lastimó el dedo.

_____ 3. No puede dormir.

_____ 4. Siente dolor en los huesos.

_____ 5. Está mareado.

_____ 6. Está congestionado.

_____ 7. Le duele el estómago.

_____ 8. Le duele la cabeza.

_____ 9. Es alérgico a la aspirina.

_____ 10. Tiene tos.

_____ 11. Le duele la garganta.

_____ 12. Se rompió la pierna.

_____ 13. Le duele la rodilla.

_____ 14. Tiene frío.

B En tu opinión, ¿qué tiene Carlos? ¿Una gripe? ¿Un resfriado? ¿Una alergia? Explica tu opinión.

2 Conversar

Con un(a) compañero/a, prepara una conversación entre un(a) estudiante hipocondríaco/a y el/la enfermero/a. Presenten la conversación a la clase.

- Decidan qué síntomas tiene el/la estudiante y con qué frecuencia los tiene.

- Decidan qué preguntas le va a hacer el/la enfermero/a. (Por ejemplo: ¿Cuánto tiempo hace que comenzaron los síntomas? ¿Tenía el mismo problema cuando era niño/a? ¿Lo tenía la semana pasada?)

- Decidan qué consejos le va a dar el/la enfermero/a.

Ampliación

③ Escribir

Eres un(a) enfermero/a en la sala de emergencias de un hospital. Tienes que escribir cada día un parte (*report*) médico para tu supervisor(a).

 TIP Avoid redundancies. To avoid repetition of verbs and nouns, consult a Spanish language thesaurus. Use direct object pronouns, possessive adjectives, demonstrative adjectives and pronouns, and prepositional pronouns to streamline your writing.

Susana se lastimó la rodilla ayer. ~~Susana~~ Ella estaba corriendo por el parque cuando se cayó y se lastimó la ~~rodilla~~.

Organízalo | Utiliza un mapa de ideas para organizar tu parte médico. Incluye información sobre los pacientes, sus síntomas y el resultado de los tratamientos.

Escríbelo | Utiliza tus apuntes para escribir el primer borrador de tu parte médico.

Corrígelo | Intercambia tu composición con un(a) compañero/a. Lee su borrador y anota los aspectos mejor escritos (*written*). Ofrécele sugerencias para evitar (*avoid*) redundancias, y si ves algunos errores gramaticales u ortográficos, coméntaselos.

Compártelo | Revisa el primer borrador según las indicaciones de tu compañero/a. Incorpora nuevas ideas y/o más información si es necesario antes de escribir la versión final del parte médico.

④ Un paso más

Prepara una presentación sobre el sistema de servicios médicos de un país hispano. Tu presentación debe contestar las siguientes preguntas.

- ¿Qué servicios médicos públicos hay en el país?
- ¿Cuál es el papel (*role*) de las clínicas y los hospitales privados?
- ¿Cómo son los servicios médicos en las ciudades y en las áreas rurales?
- ¿Son populares los tratamientos alternativos?
- ¿Hay personas reconocidas por sus contribuciones a la medicina?

 En Internet

Investiga estos temas en el sitio aventuras.vhlcentral.com.
- Hospitales en el mundo hispano
- Clínicas en el mundo hispano
- Médicos famosos del mundo hispano

Antes de leer

Using what you already know about a particular subject will often help you better understand a reading selection. For example, if you read an article about a recent medical discovery, you might think about what you already know about health in order to understand unfamiliar words or concepts.

At a glance, what does this reading selection appear to be about?

_____

_____

What type of document is this, and how can you tell?

_____

_____

Based on what you know about documents of this type, what types of information do you expect to find in this reading selection?

_____

_____

El consultorio

Dra. Fernanda Jiménez Ocaña

P: Soy una madre española y le escribo para hacerle una consulta sobre mi hijo. Tiene ocho años y hace una semana que ni come ni duerme bien. Además, desde hace cuatro días tose constantemente. Al no tomar la cantidad de alimentos necesarios ni dormir lo suficiente, mi hijo no tiene energía para realizar sus actividades diarias. Estoy un poco preocupada, porque es la primera vez que el niño presenta este tipo de síntomas. Todavía no fuimos al médico porque me interesa conocer primero su punto de vista. Muchísimas gracias por su ayuda.

R: Querida madre española: Gracias por escribir a mi columna. Cuando un niño de la edad de su hijo presenta este tipo de síntomas, puede ser señal de que tiene una pequeña infección en las vías respiratorias, producida por una bacteria o por un virus. Creo que debe llevar pronto a su hijo al consultorio de su médico, para evitar la aparición de una enfermedad crónica como la bronquitis. Si tiene alguna pregunta más o si desea contarme cómo evoluciona su hijo, ya sabe que puede escribirme otra vez.

P: Hola, doctora. Soy un ciclista profesional de Colombia. Hace dos semanas tuve un accidente con mi bicicleta y me lastimé la rodilla. Fui a la sala de emergencias y el médico me hizo una radiografía para ver si tenía un hueso roto. Afortunadamente, los resultados de la radiografía fueron muy buenos y sólo me recetaron unas pastillas y mucho reposo. Le escribo porque, después de este tiempo, sigo sintiendo dolor en la zona de la rodilla. ¿Qué puedo hacer?

R: Querido amigo ciclista: Creo que, en su caso, necesita tener más paciencia. Hay que comprender que algunas veces el cuerpo requiere más tiempo para recuperarse. Creo que tiene que esperar dos semanas más para ver si el dolor va desapareciendo o no. Si sigue las indicaciones de su médico y no nota ningún cambio, debe volver al hospital. En mi opinión, no debe hacer ningún movimiento con la pierna y debe seguir tomándose las pastillas que le recetaron.

P: Le escribo desde Puerto Rico para pedirle su opinión. Durante este mes y el anterior, tengo los síntomas de un resfriado que no desaparece nunca. Toso, estoy congestionado y tengo la garganta y los ojos irritados. Mi novia opina que soy alérgico a algo. ¿Cree que eso es posible?

R: Estimado amigo puertorriqueño: Debe empezar por observar dónde y cuándo aparecen sus síntomas. El otoño y la primavera son las épocas del año en que suele haber más reacciones alérgicas del tipo que usted presenta. Creo que debe ir al médico y esperar los resultados de las pruebas. Si le diagnostican un tipo de alergia, no debe preocuparse. En la actualidad, existen tratamientos excelentes, incluyendo antihistaminas e inyecciones, que calman los efectos de las reacciones alérgicas y lo ayudan a llevar una vida normal.

¡Salud! Dra. Fernanda Jiménez Ocaña

Después de leer

¿Comprendiste?

Indica si cada oración es **cierta** o **falsa**. Corrige las oraciones falsas.

Cierto	Falso	
_____	_____	1. La doctora cree que el chico puertorriqueño puede tener alergias.
_____	_____	2. La madre española no come bien.
_____	_____	3. La doctora piensa que el ciclista debe practicar más el ciclismo.
_____	_____	4. La doctora piensa que el hijo de la española puede tener una infección.
_____	_____	5. La radiografía indica que el ciclista colombiano tiene algunos huesos rotos.
_____	_____	6. Hace dos meses que el puertorriqueño tiene los síntomas de un resfriado.

Preguntas

1. ¿Con qué frecuencia tose el hijo de la madre española?
2. ¿Cuánto tiempo hace que el colombiano se lastimó la rodilla?
3. ¿Qué hizo el médico cuando el ciclista fue a la sala de emergencias?
4. ¿Por qué debe ser paciente el ciclista?
5. ¿Qué debe hacer la madre española?
6. Según (*according to*) la doctora, ¿cuándo ocurren más frecuentemente las reacciones alérgicas?

Coméntalo

¿Hay una columna de consejos médicos en el periódico de tu ciudad? ¿La lees frecuentemente? ¿Por qué sí o por qué no? ¿Es bueno depender de los consejos que aparecen en las revistas y en los periódicos? Imagina que tú escribes esta columna. ¿Qué deben hacer las tres personas que pidieron consejos?

desde hace cuatro días	*for four days*
alimentos	*foods*
Querido/a	*Dear*
señal	*sign*
vías	*passages*
Hay que	*It is necessary to*
el anterior	*the previous one*
Estimado/a	*Dear*
suele haber	*there are customarily*
pruebas	*tests*

recursos

aventuras.vhlcentral.com
Lección 10

El cuerpo

la boca	mouth
el brazo	arm
la cabeza	head
el corazón	heart
el cuello	neck
el cuerpo	body
el dedo	finger
el estómago	stomach
la garganta	throat
el hueso	bone
la nariz	nose
el ojo	eye
la oreja	(outer) ear
el pie	foot
la pierna	leg
la rodilla	knee
el tobillo	ankle

Verbos

caer	to fall, to drop
caerse	to fall (down)
dañar	to damage; to break down
doler (o:ue)	to hurt
enfermarse	to get sick
estar enfermo/a	to be sick
estornudar	to sneeze
lastimarse (el pie)	to injure (one's foot)
olvidar	to forget
poner una inyección	to give an injection
prohibir	to prohibit
quedar	to be left behind
recetar	to prescribe
romper	to break
romperse (la pierna)	to break (one's leg)
sacar(se) una muela	to have a tooth pulled
ser alérgico/a (a)	to be allergic (to)
tener fiebre (f.)	to have a fever
tomar(le) la temperatura (a alguien)	to take (someone's) temperature
torcerse (el tobillo)	to sprain (one's ankle)
toser	to cough

La salud

el accidente	accident
el antibiótico	antibiotic
la aspirina	aspirin
la clínica	clinic
el consultorio	doctor's office
el/la dentista	dentist
el/la doctor(a)	doctor
el dolor (de cabeza)	(head)ache; pain
la enfermedad	illness; sickness
el/la enfermero/a	nurse
el examen médico	physical exam
la farmacia	pharmacy
la gripe	flu
el hospital	hospital
la infección	infection
el medicamento	medication
la medicina	medicine
la operación	operation
el/la paciente	patient
las pastillas	pills; tablets
la radiografía	X-ray
la receta	prescription
el resfriado	cold
la sala de emergencia(s)	emergency room
la salud	health
el síntoma	symptom
la tos	cough

Adjetivos

congestionado/a	congested; stuffed-up
embarazada	pregnant
grave	grave; serious
mareado/a	dizzy; nauseated
médico/a	medical
saludable	healthy
sano/a	healthy

Otras palabras y expresiones

Hace + [time] + que + [present]	to have been doing something for a period of time
Hace + [time] + que + [preterite]	to have done something in the past (ago)
de niño/a	as a child
mientras	while
todos los días	every day

Expresiones útiles	See page 262.
Adverbs	See page 264.

recursos

Text MP3s
Lección 10

aventuras.vhlcentral.com
Lección 10

AVENTURAS EN LOS PAÍSES HISPANOS

Un esquiador salta *(jumps)* en el centro de esquí Portillo, uno de los más famosos y antiguos *(old)* de Chile. El esquí y el snowboard se pueden practicar en las montañas nevadas *(snow-capped mountains)* de la Cordillera de los Andes, que se extiende por todo el país. Gente de todo el mundo va a Chile a practicar los deportes de invierno. ¿Te gustaría esquiar en Chile?

SURAMÉRICA II

Argentina

Área: 2.780.400 km^2
(1.074.000 millas^2)

Población: 39.302.000

Capital: Buenos Aires –
12.439.000

Ciudades principales: Córdoba, Rosario, Mendoza

Moneda: peso argentino

Chile

Área: 756.950 km^2
(292.259 millas^2)

Población: 16.136.000

Capital: Santiago de Chile –
5.867.000

Ciudades principales: Concepción, Viña del Mar, Valparaíso, Temuco

Moneda: peso chileno

Uruguay

Área: 176.220 km^2
(68.039 millas^2)

Población: 3.455.000

Capital: Montevideo – 1.352.000

Ciudades principales: Salto, Paysandú, Las Piedras, Rivera

Moneda: peso uruguayo

Paraguay

Área: 406.750 km^2
(157.046 millas^2)

Población: 6.216.000

Capital: Asunción – 1.472.000

Ciudades principales: Ciudad del Este, San Lorenzo, Lambaré, Fernando de la Mora

Moneda: guaraní

Bolivia

Área: 1.098.580 km^2
(412.162 millas^2)

Población: 9.275.000

Capital: La Paz, sede del gobierno *(seat of government)*, capital administrativa – 1.662.000;
Sucre, capital constitucional y judicial–189.000

Ciudades principales: Santa Cruz de la Sierra, Cochabamba, Oruro, Potosí

Moneda: peso boliviano

El tango argentino

El tango es una música y un baile que tienen ritmos y sonidos *(sounds)* de raíces africanas y europeas. Es uno de los símbolos culturales más importantes de Argentina, y nació en Buenos Aires en la década de 1880. El tango también tiene un lenguaje propio *(own)*: el lunfardo *(Buenos Aires slang)*. En un principio *(in the beginning)*, el tango era un baile provocativo y violento, pero comenzó a ser más romántico desde 1930. Hoy en día es popular en todo el mundo.

Ciudades

La Paz, Bolivia

La Paz es la capital más alta del mundo. Su aeropuerto está a una altitud de 3.600 metros (12.000 pies). La gran altura provoca a veces un malestar *(discomfort)* conocido como *soroche*, que en la lengua nativa aimará significa "mal de montaña" *(mountain sickness)*. La región de La Paz tiene montañas nevadas, desierto y selva *(jungle)* de clima subtropical.

doscientos setenta y seis

PERÚ

BOLIVIA

⭐ La Paz

Océano Pacífico

Arica •

Sucre ⭐

Iquique •

Antofagasta •

Salta

CHILE

ARGENTINA

Córdoba

Valparaíso • ⭐   Mendoza

Santiago

Concepción •   Bahía Blanca •

Cordillera de los Andes

Puerto Montt •

Estrecho de Magallanes

Punta Arenas •

Tierra del Fuego

BRASIL

PARAGUAY

⭐ Asunción

Río Paraná

● Rosario **URUGUAY**

⭐   ⭐ Montevideo

Buenos Aires

Hispanos en los Estados Unidos

Argentina
César Pelli, arquitecto
Manu Ginobili, basquetbolista *(NBA)*

Chile
Alejandro Siña, artista gráfico
Carolina Cayazzo, periodista
Isabel Allende, escritora

Uruguay
Miguel de Ángel, compositor musical
Roberto Chao, pintor

Paraguay
Berta Rojas, guitarrista
Hugo Rodríguez Alcalá, poeta

Bolivia
Jaime Escalante, maestro (Medalla presidencial de honor)
Raquel Welch, actriz *(Golden Globe)*

Islas
Malvinas

La carne y el mate

La ganadería *(cattle raising)* es una de las actividades económicas principales de Uruguay y Argentina. La carne de res forma parte de la dieta diaria de los dos países. Los platos más comunes son el asado *(barbecue)*, la parrillada *(grilled meat)* y el chivito *(goat)*. El mate es un té verde que se bebe en una taza hecha de calabaza *(gourd)* a través de *(through)* un popote metálico *(metal straw)* llamado bombilla. Es una bebida de origen indígena que se bebe a diario *(every day)* y reemplaza al café.

Naturaleza

Los ríos Paraguay y Paraná

Aunque *(although)* Paraguay no tiene costa *(coast)*, sus dos ríos *(rivers)* principales, el Paraguay y el Paraná, lo comunican con el océano Atlántico. El río Paraguay es el principal afluente *(tributary)* del río Paraná. Divide a Paraguay en dos regiones distintas y le da su nombre.

El río Paraná confluye *(meets)* con el río Iguazú en la frontera *(border)* entre Brasil, Argentina y Paraguay. Allí forman las famosas cataratas *(waterfalls)* del Iguazú, uno de los sitios turísticos más visitados en Suramérica. Situadas *(located)* en el Parque Nacional de Iguazú, estas hermosas y extensas cataratas tienen unos 70 m (230 pies) de altura *(height)*.

recursos

| WB pp. 107–108 | VM pp. 211–216 | VCD-ROM Lección 10 | aventuras.vhlcentral.com Lección 10 |

¿Qué aprendiste?

1 ¿Cierto o falso? Decide si lo que dicen las siguientes frases es **cierto** o **falso**.

	Cierto	Falso
1. Rosario es la ciudad de más población de Argentina.	_____	_____
2. Viña del Mar y Concepción son dos de las ciudades principales de Chile.	_____	_____
3. Asunción es la capital de Uruguay.	_____	_____
4. En un principio, el tango era un baile tranquilo.	_____	_____
5. El tango es uno de los símbolos culturales más importantes de Argentina.	_____	_____
6. La Paz es la capital más baja del mundo.	_____	_____
7. La región alrededor de La Paz tiene montañas nevadas, desierto y selva.	_____	_____
8. La carne de res forma parte de la dieta diaria de Argentina y Uruguay.	_____	_____
9. El mate es un té verde.	_____	_____
10. Paraguay tiene costa en el océano Atlántico.	_____	_____
11. El río Paraná es el principal afluente del río Paraguay.	_____	_____
12. Las cataratas del Iguazú están en la frontera entre Brasil, Paraguay y Argentina.	_____	_____

2 Preguntas Contesta las siguientes preguntas.

1. ¿Qué país de Suramérica crees que es bueno para practicar los deportes de invierno?
2. ¿Viste gente bailando tango? Si es así, ¿dónde la viste?
3. ¿Comiste asado alguna vez? Si no, ¿crees que te gustaría?
4. ¿Crees que sería fácil correr una maratón en La Paz? ¿Por qué sí o por qué no?
5. ¿Te gustaría visitar La Paz? ¿Por qué?
6. ¿Por qué crees que el Parque Nacional de Iguazú es uno de los sitios turísticos más visitados de Suramérica?

En Internet

Busca más información sobre estos temas en el sitio aventuras.vhlcentral.com. Presenta la información a tus compañeros/as de clase.

- El tango argentino
- La ciudad de La Paz
- La carne y el mate
- Los ríos Paraguay y Paraná

11 El carro y la tecnología

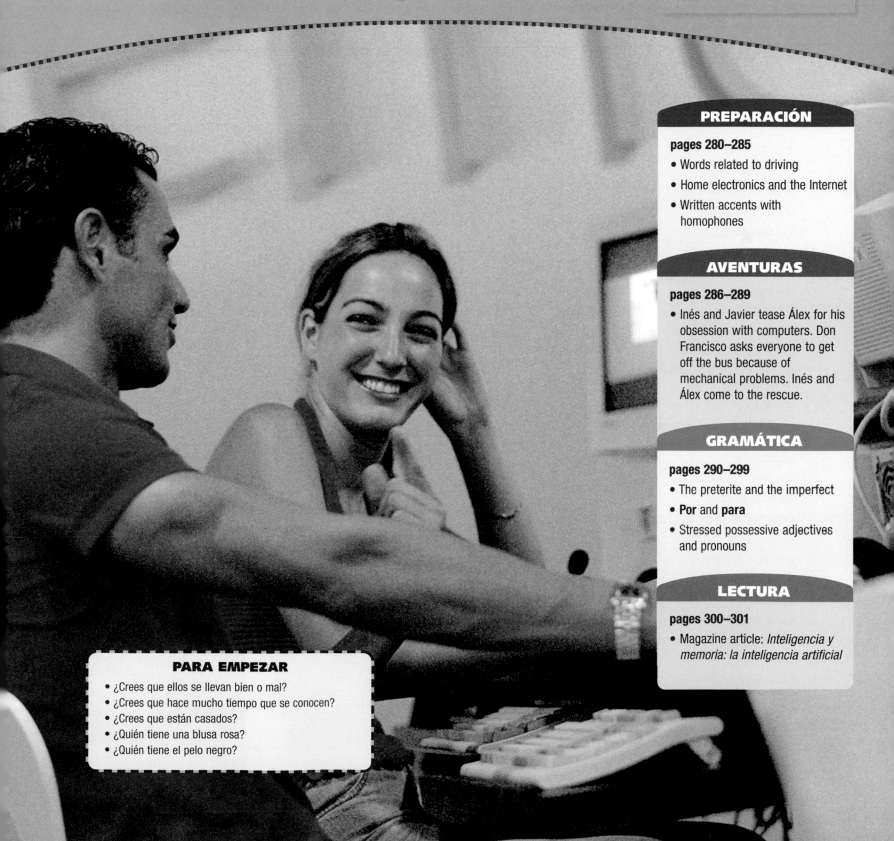

PARA EMPEZAR
- ¿Crees que ellos se llevan bien o mal?
- ¿Crees que hace mucho tiempo que se conocen?
- ¿Crees que están casados?
- ¿Quién tiene una blusa rosa?
- ¿Quién tiene el pelo negro?

EL CARRO Y LA TECNOLOGÍA

EN LA CALLE

la calle *street*

el camino *route*

el garaje *mechanic's shop*

la gasolina *gasoline*

la gasolinera *gas station*

el kilómetro *kilometer*

el/la mecánico/a *mechanic*

la milla *mile*

la multa *fine*

el policía/la mujer policía *police officer*

la policía *police (force)*

el taller (mecánico) *(mechanic's) garage; repair shop*

el tráfico *traffic*

la velocidad máxima *speed limit*

arrancar *to start*

arreglar *to fix; to arrange*

bajar *to go down*

bajar(se) de *to get off of/out of (a vehicle)*

chocar (con) *to run into; to crash into*

conducir *to drive*

estacionar *to park*

manejar *to drive*

parar *to stop*

revisar (el aceite) *to check (the oil)*

subir *to go up*

subir(se) a *to get on/into (a vehicle)*

el semáforo
traffic light

LAS PARTES DEL CARRO

el carro *car, automobile*

el coche *car, automobile*

los frenos *brakes*

el capó
hood

el parabrisas
windshield

el volante
steering wheel

el baúl
trunk

el motor
motor

la llanta
tire

la licencia de conducir
driver's license

llenar (el tanque)
to fill up (the tank)

recursos

| WB pp. 109–110 | LM p. 61 | Text MP3s Lección 11 | Lab MP3s Lección 11 | aventuras.vhlcentral.com Lección 11 |

el televisor
television set

Variación léxica

baúl ⟷ cajuela (*Méx.*), maletera (*Perú*)
computadora ⟷ ordenador (*Esp.*)
gasolinera ⟷ bencinera (*Chile*)

LA TECNOLOGÍA

la cinta *(audio)tape*
la contestadora *answering machine*
el control remoto *remote control*
el disco compacto *compact disc*
el estéreo *stereo*
el fax *fax (machine)*
el radio *radio (set)*
el reproductor de DVD *DVD player*
el teléfono celular *cellular phone*
la televisión por cable *cable television*
el tocadiscos compacto *compact disc player*
el videocasete *videocassette*
la videocasetera *VCR*

apagar *to turn off*
funcionar *to work*
llamar *to call*
poner *to turn on*
prender *to turn on*
sonar (o:ue) *to ring*

la cámara (de video)
(video) camera

la calculadora
calculator

ADJETIVOS

descompuesto/a *not working;
out of order*
lento/a *slow*
lleno/a *full*

INTERNET Y LA COMPUTADORA

el archivo *file*
la computadora portátil *laptop*
el disco *disk*
Internet *Internet*
el módem *modem*
la página principal *home page*
la pantalla *screen*
el programa de computación *software*
la red *the Web, the Internet*
el sitio Web *website*

guardar *to save*
imprimir *to print*
navegar en Internet *to surf the Internet*

la computadora
the computer

el monitor
monitor

el ratón
mouse

la impresora
printer

el teclado
keyboard

A escuchar

 1 **¿Qué necesitas?** Identifica oralmente los dibujos. Luego escucha las frases e indica el objeto que necesitas para cada actividad.

1. _____ _____

2. _____ _____

3. _____ _____

4. _____ _____

5. _____ _____

 2 **En una gasolinera** Escucha la conversación entre un joven y el empleado de una gasolinera. Después completa las oraciones.

1. El empleado de la gasolinera llena el tanque, revisa el aceite y
   a. estaciona el carro.　　　b. limpia el parabrisas.　　　c. maneja el coche.

2. La próxima semana el joven tiene que
   a. manejar hasta Córdoba.　　　b. llenar el tanque.　　　c. revisar las llantas.

3. El joven va a volver mañana porque el empleado
   a. va a llenar el tanque.　　　b. va a revisar los frenos.　　　c. va a darle una multa.

4. Para revisar los frenos, el empleado necesita
   a. un par de minutos.　　　b. un par de días.　　　c. un par de horas.

5. Hoy el joven va
   a. a Córdoba.　　　b. a las montañas.　　　c. a la playa.

6. La gasolina cuesta
   a. 22 pesos.　　　b. 32 pesos.　　　c. 24 pesos.

recursos

Text MP3s
Lección 11

aventuras.vhlcentral.com
Lección 11

A practicar

3 Oraciones Escribe oraciones usando los siguientes elementos. Usa el pretérito y añade (*add*) las palabras necesarias.

1. Jaime / comprar / reproductor de DVD / nuevo

_____

2. Yo / apagar / radio / diez / noche

_____

3. teléfono / sonar / pero / yo / no contestar

_____

4. Sara y yo / ir / gasolinera / para / llenar / tanque

_____

5. Sandra / perder / disco compacto

_____

6. Marisa / poner / su / maletas / baúl

_____

4 Problemas con la computadora Completa el diálogo con las palabras correctas.

arreglar	la impresora	la pantalla
descompuesto	imprimir	prendiste
el disco	llamar	el ratón
funciona	navegar	el teléfono celular

JUAN CARLOS Mariana, la computadora no (1) _____. No veo nada en (2) _____.

MARIANA Pues, ¿la (3) _____?

JUAN CARLOS Ah sí, tienes razón; no estaba prendida. Mariana, ahora no puedo conectarme a Internet. Parece que el módem está (4) _____. ¿Sabes cómo lo puedo (5) _____?

MARIANA ¡Ay, mi amor! No es eso. Es que estoy hablando por teléfono con Sara. Si quieres, la puedo (6) _____ por (7) _____.

JUAN CARLOS Sí, gracias… Bueno, ahora sí estoy conectado. Voy a (8) _____ un rato y después voy a (9) _____ el trabajo para mi clase de historia… Pero, Mariana, ¿dónde está (10) _____?

MARIANA Lo siento, ésa sí que está descompuesta. Pablo la está arreglando. No sé cómo vas a imprimir tu trabajo ahora.

JUAN CARLOS No te preocupes. Puedo llevar (11) _____ a la universidad e imprimirlo allá.

MARIANA ¡Qué buena idea! ¡Eres tan inteligente, mi amor!

A conversar

 5 Preguntas Trabajen en grupos para contestar las siguientes preguntas. Después compartan sus respuestas con la clase.

1. ¿Tienes licencia de conducir? ¿Cuánto tiempo hace que la recibiste? ¿Tienes carro?

2. ¿Siempre paras cuando ves la luz amarilla del semáforo? ¿Manejas rápidamente? ¿A veces sobrepasas (*do you exceed*) la velocidad máxima?

3. ¿Tienes una gasolinera favorita? ¿Y un taller mecánico favorito? ¿Por qué te gustan?

4. ¿Cuáles de las siguientes actividades haces tú normalmente: llenar el tanque, limpiar el parabrisas, lavar el coche, revisar el aceite, cambiar el aceite, revisar las llantas, arreglar el carro?

5. ¿Cómo escuchas música: por radio, tocadiscos compacto o por computadora?

6. Para comunicarte con tus amigos, ¿qué utilizas más: el teléfono, el teléfono celular o el correo electrónico? ¿Cuáles son las ventajas (*advantages*) y desventajas de los diferentes medios (*means*) de comunicación?

7. ¿Cómo usas la tecnología para divertirte? ¿Y para comunicarte? ¿Y para trabajar?

 6 En el taller En parejas, preparen una conversación entre un(a) mecánico/a y un(a) cliente/a cuyo (*whose*) coche se dañó en un accidente. El/La cliente/a le dice al/a la mecánico/a qué ocurrió en el accidente y los dos hablan de las partes dañadas.

 7 Situación Con un(a) compañero/a de clase, prepara una conversación entre el/la director(a) de ventas (*sales*) de una tienda de computadoras y uno de los clientes siguientes. El/La director(a) de ventas pregunta lo que el/la cliente/a desea hacer con la computadora y le muestra la computadora que éste/a necesita.

- El padre o la madre de un niño de seis años
- Una jubilada (retired woman) que quiere aprender Internet
- Una mujer que va a crear una nueva empresa (business) en su casa
- Un estudiante que no sabe nada de computadoras
- Un hombre de negocios (businessman) que viaja mucho

 8 Las rebajas Tu profesor(a) va a darles a ti y a tu compañero/a la información necesaria para completar esta actividad.

Ortografía

La acentuación de palabras similares

Although accent marks usually indicate which syllable in a word is stressed, they are also used to distinguish between words that have the same or similar spellings.

Él maneja el coche.   **Sí, voy si quieres.**

Although one-syllable words do not usually carry written accents, some *do* have accent marks to distinguish them from words that have the same spelling but different meanings.

Sé cocinar.   **Se baña.**   **¿Tomas té?**   **Te duermes.**

Sé (*I know*) and **té** (*tea*) have accent marks to distinguish them from the pronouns **se** and **te**.

para mí   **mi cámara**   **Tú lees.**   **tu estéreo**

Mí (*me*) and **tú** (*you*) have accent marks to distinguish them from the possessive pronouns **mi** and **tu**.

¿Por qué vas?   **Voy porque quiero.**

Several words of more than one syllable also have accent marks to distinguish them from words that have the same or similar spellings.

Éste es rápido.   **Este módem es rápido.**

Demonstrative pronouns have accent marks to distinguish them from demonstrative adjectives.

¿Cuándo fuiste?   **Fui cuando me llamó.**

¿Dónde trabajas?   **Voy al taller donde trabajo.**

Adverbs have accent marks when they are used to convey a question.

Práctica   Marca los acentos en las palabras que los necesitan.

ANA   Alo, soy Ana. ¿Que tal?
JUAN   Hola, pero… ¿por que me llamas tan tarde?
ANA   Porque mañana tienes que llevarme a la universidad. Mi auto esta dañado.
JUAN   ¿Como se daño?
ANA   Se daño el sabado. Un vecino (*neighbor*) choco con el.

Crucigrama   Utiliza las siguientes pistas (*cues*) para completar el crucigrama. ¡Ojo con los acentos!

Horizontales

1. Él _____ levanta.
4. No voy _____ no puedo.
7. Tú _____ acuestas.
9. ¿ _____ es el examen?
10. Quiero este video y _____.

Verticales

2. ¿Cómo _____ usted?
3. Eres _____ mi hermano.
5. ¿ _____ tal?
6. Me gusta _____ suéter.
8. Navego _____ la Red.

recursos		
LM p. 62	Lab MP3s Lección 11	aventuras.vhlcentral.com Lección 11

🎥 Tecnohombre, ¡mi héroe!

El autobús se daña.

ÁLEX ¿Bueno? … Con él habla… Ah, ¿cómo estás? … Aquí, yo muy bien. Vamos para Ibarra. ¿Sabes lo que pasó? Esta tarde íbamos para Ibarra cuando Javier tuvo un accidente en el autobús. Se cayó y tuvimos que llevarlo a una clínica.

JAVIER Episodio veintiuno: Tecnohombre y los superamigos suyos salvan el mundo una vez más.

INÉS Oh, Tecnohombre, ¡mi héroe!

MAITE ¡Qué cómicos! Un día de éstos, ya van a ver…

ÁLEX Van a ver quién es realmente Tecnohombre. Mis superamigos y yo nos hablamos todos los días por el teléfono Internet, trabajando para salvar el mundo. Pero ahora, con su permiso, quiero escribirle un mensaje electrónico a mi mamá y navegar en la Red un ratito.

INÉS Pues… no sé… creo que es el alternador. A ver… sí… Mire, don Francisco… está quemado el alternador.

DON FRANCISCO Ah, sí. Pero aquí no podemos arreglarlo. Conozco a un mecánico, pero está en Ibarra, a veinte kilómetros de aquí.

ÁLEX ¡Tecnohombre, a sus órdenes!

DON FRANCISCO ¡Eres la salvación, Álex! Llama al señor Fonseca al cinco, treinta y dos, cuarenta y siete, noventa y uno. Nos conocemos muy bien. Seguro que nos ayuda.

ÁLEX Buenas tardes. ¿Con el señor Fonseca por favor? … Soy Álex Morales, cliente de Ecuatur. Le hablo de parte del señor Francisco Castillo… Es que íbamos para Ibarra y se nos dañó el autobús… Pensamos que es el… el alternador… Estamos a veinte kilómetros de la ciudad…

4

5

DON FRANCISCO Chicos, creo que tenemos un problema con el autobús. ¿Por qué no se bajan?

DON FRANCISCO Mmm, no veo el problema.

INÉS Cuando estaba en la escuela secundaria, trabajé en el taller de mi tío. Me enseñó mucho sobre mecánica. Por suerte, arreglé unos autobuses como éste.

DON FRANCISCO ¡No me digas! Bueno, ¿qué piensas?

9

10

SR. FONSECA Creo que va a ser mejor arreglar el autobús allí mismo. Tranquilo, enseguida salgo.

ÁLEX Buenas noticias. El señor Fonseca viene enseguida. Piensa que puede arreglar el autobús aquí mismo.

MAITE ¡La Mujer Mecánica y Tecnohombre, mis héroes!

DON FRANCISCO ¡Y los míos también!

PERSONAJES

DON FRANCISCO

JAVIER

INÉS

ÁLEX

MAITE

SR. FONSECA

Expresiones útiles

Talking on the telephone

¿Aló?/¿Bueno?/¿Diga?
Hello?

¿Quién habla?
Who is speaking?

¿De parte de quién?
Who is calling?

Con él/ella habla.
This is he/she.

Le hablo de parte de Francisco Castillo.
I'm speaking to you on behalf of Francisco Castillo.

¿Puedo dejar un recado?
May I leave a message?

Está bien. Llamo más tarde.
That's fine. I'll call later.

Talking about bus or car problems

¿Qué pasó?
What happened?

Se nos dañó el autobús.
The bus broke down.

Se nos pinchó una llanta.
We got a flat tire.

Está quemado el alternador.
The alternator is burned out.

Saying how far away things are

Está a veinte kilómetros de aquí.
It's twenty kilometers from here.

Estamos a veinte kilómetros de la ciudad.
We're twenty kilometers from the city.

Expressing surprise

¡No me diga! (form.)/¡No me digas! (fam.)
You don't say!

Offering assistance

A sus órdenes.
At your service.

Additional vocabulary

aquí mismo
right here

¿Qué piensas?

1 Seleccionar Selecciona las opciones que completan correctamente las siguientes frases.

1. Álex quiere

   a. llamar a su mamá por el teléfono celular.   b. escribirle a su mamá y navegar en la Red.
   c. hablar por el teléfono celular y navegar en la Red.

2. Se les dañó el autobús. Inés dice que

   a. el alternador está quemado.   b. se les pinchó una llanta.
   c. el taller está quemado.

3. Álex llama al mecánico, el señor

   a. Castillo.   b. Ibarra.
   c. Fonseca.

4. Maite llama a Inés la "Mujer Mecánica" porque antes

   a. trabajaba en el taller de su tío.   b. arreglaba computadoras.
   c. conocía a muchos mecánicos.

5. El grupo está a _____ de la ciudad.

   a. veinte millas   b. veinte grados centígrados
   c. veinte kilómetros

2 ¿Quién? Contesta las preguntas.

1. ¿Quién tiene un teléfono en el autobús? _____

2. ¿Quién conoce a un mecánico en la ciudad? _____

3. ¿Quién diagnostica el problema del autobús? _____

4. ¿Quién llama al mecánico? _____

5. ¿Quién dice que puede arreglar el autobús? _____

6. ¿Quién dice que Inés y Álex son sus héroes? _____

3 Situación Trabaja con un(a) compañero/a para representar los papeles de un(a) mecánico/a y un(a) conductor(a). El/La conductor(a) llama al/a la mecánico/a por teléfono y le explica cuál es el problema del coche. Después le indica dónde está con relación al taller. El/La mecánico/a le dice que puede ir enseguida. Usen estas preguntas y frases en su conversación.

Aló. /¿Bueno?/Diga.	¿Qué pasó?
Con él/ella habla.	¿Quién habla?
Estoy a… kilómetros de…	Se me dañó el coche.

Exploración
El transporte en la ciudad

Observaciones

- En México, D.F., hay unos 80.000 taxis y éstos hacen diariamente más de 780.000 viajes.

- La ciudad de Medellín es la única ciudad en Colombia que tiene metro. Bogotá, la capital, no tiene.

- En Caracas, Venezuela, el tiempo de viaje en automóvil se duplica (*doubles*) durante la hora pico (*rush hour*).

- En Argentina hay cuatro nombres para el autobús: ómnibus, colectivo, micro y bondi.

Los taxis son un medio de transporte muy popular en México, D.F., la capital. Muchos de los taxis son de marca Volkswagen y generalmente son de color verde o amarillo brillante.

Madrid, Barcelona, y Bilbao son tres ciudades españolas que tienen metro. Los metros de Madrid (1919) y Barcelona (1924) son muy antiguos. El metro de Bilbao tiene la forma de la letra 'Y' por causa del trayecto del río Nervión.

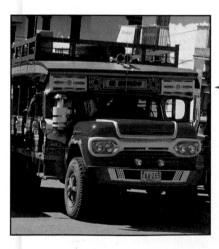

La chiva es uno de los símbolos folclóricos de Colombia. Las chivas están pintadas de colores vibrantes y viajan de un pueblo a otro. También hay chivas turísticas que viajan dentro de las ciudades. Muchas de las chivas no tienen ventanas de cristal–la cabina está al aire libre.

Coméntalo

Con un(a) compañero/a, contesta las siguientes preguntas.

- ¿Cuál es tu medio de transporte preferido? ¿Por qué? ¿Tienes carro?
- ¿Usas el transporte público? ¿Hay transporte público en tu comunidad?
- ¿Es más importante el transporte público en las ciudades pequeñas o en las grandes?

recursos

aventuras.vhlcentral.com
Lección 11

11.1 The preterite and the imperfect

▸ The preterite and the imperfect are not interchangeable. The choice between these two tenses depends on the context and on the point of view of the speaker.

Por suerte, arreglé unos autobuses como éste.

Íbamos para Ibarra y se nos dañó el autobús.

Uses of the preterite

To express actions that are viewed by the speaker as completed	Don Francisco estacionó el autobús. *Don Francisco parked the bus.* Fueron a Valparaíso ayer. *They went to Valparaíso yesterday.*
To express the beginning or end of a past action	La película empezó a las nueve. *The movie began at nine o'clock.* Ayer terminé el proyecto. *Yesterday I finished the project.*
To narrate a series of past actions or events	Don Francisco paró el autobús, abrió la ventanilla y saludó a doña Rita. *Don Francisco stopped the bus, opened the window, and greeted Doña Rita.*

Uses of the imperfect

To describe an on-going past action with no reference to its beginning or end	Maite conducía muy rápido en Madrid. *Maite was driving very fast in Madrid.* Javier esperaba en el garaje. *Javier was waiting in the garage.*
To express habitual past actions and events	Cuando era joven, jugaba al tenis. *When I was young, I used to play tennis.* Álex siempre revisaba su correo electrónico a las tres. *Álex always checked his e-mail messages at three o'clock.*
To describe mental, physical, and emotional states or conditions	La chica quería descansar. Se sentía mal y tenía dolor de cabeza. *The girl wanted to rest. She felt ill and had a headache.* Ellos eran altos y tenían ojos verdes. *They were tall and had green eyes.* Estábamos felices de ver a la familia. *We were happy to see the family.*

Práctica

1 Un accidente Completa este artículo de periódico con las formas correctas del pretérito o del imperfecto.

Un trágico accidente

Ayer temprano por la mañana (1) _____ [haber] un trágico accidente en el centro de Lima, cuando un autobús (2) _____ [chocar] con un carro. La mujer que (3) _____ [manejar] el carro (4) _____ [morir] al instante. Los paramédicos llevaron al conductor del autobús al hospital porque (5) _____ [tener] varias fracturas y una conmoción cerebral (*concussion*). Su estado de salud es todavía muy grave. El conductor del autobús (6) _____ [decir] que no (7) _____ [ver] el carro hasta el último (*last*) momento porque (8) _____ [haber] mucha niebla y (9) _____ [estar] lloviendo. Él (10) _____ [intentar] (*to attempt*) dar un viraje brusco (*to swerve*), pero (11) _____ [perder] el control del autobús y no (12) _____ [poder] evitar (*to avoid*) el choque. Según nos informaron, no (13) _____ [lastimarse] ningún pasajero.

2 Combinar Combina elementos de las tres columnas para hablar de lo que hicieron y lo que hacían las personas de la primera columna.

Sujetos	Verbos	Adverbios
el mecánico	arreglar	ayer
Dale Earnhardt (hijo)	caerse	bien
la mujer policía	chocar	con frecuencia
Bill Gates	conducir	de vez en cuando
las computadoras	decir	fácilmente
mis amigos y yo	enamorarse	lentamente
Jennifer López	funcionar	por aquí
yo	lastimarse	por fin
	navegar	todos los días
	olvidar	una vez

Conversación

 3 Frases En parejas, completen las frases usando el pretérito o el imperfecto. Luego comparen sus respuestas.

modelo De niño/a, yo...

Estudiante 1: De niña, yo vivía con mis abuelos en un apartamento cerca de la escuela.
Estudiante 2: Pues mi mamá, mis hermanos y yo vivíamos en una casita con un jardín.
Estudiante 1: De niña, me lastimé una vez la rodilla. Mientras corría, me caí.
Estudiante 2: En cambio, yo nunca me hice daño en la rodilla, pero me lastimaba constantemente las manos.

1. El verano pasado…
2. Yo manejaba el coche mientras…
3. Anoche mi novio/a…
4. Ayer el/la profesor(a)…
5. La semana pasada un(a) amigo/a…
6. A menudo mi madre…
7. Esta mañana en la cafetería…
8. Navegábamos en la Red cuando…

 4 Tu primer(a) novio/a Entrevista a un(a) compañero/a acerca de su primer(a) novio/a. Si quieres, puedes añadir (*to add*) otras preguntas.

1. ¿Quién fue tu primer(a) novio/a?
2. ¿Cuántos años tenías cuando lo/la conociste?
3. ¿Cómo era él/ella?
4. ¿Qué le gustaba hacer? ¿Tenían ustedes los mismos pasatiempos?
5. ¿Por cuánto tiempo salieron ustedes?
6. ¿Adónde iban ustedes cuando salían?
7. ¿Pensaban casarse?
8. ¿Cuándo y por qué rompieron ustedes?

 5 Un robo misterioso Anoche alguien robó (*stole*) el examen de la Lección 11 de la oficina de tu profesor(a) y tú tienes que averiguar (*to find out*) quién lo hizo. Pregúntales a varios compañeros dónde estaban, con quién estaban y qué hicieron entre las ocho y las doce de la noche. Luego decide quién robó el examen.

▶ When the preterite and the imperfect appear in the same sentence, the imperfect describes what was happening, and the preterite describes the action that interrupted the on-going activity.

Navegaba en la Red cuando **sonó** el teléfono.
I was surfing the Web when the phone rang.

Maite **leía** el periódico cuando **llegó** Álex.
Maite was reading the newspaper when Álex arrived.

▶ The preterite and the imperfect are often used together in lengthy narratives such as fiction stories and news stories. The imperfect provides the background information, such as the time, the weather, and the location. The preterite indicates the specific events.

Eran las dos de la mañana y el detective ya no **podía** mantenerse despierto. **Se bajó** lentamente del coche, **estiró** las piernas y **levantó** los brazos hacia el cielo oscuro.

It was two in the morning, and the detective could no longer stay awake. He slowly stepped out of the car, stretched his legs, and raised his arms towards the dark sky.

La luna **estaba** llena y no **había** en el cielo ni una sola nube. De repente, el detective **escuchó** un grito espeluznante proveniente del parque.

The moon was full and there wasn't a single cloud in the sky. Suddenly, the detective heard a piercing scream coming from the park.

NASA • La sonda se estrelló antes de orbitar

Mars cayó en Marte

La agencia espacial estadounidense perdió la comunicación con la sonda Mars Climate Orbiter, justo en el momento en que se ponía en órbita alrededor de Marte. La nave se estrelló por un error de navegación importante. Se habían invertido USD 25 millones e iba a ser la primera estación meteorológica interplanetaria. PASE A LA A6

¡Manos a la obra!

 Escribe la forma correcta de los verbos.

Pretérito

1. Tomás y yo __fuimos__ [ir] al parque ayer.
2. _____ [nadar] por la tarde.
3. Después _____ [tomar] el sol.
4. _____ [regresar] a casa a las cinco.
5. Tomás preparó la cena. Yo _____ [leer] el periódico.
6. Mientras Tomás veía una película, yo _____ [dormirse].

Imperfecto

1. __Eran__ [ser] las doce.
2. _____ [haber] mucha gente en la calle.
3. Los novios _____ [estar] en el café.
4. Todos los días ellos _____ [almorzar] juntos.
5. El camarero les _____ [servir] ensaladas siempre.
6. Cuando los novios salieron del café, _____ [llover].

11.2 Por and para

▸ Both **por** and **para** mean *for*, but they are not interchangeable. Study their uses on the charts.

Es para usted. Es un cliente de don Paco.

Álex habla por teléfono.

Uses of por

Motion or a general location (*around, through, along, by*)	La excursión nos llevó por el centro. *The tour took us through downtown.*
	Pasamos por el parque y por el río. *We passed by the park and along the river.*
Duration of an action (*for, during, in*)	Estuve en Montevideo por un mes. *I was in Montevideo for a month.*
	Miguel estudió por la noche. *Miguel studied during the night.*
Object of a search (*for, in search of*)	Vengo por ti a las ocho. *I'm coming for you at eight.*
	Maite fue por su cámara. *Maite went in search of her camera.*
Means by which something is done (*by, by way of, by means of*)	Ellos viajan por la autopista. *They travel by way of the highway.*
	¿Hablaste con la policía por teléfono? *Did you talk to the police by phone?*
Exchange or substitution (*for, in exchange for*)	Le di dinero por la videocasetera. *I gave him money for the VCR.*
	Muchas gracias por el video. *Thank you very much for the video.*
Unit of measure (*per, by*)	José manejaba a 120 kilómetros por hora. *José was driving 120 kilometers per hour.*

▸ **Por** is used in several idiomatic expressions.

por aquí	*around here*	**por eso**	*that's why; therefore*
por ejemplo	*for example*	**por fin**	*finally*

¡ojo! When giving an exact time, **de** is used instead of **por** before **la mañana, la tarde,** and **la noche.**

Llegué a las diez **de la noche.**
I arrived at ten p.m.

Me gusta estudiar **por la noche.**
I like to study at night.

Práctica

1 **Un viaje a Buenos Aires** Completa este párrafo con las preposiciones **por** o **para**.

El mes pasado, mi esposo y yo hicimos un viaje a Buenos Aires y sólo pagamos dos mil dólares (1) _____ los pasajes. Estuvimos en Buenos Aires (2) _____ una semana y exploramos toda la ciudad. Durante el día caminamos (3) _____ la plaza San Martín, el microcentro y el barrio de La Boca, donde viven muchos artistas. (4) _____ la noche fuimos a una tanguería, que es un tipo de teatro, (5) _____ mirar a la gente bailar tango. Dos días después decidimos hacer una excursión (6) _____ las Pampas (7) _____ ver el paisaje (*countryside*) y un rodeo con gauchos. (8) _____ eso, alquilamos (*we rented*) un carro y pasamos unos días muy agradables. El último (*last*) día que estuvimos en Buenos Aires fuimos a Galerías Pacíficas (9) _____ comprar recuerdos (*souvenirs*) (10) _____ nuestros hijos y nietos. Compramos tantos regalos que, al regresar, tuvimos que pagar impuestos (*duties*) cuando pasamos (11) _____ la aduana.

2 **¿Qué pasa aquí?** Usa **por** o **para** y el tiempo presente para describir estos dibujos.

1. _____   2. _____

3. _____   4. _____

5. _____   6. _____

Conversación

Completar Usa **por** o **para** y completa estas frases de una manera (*manner*) lógica. Luego, compara tus respuestas con las de un(a) compañero/a.

1. El año pasado compré un regalo…
2. Ayer fui al taller…
3. Necesito hacer la tarea…
4. En casa, hablo con mis amigos…
5. Los miércoles tengo clases…
6. A veces voy a la biblioteca…
7. Necesito… dólares…
8. Esta noche tengo que estudiar…
9. Mi padre/madre trabaja…
10. Mi mejor amigo/a estudia…

Encuesta Camina por la clase haciendo preguntas hasta que encuentres a alguien que corresponda a cada descripción. Luego presenta los resultados a la clase.

Descripciones	Nombres
1. En casa, tiene televisión por cable.	_____
2. Anoche durmió por ocho horas.	_____
3. Viajó por Europa.	_____
4. Hoy pasó por la gasolinera.	_____
5. Se preocupa por sus amigos.	_____
6. Habla por teléfono celular.	_____
7. Quiere estudiar para médico/a.	_____
8. Las clases son fáciles para él/ella.	_____
9. Escucha música por la noche.	_____
10. Va a la biblioteca para estudiar.	_____

5 **Una subasta** Trabajen en grupos para dramatizar una subasta (*auction*). Cada estudiante debe traer un objeto o una foto del objeto para vender a la clase. Luego, un(a) estudiante es el/la vendedor(a) y los otros son los postores (*bidders*).

modelo

Vendedor(a): ¿Quién me ofrece $200,00 por la cámara de video? Es una ganga a este precio. Yo pagué $400,00 por ella.

Postor(a) 1: Te doy $175,00.

Uses of *para*

Destination (*toward, in the direction of*)	**Salimos para Mérida el sábado.** *We are leaving for Mérida on Saturday.* **Voy para el banco.** *I'm going to the bank.*
Deadline or a specific time in the future (*by, for*)	**Él va a arreglar el carro para el viernes.** *He will fix the car by Friday.*
Purpose or goal + [infinitive] (*in order to*)	**Juan estudia para (ser) mecánico.** *Juan is studying to be a mechanic.*
Purpose + [noun] (*for, used for*)	**Es una llanta para el carro.** *It's a tire for the car.* **Un módem sirve para navegar en la Red.** *A modem is used to surf the Web.*
The recipient of something (*for*)	**Compré una calculadora para mi hijo.** *I bought a calculator for my son.*
Comparisons or opinions (*for, considering*)	**Para ser joven, es demasiado serio.** *For a young person, he is too serious.* **Para mí, esta lección no es difícil.** *For me, this lesson isn't difficult.*
Employment (*for*)	**Sara trabaja para Telecom.** *Sara works for Telecom.*

gift

▶ Often, either **por** or **para** can be used in a sentence. The meaning of the sentence changes, depending on which one is used.

Caminé **por** el parque. *I walked through the park.*	Caminé **para** el parque. *I walked to (toward) the park.*
Trabajó **por** su padre. *He worked for (in place of) his father.*	Trabajó **para** su padre. *He worked for his father('s business).*
Se exhibió **por** todo el pueblo. *It was shown throughout (around) the whole town.*	Se exhibió **para** todo el pueblo. *It was shown for the whole town.*

¡Manos a la obra!

Completa las frases con **por** o **para**.

1. Dormimos _por_ la mañana.
2. Necesitas un módem _____ navegar en la Red.
3. Entraron _____ la puerta.
4. Es un pasaje _____ Buenos Aires.
5. _____ arrancar el carro, necesito la llave.
6. Arreglé el televisor _____ ti.
7. Estuvieron nerviosos _____ el examen.
8. ¿Hay una gasolinera _____ aquí?
9. Esta computadora es _____ usted.
10. Juan está enfermo. Tengo que trabajar _____ él.
11. Estuvimos en Cancún _____ dos meses.
12. _____ mí, el español es difícil.
13. Tengo que estudiar la lección _____ el lunes.
14. Voy a ir _____ ese camino.
15. Compré dulces _____ mi novia.
16. Lo compró _____ un buen precio.

11.3 Stressed possessive adjectives and pronouns

▸ Spanish has two types of possessive adjectives: the unstressed (short) forms you learned in Lesson 3 and the stressed (long) forms. The stressed possessive adjectives are used for emphasis or to express the English phrases *(of) mine, (of) yours, (of) his*, and so on.

Stressed possessive adjectives

Singular forms		Plural forms		
MASCULINE	**FEMININE**	**MASCULINE**	**FEMININE**	
mío	mía	míos	mías	*my; (of) mine*
tuyo	tuya	tuyos	tuyas	*your; (of) yours (fam.)*
suyo	suya	suyos	suyas	*your; (of) yours (form.); his;* *(of) his; her; (of) hers; its*
nuestro	nuestra	nuestros	nuestras	*our; (of) ours*
~~vuestro~~	~~vuestra~~	~~vuestros~~	~~vuestras~~	*your; (of) yours (fam.)*
suyo	suya	suyos	suyas	*your; (of) yours (form.);* *their; (of) theirs*

▸ Stressed possessive adjectives must agree in gender and number with the nouns they modify.

mi **impresora**	la **impresora** mía
my printer	*my printer*
nuestros **televisores**	los **televisor**es nuestros
our television sets	*our television sets*

▸ Stressed possessive adjectives are placed after the nouns they modify. Unstressed possessive adjectives are placed before the noun.

Son **mis** llaves.	Son las llaves **mías**.
They are my keys.	*They are my keys.*

▸ A definite article, an indefinite article, or a demonstrative adjective usually precedes a noun modified by a stressed possessive adjective.

Alberto tenía
- **unos** discos **tuyos.** — *Alberto had some disks of yours.*
- **los** discos **tuyos.** — *Alberto had your disks.*
- **estos** discos **tuyos.** — *Alberto had these disks of yours.*

▸ **Suyo, suya, suyos,** and **suyas** have more than one meaning. You can avoid confusion by using the construction: [*article*] + [*noun*] + **de** + [*subject pronoun or noun*].

el teclado **suyo**
- el teclado **de él/ella** — *his/her keyboard*
- el teclado **de Ud./Uds.** — *your keyboard*
- el teclado **de ellos/ellas** — *their keyboard*
- el teclado **de Ramón** — *Ramón's keyboard*

▸ **El** and **la** are usually omitted when a stressed possessive adjective follows the verb **ser**.

¿**Es suya** esta cámara?	No, no **es mía**.

Práctica

1 **Frases** Forma frases en el presente con las siguientes palabras.

1. yo / necesitar / usar / impresora / de Miguel / porque / mío / no / funcionar

2. pero / él / no poder / ayudarme / porque / suyo / tampoco / funcionar

3. Me gustaría / pedirle / a Juana / su ratón, / pero / suyo / estar / descompuesto

4. yo / no poder / usar / teclado / de Conchita / porque / suyo / estar descompuesto / también

5. y si / yo / pedirte / computadora, / estar / seguro que / ir / decirme / que / no poder / usar / tuyo

2 **¿Es suyo?** Un policía ha capturado al hombre que robó (*robbed*) en tu casa. Ahora el policía quiere saber qué cosas son tuyas. Túrnate con un(a) compañero/a para hacer el papel del policía y usa las pistas (*cues*) para contestar las preguntas.

modelo

No / pequeño

Policía: **Esta computadora, ¿es suya?**
Estudiante: **No, no es mía. La mía es más pequeña.**

1. Sí

2. No / viejo

3. Sí

4. Sí

5. No / nuevo

6. No / caro

Conversación

3 **¿Son tuyas estas cintas?** Trabajen en grupos. Cada estudiante trae tres objetos. Pongan (*put*) todos los objetos juntos. Luego, un(a) estudiante escoge uno o dos objetos y le pregunta a otro/a si esos objetos son suyos. Usen los adjetivos posesivos en sus preguntas.

> **modelo**
>
> **Estudiante 1:** José Luis, ¿son tuyas estas cintas?
> **Estudiante 2:** Sí, son mías. / No, no son mías. Son las cintas de Felipe.

4 **Anuncios** Lee este anuncio (*ad*) con un(a) compañero/a. Luego, preparen su propio (*own*) anuncio usando los adjetivos o los pronombres posesivos. Después, conviértanlo en un anuncio de televisión (*commercial*) y preséntenlo a la clase.

Esta computadora y esta impresora pueden ser suyas por sólo

$1799

Características de la computadora
- Procesador: Intel Pentium III a 3000 Mhz
- 640Mb de memoria
- Disco duro de 100 Gb
- Sistema operativo: Linux

Características de la impresora
- Velocidad: 20 páginas por minuto en blanco y negro
- Resolución de 1200 x 1200

El precio incluye un año de servicio de Internet gratis. Para más información, llame al 362-1990 o visite nuestro sitio Web www.fiera.com.

5 **¿De quién es?** Tu profesor(a) va a darles a ti y a tu compañero/a la información necesaria para completar esta actividad.

Possessive pronouns

▸ Possessive pronouns are used to replace [*noun*] + [*possessive adjective*]. In Spanish, the possessive pronouns have the same forms as the stressed possessive adjectives, and they are preceded by a definite article.

la **calculadora** nuestra	la nuestra
el **fax** tuyo	el tuyo
los **archivos** suyos	los suyos

Episodio veintiuno: Tecnohombre y los superamigos suyos salvan el mundo una vez más.

La Mujer Mecánica y Tecnohombre, ¡mis héroes!

¡Y los míos también!

▸ Possessive pronouns agree in number and gender with the nouns they replace.

—Aquí está **mi coche.** ¿Dónde está **el tuyo**?
Here's my car. Where is yours?

—**El mío** está en el taller de mi hermano Armando.
Mine is at my brother Armando's garage.

—¿Tienes **las cintas** de Carlos?
Do you have Carlos's tapes?

—No, pero tengo **las nuestras**.
No, but I have ours.

¡Manos a la obra!

Indica las formas tónicas (*stressed*) de estos adjetivos posesivos y los pronombres posesivos correspondientes.

	adjetivos	pronombres
1. su videocasetera	la videocasetera suya	la suya
2. mi televisor		
3. nuestros discos	_____	_____
4. tus cintas		
5. su módem	_____	_____
6. mis videos		
7. nuestra impresora	_____	_____
8. tu estéreo		
9. nuestro carro	_____	_____
10. mi computadora		

Repaso

11.1 The preterite and the imperfect

1 Seleccionar Utiliza el tiempo verbal adecuado, según (*according to*) el contexto.

1. La semana pasada, Manolo y Aurora _____ (querer) dar una fiesta. _____ (Decidir) invitar a seis amigos y servirles mucha comida.

2. Manolo y Aurora _____ (estar) preparando la comida cuando Elena _____ (llamar). Como siempre, _____ (tener) que estudiar para un examen.

3. A las seis, _____ (volver) a sonar el teléfono. Su amigo Francisco tampoco _____ (poder) ir a la fiesta, porque _____ (tener) fiebre. Manolo y Aurora _____ (sentirse) muy tristes, pero _____ (tener) que preparar la comida.

4. Después de otros quince minutos _____ (sonar) el teléfono. Sus amigos, los señores Vega, _____ (estar) en camino (*en route*) al hospital: a su hijo le _____ (doler) mucho el estómago. Sólo dos de los amigos _____ (poder) ir a la cena.

5. Por supuesto, _____ (ir) a tener demasiada comida. Finalmente, cinco minutos antes de las ocho, _____ (llamar) Ramón y Javier. Ellos _____ (pensar) que la fiesta _____ (ser) la próxima semana.

6. Tristes, Manolo y Aurora _____ (sentarse) a comer solos. Mientras _____ (comer) pronto llegaron a la conclusión de que _____ (ser) mejor estar solos. ¡La comida _____ (estar) malísima!

2 La sala de emergencia En parejas, miren la lista e inventen qué les pasó a estas personas en la sala de emergencia.

> **modelo**
> Eran las tres de la tarde. Como todos los días, Pablo jugaba al fútbol con sus amigos. Estaba muy contento. De repente, se cayó y se rompió el brazo. Después fue a la sala de emergencia.

Paciente	Edad	Hora	Condición
1. Pablo	9 años	15:20	hueso roto (el brazo)
2. Estela	45 años	15:25	tobillo torcido
3. Lupe	29 años	15:37	embarazada, dolores
4. Marta	3 años	16:00	temperatura muy alta
5. Roberto	32 años	16:06	dolor de muelas
6. Ana	66 años	16:29	reacción alérgica

3 La multa Sergio Reyes tuvo un accidente y tiene que pagar una multa. En parejas, escriban un párrafo explicando cómo sucedió el accidente, usando el pretérito y el imperfecto.

> **Boleta** (*traffic ticket*)
>
> **Fecha:** 05/05/05   **Conductor:** Sergio Reyes
> **Hora:** 8:25 p.m.   **No. de licencia:** 483
> **Lugar:** Calle Paz #12
>
> **Infracciones** (*violations*)
> * Pasarse la luz roja del semáforo.
> * Exceder la velocidad máxima (*speeding*).
> * Chocar con un carro estacionado.
>
> **Multa:** $120.00 pesos

11.2 Por and para

4 Para arreglar computadoras Gerardo está hablando de su trabajo. Completa las oraciones con las expresiones de la lista.

de la mañana	para mañana	por aquí	por eso
de la noche	para mi padre	por ejemplo	por la tarde

Yo trabajo (1) _____. Él tiene un taller para arreglar computadoras. ¡Trabajamos mucho! (2) _____, entro a las siete (3) _____ y salgo a las ocho (4) _____. (5) _____ , tomo un descanso (*break*) de una hora. (6) _____ no hay muchos talleres para arreglar computadoras. ¡(7) _____ tenemos tanto trabajo!

5 Oraciones Crea oraciones originales con los elementos de las columnas. Une los elementos usando **por** y **para**.

> **modelo**
> Fuimos a Mar del Plata por razones de salud para visitar a una especialista en alergias.

(No) fuimos al Mercado	por/para	comprar frutas	por/para	¿?
(No) fuimos a las montañas	por/para	tres días	por/para	¿?
(No) fuiste a Medellín	por/para	razones de trabajo	por/para	¿?
(No) fueron a Buenos Aires	por/para	tomar el sol	por/para	¿?

6 Lista de regalos Imagina que es Navidad y quieres regalar a tus amigos máquinas electrónicas. En parejas, escriban los nombres de cinco amigos y decidan qué regalo es el mejor para cada uno. Expliquen sus razones usando **por** y **para**.

> **modelo**
> El mejor regalo para Olga es una videocasetera. Puede usarla por las noches para grabar sus programas favoritos.

11.3 Stressed possessive adjectives and pronouns

7 Computación Completa esta conversación con las formas adecuadas de los pronombres posesivos.

—Éste es mi sitio Web. ¿Cómo es el de ustedes?

—(1) _____ tiene música y fotografías.

—Tu módem no funciona. ¿Necesitas uno nuevo?

—Sí, mi papá me va a prestar (2) _____.

—Grabé mis archivos en estos discos. Y tú, ¿dónde grabaste (3) _____?

—(4) _____ los grabé en un disco compacto.

—¿Cómo es la pantalla de tu computadora?

—(5) _____ es pequeña y plana (*flat*).

—Las computadoras de nuestra escuela son lentísimas. ¿Y las de tu escuela?

—Las (6) _____ son muy rápidas.

No es así Contesta a cada oración diciendo que las cosas no son como te dicen. Sigue el modelo.

> **modelo**
> Mi impresora es lenta. (yo, rápido)
> **La impresora mía no es así.**
> **La mía es rápida.**

1. La videocasetera de Julián es vieja. (tú, nuevo)
2. Nuestros discos compactos son caros. (ellas, barato)
3. Su contestadora está descompuesta. (yo, no está descompuesta)
4. Tu control remoto es grande. (ustedes, pequeño)
5. Sus cintas son de música clásica. (Ana, música moderna)
6. El videocasete de Antonio es de ejercicios fáciles. (nosotros, ejercicios difíciles)

Síntesis

9 ¡No puedo imprimir! Tu impresora está descompuesta. Vas a hablarle por teléfono a tu hermano para pedirle ayuda. En parejas, escriban el diálogo de la conversación.

- Expliquen qué pasaba con su impresora.
- Expliquen cuántas veces rompió alguna hoja (*sheet*) o cuántas veces dejó de funcionar.
- Expliquen para qué clase es el trabajo que tienen que imprimir.
- Indiquen adónde puede llevar la impresora a arreglar, dónde puede imprimir el trabajo y cómo puede llegar a esos lugares.

Ritmos hispanos

Carlos Gardel:
Un artista muy querido

Carlos Gardel nació en 1887 en Toulouse, Francia, pero desde los dos años vivió en Buenos Aires, Argentina. En 1911 empezó su carrera como cantante de música folklórica y en 1917 comenzó a cantar tangos. A partir de entonces, viajó por Latinoamérica, Europa y los Estados Unidos para promocionar su música. En los años treinta trabajó como actor para la Paramount de Nueva York. Durante los dos años antes de su muerte actuó en cuatro películas: *Cuesta abajo, El tango en Broadway, Tango Bar* y la más famosa de todas, *El día que me quieras.* En 1935 murió en un trágico accidente aéreo en Medellín, Colombia. Gardel fue el embajador de la cultura argentina y una de las primeras superestrellas internacionales de Latinoamérica. Todos los años, sus fieles admiradores le rinden homenaje en el día del aniversario de su muerte. Carlos Gardel fue y sigue siendo uno de los artistas más queridos y recordados.

Grandes éxitos

- *Silencio* (1932)
- *Melodía de arrabal* (1933)
- *Mi Buenos Aires querido* (1934)
- *Volver* (1934)
- *Por una cabeza* (1935)
- *El día que me quieras* (1935)

Para más información sobre el artista, su música y sus canciones, visita **aventuras.vhlcentral.com**.

querido loved **carrera** career **A partir de entonces** At that point in time **promocionar** to promote **fieles** faithful, loyal **rinden homenaje** pay homage **recordados** remembered **éxitos** successes **arrabal** outskirts

Ampliación

1 Escuchar

A Mientras escuchas a Ricardo Moreno, selecciona el género al que corresponde su discurso. Luego, identifica de qué habla y su propósito (*purpose*).

 TIP **Recognize the genre of spoken discourse.** Identifying the genre (for example: political speech, radio interview, news broadcast) of what you hear can help you figure out what kinds of things you are likely to hear. It will also help you identify the speaker's motives and intentions.

1. ¿Qué tipo de discurso es?
   a. las noticias por radio o televisión   b. un anuncio comercial
   c. una reseña (*review*) de una película
2. ¿De qué habla?
   a. de su vida   b. de un producto o servicio
   c. de algo que oyó o vio
3. ¿Cuál es el propósito?
   a. relacionarse con alguien   b. informar
   c. vender

B ¿Qué te indicó el género de este discurso?

2 Conversar

Con un(a) compañero/a, prepara una conversación sobre la primera vez que manejaste un carro o el día en que fuiste al Departamento de Tráfico para conseguir tu licencia de conducir.

modelo

Estudiante 1: Conseguí la licencia de conducir cuando tenía dieciséis años. Hacía sol y mi mamá me acompañó al Departamento de Tráfico. ¿Tú también conseguiste la tuya a los dieciséis años?

Estudiante 2: No, todavía no tengo la mía. En mi estado no podemos conseguir una licencia de conducir hasta los dieciocho años. ¿Cómo fue la primera vez que manejaste?

Estudiante 1: Estaba despejado y hacía sol. Eran las tres y media de la tarde, después de clases. Tenía un poco de miedo, pero quería hacerlo. Después de conducir, me sentí muy bien.

recursos				
WB pp. 113–118	LM pp. 63–65	Text MP3s Lección 11	Lab MP3s Lección 11	aventuras.vhlcentral.com Lección 11

Ampliación

3 Escribir

Escribe una historia acerca de una experiencia tuya con una máquina electrónica o con el carro.

 TIP **Master the simple past tenses.** To write about events that occurred in the past, you will need to know when to use the preterite and the imperfect. The box on this page contains a summary of their uses.

Preterite	
• Actions viewed as completed	
• Beginning or end of past actions	
• Series of past actions	
Imperfect	
• On-going past actions	
• Habitual past actions	
• Mental, physical, and emotional states in the past	

Organízalo | Prepara una lista de todos los detalles que quieres narrar (*narrate*).

Escríbelo | Utiliza tu lista para escribir el primer borrador de tu historia.

Corrígelo | Intercambia tu historia con un(a) compañero/a. Lee su borrador y reflexiona sobre las partes mejor escritas. Ofrécele sugerencias sobre los detalles, la lógica de la secuencia de eventos y el uso del pretérito y del imperfecto.

Compártelo | Revisa el primer borrador según las indicaciones de tu compañero/a. Incorpora nuevas ideas para enriquecer la narración de los eventos. Escribe la versión final de tu historia y compártela con la clase.

4 Un paso más

Busca información sobre los cibercafés en los países hispanos e inventa un cibercafé nuevo. Crea un anuncio de revista (*magazine advertisement*) para promocionarlo. El anuncio debe incluir los siguientes elementos:

- Una descripción del lugar donde está ubicado (*located*) el cibercafé.
- Una descripción de la tecnología y de los servicios que se ofrecen a los clientes.
- Incluye fotos o dibujos.
- Por qué este cibercafé es mejor que otros.
- Incluye los precios.

 En Internet

Investiga estos temas en el sitio aventuras.vhlcentral.com.

- Cibercafés en el mundo hispano
- Internet en el mundo hispano
- La tecnología en el mundo hispano

Antes de leer

One way languages grow is by borrowing words from each other. English words that relate to technology are often borrowed by Spanish and other languages throughout the world. Sometimes the words are modified slightly to fit the sounds of the languages that borrow them. When reading in Spanish, you can often increase your understanding by looking for words borrowed from English or other languages you know.

Examinar el texto

Mira brevemente la selección. ¿De qué trata? ¿Cómo lo sabes?

Buscar

Esta lectura contiene varias palabras tomadas del inglés. Trabaja con un(a) compañero/a para encontrarlas.

Inteligencia y memoria: la inteligencia artificial
Alfonso Santamaría

Una de las principales características de la película de ciencia ficción *2001: una odisea del espacio* es la gran inteligencia de su protagonista no humano, la computadora HAL-9000. Para muchas personas, la genial película de Stanley Kubrick es una reflexión sobre la evolución de la inteligencia, desde que el hombre utilizó por primera vez un hueso como herramienta hasta la llegada de la inteligencia artificial (I.A.).

Ahora que vivimos en el siglo XXI, en un mundo en el que Internet y el fax son ya comunes, podemos preguntarnos: ¿consiguieron los científicos especialistas en I.A. crear una computadora como HAL? La respuesta es no. Hoy en día no existe una computadora con las capacidades intelectuales de HAL porque todavía no existen *inteligencias artificiales generales* que demuestren lo que llamamos "sentido común". Sin embargo, la I.A. está progresando mucho en el desarrollo de las *inteligencias especializadas*. El ejemplo más famoso es Deep Blue, la computadora de IBM especializada en jugar al ajedrez.

La idea de crear una máquina con capacidad para jugar al ajedrez se originó en 1950. En esa década, el científico Claude Shannon desarrolló una teoría que se convirtió en realidad en 1967, cuando apareció el primer programa que le permitió a una computadora competir, aunque sin éxito, en un campeonato de ajedrez. Más de veinte años después, un grupo de expertos en I.A. fue al centro de investigación Thomas J. Watson de Nueva York para desarrollar Deep Blue, la computadora que en 1997 derrotó al campeón mundial de ajedrez Garry Kasparov. Esta extraordinaria computadora pudo ganarle al maestro ruso de ajedrez porque estaba diseñada para procesar 200 millones de jugadas por segundo. Además, Deep Blue guardaba en su memoria una recopilación de los movimientos de ajedrez más brillantes de toda la historia, entre ellos los que Kasparov efectuó en sus competiciones anteriores.

Para muchas personas la victoria de Deep Blue sobre Kasparov simbolizó la victoria de la inteligencia artificial sobre la del ser humano. Debemos reconocer los grandes avances científicos en el área de las computadoras y las ventajas que pueden traernos en un futuro, pero también sus limitaciones. Las computadoras generan nuevos modelos con conocimientos muy definidos, pero todavía no tienen sentido común: una computadora como Deep Blue puede ganar una partida de ajedrez, pero no puede explicar la diferencia entre una reina y un peón. Tampoco puede crear algo nuevo y original a partir de lo establecido, como hicieron Mozart o Picasso.

Las inteligencias artificiales especializadas son una realidad. ¿Pero una inteligencia como la de HAL-9000? Pura ciencia ficción.

Después de leer

¿Comprendiste?

Indica si las frases son **ciertas** o **falsas**. Corrige las falsas.

Cierto	Falso	
_____	_____	1. La computadora HAL-9000 era muy inteligente.
_____	_____	2. Deep Blue es un buen ejemplo de la inteligencia artificial general.
_____	_____	3. El maestro de ajedrez Garry Kasparov le ganó a Deep Blue en 1997.
_____	_____	4. Las computadoras no tienen la creatividad de Mozart y Picasso.
_____	_____	5. Hoy hay computadoras como HAL-9000.

Preguntas

1. ¿Qué tipo de inteligencia se relaciona con HAL-9000?
   _____

2. ¿Qué tipo de inteligencia tienen las computadoras como Deep Blue?
   _____

3. ¿Cuándo se originó la idea de crear una máquina para jugar al ajedrez?
   _____

4. ¿Qué compañía inventó Deep Blue?
   _____

5. ¿Por qué Deep Blue le pudo ganar a Garry Kasparov?
   _____

Coméntalo

¿Son las computadoras más inteligentes que los seres humanos? ¿Para qué cosas son mejores las computadoras, y para qué cosas son mejores los seres humanos? ¿Por qué? En el futuro, ¿van a tener las computadoras la inteligencia de los seres humanos? ¿Cuándo?

herramienta	*tool*
sentido común	*common sense*
desarrollo	*development*
ajedrez	*chess*
éxito	*success*
campeonato	*championship*
derrotó	*defeated*
jugadas	*moves*
la del ser humano	*that of the human being*
ventajas	*advantages*
conocimientos	*knowledge*
partida	*match*
reina	*queen*
peón	*pawn*

recursos

aventuras.vhlcentral.com
Lección 11

El carro

el baúl	trunk
la calle	street
el camino	route
el capó	(car) hood
el carro	car, automobile
el coche	car, automobile
los frenos	brakes
el garaje	mechanic's shop
la gasolina	gasoline
la gasolinera	gas station
el kilómetro	kilometer
la licencia de conducir	driver's license
la llanta	tire
el/la mecánico/a	mechanic
la milla	mile
el motor	motor
la multa	fine
el parabrisas	windshield
el policía/la mujer policía	police officer
la policía	police (force)
el semáforo	traffic light
el taller (mecánico)	(mechanic's) garage; repair shop
el tráfico	traffic
la velocidad máxima	speed limit
el volante	steering wheel
arrancar	to start
arreglar	to fix; to arrange
bajar	to go down
bajar(se) de	to get off of/out of (a vehicle)
chocar (con)	to run into; to crash
conducir	to drive
estacionar	to park
llenar (el tanque)	to fill up (the tank)
manejar	to drive
parar	to stop
revisar (el aceite)	to check (the oil)
subir	to go up
subir(se) a	to get on/into (a vehicle)

La tecnología

la calculadora	calculator
la cámara (de video)	(video) camera
la cinta	(audio) tape
la contestadora	answering machine
el control remoto	remote control
el disco compacto	compact disc
el estéreo	stereo
el fax	fax (machine)
el radio	radio (set)
el reproductor de DVD	DVD player
el teléfono celular	cellular telephone
la televisión por cable	cable television
el televisor	television set
el tocadiscos compacto	compact disc player
el videocasete	videocassette
la videocasetera	VCR
apagar	to turn off
funcionar	to work
llamar	to call
poner	to turn on
prender	to turn on
sonar (o:ue)	to ring
descompuesto/a	not working; out of order
lento/a	slow
lleno/a	full

Internet y la computadora

el archivo	file
la computadora	computer
la computadora portátil	laptop
el disco	disk
la impresora	printer
Internet	Internet
el módem	modem
el monitor	monitor
la página principal	home page
la pantalla	screen
el programa de computación	software
el ratón	mouse
la red	the Web, the Internet
el sitio Web	website
el teclado	keyboard
guardar	to save
imprimir	to print
navegar en Internet	to surf the Internet

Otras palabras y expresiones

para	towards; in the direction of; by; for; in order to; used for; considering
por	around; through; along; by; for; during; in; in search of; by the way of; by means of; in exchange for; per
por aquí	around here
por ejemplo	for example
por eso	that's why; therefore
por fin	finally

Expresiones útiles	See page 287.
Stressed possessive adjectives and pronouns	See pages 294–295.

Communicative Goals

You will learn how to:

- welcome people
- show people around the house
- tell people what to do

PARA EMPEZAR

- ¿Cómo es la casa, es moderna o es vieja?
- ¿Crees que el niño es el hermano o el hijo de la mujer?
- ¿Quién es más alto: la mujer o el niño?
- ¿Crees que hace frío o que hace calor?

HOGAR, DULCE HOGAR

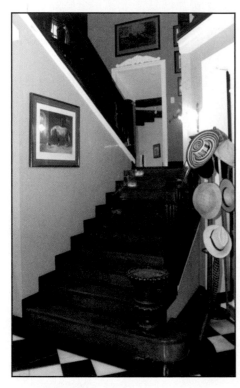

LA CASA Y SUS CUARTOS

el jardín *garden; yard*

la alcoba *bedroom*
el altillo *attic*
el balcón *balcony*
la cocina *kitchen*
el comedor *dining room*
la entrada *entrance*
el garaje *garage*
la oficina *office*
el pasillo *hallway*
el patio *patio*
la sala *living room*
el sótano *basement; cellar*

la escalera
stairs; stairway

LOS ELECTRODOMÉSTICOS

la estufa *stove*
el horno (de microondas) *(microwave) oven*
la lavadora *washing machine*
el lavaplatos *dishwasher*
el refrigerador *refrigerator*
la secadora *clothes dryer*

LA MESA

la copa *wineglass; goblet*
la cuchara *spoon*
el cuchillo *knife*
el plato *plate*
la servilleta *napkin*
la taza *cup*
el tenedor *fork*
el vaso *glass*

los electrodomésticos
electrical appliances

recursos				
WB pp. 119–120	LM p. 67	Text MP3s Lección 12	Lab MP3s Lección 12	aventuras.vhlcentral.com Lección 12

LOS QUEHACERES DOMÉSTICOS

planchar la ropa *to iron clothes*

arreglar *to neaten; to straighten up*
cocinar *to cook*
hacer los quehaceres domésticos *to do household chores*
lavar (el suelo, los platos) *to wash (the floor, the dishes)*
limpiar la casa *to clean the house*
pasar la aspiradora *to vacuum*
poner la mesa *to set the table*
quitar la mesa *to clear the table*
sacar la basura *to take out the trash*
sacudir los muebles *to dust the furniture*

barrer el suelo
to sweep the floor

hacer la cama
to make the bed

LOS MUEBLES Y OTRAS COSAS

la alfombra *rug*
la almohada *pillow*
el armario *closet*
la cómoda *chest of drawers*
las cortinas *curtains*
el cuadro *painting*
el estante *bookcase; bookshelf*
la lámpara *lamp*
la luz *light*
la manta *blanket*
la mesita *side/end table*
la mesita de noche *night stand*
la pared *wall*
la pintura *painting; picture*
el sillón *armchair*
el sofá *sofa; couch*

los muebles
furniture

OTRAS PALABRAS

las afueras *suburbs; outskirts*
la agencia de bienes raíces *real estate agency*
el alquiler *rent (payment)*
el ama (m., f.) de casa *housemaker*
el barrio *neighborhood*
el edificio de apartamentos *apartment building*
el hogar *home*
el/la vecino/a *neighbor*
la vivienda *housing*

alquilar *to rent*
ensuciar *to get (something) dirty*
mudarse *to move (residences)*

Variación léxica

alcoba ⟷ aposento (*Rep. Dom.*), recámara (*Méx.*), habitación, dormitorio (*Esp.*), cuarto (*Amér. L.*), pieza (*Col., Arg.*)
apartamento ⟷ departamento (*Amér. L.*), piso (*Esp.*)
lavar los platos ⟷ fregar los trastes (*Amér. C.*)

A escuchar

 1 **Escoger** Escucha las preguntas e indica la respuesta correcta.

1. _____ Al pasillo.

   _____ Al balcón.

2. _____ En el lavaplatos.

   _____ En la mesita de noche.

3. _____ Al barrio.

   _____ A las afueras.

4. _____ En la secadora.

   _____ En la basura.

5. _____ El balcón.

   _____ Las escaleras.

6. _____ En las paredes.

   _____ En el horno.

7. _____ La estufa.

   _____ La aspiradora.

8. _____ En la alfombra.

   _____ En la alcoba.

2 **Escuchar** Escucha la conversación y completa las frases.

1. Pedro va a limpiar _____ primero.

2. Paula va a comenzar por _____.

3. Pedro le recuerda (*reminds*) a Paula que debe _____ en la alcoba de huéspedes.

4. Pedro va a _____ en el sótano.

5. Pedro también va a limpiar _____.

6. Ellos están limpiando la casa porque _____.

recursos

Text MP3s
Lección 12 | aventuras.vhlcentral.com
Lección 12

A practicar

3 Definiciones En parejas, identifiquen lo que se describe en cada descripción. Luego inventen sus propias descripciones de algunas palabras de **Preparación**.

modelo

Si vives en un apartamento, lo tienes que pagar cada mes.
Estudiante 1: Si vives en un apartamento, lo tienes que pagar cada mes.
Estudiante 2: El alquiler.

1. Es donde pones la cabeza cuando duermes.

2. Es el quehacer doméstico que haces después de comer.

3. Cubren (*they cover*) las ventanas y decoran la sala a la vez (*at the same time*).

4. Algunos ejemplos son la cómoda, la mesita y los sillones.

5. Son las personas que viven en tu barrio.

4 Emparejar Identifica los dibujos. Luego indica la letra del dibujo que corresponde a cada descripción.

_____ 1. Lo usas para tomar agua.

_____ 2. Lo necesitas para comer un bistec.

_____ 3. Necesitas este objeto para la sopa.

_____ 4. La necesitas para tomar café.

_____ 5. La necesitas para tomar vino.

_____ 6. Necesitas este objeto para limpiarte la boca después de comer.

a._____ b._____ c._____

d._____ e._____ f._____

5 Los quehaceres domésticos Trabajen en grupos para indicar quién hace los siguientes quehaceres domésticos en sus casas. Luego contesten las preguntas.

barrer el suelo	lavar la ropa	planchar la ropa
cocinar	lavar los platos	sacar la basura
hacer las camas	pasar la aspiradora	sacudir los muebles

• ¿Quién hace más quehaceres, tú o tus compañeros/as?

• ¿Cúales son los quehaceres que más te molesta hacer? ¿Por qué?

• ¿Piensas que debes hacer más quehaceres? ¿Por qué?

A conversar

 6 Dos habitaciones En parejas, describan las habitaciones que ven en las fotos. Identifiquen y describan seis muebles o adornos (*decorative items*) de cada foto y luego indiquen los quehaceres domésticos que se pueden hacer en cada habitación.

1.

2.

 7 Mi apartamento Dibuja el plano de un apartamento amueblado (*furnished*) y escribe los nombres de las habitaciones y los muebles. En parejas, un(a) compañero/a describe su apartamento mientras el/la otro/a lo dibuja. Cuando terminen, miren el dibujo. ¿Es similar al dibujo original? Hablen de los cambios que se necesitan para mejorarlo. Repitan la actividad, intercambiando los papeles (*roles*).

8 Un(a) corredor(a) de bienes raíces Trabajen en grupos para representar a un(a) corredor(a) de bienes raíces (*real estate agent*) y a sus clientes. El/La corredor(a) tiene varias casas para vender; debe mostrarlas, hablar de los muebles y del barrio que más les convienen (*suit*) a los siguientes clientes.

- Una pareja que está esperando su segundo hijo
- Una pareja de jubilados (retirees) que quiere tranquilidad
- Un grupo de estudiantes universitarios que quiere vivir fuera del campus (off-campus)
- Una familia con cinco niños

  9 ¡Corre, corre! Tu profesor(a) va a darles a ti y a tu compañero/a la información necesaria para completar esta actividad.

Ortografía

Las mayúsculas y las minúsculas

Here are some of the rules that govern the use of capital letters (**mayúsculas**) and lowercase letters (**minúsculas**) in Spanish.

Los estudiantes llegaron al aeropuerto a las dos. Luego fueron al hotel.

In both Spanish and English, the first letter of every sentence is capitalized.

Rubén Blades	**Panamá**	**Colón**	**los Andes**

The first letter of all proper nouns (names of people, countries, cities, geographical features, etc.) is capitalized.

Cien años de soledad	*Don Quijote de la Mancha*	*El País*	*Muy Interesante*

The first letter of the first word in titles of books, films, and works of art is generally capitalized, as well as the first letter of any proper names. In newspaper and magazine titles, as well as other short titles, the initial letter of each word is often capitalized.

la señora Ramos	**don Francisco**	**el presidente**	**Sra. Vives**

Titles associated with people are *not* capitalized unless they appear as the first word in a sentence. Note, however, that the first letter of an abbreviated title is capitalized.

Último	**Álex**	**MENÚ**	**PERDÓN**

Accent marks should be retained on capital letters. In practice, however, this rule is often ignored.

lunes	**viernes**	**marzo**	**primavera**

The first letter of days, months, and seasons is *not* capitalized.

español	**estadounidense**	**japonés**	**panameños**

The first letter of nationalities and languages is *not* capitalized.

Práctica Corrige las mayúsculas y minúsculas incorrectas.

1. soy lourdes romero. Soy Colombiana.
2. éste Es mi Hermano álex.
3. somos De panamá.
4. ¿es ud. La sra. benavides?
5. ud. Llegó el Lunes, ¿no?

Oraciones Lee el diálogo de las serpientes. Ordena las letras para saber de qué palabras se trata. Después escribe las letras indicadas para descubrir por qué llora Pepito.

Profesor Herrera, ¿es cierto que somos venenosas?

Sí, Pepito. ¿Por qué lloras?

m n a a P á   Ⓞ_ _ _ _ _   y a U r u g u   _ _ _Ⓞ_ _ _

s t e m r a   Ⓞ_ _ _ _ _   r o ñ e s a   _ _ _ _ _Ⓞ

i g s l é n   _ _ _Ⓞ_ _

¡ _orque _e acabo de morder la _ en _u _!

venenosas *venomous*
morder *to bite*

¡Porque me acabo de morder la lengua!
Uruguay, señora.
1 Respuestas: Panamá, martes, inglés,

recursos

LM p. 26 | Lab MP3s Lección 12 | aventuras.vhlcentral.com Lección 12

🎥 ¡Les va a encantar la casa!

Don Francisco y los estudiantes llegan a Ibarra.

SRA. VIVES ¡Hola, bienvenidos!

DON FRANCISCO Sra. Vives, le presento a los chicos. Chicos, ésta es la Sra. Vives, el ama de casa.

SRA. VIVES Encantada. Síganme, que quiero mostrarles la casa. ¡Les va a encantar!

SRA. VIVES Esta alcoba es para los chicos. Tienen dos camas, una mesita de noche, una cómoda… En el armario hay más mantas y almohadas por si las necesitan.

SRA. VIVES Ésta es la sala. El sofá y los sillones son muy cómodos. Pero, por favor, ¡no los ensucien!

SRA. VIVES Allí están la cocina y el comedor. Al fondo del pasillo hay un baño.

DON FRANCISCO Chicos, a ver… ¡atención! La Sra. Vives les va a preparar las comidas. Pero quiero que Uds. la ayuden con los quehaceres domésticos. Quiero que arreglen sus alcobas, que hagan las camas, que pongan la mesa… ¿entendido?

JAVIER No se preocupe… La vamos a ayudar en todo lo posible.

ÁLEX Sí, cuente con nosotros.

Para recordar

Before doing this **Fotonovela** section, review the previous one with this activity.

1. ¿Qué hace Álex con sus amigos todos los días?
2. ¿Por qué sabe Inés mucho de mecánica?
3. ¿Qué problema tiene el autobús?
4. ¿Quién es el señor Fonseca?

SRA. VIVES Javier, no ponga las maletas en la cama. Póngalas en el piso, por favor.

SRA. VIVES Tomen Uds. esta alcoba, chicas.

INÉS Insistimos en que nos deje ayudarla a preparar la comida.

SRA. VIVES No, chicos, no es para tanto, pero gracias por la oferta. Descansen un rato que seguramente están cansados.

ÁLEX Gracias. A mí me gustaría pasear por la ciudad.

INÉS Perdone, don Francisco, ¿a qué hora viene el guía mañana?

DON FRANCISCO ¿Martín? Viene temprano, a las siete de la mañana. Les aconsejo que se acuesten temprano esta noche. ¡Nada de televisión ni de conversaciones largas!

ESTUDIANTES ¡Ay, don Francisco!

PERSONAJES

DON FRANCISCO

JAVIER

INÉS

ÁLEX

MAITE

SRA. VIVES

Expresiones útiles

Welcoming people
¡Bienvenido(s)/a(s)!
Welcome!

Showing people around the house
Síganme, que quiero mostrarles la casa.
Follow me, I want to show you the house.
Allí están la cocina y el comedor.
The kitchen and dining room are over there.
Al fondo del pasillo hay un baño.
At the end of the hall there is a bathroom.

Telling people what to do
Quiero que la ayude(n) con los quehaceres domésticos.
I want you to help her with the household chores.
Quiero que arregle(n) su(s) alcoba(s).
I want you to straighten your room(s).
Quiero que haga(n) las camas.
I want you to make the beds.
Quiero que ponga(n) la mesa.
I want you to set the table.
Cuente con nosotros.
You can count on us.
Insistimos en que nos deje ayudarla a preparar la comida.
We insist that you let us help you make the food.
Le(s) aconsejo que se acueste(n) temprano.
I advise you to go to bed early.

Other expressions
No es para tanto.
It's not a big deal.
Gracias por la oferta.
Thanks for the offer.

¿Qué piensas?

1 **¿Cierto o falso?** Indica si las siguientes frases son **ciertas** o **falsas**. Corrige las frases falsas.

Cierto   Falso

_____   _____   1. La alcoba de los chicos tiene dos camas,
dos mesitas de noche y una cómoda.
_____

_____   _____   2. La señora Vives no quiere que Javier ponga
las maletas en la cama.
_____

_____   _____   3. El sofá y los sillones están en la sala.
_____

_____   _____   4. Los estudiantes tienen que sacudir
los muebles y sacar la basura.
_____

_____   _____   5. Los estudiantes van a preparar las comidas.
_____

2 **En la casa de Ibarra** Contesta las preguntas.

1. ¿Quién les muestra la casa a los estudiantes?
_____

2. Si Álex y Javier necesitan mantas y almohadas, ¿dónde deben buscarlas?
_____

3. ¿Quién les dice a los estudiantes que deben ayudar a la señora Vives?
_____

4. ¿Quién dice que los estudiantes pueden ayudar a preparar la comida?
_____

5. ¿A qué hora va a llegar el guía mañana?
_____

 3 **Mi casa** Dibuja el plano (*floor plan*) de una casa o un apartamento donde te gustaría vivir. Después, en parejas, comenten las actividades que se pueden realizar (*can be carried out*) en las distintas habitaciones. Pueden usar estas frases en su conversación.

Al fondo hay…	**Ésta es (la cocina).**
Allí yo (preparo la comida).	**Quiero mostrarte…**
Aquí es donde yo (pongo la basura).	

Exploración
La vivienda en el mundo hispano

Muchas casas antiguas en España y América Latina tienen un patio central. Desde el patio, se pueden ver las puertas de todas las habitaciones.

En el lago de Maracaibo, en Venezuela, hay casas que se llaman palafitos, suspendidas sobre el agua. Los palafitos son reminiscentes de la ciudad italiana de Venecia, de donde viene el nombre "Venezuela", que significa "pequeña Venecia".

Las casas colgantes (*hanging*) de Cuenca, España, son muy famosas. Estas casas están en un acantilado (*cliff*) y forman parte del paisaje único (*unique landscape*) de la ciudad.

Observaciones

- Los aztecas de México tenían sistemas de drenaje (*sewer systems*) en sus viviendas.
- La Gran Francia en Granada, Nicaragua, es una antigua casa colonial que ahora es un hotel.
- La Casa de las Gárgolas (*gargoyles*), en Santo Domingo, tiene seis gárgolas en su fachada (*façade*). Se dice que vienen de la Catedral de Santo Domingo.

Coméntalo

Con un(a) compañero/a, contesta las siguientes preguntas.

- ¿Cuál de estas viviendas te interesa más: con patio central, colgantes o palafitos? ¿Por qué?
- En tu comunidad, ¿dónde vive la mayoría de la gente: en casas o en apartamentos?
- Describe tu casa o apartamento ideal.

12.1 Formal commands

▸ Command forms are used to give orders or advice. Use formal commands with people you address as **Ud.** or **Uds.**

Hable con ellos, don Francisco.
Talk to them, Don Francisco.

Laven los platos ahora mismo.
Wash the dishes right now.

Coma frutas y verduras.
Eat fruits and vegetables.

Beban menos té y café.
Drink less tea and coffee.

▸ The **Ud.** and **Uds.** commands are formed by dropping the final **–o** of the **yo** form of the present tense. For **–ar** verbs, add **–e** or **–en**. For **–er** and **–ir** verbs, add **–a** or **–an**.

Formal commands (*Ud.* and *Uds.*)

Infinitive	Present tense *yo* form	*Ud.* command	*Uds.* command
limpiar	limpio	limpie	limpien
barrer	barro	barra	barran
sacudir	sacudo	sacuda	sacudan
decir (e:i)	digo	diga	digan
pensar (e:ie)	pienso	piense	piensen
volver (o:ue)	vuelvo	vuelva	vuelvan
servir (e:i)	sirvo	sirva	sirvan

No se preocupe...
La vamos a ayudar
en todo lo posible.

Sí, cuente
con nosotros.

▸ Verbs with irregular **yo** forms have the same irregularity in their formal commands. These verbs include **conducir, conocer, decir, hacer, ofrecer, oír, poner, salir, tener, traducir, traer, venir,** and **ver.**

Oiga, don Francisco...
Listen, Don Francisco...

Ponga la mesa, por favor.
Set the table, please.

¡Salga inmediatamente!
Leave immediately!

Hagan la cama antes de salir.
Make the bed before leaving.

▸ Stem-changing verbs maintain their stem changes in **Ud.** and **Uds.** commands.

e:ie
No **pierda** la llave.
Cierren la puerta.

o:ue
Vuelva temprano, joven.
Duerman bien, chicos.

e:i
Sirva la sopa, por favor.
Repitan las frases.

Práctica

1 Consejos para la señora González La señora González quiere mudarse. Ayúdala a organizarse, indicando el mandato (*command*) formal de cada verbo.

1. _____ [leer] los anuncios (*ads*) del periódico y _____ [guardarlos].

2. _____ [ir] personalmente y _____ [ver] las casas usted misma.

3. Decida qué casa quiere y _____ [llamar] al agente. _____ [pedirle] un contrato de alquiler.

4. _____ [alquilar] un camión (*truck*) para el día de la mudanza (*moving day*) y _____ [preguntarles] la hora exacta de llegada.

5. _____ [decirles] a todos en casa que tienen que ayudar. No _____ [decirles] que usted va a hacerlo todo.

6. _____ [tomar] tiempo para hacer las maletas tranquilamente. No _____ [hacerles] las maletas a los niños más grandes.

7. El día de la mudanza no _____ [estar] nerviosa.

8. No _____ [preocuparse]. _____ [saber] que todo va a salir bien.

2 ¿Qué dicen? Mira los dibujos y escribe un mandato lógico para cada uno.

1. _____

2. _____

3. _____

4. _____

5. _____

6. _____

Conversación

 Problemas y soluciones Trabajen en parejas para hablar de los siguientes problemas. Usen mandatos y túrnense para ofrecer soluciones.

> **modelo**
>
> Me torcí el tobillo jugando al tenis.
> Es la tercera vez.
> **Estudiante 1:** Me torcí el tobillo jugando
> al tenis. Es la tercera vez.
> **Estudiante 2:** No juegue más al tenis. /
> Vaya a ver a un médico.

1. Me enfermé después de volver de las vacaciones.
2. Mi compañero/a de cuarto y yo siempre llegamos tarde a la clase.
3. Nuestra casa es demasiado pequeña para nuestra familia.
4. Se me cayó la botella de vino que traía para la cena.
5. Se me perdió el libro de español en la biblioteca.
6. Se nos quedaron los pasajes en casa. El avión sale en una hora.
7. ¡Se me olvidó estudiar para el examen!

4 **Un programa de consejos** En parejas, túrnense para representar los papeles de una persona que da consejos en la radio y los radioyentes (*radio listeners*) que la llaman con los siguientes problemas.

- problemas sentimentales o familiares
- problemas académicos
- problemas con los amigos
- problemas financieros
- problemas médicos
- problemas con la casa o el apartamento
- problemas con el coche

5 **Un anuncio de televisión** En grupos, presenten un anuncio de televisión (*TV commercial*) a la clase. Debe tratar de (*be about*) un detergente, un electrodoméstico o una agencia de bienes raíces. Usen mandatos, los pronombres relativos (**que, quien(es)** o **lo que**) y el **se** impersonal.

> **modelo**
>
> Compre el lavaplatos Corona. Tiene todo lo que usted desea. Es el lavaplatos que mejor funciona. Venga a verlo ahora mismo... No pierda ni un minuto más. Se aceptan tarjetas de crédito.

 6 **Investigación** Tu profesor(a) va a darles a ti y a tu compañero/a la información necesaria para completar esta actividad.

Irregular commands

▶ Verbs ending in **-car, -gar,** and **-zar** have a spelling change in the command forms.

sacar	c	qu	saque, saquen
jugar	g	gu	juegue, jueguen
almorzar	z	c	almuerce, almuercen

▶ The following verbs have irregular formal commands.

INFINITIVE	Ud. COMMAND	Uds. COMMAND
dar	dé	den
estar	esté	estén
ir	vaya	vayan
saber	sepa	sepan
ser	sea	sean

▶ To make a command negative, place **no** before the verb.

> **No ponga** las maletas en la cama.
> *Don't put the suitcases on the bed.*
>
> **No ensucien** los sillones.
> *Don't get the armchairs dirty.*

▶ In affirmative commands, reflexive and object pronouns are attached to the end of the verb. Note that when a pronoun is attached to a verb that has two or more syllables, an accent mark is added.

> Siénten**se**, por favor.
> Díga**melo**.
>
> Acuésten**se** ahora.
> Póngan**las** en el suelo, por favor.

▶ In negative commands, the pronouns precede the verb.

> No **se** preocupe.
> No **me lo** dé.
>
> No **los** ensucien.
> No **nos las** traigan.

▶ **Ud.** and **Uds.** can be used after command forms for a more formal, polite tone.

> **Muéstrele usted** la foto a su amigo.
> *Show the photo to your friend.*
>
> **Tomen ustedes** esta alcoba.
> *Take this bedroom.*

¡Manos a la obra!

 Indica los mandatos (*commands*) afirmativos y negativos.

	Afirmativo	Negativo
1. escucharlo (Ud.)	Escúchelo	No lo escuche
2. decírmelo (Uds.)	_____	_____
3. salir (Ud.)	_____	_____
4. servírnoslo (Uds.)	_____	_____
5. barrerla (Ud.)	_____	_____
6. hacerlo (Ud.)	_____	_____
7. ir (Uds.)	_____	_____
8. sentarse (Uds.)	_____	_____

12.2 The present subjunctive

▶ The subjunctive mood expresses the speaker's attitude toward events, actions, or states that the speaker views as uncertain or hypothetical.

Present subjunctive of regular verbs

	hablar	comer	escribir
yo	hable	coma	escriba
tú	hables	comas	escribas
Ud./él/ella	hable	coma	escriba
nosotros/as	hablemos	comamos	escribamos
vosotros/as	habléis	comáis	escribáis
Uds./ellos/ellas	hablen	coman	escriban

▶ To form the present subjunctive of regular verbs, drop the **–o** ending from the **yo** form of the present indicative, and replace it with the subjunctive endings.

INFINITIVE	PRESENT INDICATIVE	PRESENT SUBJUNCTIVE
hablar	hablo	hable
comer	como	coma
escribir	escribo	escriba

▶ The present subjunctive endings are:

  –ar verbs; **–e, –es, –e, –emos, –éis, –en**
  –er and –ir verbs: **–a, –as, –a, –amos, –áis, –an**

▶ Verbs with irregular **yo** forms in the present indicative tense have the same irregularity in the present subjunctive.

INFINITIVE	PRESENT INDICATIVE	PRESENT SUBJUNCTIVE
conducir	conduzco	conduzca
conocer	conozco	conozca
decir	digo	diga
✓hacer	hago	haga
ofrecer	ofrezco	ofrezca
oír	oigo	oiga
parecer	parezco	parezca
poner	pongo	ponga
tener	tengo	tenga
traducir	traduzco	traduzca
traer	traigo	traiga
venir	vengo	venga
ver	veo	vea

▶ Verbs ending in **-car, -gar,** and **-zar** have a spelling change in all forms of the present subjunctive.

sacar	saque, saques, saque, saquemos, saquéis, saquen
jugar	juegue, juegues, juegue, juguemos, juguéis, jueguen
almorzar	almuerce, almuerces, almuerce, almorcemos, almorcéis, almuercen

Práctica

1 Emparejar Completa las oraciones conjugando los verbos indicados. Luego empareja las oraciones del primer grupo con las del segundo grupo.

A

1. Es mejor que _____ [nosotros, cenar] en casa.
2. Es importante que _____ [yo, tomar] algo para el dolor de cabeza.
3. Señora, es urgente que le _____ [yo, sacar] la muela. Parece que tiene una infección.
4. Es malo que Ana les _____ [dar] tantos dulces a los niños.
5. Es necesario que _____ [Uds., llegar] a la una de la tarde.
6. Es importante que _____ [nosotros, acostarse] temprano.

B

a. Es importante que _____ [ellos, comer] más verduras.
b. No, es mejor que _____ [nosotros, salir] a comer.
c. Y yo creo que es urgente que _____ [tú, llamar] al médico.
d. En mi opinión, no es necesario que _____ [nosotros, dormir] tanto.
e. ¿Ah, sí? ¿Es necesario que me _____ [yo, tomar] un antibiótico también?
f. Para llegar a tiempo, es necesario que _____ [nosotros, almorzar] temprano.

2 Oraciones Combina los elementos de las tres columnas para formar frases.

Expresiones	Sujetos	Actividades
Es bueno que	yo	hacer la cama
Es mejor que	mi hermano	levantarse
Es malo que	los padres	sacar la basura
Es importante que	Oprah Winfrey	gritar
Es necesario que	mis amigos	lavar los platos
Es urgente que	Jennifer López	cocinar
	mi profesor(a)	barrer el suelo
		despertarse
		ensuciar
		comer

Conversación

3 **Minidiálogos** En parejas, completen los minidiálogos de una manera lógica usando el subjuntivo.

modelo

Miguelito: Mamá, no quiero arreglar mi cuarto.
Sra. Casas: **Es necesario que lo arregles. Y es importante que sacudas los muebles también.**

MIGUELITO Mamá, no quiero estudiar. Quiero salir a jugar con mis amigos.
SRA. CASAS (1) _____.

• • •

MIGUELITO Mamá, es que no me gustan las verduras. Prefiero comer pasteles.
SRA. CASAS (2) _____.

• • •

MIGUELITO ¿Tengo que poner la mesa, mamá?
SRA. CASAS (3) _____.

• • •

MIGUELITO No me siento bien, mamá. Me duele todo el cuerpo y tengo fiebre.
SRA. CASAS (4) _____.

4 **Entrevista** En parejas, usen estas preguntas para entrevistarse. Expliquen sus respuestas.

1. ¿Es importante que los niños ayuden con los quehaceres domésticos?

2. ¿Es urgente que los norteamericanos aprendan otras lenguas?

3. Si un(a) norteamericano/a quiere aprender francés, ¿es mejor que lo aprenda en Francia?

4. En tu universidad, ¿es necesario que los estudiantes vivan en residencias estudiantiles?

5. ¿Es bueno que todos los estudiantes practiquen algún deporte?

6. ¿Es importante que todos los estudiantes asistan a las clases?

▶ **-Ar** and **-er** stem-changing verbs have the same stem changes in the present subjunctive and present indicative tenses.

pensar (e:ie)	**piense, pienses, piense, pensemos, penséis, piensen**
mostrar (o:ue)	**muestre, muestres, muestre, mostremos, mostréis, muestren**
entender (e:ie)	**entienda, entiendas, entienda, entendamos, entendáis, entiendan**
volver (o:ue)	**vuelva, vuelvas, vuelva, volvamos, volváis, vuelvan**

▶ **–Ir** stem-changing verbs maintain the stem changes of the present indicative in the present subjunctive. In addition, the **nosotros/as** and **vosotros/as** forms also undergo a stem change from unstressed **e** to **i** or unstressed **o** to **u**.

pedir (e:i)	**pida, pidas, pida, pidamos, pidáis, pidan**
sentir (e:ie)	**sienta, sientas, sienta, sintamos, sintáis, sientan**
dormir (o:ue)	**duerma, duermas, duerma, durmamos, durmáis, duerman**

▶ These five verbs are irregular in the present subjunctive.

Irregular verbs in the present subjunctive

	dar	estar	ir	saber	ser
yo	dé	esté	vaya	sepa	sea
tú	des	estés	vayas	sepas	seas
Ud./él/ella	dé	esté	vaya	sepa	sea
nosotros/as	demos	estemos	vayamos	sepamos	seamos
vosotros/as	deis	estéis	vayáis	sepáis	seáis
Uds./ellos/ellas	den	estén	vayan	sepan	sean

¡ojo! The subjunctive form of **hay** (*there is, there are*) is **haya**.

General uses of the subjunctive

▶ The subjunctive is used following verbs that express: 1) will and influence, 2) emotion, 3) doubt, disbelief, and denial, or 4) indefiniteness and non-existence.

▶ The subjunctive is usually used in complex sentences that consist of a main clause and a subordinate clause. The main clause contains a verb or expression that triggers the use of the subjunctive. The word **que** connects the subordinate clause to the main clause.

▶ Some expressions are always followed by clauses in the subjunctive. These include:

Es bueno (malo, mejor) que...
It's good (bad, better) that...

Es importante (necesario, urgente) que...
It's important (necessary, urgent) that...

Es mejor que vayas con él.
It's better that you go with him.

Es urgente que sepa la verdad.
It's urgent that she know the truth.

12.3 Subjunctive with verbs of will and influence

▸ The subjunctive is used with verbs and expressions of will and influence.

Quiero que tengas **dientes más blancos.**

▸ Verbs of will and influence are often used when someone wants to affect the actions or behavior of other people.

Enrique **quiere** que **salgamos** a cenar.
Enrique wants us to go out for dinner.

Paola **prefiere** que **cenemos** en casa.
Paola prefers that we have dinner at home.

Ana **insiste** en que la **llamemos.**
Ana insists that we call her.

Mi madre nos **ruega** que **vayamos** a verla.
My mother begs us to come see her.

▸ Here are some verbs of will and influence.

Verbs of will and influence

aconsejar	*to advise*	pedir (e:i)	*to ask (for)*
desear	*to wish; to desire*	preferir (e:ie)	*to prefer*
importar	*to be important; to matter*	prohibir	*to prohibit*
		querer (e:ie)	*to want*
insistir (en)	*to insist (on)*	recomendar (e:ie)	*to recommend*
mandar	*to order*	rogar (o:ue)	*to beg; to plead*
necesitar	*to need*	sugerir (e:ie)	*to suggest*

▸ Some impersonal expressions convey will or influence, such as **es necesario que, es importante que, es mejor que,** and **es urgente que.**

Es importante que duermas bien.
It's important that you sleep well.

Es urgente que él lo **haga** hoy.
It's urgent that he do it today.

▸ When the main clause contains an expression of will or influence and the subordinate clause has a different subject, the subjunctive is required.

Main clause	Connector	Subordinate clause
VERB OF WILL	↓	SUBJUNCTIVE
Mi mamá prefiere	**que**	**yo saque la basura.**

Práctica

1 Entre amigas Completa el diálogo con las palabras indicadas.

cocina	haga	quiere	sea
comas	ponga	saber	ser
diga	prohíbe	sé	vaya

IRENE Tengo problemas con Vilma. ¿Qué me recomiendas que le (1) _____?

JULIA Necesito (2) _____ más para aconsejarte.

IRENE Me (3) _____ que traiga dulces a la casa.

JULIA Tiene razón. Es mejor que tú no (4) _____ dulces.

IRENE Quiero que (5) _____ más flexible. Pero insiste en que yo (6) _____ todo en la casa.

JULIA Yo (7) _____ que Vilma (8) _____ y hace los quehaceres todos los días.

IRENE Sí, pero siempre me pide que (9) _____ los cubiertos en la mesa y que (10) _____ al sótano por las servilletas.

JULIA ¡Vilma sólo (11) _____ que ayudes en la casa!

2 Unos consejos Lee lo que dice cada persona. Luego da consejos lógicos usando verbos como **aconsejar, recomendar** y **prohibir.** Tus consejos deben ser diferentes de lo que la persona quiere hacer.

modelo
El presidente: Quiero comprar la Casa Blanca.
Le aconsejo que compre otra casa.

1. **Tu mamá:** Pienso poner la secadora en la entrada de la casa.

2. **Martha Stewart:** Voy a ir a la gasolinera para comprar unas elegantes copas de cristal.

3. **Tu amigo:** Voy a ponerme mi traje de baño en la clase.

4. **Tu primo:** Voy a comprar tazas y platos en el taller El Coche Feliz.

5. **Tu profesora:** No voy a poner servilletas para los cuarenta invitados.

6. **Enrique Iglesias:** Pienso poner todos mis muebles nuevos en el altillo.

7. **Shakira:** Hay una fiesta en mi casa esta noche, pero no quiero arreglar la casa.

8. **Tu papá:** Hoy no tengo ganas de hacer las camas.

Conversación

Preguntas En parejas, túrnense para contestar las preguntas. Usen el subjuntivo.

1. ¿Te dan consejos tus amigos? ¿Qué te aconsejan? ¿Aceptas sus consejos? ¿Por qué?

2. ¿Qué te sugieren tus profesores antes de terminar los cursos que tomas?

3. ¿Insisten tus amigos en que salgas mucho con ellos?

4. ¿Qué quieres que te regalen tu familia y tus amigos/as para tu cumpleaños?

5. ¿Qué le recomiendas tú a un(a) amigo/a que no quiere salir los sábados con su novio/a?

6. ¿Qué les aconsejas a los nuevos estudiantes de tu universidad?

Recomendaciones En parejas, preparen una lista de seis personas famosas. Un(a) estudiante da el nombre de una persona famosa y el/la otro/a le da un consejo.

modelo

Estudiante 1: Judge Judy.
Estudiante 2: Le recomiendo que sea más simpática con la gente.
Estudiante 1: Leonardo DiCaprio.
Estudiante 2: Le aconsejo que haga más películas.

5 **El apartamento de Luisa** En parejas, miren la ilustración y denle consejos a Luisa sobre cómo arreglar su apartamento. Usen expresiones impersonales y verbos como **aconsejar, sugerir** y **recomendar.**

modelo

Es mejor que arregles el apartamento más a menudo.
Te aconsejo que no dejes para mañana lo que puedas hacer hoy.

> *Quiero que arreglen sus alcobas, que hagan las camas, que pongan la mesa...*

> *...y les aconsejo que se acuesten temprano esta noche.*

▶ Indirect object pronouns are often used with verbs of permission, suggestion or request, such as **aconsejar, mandar, pedir, recomendar, rogar** and **sugerir**.

Te aconsejo que estudies.
I advise you to study.

Le sugiero que vaya a casa.
I suggest that he go home.

Les recomiendo que barran el suelo.
I recommend that you sweep the floor.

Le ruego que no venga.
I beg you not to come.

▶ Note that all the forms of **prohibir** in the present tense carry a written accent, except for the **nosotros** form: **prohíbo, prohíbes, prohíbe, prohibimos, prohibís, prohíben.**

Ella les **prohíbe** que miren la televisión.
She prohibits them from watching television.

Nos **prohíben** que nademos en la piscina.
They prohibit us from swimming in the pool.

▶ The infinitive is used with expressions of will and influence if there is no change of subject.

No quiero **sacudir** los muebles.
I don't want to dust the furniture.

Paco prefiere **descansar**.
Paco prefers to rest.

Es importante **sacar** la basura.
It's important to take out the trash.

No es necesario **quitar** la mesa.
It's not necessary to clear the table.

¡Manos a la obra!

 Completa cada oración con la forma correcta del verbo indicado.

1. Te sugiero que ___vayas___ [ir] con ella al supermercado.
2. Él necesita que yo le _____ [prestar] dinero.
3. No queremos que tú _____ [hacer] nada especial para nosotros.
4. Mis papás quieren que yo _____ [limpiar] mi cuarto.
5. Nos piden que la _____ [ayudar] a preparar la comida.
6. Quieren que tú _____ [sacar] la basura todos los días.
7. Quiero _____ [descansar] esta noche.
8. Es importante que ustedes _____ [limpiar] la casa.
9. Su tía les manda que _____ [poner] la mesa.
10. Te aconsejo que no _____ [salir] con él.
11. Mi tío insiste en que mi prima _____ [hacer] la cama.
12. Prefiero _____ [ir] al cine.
13. Es necesario _____ [estudiar].
14. Recomiendo que ustedes _____ [pasar] la aspiradora.

Repaso

12.1 Formal commands

1 Los consejos de la abuela La abuela les da muchos consejos a sus nietos. Completa los consejos con los mandatos formales de los verbos entre paréntesis.

> **modelo**
> (plachar) **Planchen** su ropa.

1. (poner) No _____ el volumen del estéreo muy alto.
2. (hacer) _____ su cama después de levantarse.
3. (recoger) _____ su ropa del piso.
4. (lavar) _____ sus platos después de cenar.
5. (terminar) _____ la tarea antes de salir a la calle.
6. (ver) No _____ la televisión hasta la medianoche.

2 Órdenes Don José nunca está de acuerdo (*to agree*) con doña Lupe. Usa la información entre paréntesis para formar las órdenes que don José le da a doña Lupe.

> **modelo**
> Doña Lupe: Me voy a descansar.
> Don José: (comenzar a preparar la cena)
> **No vaya a descansar. Comience a preparar la cena.**

DOÑA LUPE Voy a apagar la luz del garaje.
DON JOSÉ (Dejarla así) (1) _____

DOÑA LUPE Voy a almorzar huevos con jamón.
DON JOSÉ (Almorzar carne con papas) (2) _____

DOÑA LUPE Voy a lavar y secar los platos.
DON JOSÉ (Ponerlos en el lavaplatos) (3) _____

DOÑA LUPE Voy a ver la televisión.
DON JOSÉ (Hacer ejercicios) (4) _____

DOÑA LUPE Voy a sacar la basura en la noche.
DON JOSÉ (Sacarla en la mañana) (5) _____

DOÑA LUPE Voy a quitar los libros del estante.
DON JOSÉ (No ser desordenada) (6) _____

3 Mi casa La señora Josefina está de vacaciones y les pide a sus hijos que hagan algunos quehaceres. En parejas, escriban algunos mandatos formales con los verbos **dar, estar, ir, saber** y **ser**.

> **modelo**
> **Vayan a la alcoba y pasen la aspiradora por la alfombra.**

12.2 The present subjunctive

4 Es importante que... Forma frases con **es importante que...** y los siguientes elementos.

> **modelo**
> tú / ir / pagar / el alquiler
> **Es importante que tú vayas a pagar el alquiler.**

1. nosotros / dormir / siesta / en la tarde
2. los adolescentes / saber / hacer / quehaceres domésticos
3. ustedes / conocer / vecinos
4. yo / ser / ordenado / la cocina
5. siempre / haber / comida / refrigerador
6. el vecino / estar / su apartamento / noche

5 El apartamento ideal En parejas, describan el apartamento ideal. Digan el número de habitaciones y los muebles que desean tener en cada habitación. Usen el subjuntivo.

> **modelo**
> **Es necesario que mi apartamento tenga tres alcobas y una oficina. Es importante que... También es necesario que...**

12.3 Subjunctive with verbs of will and influence

6 Los quehaceres domésticos Di lo que cada persona quiere que se haga.

> **modelo**
> Los vecinos (pedir) / tú (barrer el jardín)
> **Los vecinos piden que tú barras el jardín. / Los vecinos te piden que barras el jardín.**

1. El ama de casa (querer) / los chicos (sacudir los estantes)
2. Yo (preferir) / nosotros (usar el lavaplatos)
3. Raúl (insistir) / yo (apagar la luz del pasillo)
4. Tú (desear) / Sandra (cocinar la cena)
5. Nosotros (necesitar) / José y tú (poner las copas en la mesa)
6. Ustedes (rogar) / Esteban (planchar la ropa)

7 ¿Dónde quieres que lo ponga? Hoy es el día de tu mudanza (*moving day*) y tus amigos te preguntan dónde quieres poner las cosas en tu nueva casa. En parejas, hagan preguntas y respuestas usando el subjuntivo y los verbos **desear**, **preferir** y **querer**.

modelo

Estudiante 1: ¿Dónde deseas que pongamos estas pinturas?
Estudiante 2: Deseo que pongan las pinturas en el sótano. / Deseo que las pongan en el sótano.

- alfombras
- platos
- vasos
- almohadas
- cortinas
- mesa
- cuadro
- lámparas
- mantas
- sillón
- cómoda
- mesita

8 ¡Por favor! Tus padres van a visitar tu apartamento, por lo que necesitas ayuda para limpiarlo. En parejas, escriban qué les vas a pedir a tus compañeros de cuarto. Usen el subjuntivo y los verbos **necesitar**, **pedir** y **rogar**.

modelo

Por favor, necesito que hagan sus camas y arreglen sus cuartos.

Síntesis

9 Una fiesta en el jardín En parejas, imaginen que son vecinos/as y están organizando una fiesta en el jardín de su edificio de apartamentos. Preparen una conversación sobre los preparativos (*arrangements*) que tienen que hacer. Usen los mandatos formales y el subjuntivo.

modelo

Estudiante 1: Para la fiesta del domingo, necesito que usted limpie las mesas del jardín.
Estudiante 2: Así lo voy a hacer. Usted compre la comida y vaya por el pastel.

Ritmos hispanos

Olga Tañon:
Una cantante de merengue

Olga Tañón es una de las cantantes más populares de música merengue. Nació en Santurce, Puerto Rico en 1967. En los años ochenta entró a formar parte del grupo musical *Las nenas de Ringo y Josie,* y más tarde *Chantell,* un grupo integrado por sólo mujeres. En 1991 inició su carrera como solista y en 1992 grabó su primer álbum el cual fue cien por ciento merengue. En sus próximos trabajos, además de merengue, también incluyó cumbia, salsa, baladas y música tejana. En cuanto a los temas de sus canciones, muestra a veces su lado feminista y escribe mensajes sobre el respeto a las mujeres. Durante su carrera profesional ha sido galardonada con varios premios Grammy. En el año 2002 cantó junto a Bono y otros artistas en la reunión del Foro Económico Mundial.

Discografía selecta

- *Sola* (1992)
- *Mujer de fuego* (1993)
- *Siente el amor* (1994)
- *Nuevos senderos* (1996)
- *Olga Viva, Viva Olga* (1999; Grammy Latino al Mejor Álbum de Merengue)
- *Yo por ti* (2001; premio Grammy Latino, 5 premios Lo Nuestro)
- *Una nueva mujer* (2005)

Para más información sobre la artista, su música y sus canciones, visita **aventuras.vhlcentral.com**.

reina queen **integrado por** made up of **carrera** career **grabó** recorded **el cual** which **cien por ciento** one hundred percent **En cuanto a** As for **lado** side **galardonada** awarded **premios** awards **junto a** along with **Foro** Forum **fuego** fire **senderos** trails

Ampliación

1 Escuchar

A Mira los anuncios en esta página y escucha la conversación entre el señor Núñez, Adriana y Felipe. Luego indica si cada descripción se refiere a la casa ideal de Adriana y Felipe, a la casa del anuncio o al apartamento del anuncio.

 TIP Use visual cues. Visual cues, like illustrations and headings, provide useful cues about what you will hear. For example, what sort of visuals might appear in a real estate ad?

18G

Bienes raíces

 Se vende.
4 alcobas, 3 baños, cocina moderna, jardín con árboles frutales.
B/. 225.000

 Se alquila.
2 alcobas, 1 baño.
Balcón. Urbanización Las Brisas. 525

Descripciones	La casa ideal	La casa del anuncio	El apartamento del anuncio
1. Es barato.	☐	☐	☐
2. Tiene cuatro alcobas.	☐	☐	☐
3. Tiene una oficina.	☐	☐	☐
4. Tiene un balcón.	☐	☐	☐
5. Tiene una cocina moderna.	☐	☐	☐
6. Tiene un jardín muy grande.	☐	☐	☐
7. Tiene un patio.	☐	☐	☐

B Usa la información de los dibujos y la conversación para entender lo que dice Adriana al final. ¿Qué significa "todo a su debido tiempo"?

2 Conversar

Con un(a) compañero/a, preparen una conversación entre el doctor Freud y un(a) paciente que lo consulta sobre un problema personal (la familia, el/la novio/a, etc.). Luego presenten la conversación a la clase.

modelo

Estudiante 1: Buenos días, doctor Freud, me llamo Alicia. Mi mamá no quiere que yo vaya a ver a mis amigas. No le importa que me aburra. Me prohíbe conducir por la noche.

recursos

WB pp. 121–126	LM pp. 69–71	Text MP3s Lección 12	Lab MP3s Lección 12	aventuras.vhlcentral.com Lección 12

Ampliación

③ Escribir

Eres el/la administrador(a) de un edificio de apartamentos. Prepara un contrato de arrendamiento (*lease*) para los nuevos inquilinos (*tenants*).

TIP **Use linking words.** To make your writing more sophisticated, use linking words to connect simple sentences or ideas. Some common linking words are: **y, o, cuando, mientras, pero, porque, pues, que, quien(es),** and **sino**.

Organízalo	Utiliza un mapa de ideas para organizar la información sobre las fechas del contrato, el precio del alquiler y otros aspectos importantes.
Escríbelo	Escribe el primer borrador de tu contrato de arrendamiento.
Corrígelo	Intercambia el contrato con un(a) compañero/a. Anota los aspectos mejor escritos (*written*), especialmente el uso de las palabras de enlace (*linking words*). Ofrécele sugerencias, y si ves algunos errores, coméntaselos.
Compártelo	Revisa el primer borrador según las indicaciones de tu compañero/a. Incorpora nuevas ideas y/o más información si es necesario, antes de escribir la versión final.

Here are some technical terms that might help you in writing your contract:

arrendatario *tenant*

arrendador *landlord*

propietario *owner*

estipulaciones *stipulations*

parte *party*

de anticipación, de antelación *in advance*

④ Un paso más

Imagina que quieres construir una casa de vacaciones en un país hispano. Prepara para la clase una presentación sobre la casa. Toma en cuenta las siguientes preguntas.

- ¿Dónde quieres construir la casa? ¿Prefieres que esté en la selva (*jungle*), en una isla, en una montaña o en un lugar con vista al mar?

- ¿Cómo va a ser la casa? ¿Quieres que sea grande? ¿Cuántos pisos y cuántos cuartos va a tener?

- ¿Qué efectos visuales puedes usar para hacer más interesante la presentación? ¿Tienes mapas, fotos o planos (*blueprints*) de la casa?

- ¿Qué muebles quieres poner en cada cuarto?

En Internet

Investiga estos temas en el sitio aventuras.vhlcentral.com.

- Lugares turísticos del mundo hispano
- Agencias de bienes raíces en el mundo hispano
- Mueblerías (*furniture stores*) en el mundo hispano

Antes de leer

Did you know that a text written in Spanish is often longer than the same text written in English? Because the Spanish language often uses more words to express ideas, you may encounter a few long sentences when reading in Spanish. Of course, the length of sentences varies with genre and with authors' individual styles. To help you understand long sentences, identify the main parts of the sentence before trying to read it in its entirety. First, locate the main verb of the sentence, along with its subject, ignoring any words or phrases set off by commas. Then re-read the sentence, adding details like direct and indirect objects, transitional words, and prepositional phrases. Practice this strategy on a few sentences from this reading selection.

¡Bienvenidos a la Casa Colorada!

La Casa Colorada es un atractivo edificio de estilo colonial, construido en 1769. Está situado en el centro de Santiago de Chile, en la calle Merced. En sus orígenes fue la vivienda de Mateo de Toro y Zambrano, un aristócrata chileno conocido por sus actividades en el ejército, los negocios y la administración de la ciudad. En la actualidad, la Casa Colorada no está habitada por nadie.

El edificio se convirtió en un espacio público en el siglo XX y en su interior están el Museo de Santiago, la Oficina de Turismo y la Fundación de Vicente Huidobro, donde se encuentra abundante información sobre la vida y la obra de este escritor chileno. El Museo de Santiago ofrece una exhibición permanente sobre la historia de la ciudad, desde la época precolombina hasta nuestros días.

La Casa Colorada es una obra del arquitecto portugués Joseph de la Vega. Los materiales fundamentales que se utilizaron en su construcción fueron el adobe, la madera y la cal. Desde el primer momento, esta casa se convirtió en el centro de atención de la sociedad santiaguina por la elegancia de su diseño. Además, una característica que la diferenciaba de otras viviendas del mismo estilo arquitectónico es que su fachada estaba recubierta de piedra hasta el primer piso. El edificio empezó a llamarse Casa Colorada en 1888, año en que pintaron su fachada de color rojo.

La composición exterior del edificio es simétrica. En el centro de la fachada hay una gran puerta que sirve de acceso principal a la vivienda; a los lados se ven unos arcos que forman puertas adicionales en el primer piso y ventanas con balcones de hierro forjado en el segundo. Otra característica interesante del exterior de la casa es la elevación triangular del tejado sobre la puerta principal.

Después de leer

¿Comprendiste?

Completa las frases con las palabras adecuadas.

1. En el siglo XVIII, Mateo de Toro y Zambrano, un aristócrata de _____ , vivió en la Casa Colorada.
2. Ahora _____ vive en la Casa Colorada.
3. El exterior de la casa es de color _____ .
4. La _____ principal está en el centro de la fachada.
5. Los materiales que se utilizaron en su construcción fueron _____ .
6. En el Museo de Santiago hay una exhibición sobre la _____ de la ciudad.

Preguntas

1. ¿Cómo se llamaba el arquitecto de la Casa Colorada?
   _____

2. ¿Cuándo se construyó la Casa Colorada?
   _____

3. ¿Cuándo se convirtió en lugar público?
   _____

4. ¿Por qué este edificio se llama la Casa Colorada?
   _____

5. ¿Por qué la Casa Colorada se diferenciaba de otras viviendas del mismo estilo arquitectónico?
   _____

6. ¿Dónde están el Museo de Santiago, la Oficina de Turismo y la Fundación de Vicente Huidobro?
   _____

Coméntalo

¿Te gustaría visitar la Casa Colorada? ¿Por qué? ¿Te gustaría vivir en una casa similar a ésta? Explica tu respuesta. ¿Hay edificios históricos en tu ciudad o comunidad? Descríbelos.

ejército	army
negocios	business
En la actualidad	At the present time
siglo	century
obra	work
madera	wood
cal	lime
santiaguina	of Santiago
diseño	design
fachada	façade
recubierta de piedra	covered with stone
hierro forjado	wrought iron
tejado	roof

recursos

aventuras.vhlcentral.com
Lección 12

La casa y sus cuartos

la alcoba	bedroom
el altillo	attic
el balcón	balcony
la cocina	kitchen
el comedor	dining room
la entrada	entrance
la escalera	stairs; stairway
el garaje	garage
el jardín	garden; yard
la oficina	office
el pasillo	hallway
el patio	patio
la sala	living room
el sótano	basement; cellar

Los muebles y otras cosas

la alfombra	rug
la almohada	pillow
el armario	closet
la cómoda	chest of drawers
las cortinas	curtains
el cuadro	painting
el estante	bookcase; bookshelf
la lámpara	lamp
la luz	light
la manta	blanket
la mesita	side/end table
la mesita de noche	night stand
los muebles	furniture
la pared	wall
la pintura	painting; picture
el sillón	armchair
el sofá	couch; sofa

Los quehaceres domésticos

arreglar	to neaten; to straighten up
barrer el suelo	to sweep the floor
cocinar	to cook
hacer la cama	to make the bed
hacer los quehaceres domésticos	to do household chores
lavar (el suelo, los platos)	to wash (the floor, the dishes)
limpiar la casa	to clean the house
pasar la aspiradora	to vacuum
planchar la ropa	to iron clothes
poner la mesa	to set the table
quitar la mesa	to clear the table
sacar la basura	to take out the trash
sacudir los muebles	to dust the furniture

Los electrodomésticos

la estufa	stove
los electrodomésticos	electrical appliances
el horno (de microondas)	(microwave) oven
la lavadora	washing machine
el lavaplatos	dishwasher
el refrigerador	refrigerator
la secadora	clothes dryer

La mesa

la copa	wineglass; goblet
la cuchara	spoon
el cuchillo	knife
el plato	plate
la servilleta	napkin
la taza	cup
el tenedor	fork
el vaso	glass

Otras palabras

las afueras	suburbs; outskirts
la agencia de bienes raíces	real estate agency
el alquiler	rent (payment)
el ama (m., f.) de casa	housemaker
el barrio	neighborhood
el edificio de apartamentos	apartment building
el hogar	home
el/la vecino/a	neighbor
la vivienda	housing
alquilar	to rent
ensuciar	to get (something) dirty
mudarse	to move (residences)

Expresiones útiles	See page 311.
Verbs and expressions of will and influence	See page 318.

recursos

Text MP3s
Lección 12

aventuras.vhlcentral.com
Lección 12

AVENTURAS EN LOS PAÍSES HISPANOS

La ropa tradicional de los guatemaltecos se llama *huipil* y muestra el amor de la cultura maya por la naturaleza *(nature)*. Tiene colores vivos y los diseños *(designs)* indican el origen, la edad y el sexo de la persona que lo lleva.

AMÉRICA CENTRAL I

Guatemala

Área: 108.890 km² (42.042 millas²)
Población: 12.952.000
Capital: Ciudad de Guatemala – 3.869.000
Ciudades principales: Quetzaltenango, Escuintla, Mazatenango, Puerto Barrios
Moneda: quetzal

SOURCE: Population Division, UN Secretariat

Honduras

Área: 112.492 km² (43.870 millas²)
Población: 7.199.000
Capital: Tegucigalpa – 1.120.000
Ciudades principales: San Pedro Sula, El Progreso
Moneda: lempira

SOURCE: Population Division, UN Secretariat

El Salvador

Área: 21.040 km² (8.124 millas²)
Población: 6.876.000
Capital: San Salvador – 1.533.000
Ciudades principales: Apopa, Santa Ana, San Miguel
Moneda: colón

SOURCE: Population Division, UN Secretariat

MÉXICO

Sierra de Lacandón

Río Usumacinta

Lago Petén Itza

Río de la Pasión

BELICE

Golfo de Honduras

Lago de Izabal

Puerto Barrios

La Ceiba

San Pedro Sula

Sierra Madre

GUATEMALA

Río Motagua

Sierra Espíritu Santo

El Progreso

Sierra Rijol

Lago de Atitlán

Ciudad de Guatemala

Sierra Grita

Lago de Yojoa

Quetzaltenango

Lago de Guija

Tegucigalpa

Mazatenango

Antigua Guatemala

Río Lempa

Escuintla

Río de la Paz

Santa Ana

San Salvador

San Miguel

Río Cholutec

La Libertad

Río Lempa

La Unión

EL SALVADOR

Océano Pacífico

Ciudades

La Antigua Guatemala

La Antigua Guatemala era la capital del país, hasta que un terremoto *(earthquake)* la destruyó *(destroyed)* en 1773. Tiene una arquitectura colonial hermosa y es un importante centro turístico de Guatemala. La Antigua Guatemala es también muy famosa en el mundo por su celebración anual de la Semana Santa *(Holy Week)*.

Mar Caribe

Islas de la Bahía

HONDURAS

Sierra de Payas

Río Patuca

Montañas de Colón

Río Coco

Laguna de Caratasca

NICARAGUA

COSTA RICA

recursos

| WB pp. 127–128 | VM pp. 217–220 | VCD-ROM Lección 12 | aventuras.vhlcentral.com Lección 12 |

Lugares

Copán

Copán está en Honduras, en el límite (*border*) con Guatemala. Miles de turistas van a las ruinas mayas de Copán durante todo el año. Los mayas fueron una antigua (*ancient*) civilización indígena que vivió en el sur de México, Guatemala, Honduras y El Salvador por más de 2.000 años. Era una civilización muy avanzada. Construyeron (*they built*) pirámides, templos y observatorios. También descubrieron (*discovered*) y usaron el cero antes que los europeos e hicieron un calendario complejo y preciso. Una de las actividades más importantes de Copán era la astronomía. Allí se hacían congresos (*conventions*) de astrónomos.

Naturaleza

El Parque Nacional Montecristo

El Parque Nacional Montecristo está en el norte de El Salvador, en el límite con Honduras y Guatemala. Este bosque (*forest*) tiene árboles (*trees*) muy altos que forman una bóveda (*vault*) natural. La luz del sol no puede pasar a través de (*through*) ella. El bosque tiene un 100% de humedad. Allí hay muchas especies interesantes de plantas y animales, como orquídeas, hongos (*fungi*), pumas, quetzales y tucanes.

¿Qué aprendiste?

1 **¿Cierto o falso?** Indica si las siguientes frases son **ciertas** o **falsas**.

	Cierto	Falso
1. La ropa tradicional de los guatemaltecos se llama Quetzaltenango.	⎯⎯⎯	⎯⎯⎯
2. Los diseños del *huipil* indican el origen de la persona que lo lleva.	⎯⎯⎯	⎯⎯⎯
3. Tegucigalpa es la capital de Honduras.	⎯⎯⎯	⎯⎯⎯
4. La lempira es la moneda de Guatemala.	⎯⎯⎯	⎯⎯⎯
5. Los mayas descubrieron el cero antes que los europeos.	⎯⎯⎯	⎯⎯⎯
6. En Copán se hacían congresos de geografía.	⎯⎯⎯	⎯⎯⎯
7. La Antigua Guatemala es la capital de Guatemala.	⎯⎯⎯	⎯⎯⎯
8. La Antigua Guatemala es muy famosa por su celebración de la Semana Santa.	⎯⎯⎯	⎯⎯⎯
9. El Parque Nacional Montecristo está en El Salvador, en el límite con Honduras y Guatemala.	⎯⎯⎯	⎯⎯⎯
10. El bosque del Parque Nacional Montecristo tiene un 50% de humedad.	⎯⎯⎯	⎯⎯⎯

2 **Preguntas** Contesta las siguientes preguntas.

1. ¿Qué muestra el *huipil*? ¿Qué indican sus diseños?
2. ¿Crees que los países de esta lección son muy poblados *(populated)* o poco poblados?
3. ¿Crees que la civilización maya era avanzada? ¿Por qué?
4. ¿Por qué crees que la Antigua Guatemala es un importante centro turístico?
5. ¿Por qué la luz del sol no puede pasar a través de los árboles del Parque Nacional Montecristo?

 En Internet

Busca más información sobre estos temas en el sitio aventuras.vhlcentral.com. **Presenta la información a tus compañeros/as de clase.**

- Copán
- La Antigua Guatemala
- El Parque Nacional Montecristo

13 La naturaleza

Communicative Goals

You will learn how to:

- talk about nature
- discuss environmental conditions
- express wishes, desires, and doubts

PARA EMPEZAR

- ¿Crees que ellos son amigos o novios?
- ¿Crees que hay electrodomésticos donde están ellos?
- ¿Crees que están en el patio de su casa? ¿O en la ciudad o en las afueras?

LA NATURALEZA

el volcán
volcano

LA NATURALEZA

el árbol *tree*
el bosque (tropical) *(tropical; rain) forest*
el césped *grass*
el cielo *sky*
el cráter *crater*
el desierto *desert*
la estrella *star*
la hierba *grass*
el lago *lake*
la luna *moon*
el mundo *world*
la naturaleza *nature*
la nube *cloud*
el océano *ocean*
el paisaje *landscape*
la piedra *rock; stone*
la planta *plant*
la región *region; area*
el río *river*
la selva *jungle*
el sendero *trail*
el sol *sun*
la tierra *land; soil*
el valle *valley*

la flor
flower

Variación léxica
césped ↔ pasto (*Perú*), grama (*Venez.*), zacate (*Méx.*)

EL MEDIO AMBIENTE

la conservación *conservation*
la contaminación (del aire; del agua) *(air; water) pollution*
la ecología *ecology*
el ecoturismo *ecotourism*
la energía (nuclear; solar) *(nuclear; solar) energy*
la extinción *extinction*
el gobierno *government*
la ley *law*
la lluvia (ácida) *(acid) rain*
el medio ambiente *environment*
el peligro *danger*
la población *population*
el reciclaje *recycling*
el recurso natural *natural resource*
la solución *solution*

la energía nuclear
nuclear energy

la deforestación
deforestation

recursos

WB pp. 131–132	LM p. 73	Text MP3s Lección 13	Lab MP3s Lección 13	aventuras.vhlcentral.com Lección 13

el gato
cat

LOS ANIMALES

el animal *animal*
el pez *fish*
la vaca *cow*

el perro
dog

el pájaro
bird

VERBOS

conservar *to conserve*
contaminar *to pollute*
controlar *to control*
cuidar *to take care of*
dejar de (+ inf.) *to stop (doing something)*
desarrollar *to develop*
descubrir *to discover*
destruir *to destroy*
estar afectado/a (por) *to be affected (by)*
evitar *to avoid*
mejorar *to improve*
proteger *to protect*
reciclar *to recycle*
recoger *to pick up*
reducir *to reduce*
resolver (o:ue) *to resolve; to solve*
respirar *to breathe*

OTRAS PALABRAS Y EXPRESIONES

el envase de plástico *plastic container*
puro/a *pure*

estar contaminado/a
to be polluted

la botella de vidrio
glass bottle

la lata de aluminio
aluminum can

A escuchar

 1 **Escuchar** Mientras escuchas las frases, anota los sustantivos (*nouns*) que se refieren a **las plantas**, **los animales**, **la tierra** y **el cielo**.

Plantas	Animales	Tierra	Cielo
_____	_____	_____	_____
_____	_____	_____	_____
_____	_____	_____	_____

 2 **Seleccionar** Escucha las descripciones y escribe el número de la descripción que corresponda a cada foto.

a. _____

b. _____

c. _____

d. _____

A practicar

3 **La naturaleza** ¿Qué palabra no está relacionada con cada grupo?

1. sol • desierto • luna • estrella
2. océano • lluvia • sendero • río
3. naturaleza • paisaje • ecoturismo • gato
4. piedra • pájaro • pez • perro
5. volcán • vaca • cráter • piedra
6. recurso natural • lluvia ácida • contaminación • deforestación
7. nube • aire • cielo • lago
8. solución • selva • bosque • desierto
9. lluvia • nube • peligro • cielo
10. valle • árbol • hierba • flor

4 **Completar** Completa las frases.

1. Si vemos basura en las calles, la debemos _____.
2. Los científicos trabajan para _____ nuevas soluciones.
3. Es necesario que todos trabajemos juntos para _____ los problemas del medio ambiente.
4. Debemos _____ el medio ambiente porque está en peligro.
5. Muchas leyes nuevas _____ el número de árboles que se pueden cortar (*cut down*).
6. Las primeras civilizaciones _____ cerca de los ríos, los lagos y los océanos.
7. Todas las personas del mundo _____ por la contaminación.
8. Los turistas deben tener cuidado de no _____ las regiones que visitan.
9. Podemos conservar los recursos si _____ el aluminio, el vidrio y el plástico.
10. La lluvia ácida, la contaminación y la deforestación _____ el medio ambiente.

contaminar	destruyen	reciclamos
controlan	están afectadas	recoger
cuidan	mejoramos	resolver
descubrir	proteger	se desarrollaron

 5 **Definir** Trabaja con un(a) compañero/a para definir o describir cada palabra.

¿Qué es el cielo?

El cielo está sobre la tierra y tiene nubes.

1. la población	3. la lluvia	5. un desierto	7. la ecología
2. un valle	4. la naturaleza	6. la extinción	8. un perro

A conversar

 6 **Entrevista** Pregúntale a un(a) compañero/a qué importancia tienen para él/ella los siguientes problemas. Luego, comparte los resultados con la clase.

modelo   la deforestación
Estudiante 1: ¿Qué importancia tiene para ti la deforestación?
Estudiante 2: Pienso que el problema de la deforestación es importantísimo.

importantísimo *****	
muy importante ****	
importante ***	
poco importante **	
no es importante *	

Problemas	**Importancia**
1. la lluvia ácida	_____
2. la contaminación del agua	_____
3. la contaminación del aire	_____
4. la reducción de los recursos naturales	_____
5. la población de las ciudades	_____
6. los animales en peligro de extinción	_____

 7 **Preguntas** Mira otra vez la lista de problemas de la práctica anterior (*previous*). Luego, con un(a) compañero/a, contesta las siguientes preguntas.

1.   2.   3.

1. ¿Qué problema consideras tú el más grave? ¿Por qué?
2. ¿Cuál es el menos importante? ¿Es necesario resolverlo? ¿Por qué?
3. ¿Está en peligro el medio ambiente de tu ciudad o región? ¿Qué problemas hay?
4. ¿Qué se puede hacer para resolver esos problemas?

 8 **Situaciones** Trabajen en grupos pequeños para representar una de las siguientes situaciones.

- Un(a) representante de una agencia ambiental (*environmental*) habla con el/la presidente/a de una compañía industrial que está contaminando un río o el aire.
- Un(a) guía de ecoturismo habla con un grupo sobre cómo disfrutar del (*to enjoy*) medio ambiente y conservarlo.
- Un(a) representante de la universidad habla con un grupo de nuevos estudiantes sobre la campaña (*campaign*) ambiental de la universidad.

 9 **Crucigrama** Tu profesor(a) va a darles a ti y a tu compañero/a la información necesaria para completar esta actividad.

Ortografía

Los signos de puntuación

In Spanish, as in English, punctuation marks are important because they help you express your ideas in a clear, organized way.

No podía ver las llaves. Las buscó por los estantes, las mesas, las sillas, el suelo; minutos después, decidió mirar por la ventana. Allí estaban…

The **punto y coma (;)**, the **tres puntos (…)**, and the **punto (.)** are used in very similar ways in Spanish and English.

Argentina, Brasil, Paraguay y Uruguay son miembros de Mercosur.

In Spanish, the **coma (,)** is not used before **y** or **o** in a series.

13,5%   29,2°   3.000.000 $2.999,99

In numbers, Spanish uses a **coma** where English uses a decimal point and a **punto** where English uses a comma.

¿Cómo te llamas?   ¿Dónde está?   ¡Ven aquí!   ¡Hola!

Questions in Spanish are preceded and followed by **signos de interrogación (¿ ?)**, and exclamations are preceded and followed by **signos de exclamación (¡ !)**.

Práctica Lee el párrafo e indica los signos de puntuación necesarios. Recuerda que la primera letra de una oración siempre debe estar en mayúscula.

Ayer recibí la invitación de boda de Marta mi amiga colombiana inmediatamente empecé a pensar en un posible regalo fui al almacén donde Marta y su novio tenían una lista de regalos había de todo copas cafeteras tostadoras finalmente decidí regalarles un perro ya sé que es un regalo extraño pero espero que les guste a los dos

¿Palabras de amor? El siguiente diálogo tiene diferentes significados (*meanings*), dependiendo de los signos de puntuación que utilizas y el lugar donde los pones. Intenta encontrar los diferentes significados.

JULIÁN me quieres

MARISOL no puedo vivir sin ti

JULIÁN me quieres dejar

MARISOL no me parece mala idea

JULIÁN no eres feliz conmigo

MARISOL no soy feliz

recursos		
LM p. 74	Lab MP3s Lección 13	aventuras.vhlcentral.com Lección 13

¡Qué paisaje más hermoso!

Martín y los estudiantes visitan el sendero en las montañas.

DON FRANCISCO Chicos, les presento a Martín Dávalos, el guía de la excursión. Martín, nuestros pasajeros: Maite, Javier, Inés y Álex.

MARTÍN Mucho gusto. Voy a llevarlos al área donde vamos a ir de excursión mañana. ¿Qué les parece?

ESTUDIANTES ¡Sí! ¡Vamos!

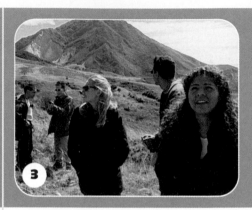

MAITE ¡Qué paisaje más hermoso!

INÉS No creo que haya lugares más bonitos en el mundo.

JAVIER Entiendo que mañana vamos a cruzar un río. ¿Está contaminado?

MARTÍN En las montañas el río no parece estar afectado por la contaminación. Cerca de las ciudades, sin embargo, el río tiene bastante contaminación.

ÁLEX ¡Qué aire tan puro se respira aquí! No es como en la Ciudad de México... Tenemos un problema gravísimo de contaminación.

MARTÍN A menos que resuelvan ese problema, los habitantes van a sufrir muchas enfermedades en el futuro.

INÉS Creo que todos debemos hacer algo para proteger el medio ambiente.

MAITE Yo creo que todos los países deben establecer leyes que controlen el uso de automóviles.

recursos

VM pp. 193–194

VCD-ROM Lección 13

aventuras.vhlcentral.com Lección 13

Para recordar

Before doing this **Fotonovela** section, review the previous one with this activity.

1. ¿Quién es la señora Vives?
2. ¿Qué muebles tiene la alcoba de los chicos?
3. ¿Qué quiere don Francisco que hagan los chicos?
4. ¿Por qué les aconseja don Francisco a los chicos que se acuesten temprano?

MARTÍN Esperamos que Uds. se diviertan mucho, pero es necesario que cuiden la naturaleza.

JAVIER Se pueden tomar fotos, ¿verdad?

MARTÍN Sí, con tal de que no toques las flores o las plantas.

ÁLEX ¿Hay problemas de contaminación en esta región?

MARTÍN La contaminación es un problema en todo el mundo. Pero aquí tenemos un programa de reciclaje. Si ves por el sendero botellas, papeles o latas, recógelos.

JAVIER Pero Maite, ¿tú vas a dejar de usar tu carro en Madrid?

MAITE Pues, voy a tener que usar el Metro… Pero tú sabes que mi coche es tan pequeñito… casi no contamina nada.

INÉS ¡Ven, Javier!

JAVIER ¡¡Ya voy!!

Expresiones útiles

Talking about the environment

No creo que haya lugares más bonitos en el mundo.
I don't think there are any prettier places in the world.

¿Hay problemas de contaminación en esta región?
Are there problems with pollution in this region/area?

Es un problema en todo el mundo.
It's a problem throughout the world.

El río no parece estar afectado por la contaminación.
The river does not seem to be affected by pollution.

El río tiene bastante contaminación.
The river is quite polluted.

Es necesario que cuiden la naturaleza.
It's necessary that you take care of nature.

Puedes tomar fotos, con tal de que no toques las plantas.
You can take pictures, provided that you don't touch the plants.

Tenemos un problema gravísimo de contaminación.
We have an extremely serious problem with pollution.

A menos que resuelvan el problema, los habitantes van a sufrir muchas enfermedades.
Unless they solve the problem, the inhabitants are going to suffer a lot of illnesses.

Si ves botellas, papeles o latas, recógelos.
If you see bottles, papers, or cans, pick them up.

PERSONAJES

DON FRANCISCO

JAVIER

INÉS

ÁLEX

MAITE

MARTÍN

¿Qué piensas?

1 Seleccionar Selecciona la opción más lógica para cada frase.

1. Martín va a llevar a los estudiantes al lugar donde van a
   a. contaminar el río.   b. bailar.
   c. ir de excursión.

2. El río está más afectado por la contaminación
   a. cerca de los bosques.   b. en las ciudades.
   c. en las montañas.

3. Martín quiere que los estudiantes
   a. recojan la basura de los senderos.   b. descubran nuevos senderos.
   c. no usen sus autos.

4. La contaminación del aire puede producir
   a. problemas de estómago.   b. enfermedades respiratorias.
   c. enfermedades mentales.

2 Preguntas Responde a las siguientes preguntas.

1. Según Martín, ¿qué es necesario que hagan los estudiantes? ¿Qué no pueden hacer?
   _____

2. ¿Qué problemas del medio ambiente mencionan Martín y los estudiantes?
   _____

3. ¿Qué cree Maite que deben hacer los países?
   _____

4. ¿Qué cosas se pueden reciclar en el programa que menciona Martín?
   _____

5. Si Maite no puede usar su carro en Madrid, ¿qué medio de transporte va a usar?
   _____

3 Situación Eres el/la guía de un grupo de turistas que quiere hacer una excursión a las montañas. Conversa con ellos/as (tus compañeros/as) sobre las cosas que van a ver y sobre lo que deben y no deben hacer durante la excursión.

Exploración
Atracciones naturales del mundo hispano

Nicaragua tiene más de 25 volcanes, como el Cerro Negro, en la zona pacífica del país. Algunos de ellos son activos y de vez en cuando entran en erupción (*erupt*).

Observaciones

• Hay más de 1.640 especies de pájaros en Ecuador.

• El árbol de Tule en Oaxaca, México, tiene más de 2.000 años de edad y un diámetro de 10 metros —el más grande del mundo.

• La Bahía Piñas es el lugar de pesca más famoso de Panamá.

• En Puerto Rico, hay 16 especies nativas de coquí, ranas arbóreas (*tree frogs*).

• El volcán Momotombo de Nicaragua aparece frecuentemente en los versos del gran poeta nicaragüense Rubén Darío.

Muchas personas consideran que Guatemala es el país de la eterna primavera, por sus bellezas naturales. Para conservar los recursos naturales, en Guatemala se estableció un sistema de biotopos —parques nacionales y reservas naturales. Los biotopos sirven para preservar la flora y la fauna únicas del país.

En la Quebrada de los Cuervos, en Uruguay, se puede hacer turismo de aventura y, al mismo tiempo, estar en contacto con la naturaleza. Desde 1986, forma parte de la primera área natural protegida (*protected*) de Uruguay.

Coméntalo

Con un(a) compañero/a, contesta las siguientes preguntas.

• ¿Quieres visitar algunos de los lugares mencionados en esta página? ¿Por qué?

• ¿Cuáles son los lugares naturales más bonitos que conoces? ¿Cómo son?

• ¿Hay parques nacionales cerca de tu comunidad? ¿Qué se puede hacer allí?

recursos

aventuras.vhlcentral.com
Lección 13

13.1 The subjunctive with verbs of emotion

Main clause	Connector	Subordinate clause
Marta espera	**que**	**yo vaya al lago este fin de semana.**

▸ When the main clause of a sentence expresses an emotion or feeling, the subjunctive is required in the subordinate clause.

Nos alegramos de que te **gusten** las flores.
We are happy that you like the flowers.

Siento que tú no **vengas** mañana.
I'm sorry that you're not coming tomorrow.

Temo que Ana no **pueda** ir mañana con nosotros.
I'm afraid that Ana won't be able to go with us tomorrow.

Le **sorprende** que Juan **sea** tan joven.
It surprises him that Juan is so young.

Esperamos que ustedes se diviertan mucho en la excursión.

Es triste que tengamos un problema grave de contaminación en la Ciudad de México.

Common verbs and expressions of emotion

alegrarse (de)	*to be happy*	tener miedo (de)	*to be afraid (of)*
esperar	*to hope; to wish*	es extraño	*it's strange*
gustar	*to be pleasing;*	es una lástima	*it's a shame*
	to like	es ridículo	*it's ridiculous*
molestar	*to bother*	es terrible	*it's terrible*
sentir (e:ie)	*to be sorry; to regret*	es triste	*it's sad*
sorprender	*to surprise*	ojalá (que)	*I hope (that);*
temer	*to be afraid; to fear*		*I wish (that)*

Me molesta que la gente no **recicle** el plástico.
It bothers me that people don't recycle plastic.

Me gusta que **respiremos** aire limpio.
I like that we breathe clean air.

Es una lástima que no controlemos la deforestación.
It's a shame we don't control deforestation.

Espera que las personas **cuiden** las selvas.
He hopes that the persons take care of the jungles.

Práctica

1 **Olga y Sara** Completa el diálogo con palabras de la lista.

alegro	molesta	temer
encuentren	ojalá	tengo miedo de
estén	puedan	vayan
lleguen	sorprender	visitar

OLGA Me alegro de que Adriana y Raquel (1) _____ a Colombia.

SARA Sí. Es una lástima que (2) _____ tarde. Ojalá que la universidad las ayude a buscar casa. (3) _____ que no consigan dónde vivir.

OLGA Me (4) _____ que seas tan pesimista. Yo espero que (5) _____ gente simpática.

SARA Sí, ojalá. Van a estudiar la deforestación en las costas. Es triste que en tantos países los recursos naturales (6) _____ en peligro.

OLGA Me (7) _____ de que no se queden en la capital por la contaminación, pero (8) _____ tengan tiempo de viajar por el país.

SARA Sí, espero que (9) _____ ir al Museo del Oro. Sé que también esperan (10) _____ la Catedral de Sal de Zipaquirá.

2 **Frases** Combina elementos de las tres columnas para formar frases.

modelo
Es triste que algunas personas no cuiden la naturaleza.

Expresiones	Sujetos	Actividades
Me alegro de que	yo	desarrollar programas de reciclaje
Espero que	tú	
Es extraño que	el gobierno	proteger el medio ambiente
Me gusta que	el/la profesor(a)	
Tengo miedo de que	la universidad	destruir los bosques
	las fábricas	contaminar el aire
Es triste que	algunas personas	poner en peligro la naturaleza
Ojalá que	los centros comerciales	cuidar la naturaleza
	mis amigos y yo	

Conversación

Diálogo Usa los siguientes elementos para crear una conversación entre Juan y la madre de su novia. Añade palabras si es necesario. Luego, con un(a) compañero/a, preséntala a la clase.

1. Juan, / esperar / (tú) escribirle / Raquel. / Ser / tu / novia. / Ojalá / no / sentirse / sola
2. molestarme / (usted) decirme / lo que / tener / hacer. / Ahora / mismo / estarle / escribiendo
3. alegrarme / oírte / decir / eso. / Ser / terrible / estar / lejos / cuando / nadie / recordarte
4. señora, / ¡yo / tener / miedo / (ella) no recordarme / mí! / Ser / triste / estar / sin / novia
5. ser / ridículo / (tú) sentirte / así. / Tú / saber / ella / querer / casarse / contigo
6. ridículo / o / no, / sorprenderme / todos preocuparse / ella / y / (nadie) acordarse / mí

Comentar En parejas, conversen sobre sus clases usando expresiones como **me alegro de que, temo que** y **es extraño que.** Luego reaccionen a los comentarios de su compañero/a.

modelo

Estudiante 1: Espero que mis profesores de español y matemáticas den menos tarea.
Estudiante 2: Pues sí, yo temo que todos mis profesores piensen dar más tarea.

Problemas Prepara una lista de problemas ecológicos que te preocupen. Luego, describe cada problema a varios compañeros. Escribe las soluciones que te ofrecen. Después, comparte la información con la clase.

Problemas	Soluciones
_____	_____
_____	_____
_____	_____
_____	_____
_____	_____
_____	_____
_____	_____

No te preocupes Tu profesor(a) va a darles a ti y a tu compañero/a la información necesaria para completar esta actividad.

Using the subjunctive

▶ The infinitive is used after an expression of emotion when there is no change of subject.

Temo **llegar** tarde.
I'm afraid I'll arrive late.

Temo que mi novio **llegue** tarde.
I'm afraid my boyfriend will arrive late.

Me molesta **ver** el bosque tropical en peligro.
It bothers me to see the rain forest in danger.

Me alegro de que el gobierno **se preocupe** por el medio ambiente.
I'm happy that the government worries about the environment.

▶ The expression **ojalá (que)** is always followed by the subjunctive. The use of **que** is optional.

Ojalá (que) se conserven nuestros recursos naturales.
I hope (that) our natural resources will be conserved.

Ojalá (que) recojan la basura muy pronto.
I hope (that) they collect the garbage soon.

Esperamos que nuestros hijos vean el cielo azul y que naden en aguas limpias... Tenemos que enseñarles a conservar y reciclar.

¡Manos a la obra!

Completa las oraciones con las formas correctas de los verbos.

1. Ojalá que ellos *descubran* [descubrir] nuevas formas de energía.
2. Espero que Ana nos _____ [ayudar] a recoger la basura en la carretera.
3. Es una lástima que la gente no _____ [reciclar] más.
4. Esperamos _____ [proteger] el aire de nuestra comunidad.
5. Me alegro de que mis amigos _____ [querer] conservar la naturaleza.
6. A mis padres les gusta que nosotros _____ [participar] en programas de conservación.
7. Es ridículo _____ [contaminar] el medio ambiente.
8. Espero que tú _____ [venir] a la reunión (*meeting*) del Club de Ecología.
9. Siento que nuestras ciudades _____ [estar] afectadas por la contaminación.
10. Ojalá que yo _____ [poder] hacer algo para reducir la contaminación.

13.2 The subjunctive with doubt, disbelief, and denial

▸ The subjunctive is used with expressions of doubt, disbelief, and denial.

Main clause	Connector	Subordinate clause
Dudan	**que**	**su hijo les diga la verdad.**

▸ The subjunctive is used in a subordinate clause when there is a change of subject and the main clause implies negation or uncertainty.

¡No creo que haya lugares más bonitos en el mundo!

Dudo que el río esté contaminado aquí en las montañas.

Expressions of doubt, disbelief, or denial

dudar	to doubt	no es seguro	it's not certain
negar (e:ie)	to deny	no es verdad	it's not true
no creer	not to believe	es imposible	it's impossible
no estar seguro/a (de)	not to be sure (of)	es improbable	it's improbable
no es cierto	it's not true; it's not certain	(no) es posible	it's (not) possible
		(no) es probable	it's (not) probable

El gobierno **niega** que el agua **esté** contaminada.
The government denies that the water is polluted.

Dudo que el gobierno **resuelva** el problema.
I doubt that the government will solve the problem.

▸ In English, the expression *it is probable/possible* indicates a fairly high degree of certainty. In Spanish, however, **es probable/posible** implies uncertainty and therefore triggers the subjunctive in the subordinate clause.

Es posible que **haya** menos bosques y selvas en el futuro.
It's possible that there will be fewer forests and jungles in the future.

Es muy **probable** que **contaminemos** el medio ambiente.
It's very probable that we pollute the environment.

Práctica

1 **Conversación** Completa el diálogo. Luego dramatízalo con un(a) compañero/a.

RAÚL Ustedes dudan que yo (1) _____ [estudio/estudie]. No niego que a veces me (2) _____ [divierto/divierta], pero no cabe duda de que (3) _____ [tomo/tome] mis estudios en serio. Creo que no (4) _____ [tienen/tengan] razón.

PAPÁ Es posible que tu mamá y yo no (5) _____ [tenemos/tengamos] razón. Es cierto que a veces (6) _____ [dudamos/dudemos] de ti. Pero no hay duda de que te (7) _____ [pasas/pases] toda la noche en Internet y oyendo música. No es seguro que (8) _____ [estás/estés] estudiando.

RAÚL Es verdad que (9) _____ [uso/use] mucho Internet, pero ¿no es posible que (10) _____ [es/sea] para buscar información para mis clases? ¡No hay duda de que Internet (11) _____ [es/sea] el mejor recurso del mundo! Es obvio que ustedes (12) _____ [piensan/piensen] que no hago nada.

PAPÁ No dudo que esta conversación nos (13) _____ [va/vaya] a ayudar. Pero tal vez (14) _____ [puedes/puedas] estudiar sin música.

2 **Dudas** Carolina siempre miente. Expresa tus dudas sobre lo que Carolina está diciendo ahora.

modelo
El próximo año mi familia y yo vamos a ir de vacaciones por diez meses. [dudar]
¡Ja! Dudo que vayan de vacaciones por diez meses.

1. Estoy escribiendo una novela en español. [no creer]

2. Mi tía es la directora del Sierra Club. [no ser verdad]

3. Dos profesores míos juegan para los Osos (*Bears*) de Chicago. [ser imposible]

4. Mi mejor amiga conoce al chef Emeril. [no ser cierto]

5. Mi padre es dueño del Centro Rockefeller. [no ser posible]

6. Yo ya tengo un doctorado en lenguas. [ser improbable]

Conversación

3 **Hablando con un(a) burócrata** En parejas, miren la foto y preparen un diálogo interesante sobre el medio ambiente entre un(a) activista y un(a) burócrata del gobierno (*government bureaucrat*). Luego presenten la conversación a la clase.

modelo

Activista: *Queremos reducir la contaminación del aire. Pero dudo que el gobierno nos ayude.*

Burócrata: *Es obvio que el gobierno está haciendo muchas cosas para reducir la contaminación del aire.*

Adivinar Escribe cinco oraciones sobre tu vida presente y futura. Cuatro deben ser falsas y sólo una debe ser cierta. Preséntalas al grupo. El grupo adivina (*guesses*) cuál es la oración cierta y expresa sus dudas sobre las falsas.

modelo

Estudiante 1: *Quiero irme un año a trabajar en la selva.*

Estudiante 2: *Dudo que te guste vivir en la selva.*

Estudiante 3: *En cinco años voy a ser presidente de los Estados Unidos.*

Estudiante 2: *No creo que vayas a ser presidente de los Estados Unidos en cinco años. ¡Tal vez en treinta! Algún día pienso enseñar arte a los niños.*

Estudiante 1: *No dudo que vas a ser profesor. Te gustan mucho los niños.*

Debate Con un(a) compañero/a, debate algunas de las posibles soluciones a los problemas del medio ambiente.

modelo

Estudiante 1: *Para proteger el medio ambiente, creo que necesitamos una ley para controlar el número de coches en cada familia.*

Estudiante 2: *Dudo que sea posible controlar el número de coches. A muchas personas les gusta tener su propio (own) coche.*

▶ **Quizás** and **tal vez** imply an uncertain possibility and are usually followed by the subjunctive.

Quizás haga sol mañana.
Perhaps it will be sunny tomorrow.

Tal vez veamos la luna esta noche.
Perhaps we will see the moon tonight.

▶ The indicative is used in a subordinate clause when the main clause expresses certainty.

Expressions of certainty

no dudar	*not to doubt*	estar seguro/a (de)	*to be sure (of)*
no cabe duda de	*there is no doubt*	es cierto	*it's true; it's certain*
no hay duda de	*there is no doubt*	es seguro	*it's certain*
no negar (e:ie)	*not to deny*	es verdad	*it's true*
		es obvio	*it's obvious*

No negamos que **hay** demasiados carros en las carreteras.
We don't deny that there are too many cars on the highways.

No hay duda de que el Amazonas **es** uno de los ríos más largos del mundo.
There is no doubt that the Amazon is one of the longest rivers in the world.

Es verdad que Colombia **es** un país bonito.
It's true that Colombia is a beautiful country.

Es cierto que los tigres **están** en peligro de extinción.
It's certain that tigers are in danger of extinction.

▶ The verb **creer** expresses belief or certainty, so it is followed by the indicative. **No creer** implies doubt and is followed by the subjunctive.

No creo que **haya** vida en el planeta Marte.
I don't believe that there is life on the planet Mars.

Creo que **debemos** usar exclusivamente la energía solar.
I believe we should use solar energy exclusively.

¡Manos a la obra!

Completa estas frases con la forma correcta del verbo.

1. Dudo que ellos __trabajen__ [trabajar].
2. Es cierto que él _____ [comer] mucho.
3. Es imposible que ellos _____ [salir].
4. Es probable que ustedes _____ [ganar].
5. No creo que ella _____ [volver].
6. Es posible que nosotros _____ [ir].
7. Dudamos que tú _____ [reciclar].
8. Creo que ellos _____ [jugar] al fútbol.
9. No niego que ustedes _____ [estudiar].
10. Es probable que ellos _____ [dormir].
11. Es posible que Marta _____ [llamar].
12. Tal vez Juan no nos _____ [oír].

13.3 The subjunctive with conjunctions

Se pueden tomar fotos, ¿verdad?

Sí, con tal de que no toques ni las flores ni las plantas.

A menos que resuelvan el problema, los habitantes van a sufrir muchas enfermedades.

▶ Conjunctions are words or phrases that connect other words and clauses in sentences. Certain conjunctions commonly introduce adverbial clauses, which describe *how, why, when,* and *where* an action takes place. The conjunctions listed below always require the subjunctive.

Conjunctions that require the subjunctive

a menos que	*unless*	en caso (de) que	*in case (that)*
antes (de) que	*before*	para que	*so that*
con tal (de) que	*provided that*	sin que	*without*

Voy a dejar un recado **en caso de que** Gustavo me **llame**.
I'm going to leave a message in case Gustavo calls me.

Voy al supermercado **para que tengas** algo de comer.
I'm going to the supermarket so that you'll have something to eat.

Algunos animales van a morir **a menos que haya** leyes para protegerlos.
Some animals are going to die unless there are laws to protect them.

Voy a tomar esa clase **con tal de que** tú la **tomes** también.
I'm going to take that class provided that you take it too.

¡ojo! The infinitive is used after the prepositions **antes de, para,** and **sin** when there is no change of subject. Compare these sentences.

Te llamamos el viernes **antes de salir** de la casa.
We will call you on Friday before leaving the house.

Te llamamos mañana **antes de que salgas.**
We will call you tomorrow before you leave.

Tus padres trabajan muchísimo **para vivir** bien.
Your parents work very hard in order to live well.

Tus padres trabajan mucho **para que tú puedas** vivir bien.
Your parents work a lot so that you are able to live well.

Práctica

1 **Una excursión** La señora Montero habla de una excursión que quiere hacer con su familia. Completa las oraciones con la forma correcta de cada verbo.

1. Voy a llevar a mis hijos al parque para que _____ [aprender] sobre la naturaleza.
2. Vamos a pasar todo el día allí con tal de que todos nosotros _____ [tener] tiempo.
3. Vamos a alquilar bicicletas en cuanto _____ [llegar] al parque.
4. En bicicleta, podemos explorar el parque sin _____ [caminar] demasiado.
5. Vamos a bajar al cráter a menos que se _____ [prohibir].
6. Siempre llevamos al perro cuando _____ [ir] al parque.
7. En caso de que _____ [llover], vamos a regresar temprano a la casa.
8. Queremos almorzar a la orilla (*shore*) del río cuando _____ [tener] hambre.
9. Mis hijos van a ver muchas cosas interesantes antes de _____ [salir] del parque.
10. Una vez estuvimos en el parque hasta que uno de mis hijos _____ [dormirse].

2 **Oraciones** Completa las siguientes oraciones.

1. No podemos controlar la contaminación del aire a menos que…
2. Voy a reciclar los productos de papel en cuanto…
3. Protegemos los animales en peligro de extinción para que…
4. Mis amigos y yo vamos a recoger la basura de la universidad después de que…
5. Todos podemos conservar energía cuando…
6. No podemos desarrollar nuevas fuentes (*sources*) de energía sin…
7. Debemos comprar coches eléctricos tan pronto como…
8. Hay que eliminar la contaminación del agua para…
9. No podemos proteger la naturaleza sin que…

Conversación

3 Preguntas En parejas, contesten las siguientes preguntas. Luego, compartan la información con la clase.

1. ¿Qué haces cada noche antes de acostarte?
2. ¿Qué haces en la clase cada día después de que llega el/la profesor(a)?
3. ¿Qué hacen tus padres para que puedas asistir a la universidad?
4. ¿Qué puedes hacer para mejorar tu español?
5. ¿Qué quieres hacer mañana a menos que haga mal tiempo?
6. ¿Qué haces en tus clases sin que los profesores lo sepan?
7. ¿Qué quieres hacer hoy tan pronto como salgas de clase?

4 El fin de semana En parejas, hablen de lo que van a hacer este fin de semana, usando las palabras indicadas.

antes de	después de que	para	tan pronto como
antes de que	en caso de que	para que	
con tal de que	en cuanto	sin	
cuando	hasta que	sin que	

modelo

Estudiante 1: El sábado mis amigos y yo vamos al lago. Después de que volvamos, voy a estudiar para mi examen de química.

Estudiante 2: Todos los sábados llevo a mi primo al parque para que juegue con sus amigos. Pero el sábado que viene, con tal de que no llueva, lo voy a llevar a las montañas.

5 Tic-Tac-Toe Formen dos equipos. Una persona comienza una frase y otra persona de su equipo la termina, usando palabras de la gráfica. El primer equipo que forme tres oraciones seguidas (*in a row*) gana el tic-tac-toe. Tienen que usar correctamente la conjunción o la preposición y el verbo.

modelo

Estudiante 1: Dudo que podamos eliminar la deforestación...

Estudiante 2: ...sin que nos ayude el gobierno.

cuando	con tal de que	para que
antes de que	para	sin que
hasta que	en caso de que	antes de

Conjunctions with subjunctive or indicative

Cuando veo basura, la recojo.

Voy a formar un club de ecología tan pronto como empiecen las clases.

Conjunctions used with subjunctive or indicative			
cuando	*when*	hasta que	*until*
después (de) que	*after*	tan pronto como	*as soon as*
en cuanto	*as soon as*		

▸ With the conjunctions above, use the subjunctive in the subordinate clause if the main clause expresses a future action or command.

Vamos a resolver el problema **cuando desarrollemos** nuevas tecnologías.
We are going to solve the problem when we develop new technologies.

Después de que ustedes **tomen** sus refrescos, reciclen las botellas.
After you drink your soft drinks, recycle the bottles.

▸ If the verb in the main clause expresses an action that habitually happens or that happened in the past, the indicative is used.

Contaminan los ríos **cuando construyen** nuevos edificios.
They pollute the rivers when they build new buildings.

Contaminaron el río **cuando construyeron** ese edificio.
They polluted the river when they built that building.

Siempre vamos de excursión **tan pronto como llega** Rafael.
We always go hiking as soon as Rafael arrives.

Salimos **tan pronto como llegó** Rafael.
We left as soon as Rafael arrived.

¡Manos a la obra!

Completa las oraciones con las formas correctas de los verbos.

1. Voy a estudiar ecología cuando __vuelva__ [volver] a la universidad.
2. No podemos evitar la lluvia ácida a menos que todos _____ [trabajar] juntos.
3. No podemos conducir sin _____ [contaminar] el aire.
4. Siempre recogemos mucha basura cuando _____ [ir] al parque.
5. Elisa habló con el presidente del club de ecología después de que _____ [terminar] la reunión.
6. Vamos de excursión para _____ [observar] los animales y las plantas.
7. La contaminación va a ser un problema muy serio hasta que _____ [cambiar] nuestros sistemas de producción y transporte.
8. El gobierno debe crear más parques nacionales antes de que los bosques y ríos _____ [estar] completamente contaminados.
9. La gente quiere reciclar, con tal de que no _____ [ser] difícil.

Repaso

13.1 The subjunctive with verbs of emotion

1. Agua contaminada Completa el párrafo siguiente usando el infinitivo o el subjuntivo de cada verbo, según sea necesario.

Siento mucho que mi ciudad (1) _____ (tener) un problema de contaminación del agua. Me molesta (2) _____ (ver) a las fábricas (*factories*) contaminando los ríos. Es triste que muchísimos peces (3) _____ (morir) cada día. Me sorprende que el gobierno no (4) _____ (hacer) más leyes para resolver este problema. Temo (5) _____ (morir) por beber agua. Ojalá que el gobierno (6) _____ (resolver) esto pronto.

2. ¿Qué piensas? Reacciona a las siguientes oraciones y en parejas escriban tres expresiones de emoción con el subjuntivo. Después, compartan sus respuestas con la clase.

> **modelo**
> En mi ciudad nadie recicla envases.
> **Es terrible que nadie recicle envases.**
> **Es necesario que aprendamos a reciclar.**
> **Es importante que yo ponga el ejemplo.**

1. En los bosques tropicales nadie protege a los animales.
2. Millones de personas respiran aire contaminado.
3. Pocas leyes controlan la deforestación en las selvas.
4. Las personas no cuidan los recursos naturales.

3. ¡Es terrible! La familia Fernández está de paseo en el bosque. En parejas, miren el dibujo y digan qué piensan sobre su comportamiento (*behavior*). Usen el subjuntivo y expresiones como **es una lástima que, es ridículo que** y **es terrible que**.

13.2 The subjunctive with doubt, disbelief, and denial

4. Opuestos Escribe lo opuesto (*the opposite*) de cada frase. Sigue el modelo.

> **modelo**
> No es seguro que esta familia recicle las latas de aluminio.
> **Es seguro que esta familia recicla las latas de aluminio.**

1. Luisa y tú dudan que la lluvia ácida dañe a los animales.
   _____

2. Los científicos están seguros de que la deforestación destruye a los bosques.
   _____

3. Es verdad que las plantas están en peligro de extinción.
   _____

4. Negamos que nuestros océanos estén contaminados.
   _____

5. Es cierto que las leyes protegen a los animales.
   _____

6. El gobierno cree que la población cuida de los recursos naturales.
   _____

5. Carta Tu amigo/a y tú se preocupan por el medio ambiente. En parejas, escriban una carta al/a la presidente/a de una compañía de la región, pidiéndole su apoyo (*support*) para resolver el problema de la contaminación del aire. Usen el subjuntivo o el indicativo y las expresiones de la lista. Después compartan su carta con la clase.

Creemos	Es probable
Es obvio	No creemos
Estar seguros/as (de)	Quizás
No hay duda de	Tal vez

6. Entrevista En parejas, usen estas preguntas para entrevistarse. Expliquen sus respuestas.

1. ¿Crees que la energía nuclear es mejor que la energía solar?
2. ¿Es posible reducir la contaminación de los ríos?
3. ¿Crees que se deben reciclar todos los envases de plástico?
4. ¿Es cierto que las vacas están en peligro de extinción?
5. ¿Crees que los pájaros están afectados por la contaminación del agua?
6. ¿Es verdad que las piedras son un recurso natural?

13.3 The subjunctive with conjunctions

7 Planes para el futuro ¿Cuáles son tus planes para el futuro? Escríbelos usando las conjunciones: **a menos que, antes (de) que, con tal (de) que, en caso (de) que, para que** y **sin que**. Incluye a tu familia y amigos en tus planes.

> **modelo**
> Voy a aprender a nadar en caso de que vaya de vacaciones a alguna playa.

Oraciones En parejas, escriban una oración donde usen el subjuntivo y una oración donde usen el indicativo, con cada una de las siguientes conjunciones: **cuando, después (de) que, en cuanto, hasta que** y **tan pronto como**. Después, intercambien sus oraciones con otra pareja e identifiquen si se trata del subjuntivo o del indicativo.

> **modelo**
> Vamos a respirar aire contaminado hasta que el gobierno controle el número de automóviles en la ciudad. (*subjuntivo*)
> Los camiones pasaban por la ciudad hasta que construyeron la nueva carretera. (*indicativo*)

Síntesis

¡Participa! Con un(a) compañero/a, preparen una conversación entre un(a) estudiante que está organizando una campaña (*campaign*) en favor del reciclaje en su escuela y otro/a estudiante que no está muy seguro/a de participar. Después presenten su conversación a la clase.

> **modelo**
> **Estudiante 1:** Te invito a participar en esta campaña. Espero que nos ayudes a organizar la campaña de reciclaje con tus amigos.
> **Estudiante 2:** No estoy seguro/a de que el reciclaje sea la solución. Además, no tengo tiempo.

Ritmos hispanos

Bacilos:
Tres latinos unidos

Bacilos es el nombre del grupo musical compuesto por tres latinos que viven en los Estados Unidos: el colombiano Jorge Villamizar (cantante, compositor y guitarrista), el puertorriqueño José Javier Freire (baterista y percusionista) y el brasileño André Lopes (bajista). Ellos se conocieron en la Universidad de Miami cuando estudiaban. En 1995 formaron el grupo *Bacilos*. Su música es principalmente una mezcla de música caribeña, de rock y de pop. En el año 2000 grabaron su primer álbum al que bautizaron con el mismo nombre del grupo. Con este trabajo recibieron una nominación al Grammy Latino al Mejor Artista Nuevo. Esto indicaba que iban por buen camino y así fue: en el año 2003 recibieron su primer Grammy Latino y con él llegaron las giras internacionales y la fama mundial. A lo largo de los años, esta formación ha conseguido un lugar en la lista de las principales bandas de música latina.

Discografía selecta

- *Bacilos* (2000; nominación al Grammy Latino: Mejor Artista Nuevo)
- *Caraluna* (2003; Premio Grammy Latino: Mejor Álbum de Pop Latino)
- *Sin vergüenza* (2005; Premio Grammy Latino: Mejor Álbum de Pop Latino)
- *Sólo un segundo: Lo mejor de Bacilos* (2005)

Para más información sobre este grupo, su música y sus canciones, visita **aventuras.vhlcentral.com**.

Bacilos Germs **compuesto** composed **baterista** drummer **bajista** bassist **mezcla** mixture **grabaron** recorded **bautizaron** named **giras** tours **A lo largo de** Over the course of **ha conseguido** has secured **Sin vergüenza** Shameless

Ampliación

1 Escuchar

A Escucha el discurso de Soledad Morales, una activista preocupada por el medio ambiente. Antes de escuchar, marca las palabras y frases que tú crees que ella va a usar en su discurso. Después marca las palabras y frases que escuchaste.

 TIP **Use your background knowledge. / Guess meaning from context.** Your background knowledge helps you anticipate the content of discourse that you hear in Spanish. If you hear words or expressions you do not understand, you can often guess their meanings based on the surrounding words.

	Antes de escuchar	Después de escuchar
1. el futuro	☐	☐
2. el cine	☐	☐
3. los recursos naturales	☐	☐
4. el aire	☐	☐
5. los ríos	☐	☐
6. la contaminación	☐	☐
7. las diversiones	☐	☐
8. la conservación de la naturaleza	☐	☐

¡Protejamos la Tierra!

B En tu opinión, ¿qué recomendaciones va a dar la señora Morales en la siguiente parte de su discurso?

2 Conversar

Conversa con un(a) compañero/a sobre cómo evitar la extinción de animales. Las siguientes expresiones pueden ser útiles.

Dudo que…	No es verdad que…
Es cierto que…	No estoy seguro/a de que…
Es posible resolver el problema con tal de que…	No hay duda de que…
Es probable que…	No podemos resolver el problema a menos que…
Es una lástima que…	Ojalá…
No dudo que…	Quizás…
No es cierto que…	Tal vez…

recursos

WB pp. 133–138	LM pp. 75–77	Text MP3s Lección 13	Lab MP3s Lección 13	aventuras.vhlcentral.com Lección 13

Ampliación

• Are you going to comment on one topic or several?

• Do you intend to register a complaint or to inform others?

• Are you hoping to persuade others to adopt your point of view or to take specific action?

③ Escribir

Escribe una carta a un periódico sobre una situación importante que afecta el medio ambiente en tu comunidad.

 TIP Consider your audience and purpose. Once you have defined both your audience and your purpose, you will be able to decide which genre, vocabulary, and grammatical structures will best serve your needs.

Organízalo	Decide cuál es el propósito de tu carta y planéala.
Escríbelo	Utiliza tus apuntes para escribir el primer borrador de tu carta.
Corrígelo	Intercambia tu carta con un(a) compañero/a. Léela y anota los mejores aspectos. Ofrécele sugerencias para mejorarla. Si ves algunos errores, coméntaselos.
Compártelo	Revisa el primer borrador según las indicaciones de tu compañero/a. Si es necesario, incorpora nuevas ideas y/o más información.

④ Un paso más

Escribe una carta al/a la presidente/a de un país hispano para hablarle de tus dudas, deseos y preocupaciones sobre el futuro de una de las atracciones naturales del país.

Las tortugas marinas están en grave peligro de extinción.

• Investiga algunas de las atracciones naturales del mundo hispano.

• Escoge una y piensa en lo que se puede hacer para protegerla.

• Explica lo que temes de los problemas ambientales, lo que esperas y tus dudas sobre el futuro.

• Formula recomendaciones para proteger este lugar en el futuro.

 En Internet

Investiga estos temas en el sitio aventuras.vhlcentral.com.

• Atracciones naturales de España

• Atracciones naturales de América del Sur

• Atracciones de México, América Central y el Caribe

Antes de leer

When you are faced with an unfamiliar text, it is important to determine the writer's purpose, which is often related to the genre or type of writing. Identifying the purpose of a text will help you anticipate the content of a reading selection. For example, if you are reading an advice column in a newspaper, you know to expect questions about people's problems and suggestions from the columnist. The reading selection for this lesson consists of two fables: "El perro y el cocodrilo" by Félix María Samaniego and "El pato y la serpiente" by Tomás de Iriarte. In general, what do the writers of fables attempt to accomplish? What kinds of characters do you expect to read about in fables?

_____

_____

_____

_____

Sobre los autores

Félix María Samaniego (1745-1801), nacido en España, escribió las *Fábulas morales*, que ilustran de manera humorística el carácter humano. Los protagonistas de muchas de sus fábulas son animales que hablan.

Tomás de Iriarte (1750-91), nacido en las Islas Canarias, tuvo gran éxito (*success*) con su libro *Fábulas literarias*. Su tendencia a representar la lógica a través de símbolos de la naturaleza fue de gran influencia para muchos autores de su época.

El perro y el cocodrilo

Bebiendo un perro en el Nilo,

al mismo tiempo corría.

"Bebe quieto", le decía

un taimado cocodrilo.

Díjole el perro prudente:

"Dañoso es beber y andar;

pero ¿es sano el aguardar

a que me claves el diente? "

¡Oh qué docto perro viejo!

Yo venero su sentir

en esto de no seguir

del enemigo el consejo.

Nilo	*Nile*
quieto	*in peace*
taimado	*sly*
Díjole	*Said to him*
Dañoso	*Harmful*
andar	*to walk*
¿es sano... diente?	*is it good for me to wait for you to sink your teeth into me?*
docto	*learned; wise*
venero	*revere*
sentir	*wisdom*

El pato y la serpiente

A orillas de un estanque,
diciendo estaba un pato:
"¿A qué animal dio el cielo
los dones que me ha dado?

"Soy de agua, tierra y aire:
cuando de andar me canso,
si se me antoja, vuelo;
si se me antoja, nado".

Una serpiente astuta
que le estaba escuchando,
le llamó con un silbo,
y le dijo "¡Seo guapo!

"No hay que echar tantas plantas;
pues ni anda como el gamo,
ni vuela como el sacre,
ni nada como el barbo;

"y así tenga sabido
que lo importante y raro
no es entender de todo,
sino ser diestro en algo".

Después de leer

¿Comprendiste?

Escoge la mejor opción para completar cada oración.

1. El cocodrilo _____ perro.
   a. está preocupado por el   b. quiere comerse al
   c. tiene miedo del

2. El perro _____ cocodrilo.
   a. tiene miedo del   b. es amigo del
   c. quiere quedarse con el

3. El pato cree que es un animal _____
   a. muy famoso.   b. muy hermoso.
   c. de muchos talentos.

4. La serpiente cree que el pato es _____
   a. muy inteligente.   b. muy tonto.
   c. muy feo.

Preguntas

1. ¿Qué representa el cocodrilo?
   _____

2. ¿Qué representa el pato?
   _____

3. ¿Cuál es la moraleja (*moral*) de "El perro y el cocodrilo"?
   _____

4. ¿Cuál es la moraleja de "El pato y la serpiente"?
   _____

Coméntalo

¿Estás de acuerdo (*do you agree*) con las moralejas de estas fábulas? ¿Por qué? ¿Cuál de estas fábulas te gusta más? ¿Por qué? ¿Conoces otras fábulas? ¿Cuál es su propósito (*purpose*)?

pato	duck	Seo	Señor
orillas	bank	No hay que... plantas	There's no reason to boast
estanque	pond	gamo	deer
cielo	heaven	sacre	falcon
los dones... dado	the gifts that it has given me	barbo	barbel (a type of fish)
me canso	I get tired	lo... raro	the important and rare thing
si se me antoja, vuelo	If I feel like it, I fly	diestro	skillful
silbo	hiss		

La naturaleza

el árbol	tree
el bosque (tropical)	(tropical; rain) forest
el cielo	sky
el cráter	crater
el desierto	desert
la estrella	star
la flor	flower
la hierba	grass
el lago	lake
la luna	moon
el mundo	world
la naturaleza	nature
la nube	cloud
el océano	ocean
el paisaje	landscape
la piedra	rock; stone
la planta	plant
la región	region; area
el río	river
la selva	jungle
el sendero	trail
el sol	sun
la tierra	land; soil
el valle	valley
el volcán	volcano

Conjunciones

a menos que	unless
antes (de) que	before
con tal (de) que	provided that
después (de) que	after
en caso (de) que	in case (that)
en cuanto	as soon as
hasta que	until
para que	so that
sin que	without
tan pronto como	as soon as

El medio ambiente

la conservación	conservation
la contaminación (del aire; del agua)	(air; water) pollution
la deforestación	deforestation
la ecología	ecology
el ecoturismo	ecotourism
la energía (nuclear; solar)	(nuclear; solar) energy
la extinción	extinction
el gobierno	government
la ley	law
la lluvia (ácida)	(acid) rain
el medio ambiente	environment
el peligro	danger
la población	population
el reciclaje	recycling
el recurso natural	natural resource
la solución	solution
conservar	to conserve
contaminar	to pollute
controlar	to control
cuidar	to take care of
dejar de (+ inf.)	to stop (doing something)
desarrollar	to develop
descubrir	to discover
destruir	to destroy
estar afectado/a (por)	to be affected (by)
estar contaminado/a	to be polluted
evitar	to avoid
mejorar	to improve
proteger	to protect
reciclar	to recycle
recoger	to pick up
reducir	to reduce
resolver (o:ue)	to resolve; to solve
respirar	to breathe
la botella de vidrio	glass bottle
el envase de plástico	plastic container
la lata de aluminio	aluminum can
puro/a	pure

Las emociones

alegrarse (de)	to be happy
esperar	to hope; to wish
sentir (e:ie)	to be sorry; to regret
temer	to be afraid; to fear
es extraño	it's strange
es una lástima	it's a shame
es ridículo	it's ridiculous
es terrible	it's terrible
es triste	it's sad
ojalá (que)	I hope (that); I wish (that)

Las dudas y las certezas

(no) creer	(not) to believe
(no) dudar	(not) to doubt
(no) estar seguro/a (de)	(not) to be sure (of)
(no) negar (e:ie)	(not) to deny
es imposible	it's impossible
es improbable	it's improbable
es obvio	it's obvious
no cabe duda de	there is no doubt
no hay duda de	there is no doubt
(no) es posible	it's (not) possible
(no) es probable	it's (not) probable
(no) es cierto	it's (not) true; it's (not) certain
(no) es verdad	it's (not) true
(no) es seguro	it's (not) certain

Los animales

el animal	animal
el gato	cat
el pájaro	bird
el perro	dog
el pez	fish
la vaca	cow

Expresiones útiles	See page 339.

14 En la ciudad

Communicative Goals

You will learn how to:
- give advice
- talk about errands
- ask for directions

PARA EMPEZAR
- ¿Dónde están ellos, en una calle o en un sendero?
- ¿Es posible que donde están ellos haya contaminación?
- ¿Puedes ver edificios de apartamentos?
- ¿Crees que están haciendo ecoturismo?

EN LA CIUDAD

EN LA CIUDAD

la pescadería *fish market*

el banco *bank*
la carnicería *butcher shop*
el correo *post office*
la heladería *ice cream shop*
la joyería *jewelry store*
la lavandería *laundromat*
la panadería *bakery*
la pastelería *pastry shop*
el salón de belleza *beauty salon*
el supermercado *supermarket*
la zapatería *shoe store*

hacer cola *to stand in line*
hacer diligencias *to run errands*

la frutería *fruit store*

la peluquería *hairdressing salon*

EN EL CORREO

el cartero *mail carrier*

el correo *mail*
el paquete *package*
los sellos *stamps*
el sobre *envelope*

echar (una carta) al buzón *to put (a letter) in the mailbox; to mail (a letter)*
enviar *to send*
mandar *to send*

las estampillas *stamps*

recursos

| WB pp. 139–140 | LM p. 79 | Text MP3s Lección 14 | Lab MP3s Lección 14 | aventuras.vhlcentral.com Lección 14 |

EN EL BANCO

el cheque de viajero *traveler's check*
la cuenta corriente *checking account*
la cuenta de ahorros *savings account*

ahorrar *to save (money)*
cobrar *to cash (a check); to charge (for a product or service)*
depositar *to deposit*
llenar (un formulario) *to fill out (a form)*
pagar al contado *to pay in cash*
pagar a plazos *to pay in installments*
pedir prestado *to borrow*
pedir un préstamo *to apply for a loan*
ser gratis *to be free of charge*

el cheque
check

SERIE KY 5296221
Diamante 787
Valparaíso
0-744679-00-5
JUAN FLORES GARCÍA
$ 2387.00
044-0365
011

8 de noviembre de 2002
Páguese a la orden de María Eugenia Castano
la suma de dos mil trescientos ochenta y siete con 00/100
o, al portador
pesos m/l

BANCO ATLANTIS
:54892332.A 0440900657008- 01
Juan Flores García
Firma autorizada

firmar
to sign

el cajero automático
automatic teller machine, ATM

el letrero
sign

PARE

LAS DIRECCIONES

la cuadra *(city) block*
la dirección *address*
la esquina *corner*

cruzar *to cross*
doblar *to turn*
estar perdido/a *to be lost*
quedar *to be located*

(al) este *(to the) east*
(al) oeste *(to the) west*
(al) norte *(to the) north*
(al) sur *(to the) south*

derecho *straight (ahead)*
enfrente de *opposite; facing*
hacia *toward*

dar direcciones
to give directions

Variación léxica
cheque de viajero ←→ cheque de viaje (*Esp.*)
cuadra ←→ manzana (*Esp.*)
direcciones ←→ indicaciones (*Esp.*)
doblar ←→ girar (*Esp.*), virar, voltear (*Amér. L.*)
hacer diligencias ←→ hacer mandatos (*Amér. L.*)
sello ←→ estampilla (*Amér. L.*)

A escuchar

1 **¿Lógico o ilógico?** Escucha las frases e indica si cada frase es **lógica** o **ilógica**.

	Lógico	Ilógico
1.	_____	_____
2.	_____	_____
3.	_____	_____
4.	_____	_____
5.	_____	_____
6.	_____	_____
7.	_____	_____
8.	_____	_____

2 **¿Adónde fue?** Óscar está hablándote de las diligencias que hizo ayer. Indica adónde fue.

1. _____

2. _____

3. _____

4. _____

5. _____

6. _____

recursos

Text MP3s
Lección 14

aventuras.vhlcentral.com
Lección 14

358 *trescientos cincuenta y ocho*

A practicar

3 **Emparejar** Empareja los lugares con la actividad que se pueda hacer en cada lugar.

Lugares	Actividades
1. carnicería _____	a. comprar galletas
2. pastelería _____	b. comprar manzanas
3. frutería _____	c. comprar un collar (*necklace*)
4. joyería _____	d. cortarse (*to cut*) el pelo
5. lavandería _____	e. lavar la ropa
6. pescadería _____	f. comprar pescado
7. salón de belleza _____	g. comprar pollo
8. zapatería _____	h. comprar unas sandalias

4 **Completar** Llena los espacios en blanco con las palabras más adecuadas.

1. El banco me regaló un reloj. Lo conseguí _____ .

2. Me gusta _____ dinero, pero no me molesta gastarlo.

3. Tengo que _____ el cheque en el dorso (*on the back*) para cobrarlo.

4. Para pagar con un cheque, necesito tener dinero en mi _____ .

5. Mi madre va a un _____ para obtener dinero.

6. Julio lleva su cheque al banco y lo _____ para tener dinero.

7. Ana lleva su cheque al banco y lo _____ en su cuenta de ahorros.

8. Anoche en el restaurante, Marco _____ en vez de usar una tarjeta de crédito.

9. Cuando viajas, es buena idea llevar cheques _____ .

10. Para pedir un préstamo, Miguel y Susana tuvieron que _____ cuatro formularios.

ahorrar	de viajero
cajero automático	firmar
cobra	gratis
cuenta corriente	llenar
deposita	pagó al contado

5 **Conversación** Completa el diálogo entre Juanita y el cartero con las palabras más adecuadas.

CARTERO Buenas tardes, ¿es usted la señora Ramírez? Le traigo un (1) _____ .

JUANITA Sí, soy yo. ¿Quién lo envía?

CARTERO La señora Ramírez. Y también tiene usted dos (2) _____ .

JUANITA Ay, pero ¡ninguna es de mi novio! ¿No llegó nada de Manuel Fuentes?

CARTERO Sí, pero él echó la carta al (3) _____ sin poner un (4)_____ en el sobre.

JUANITA Entonces, ¿qué recomienda usted que haga?

CARTERO Sugiero que vaya al (5) _____ . Si usted paga el costo del sello, se le puede dar la carta.

A conversar

 6 Situaciones En parejas, representen los papeles (*roles*) de un(a) empleado/a del banco y de uno/a de los/las siguientes clientes/as.

- un(a) estudiante universitario/a que quiere abrir una cuenta corriente.
- una pareja de recién casados que quiere pedir un préstamo para comprar una casa.
- una persona que quiere información de los servicios que ofrece el banco.

 7 El Hatillo Trabajen en parejas para representar los papeles (*roles*) de un(a) turista que está perdido/a en El Hatillo, Venezuela, y de un(a) residente de la ciudad que quiere ayudarlo/a.

modelo Plaza Sucre, Café Primavera
Estudiante 1: Perdón, ¿por dónde queda la Plaza Sucre?
Estudiante 2: Del Café Primavera, camine derecho por la calle Sucre hasta cruzar la calle Comercio. Doble a la izquierda y camine una cuadra. Allí está la plaza.

1. Plaza Bolívar, farmacia
2. Casa de la Cultura, Plaza Sucre
3. banco, terminal
4. estacionamiento (este), escuela
5. Plaza Sucre, estacionamiento (oeste)
6. joyería, banco
7. farmacia, joyería
8. zapatería, iglesia

 8 Direcciones En grupos, escriban un minidrama en el que unos/as turistas están preguntando cómo llegar a diferentes sitios de la comunidad en la que viven ustedes. Luego preséntenlo a la clase.

 9 Diferencias Tu profesor(a) va a darles a ti y a tu compañero/a la información necesaria para completar esta actividad.

Ortografía

Las abreviaturas

In Spanish, as in English, abbreviations are often used in order to save space and time while writing. Here are some of the most commonly used abbreviations in Spanish.

usted ⟶ Ud.   ustedes ⟶ Uds.

As you have already learned, the subject pronouns **usted** and **ustedes** are often abbreviated.

don ⟶ D.   doña ⟶ Dña.   doctor(a) ⟶ Dr(a).

señor ⟶ Sr.   señora ⟶ Sra.   señorita ⟶ Srta.

These titles are frequently abbreviated.

centímetro ⟶ cm   metro ⟶ m   kilómetro ⟶ km

litro ⟶ l   gramo ⟶ g; gr   kilogramo ⟶ kg

The abbreviations for these units of measurement are often used, but without periods.

por ejemplo ⟶ p. ej.   página(s) ⟶ pág(s).

These abbreviations are often seen in books.

derecha ⟶ dcha.   izquierda ⟶ izq. (izqda.)

código postal ⟶ C.P.   número ⟶ n.º

These abbreviations are often used in mailing addresses.

Banco ⟶ Bco.   Compañía ⟶ Cía.

cuenta corriente ⟶ c/c.   Sociedad Anónima (*Inc.*) ⟶ S.A.

These abbreviations are frequently used in the business world.

Práctica Escribe otra vez la siguiente información usando las abreviaturas adecuadas.

1. doña María
2. señora Pérez
3. Compañía Mexicana de Inversiones
4. usted

5. Banco de Santander
6. doctor Medina
7. Código Postal 03697
8. cuenta corriente número 20-453

Emparejar En la tabla hay 9 abreviaturas. Empareja los cuadros necesarios para formarlas.

S.	c.	C.	c	co.	U
B	c/	Sr	A.	D	dc
ta.	P.	ña.	ha.	m	d.

recursos

LM p. 80 | Lab MP3s Lección 14 | aventuras.vhlcentral.com Lección 14

Estamos perdidos.

Maite y Álex hacen diligencias en el centro.

1

MARTÍN & DON FRANCISCO Buenas tardes.

JAVIER Hola. ¿Qué tal? Estamos conversando sobre la excursión de mañana.

2

DON FRANCISCO ¿Y ya tienen todo lo que necesitan? A todos los excursionistas yo siempre les recomiendo llevar zapatos cómodos, una mochila, gafas oscuras y un suéter por si hace frío.

JAVIER Todo listo, don Francisco.

3

MARTÍN Les aconsejo que traigan algo de comer.

ÁLEX Mmm... no pensamos en eso.

MAITE ¡Deja de preocuparte tanto, Álex! Podemos comprar algo en el supermercado ahora mismo. ¿Vamos?

6

JOVEN ¡Hola! ¿Puedo ayudarte en algo?

MAITE Sí, estamos perdidos. ¿Hay un banco por aquí con cajero automático?

JOVEN Mmm... no hay ningún banco en esta calle que tenga cajero automático.

7

JOVEN Pero conozco uno en la calle Pedro Moncayo que sí tiene cajero automático. Cruzas esta calle y luego doblas a la izquierda. Sigues todo derecho y antes de que lleguen a la Joyería Crespo van a ver un letrero grande del Banco del Pacífico.

8

MAITE También buscamos un supermercado.

JOVEN Pues, allí mismo enfrente del banco hay un supermercado pequeño. Fácil, ¿no?

MAITE Creo que sí. Muchas gracias por su ayuda.

recursos

 VM pp. 195–196

 VCD-ROM Lección 14

 aventuras.vhlcentral.com Lección 14

Para recordar

Before doing this **Fotonovela** section, review the previous one with this activity.

1. ¿Adónde lleva Martín a los chicos?
2. ¿Qué dice él de la contaminación en la región?
3. ¿Qué dice Martín de la contaminación del río?
4. ¿Qué va a hacer Maite para proteger el medio ambiente?

ÁLEX ¡Excelente idea! En cuanto termine mi café te acompaño.

MAITE Necesito pasar por el banco y por el correo para mandar unas cartas.

ÁLEX Está bien.

ÁLEX ¿Necesitan algo del centro?

INÉS ¡Sí! Cuando vayan al correo, ¿pueden echar estas postales al buzón? Además necesito unas estampillas.

ÁLEX Por supuesto.

MAITE Ten, guapa, tus sellos.

INÉS Gracias, Maite. ¿Qué tal les fue en el centro?

MAITE ¡Superbien! Fuimos al banco y al correo. Luego en el supermercado compramos comida para la excursión. Y antes de regresar, paramos en una heladería.

MAITE ¡Ah! Y otra cosa. Cuando llegamos al centro conocimos a un joven muy simpático que nos dio direcciones. Era muy amable... ¡y muy guapo!

PERSONAJES

DON FRANCISCO · JAVIER · INÉS · ÁLEX · MAITE · MARTÍN · JOVEN

Expresiones útiles

Giving advice

Les recomiendo/Hay que llevar zapatos cómodos.
I recommend that you/It's necessary to wear comfortable shoes.

Les aconsejo que traigan algo de comer.
I advise you to bring something to eat.

Trae gafas oscuras.
Bring sunglasses. (fam., sing.)

Talking about errands

Necesito pasar por el banco.
I need to go by the bank.

Te acompaño.
I'll go with you.

Getting directions

¿Hay un banco por aquí?
Is there a bank around here?

Dobla a la izquierda/derecha.
Turn to the left/right. (fam., sing.)

Sigue todo derecho.
Go straight ahead.(fam., sing.)

Van a ver un letrero grande.
You're going to see a big sign.

¿Por dónde queda... ?
Where is…?

Está a dos cuadras de aquí.
It's two blocks from here.

Allí mismo enfrente del banco hay un supermercado.
Right in front of the bank there is a supermarket.

¿Qué piensas?

1 ¿Cierto o falso? Decide si las siguientes frases son **ciertas** o **falsas.** Corrige las frases falsas.

Cierto   Falso

_____   _____   1. Don Francisco insiste en que los excursionistas lleven una cámara.

_____

_____   _____   2. Inés escribió unas postales y ahora necesita mandarlas por correo.

_____

_____   _____   3. El joven dice que el Banco del Atlántico tiene un cajero automático.

_____

_____   _____   4. Enfrente del banco hay una heladería.

_____

2 Ordenar Pon los eventos en el orden correcto.

_____   a. Álex y Maite comen un helado.

_____   b. Maite y Álex van al supermercado y compran comida.

_____   c. Álex termina su café.

_____   d. Inés les da unas postales a Maite y a Álex para echar al buzón.

_____   e. Un joven ayuda a Álex y a Maite a encontrar el banco porque están perdidos.

_____   f. Maite y Álex van al banco y al correo.

3 Conversación Un(a) compañero/a y tú son vecinos/as. Uno/a de ustedes acaba de mudarse y necesita ayuda porque no conoce la ciudad. Preparen una breve conversación en la que hagan planes para ir a los siguientes lugares usando las palabras indicadas.

¡Cómo no!	Of course!	¿Qué te parece?	What do you think?
luego	then	¿Sabes dónde queda… ?	Do you know where… is?
primero	first		

- un banco
- una lavandería
- un supermercado
- una heladería
- una panadería

Exploración
En el centro

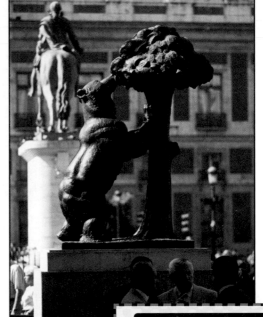

La Puerta del Sol en Madrid, España, está en el "kilómetro cero" de la ciudad. Se dice que allí comienzan todas las calles principales. Cerca hay muchos bares, restaurantes, tiendas y otros negocios.

En muchos países hispanos, la plaza mayor es el centro social de la ciudad. Es donde la gente va para reunirse con sus amigos, para tomar un café o para ir de compras. Normalmente, está localizada en el centro de la ciudad.

Muchas personas dicen que Buenos Aires, Argentina, es "la ciudad que nunca duerme". La ciudad tiene discotecas, bares, restaurantes y otras atracciones que están abiertas toda la noche…o por lo menos hasta la madrugada (*early morning*), siete días a la semana.

Observaciones

- En México, se usa el término **zócalo** en lugar de **plaza mayor**.

- En la Plaza de Armas de Lima, Perú, se hace el cambio de guardia (*changing of the guard*) todos los días, como un tributo público a la bandera (*flag*) peruana.

- El Parque San Antonio de Medellín, Colombia, tiene cuatro grandes esculturas del famoso artista Fernando Botero.

- La zona viva es el corazón comercial de Tegucigalpa, Honduras, donde se encuentran las tiendas y los restaurantes más importantes.

Coméntalo

Con un(a) compañero/a, contesta las siguientes preguntas.

- ¿Te gustaría visitar algunos de los lugares mencionados en esta página? ¿Cuáles?
- ¿Prefieres las ciudades grandes, medianas (*medium-sized*) o pequeñas? ¿Por qué?
- Describe el centro de una ciudad que conoces. ¿Qué se puede hacer allí?

recursos

aventuras.vhlcentral.com
Lección 14

14.1 The subjunctive in adjective clauses

▸ Adjective clauses modify nouns or pronouns. The subjunctive can be used in adjective clauses to indicate that the existence of someone or something is uncertain or indefinite.

¿Hay un banco por aquí que tenga cajero automático?

No hay ningún banco en esta calle que tenga cajero automático.

▸ The subjunctive is used in an adjective clause that refers to a person, place, thing, or idea that either does not exist or whose existence is uncertain or indefinite.

Adjective clauses

Indicative	Subjunctive
Necesito el libro **que tiene** información **sobre Venezuela.**	**Necesito** un libro **que tenga** información **sobre Venezuela.**
I need the book that has information about Venezuela.	*I need a book that has information about Venezuela.*
Quiero vivir en esta casa **que tiene jardín.**	**Quiero vivir en** una casa **que tenga jardín.**
I want to live in this house that has a garden.	*I want to live in a house that has a garden.*
En mi barrio, hay una heladería **que vende helado de mango.**	**En mi barrio, no hay** ninguna heladería **que venda helado de mango.**
In my neighborhood, there's an ice cream shop that sells mango ice cream.	*In my neighborhood, there is no ice cream shop that sells mango ice cream.*

▸ When the adjective clause refers to a person, place, thing, or idea that is certain or definite, the indicative is used.

Quiero ir **al restaurante** que **está** en frente de la biblioteca.
I want to go to the restaurant that's in front of the library.

Busco **al profesor** que **enseña** japonés.
I'm looking for the professor who teaches Japanese.

Conozco a **alguien** que **va** a esa peluquería.
I know someone who goes to that beauty salon.

Tengo **un amigo** que **vive** cerca de mi casa.
I have a friend who lives near my house.

Práctica

1 Minidiálogos Completa los minidiálogos con la forma correcta de los verbos indicados.

MARCIA Buscamos un hotel que (1) _____ [tener] piscina.

MARTÍN Hay tres o cuatro hoteles por aquí que (2) _____ [tener] piscina.

• • •

EDUARDO ¿Hay algún buzón por aquí donde yo (3) _____ [poder] echar una carta?

SUSANA Hay un buzón en la esquina donde (4) _____ [poder] echar una carta.

• • •

ANA Queremos encontrar un restaurante que (5) _____ [servir] comida venezolana.

BENITO Creo que el restaurante en esta cuadra (6) _____ [servir] comida venezolana.

• • •

VICENTE Necesitas al empleado que (7) _____ [entender] este nuevo programa de computación.

MARISOL No hay nadie que (8) _____ [entender] este programa.

2 Anuncios clasificados En parejas, lean estos anuncios y luego describan el tipo de persona u objeto que se busca.

CLASIFICADOS

VENDEDOR(A) Se necesita persona dinámica y responsable con buena presencia. Experiencia mínima de un año. Horario de trabajo flexible. Llamar a Joyería Aurora de 10 a 13h y de 16 a 18h. Tel: 263-7553.

PELUQUERÍA UNISEX Se busca persona con experiencia en peluquería y maquillaje para trabajar tiempo completo. Llamar de 9 a 13h. Tel: 261-3548.

COMPARTIR APARTAMENTO Se necesita compañera para compartir apartamento de 2 alcobas en el Chaco. Alquiler 300.000 bolívares por mes. No fumar. Llamar al 951-3642 entre 19 y 22h.

CLASES DE INGLÉS Profesor de Inglaterra con diez años de experiencia ofrece clases para grupos o instrucción privada para individuos. Llamar al 933-4110 de 16:30 a 18:30.

SE BUSCA CONDOMINIO Se busca condominio en Sabana Grande con 3 alcobas, 2 baños, sala, comedor y aire acondicionado. Tel: 977-2018.

EJECUTIVO DE CUENTAS Se requiere joven profesional con al menos dos años de experiencia en el sector financiero. Se ofrecen beneficios excelentes. Enviar currículum vitae al Banco Unión, Avda. Urdaneta 263, Caracas.

Conversación

Completar Completa estas frases de una manera lógica. Luego, compara tus respuestas con las de un(a) compañero/a.

1. Tengo un(a) amigo/a que…
2. Algún día espero tener un apartamento o una casa que…
3. Quiero visitar un país que…
4. No tengo ningún profesor que…
5. Me gustaría conocer a alguien que…
6. Mi compañero/a de cuarto busca una lavandería que…
7. Un(a) consejero/a (*advisor*) debe ser una persona que…
8. Mi novio/a desea un perro que…
9. En esta clase no hay nadie que…
10. Mis padres buscan un carro que…

Encuesta Circula por la clase y pregúntales a tus compañeros/as si conocen a alguien que corresponda a cada descripción de la lista. Si dicen que conocen a una persona así, pregúntales quién es y anota sus respuestas. Luego informa a la clase de los resultados de tu encuesta.

Actividades	Nombres	Respuestas
1. Dar direcciones buenas	_____	_____
2. Hablar japonés	_____	_____
3. Comprender el subjuntivo	_____	_____
4. Necesitar un préstamo	_____	_____
5. Pedir prestado un carro	_____	_____
6. Odiar ir de compras	_____	_____
7. Ser venezolano/a	_____	_____
8. No saber nadar	_____	_____
9. Manejar una motocicleta	_____	_____
10. Trabajar en una zapatería	_____	_____
11. No tener tarjeta de crédito	_____	_____
12. Graduarse este año	_____	_____

5 **Busca los cuatro** Tu profesor(a) va a darles a ti y a tu compañero/a la información necesaria para completar esta actividad.

▶ The personal **a** is not used with direct objects that are hypothetical people. However, **alguien** and **nadie** are always preceded by the personal **a** when they function as direct objects.

Necesitamos **un empleado** que **sepa** usar computadoras.
We need an employee who knows how to use computers.

Necesitamos **al empleado** que **sabe** usar computadoras.
We need the employee who knows how to use computers.

Buscamos **a alguien** que **pueda** cocinar.
We're looking for someone who can cook.

No conocemos **a nadie** que **pueda** cocinar.
We don't know anyone who can cook.

▶ The subjunctive is commonly used in questions when the speaker is uncertain. However, if the person who responds to the question knows the information, the indicative is used.

—¿Hay un parque que **esté** cerca de nuestro hotel?
Is there a park that's close to our hotel?

—Sí, hay un parque que **está** muy cerca del hotel.
Yes, there's a park that's very close to the hotel.

¡Qué fácil encontrarlo todo con cosmoguía.com! La ciudad a tu alcance.

Buscar –
✓ restaurante que sirva paella (Mamá)
✓ librería que venda libros de texto (Juan, historia)
✓ tutor que enseñe inglés (niños)

¡Manos a la obra!

Escoge entre el subjuntivo o el indicativo para completar cada oración.

1. Necesito una persona que ___pueda___ [puede/pueda] cantar bien.
2. Buscamos a alguien que _____ [tiene/tenga] paciencia.
3. ¿Hay restaurantes aquí que _____ [sirven/sirvan] comida japonesa?
4. Tengo una amiga que _____ [saca/saque] fotografías muy bonitas.
5. Hay una carnicería que _____ [está/esté] cerca de aquí.
6. No vemos ningún apartamento que nos _____ [interesa/interese].
7. Conozco a un estudiante que _____ [come/coma] hamburguesas todos los días.
8. ¿Hay alguien que _____ [dice/diga] la verdad?

14.2 Familiar (tú) commands

▸ Familiar (**tú**) commands are used when you want to give advice to or instruct someone you address with **tú**.

Trae algo de comer.

No te preocupes, el supermercado está cerca.

Negative *tú* commands

Infinitive	Present subjunctive	Negative *tú* command
cuidar	tú cuides	no cuides (tú)
tocar	tú toques	no toques (tú)
temer	tú temas	no temas (tú)
volver	tú vuelvas	no vuelvas (tú)
insistir	tú insistas	no insistas (tú)
pedir	tú pidas	no pidas (tú)

▸ Negative **tú** commands have the same form as the **tú** form of the present subjunctive. The pronoun **tú** is used only for emphasis.

Julia, **no cruces** la calle.
Julia, don't cross the street.

Carlos, **no eches** eso al buzón.
Carlos, don't put that in the mailbox.

▸ The negative familiar commands keep the same stem changes as the indicative.

Affirmative *tú* commands

Infinitive	Present indicative	Affirmative *tú* command
cuidar	Ud./él/ella cuida	cuida (tú)
tocar	Ud./él/ella toca	toca (tú)
temer	Ud./él/ella teme	teme (tú)
volver	Ud./él/ella vuelve	vuelve (tú)
insistir	Ud./él/ella insiste	insiste (tú)
pedir	Ud./él/ella pide	pide (tú)

▸ Affirmative **tú** commands usually have the same form as the third person singular of the present indicative.

Paga al contado.
Pay in cash.

Pide un préstamo.
Ask for a loan.

Práctica

1 Unas diligencias La señora Pujol quiere que su esposo haga unas diligencias en el centro. Completa las frases con las formas correctas.

1. Enrique, __Ve__ [ir] al banco, por favor.
2. Cuando llegues al banco, __deposita__ [depositar] este cheque en nuestra cuenta corriente.
3. No lo __deposites__ [depositar] en la cuenta de ahorros y, por favor, no __pidas__ [pedir] un préstamo.
4. Luego __pasa__ [pasar] por la zapatería y __recoge__ [recoger] mis zapatos.
5. No __pagues__ [pagar] al contado, sino con un cheque.
6. Luego __compra__ [comprar] un pastel en la pastelería. Por favor, no __compres__ [comprar] un pastel de chocolate. Mi tío Felipe viene a cenar y es alérgico al chocolate.

2 Quehaceres Pedro y Marina no pueden ponerse de acuerdo (*agree*) cuando le dan órdenes a su hijo Miguel. Lee los quehaceres que Pedro le da a Miguel. Después, usa la información entre paréntesis para formar las órdenes que le da Marina. Sigue el modelo.

modelo
Recoge la basura. (poner la mesa)
No la recojas, Miguel. Pon la mesa.

1. Barre el suelo. (pasar la aspiradora)
2. Plancha la ropa. (hacer las camas)
3. Saca la basura. (quitar la mesa)
4. Ve a la joyería. (ir a la frutería)
5. Dale los libros a Katia. (dárselos a Juan)
6. Prepara la cena. (limpiar el carro)
7. Echa las cartas al buzón. (dárselas al cartero)
8. Corta el césped. (bañar al gato)

3 Oraciones La señora Morales está dándoles órdenes a su esposo y a sus hijos. Forma los mandatos que ella les da.

modelo
Pilar / sacar / basura
Pilar, saca la basura.

1. Gloria / poner / sello / el sobre
2. Manolo / ir / banco / cobrar / este / cheques
3. Lidia / no poner / televisión
4. Esteban / hacer / camas
5. Gloria / barrer / suelo / no lavar / platos
6. Manolo / firmar / este / formularios

Conversación

4 **Estoy perdido/a** Con un(a) compañero/a, prepara una breve conversación entre un(a) estudiante nuevo/a en la universidad y otro/a estudiante que le da direcciones.

modelo

Estudiante 1: Quiero ir al Edificio de Ciencias, pero estoy perdido. ¿Me puedes ayudar?

Estudiante 2: Sí. Sigue derecho hasta que llegues al Edificio de Negocios. Dobla a la izquierda y sigue hasta llegar al Edificio de Artes. Dobla a la derecha y el Edificio de Ciencias es el primer edificio a la izquierda.

5 **Diálogo** En parejas, preparen un diálogo entre Ramón y Luisa Aguilera. Ellos están hablando sobre lo que tienen que hacer para llegar a tiempo a una fiesta. Usen mandatos afirmativos y negativos. Luego presenten el diálogo a la clase.

modelo

Luisa: ¡Sal del cuarto de baño ya!

Ramón: ¡No me des órdenes!

Luisa: Pero tengo que maquillarme.

Ramón: Y yo tengo que ducharme. Oye, ¿qué hora es?

Luisa: Son las siete menos veinte.

Ramón: ¡Ay! ¡Tráeme una toalla!

6 **Órdenes** Circula por la clase e intercambia órdenes con tus compañeros/as. Debes seguir las órdenes que ellos te dan o reaccionar apropiadamente.

modelo

Estudiante 1: Dame todo tu dinero.

Estudiante 2: No, no quiero dártelo. Muéstrame tu cuaderno.

Estudiante 1: Aquí está.

Estudiante 3: Ve a la pizarra y escribe tu nombre.

Estudiante 4: No quiero. Hazlo tú.

Irregular tú commands

▸ There are eight irregular affirmative **tú** commands.

decir	di	salir	sal
hacer	haz	ser	sé
ir	ve	tener	ten
poner	pon	venir	ven

¡**Ten** cuidado con el perro!
Be careful with the dog!

Pon la estampilla en el sobre.
Put the stamp on the envelope.

¡**Sal** de aquí ahora mismo!
Leave here at once!

Haz los ejercicios.
Do the exercises.

▸ **Ir** and **ver** have the same **tú** command. Context will determine the meaning.

Ve al supermercado con José.
Go to the supermarket with José.

Ve al banco esta tarde.
Go to the bank this afternoon.

Ve ese programa… es muy interesante.
See that program… it's very interesting.

Ve esa película con tu hermano.
See that movie with your brother.

▸ The placement of reflexive and object pronouns in **tú** commands follows the same rules as in formal commands. When a pronoun is attached to a command of more than two syllables, a written accent is used.

Informal	**Formal**
¡Alégra**te**!	¡Alégren**se**!
Be happy!	*Be happy!*
No **te** sientas triste.	No **se** sientan tristes.
Don't feel sad.	*Don't feel sad.*
Di**me**.	Díga**me**.
Tell me.	*Tell me.*
No **me lo** digas.	No **me lo** diga.
Don't tell me (it).	*Don't tell me (it).*

¡Manos a la obra!

 Indica los mandatos (*commands*) familiares de estos verbos.

	Mandato afirmativo	**Mandato negativo**
1. cambiar	*Cambia* el aceite.	No *cambies* el aceite.
2. correr	*Corre* más rápido.	No *corras* más rápido.
3. salir	*Sal* ahora.	No *salgas* ahora.
4. tocar	*toca* las flores.	No *toques* las flores.
5. venir	*Ven* aquí.	No *vengas* aquí.
6. levantarse	*levántate* temprano.	No *te levantes* temprano.
7. volver	*Vuelve* pronto.	No *vuelvas* pronto.
8. hacerlo	*hazlo* ya.	No *lo hagas* ahora.

14.3 Nosotros/as commands

(handwritten note: E→ie dont change / E-i change / O-ue only for 2 verbs / -morir / -dormir*)*

▸ **Nosotros/as** commands, which correspond to the English equivalent of *let's* + [*verb*], are used to give orders or suggestions that include yourself and other people.

Crucemos la calle.	**No crucemos** la calle.
Let's cross the street.	*Let's not cross the street.*

▸ Both affirmative and negative **nosotros/as** commands are generally formed by using the first person plural form of the present subjunctive.

▸ The affirmative *let's* + [*verb*] may also be expressed with **vamos a** + [*infinitive*]. Remember, however, that **vamos a** + [*infinitive*] can also mean *we are going to (do something)*. Context and tone will determine which meaning is being expressed.

Vamos a cruzar la calle.	**Vamos a trabajar** mucho.
Let's cross the street.	*We're going to work a lot.*

¿Quieres ir al supermercado?

¡Excelente idea! ¡Vamos!

▸ To express *let's go*, the present indicative form of **ir** is used. For the negative command, the present subjunctive (**vayamos**) is used.

(Affirmative)	(Negative)
Vamos a la pescadería.	**No vayamos** a la pescadería.
Let's go to the fish market.	*Let's not go to the fish market.*
Vamos a tomar un café.	**No vayamos** a tomar un café.
Let's go have a coffee.	*Let's not go have a coffee.*

¡Hagamos un viaje!

¡Compremos un caballo!

¡Pidamos un préstamo!

BANCOSUR. LLÁMANOS.

Práctica

 Conversación Completa esta conversación con los mandatos de **nosotros/as**. Luego, represéntala con un(a) compañero/a.

MARÍA Sergio, ¿quieres hacer diligencias ahora o por la tarde?

SERGIO No (1) _____ [dejarlas] para más tarde. (2) _____ [hacerlas] ahora.

MARÍA Necesito comprar sellos.

SERGIO Yo también. (3) _____ [ir] al correo.

MARÍA Pues, antes de ir al correo, necesito sacar dinero de mi cuenta corriente.

SERGIO Bueno, (4) _____ [buscar] un cajero automático.

MARÍA ¿Tienes hambre?

SERGIO Sí. (5) _____ [cruzar] la calle y (6) _____ [comer] algo en ese café.

MARÍA Buena idea.

SERGIO ¿Nos sentamos aquí?

MARÍA No, no (7) _____ [sentarse] aquí; (8) _____ [sentarse] enfrente de la ventana.

SERGIO ¿Qué pedimos?

MARÍA (9) _____ [pedir] café y pan dulce.

 Hagámoslo Responde a cada oración según las indicaciones.

modelo
Vamos a vender el carro. (Sí)
Sí, vendámoslo.

1. Vamos a levantarnos a las seis. (Sí)
2. Vamos a enviar los paquetes. (No)
3. Vamos al supermercado. (No)
4. Vamos a mandar esta tarjeta postal a nuestros amigos. (No)
5. Vamos a limpiar la habitación. (Sí)
6. Vamos a mirar la televisión. (No)
7. Vamos a bailar. (Sí)
8. Vamos a arreglar la sala. (No)
9. Vamos a comprar estampillas. (Sí)

Conversación

Decisiones Tú y un(a) compañero/a están en Tegucigalpa, Honduras. Túrnense para hacerse estas preguntas. Contesten las preguntas con un mandato afirmativo o negativo de **nosotros/as.**

1. ¿Nos quedamos en un hotel o en una pensión?
2. ¿Cruzamos la calle aquí o caminamos una cuadra más?
3. ¿Vamos a casa o comemos en un restaurante?
4. ¿Vamos al cine en taxi o en autobús?
5. ¿Salimos para el cine a las seis o a las seis y media?
6. ¿Hacemos cola o buscamos otra película?
7. ¿Volvemos al hotel después de la película o tomamos algo en un café?
8. ¿Pagamos la cuenta al contado o con tarjeta de crédito?

Turistas Tú y dos o tres amigos/as están en Caracas por dos días. Lean esta página de una guía turística sobre la ciudad y decidan qué van a hacer hoy por la mañana, por la tarde y por la noche.

modelo

Estudiante 1: Visitemos el Museo de Arte Contemporáneo Sofía Imber esta mañana. Quiero ver las esculturas (*sculptures*) de Jesús Rafael Soto.

Estudiante 2: Sí. Después vamos a la Casa Natal de Simón Bolívar. ¡Qué interesante!

Estudiante 3: Está bien. Esta noche salgamos a un restaurante, pero no vayamos al Restaurante El Coyuco. Es muy caro.

Guía de Caracas

MUSEOS

- **Museo de Arte Colonial** Avenida Panteón
- **Museo de Arte Contemporáneo Sofía Imber** Parque Central Esculturas de Jesús Rafael Soto y pinturas de Miró, Chagall y Picasso.
- **Galería de Arte Nacional** Parque Central. Colección de más de 4.000 obras de arte venezolano.

SITIOS DE INTERÉS

- **Plaza Bolívar**
- **Jardín Botánico** Avenida Interna UCV. De 8:00 a 5:00.
- **Parque del Este** Avenida Francisco de Miranda. Parque más grande de la ciudad con serpentarium.
- **Casa Natal de Simón Bolívar** Esquinas San Jacinto y Traposos. Casa colonial donde nació Simón Bolívar.

RESTAURANTES

- **El Barquero** Avenida Luis Roche
- **Restaurante El Coyuco** Avenida Urdaneta
- **Restaurante Sorrento** Avenida Francisco Solano
- **Café Tonino** Avenida Andrés Bello

Nosotros commands and object pronouns

▶ Object pronouns are attached to affirmative **nosotros/as** commands. A written accent is added to maintain the original stress.

Firmemos el cheque.
Let's sign the check.

Firmémoslo.
Let's sign it.

Escribamos a Ana y Raúl.
Let's write to Ana and Raúl.

Escribámosles.
Let's write to them.

▶ Object pronouns are placed in front of negative **nosotros/as** commands.

No **les paguemos** el préstamo.
Let's not pay them the loan.

No **se lo digamos** a ellos.
Let's not tell them.

No **lo compremos.**
Let's not buy it.

No **se la presentemos.**
Let's not introduce her.

▶ When **nos** or **se** is attached to an affirmative **nosotros/as** command, the final **–s** is dropped.

Démoselo a ella.
Let's give it to her.

Mandémoselo a ellos.
Let's send it to them.

Sentémonos allí.
Let's sit down there.

Levantémonos temprano.
Let's get up early.

▶ The **nosotros/as** command form of **irse** (*to go away*) is **vámonos.** Its negative form is **no nos vayamos.**

¡**Vámonos** de vacaciones!
Let's go away on vacation!

No nos vayamos de aquí.
Let's not go away from here.

¡Manos a la obra!

Indica los mandatos afirmativos y negativos de la primera persona del plural (**nosotros/as**) de los siguientes verbos.

	afirmativo	negativo
1. estudiar	estudiemos	no estudiemos
2. cenar	cenemo	no cenemos
3. leer	leyamos	no leyamos
4. decidir	decidamos	no decidamos
5. perder	perdamos	no perdamos
6. seguir	sigamos	no sigamos
7. practicar	practiquemos	no practiquemos
8. conocer	conozcamos	no conozcamos
9. decir	digamos	no digamos
10. cerrar	cerremos	no cerremos
11. levantarse	levantémonos	no nos levantemos
12. irse	vámonos	no nos vayamos
13. dormir	durmamos	no durmamos
14. escribirle	escribámosle	no le escribamos
15. comprarlo	comprémoslo	no lo compremos
16. pedírselo	~~pidamos~~ pidámonoslo pidámoselo	

Repaso

14.1 The subjunctive in adjective clauses

1 **Un barrio nuevo** Acabas de mudarte y quieres saber qué puedes encontrar en tu barrio nuevo. En parejas, túrnense para hacerse las preguntas y contestarlas.

> **modelo**
> algún / banco / estar / abierto / domingos / (no)
>
> **Estudiante 1:** ¿Hay algún banco que esté abierto los domingos?
> **Estudiante 2:** No, no hay ningún banco que esté abierto los domingos.

1. alguna / frutería / vender / frutas orgánicas / (sí)

2. alguna / peluquería / no / ser / cara / (sí)

3. alguna / joyería / vender / a plazos / (no)

4. alguna / zapatería / aceptar / cheques / (no)

5. alguna / lavandería / cerrar / diez de la noche / (sí)

6. alguien / poder / llevar / este paquete / correo / (no)

2 **¡Queremos vivir ahí!** En grupos de tres, describan qué características buscan en una ciudad para vivir. Después compartan sus respuestas con la clase.

> **modelo**
> Queremos vivir en un lugar que tenga restaurantes de todo tipo.

14.2 Familiar (tú) commands

En la ciudad Tu amigo y tú tienen que hacer muchas cosas, pero tu amigo no quiere hacer nada.

> **modelo**
> enviar los paquetes
> **Estudiante 1:** Envía los paquetes.
> **Estudiante 2:** ¡Envíalos tú!

1. pagar la renta   *pagala tú*
2. comprar los sellos *Compralos*
3. hacer la comida   *haz la tu*
4. firmar el cheque   *firmalo*
5. pedir un préstamo
6. llenar estos formularios

4 **Consejos** Tienes un sobrino que es un desastre. Dale por lo menos ocho consejos usando los mandatos familiares de los verbos **decir, hacer, ir, poner, salir, ser, tener** y **venir**.

> **modelo**
> No digas mentiras. Di la verdad.

_____

_____

_____

_____

_____

_____

_____

5 **¡Un día muy ocupado!** Tere hizo una lista de sus diligencias y de cuánto tiempo se tarda en hacerlas. En parejas, escriban el horario ideal para Tere.

> **modelo**
> Tere, ve al banco a las nueve de la mañana y deposita tus cheques. A las nueve y media, ...

Diligencias	Tiempo	Lugares	Horarios
Cortarme el pelo	1 hr.	salón de belleza	12:00 p.m.–1:00 p.m.
Comprar un pastel para Eva	30 min.	pastelería	10:00 a.m.–2:00 p.m.
Visitar a Eva en el hospital	1 hr.	hospital	4:00 p.m.–5:00 p.m.
Depositar cheques	30 min.	banco	9:00 a.m.–12:00 p.m.
Lavar ropa	2 hrs.	lavandería	12:00 p.m.–2:00 p.m.
Enviar cartas	30 min.	correo	9:00 a.m.–1:00 p.m.

14.3 Nosotros/as commands

6 **¿Qué podemos hacer?** En parejas, escriban las cosas que pueden hacer para llegar a las metas (*goals*) indicadas.

> **modelo**
> Divertirnos este fin de semana
> **Vamos al cine con nuestros amigos.**
> **No nos quedemos en casa.**

1. Graduarse con honores

2. Vivir hasta los cien años

3. Divertirse este fin de semana

4. Estar en forma

5. Conseguir una licencia de conducir

6. Pedir un préstamo en el banco

7 **¡Organicemos la fiesta!** Es el aniversario de bodas de tus abuelos. Escribe lo que les dices a tus familiares.

modelo
hacerles una fiesta sorpresa / no decirles nuestros planes
Hagámosles una fiesta sorpresa. No les digamos nuestros planes.

1. sorprenderlos / preparar sus platos favoritos
2. no alquilar un salón de fiestas / celebrar en casa
3. invitar a sus amigos / llamarles por teléfono
4. comprarles flores / no darles chocolates
5. bailar toda la noche / no quedarse sentados
6. llevar la cámara / tomarles muchas fotografías

¿Cómo llegamos a...? En parejas, dibujen un mapa de una ciudad imaginaria. Escriban los nombres de las calles y marquen los lugares de la lista. No olviden marcar el norte, el sur, el este y el oeste. Después, túrnense para preguntarse cómo llegar de un lugar a otro.

| banco | correo | lavandería | salón de belleza |
| carnicería | heladería | pescadería | supermercado |

modelo

Estudiante 1: **¿Cómo llegamos del banco a la heladería?**
Estudiante 2: **Caminemos hacia el este y lleguemos a la esquina de Colón y Morelos. Sigamos derecho por Morelos. Crucemos la calle...**

Síntesis

¡Queremos abrir un negocio! Conversa con un(a) compañero/a sobre abrir un negocio comercial (una lavandería, una zapatería, etc.) en tu ciudad. Decidan dónde va a estar, qué cosas harán juntos y qué cosas hará cada uno por separado. Usen los mandatos de **tú** y de **nosotros/as**.

modelo

Estudiante 1: **En nuestra ciudad no hay un supermercado que venda productos latinos. ¡Vamos a poner uno!**
Estudiante 2: **¡Excelente! Busquemos un lugar que esté cerca del centro de la ciudad. Hagamos una lista de los productos que vamos a vender. ¿Qué más necesitamos?**
Estudiante 1: **Tú piensa en un nombre para el supermercado. Yo voy a investigar cuánto dinero necesitamos. Y vamos a pedir un préstamo en el banco.**

Pablo Milanés:
Un músico comprometido

Pablo Milanés nació en Bayamo, Cuba en 1943. Durante los años sesenta junto con otros artistas cubanos como Silvio Rodríguez, fundó el movimiento llamado la Nueva Trova Cubana, un nuevo estilo de música que mezcla elementos musicales universales con elementos musicales cubanos. Durante esta década también colaboró con el grupo *Los Bucaneros,* y en 1965 empezó su carrera en solitario. En 1967 tuvo que hacer el servicio militar obligatorio y a partir de entonces comenzó a escribir canciones con temas sociales y políticos. Este prolífico cantautor ha grabado más de veintisiete álbumes y ha escrito la música para más de treinta películas. Su música ha sido reconocida con numerosos premios tanto en Latinoamérica como en Europa. Sus letras poéticas y su emotiva forma de interpretarlas le han ganado la fama de uno de los más populares y respetados músicos y compositores de finales del siglo XX.

Discografía selecta

- *Mis 22 años* (1965)
- *La vida no vale nada* (1976)
- *Filin 1* (1982)
- *Proposiciones* (1988)
- *Evolución* (1994)
- *Días de gloria* (2000)
- *Como un campo de maíz* (2005)

Para más información sobre el artista, su música y sus canciones, visita **aventuras.vhlcentral.com**.

comprometido committed **mezcla** mixes **carrera** career **a partir de entonces** from then on **cantautor** singer/songwriter **ha grabado** has recorded **reconocida** recognized **premios** awards **letras** lyrics **no vale nada** is worth nothing

Ampliación

1 Escuchar

A Lee estas frases y luego escucha la conversación entre Alberto y Eduardo. Indica si cada verbo se refiere a algo en el pasado, en el presente o en el futuro.

 TIP Listen for specific information and linguistic cues. You can often get the facts you need by listening for specific pieces of information. By listening for verb endings, you can figure out whether the verbs describe past, present, or future actions. Verb endings also indicate who is performing the action.

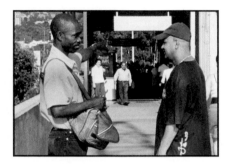

Acciones

1. Demetrio / comprar en Macro _____
2. Alberto / comprar en Macro _____
3. Alberto / estudiar psicología _____
4. carro / tener frenos malos _____
5. Eduardo / comprar un anillo para Rebeca _____
6. Eduardo / estudiar _____

B ¿Crees que Alberto y Eduardo viven en una ciudad grande o en un pueblo? ¿Cómo lo sabes?

2 Conversar

Tú y un(a) compañero/a viven juntos/as en un apartamento y tienen problemas económicos. Describan los problemas y sugieran algunas soluciones.

 modelo

Estudiante 1: No sé qué hacer. Casi no tengo el dinero para el alquiler.

Estudiante 2: Debes ahorrar más dinero—y yo también. No comamos en restaurantes. Comamos en casa.

Estudiante 1: Tal vez necesitemos mudarnos. Necesitamos un apartamento que sea más barato.

Estudiante 2: ¡Uy! No quiero mudarme. Pídele un préstamo a tu papá, mejor.

Estudiante 1: No lo puedo hacer cada mes. Pero tienes razón, podemos ahorrar dinero comiendo en casa.

Estudiante 2: Y no usemos más los cajeros automáticos. Paguemos todo de la cuenta corriente para saber mejor adónde va el dinero.

recursos

| WB pp. 141–146 | LM p. 81–83 | Text MP3s Lección 14 | Lab MP3s Lección 14 | aventuras.vhlcentral.com Lección 14 |

Ampliación

❸ Escribir

Escribe una carta a un(a) amigo/a en la cual le explicas claramente cómo llegar a tu casa desde el aeropuerto. Incluye también un mapa detallado para que no se confunda.

 TIP **List key words.** When you give directions, you use prepositions that describe location, such as **enfrente de, al lado de**, and **detrás de**. Making a list of these expressions will help you write your directions more efficiently.

Organízalo	Planea la mejor ruta para llegar a tu casa. Apunta las expresiones útiles para dar direcciones, como los nombres de las calles y de los monumentos.
Escríbelo	Dibuja un mapa y utilízalo para escribir el primer borrador de tu carta.
Corrígelo	Intercambia tu carta con un(a) compañero/a. Anota los aspectos mejor escritos. Ofrécele sugerencias. ¿Hay suficientes detalles? ¿Está claro el mapa? Si ves algunos errores, coméntaselos.
Compártelo	Revisa el primer borrador de la carta y el mapa según las indicaciones de tu compañero/a. Incorpora nuevas ideas y/o más información si es necesario antes de escribir la versión final.

❹ Un paso más

Imagina que eres miembro de un grupo que está diseñando y promocionando una comunidad modelo en un país hispano. Diseña el folleto (*brochure*) publicitario para la comunidad.

- Escoge el lugar ideal para el proyecto. Considera el acceso a las ciudades grandes, los eventos culturales y las atracciones naturales.
- Incluye un mapa del país elegido que indique dónde está localizada la comunidad modelo.
- Crea un mapa de la zona que muestre las atracciones principales del centro de la comunidad.
- Explica las características de la comunidad.

 En Internet

Investiga estos temas en el sitio aventuras.vhlcentral.com.

- Ciudades en España
- Ciudades en México, el Caribe y Centroamérica
- Ciudades en América del Sur

Antes de leer

You can understand a narrative more completely if you identify the point of view of the narrator. You can do this by simply asking yourself from whose perspective the story is being told. Some stories are narrated in the first person. That is, the narrator is a character in the story, and everything you read is filtered through that person's thoughts, emotions, and opinions. Other stories have an omniscient narrator who is not one of the story's characters, but reports the thoughts and actions of all the characters. This reading selection consists of an excerpt from the novel *La muerte de Artemio Cruz*, by Carlos Fuentes. Is this selection narrated in the first person or by an omniscient narrator? How can you tell?

_____

_____

Sobre el autor

Carlos Fuentes (1928-) es un renombrado escritor mexicano que ha ganado varios premios (*has won several prizes*) internacionales. Sus escritos demuestran una profunda preocupación por las cuestiones sociales y políticas.

La muerte de Artemio Cruz

(fragmento)
Carlos Fuentes

En la Ciudad de México, un hombre de negocios va en limusina al edificio donde trabaja.

Él vio pasar el domo naranja y las columnas blancas, gordas, del Palacio de Bellas Artes (...), la portada ocre, veneciana del Correo y las esculturas frondosas, las ubres plenas y las cornucopias vaciadas del Banco de México:

acarició la banda de seda del sombrero de fieltro marrón (...): los mosaicos azules de Sanborn's y la piedra labrada y negruzca del convento de San Francisco. El automóvil se detuvo en la esquina de Isabel la Católica y el chófer le abrió la puerta y se quitó la gorra y él, en cambio, se colocó el fieltro, peinándose con los dedos (...).

(…) y esa corte de vendedores (…) y mujeres enrebozadas y niños con el labio superior embarrado de moco lo rodearon hasta que pasó las puertas giratorias y se ajustó la corbata frente al vidrio del vestíbulo y atrás, en el segundo vidrio, el que daba a la calle de Madero, un hombre idéntico a él (…) se arreglaba el nudo de la corbata también, con los mismos dedos manchados de nicotina, el mismo traje cruzado, pero sin color, rodeado de los mendigos y dejaba caer la mano al mismo tiempo que él y luego le daba la espalda y caminaba al centro de la calle, mientras él buscaba el ascensor, desorientado por un instante.

Después de leer

¿Comprendiste?

Indica si las oraciones son **ciertas** o **falsas**. Corrige las oraciones falsas.

Cierto	Falso	
_____	_____	1. El hombre de negocios condujo su carro al centro.
_____	_____	2. El hombre de negocios tiene un sombrero que es de seda.
_____	_____	3. Mientras va al trabajo, el hombre ve el Palacio de Bellas Artes.
_____	_____	4. Mientras entraba en el edificio, lo rodeó un grupo de mendigos.
_____	_____	5. El hombre buscaba las escaleras.

Preguntas

1. ¿Es rico o pobre el hombre de negocios? ¿Cómo lo sabes?
   _____

2. Cuando entra en el edificio donde trabaja, el hombre ve un grupo de mendigos. ¿Es indiferente a su sufrimiento?
   _____

3. El hombre ve su propio reflejo en el vidrio, caminando hacia los pobres, y se siente desorientado. ¿Por qué?
   _____

4. En tu opinión, ¿representa el reflejo otro aspecto de su personalidad?
   _____

Coméntalo

¿Hay lugares mencionados en la lectura que tengan un valor (*value*) simbólico? ¿Qué simbolizan las personas que se mencionan? En tu opinión, ¿hay un comentario social en esta lectura? ¿Cuál es?

portada ocre	*ochre-colored façade*	**enrebozadas**	*wrapped up in shawls*
esculturas… plenas	*luxuriant sculptures, full udders*	**embarrado de moco**	*covered with snot*
acarició	*gently touched*	**rodearon**	*surrounded*
fieltro marrón	*brown felt*	**giratorias**	*revolving*
piedra labrada	*carved stone*	**atrás**	*behind*
se detuvo	*stopped*	**daba a**	*faced*
gorra	*cap*	**manchados**	*stained*
se colocó	*put on*	**mendigos**	*beggars*

recursos

aventuras.vhlcentral.com
Lección 14

En la ciudad

el banco	*bank*
la carnicería	*butcher shop*
el correo	*post office*
la frutería	*fruit store*
la heladería	*ice cream shop*
la joyería	*jewelry store*
la lavandería	*laundromat*
la panadería	*bakery*
la pastelería	*pastry shop*
la peluquería	*hairdressing salon*
la pescadería	*fish market*
el salón de belleza	*beauty salon*
el supermercado	*supermarket*
la zapatería	*shoe store*
hacer cola	*to stand in line*
hacer diligencias	*to run errands*

En el banco

el cajero automático	*automatic teller machine, ATM*
el cheque	*check*
el cheque de viajero	*traveler's check*
la cuenta corriente	*checking account*
la cuenta de ahorros	*savings account*
ahorrar	*to save (money)*
cobrar	*to cash (a check); to charge (for a product or service)*
depositar	*to deposit*
firmar	*to sign*
llenar (un formulario)	*to fill out (a form)*
pagar a plazos	*to pay in installments*
pagar al contado	*to pay in cash*
pedir prestado	*to borrow*
pedir un préstamo	*to apply for a loan*
ser gratis	*to be free of charge*

Las direcciones

la cuadra	*(city) block*
la dirección	*address*
la esquina	*corner*
el letrero	*sign*
cruzar	*to cross*
dar direcciones	*to give directions*
doblar	*to turn*
estar perdido/a	*to be lost*
quedar	*to be located*
(al) este	*(to the) east*
(al) oeste	*(to the) west*
(al) norte	*(to the) north*
(al) sur	*(to the) south*
derecho	*straight (ahead)*
enfrente de	*opposite; facing*
hacia	*toward*

Expresiones útiles	*See page 363.*

En el correo

el cartero	*mail carrier*
el correo	*mail*
las estampillas	*stamps*
el paquete	*package*
los sellos	*stamps*
el sobre	*envelope*
echar (una carta) al buzón	*to put (a letter) in the mailbox; to mail (a letter)*
enviar	*to send*
mandar	*to send*

recursos

Text MP3s
Lección 14

aventuras.vhlcentral.com
Lección 14

AVENTURAS EN LOS PAÍSES HISPANOS

El Canal de Panamá conecta los océanos Pacífico y Atlántico. Se construyó en 1903 y se terminó diez años después. La construcción costó 639 millones de dólares. Actualmente lo usan 38 barcos por día y por él pasan más de 12.000 barcos por año. Es la fuente *(source)* principal de ingresos *(income)* de Panamá. Cada barco paga aproximadamente $40.000 dólares de peaje *(toll)*.

AMÉRICA CENTRAL II

Nicaragua

Área: 129.494 km^2 (49.998 millas^2)
Población: 5.774.000
Capital: Managua – 1.166.000
Ciudades principales: León, Masaya, Granada
Moneda: córdoba

SOURCE: Population Division, UN Secretariat

Costa Rica

Área: 51.100 km^2 (19.730 millas^2)
Población: 4.454.000
Capital: San José – 1.080.000
Ciudades principales: Alajuela, Cartago, Puntarenas, Heredia
Moneda: colón costarricense

SOURCE: Population Division, UN Secretariat

Panamá

Área: 78.200 km^2 (30,193 millas^2)
Población: 3.067.000
Capital: Ciudad de Panamá – 1.299.000
Ciudades principales: Colón, David
Moneda: balboa

SOURCE: Population Division, UN Secretariat

HONDURAS

NICARAGUA

Río Coco

Cordillera Isabella

Río Tuma

Sierra Madre

Cordillera de Yolaina

• León

Lago de Managua

★ Managua

Masaya •
Granada •

Lago de Nicaragua

Isla Zapatera

Isla Ometepe

Río San Juan

Océano Pacífico

Cordillera de Guanacaste

Río Reventazón

Puntarenas •

San José
★

Limón •

COSTA RICA

Cartago •

Cordillera de Talamarca

Sociedad

Costa Rica: nación progresista

Costa Rica es uno de los países más progresistas del mundo. Da servicios médicos gratis a todos sus ciudadanos *(citizens)* y también a los turistas. En 1870, Costa Rica abolió *(abolish)* la pena de muerte *(death penalty)*. En 1948, disolvió el ejército *(army)* e hizo obligatoria y gratis la educación para todos los costarricenses.

Indígenas

La mola

La mola es un tejido de los kunas, una tribu indígena que vive en las islas San Blas de Panamá. Las molas se hacen con piezas de tela *(material)* de muchos colores. Las molas tradicionales tienen dibujos *(patterns)* geométricos. Antes se usaban como ropa y hoy también se usan para decorar casas.

Escritores

Ernesto Cardenal

El nicaragüense Ernesto Cardenal es poeta, escultor y sacerdote *(priest)* católico. Es uno de los escritores más famosos de América Latina. Ha escrito más de treinta y cinco libros. Estudió en México y los Estados Unidos. Cree en el poder *(power)* de la poesía para mejorar la sociedad y el mundo. Siempre ha trabajado para establecer la igualdad *(equality)* y la justicia en su país.

Política

Óscar Arias

Óscar Arias, político costarricense, fue presidente de su país desde 1986 hasta 1990. Estudió en Costa Rica, los Estados Unidos e Inglaterra. Fue profesor de Ciencias Políticas en la Universidad de Costa Rica. Cuando fue presidente, hizo un plan para establecer la paz *(peace)* en Centroamérica. Logró *(he achieved)* un acuerdo *(agreement)* de paz con los presidentes de El Salvador, Nicaragua, Honduras y Guatemala. Por sus esfuerzos *(efforts)*, ganó el Premio Nobel de la Paz en 1987.

Mar Caribe

● Bocas del Toro

Canal de Panamá

Islas San Blas

Cordillera de San Blas

Colón ●

Río Chepo

Serranía de Tabasará

⭐ Ciudad de Panamá

PANAMÁ

● David

Isla del Rey

Isla de Coiba

Golfo de Panamá

Hispanos en los Estados Unidos

Nicaragua
Claudia Bermúdez, política
Ligia Guillén, periodista, escritora y actriz
Steven López, deportista de taekwondo (medallas olímpicas)

Costa Rica
Álvaro Cardona-Hine, escritor y pintor
Franklin Chang-Díaz, astronauta
Glenda Umaña, periodista

Panamá
José Quintero, director teatral
Linda Martín Alcoff, filósofa
Rubén Blades, músico

Colombia

recursos

WB pp. 147–148

VM pp. 221–224

VCD-ROM Lección 14

aventuras.vhlcentral.com Lección 14

¿Qué aprendiste?

1 **¿Cierto o falso?** Indica si las siguientes frases son **ciertas** o **falsas**.

	Cierto	Falso
1. El Canal de Panamá conecta los océanos Pacífico y Atlántico.	_____	_____
2. Por el Canal de Panamá pasan más de 12.000 barcos por día.	_____	_____
3. La población de Nicaragua es mayor que la de Panamá.	_____	_____
4. San José es la capital de Panamá.	_____	_____
5. En Costa Rica, la educación es gratis y obligatoria para todos los turistas.	_____	_____
6. Costa Rica disolvió el ejército en 1948.	_____	_____
7. La mola es una tribu indígena que vive en Panamá.	_____	_____
8. Las molas se usan hoy para decorar casas.	_____	_____
9. Ernesto Cardenal es uno de los escritores más famosos de América Latina.	_____	_____
10. Ernesto Cardenal estudió en Inglaterra.	_____	_____
11. Óscar Arias fue presidente de Panamá.	_____	_____
12. Óscar Arias ganó el Premio Nobel de la Paz en 1987.	_____	_____

2 **Preguntas** Contesta las siguientes preguntas con frases completas.

1. ¿Crees que el Canal de Panamá es importante? ¿Por qué?
2. ¿Por qué crees que Costa Rica es uno de los países más progresistas del mundo?
3. ¿Qué puedes hacer con una mola hecha por los kunas?
4. ¿Cuántos libros escribió Ernesto Cardenal? ¿Qué profesiones tiene, además de ser escritor?
5. ¿Por qué ganó Óscar Arias el Premio Nobel de la Paz?

 En Internet

Busca más información sobre estos temas en el sitio aventuras.vhlcentral.com. Presenta la información a tus compañeros/as de clase.

- Costa Rica
- La mola
- Ernesto Cardenal
- Óscar Arias

Communicative Goals

You will learn how to:

- talk about an outing
- discuss nutrition
- describe an action or event in the immediate past
- describe an event that occurred before another past event

PARA EMPEZAR

- ¿Dónde están estas personas? ¿En una joyería?
- ¿Crees que ellos practican deportes frecuentemente?
- ¿Es probable que a ellos les importe su salud?
- ¿Crees que ellos son amigos?

384

trescientos ochenta y cuatro

recursos

| WB pp. 149–15C | LM p. 85 | Text MP3s Lección 15 | Lab MP3s Lección 15 | aventuras.vhlcentral.com Lección 15 |

leva
to lift weig

EL BIENESTAR

EL BIENESTAR

el bienestar *well-being*

aliviar el estrés/la tensión *to relieve stress/tension*
disfrutar (de) *to enjoy; to reap the benefits (of)*
llevar una vida sana *to lead a healthy lifestyle*
(no) fumar *(not) to smoke*

EN EL GIMNASIO

el/la monitor(a) *trainer*
el músculo *muscle*

calentarse (e:ie) *to warm-up*
entrenarse *to practice; to train*
estar en buena forma *to be in good shape*
hacer ejercicio *to exercise*
hacer ejercicios aeróbicos *to do aerobics*
hacer gimnasia *to work out*
mantenerse en forma *to stay in shape*
sudar *to sweat*

el masaje
massage

...tar pesas
...hts

hacer ejercicios de estiramiento
to do stretching exercises

la clase de ejercicios aeróbicos
aerobics class

Variación léxica
hacer ejercicios aeróbicos ⟷ hacer aerobic (*Esp.*)

LA NUTRICIÓN

la caloría *calorie*
el colesterol *cholesterol*
la grasa *fat*
la merienda *(afternoon) snack*
los minerales *minerals*
la nutrición *nutrition*
la proteína *protein*

adelgazar *to lose weight; to slim down*
aumentar de peso *to gain weight*
comer una dieta equilibrada *to eat a balanced diet*
consumir alcohol *to consume alcohol*
engordar *to gain weight*
estar a dieta *to be on a diet*

descafeinado/a *decaffeinated*

las vitaminas
vitamins

merendar (e:ie)
to have a(n) (afternoon) snack

la bebida alcohólica
alcoholic beverage

ADJETIVOS

activo/a *active*
débil *weak*
flexible *flexible*
sedentario/a *sedentary*
tranquilo/a *calm; quiet*

fuerte
strong

OTRAS PALABRAS Y EXPRESIONES

la droga *drug*
el/la drogadicto/a *drug addict*
el/la teleadicto/a *couch potato*

apurarse *to hurry; to rush*
darse prisa *to hurry; to rush*
sufrir muchas presiones *to be under a lot of pressure*
tratar de (+ inf.) *to try (to do something)*

en exceso *in excess; too much*
sin *without*

A escuchar

1 **¿Lógico o ilógico?** Escucha las frases e indica si cada frase es **lógica** o **ilógica**.

	Lógico	Ilógico
1.	✓	
2.		✓
3.	✓	
4.	✓	
5.	✓	
6.		✓
7.		✓
8.	✓	

2 **¿Cómo se mantiene en buena forma?** Maribel habla de lo que hace para mantenerse en forma. Indica las cosas que hace.

_____ ✓1. Hacer ejercicios de estiramiento

_____ ✓2. Hacer ejercicios aeróbicos

_____ 3. Levantar pesas

_____ ✓4. Comer una dieta equilibrada

_____ 5. Practicar tenis

_____ 6. Tomar sólo bebidas descafeinadas

_____ 7. Correr

_____ 8. Pasear en bicicleta

_____ 9. Ir al gimnasio

_____ 10. Nadar

A practicar

3 Identificar Identifica el opuesto (*opposite*) de cada palabra, usando las palabras indicadas.

1. activo
2. adelgazar
3. débil
4. rígido

5. no tener prisa
6. estar sano
7. engordar
8. nervioso

apurarse	mantenerse en forma
aumentar de peso	sedentario
en exceso	sin
estar enfermo	sudar
flexible	sufrir muchas presiones
fuerte	tranquilo

4 Combinar Combina las palabras de las dos columnas para formar ocho oraciones lógicas.

_h_ 1. David levanta pesas…

_c_ 2. Estás en buena forma…

_f_ 3. Felipe se lastimó…

_a_ 4. Mi hermano…

_b_ 5. Sara hace ejercicios de…

_d_ 6. Mis primos están a dieta…

_g_ 7. Para llevar una vida sana…

_e_ 8. Ellos sufren muchas…

a. aumentó de peso.

b. estiramiento.

c. presiones.

d. porque quieren adelgazar.

e. porque haces ejercicio.

f. un músculo de la pierna.

g. no se debe fumar.

h. y corre mucho.

5 Describir Describe lo que ocurre en los dibujos.

1.

2.

3.

4.

A conversar

6 **La nutrición** En parejas, comenten los tipos de comida que comen y las consecuencias que tienen para su salud. Luego compartan la información con la clase.

1. ¿Tiene tu dieta muchas calorías o mucha grasa? ¿Piensas que debes cambiarla?

2. ¿Compras comidas con muchos minerales y vitaminas? ¿Necesitas consumir más comidas que los contienen? ¿Por qué?

3. ¿Tiene algún miembro de tu familia problemas con el colesterol? ¿Qué haces para evitar los problemas con el colesterol?

4. ¿Eres vegetariano/a? ¿Qué piensas de la idea de no comer carne u otros productos animales? ¿Es posible tener una dieta equilibrada sin comer carne?

5. ¿Bebes cafeína en exceso? ¿Cuáles son los productos que contienen cafeína? ¿Cuáles son algunas de las ventajas (*advantages*) y algunos de los problemas asociados con la cafeína?

6. ¿Crees que llevas una vida sana? ¿Y tus amigos? ¿Crees que en general los estudiantes llevan una vida sana? ¿Por qué?

7 **Un anuncio** En grupos de cuatro, imaginen que son dueños/as de un gimnasio con un equipo (*equipment*) moderno, monitores cualificados y un(a) nutricionista. Preparen y presenten un anuncio para la televisión que hable del gimnasio y atraiga (*attracts*) una gran variedad de nuevos clientes. No se olviden de presentar la siguiente información.

• Las ventajas de estar en buena forma

• El equipo que tienen y las características únicas del gimnasio

• Los servicios y las clases que ofrecen

• La dirección y el teléfono del gimnasio

• El precio para los socios (*members*) del gimnasio

8 **Recomendaciones** En parejas, imaginen que están preocupados por los malos hábitos de un(a) amigo/a suyo/a que no está bien últimamente (*lately*). Escriban y representen un diálogo en el cual hablan de lo que está pasando en la vida de su amigo/a y los cambios que necesita hacer para llevar una vida sana.

9 **El teleadicto** Con un(a) compañero/a, representen los papeles (*the roles*) de un(a) nutricionista y un(a) teleadicto/a. La persona sedentaria habla de sus malos hábitos de comidas y de que no hace ejercicio. También toma demasiado café y sufre de mucho estrés. El/La nutricionista le sugiere una dieta equilibrada y una rutina para mantenerse en buena forma. El/La teleadicto/a le da las gracias por su ayuda.

10 **El gimnasio perfecto** Tu profesor(a) va a darles a ti y a tu compañero/a la información necesaria para completar esta actividad.

Ortografía

Las letras **b** y **v**

Since there is no difference in pronunciation between the Spanish letters **b** and **v**, spelling words that contain these letters can be tricky. Here are some tips.

. . . .

nombre   **blusa**   **absoluto**   **descubrir**

The letter **b** is always used before consonants.

. . . .

bonita   **botella**   **buscar**   **bienestar**

At the beginning of words, the letter **b** is usually used when it is followed by the letter combinations **-on, -or, -ot, -u, -ur, -us, -ien,** and **-ene.**

. . . .

adelgazaba   **disfrutaban**   **ibas**   **íbamos**

The letter **b** is used in the verb endings of the imperfect tense for **–ar** verbs and **ir**.

. . . .

voy   **vamos**   **estuvo**   **tuvieron**

The letter **v** is used in the present tense forms of **ir** and in the preterite forms of **estar** and **tener**.

. . . .

octavo   **huevo**   **activa**   **grave**

The letter **v** is used in these noun and adjective endings: **-avo/a, -evo/a, -ivo/a, -ave, -eve.**

. . . .

Práctica Completa las palabras con las letras **b** o **v**.

1. Una __ez me lastimé el __razo cuando esta__a __uceando.
2. Manuela ol__idó sus li__ros en el auto__ús.
3. Ernesto tomó el __orrador y se puso todo __lanco de tiza.
4. Para tener una __ida sana y saluda__le necesitas tomar __itaminas.
5. En mi pue__lo hay un __ule__ar que tiene muchos ár__oles.

El ahorcado Juega al ahorcado (*hangman*) para adivinar las palabras.

1. __ _u_ __ __ _s_   Están en el cielo.
2. __ _u_ __ __ _n_   Relacionado con el correo.
3. __ _o_ __ _e_ __ __ _a_   Está llena de líquido.
4. __ _i_ __ _e_   Fenómeno meteorológico.
5. __ _e_ __ __ __ __ __ _s_   Los "ojos" de la casa.

¡Qué buena excursión!

Martín y los estudiantes van de excursión.

MARTÍN Buenos días, don Francisco.

DON FRANCISCO ¡Hola, Martín!

MARTÍN Ya veo que han traído lo que necesitan. ¡Todos han venido muy bien equipados!

MARTÍN Muy bien. ¡Atención, chicos! Primero hagamos algunos ejercicios de estiramiento…

MARTÍN Es bueno que se hayan mantenido en buena forma. Entonces, jóvenes, ¿ya están listos?

JAVIER ¡Sí, listísimos! No puedo creer que finalmente haya llegado el gran día.

DON FRANCISCO ¡Hola! ¡Qué alegría verlos! ¿Cómo les fue en la excursión?

JAVIER Increíble, don Efe. Nunca había visto un paisaje tan espectacular. Es un lugar estupendo. Saqué mil fotos y tengo montones de escenas para dibujar.

MAITE Nunca había hecho una excursión. ¡Me encantó! Cuando vuelva a España, voy a tener mucho que contarle a mi familia.

INÉS Ha sido la mejor excursión de mi vida. Amigos, Martín, don Efe, mil gracias.

Para recordar

Before doing this **Fotonovela** section, review the previous one with this activity.

1. ¿Qué recomienda don Francisco que lleven todos?
2. ¿Qué quiere Inés que Álex y Maite le compren en el centro?
3. ¿Por qué hablaron Maite y Álex con un joven?
4. ¿Dónde estaba el supermercado?

MARTÍN ¡Fabuloso! ¡En marcha, pues!
DON FRANCISCO ¡Adiós! ¡Cuídense!

Martín y los estudiantes pasan ocho horas caminando en las montañas. Hablan, sacan fotos y disfrutan del paisaje. Se divierten muchísimo.

ÁLEX Sí, gracias, Martín. Gracias por todo.
MARTÍN No hay de qué. Ha sido un placer.

DON FRANCISCO Chicos, pues es hora de volver. Creo que la señora Vives nos ha preparado una cena muy especial.

Expresiones útiles

Getting ready to start a hike
Ya veo que han traído lo que necesitan.
I see that you have brought what you need.
¡Todos han venido muy bien equipados!
Everyone has come very well-equipped!
¿(Están) listos?
(Are you) ready?
¡En marcha, pues!
Let's get going, then!

Talking about a hike
¿Cómo les fue en la excursión?
How did the hike go?
Nunca había visto un paisaje tan espectacular.
I had never seen such spectacular scenery.
**Nunca había hecho una excursión.
¡Me encantó!**
I had never gone on a hike before. I loved it!
Ha sido la mejor excursión de mi vida.
It's been the best hike of my life.

Courtesy expressions
Gracias por todo.
Thanks for everything.
Ha sido un placer.
It's been a pleasure.
¡Cuídense!
Take care!

PERSONAJES

DON FRANCISCO

JAVIER

INÉS

ÁLEX

MAITE

MARTÍN

¿Qué piensas?

1 **Seleccionar** Selecciona la opción que mejor completa cada frase.

1. Antes de salir, Martín les recomienda a los estudiantes que hagan
   a. ejercicios de estiramiento.   b. ejercicios aeróbicos.
   c. gimnasia.

2. Los excursionistas hablaron, _____ en las montañas.
   a. levantaron pesas y se divirtieron   b. caminaron y dibujaron
   c. sacaron fotos y disfrutaron del paisaje

3. Inés dice que ha sido la mejor excursión
   a. del viaje.   b. del año.
   c. de su vida.

4. Cuando Maite vuelva a España, va a
   a. tener montones de escenas para dibujar.   b. tener mucho que contarle a su familia.
   c. tener muchas fotos que enseñarle a su familia.

5. La señora Vives les ha preparado
   a. una cena especial.   b. un día en las montañas muy especial.
   c. una excursión espectacular.

2 **Completar** Completa las frases.

1. A Javier le duelen los músculos después de caminar tanto.
   Hoy lo que necesita es _____

2. Don Francisco a veces sufre presiones y estrés en su trabajo.
   Debe hacer ejercicio para _____

3. A Inés le encanta salir con amigos o leer un buen libro.
   Ella nunca va a ser una _____

4. Álex trata de comer una dieta equilibrada. Por ejemplo, trata
   de llevar una dieta sin mucha _____

5. A Maite no le duelen los músculos. Cuatro veces por semana
   hace gimnasia para _____

aliviar el estrés	**un masaje**
grasa	**teleadicta**
mantenerse en forma	**vitamina**

3 **Minidrama** Usando el episodio de **Aventuras** como fuente (*source*) de ideas, trabaja con dos o tres amigos/as para preparar un minidrama en tres partes, en el que hacen una excursión por la montaña. El minidrama debe incluir los siguientes elementos.

• Una breve conversación antes de comenzar la excursión.

• Una conversación durante la excursión, mencionando algunas de las cosas que ven y hacen.

• Después de la excursión, una conversación en la que comentan las cosas que ocurrieron.

Exploración
El bienestar en el mundo hispano

España es conocida por su dieta mediterránea, caracterizada por el arroz, los productos lácteos, las frutas y las verduras frescas. El uso del aceite de oliva y el consumo de pescado reducen el colesterol y las proteínas animales en la dieta.

La yerba mate, una bebida similar al té, es popular en Argentina, Uruguay y Paraguay. Se dice que controla el estrés y la obesidad, y que estimula el sistema inmunológico. Tradicionalmente, se toma en una calabaza (*gourd*) con una bombilla filtrante (*tea-filtering straw*).

Observaciones

• Según leyendas indígenas, la yerba mate tiene orígenes divinos.

• El vino tinto, consumido con moderación en las comidas de países como Chile, Argentina y España, combate las enfermedades cardiovasculares.

• Chile tiene mucha actividad geotérmica y una gran cantidad de centros termales para reducir el estrés y mantenerse en forma.

De origen vasco, el deporte jai alai se diseminó por España antes de llegar a México y a la Florida. Parecido a la pelota de frontón (*handball*), tiene fama de ser el deporte más rápido del mundo. También era uno de los más peligrosos, antes de la introducción de los cascos (*helmets*),en 1968.

Coméntalo

Con un(a) compañero/a, contesta las siguientes preguntas.

• ¿Te interesa seguir alguna de las estrategias mencionadas aquí? ¿Cuál y por qué?

• ¿Prefieres lograr *(achieve)* tu bienestar con una dieta, con ejercicios, con métodos alternativos o con un poco de todo?

15.1 Past participles used as adjectives

Forming past participles

▸ The past participles of English verbs often end in **–ed** (*to turn* → *turned*), but many are also irregular (*to buy* → *bought*; *to drive* → *driven*).

▸ In Spanish, regular **–ar** verbs form the past participle with **–ado**. Regular **–er** and **–ir** verbs form the past participle with **–ido**.

INFINITIVE	STEM	PAST PARTICIPLE
bailar	bail-	bailado
comer	com-	comido
vivir	viv-	vivido

▸ You already know several past participles used as adjectives: **aburrido, cansado, interesado, nublado, perdido**, etc.

Sólo tomo café descafeinado.

Estoy cansada.

▸ Note that all irregular past participles, except for those of **decir (dicho)** and **hacer (hecho)**, end in **–to**.

Irregular past participles

abrir	abierto		morir	muerto
decir	dicho		poner	puesto
describir	descrito		resolver	resuelto
descubrir	descubierto		romper	roto
escribir	escrito		ver	visto
hacer	hecho		volver	vuelto

¡ojo! The past participles of **–er** and **–ir** verbs whose stems end in **–a**, **–e**, or **–o** carry a written accent mark on the **i** of the **–ido** ending.

caer	caído	oír	oído	sonreír	sonreído
creer	creído	reír	reído	traer	traído
leer	leído				

Práctica

1 Completar Completa estas frases con la forma adecuada del participio pasado.

1. El hombre *descrito* [describir] en ese panfleto es un monitor del gimnasio.
2. Serena Williams es una atleta muy *conocida* [conocer].
3. ¿Está *descubierto* [descubrir] ya todo el petróleo del mundo?
4. Los libros *usados* [usar] son más baratos que los nuevos.
5. Los documentos están *firmados* [firmar].
6. Creo que el gimnasio está *abierto* [abrir] veinticuatro horas al día.

2 Describir Completa las frases con las palabras indicadas.

está cerrada	están aburridos
está muerto	están descritos
está rota	están firmados
están abiertas	no está hecha

1. Los estudiantes
_____.

2. Los cheques
_____.

3. La ventana
_____.

4. La cama
no está hecha
_____.

5. La puerta
_____.

6. El señor Vargas
_____.

Conversación

Preguntas En parejas, túrnense para hacerse estas preguntas.

1. ¿Qué haces cuando no estás preparado/a para una clase?
2. ¿Qué haces cuando estás perdido/a en una ciudad?
3. ¿Está ordenado tu cuarto?
4. ¿Dejas la luz prendida en tu cuarto?
5. ¿Prefieres comprar libros usados o nuevos? ¿Por qué?
6. ¿Tienes mucho dinero ahorrado?
7. ¿Necesitas pedirles dinero prestado a tus padres?
8. ¿Quiénes están aburridos en la clase?
9. ¿Hay alguien que esté dormido en la clase?
10. ¿Cuándo está abierto el gimnasio de la universidad?

Encuesta Camina por la clase y pregunta a tus compañeros hasta que encuentres a las personas que correspondan a cada descripción. Anota sus respuestas, luego informa a la clase de los resultados.

Descripciones	Nombres	Otra información
1. Tiene un electrodoméstico roto en casa. (¿Qué es?)	_____	_____
2. Lleva algo hecho en Europa o en un país hispano. (¿Qué es?)	_____	_____
3. Tiene su libro abierto. (¿Qué libro?)	_____	_____
4. Toma café descafeinado. (¿Cuándo?)	_____	_____
5. Está interesado/a en trabajar en un banco. (¿Por qué?)	_____	_____
6. Hace ejercicios aeróbicos todos los días. (¿Dónde y por qué?)	_____	_____
7. Tiene un pariente o un(a) amigo/a muy conocido/a. (¿Quién?)	_____	_____
8. Es teleadicto/a. (¿Cuáles son sus programas favoritos?)	_____	_____

Past participles used as adjectives

La ventana está rota.

La puerta está abierta.

▶ Past participles can be used as adjectives. They are often used with the verb **estar** to describe a condition or state that results from an action. When used as adjectives, past participles must agree in gender and number with the nouns they modify.

El gimnasio **está cerrado**.
The gym is closed.

El cheque ya **está firmado**.
The check is already signed.

En la entrada, hay algunos letreros **escritos** en español.
In the entrance, there are some signs written in Spanish.

Tenemos la mesa **puesta** y la cena **hecha**.
We have the table set and dinner made.

Revista Capital

Consejos financieros escritos por gente que sabe.

Inclusive si su negocio va mal, su compañía no está acabada. ¡Tenemos la solución y montones de ideas listas para poner en práctica!

¡Manos a la obra!

Indica la forma correcta del participio pasado de estos verbos.

1. hablar **hablado**
2. beber _____
3. decidir _____
4. romper _____
5. escribir _____
6. cantar _____
7. oír _____
8. traer _____
9. correr _____
10. leer _____
11. ver _____
12. hacer _____
13. morir _____
14. reír _____
15. mirar _____
16. abrir _____
17. decir _____
18. volver _____
19. poner _____
20. descubrir _____

15.2 The present perfect

▸ The present perfect indicative tense (**el pretérito perfecto de indicativo**) is used to talk about what someone *has done*. It is formed with the present tense of **haber** and a past participle.

Ya veo que han traído todo lo que necesitan.

Todos han venido muy bien equipados.

Present indicative of *haber*

Singular forms		Plural forms	
yo	he	nosotros/as	hemos
tú	has	vosotros/as	habéis
Ud./él/ella	ha	Uds./ellos/ellas	han

Tú no **has cerrado** la puerta.
You haven't closed the door.

¿**Ha asistido** Juan a la clase?
Has Juan attended class?

Yo ya **he leído** esos libros.
I've already read those books.

Hemos presentado el proyecto.
We have presented the project.

▸ The past participle agrees with the noun when it functions as an adjective, but not when it is part of the present perfect tense.

Clara **ha abierto** las ventanas.
Clara has opened the windows.

Las ventanas están **abiertas**.
The windows are open.

Yo **he cerrado** la puerta.
I've closed the door.

La puerta está **cerrada**.
The door is closed.

▸ The present perfect is generally used just as in English: to talk about what *has occurred*. It usually refers to the recent past.

He trabajado cuarenta horas.
I have worked forty hours.

¿Cuál es el último libro que **has leído**?
What is the last book that you have read?

¡ojo! To say that someone has *just done something*, **acabar de** + [*infinitive*] is used.

Juan **acaba de llegar**.
Juan has just arrived.

Ellos **acaban de salir**.
They have just left.

Acabo de terminar mi tarea.
I have just finished my homework.

Acabamos de cenar.
We have just eaten dinner.

Práctica

1 **Completar** Estas oraciones describen el estilo de vida (*lifestyle*) de unos estudiantes. Complétalas con el pretérito perfecto de indicativo de los verbos indicados.

adelgazar	hacer
aumentar	llevar
comer	sufrir

1. Luisa _____ muchas presiones este año.
2. Juan y Raúl _____ de peso porque no hacen ejercicio.
3. Pero María Luisa _____ porque trabaja demasiado y siempre se olvida de comer.
4. Hasta ahora, yo _____ una vida muy sana.
5. Pero tú y yo no _____ gimnasia este semestre.
6. Tampoco _____ una dieta equilibrada recientemente.

2 **Estilos de vida** Marisela ha cambiado su estilo de vida porque quiere llevar una vida sana. Explica lo que ha hecho según el modelo. Luego explica lo que tú has hecho al respecto (*in that regard*).

modelo

Encontrar un buen gimnasio
Marisela ha encontrado un buen gimnasio. Yo no he encontrado un gimnasio, pero sé que debo buscar uno.

1. Tratar de estar en forma
2. Estar a dieta los últimos dos meses
3. Dejar de tomar refrescos
4. Hacerse una prueba de colesterol
5. Entrenar cinco días a la semana este año
6. Cambiar de una vida sedentaria a una vida activa
7. Tomar vitaminas por la noche y por la mañana
8. Hacer ejercicio para relajarse
9. Consumir mucha proteína este mes
10. Dejar de fumar
11. Levantar pesas tres días a la semana
12. Aliviar el estrés

Conversación

3 **¿Qué han hecho estas personas?** En parejas, describan lo que han hecho y lo que no han hecho las personas en cada dibujo. Usen la imaginación.

1. Jorge y Raúl

2. Natalia y Diego

3. Luisa

4. Ricardo

5. Jacobo

6. Carmen

4 **Describir** En parejas, identifiquen a una persona que lleva una vida muy sana. Puede ser una persona que conocen o un personaje que aparece en una película o programa de televisión. Entre los dos, escriban una descripción de lo que la persona ha hecho para llevar una vida sana.

modelo

Pedro Martínez ha llevado una vida muy sana. Ha hecho todo lo posible para mantenerse en forma. Para jugar muy bien al béisbol, él ha...

5 **¿Quién es?** Tu profesor(a) va a darles a ti y a tu compañero/a la información necesaria para completar esta actividad.

Using the present perfect

▶ **Haber** and the past participle cannot be separated.

Siempre **hemos vivido** en Bolivia.
We have always lived in Bolivia.

Usted nunca **ha venido** a mi oficina.
You have never come to my office.

Creo que la señora Vives nos ha preparado una cena muy especial.

Gracias, Martín.

No hay de qué. Ha sido un placer.

▶ The word **no** and any object or reflexive pronouns are placed immediately before **haber**.

Yo **no he cobrado** el cheque.
I have not cashed the check.

¿Por qué **no lo has cobrado**?
Why haven't you cashed it?

Susana ya **lo ha hecho**.
Susana has already done it.

Ellos **no lo han arreglado**.
They haven't fixed it.

▶ *To have* can be a main verb or an auxiliary verb. As a main verb, it corresponds to **tener**; as an auxiliary, it corresponds to **haber**.

Tengo muchos amigos.
I have a lot of friends.

No **he** visto el programa.
I have not seen the program.

Tengo un problema.
I have a problem.

He resuelto mi problema.
I have resolved my problem.

▶ The present perfect of **hay** is **ha habido**.

Ha habido muchos problemas con el nuevo profesor.
There have been a lot of problems with the new professor.

Ha habido un accidente en la calle Central.
There has been an accident on Central Street.

¡Manos a la obra!

 Indica el pretérito perfecto de indicativo de los siguientes verbos.

1. yo _he disfrutado, he comido, he vivido_ [disfrutar, comer, vivir]
2. tú _____ [traer, adelgazar, compartir]
3. usted _____ [venir, estar, correr]
4. ella _____ [leer, resolver, poner]
5. ellos _____ [decir, romper, hacer]
6. nosotros _____ [mantenerse, dormirse]
7. yo _____ [estar, escribir, ver]
8. él _____ [vivir, correr, morir]

15.3 The past perfect

▶ The past perfect indicative (**el pretérito pluscuamperfecto de indicativo**) is used to talk about what someone *had done* or what *had occurred* before another past action or state. The past perfect uses the imperfect of **haber** plus the past participle.

Nunca había visto un paisaje tan espectacular.

Nunca había hecho una excursión.

Past perfect indicative

	cerrar	perder	asistir
yo	había **cerrado**	había **perdido**	había **asistido**
tú	habías **cerrado**	habías **perdido**	habías **asistido**
Ud./él/ella	había **cerrado**	había **perdido**	había **asistido**
nosotros/as	habíamos **cerrado**	habíamos **perdido**	habíamos **asistido**
vosotros/as	habíais **cerrado**	habíais **perdido**	habíais **asistido**
Uds./ellos/ellas	habían **cerrado**	habían **perdido**	habían **asistido**

Antes de 2003, **había vivido** aquí.
Before 2003, I had lived here.

Cuando llegamos, Luis ya **había salido**.
When we arrived, Luis had left already.

▶ The past perfect is often used with the word **ya** (*already*). Note that **ya** cannot be placed between **haber** and the past participle.

Ella ya **había empezado** cuando llamaron.
She had begun already when they called.

Cuando llegué a casa, Raúl **ya se había acostado**.
When I arrived home, Raúl had already gone to bed.

¡Manos a la obra!

 Indica el pretérito pluscuamperfecto de indicativo de cada verbo.

1. Nosotros ya <u>habíamos cenado</u> [cenar] cuando nos llamaron.
2. Antes de tomar esta clase, yo no _____ [estudiar] nunca el español.
3. Antes de ir a México, ellos nunca _____ [ir] a otro país.
4. Eduardo nunca _____ [entrenarse] antes de este año.
5. Tú siempre _____ [llevar] una vida sana antes del año pasado.
6. Antes de conocerte, yo ya te _____ [ver] muchas veces.

Práctica

1 **Completar** Completa los minidiálogos con las formas correctas del pretérito pluscuamperfecto de indicativo.

SARA Antes de cumplir los 15 años, ¿(1)_____ [estudiar] tú otra lengua?

JOSÉ Sí, (2)_____ [tomar] clases de inglés y de italiano.

• • •

DOLORES Antes del 2000, ¿(3)_____ [viajar] tú y tu familia a Europa?

TOMÁS Sí, (4)_____ [visitar] Europa tres veces.

• • •

ANTONIO Antes de este año, ¿(5)_____ [correr] usted en un maratón?

SRA. VERA No, nunca lo (6)_____ [hacer].

• • •

SOFÍA Antes de su enfermedad, ¿(7)_____ [sufrir] muchas presiones tu tío?

IRENE Sí... y mi tío nunca (8)_____ [mantenerse] en buena forma.

2 **Quehaceres** Indica lo que ya había hecho cada miembro de la familia antes de la llegada de la madre, la señora Ferrer.

3 **Tu vida** Indica si ya habías hecho las siguientes cosas antes de cumplir los dieciséis años.

1. Hacer un viaje en avión
2. Escalar una montaña
3. Escribir un poema
4. Leer una novela
5. Enamorarse
6. Tomar una clase de educación física
7. Montar a caballo
8. Ir de pesca
9. Manejar un carro
10. Navegar en Internet

Conversación

 Oraciones En parejas, conversen sobre los siguientes temas, usando el pretérito pluscuamperfecto de indicativo.

1. Cuando yo llamé a mi mejor amigo/a la semana pasada, él/ella ya…

2. Antes de este año, mis amigos y yo nunca…

3. Hasta el año pasado, yo siempre…

4. Antes de cumplir los veinte años, mi mejor amigo/a…

5. Antes de cumplir los treinta años, mis padres ya…

6. Hasta que cumplí los dieciocho años, yo no…

7. Antes de este semestre, el/la profesor(a) de español no…

8. Antes de tomar esta clase, yo nunca…

 Lo dudo Escribe cinco oraciones, algunas ciertas y otras falsas, sobre cosas que habías hecho antes de venir a la universidad. Luego, en grupos, túrnense para leer sus oraciones. Cada miembro del grupo debe decir "es cierto" o "lo dudo" después de cada una. Escribe la reacción de cada compañero/a. ¿Quién obtuvo más respuestas ciertas?

modelo

Estudiante 1: Cuando tenía 10 años, ya había manejado el carro de mi papá.

Estudiante 2: Lo dudo.

Estudiante 3: Es cierto.

6 **Entrevista** En parejas, preparen una conversación en la que un(a) periodista de televisión está entrevistando (*interviewing*) a un(a) actor/actriz famoso/a que está haciendo un video de ejercicios aeróbicos. El/La periodista le hace preguntas para descubrir la siguiente información:

• Si siempre se había mantenido en forma antes de hacer este video

• Si había seguido una dieta especial antes de hacer este video

• Qué le recomienda a la gente que quiere mantenerse en forma

• Qué le recomienda a la gente que quiere adelgazar

• Qué va a hacer cuando termine este video

Español en vivo

¡Acabo de descubrir una nueva vida!

Hasta el año pasado, siempre había mirado la tele sentado en el sofá durante mis ratos libres. ¡Era un sedentario y un teleadicto! Jamás había practicado ningún deporte y había aumentado mucho de peso.

Este año, he empezado a comer una dieta más sana y voy al gimnasio todos los días. He comenzado a ser una persona muy activa y he adelgazado. Disfruto de una vida sana y… ¡Me siento muy feliz!

Manténgase en forma.

Gimnasio Olímpico

Identificar

Identifica los ejemplos del pretérito pluscuamperfecto del indicativo en el anuncio.

Preguntas

1. ¿Cómo era la vida del hombre cuando llevaba una vida sedentaria? ¿Cómo es ahora?

2. ¿Te identificas con algunos de los hábitos, presentes o pasados, de este hombre? ¿Con cuáles?

3. ¿Qué les recomienda el hombre del anuncio a los lectores? ¿Crees que les da un buen consejo?

Repaso

15.1 Past participles used as adjectives

 ¡Ya está hecho! Tus padres te piden ayuda para muchas cosas en la casa. Como eres un(a) hijo/a muy responsable, ya hiciste todo. Responde a lo que te dicen tus padres.

> **modelo**
> ¿Puedes planchar la ropa?
> **La ropa ya está planchada.**

1. ¿Puedes arreglar la computadora?
2. ¿Puedes estacionar el carro en el garaje?
3. ¿Puedes apagar la luz del pasillo?
4. ¿Puedes preparar el almuerzo?
5. ¿Puedes sacudir los estantes?
6. ¿Puedes poner los cubiertos en la mesa?

¡Qué miedo! En parejas, imaginen que son compañeros/as de apartamento. Ayer, mientras ustedes estaban en clase, alguien rompió una ventana y entró a su apartamento. Describan a la policía lo que vieron cuando llegaron. Usen el participio pasado.

> **modelo**
> **Cuando llegamos al apartamento, nuestra puerta estaba cerrada pero la ventana estaba rota. La luz estaba prendida y nuestros libros estaban abiertos...**

15.2 The present perfect

¡En buena forma! Carlota ha estado durante la mañana en el gimnasio. Describe las actividades que ha hecho.

Hora	Actividades
6:30 a.m.	hacer ejercicios de estiramiento
7:00 a.m.	tomar clase de ejercicios aeróbicos
8:00 a.m.	levantar pesas
8:30 a.m.	recibir un masaje
9:00 a.m.	ducharse
9:30 a.m.	desayunar en la cafetería
10:00 a.m.	irse a su oficina

> **modelo**
> **De seis y media a siete de la mañana, Carlota ha hecho ejercicios de estiramiento.**

4 **¡A dieta!** Emilio ha comido una dieta especial durante tres meses. Lee su dieta y contesta las preguntas.

Desayuno	Almuerzo	Cena
una taza de café	ensalada de atún con verduras	pollo o pescado asado
cereal con leche	un pan	ensalada de tomate y
una manzana	una naranja	queso
	té helado sin azúcar	una copa de vino tinto

1. ¿Crees que Emilio ha comido una dieta equilibrada? ¿Por qué?
2. ¿Crees que Emilio ha engordado o adelgazado con esta dieta?
3. ¿Qué alimentos con proteínas ha consumido Emilio?
4. ¿Piensas que esta dieta ha mejorado la salud de Emilio? ¿Por qué?
5. ¿Te gustan los alimentos que ha comido Emilio?
6. ¿Alguna vez has seguido una dieta como la de Emilio?

5 **¿Alguna vez...?** En parejas, túrnense para hacerse estas preguntas. Usen el presente perfecto en sus respuestas.

> **modelo**
> Tomar una clase de yoga (tú)
> **Estudiante 1:** ¿Alguna vez has tomado una clase de yoga?
> **Estudiante 2:** No, nunca he tomado una clase de yoga, pero he hecho ejercicios para aliviar el estrés.

1. levantar pesas (tu hermano/a)
2. tener problemas con el colesterol (tus papás)
3. entrenar para un maratón (tu amigo/a)
4. llevar una vida sedentaria (tu hermano/a)
5. consumir alcohol en exceso (alguien que conoces)
6. seguir una dieta baja en grasas (tú y tus amigos/as)
7. ver televisión más de cinco horas en un día (tú)

15.3 The past perfect

6 **Oraciones** Forma oraciones en el pretérito pluscuamperfecto de indicativo con las siguientes palabras.

1. Mi familia / siempre / tener / problemas / colesterol
2. Nosotros / jamás / cuidar / nuestra / nutrición
3. Todos / llevar / vida / sedentaria
4. En agosto / mis hermanos y yo / resolver / estar a dieta
5. Yo / no / ver / mis hermanos / en dos meses
6. En octubre / ellos / adelgazar / diez libras

¡Ya lo había hecho! En parejas, imaginen que tienen setenta años de edad. El/La primer(a) estudiante debe decir algo que ya había hecho a los diez años de edad. El/La segundo/a estudiante responde con algo que ya había hecho a los quince años de edad. Terminen a los setenta años. ¡Usen su imaginación!

modelo

Estudiante 1: A los diez años de edad, ya había aprendido a hablar tres idiomas.
Estudiante 2: Antes de cumplir quince años, yo ya había viajado por todo el mundo.
Estudiante 1: Pues a los veinte años, yo...

 Anuncio de radio En parejas, preparen un anuncio de radio para vender las vitaminas Energía 2000. Describan qué productos habían tomado antes de probar estas vitaminas y cómo se habían sentido. Usen el pretérito pluscuamperfecto de indicativo y **antes de, cuando** y **nunca**. Después compartan su anuncio con la clase.

modelo   ¡Nunca nos habíamos sentido mejor!

Síntesis

 Maratón de Nueva York Con un(a) compañero/a, preparen una conversación entre dos deportistas que están entrenando para el maratón de Nueva York. Es la segunda vez que van a correr este maratón. Comparen los entrenamientos que han tenido y los planes de nutrición que han seguido. Incluyan la siguiente información en la conversación.

- ¿Cuántas horas a la semana han entrenado? ¿Qué ejercicios han hecho?
- ¿Cómo ha sido su dieta? ¿Qué alimentos o bebidas no han consumido?
- ¿Cómo había sido su entrenamiento el año pasado? ¿Qué cosas habían hecho diferente el año pasado?
- ¿Se sienten preparados para ganar el maratón este año? ¿Por qué?

Ritmos hispanos

Gloria Estefan:
Una superestrella internacional del pop latino

Nacida en La Habana, Cuba, **Gloria Estefan** se trasladó a Miami con su familia cuando tenía dos años. Su carrera musical comenzó cuando Emilio Estefan le propuso cantar con su grupo *The Miami Latin Boys* a finales de los años 70. En los 80, el grupo cambió su nombre a *Miami Sound Machine* con el que consiguieron grandes éxitos musicales como *Conga, 1-2-3-4, Anything for you* y *Rhythm is Going to Get You*. Después de más de veinte años dedicados a la música, cinco Grammys y más de 70 millones de álbumes vendidos en todo el mundo, Gloria Estefan sigue creando. En su último trabajo, *Unwrapped,* participan conocidísimos artistas como Stevie Wonder y Chrissie Hynde, vocalista de la popular banda *The Pretenders*. Dentro de la historia de la música popular, Gloria Estefan es la artista latina que más éxito ha logrado a nivel internacional cantando en español y en inglés. Para ella, la música es un medio de expresión personal a través del cual intenta no sólo entretener sino también inspirar a sus oyentes, y con su dedicación y talento ha dejado el listón muy alto para la próxima generación.

Discografía selecta
- *Let it loose* (1987)
- *Cuts both ways* (1989)
- *Mi tierra* (1993; primer álbum como solista y primer Premio Grammy Latino)
- *Abriendo puertas* (1995; Grammy al Mejor Álbum Latino)
- *Gloria* (1998; Grammy al Mejor Álbum Latino)
- *Alma caribeña* (2000; dos Premios Grammy Latinos)

 Para más información sobre la artista, su música y sus canciones, visita **aventuras.vhlcentral.com**.

se trasladó relocated **carrera** career **propuso** proposed **éxitos** successes **conocidísimos** very well known **ha logrado** has achieved **medio** means **a través del cual intenta** through which she tries **entretener** to entertain **oyentes** listeners **ha dejado el listón muy alto** she has raised the bar

Ampliación

1 Escuchar

A Escucha lo que dice Ofelia Cortez de Bauer. Anota algunos de los cognados que escuchas y también la idea general del discurso.

 TIP **Listen for the gist and cognates.** By listening for the gist, you can get the general idea of what you're hearing. Listening for cognates will help you to fill in the details.

Cognados	Idea general
_____	_____
_____	_____
_____	

Ahora indica si las siguientes frases son **ciertas** o **falsas**.

Cierto   Falso

_____ _____ 1. La señora Bauer habla de la importancia de estar en buena forma.

_____ _____ 2. Según la señora Bauer, es importante que todos sigan el mismo programa.

_____ _____ 3. La señora Bauer participa en actividades individuales y de grupo.

_____ _____ 4. Según la señora Bauer, el objetivo más importante de cada persona debe ser adelgazar.

B ¿Sigues los consejos de la señora Bauer? Explica tu respuesta. ¿Qué piensas de los consejos que ella da? ¿Hay otra información que ella debía haber incluido?

2 Conversar

Con un(a) compañero/a, preparen una conversación entre el/la enfermero/a de la clínica de la universidad y un(a) estudiante que no se siente bien. Incluyan la siguiente información en su conversación. Luego preséntenla a la clase.

• ¿De dónde viene el problema?

• ¿Tiene buenos hábitos el/la estudiante?

• ¿Qué ha hecho el/la estudiante en los últimos meses? ¿Cómo se ha sentido?

• ¿Qué recomendaciones tiene el/la enfermero/a para el/la estudiante?

• ¿Qué va a hacer el/la estudiante para llevar una vida más sana?

Ampliación

③ Escribir

Desarrolla un plan personal para mejorar tu bienestar físico y emocional. Considera la nutrición, el ejercicio y el estrés.

 TIP Organize your information logically. To make your writing and message clearer to your readers, organize information chronologically or in order of importance.

Organízalo	Escribe tus objetivos. Anota lo que has hecho hasta ahora, lo que no has hecho y lo que todavía tienes que hacer para conseguir tus objetivos.
Escríbelo	Organiza tus apuntes y escribe el primer borrador de tu plan personal.
Corrígelo	Intercambia tu plan personal con un(a) compañero/a. Ofrécele sugerencias para mejorar la organización. ¿Incluye toda la información pertinente? ¿Es lógica la organización? Si ves algunos errores, coméntaselos.
Compártelo	Prepara la versión final, tomando en cuenta los comentarios de tu compañero/a. Luego júntate con otro/a compañero/a y comparen lo que han escrito. ¿Cómo son similares sus planes? ¿Cómo son diferentes?

④ Un paso más

Imagina que estás a cargo de (*in charge of*) promocionar una excursión de aventuras con actividades deportivas en algún país hispano. Crea un folleto (*brochure*) atractivo para vender la idea de la excursión; compara tu folleto con los de tus compañeros/as.

- Escoge el país y los lugares que van a visitar.
- Describe las actividades deportivas y de aventura que van a hacer en cada lugar.
- Explica los aspectos de la excursión que son importantes para la salud.
- Incluye el costo del viaje.

 En Internet

Investiga estos temas en el sitio **aventuras.vhlcentral.com.**
- Actividades deportivas en el mundo hispano
- Turismo alternativo en el mundo hispano

Antes de leer

For dramatic effect and to achieve a smoother writing style, authors often do not explicitly supply the reader with all the details of a story. Clues in the text can help you infer those things the writer chooses not to state in a direct manner. You simply "read between the lines" to fill in the missing information and draw conclusions about the story.

Sobre la autora

Cristina Peri Rossi (1941 -) Nació en Uruguay, pero ahora vive en España. En sus cuentos, novelas y poemas explora las pasiones, el aislamiento (*isolation*) y las incertidumbres (*uncertainties*) que sentimos como seres humanos (*human beings*).

14 (De Indicios pánicos)

Cristina Peri Rossi

Ella me ha entregado la felicidad dentro de una caja bien cerrada, y me la ha dado, diciéndome:

—Ten cuidado, no vayas a perderla, no seas distraída, me ha costado un gran esfuerzo conseguirla: los mercados estaban cerrados, en las tiendas ya no había y los pocos vendedores ambulantes que existían se han jubilado, porque tenían los pies cansados. Ésta es la única que pude hallar en la plaza, pero es de las legítimas. Tiene un poco menos brillo que aquella que consumíamos mientras éramos jóvenes y está un poco arrugada, pero si caminas bien, no notarás la diferencia. Si la apoyas en alguna parte, por favor, recógela antes de irte, y si decides tomar un ómnibus, apriétala bien entre las manos: la ciudad está llena de ladrones y fácilmente te la podrían arrebatar.

Después de todas estas recomendaciones soltó la caja y me la puso entre las manos. Mientras caminaba, noté que no pesaba mucho pero que era un poco incómoda de usar: mientras la sostenía no podía tocar otra cosa, ni me animaba a dejarla depositada, para hacer las compras. De manera que no podía entretenerme, y menos aún, detenerme a explorar, como era mi costumbre. A la mitad de la tarde tuve frío. Quería abrirla, para saber si era de las legítimas, pero ella me dijo que se podía evaporar. Cuando desprendí el papel, noté que en la etiqueta venía una leyenda:

"Consérvese sin usar."

Desde ese momento tengo la felicidad guardada en una caja. Los domingos de mañana la llevo a pasear, por la plaza, para que los demás me envidien y lamenten su situación; de noche la guardo en el fondo del ropero. Pero se aproxima el verano y tengo un temor: ¿cómo la defenderé de las polillas?

Después de leer

¿Comprendiste?

1. La persona que narra el cuento, ¿es hombre o es mujer?
2. El regalo, la felicidad, ¿fue fácil o difícil de conseguir?
3. ¿La felicidad se compró en la calle o en una tienda?
4. Según la persona que la dio, ¿esta felicidad es de mejor o de peor calidad que la que tenía de joven?
5. Según ella, ¿hay mucho o poco riesgo de perder la felicidad?
6. ¿Cuál es el problema con la felicidad?
7. Al final, ¿qué hace la narradora con la felicidad?

Preguntas

1. ¿Qué debe hacer la narradora para cuidar la felicidad?
2. ¿Qué límites le impone la felicidad a la narradora?
3. ¿Cómo quiere la narradora que su felicidad afecte a otras personas?
4. ¿Por qué tiene miedo de las polillas la narradora?

Coméntalo

Para ti, ¿qué significa este cuento? ¿Qué dice de la felicidad? ¿Qué dice de la sociedad y las relaciones humanas? ¿Te parecen importantes la edad y el sexo de la persona que narra? ¿Y de la persona que le dio la felicidad? ¿Qué relación tienen las dos personas? En el cuento, ¿cuáles son las ventajas (*advantages*) y desventajas de tener la felicidad? ¿Te parece un buen regalo? ¿Qué recomendaciones tienes para la narradora del cuento?

me... caja	handed me happiness in a box
esfuerzo	effort
la única que pude hallar	the only one I could find
brillo	shine
arrugada	wrinkled
no notarás	you won't notice
Si... parte	If you set it down somewhere
apriétala	hold it
ladrones	thieves
arrebatar	to snatch
soltó	she let go of
pesaba	it weighed
desprendí	I took off
etiqueta	label
leyenda	inscription
envidien	envy
en... ropero	in the back of the closet
defenderé	will I defend
polillas	moths

recursos

aventuras.vhlcentral.com
Lección 15

El bienestar

el bienestar	well-being
la clase de ejercicios aeróbicos	aerobics class
la droga	drug
el/la drogadicto/a	drug addict
el masaje	massage
el/la monitor(a)	trainer
el músculo	muscle
el/la teleadicto/a	couch potato
adelgazar	to lose weight; to slim down
aliviar el estrés/ la tensión	to relieve stress/ tension
apurarse	to hurry; to rush
aumentar de peso	to gain weight
calentarse (e:ie)	to warm up
darse prisa	to hurry; to rush
disfrutar (de)	to enjoy; to reap the benefits (of)
engordar	to gain weight
entrenarse	to practice; to train
estar a dieta	to be on a diet
estar en buena forma	to be in good shape
(no) fumar	(not) to smoke
hacer ejercicio	to exercise
hacer ejercicios aeróbicos	to do aerobics
hacer ejercicios de estiramiento	to do stretching exercises
hacer gimnasia	to work out
levantar pesas	to lift weights
llevar una vida sana	to lead a healthy lifestyle
mantenerse en forma	to stay in shape
sudar	to sweat
sufrir muchas presiones	to be under a lot of pressure
tratar de (+ inf.)	to try (to do something)
activo/a	active
débil	weak
flexible	flexible
fuerte	strong
sedentario/a	sedentary
tranquilo/a	calm; quiet

La nutrición

la bebida alcohólica	alcoholic beverage
la caloría	calorie
el colesterol	cholesterol
la grasa	fat
la merienda	(afternoon) snack
los minerales	minerals
la nutrición	nutrition
la proteína	protein
las vitaminas	vitamins
comer una dieta equilibrada	to eat a balanced diet
consumir alcohol	to consume alcohol
merendar (e:ie)	to have a(n) (afternoon) snack
descafeinado/a	decaffeinated

Palabras adicionales

en exceso	in excess; too much
sin	without

Expresiones útiles	See page 391.
Irregular past participles	See page 399.

recursos

Text MP3s
Lección 15

aventuras.vhlcentral.com
Lección 15

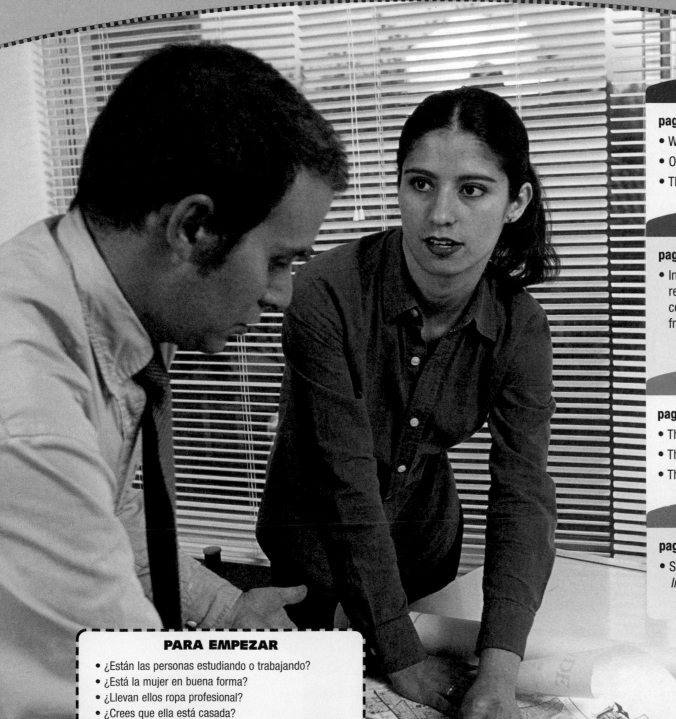

16 | El mundo del trabajo

PARA EMPEZAR
- ¿Están las personas estudiando o trabajando?
- ¿Está la mujer en buena forma?
- ¿Llevan ellos ropa profesional?
- ¿Crees que ella está casada?
- ¿Crees que él sufre de mucho estrés?

EL MUNDO DEL TRABAJO

el científico
scientist

LAS OCUPACIONES

el/la **abogado/a** *lawyer*

la **actriz** *actress*

el/la **arqueólogo/a** *archaeologist*

el/la **arquitecto/a** *architect*

el **bailarín** *dancer*

la **bailarina** *dancer*

el/la **cantante** *singer*

el/la **carpintero/a** *carpenter*

el/la **consejero/a** *counselor; advisor*

el/la **contador(a)** *accountant*

el/la **corredor(a) de bolsa** *stockbroker*

el/la **diseñador(a)** *designer*

el/la **electricista** *electrician*

el/la **escritor(a)** *writer*

el/la **escultor(a)** *sculptor*

el/la **gerente** *manager*

el **hombre/la mujer de negocios** *businessperson*

el/la **jefe/a** *boss*

el/la **maestro/a** *elementary school teacher*

el/la **pintor(a)** *painter*

el/la **poeta** *poet*

el/la **político/a** *politician*

el/la **reportero/a** *reporter*

el/la **secretario/a** *secretary*

el/la **técnico/a** *technician*

el cocinero
cook; chef

la peluquera
hairdresser

el actor
actor

el bombero
firefighter

el psicólogo
psychologist

recursos

| WB pp. 157-158 | LM p. 91 | Text MP3s Lección 16 | Lab MP3s Lección 16 | aventuras.vhlcentral.com Lección 16 |

Variación léxica

abogado/a ⟷ licenciado/a (*Amér. C.*)

contador(a) ⟷ contable (*Esp.*)

el anuncio
advertisement

Se busca

diseñador gráfico.

Ofrecemos excelentes beneficios.
Para mayor información,
diríjase a nuestra oficina principal,
Calle Castilla, no. 44.

LAS ENTREVISTAS

el/la aspirante *candidate; applicant*
los beneficios *benefits*
el/la entrevistador(a) *interviewer*
el puesto *position; job*
el salario *salary*
la solicitud (de trabajo) *(job) application*
el sueldo *salary*

contratar *to hire*
entrevistar *to interview*
ganar *to earn*
obtener *to obtain; to get*
solicitar *to apply (for a job)*

el currículum
résumé

DATOS PERSONALES
Nombre y apellidos: **Carmelo Roca**
Fecha de nacimiento: **14 de diciembre de 1978**
Lugar de nacimiento: **Salamanca**
D.N.I.: **7885270-R**
Dirección: **Calle Ferrara 17, 5**
37500 Salamanca
Teléfono: **923 270 118**
Correo electrónico: **rocac@teleline.com**

FORMACIÓN ACADÉMICA
• 2001-2002 Máster en Administración y Dirección de Empresas, Universidad Autónoma de Madrid
• 1996-2001 Licenciado en Administración y Dirección de Empresas por la Universidad de Salamanca

CURSOS Y SEMINARIOS
• 2001 "Gestión y Creación de Empresas", Universidad de Córdoba

EXPERIENCIA PROFESIONAL
• 1999-2000 Contrato de un año en la empresa RAMA, S.L., realizando tareas administrativas
• 1998- 1999 Contrato de trabajo haciendo prácticas en Banco Sol

IDIOMAS
• INGLÉS Nivel alto. Título de la Escuela Oficial de Idiomas
• ITALIANO Nivel medio

INFORMÁTICA/COMPUTACIÓN
• Conocimientos de usuario de Mac / Windows
• MS Office

EL MUNDO DEL TRABAJO

el ascenso *promotion*
el aumento de sueldo *raise*
la carrera *career*
la compañía *company; firm*
el empleo *job; employment*
la empresa *company; firm*
la especialización *field of study*
los negocios *business; commerce*
la ocupación *occupation*
el oficio *trade*
la profesión *profession*
el teletrabajo *telecommuting*
el trabajo *job; work*
la videoconferencia *videoconference*

dejar *to quit; to leave behind*
despedir (e:i) *to fire*
invertir (e:ie) *to invest*
renunciar (a) *to resign (from)*
tener éxito *to be successful*

comercial *commercial; business related*

la reunión
meeting

la entrevista
interview

A escuchar

 1 **¿Lógico o ilógico?** Escucha las frases e indica si cada frase es **lógica** o **ilógica**.

	Lógico	Ilógico
1.	_____	_____
2.	_____	_____
3.	_____	_____
4.	_____	_____
5.	_____	_____
6.	_____	_____
7.	_____	_____
8.	_____	_____

 2 **Escuchar** Escucha la descripción que hace Alejandro Dávila de su profesión y luego completa las oraciones con las palabras adecuadas.

1. Alejandro Dávila es un

   a. poeta.   b. hombre de negocios.   c. escultor.

2. El señor Dávila trabaja como _____ en una compañía multinacional.

   a. secretario   b. técnico   c. gerente

3. Al señor Dávila le interesaba _____ en la cual pudiera trabajar en otros países.

   a. una carrera   b. un ascenso   c. un aumento de sueldo

4. En sus negocios con empresas extranjeras, el señor Dávila prefiere

   a. usar las videoconferencias.   b. conocer a la gente personalmente.

   c. mandar correos electrónicos.

A practicar

3 Ocupaciones ¿Quién realiza las siguientes actividades? Escoge entre las ocupaciones indicadas.

1. Arregla las computadoras. _____

2. Enseña a los niños. _____

3. Diseña ropa. _____

4. Canta para el público. _____

5. Arregla los electrodomésticos. _____

6. Desarrolla teorías de biología, química, física, etc. _____

7. Construye (*builds*) sillas, mesas, casas y otras cosas de madera (*wood*). _____

8. Ayuda a la gente a invertir su dinero. _____

9. Trabaja con números y arregla las cuentas de diferentes negocios. _____

10. Combate los fuegos (*fires*) que destruyen los edificios y los bosques. _____

el bombero	el corredor de bolsa
la cantante	el diseñador
la carpintera	la electricista
el científico	el maestro
la contadora	la técnica

4 Asociaciones ¿Qué profesiones asocias con las siguientes palabras? Escoge de la lista.

1. pelo _____

2. novelas _____

3. emociones _____

4. teatro _____

5. periódico _____

6. pinturas _____

7. elecciones _____

8. baile _____

9. leyes _____

10. consejos _____

abogado	escritor
actriz	peluquera
arqueólogo	pintor
bailarín	política
consejero	psicóloga
electricista	reportero

5 Completar Completa las oraciones.

1. Quiero conseguir un puesto con _____
   a. oficios.   b. beneficios.   c. ocupación.

2. Luisa tiene la oportunidad de _____ la empresa donde trabaja.
   a. despedir   b. entrevistar   c. invertir en

3. Mi vecino dejó su _____ porque no le gustaba su jefe.
   a. puesto   b. anuncio   c. ascenso

4. Raúl va a _____ su empleo antes de empezar su propia empresa.
   a. solicitar   b. tener éxito   c. renunciar a

5. Mi madre _____ su carrera como escultora.
   a. tuvo éxito en   b. invirtió   c. entrevistó

6. ¿Cuándo obtuviste _____ más reciente?
   a. la reunión   b. la videoconferencia   c. el aumento de sueldo

7. Jorge llegó tarde a la _____ esta mañana.
   a. reunión   b. especialización   c. carrera

A conversar

6 Conversación Contesta las preguntas con un(a) compañero/a.

1. ¿Te gusta tu especialización?
2. ¿Lees los anuncios de empleos en el periódico con regularidad?
3. ¿Cómo te preparas para una entrevista?
4. ¿Obtienes siempre los puestos que quieres?
5. ¿Qué características tiene un(a) jefe/a bueno/a?
6. ¿Te gustaría más un teletrabajo o un trabajo en una oficina? ¿Por qué?
7. ¿Quieres tener tu propia empresa?
8. ¿Cuál es tu carrera ideal? ¿Por qué?

7 Entrevista Trabaja con un(a) compañero/a para representar los papeles de un(a) aspirante a un puesto de trabajo y el de un(a) entrevistador(a).

El/La entrevistador(a) debe describir…
• el empleo
• las responsabilidades
• el salario
• los beneficios.

El/La aspirante debe…
• presentar su experiencia
• preguntar los detalles del puesto.

Entonces…
• el/la entrevistador(a) debe decidir si va a contratar al/a la aspirante
• el/la aspirante debe decidir si va a aceptar el puesto.

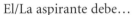

8 Una feria de trabajo La clase va a organizar una feria (*fair*) de trabajo. Unos estudiantes son los representantes de las compañías y otros son los/las aspirantes que están buscando nuevos puestos de trabajo.

Representantes	Aspirantes
• Preparan carteles con el nombre de su compañía. • Escriben los puestos de trabajo que ofrecen. • Contestan las preguntas de los aspirantes y describen los puestos disponibles. • Consiguen los nombres y referencias de los aspirantes.	• Circulan por la feria de trabajo. • Hablan con tres representantes y formulan preguntas sobre los puestos que tienen. • Muestran sus referencias y sus currículums. • Escogen su puesto favorito.

9 Crucigrama Tu profesor(a) va a darles a ti y a tu compañero/a la información necesaria para completar esta actividad.

Ortografía

Las letras **y**, **ll** y **h**

The letters **ll** and **y** were not pronounced alike in Old Spanish. Nowadays, however, **ll** and **y** have the same or similar pronunciations in many parts of the Spanish-speaking world. This similarity results in frequent misspellings. The letter **h**, as you already know, is silent in Spanish, and it is often difficult to know whether words should be written with or without it. Here are some of the word groups that are spelled with each letter.

talla   **sello**   **botella**   **amarillo**

The letter **ll** is used in these endings: **–allo/a**, **–ello/a**, **–illo/a**.

llave   **llega**   **llorar**   **lluvia**

The letter **ll** is used at the beginning of words in these combinations: **lla-**, **lle-**, **llo-**, **llu-**.

cayendo   **leyeron**   **oye**   **incluye**

The letter **y** is used in some forms of the verbs **caer**, **leer**, and **oír**, and in verbs ending in **–uir**.

hiperactivo   **hospital**   **hipopótamo**   **humor**

The letter **h** is used at the beginning of words in these combinations: **hiper-**, **hosp-**, **hidr-**, **hipo-**, **hum-**.

hiato   **hierba**   **hueso**   **huir**

The letter **h** is also used in words that begin with these combinations: **hia-**, **hie-**, **hue-**, **hui-**.

Práctica Llena los espacios con **h**, **ll** o **y**. Después escribe una frase con cada una de las palabras.

1. cuchi____o   3. cue____o   5. estre____a   7. destru____ó
2. ____ielo   4. estampi____a   6. ____uésped   8. pla____a

Adivinanza Aquí tienes una adivinanza (*riddle*). Intenta descubrir de qué se trata.

> Una cajita chiquita, blanca como la nieve: todos la saben abrir, nadie la sabe cerrar.[1]

> Pista: Es una comida.

1 El huevo

🎥 Memorias del viaje

Los viajeros recuerdan sus experiencias.

1

INÉS

La excursión a las montañas fue lo que más me gustó del viaje. ¡El paisaje era tan hermoso! Me encantó que mis amigos pudieran disfrutar de la belleza de mi país. Además, fue una oportunidad para que Javier y yo pudiéramos conocernos. Sé que muy pronto será un artista famoso. Nos llevamos muy bien durante el viaje y creo que seremos buenos amigos.

3

JAVIER

Para mí, el paisaje de las montañas fue lo mejor del viaje. Tomé varias fotos e hice muchos dibujos cuando estábamos allí. El próximo verano volveré para pintar más cuadros de lo que vi durante este viaje. Ahora soy un pintor desconocido… pero, cuando la gente vea esos cuadros, seré famoso. Estoy casi seguro de ello. Cuando vuelva, me gustaría que Inés, Maite y Álex vinieran conmigo. El viaje no sería tan divertido sin ellos.

Para recordar

Before doing this Fotonovela section, review the previous one with this activity.

1. ¿Qué hicieron Martín y los estudiantes en la montaña?
2. ¿Por qué sacó Javier mil fotos?
3. ¿Quién nunca había hecho una excursión antes?
4. ¿Les gustó la excursión a todos?

**② **

Hola, Mario:

Anoche volvimos a Quito. No quería que el viaje se acabara. Nos lo pasamos muy bien, incluso cuando se nos dañó el autobús cerca de Ibarra. Además, conocí a gente interesante, como Maite, que estudia para ser periodista. Es una chica guapa y muy inteligente. Durante el viaje, salimos juntos en varias ocasiones y creo que volveremos a vernos otra vez. Nunca se sabe, es posible que nos casemos un día de estos.

Tu amigo, Álex

ÁLEX

④

El viaje fue estupendo y me divertí muchísimo. Me sorprendió que mis amigos me organizaran una fiesta de cumpleaños en el restaurante El Cráter. Además, conocí a un chico encantador que se llama Álex. Me dijo que estaba pensando en empezar un negocio en Internet. En un primer momento, dudé que llegáramos a ser buenos amigos. Pero ahora me gustaría conocerlo mejor. ¿Quién sabe? Quizás nos convirtamos en algo más que amigos...

MAITE

PERSONAJES

JAVIER **INÉS** **ÁLEX** **MAITE**

Expresiones útiles

Talking about future plans

Sé que muy pronto será un artista famoso.
I know that he will be a famous artist very soon.
Creo que seremos buenos amigos.
I think we'll be good friends.
El próximo verano volveré para pintar más cuadros de lo que vi durante este viaje.
Next summer I'll return to paint more paintings of what I saw during this trip.
Cuando la gente vea esos cuadros, seré famoso.
When people see those paintings, I'll be famous.
Nunca se sabe, es posible que nos casemos un día de estos.
You never know, it's possible that we'll get married one of these days.

Reminiscing

Además, fue una oportunidad para que Javier y yo pudiéramos conocernos.
Besides, it was an opportunity for Javier and me to get to know each other.
Me sorprendió que mis amigos me organizaran una fiesta de cumpleaños en el restaurante El Cráter.
It surprised me that my friends organized a birthday party for me at El Cráter restaurant.
Dudé que llegáramos a ser buenos amigos.
I doubted that we would become good friends.
No quería que el viaje se acabara.
I didn't want the trip to end.

Expressing hopes and wishes

Pero ahora me gustaría conocerlo mejor.
But now I would like to get to know him better.
Cuando vuelva, me gustaría que Inés, Maite y Álex vinieran conmigo.
When I return, I would like Inés, Maite, and Álex to come with me.

¿Qué piensas?

1 Seleccionar Selecciona la opción más lógica para cada oración.

1. Inés cree que Javier será
   a. un bombero.   b. un artista famoso.
   c. un científico.

2. Maite estaba sorprendida de que sus amigos le hubieran organizado
   a. una fiesta de cumpleaños.   b. una excursión.
   c. una cena con Álex.

3. Javier volverá el próximo verano para
   a. correr.   b. viajar.
   c. pintar.

4. Álex no quería que el viaje se acabara porque
   a. se le dañó la computadora.   b. lo pasó muy bien.
   c. le gustó la comida de doña Rita.

2 Preguntas Responde a las siguientes preguntas.

1. ¿Se habían conocido Inés y Javier antes del viaje? ¿Cómo lo sabes?

2. ¿Qué piensa Maite de Álex?

3. ¿Qué le gustó más del viaje a Javier?

4. ¿Qué opina Álex sobre su futuro con Maite?

3 La reunión En 20 años Maite, Álex, Inés y Javier se vuelven a reunir. En grupos, escriban un diálogo explicando qué ha pasado en sus vidas personales y profesionales después del viaje. Luego, representen el diálogo delante de la clase.

Exploración
Las mujeres en el mundo del trabajo

La indígena guatemalteca Rigoberta Menchú Tum recibió el Premio Nobel de la Paz en 1992. Es conocida por su trabajo en la defensa de los derechos de los pueblos indígenas. En 1983, publicó *Yo, Rigoberta Menchú*, un libro sobre su lucha (*fight*).

La diseñadora venezolana Carolina Herrera es considerada una de las figuras más importantes en el campo de la moda. Tiene mucho éxito en los Estados Unidos y en Latinoamérica. Su ropa es muy popular entre las mujeres profesionales por su estilo clásico y funcional.

Observaciones

- **Gabriela Mistral** fue una poeta y diplomática chilena. En 1945 tuvo el honor de ser la primera escritora latinoamericana en recibir el Premio Nobel de Literatura.

- En 1996, el 49% de los estudiantes que se matricularon (*registered*) en los colegios técnicos públicos de Costa Rica eran mujeres.

- En 1999, **Mireya Moscoso** fue la primera mujer elegida (*elected*) presidenta de Panamá.

La primera mujer que gobernó un país de América Central fue Violeta Barrios de Chamorro. Fue presidenta de Nicaragua desde 1990 hasta 1997. Después, escribió sus memorias en un libro llamado *Sueños del corazón*.

Coméntalo

Con un(a) compañero/a, contesta las siguientes preguntas.

- ¿Por qué son importantes estas mujeres en el mundo en general?

- En parejas, escojan una mujer profesional que admiran. ¿Qué cualidades admiran en esta persona?

recursos

aventuras.vhlcentral.com
Lección 16

16 GRAMÁTICA

[handwritten: people lesson!]
[handwritten: don't change gender → La Gente ← never pluralized]
[handwritten: La persona]
[handwritten: El pueblo]

16.1 The future tense

▸ You have already learned how to use **ir a** + [*infinitive*] to express the near future. You will now learn the future tense. Compare these different ways of expressing the future in Spanish.

Present indicative

Voy al cine mañana.
I'm going to the movies tomorrow.

Present subjunctive

Ojalá **vaya al cine** mañana.
I hope I will go to the movies tomorrow.

ir a + infinitive

Voy a ir al cine.
I'm going to go to the movies.

Future

Iré al cine.
I will go to the movies.

Future tense of regular verbs

	estudiar	aprender	recibir
yo	estudiaré	aprenderé	recibiré
tú	estudiarás	aprenderás	recibirás
Ud./él/ella	estudiará	aprenderá	recibirá
nosotros/as	estudiaremos	aprenderemos	recibiremos
vosotros/as	estudiaréis	aprenderéis	recibiréis
Uds./ellos/ellas	estudiarán	aprenderán	recibirán

¡ojo! All the forms of the future tense have written accents, except the **nosotros/as** form.

▸ In Spanish, the future tense consists of one word, whereas in English it is made up of *will* or *shall* and a main verb.

¿Cuándo **recibirás** el ascenso?
When will you receive the promotion?

Mañana **aprenderemos** más.
Tomorrow we will learn more.

▸ The future endings are the same for all verbs. For regular verbs, add the endings to the infinitive. For irregular verbs, add the endings to the irregular stem.

Irregular verbs in the future

INFINITIVE	STEM	FUTURE FORMS
decir	dir-	diré
hacer	har-	haré
poder	podr-	podré
poner	pondr-	pondré
querer	querr-	querré
saber	sabr-	sabré
salir	saldr-	saldré
tener	tendr-	tendré
venir	vendr-	vendré

[handwritten: only irregulars!]
[handwritten: haber → habrá]

Práctica

1 Planes Celia está hablando de sus planes. Repite lo que dice con el tiempo futuro.

modelo
Voy a consultar un diccionario en la biblioteca.
Consultaré un diccionario en la biblioteca.

1. Julián me va a decir dónde puedo buscar trabajo.
2. Voy a buscar un puesto que ofrezca ascensos.
3. Voy a leer los anuncios clasificados todos los días.
4. Voy a obtener un puesto en mi especialización.
5. Mis amigos van a intentar obtener un teletrabajo.

2 En el futuro Mario habla de sus planes para el futuro y de los planes de algunos amigos y parientes suyos. Combina los siguientes elementos para formar frases completas.

1. Yo / estudiar / para / exámenes finales / mañana *[estudiaré]*
2. Yo / tener / entrevista de trabajo / en una semana *[tendré]*
3. La próxima semana / mis tíos / poner / anuncio para buscar un empleado *[pondrán]*
4. Pronto / mi hermana / dejar / puesto de cocinera *[dejará]*
5. Mis padres / tener mucho éxito / como políticos
6. Mis amigos y yo / tener / puestos interesantes

3 Preguntas En parejas, túrnense para hablar del puesto que prefieren y por qué, basándose en los anuncios. Usen las preguntas como guía y formulen también sus propias preguntas.

SE BUSCA DIRECTOR
de mercadeo para empresa privada. Mínimo de 5 años de experiencia en turismo y conexiones con INTUR (Instituto Nicaragüense de Turismo) y ANTUR (Asociación Nicaragüense de Turismo Receptivo). Debe hablar inglés, español y alemán. Salario anual: 306,000 córdobas. Horario flexible. Buenos beneficios. Envíe currículum por fax al 492-38-67.

MUEBLERÍA MANAGUA
busca carpintero/a. Experiencia en fabricación de muebles finos. Horario: lunes a viernes de 7:30 a 11:30 y de 1:30 a 5:30. Sueldo semanal: 462 córdobas (y beneficios). Comenzará inmediatamente. Solicite en persona: Calle El Lago, Managua.

1. ¿Cuál será tu trabajo?
2. ¿Qué harás?
3. ¿Cuánto te pagarán?
4. ¿Te ofrecerán beneficios?
5. ¿Qué horario tendrás?
6. ¿Crees que te gustará?
7. ¿Cuándo comenzarás a trabajar?
8. ¿Qué crees que aprenderás?

Conversación

 4 Conversar Tú y tu compañero/a viajarán a la República Dominicana por siete días. En parejas, conversen sobre sus itinerarios. Digan dónde, cómo, con quién o cuándo harán las actividades escogidas, usando el anuncio como guía. Pueden usar sus propias ideas también.

modelo

Estudiante 1: ¿Qué haremos el martes?
Estudiante 2: Visitaremos el Jardín Botánico.
Estudiante 1: Pues, tú visitarás el Jardín Botánico y yo caminaré por el Mercado Modelo.

¡Bienvenido a la República Dominicana!

Se divertirá desde el momento en que llegue al Aeropuerto Internacional de las Américas.

• Visite la ciudad colonial de **Santo Domingo** con su interesante arquitectura.
• Vaya al **Jardín Botánico** y disfrute de nuestra abundante naturaleza.

• En el **Mercado Modelo,** no va a poder resistir la tentación de comprar artesanías.
• No deje de escalar la montaña del **Pico Duarte** (se recomiendan 3 días).
• ¿Le gusta bucear? **Cabarete** tiene todo el equipo que Ud. necesita.
• ¿Desea nadar? **Punta Cana** le ofrece hermosas playas.

 5 Una empresa privada En grupos pequeños, desarrollen planes para formar una empresa privada. Usen las preguntas como guía. Después presenten su plan a la clase.

1. ¿Cómo se llamará y qué tipo de empresa será?
2. ¿Cuántos empleados tendrá y cuáles serán sus oficios?
3. ¿Qué tipo de beneficios se ofrecerán?
4. ¿Quién será el/la gerente y quién será el/la jefe/a?
5. ¿Permitirá su empresa el teletrabajo? ¿Por qué?
6. ¿Qué se hará para que los empleados no dejen el trabajo?
7. ¿Dónde pondrá anuncios para buscar empleados?
8. ¿Qué harán los gerentes para que la empresa tenga éxito?

 6 Predicciones Con dos o tres compañeros/as, especula sobre lo que ocurrirá en los siguientes años: 2010, 2030 y 2050. Usen su imaginación. Luego compartan sus predicciones con la clase.

 7 El futuro de Cristina Tu profesor(a) va a darles a ti y a tu compañero/a la información necesaria para completar esta actividad.

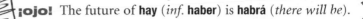

¡ojo! The future of **hay** (*inf.* **haber**) is **habrá** (*there will be*).

La próxima semana **habrá** dos reuniones.
Next week there will be two meetings.

Habrá muchos gerentes en la conferencia.
There will be many managers at the conference.

▸ Although *will* can refer to future time, it also refers to someone's willingness to do something. In this case, Spanish uses **querer** + [*infinitive*].

¿**Quieres llamarme**, por favor?
Will you please call me?

¿**Quieren ustedes escucharnos**, por favor?
Will you please listen to us?

▸ English sentences involving expressions such as *I wonder, I bet, must be, may, might,* and *probably* are often conveyed in Spanish using the future of probability, a use of the future that expresses conjecture about present conditions, events, or actions.

—¿Dónde **estarán** mis llaves?
I wonder where my keys are?

—**Estarán** en la cocina.
They're probably in the kitchen.

—¿Qué hora **será**?
What time can it be? (I wonder what time it is?)

—**Serán** las once o las doce.
It must be (It's probably) eleven or twelve.

▸ The future may be used in sentences in which the present subjunctive follows a conjunction of time such as **cuando, después (de) que, en cuanto, hasta que,** and **tan pronto como**.

Cuando llegues a la oficina, **hablaremos**.
When you arrive at the office, we will talk.

Saldremos tan pronto como termine su trabajo.
We will leave as soon as you finish your work.

Después de que obtengas el ascenso, te **invitaré** a cenar.
After you get the promotion, I'll invite you to dinner.

Hasta que contrate otro empleado, el jefe **tendrá** que hacer el trabajo.
Until he hires another employee, the boss will have to do the work.

¡Manos a la obra!

 Conjuga los verbos indicados en futuro.

1. yo [dejar, correr, invertir] _dejaré, correré, invertiré_
2. tú [renunciar, beber, vivir] renunciarás beberás vivirás
3. Lola [hacer, poner, venir] hará pondrá vendrá
4. nosotros [tener, decir, querer] tendremos diremos querremos
5. ustedes [ir, ser, estar] irán serán estarán
6. usted [solicitar, comer, repetir] Solicitará comerá repetirá
7. yo [saber, salir, poder] Sabré Saldré podré
8. tú [encontrar, jugar, servir] encontrarás jugarás servirás

16.2 The conditional tense

▶ The conditional tense expresses what you would do or what would happen under certain circumstances. In Lesson 7, you learned the polite expression **me gustaría…** (*I would like…*), which uses a conditional form of **gustar**.

The conditional tense

	visitar	comer	aplaudir
yo	visitaría	comería	aplaudiría
tú	visitarías	comerías	aplaudirías
Ud./él/ella	visitaría	comería	aplaudiría
nosotros/as	visitaríamos	comeríamos	aplaudiríamos
vosotros/as	visitaríais	comeríais	aplaudiríais
Uds./ellos/ellas	visitarían	comerían	aplaudirían

▶ The conditional endings are the same for all verbs and all forms carry a written accent. For regular verbs, add the endings to the infinitive. For irregular verbs, add the endings to the irregular stem.

INFINITIVE	STEM	CONDITIONAL
decir	dir-	diría
haber	habr-	habría
hacer	har-	haría
poder	podr-	podría
poner	pondr-	pondría
querer	querr-	querría
saber	sabr-	sabría
salir	saldr-	saldría
tener	tendr-	tendría
venir	vendr-	vendría

¡ojo! The conditional form of **hay** is **habría** (*there would be*).

▶ In English, the conditional is made up of *would* and a main verb, but in Spanish, it consists of one word.

Este aspirante **sería** perfecto para el puesto.	¿**Vivirían** ustedes en otro país por un trabajo?
This candidate would be perfect for the job.	*Would you live in another country for a job?*
Querría un puesto con un buen salario.	**Ganarían** más en otra compañía.
I would like a job with a good salary.	*They would earn more at another company.*

Práctica

1 **Un viaje** A la empresa Informática al Día le gustaría tener una conferencia en Puerto Rico. En las siguientes oraciones, los empleados nos cuentan sus planes de viaje. Complétalas con el condicional del verbo indicado.

1. Me _____ [gustar] venir unos días antes de la conferencia para viajar.

2. Ana _____ [salir] primero a la playa para descansar.

3. Yo _____ [decir] que fuéramos a San Juan porque es una ciudad muy divertida.

4. Nosotras _____ [preferir] tener las reuniones por la mañana. Por la tarde _____ [poder] visitar la ciudad.

5. Y nosotros _____ [ver] la zona comercial de la ciudad. Y tú, Luisa, ¿qué _____ [hacer]?

6. El jefe _____ [tener] interés en hacer una videoconferencia. En el fin de semana él _____ [visitar] los museos.

2 **Preguntas** Forma preguntas con las palabras que se dan en cada ocasión. Inventa luego las respuestas para estas preguntas. Usa el condicional.

modelo

Hacer (ustedes) / videoconferencia / con / empresa en Chile
—¿**Harían** ustedes una videoconferencia con una empresa en Chile?
—Sí, **haríamos** una videoconferencia con una empresa en Chile.

1. contratar (tú) / un miembro de tu familia / para / puesto nuevo

2. invertir (ellos) / dinero / en / compañía nueva

3. solicitar (ella) / trabajo / de abogado

4. renunciar (tú) / puesto / por otro trabajo con mejores beneficios

5. tener (nosotros) / dinero / para empezar / empresa privada

3 **Sugerencias** Beatriz busca trabajo. Dile ocho cosas que tú harías si fueras (*if you were*) ella. Usa el condicional. Luego compara tus sugerencias con las de un(a) compañero/a.

Conversación

4 **En tu lugar...** Lee las situaciones. Responde con lo que harías en esta situación usando la frase **Yo en tu lugar...** (*If I were you...*). Después, compara tus ideas con las de un(a) compañero/a.

> **modelo**
> Me encanta mi puesto, pero mi jefe es muy pesado. ¡Nunca me deja hablar!
>
> Estudiante 1: Me encanta mi puesto, pero mi jefe es muy pesado. ¡Nunca me deja hablar!
> Estudiante 2: Pues, yo en tu lugar hablaría con mi jefe sobre este problema.

1. El año pasado escogí la contabilidad como mi especialización, pero ahora he descubierto que no me gusta trabajar con números todo el día. Si cambio, mis padres quizás se enojen.

2. Me ofrecen un puesto interesantísimo, con un buen sueldo y excelentes beneficios, pero tiene un horario horrible. No volveré a ver a mis amigos jamás.

3. Mi peluquero es maravilloso, pero se va de viaje por dos meses a San Juan. Los otros peluqueros que trabajan en su salón no me gustan. Y tengo que hacer varias presentaciones públicas para mi empresa durante esos dos meses.

5 **¿Qué harías?** Quieres saber qué harían tus compañeros por un millón de dólares. Escribe ocho preguntas en el tiempo condicional. Circula por la clase y pregúntales a tus compañeros. Anota las respuestas e informa a la clase de los resultados de la encuesta.

> **modelo**
>
> Estudiante 1: ¿Trabajarías como cantante en Las Vegas?
> Estudiante 2: Sí, lo haría. Sería un puesto muy interesante.

Actividades	Nombre de compañero/a

Uses of the conditional

▶ The conditional is commonly used to make polite requests.

¿Podrías llamar al gerente, por favor?
Would you call the manager, please?

¿Sería tan amable de venir ahora?
Would you be so kind as to come now?

▶ In both Spanish and English, the conditional expresses the future in relation to a past action or state of being. The future indicates what *will happen,* whereas the conditional indicates what *would happen.* The future tense is often used if the main verb is in the present tense. The conditional is often used if the main verb is in one of the past tenses.

Creo que mañana **hará** sol.
I think it will be sunny tomorrow.

Creía que hoy **haría** sol.
I thought it would be sunny today.

▶ The English *would* can also mean *used to,* in the sense of past habitual action. To express past habitual actions, Spanish uses the imperfect.

Íbamos al parque los sábados.
We would go to the park on Saturdays.

De adolescentes, **comíamos** mucho.
As teenagers, we used to eat a lot.

▶ English sentences involving expressions such as *I wondered if, probably,* and *must have been* are often conveyed in Spanish using the conditional of probability, a use of the conditional that expresses conjecture or probability about *past* conditions, events, or actions.

Serían las nueve cuando el jefe me llamó.
It must have been 9 o'clock when the boss called.

Sonó el teléfono. ¿**Llamaría** Tina para cancelar la cita?
The phone rang. I wondered if it was Tina calling to cancel our date?

Sin ti, no sé qué haría.

Sólo tú sabes ordenar mi vida.

Computadoras de Bolsillo Vargas   MM-3000

> **¡Manos a la obra!**
>
>
> Indica la forma apropiada del condicional de los siguientes verbos.
>
> 1. yo [escuchar, leer, escribir] _escucharía, leería, escribiría_
> 2. tú [invertir, comprender, compartir] _____
> 3. Marcos [poner, venir, querer] _____
> 4. nosotras [ser, saber, ir] _____
> 5. ustedes [presentar, deber, despedir] _____
> 6. ella [salir, poder, hacer] _____
> 7. yo [tener, tocar, acostarse] _____
> 8. tú [decir, ver, renunciar] _____

16.3 The past subjunctive

▸ The past subjunctive (**el imperfecto del subjuntivo**) is also called the imperfect subjunctive. Like the present subjunctive, it is used mainly in multiple-clause sentences that express will, influence, emotion, commands, indefiniteness, and non-existence.

The past subjunctive

	estudiar	aprender	recibir
yo	estudiara	aprendiera	recibiera
tú	estudiaras	aprendieras	recibieras
Ud./él/ella	estudiara	aprendiera	recibiera
nosotros/as	estudiáramos	aprendiéramos	recibiéramos
vosotros/as	estudiarais	aprendierais	recibierais
Uds./ellos/ellas	estudiaran	aprendieran	recibieran

¡ojo! The past subjunctive endings are the same for all verbs. Also, note that the **nosotros/as** forms always have a written accent.

▸ For *all* verbs, the past subjunctive is formed with the **Uds./ellos/ellas** form of the preterite. By dropping the **–ron** ending, you establish the stem for all the past subjunctive forms. You then add the past subjunctive endings.

INFINITIVE	PRETERITE FORM	STEM	PAST SUBJUNCTIVE
hablar	ellos hablaron	habla-	hablara, hablaras, habláramos
beber	ellos bebieron	bebie-	bebiera, bebieras, bebiéramos
escribir	ellos escribieron	escribie-	escribiera, escribieras, escribiéramos

▸ Verbs with irregular preterites use the same stems and endings in the past subjunctive.

INFINITIVE	PRETERITE FORM	STEM	PAST SUBJUNCTIVE
dar	dieron	die-	diera, dieras, diéramos
decir	dijeron	dije-	dijera, dijeras, dijéramos
estar	estuvieron	estuvie-	estuviera, estuvieras, estuviéramos
hacer	hicieron	hicie-	hiciera, hicieras, hiciéramos
ir/ser	fueron	fue-	fuera, fueras, fuéramos
poder	pudieron	pudie-	pudiera, pudieras, pudiéramos
poner	pusieron	pusie-	pusiera, pusieras, pusiéramos
querer	quisieron	quisie-	quisiera, quisieras, quisiéramos
saber	supieron	supie-	supiera, supieras, supiéramos
tener	tuvieron	tuvie-	tuviera, tuvieras, tuviéramos
venir	vinieron	vinie-	viniera, vinieras, viniéramos

Práctica

1 **Conversaciones** Completa los minidiálogos con el imperfecto del subjuntivo.

> **PACO** ¿Qué le dijo el consejero a Andrés? Quisiera saberlo.
> **JULIA** Le aconsejó que (1) _____ [dejar] los estudios de arte y que (2) _____ [estudiar] una carrera que (3) _____ [pagar] mejor.
> **PACO** Siempre el dinero. ¿No se enojó Andrés de que le (4) _____ [aconsejar] eso?
> **JULIA** Sí, y le dijo que no creía que ninguna carrera le (5) _____ [ir] a gustar más.

> • • •

> **EVA** Qué lástima que ellos no te (6) _____ [ofrecer] el puesto de gerente.
> **LUIS** Querían a alguien que (7) _____ [tener] más experiencia.
> **EVA** Pero, ¿cómo? ¿No te molestó que te (8) _____ [decir] eso?
> **LUIS** No, porque les gustó mucho mi currículum. Me pidieron que (9) _____ [volver] en un año y (10) _____ [solicitar] el puesto otra vez.

> • • •

> **CARLA** Cuánto me alegro de que tus hijas (11) _____ [venir] ayer a visitarte. ¿Cuándo se van?
> **ANA** Bueno, yo esperaba que se (12) _____ [quedar] dos semanas, pero no pueden. Ojalá (13) _____ [poder]. Hace muchísimo tiempo que no las veo.

2 **Transformar** Cambia las oraciones al pasado según el modelo.

> **modelo**
>
> Temo que Juanita no consiga el trabajo.
> **Temía que Juanita no consiguiera el trabajo.**

1. Esperamos que Miguel no renuncie.
2. No hay nadie que responda al anuncio.
3. Me sorprende que ellos no inviertan su dinero.
4. Te piden que no llegues tarde a la oficina.
5. Juan quiere que Marta tome el puesto de contadora.
6. Siento mucho que no tengas éxito en el trabajo nuevo.
7. Quiero que te entrevistes con esta compañía.

Conversación

Preguntas Con un(a) compañero/a, contesten las preguntas.

1. Cuando eras niño/a, ¿qué querías que hicieran tus padres?
2. Cuando eras niño/a, ¿esperaban tus padres que trabajaras en una profesión específica?
3. ¿Dudaban tus profesores que tú pudieras llegar a ser lo que querías?
4. ¿Insistían tus padres en que fueras a la universidad? ¿Insistían en otras cosas?
5. ¿Qué te aconsejaron tus amigos que hicieras para tener éxito?
6. ¿Cuál esperabas que fuera tu profesión?

Minidiálogos Trabajen en parejas. Uno/a de ustedes ha comprado una casa; el/la otro/a es el/la gerente de la empresa responsable de las reformas (*improvements*) de la casa. El/La cliente/a llama al/a la gerente para quejarse (*to complain*) de que algunos trabajadores todavía no han hecho algunas reformas. Usen las siguientes palabras y el modelo como guía.

modelo el/la técnico/a / conectar / módem

Estudiante 1: Le pedí al técnico que conectara el módem, pero todavía no ha venido.
Estudiante 2: No se preocupe. Yo también le pedí al técnico que fuera a su casa.

1. el/la electricista / conectar / electricidad
2. el/la carpintero/a / construir / balcón
3. el/la diseñador(a) / escoger / muebles
4. el/la pintor(a) / pintar / paredes

Situación Claudia dejó su puesto por la forma en que le hablaba el gerente, por el aumento que les dieron a otros empleados (¡pero no a ella!) y por el horario que no le permitía seguir con sus clases. Con un(a) compañero/a, prepara una conversación entre Claudia y el gerente.

modelo

Estudiante 1: No estoy contenta. No me dieron un aumento de sueldo.
Estudiante 2: ¿Quería usted que le diéramos un aumento? ¡No lo sabía!

Past subjunctive of stem-changing verbs

▶ **–Ir** stem-changing verbs and other verbs with spelling changes follow a similar process to form the past subjunctive.

INFINITIVE	PRETERITE FORM	STEM	PAST SUBJUNCTIVE
conducir	condujeron	conduje-	condujera, condujeras, condujéramos
creer	creyeron	creye-	creyera, creyeras, creyéramos
destruir	destruyeron	destruye-	destruyera, destruyeras, destruyéramos
dormir	durmieron	durmie-	durmiera, durmieras, durmiéramos
oír	oyeron	oye-	oyera, oyeras, oyéramos
preferir	prefirieron	prefirie-	prefiriera, prefirieras, prefiriéramos
repetir	repitieron	repitie-	repitiera, repitieras, repitiéramos

No pensé que pudiera terminar la excursión.

Martín mostró mucho interés en que aprendiéramos sobre el medio ambiente.

▶ The past subjunctive is used in the same way as the present subjunctive, except that it generally describes actions or conditions that have already happened. The verb in the main clause is usually in the preterite or the imperfect.

Me pidieron que no **llegara** tarde.
They asked me not to arrive late.

Salió antes de que yo **pudiera** llamar.
He left before I could call.

¡ojo! **Quisiera** is often used to make polite requests.

Quisiera hablar con Marco.
I would like to speak to Marco.

¿**Quisiera** usted algo más?
Would you like anything else?

¡Manos a la obra!

Completa las siguientes oraciones con el imperfecto de subjuntivo.

1. Quería que tú **vinieras** [venir] más temprano.
2. Esperábamos que ustedes _____ [hablar] mucho más en la reunión.
3. No creían que yo _____ [poder] hacerlo.
4. Se opuso a que nosotros _____ [invertir] el dinero ayer.
5. Sentí mucho que usted no _____ [estar] con nosotros anoche.
6. No era necesario que ellas _____ [hacer] todo.
7. Me pareció increíble que tú _____ [saber] dónde encontrarlo.
8. No había nadie que _____ [creer] tu historia.
9. Mis padres insistieron en que yo _____ [ir] a la universidad.
10. Queríamos salir antes de que ustedes _____ [llegar].

Repaso

16.1 The future tense

 Los detalles del trabajo ¡Felicidades! Obtuviste el empleo que querías. Completa el diálogo con tu nuevo jefe sobre los detalles de tu próximo trabajo. Usa el futuro.

TÚ Gracias por ofrecerme el puesto de contador. ¿Cuándo _____ (empezar) a trabajar?

JEFE _____

TÚ ¿Cuántos días de vacaciones _____ (tener) al año?

JEFE _____

TÚ ¿Cuándo _____ (obtener) un aumento de sueldo?

JEFE _____

TÚ ¿Cuáles _____ (ser) mis beneficios?

JEFE _____

TÚ ¿_____ (Poder) tener una computadora?

JEFE _____

TÚ ¿Dónde _____ (estar) mi oficina?

JEFE _____

2 **¿Qué ocurrirá...?** Completa estas frases de una manera lógica usando el futuro.

> **modelo**
> En cuanto Javier termine su especialización, él...
> **obtendrá un ascenso.**

1. Tan pronto como nos graduemos, nosotros...
2. Después de que el gerente me entreviste, yo...
3. En cuanto Eva llene la solicitud de trabajo, ella...
4. Hasta que obtengan un aumento de sueldo, ellos...
5. Cuando contratemos a una secretaria, ustedes...
6. Después de que te expliquen los beneficios del puesto, tú...

¿Cuál será su profesión? En parejas, utilicen el futuro de probabilidad para hacerse preguntas y respuestas sobre la profesión que creen que tienen las personas.

> **modelo**

Estudiante 1: ¿Trabajará este hombre en un banco?
Estudiante 2: Creo que no. ¿Tendrá que trabajar mucho?

16.2 The conditional tense

4 **El gerente dijo que...** Tu empresa contrató a un gerente nuevo. Lee el discurso que dio en su primer día de trabajo. Después, cuéntale a tu novio/a lo que dijo el gerente, usando el condicional.

"Habrá muchos cambios en la empresa. Mejoraré los beneficios de los trabajadores, pero no aumentaré los sueldos. Despediré a los empleados perezosos. Tendremos una reunión todos los lunes a las siete de la mañana. Y juntos, solucionaremos los problemas de la compañía. ¡Será un buen año!"

> **modelo**
> El gerente nuevo dijo que habría muchos cambios en la empresa...

5 **Peticiones** En parejas, túrnense para hacer preguntas y respuestas con la información indicada. Usen **¿Podrías...?**, **¿Serías tan amable de...?** y **por favor** en sus preguntas. Contesten en forma negativa a cada petición (request).

> **modelo**
> darme información acerca del puesto

Estudiante 1: ¿Podrías darme información acerca del puesto, por favor?
Estudiante 2: Te la daría, pero no puedo. El gerente hablará contigo.

1. explicarme mis beneficios
2. ayudarme a escribir mi currículum
3. enviarme una solicitud de trabajo
4. decirme el sueldo que ofrecen
5. hablarnos de tu experiencia profesional
6. venir a una entrevista
7. decirme qué hora es
8. contratarme lo antes posible
9. organizar una teleconferencia
10. entrevistar al aspirante para contador

6 **Situaciones** En parejas, túrnense para decir qué harían en las situaciones siguientes.

- Estás perdido en un país donde no hablan tu lengua. Es de noche y tu automóvil está descompuesto.
- Tu computadora no funciona y tienes que imprimir un trabajo final. Son las once de la noche y tienes que darle a tu profesor tu trabajo a las ocho de la mañana.
- Se te olvidó el cumpleaños de tu novio/a. No le compraste ningún regalo.
- Estás en un restaurante y llega Antonio Banderas a cenar. Se sienta en una mesa cerca de ti.

16.3 The past subjunctive

7 **Reacciones** Tu hermano y tú son cantantes famosos. Pero en el pasado, su familia y amigos les decían que siguieran otra profesión. Escribe las reacciones que tenían.

A mis padres les molestaba mucho que	(no) escoger la profesión de cantantes
Mis mejores amigos nos insistían en que	(no) ser arquitectos
A mi abuelo le sorprendía siempre que	(no) tener éxito
Mi novia nos sugería que	(no) aprender a cantar
Los maestros nos recomendaban que	(no) ganar mucho dinero
Ustedes se alegraban de que	(no) hacer el ridículo
Tú nos decías que era muy difícil que	(no) estudiar otra especialización

Películas En grupos de tres, escriban sobre una película, usando el imperfecto del subjuntivo. Después, lean sus composiciones a la clase para que ellos adivinen el nombre de la película.

modelo

Willy no quería que nadie entrara a su empresa. Le daba miedo que alguien robara su receta para hacer chocolates. Por eso, contrataba a pequeñas personas para que manejaran las máquinas. Un día, decidió invitar a cinco niños a que visitaran su fábrica...
(Charlie and the chocolate factory)

Síntesis

Cambio de profesión Con un(a) compañero/a, preparen una conversación entre un(a) psicólogo/a y un(a) cocinero/a que no está contento/a con su profesión. El/La psicólogo/a escucha a la persona hablar sobre su vida y después recomienda futuras acciones. Incluyan la siguiente información en su conversación. Luego preséntenla a la clase.

- ¿Que profesión querían tus padres que tú siguieras?
- ¿Qué especialización querías estudiar?
- ¿Cambiarías de profesión en este momento?
- ¿Cómo te sentirías si cambiaras de empleo?
- ¿Qué acciones recomienda el/la psicólogo/a para que esta persona sea más feliz?
- ¿Qué va a hacer el/la cocinero/a para encontrar una nueva ocupación?

Ritmos hispanos

Chayanne:
Un cantante sincero

En 1968 nació en Puerto Rico Elmer Figueroa Arce, conocido artísticamente como **Chayanne**. A los diez se unió al grupo musical *Los chicos,* uno de los grupos más populares de los años ochenta y con el que grabó cuatro álbumes. En 1987 comenzó su carrera como solista y desde entonces ha compaginado la profesión de cantante con la de actor. *Tú pirata soy yo, Este ritmo se baila así, Fiesta en América* y *Peligro de amor* son cuatro de sus grandes éxitos; *Pobre juventud, Tormento, Sombras del pasado* y *Volver a empezar* son los títulos de algunas de las telenovelas latinoamericanas en las que ha colaborado. En 1998 consiguió un importante papel en la película *Dance with Me,* junto a Vanessa Williams. Después del lanzamiento de su álbum *Atado a tu amor,* Chayanne consiguió entrar en el mercado europeo, principalmente en España. Cada día más admiradores siguen la evolución musical de este apasionado artista.

Discografía selecta

- *Chayanne es mi nombre* (1985)
- *Sangre latina* (1987)
- *Chayanne* (1989; nominación al Grammy Latino)
- *Provócame* (1992)
- *Atado a tu amor* (1998; nominación al Grammy Latino)
- *Simplemente* (2001)
- *Sincero* (2003)

Para más información sobre el artista, su música y sus canciones, visita **aventuras.vhlcentral.com**.

se unió he joined **grabó** recorded **ha compaginado** has combined **Sombras** Shadows **telenovelas** soap operas **papel** role **lanzamiento** launch **Atado** Tied **sangre** blood

Ampliación

1 Escuchar

A Escucha la entrevista de la señora Sánchez y Rafael Ventura Romero. Antes de escucharla, prepara una lista de la información que esperas oír, según tu conocimiento previo (*prior knowledge*) del tema.

 TIP Use background knowledge. / Listen for specific information. Knowing the subject of what you're going to hear will help you use your background knowledge to anticipate words and phrases you're likely to hear, and to determine important information you should listen for.

Llena el formulario con la información necesaria. Si no oyes un dato (*piece of information*) que necesitas, escribe *Buscar en el currículum.* ¿Oíste toda la información de tu lista?

Puesto solicitado _____
Nombre y apellidos del solicitante _____
Dirección _____ **Tel.** _____

Educación _____
Experiencia profesional: Puesto _____
Empresa _____
¿Cuánto tiempo? _____

Referencias:
Nombre _____
Dirección _____ **Tel.** _____

Nombre _____
Dirección _____ **Tel.** _____

B ¿Cómo sabes si los resultados de la entrevista han sido positivos para Rafael Ventura?
_____

2 Conversar

Con un(a) compañero/a, conversen sobre sus planes para el futuro. Incluyan la siguiente información en su conversación.

- ¿Qué profesión u oficio seguirás en el futuro?
- ¿Por qué te interesa esta carrera?
- ¿Qué se necesita hacer para tener éxito?
- ¿Te mudarías de país por un puesto excelente?

recursos

| WB pp. 159–164 | LM pp. 93–95 | Text MP3s Lección 16 | Lab MP3s Lección 16 | aventuras.vhlcentral.com Lección 16 |

Ampliación

③ Escribir

Escribe una composición sobre tus planes para el futuro. Formula planes para tu vida personal, profesional y financiera. Termina tu composición con una lista de metas.

 TIP Use note cards. Note cards (**fichas**) can help you organize and sequence your information. Label the top of each card with a general subject, such as **lugar** or **empleo**. Number the cards so you can easily flip through them to find information.

Organízalo Utiliza fichas para apuntar cada plan o meta para el futuro. Asigna un año a cada meta.

Escríbelo Organiza tus fichas y escribe el primer borrador de tu composición.

Corrígelo Intercambia tu composición con un(a) compañero/a. Léela y anota sus mejores aspectos. ¿Habla de las metas específicas para su futuro? Ofrécele sugerencias para mejorar la organización. Si ves algunos errores, coméntaselos.

Compártelo Revisa el primer borrador de tu composición según las indicaciones de tu compañero/a. Incorpora nuevas ideas y/o más información si es necesario, antes de escribir la versión final.

④ Un paso más

Imagina que en el futuro trabajarás para una empresa multinacional que tiene sus oficinas más importantes en algún país hispano. Crea una cronología con texto y fotos de tu futura carrera profesional y compártela con la clase.

- Escoge el país y busca información sobre las industrias y las compañías que operen allá.
- Describe la empresa y sus productos.
- Incluye fotos relacionadas con la empresa y con sus productos.
- Describe tu carrera, desde el comienzo hasta tu jubilación.
- Incluye los puestos que vas a tener en la empresa, y también fotos relacionadas con tu carrera.

 En Internet

Investiga estos temas en el sitio aventuras.vhlcentral.com.
- Empresas en el mundo hispano
- Industrias en el mundo hispano
- Compañías multinacionales en el mundo hispano

Antes de leer

Summarizing a text in your own words can help you understand it better. Before summarizing a text, you may find it helpful to skim it and jot down a few notes about its general meaning. You can then read the text again, writing down important details or noting special characteristics that occur in the text. Your notes will help you summarize what you have read.

The reading selection for this lesson consists of a brief story by Augusto Monterroso. What special characteristics in this text could help you summarize it? Skim the short story and jot down your ideas.

_____

_____

_____

_____

Sobre el autor

Augusto Monterroso (1921-) escritor guatemalteco. Monterroso tiene un estilo conciso, sencillo (*simple*) y accesible. Su trabajo incluye la parodia, el humor negro, la fábula y el ensayo.

Imaginación y Destino
Augusto Monterroso

En la calurosa tarde de verano un hombre descansa acostado, viendo al cielo, bajo un árbol; una manzana cae sobre su cabeza; tiene imaginación, se va a su casa y escribe la Oda a Eva.

En la calurosa tarde de verano un hombre descansa acostado, viendo al cielo, bajo un árbol; una manzana cae sobre su cabeza; tiene imaginación, se va a su casa y establece la Ley de la Gravitación Universal.

En la calurosa tarde de verano un hombre descansa acostado, viendo al cielo, bajo un árbol; una manzana cae sobre su cabeza; tiene imaginación, observa que el árbol no es un manzano sino una encina y descubre, oculto entre las ramas, al muchacho travieso del pueblo que se entretiene arrojando manzanas a los señores que descansan bajo los árboles, viendo al cielo, en las calurosas tardes del verano.

El primero era, o se convierte entonces para siempre en el poeta sir James Calisher; el segundo era, o se convierte entonces para siempre en el físico sir Isaac Newton[1]; el tercero pudo ser o convertirse entonces para siempre en el novelista sir Arthur Conan Doyle[2]; pero se convierte, o era ya irremediablemente desde niño, en el Jefe de Policía de San Blas, S.B.[3]

[1] Sir Isaac Newton (1642 – 1727), matemático y físico británico. Es considerado uno de los científicos más importantes de la historia. Formuló la Ley de la Gravitación Universal.

[2] Sir Arthur Conan Doyle (1859 – 1930), escritor británico. Sus más famosos protagonistas son Sherlock Holmes y su ayudante, el doctor Watson.

[3] S.B. Abreviatura para San Blas, una isla en Panamá. Una de las novelas de Monterroso tiene lugar en San Blas.

Después de leer

¿Comprendiste?

1. ¿Qué estación del año es y qué tiempo hace?

2. ¿Qué hace el primer hombre después de descansar?

3. ¿Qué hace el segundo hombre después de descansar?

4. ¿Qué encuentra el tercer hombre en el árbol?

5. ¿Cuáles son las profesiones de estos tres hombres al final del cuento?

Preguntas

1. ¿Por qué lleva el cuento el título "Imaginación y Destino"?

2. ¿Por qué utiliza el autor tanta repetición?

3. La misma cosa les ocurre a los tres hombres, pero tienen reacciones distintas. ¿Por qué?

4. El autor escribe "o era ya irremediablemente desde niño". ¿Qué significa esta frase en relación con el resto del cuento?

5. Imagina que hay una cuarta persona en la historia. Escribe un párrafo en el estilo del autor sobre qué le pasa a esta persona "cuando una manzana cae sobre su cabeza…"

Coméntalo

En el cuento, los tres personajes tienen la misma experiencia con distintos resultados. ¿Has tenido una experiencia así? Un ejemplo es la graduación: un grupo de personas se gradúa el mismo día, pero ¿qué pasa después? ¿Crees que podemos controlar nuestros destinos? ¿Afectarán tus experiencias actuales tu futuro? ¿Cómo sabes qué profesión quieres ejercer (*carry out*) en el futuro?

acostado	*lying down*
viendo	*looking up*
Ley	*law*
encina	*oak tree*
oculto	*hidden*
ramas	*branches*
travieso	*mischievous*
se entretiene	*entertains himself*
arrojando	*throwing*

recursos

aventuras.vhlcentral.com
Lección 16

Las ocupaciones

el/la abogado/a	lawyer
el actor	actor
la actriz	actress
el/la arqueólogo/a	archeologist
el/la arquitecto/a	architect
el bailarín	dancer
la bailarina	dancer
el/la bombero/a	firefighter
el/la cantante	singer
el/la carpintero/a	carpenter
el/la científico/a	scientist
el/la cocinero/a	cook; chef
el/la consejero/a	counselor; advisor
el/la contador(a)	accountant
el/la corredor(a) de bolsa	stockbroker
el/la diseñador(a)	designer
el/la electricista	electrician
el/la escritor(a)	writer
el/la escultor(a)	sculptor
el/la gerente	manager
el hombre/la mujer de negocios	businessperson
el/la jefe/a	boss
el/la maestro/a	elementary school teacher
el/la peluquero/a	hairdresser
el/la pintor(a)	painter
el/la poeta	poet
el/la político/a	politician
el/la psicólogo/a	psychologist
el/la reportero/a	reporter
el/la secretario/a	secretary
el/la técnico/a	technician

Las entrevistas

el anuncio	advertisement
el/la aspirante	candidate; applicant
los beneficios	benefits
el currículum	résumé
la entrevista	interview
el/la entrevistador(a)	interviewer
el puesto	position; job
el salario	salary
la solicitud (de trabajo)	(job) application
el sueldo	salary
contratar	to hire
entrevistar	to interview
ganar	to earn
obtener	to obtain; to get
solicitar	to apply (for a job)

Palabras adicionales

dentro de (diez años)	within (ten years)
en el futuro	in the future
el porvenir	the future
próximo/a	next

Expresiones útiles	See page 415.

El mundo del trabajo

el ascenso	promotion
el aumento de sueldo	raise
la carrera	career
la compañía	company; firm
el empleo	job; employment
la empresa	company; firm
la especialización	field of study
los negocios	business; commerce
la ocupación	occupation
el oficio	trade
la profesión	profession
la reunión	meeting
el teletrabajo	telecommuting
el trabajo	job; work
la videoconferencia	videoconference
dejar	to quit; to leave behind
despedir (e:i)	to fire
invertir (e:ie)	to invest
renunciar (a)	to resign (from)
tener éxito	to be successful
comercial	commercial; business-related

recursos

Text MP3s
Lección 16

aventuras.vhlcentral.com
Lección 16

AVENTURAS EN LOS PAÍSES HISPANOS

Una mujer baila flamenco en Sevilla. El flamenco, el baile y su música, expresa las pasiones de la gente de España. Tiene raíces *(roots)* judías *(Jewish)*, árabes y africanas. Hoy es popular en todo el mundo. ¿Te gusta la música flamenca?

ESPAÑA y Guinea Ecuatorial

España

Área: 504.750 km^2 (194.884 millas^2), incluyendo las islas Baleares y las islas Canarias

Población: 39.874.000

Capital: Madrid - 3.976.000

Ciudades principales: Barcelona, Valencia, Sevilla, Zaragoza

Moneda: euro

SOURCE: Population Division, UN Secretariat

Guinea Ecuatorial

Área: 28.051 km^2 (10.831 millas^2)

Población: 526.000

Capital: Malabo - 30.418

Ciudades principales: Bata, Ela-Nguema, Campo Yaunde

Moneda: franco C.F.A.

SOURCE: Population Division, UN Secretariat

Lugares

Madrid: La Plaza Mayor

La Plaza Mayor de Madrid es uno de los lugares turísticos más *(most)* importantes de Madrid. Fue construida *(was built)* en 1617 y está totalmente rodeada *(surrounded)* por edificios *(buildings)* de tres pisos con balcones y pórticos antiguos. En la Plaza Mayor hay muchas cafeterías, donde la gente pasa el tiempo bebiendo café y hablando con amigos.

Celebraciones

La Tomatina

En Buñol, un pequeño pueblo de Valencia, la producción de tomates es un recurso *(resource)* muy importante. Cada año en agosto se celebra el festival de La Tomatina. Durante *(during)* todo un día, miles de personas se arrojan *(throw)* tomates unas a otras. Llegan turistas de todo el mundo y se usan varias toneladas *(tons)* de tomates.

Mar Cantábrico

La Coruña

Salamanca

Madrid

PORTUGAL

ESPAÑA

Sevilla

Estrecho de Gibraltar

Ceuta

Islas Canarias

La Palma

Tenerife

Gran Canaria

Lanzarote

Fuerteventura

Gomera

Hierro

MARRUECOS

FRANCIA

San Sebastián

ANDORRA

Pirineos

Zaragoza

Barcelona

Islas Baleares

Menorca

Mallorca

Valencia

Ibiza

Mar Mediterráneo

Sierra Nevada

ÁFRICA

CAMERÚN

Malabo

GUINEA ECUATORIAL

GABÓN

Melilla

Hispanos en los Estados Unidos
España
Al Goodman, periodista
José Andrés, chef
Marian de la Fuente, presentadora
Pedro Duque, astronauta
Penélope Cruz, artista
Santiago Calatrava, arquitecto
Severo Ochoa, médico (Premio Nobel)
Trinidad Vives, bailarina

Artes

Velázquez y el Prado

El Prado, en Madrid, es uno de los museos más famosos del mundo. En el Prado hay miles de pinturas *(paintings)* importantes, incluyendo obras *(works)* de Botticelli, el Greco, y de los españoles Goya y Velázquez. Diego Velázquez pintó *(painted)* *Las Meninas* en 1656 y es su obra más famosa. Actualmente, *Las Meninas* está en el Museo del Prado.

Lenguaje

El español en África

La presencia del idioma español en África es legado *(legacy)* de la historia colonial del continente. En la costa del mar Mediterráneo, al noroeste de África, se encuentran Ceuta y Melilla y cerca de la costa de Marruecos están las islas Canarias. En estas tres comunidades se habla español porque son territorio de España.

En la costa oeste del continente africano se encuentra Guinea Ecuatorial, conocida como Guinea Española hasta su independencia de España en 1968. En este país el español es uno de los idiomas oficiales, junto al francés, el fang, el ibo y el bubi. La isla Bioko es donde predomina el uso del español y donde está la capital del país.

recursos			
WB pp. 165–166	VM pp. 225–226	VCD-ROM Lección 16	aventuras.vhlcentral.com Lección 16

¿Qué aprendiste?

1 **¿Cierto o falso?** Indica si las siguientes oraciones son **ciertas** o **falsas**.

	Cierto	Falso
1. La moneda de España es la peseta.	_____	_____
2. El flamenco es un instrumento musical.	_____	_____
3. El flamenco es hoy popular en todo el mundo.	_____	_____
4. En la Plaza Mayor no hay cafeterías.	_____	_____
5. La Plaza Mayor fue construida en 1617.	_____	_____
6. En Buñol, los tomates son un recurso importante.	_____	_____
7. Durante La Tomatina, se arrojan pelotas.	_____	_____
8. En el Museo del Prado hay miles de pinturas importantes.	_____	_____
9. *Las Meninas* es la obra más famosa de Botticelli.	_____	_____
10. El español es una de las lenguas oficiales de Guinea Ecuatorial.	_____	_____

2 **Preguntas** Contesta las siguientes preguntas con frases completas.

1. ¿Qué expresa el flamenco?

2. ¿Qué hace la gente en las cafeterías de la Plaza Mayor?

3. ¿Crees que el festival de La Tomatina es triste? ¿Crees que es divertido *(fun)*? ¿Por qué?

4. ¿Por qué crees que el Prado es uno de los museos más famosos del mundo?

5. ¿En qué país africano se habla español?

6. ¿Por qué se habla español en África?

 En Internet

Busca más información sobre estos temas en el sitio aventuras.vhlcentral.com. Presenta la información a tus compañeros/as de clase.

- La Plaza Mayor
- La Tomatina
- Velázquez y el Prado
- Guinea Ecuatorial

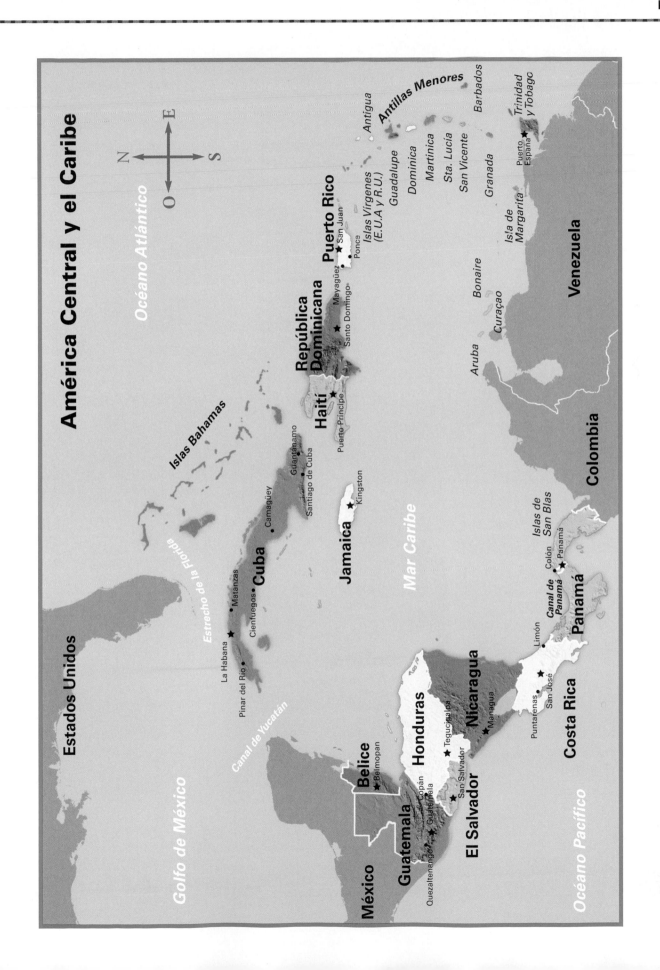

América Central y el Caribe

N · E · S · O

Océano Atlántico

Golfo de México

Estados Unidos

México

Islas Bahamas

Estrecho de la Florida

Canal de Yucatán

La Habana
Pinar del Río
Matanzas
Cienfuegos
Camagüey

Cuba

Santiago de Cuba
Guantánamo

Jamaica
Kingston

Mar Caribe

Haití
Puerto Príncipe

República Dominicana
Santo Domingo

Puerto Rico
San Juan
Mayagüez
Ponce

Islas Vírgenes
(E.U.A y R.U.)

Antigua

Antillas Menores

Guadalupe
Dominica
Martinica
Sta. Lucía
San Vicente
Granada
Barbados

Trinidad y Tobago
Puerto España

Isla de Margarita

Aruba
Bonaire
Curaçao

Venezuela

Colombia

Islas de San Blas

Colón
Panamá
Panamá
Canal de Panamá

Limón

Costa Rica
San José
Puntarenas

Nicaragua
Managua

Honduras
Tegucigalpa

Belice
Belmopan

Copán
Guatemala
Guatemala
Quezaltenango

El Salvador
San Salvador

Océano Pacífico

Mar Caribe

Barranquilla
Maracaibo
Caracas
Puerto España
Trinidad

Venezuela

Medellín

Colombia
Bogotá
Cali

R. Orinoco

Georgetown
Guyana Paramaribo
Cayena
Surinam **Guayana Francesa**

Pasto

Ecuador
Quito
Guayaquil

R. Magdalena

R. Negro

R. Amazonas

Belém

Iquitos

Manaus

R. Madeira

Perú

Recife

Cordillera de los Andes

Lima
Cuzco

Lago Titicaca

Brasil
Brasilia

Salvador

Arequipa
La Paz
Arica
Sucre **Bolivia**
Iquique

R. Paraguay

R. Paraná

Belo Horizonte

Antofagasta

Paraguay
São Paulo
Rio de Janeiro
Santos

Salta

Asunción

Córdoba

Chile

R. Paraná

R. Uruguay

Porto Alegre

Valparaíso
Mendoza
Santiago

Rosario

Uruguay

Buenos Aires
Montevideo

Concepción

Argentina

Bahía Blanca

Océano Pacífico

Océano Pacífico

Océano Atlántico

Cordillera de los Andes

Puerto Montt

Estrecho de Magallanes
Punta Arenas

Tierra del Fuego

Islas Malvinas

N

O — E

S

América del Sur

Islas Galápagos

Océano Pacífico

Isla Pinta
Isla Marchena
Isla Genovesa

Isla Isabela

Línea Ecuatorial

Volcán Darwin
Isla Santiago (San Salvador)

ECUADOR

Isla Fernandina

Puerto Ayora
Isla Santa Cruz
Isla San Cristóbal

Santo Tomás
Puerto Barquérizo Moreno

Isla Santa María
Isla Española

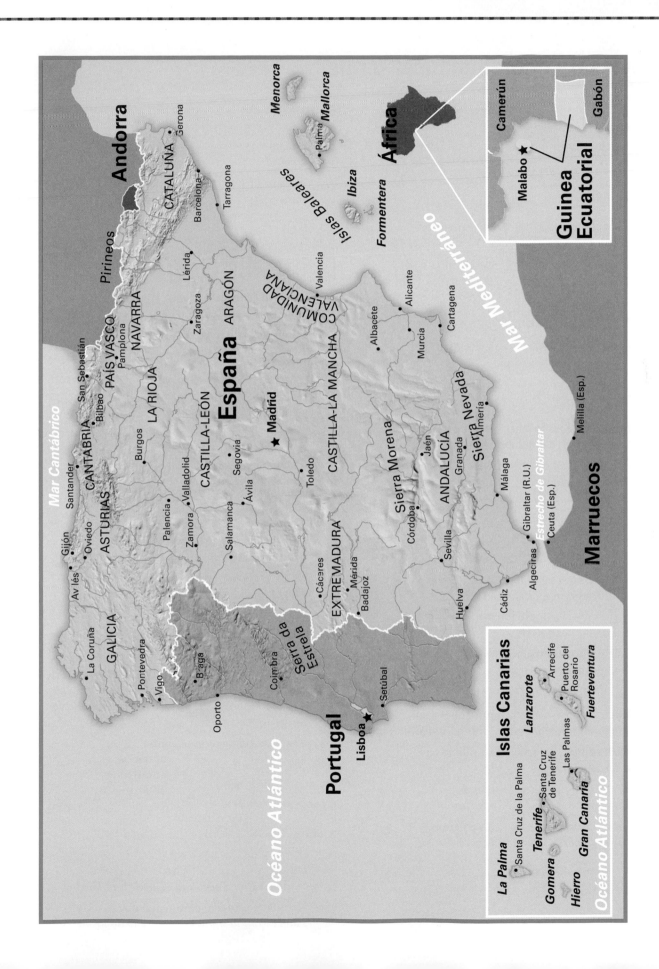

Andorra

Menorca

Mallorca

Palma

Islas Baleares

Ibiza

Formentera

África

CATALUÑA

Gerona

Pirineos

Tarragona

Tarragona

Barcelona

Mar Mediterráneo

Lérida

NAVARRA

ARAGÓN

COMUNIDAD VALENCIANA

Valencia

PAÍS VASCO

Pamplona

Zaragoza

Alicante

San Sebastián

LA RIOJA

Albacete

España

Cartagena

Bilbao

Murcia

CANTABRIA

CASTILLA-LEÓN

Madrid

CASTILLA-LA MANCHA

Santander

ASTURIAS

Burgos

Segovia

Toledo

Sierra Morena

Sierra Nevada

Mar Cantábrico

Gijón

Oviedo

Valladolid

Ávila

Jaén

Granada

Almería

Avilés

Palencia

Salamanca

Málaga

GALICIA

Zamora

ANDALUCÍA

Gibraltar (R.U.)

Melilla (Esp.)

La Coruña

EXTREMADURA

Córdoba

Estrecho de Gibraltar

Ceuta (Esp.)

Pontevedra

Cáceres

Sevilla

Marruecos

Vigo

Mérida

Badajoz

Huelva

Cádiz

Algeciras

Braga

Serra da Estrela

Coimbra

Océano Atlántico

Portugal

Oporto

Lisboa

Setúbal

Camerún

Gabón

Malabo

Guinea Ecuatorial

Islas Canarias

Lanzarote

Arrecife

Puerto del Rosario

Fuerteventura

La Palma

Santa Cruz de la Palma

Tenerife

Santa Cruz de Tenerife

Las Palmas

Gomera

Gran Canaria

Hierro

Océano Atlántico

Glossary of Grammatical Terms

ADJECTIVE A word that modifies or describes a noun or pronoun.

muchos libros
many books

un hombre **rico**
*a **rich** man*

las mujeres **altas**
*the **tall** women*

Demonstrative adjective An adjective that points out a specific noun.

esta fiesta
***this** party*

ese chico
***that** boy*

aquellas flores
***those** flowers*

Possessive adjective An adjective that indicates ownership or possession.

mi mejor vestido
***my** best dress*

Éste es **mi** hermano.
*This is **my** brother*

Stressed possessive adjective A possessive adjective that emphasizes the owner or possessor.

Es un libro **mío**.
*It's **my book**./It's a book **of mine**.*

Es amiga **tuya**; yo no la conozco.
*She's a friend **of yours**; I don't know her.*

ADVERB A word that modifies or describes a verb, adjective, or another adverb.

Pancho escribe **rápidamente**.
*Pancho writes **quickly**.*

Este cuadro es **muy** bonito.
*This picture is **very** pretty.*

ARTICLE A word that points out either a specific (definite) noun or a non-specific (indefinite) noun.

Definite article An article that points out a specific noun.

el libro
***the** book*

la maleta
***the** suitcase*

los diccionarios
***the** dictionaries*

las palabras
***the** words*

Indefinite article An article that points out a noun in a general, non-specific way.

un lápiz
***a** pencil*

una computadora
***a** computer*

unos pájaros
***some** birds*

unas escuelas
***some** schools*

CLAUSE A group of words that contains both a conjugated verb and a subject, either expressed or implied.

Main (or Independent) clause A clause that can stand alone as a complete sentence.

Pienso ir a cenar pronto.
I plan to go to dinner soon.

Subordinate (or Dependent) clause A clause that does not express a complete thought and therefore cannot stand alone as a sentence.

Trabajo en la cafetería **porque necesito dinero para la escuela**.
*I work in the cafeteria **because I need money for school**.*

COMPARATIVE A word or construction used with an adjective or adverb to express a comparison between two people, places, or things.

Este programa es **más interesante que** el otro.
*This program is **more interesting than** the other one.*

Tomás no es **tan alto como** Alberto.
*Tomás is not **as tall as** Alberto.*

CONJUGATION A set of the forms of a verb for a specific tense or mood or the process by which these verb forms are presented.

Preterite conjugation of **cantar**

cant**é**	cant**amos**
cant**aste**	cant**asteis**
cant**ó**	cant**aron**

CONJUNCTION A word or phrase used to connect words, clauses, or phrases.

Susana es de Cuba **y** Pedro es de España.
*Susana is from Cuba **and** Pedro is from Spain.*

No quiero estudiar, **pero** tengo que hacerlo.
*I don't want to study, **but** I have to do it.*

CONTRACTION The joining of two words into one. The only contractions in Spanish are **al** and **del**.

Mi hermano fue **al** concierto ayer.
*My brother went **to the** concert yesterday.*

Saqué dinero **del** banco.
*I took money **from the** bank.*

DIRECT OBJECT A noun or pronoun that directly receives the action of the verb.

Tomás lee **el libro.**   **La** pagó ayer.
*Tomás reads **the book.**   She paid **it** yesterday.*

GENDER The grammatical categorizing of certain kinds of words, such as nouns and pronouns, as masculine, feminine, or neuter.

Masculine
articles **el**, un**o**
pronouns **él**, l**o**, mí**o**, ést**e**, és**e**, aquell**o**
adjective simpátic**o**

Feminine
articles **la**, un**a**
pronouns **ella**, l**a**, mí**a**, ést**a**, és**a**, aquéll**a**
adjective simpátic**a**

IMPERSONAL EXPRESSION A third-person expression with no expressed or specific subject.

Es muy importante.   **Llueve** mucho.
*It's **very important.**   It's **raining** hard.*

Aquí **se habla** español.
*Spanish **is spoken** here.*

INDIRECT OBJECT A noun or pronoun that receives the action of the verb indirectly; the object, often a living being, to or for whom an action is performed.

Eduardo **le** dio un libro **a Linda**.
*Eduardo gave a book **to Linda**.*

La profesora **me** dio una C en el examen.
*The professor gave **me** a C on the test.*

INFINITIVE The basic form of a verb. Infinitives in Spanish end in **-ar**, **-er**, or **-ir**.

hablar   correr   abrir
to speak   to run   to open

INTERROGATIVE An adjective or pronoun used to ask a question.

¿Quién habla?   **¿Cuántos** compraste?
***Who** is speaking?   **How many** did you buy?*

¿Qué piensas hacer hoy?
***What** do you plan to do today?*

INVERSION Changing the word order of a sentence, often to form a question.

Statement: Elena pagó la cuenta del restaurante.

Inversion: ¿Pagó Elena la cuenta del restaurante?

MOOD A grammatical distinction of verbs that indicates whether the verb is intended to make a statement or command, or to express a doubt, emotion, or condition contrary to fact.

Imperative mood Verb forms used to make commands.

Di la verdad.   **Caminen ustedes conmigo.**
Tell the truth.   ***Walk with me.***

¡Comamos ahora!
Let's eat now!

Indicative mood Verb forms used to state facts, actions, and states considered to be real.

Sé que **tienes** el dinero.
***I know** that **you have** the money.*

Subjunctive mood Verb forms used principally in subordinate (or dependent) clauses to express wishes, desires, emotions, doubts, and certain conditions, such as contrary-to-fact situations.

Prefieren que **hables** en español.
*They prefer that **you speak** in Spanish.*

Dudo que Luis **tenga** el dinero necesario.
*I doubt that Luis **has** the necessary money.*

NOUN A word that identifies people, animals, places, things, and ideas.

hombre   gato
man   *cat*

México   casa
Mexico   *house*

libertad
freedom

NUMBER A grammatical term that refers to singular or plural. Nouns in Spanish and English have number. Other parts of a sentence, such as adjectives, articles, and verbs, can also have number.

Singular	Plural
una cosa	**unas** cosas
a thing	*some things*
el profesor	**los** profesor**es**
the professor	*the professors*

NUMBERS Words that represent amounts.

Cardinal numbers Words that show specific amounts.

cinco minutos
five minutes

el año **dos mil dos**
the year 2002

Ordinal numbers Words that indicate the order of a noun in a series.

el **cuarto** jugador	la **décima** hora
the fourth player	*the tenth hour*

PAST PARTICIPLE A past form of the verb used in compound tenses. The past participle may also be used as an adjective, but it must then agree in number and gender with the word it modifies.

Han **buscado** por todas partes.
They have searched everywhere.

Yo no había **estudiado** para el examen.
I hadn't studied for the exam.

Hay una **ventana rota** en la sala.
There is a broken window in the living room.

PERSON The form of the verb or pronoun that indicates the speaker, the one spoken to, or the one spoken about. In Spanish, as in English, there are three persons: first, second, and third.

Person	Singular	Plural
1st	**yo** *I*	**nosotros/as** *we*
2nd	**tú, Ud.** *you*	**vosotros/as, Uds.** *you*
3rd	**él, ella** *he/she*	**ellos, ellas** *they*

PREPOSITION A word that describes the relationship, most often in time or space, between two other words.

Anita es **de** California.
Anita is from California.

La chaqueta está **en** el carro.
The jacket is in the car.

¿Quieres hablar **con** ella?
Do you want to talk to her?

PRESENT PARTICIPLE In English, a verb form that ends in *-ing*. In Spanish, the present participle ends in **–ndo**, and is often used with **estar** to form a progressive tense.

Mi hermana está **hablando** por teléfono ahora mismo.
My sister is talking on the phone right now.

PRONOUN A word that takes the place of a noun or nouns.

Demonstrative pronoun A pronoun that takes the place of a specific noun.

Quiero **ésta**.
I want this one.

¿Vas a comprar **ése**?
Are you going to buy that one?

Juan prefirió **aquéllos**.
Juan preferred those (over there).

Object pronoun A pronoun that functions as a direct or indirect object of the verb.

Te digo la verdad.
I'm telling you the truth.

Me lo trajo Juan.
Juan brought it to me.

Reflexive pronoun A pronoun that indicates that the action of a verb is performed by the subject on itself. These pronouns are often expressed in English with *-self: myself, yourself,* etc.

Yo **me bañé** antes de salir.
I bathed (myself) before going out.

Elena **se acostó** a las once y media.
Elena went to bed at eleven-thirty.

Relative pronoun A pronoun that connects a subordinate clause to a main clause.

El chico **que** nos escribió viene a visitarnos mañana.
*The boy **who** wrote us is coming to visit us tomorrow.*

Ya sé **lo que** tenemos que hacer.
*I already know **what** we have to do.*

Subject pronoun A pronoun that replaces the name or title of a person or thing and acts as the subject of a verb.

Tú debes estudiar más.
***You** should study more.*

Él llegó primero.
***He** arrived first.*

SUBJECT A noun or pronoun that performs the action of a verb and is often implied by the verb.

María va al supermercado.
***María** goes to the supermarket.*

(Ellos) Trabajan mucho.
***They** work hard.*

Esos **libros** son muy caros.
*Those **books** are very expensive.*

SUPERLATIVE A word or construction used with an adjective or adverb to express the highest or lowest degree of a specific quality among three or more people, places, or things.

Entre todas mis clases, ésta es la **más interesante**.
*Among all my classes, this is the **most interesting**.*

Raúl es el **menos simpático** de los chicos.
*Raúl is the **least pleasant** of the boys.*

TENSE A set of verb forms that indicates the time of an action or state: past, present, or future.

Compound tense A two-word tense made up of an auxiliary verb and a present or past participle. In Spanish, there are two auxiliary verbs: **estar** and **haber**.

En este momento, **estoy estudiando**.
*At this time, **I am studying**.*

El paquete no **ha llegado** todavía.
*The package **has** not **arrived** yet.*

Simple tense A tense expressed by a single verb form.

María **estaba** mal anoche.
*María **was** ill last night.*

Juana **hablará** con su mamá mañana.
*Juana **will** speak with her mom tomorrow.*

VERB A word that expresses actions or states-of-being.

Auxiliary verb A verb used with a present or past participle to form a compound tense. **Haber** is the most commonly used auxiliary verb in Spanish.

Los chicos **han** visto los elefantes.
*The children **have** seen the elephants.*

Espero que **hayas** comido.
*I hope you **have** eaten.*

Reflexive verb A verb that describes an action performed by the subject on itself and is always used with a reflexive pronoun.

Me compré un carro nuevo.
***I bought myself** a new car.*

Pedro y Adela **se levantan** muy temprano.
*Pedro and Adela **get (themselves) up** very early.*

Spelling change verb A verb that undergoes a predictable change in spelling in order to reflect its actual pronunciation in the various conjugations.

practicar	c → qu	practico	practi**qué**
dirigir	g → j	diri**j**o	dirig**í**
almorzar	z → c	almor**z**ó	almor**cé**

Stem-changing verb A verb whose stem vowel undergoes one or more predictable changes in the various conjugations.

entender (i:ie)	ent**ie**ndo
pedir (e:i)	p**i**den
dormir (o:ue, u)	d**ue**rmo, d**u**rmieron

Verb conjugation tables

The verb lists

The list of verbs below and the model-verb tables that start on page 410 show you how to conjugate every verb taught in **Aventuras**. Each verb in the list is followed by a model verb conjugated according to the same pattern. The number in parentheses indicates where in the tables you can find the conjugated forms of the model verb. If you want to find out how to conjugate **divertirse**, for example, look up number 33, **sentir**, the model for verbs that follow the **i:ie** stem-change pattern.

How to use the verb tables

In the tables you will find the infinitive, past and present participles, and all the simple forms of each model verb. The formation of the compound tenses of any verb can be inferred from the table of compound tenses, pages 410–417, either by combining the past participle of the verb with a conjugated form of **haber** or combining the present participle with a conjugated form of **estar**.

---

abrazar (z:c) like cruzar (37)

abrir like vivir (3) *except* past participle is abierto

aburrir(se) like vivir (3)

acabar de like hablar (1)

acampar like hablar (1)

acompañar like hablar (1)

aconsejar like hablar (1)

acordarse (o:ue) like contar (24)

acostarse (o:ue) like contar (24)

adelgazar (z:c) like cruzar (37)

afeitarse like hablar (1)

ahorrar like hablar (1)

alegrarse like hablar (1)

aliviar like hablar (1)

almorzar (o:ue) like contar (24) *except* (z:c)

alquilar like hablar (1)

anunciar like hablar (1)

apagar (g:gu) like llegar (41)

aplaudir like vivir (3)

apreciar like hablar (1)

aprender like comer (2)

apurarse like hablar (1)

arrancar (c:qu) like tocar (43)

arreglar like hablar (1)

asistir like vivir (3)

aumentar like hablar (1)

ayudar(se) like hablar (1)

bailar like hablar (1)

bajar(se) like hablar (1)

bañarse like hablar (1)

barrer like comer (2)

beber like comer (2)

besar(se) like hablar (1)

brindar like hablar (1)

bucear like hablar (1)

buscar (c:qu) like tocar (43)

caber (4)

caer(se) (5)

calentarse (e:ie) like pensar (30)

calzar (z:c) like cruzar (37)

cambiar like hablar (1)

caminar like hablar (1)

cantar like hablar (1)

casarse like hablar (1)

celebrar like hablar (1)

cenar like hablar (1)

cepillarse like hablar (1)

cerrar (e:ie) like pensar (30)

chocar (c:qu) like tocar (43)

cobrar like hablar (1)

cocinar like hablar (1)

comenzar (e:ie) (z:c) like empezar (26)

comer (2)

compartir like vivir (3)

comprar like hablar (1)

comprender like comer (2)

comprometerse like comer (2)

comunicarse (c:qu) like tocar (43)

conducir (c:zc) (6)

confirmar like hablar (1)

conocer (c:zc) (35)

conseguir (e:i) like seguir (32)

conservar like hablar (1)

consumir like vivir (3)

contaminar like hablar (1)

contar (o:ue) (24)

controlar like hablar (1)

correr like comer (2)

costar (o:ue) like contar (24)

creer (y) (36)

cruzar (z:c) (37)

cubrir like vivir (3) *except* past participle is cubierto

cuidar like hablar (1)

cumplir like vivir (3)

dañar like hablar (1)

dar(se) (7)

deber like comer (2)

decidir like vivir (3)

decir (e:i) (8)

declarar like hablar (1)

dejar like hablar (1)

depositar like hablar (1)

desarrollar like hablar (1)

desayunar like hablar (1)

descansar like hablar (1)

describir like vivir (3) *except* past

participle is descrito

descubrir like vivir (3) *except* past participle is descubierto

desear like hablar (1)

despedirse (e:i) like pedir (29)

despertarse (e:ie) like pensar (30)

destruir (y) (38)

dibujar like hablar (1)

disfrutar like hablar (1)

divertirse (e:ie) like sentir (33)

divorciarse like hablar (1)

doblar like hablar (1)

doler (o:ue) like volver (34) *except* past participle is regular

dormir(se) (o:ue) (25)

ducharse like hablar (1)

dudar like hablar (1)

durar like hablar (1)

echar like hablar (1)

elegir (e:i) like pedir (29) *except* (g:j)

emitir like vivir (3)

empezar (e:ie) (z:c) (26)

enamorarse like hablar (1)

encantar like hablar (1)

encontrar(se) (o:ue) like contar (24)

enfermarse like hablar (1)

enojarse like hablar (1)

enseñar like hablar (1)

ensuciar like hablar (1)

entender (e:ie) (27)
entrenarse like hablar (1)
entrevistar like hablar (1)
enviar (envío) (39)
escalar like hablar (1)
escribir like vivir (3) *except* past participle is escrito
escuchar like hablar (1)
esculpir like vivir (3)
esperar like hablar (1)
esquiar (esquío) like enviar (39)
establecer (c:zc) like conocer (35)
estacionar like hablar (1)
estar (9)
estornudar like hablar (1)
estudiar like hablar (1)
evitar like hablar (1)
explicar (c:qu) like tocar (43)
explorar like hablar (1)
faltar like hablar (1)
fascinar like hablar (1)
firmar like hablar (1)
fumar like hablar (1)
funcionar like hablar (1)
ganar like hablar (1)
gastar like hablar (1)
graduarse (gradúo) (40)
guardar like hablar (1)
gustar like hablar (1)
haber (hay) (10)
hablar (1)
hacer (11)
importar like hablar (1)
imprimir like vivir (3)
informar like hablar (1)
insistir like vivir (3)
interesar like hablar (1)
invertir (e:ie) like sentir (33)
invitar like hablar (1)
ir(se) (12)
jubilarse like hablar (1)
jugar (u:ue) (g:gu) (28)
lastimarse like hablar (1)
lavar(se) like hablar (1)
leer (y) like creer (36)
levantar(se) like hablar (1)
limpiar like hablar (1)
llamar(se) like hablar (1)
llegar (g:gu) (41)
llenar like hablar (1)
llevar(se) like hablar (1)

llover (o:ue) like volver (34) *except* past participle is regular
luchar like hablar (1)
mandar like hablar (1)
manejar like hablar (1)
mantener(se) (e:ie) like tener (20)
maquillarse like hablar (1)
mejorar like hablar (1)
merendar (e:ie) like pensar (30)
mirar like hablar (1)
molestar like hablar (1)
montar like hablar (1)
morir (o:ue) like dormir (25) *except* past participle is muerto
mostrar (o:ue) like contar (24)
mudarse like hablar (1)
nacer (c:zc) like conocer (35)
nadar like hablar (1)
navegar (g:gu) like llegar (41)
necesitar like hablar (1)
negar (e:ie) like pensar (30) *except* (g:gu)
nevar (e:ie) like pensar (30)
obedecer (c:zc) like conocer (35)
obtener (e:ie) like tener (20)
ocurrir like vivir (3)
odiar like hablar (1)
ofrecer (c:zc) like conocer (35)
oír (13)
olvidar like hablar (1)
pagar (g:gu) like llegar (41)
parar like hablar (1)
parecer (c:zc) like conocer (35)
pasar like hablar (1)
pasear like hablar (1)
patinar like hablar (1)
pedir (e:i) (29)
peinarse like hablar (1)
pensar (e:ie) (30)
perder (e:ie) like entender (27)
pescar (c:qu) like tocar (43)
pintar like hablar (1)
planchar like hablar (1)
poder (o:ue) (14)
poner(se) (15)
practicar (c:qu) like tocar (43)
preferir (e:ie) like sentir (33)
preguntar like hablar (1)
preocuparse like hablar (1)
preparar like hablar (1)
presentar like hablar (1)

prestar like hablar (1)
probar(se) (o:ue) like contar (24)
prohibir like vivir (3)
proteger (g:j) (42)
publicar (c:qu) like tocar (43)
quedar(se) like hablar (1)
querer (e:ie) (16)
quitar(se) like hablar (1)
recetar like hablar (1)
recibir like vivir (3)
reciclar like hablar (1)
recoger (g:j) like proteger (42)
recomendar (e:ie) like pensar (30)
recordar (o:ue) like contar (24)
reducir (c:zc) like conducir (6)
regalar like hablar (1)
regatear like hablar (1)
regresar like hablar (1)
reír(se) (e:i) (31)
relajarse like hablar (1)
renunciar like hablar (1)
repetir (e:i) like pedir (29)
resolver (o:ue) like volver (34)
respirar like hablar (1)
revisar like hablar (1)
rogar (o:ue) like contar (24) *except* (g:gu)
romper(se) like comer (2) *except* past participle is roto
saber (17)
sacar (c:qu) like tocar (43)
sacudir like vivir (3)
salir (18)
saludar(se) like hablar (1)
seguir (e:i) (32)
sentarse (e:ie) like pensar (30)
sentir(se) (e:ie) (33)
separarse like hablar (1)
ser (19)
servir (e:i) like pedir (29)
solicitar like hablar (1)
sonar (o:ue) like contar (24)
sonreír (e:i) like reír(se) (31)
sorprender like comer (2)
subir like vivir (3)
sudar like hablar (1)
sufrir like vivir (3)
sugerir (e:ie) like sentir (33)
suponer like poner (15)
temer like comer (2)
tener (e:ie) (20)

terminar like hablar (1)
tocar (c:qu) (43)
tomar like hablar (1)
torcerse (o:ue) like volver (34) *except* (c:z) and past participle is regular
toser like comer (2)
trabajar like hablar (1)
traducir (c:zc) like conducir (6)
traer (21)
transmitir like vivir (3)
tratar like hablar (1)
usar like hablar (1)
vender like comer (2)
venir (e:ie) (22)
ver (23)
vestirse (e:i) like pedir (29)
viajar like hablar (1)
visitar like hablar (1)
vivir (3)
volver (o:ue) (34)
votar like hablar (1)

Regular verbs: simple tenses

Infinitive	INDICATIVE						SUBJUNCTIVE		IMPERATIVE
	Present	Imperfect	Preterite	Future	Conditional		Present	Past	
hablar	hablo	hablaba	hablé	hablaré	hablaría		hable	hablara	
	hablas	hablabas	hablaste	hablarás	hablarías		hables	hablaras	habla tú (no hables)
Participles:	habla	hablaba	habló	hablará	hablaría		hable	hablara	hable Ud.
hablando	hablamos	hablábamos	hablamos	hablaremos	hablaríamos		hablemos	habláramos	hablemos
hablado	habláis	hablabais	hablasteis	hablaréis	hablaríais		habléis	hablarais	hablad (no habléis)
	hablan	hablaban	hablaron	hablarán	hablarían		hablen	hablaran	hablen Uds.
comer	como	comía	comí	comeré	comería		coma	comiera	
	comes	comías	comiste	comerás	comerías		comas	comieras	come tú (no comas)
Participles:	come	comía	comió	comerá	comería		coma	comiera	coma Ud.
comiendo	comemos	comíamos	comimos	comeremos	comeríamos		comamos	comiéramos	comamos
comido	coméis	comíais	comisteis	comeréis	comeríais		comáis	comierais	comed (no comáis)
	comen	comían	comieron	comerán	comerían		coman	comieran	coman Uds.
vivir	vivo	vivía	viví	viviré	viviría		viva	viviera	
	vives	vivías	viviste	vivirás	vivirías		vivas	vivieras	vive tú (no vivas)
Participles:	vive	vivía	vivió	vivirá	viviría		viva	viviera	viva Ud.
viviendo	vivimos	vivíamos	vivimos	viviremos	viviríamos		vivamos	viviéramos	vivamos
vivido	vivís	vivíais	vivisteis	viviréis	viviríais		viváis	vivierais	vivid (no viváis)
	viven	vivían	vivieron	vivirán	vivirían		vivan	vivieran	vivan Uds.

All verbs: compound tenses

PERFECT TENSES

INDICATIVE								SUBJUNCTIVE			
Present Perfect		Past Perfect		Future Perfect		Conditional Perfect		Present Perfect		Past Perfect	
he	hablado	había	hablado	habré	hablado	habría	hablado	haya	hablado	hubiera	hablado
has	comido	habías	comido	habrás	comido	habrías	comido	hayas	comido	hubieras	comido
ha	vivido	había	vivido	habrá	vivido	habría	vivido	haya	vivido	hubiera	vivido
hemos		habíamos		habremos		habríamos		hayamos		hubiéramos	
habéis		habíais		habréis		habríais		hayáis		hubierais	
han		habían		habrán		habrían		hayan		hubieran	

PROGRESSIVE TENSES

	INDICATIVE				SUBJUNCTIVE	
	Present Progressive	Past Progressive	Future Progressive	Conditional Progressive	Present Progressive	Past Progressive
	estoy	estaba	estaré	estaría	esté	estuviera
	estás	estabas	estarás	estarías	estés	estuvieras
	está	estaba	estará	estaría	esté	estuviera
	estamos	estábamos	estaremos	estaríamos	estemos	estuviéramos
	estáis	estabais	estaréis	estaríais	estéis	estuvierais
	estan	estaban	estarán	estarían	estén	estuvieran

(+ hablando / comiendo / viviendo for all)

Irregular verbs

Infinitive	INDICATIVE					SUBJUNCTIVE		IMPERATIVE
	Present	Imperfect	Preterite	Future	Conditional	Present	Past	
4 caber	**quepo**	cabía	**cupe**	**cabré**	**cabría**	**quepa**	**cupiera**	
	cabes	cabías	**cupiste**	**cabrás**	**cabrías**	**quepas**	**cupieras**	cabe tú (no **quepas**)
	cabe	cabía	**cupo**	**cabrá**	**cabría**	**quepa**	**cupiera**	quepa Ud.
	cabemos	cabíamos	**cupimos**	**cabremos**	**cabríamos**	**quepamos**	**cupiéramos**	**quepamos**
Participles:	cabéis	cabíais	**cupisteis**	**cabréis**	**cabríais**	**quepáis**	**cupierais**	cabed (no **quepáis**)
cabiendo	caben	cabían	**cupieron**	**cabrán**	**cabrán**	**quepan**	**cupieran**	**quepan** Uds.
cabido								
5 caer(se)	**caigo**	caía	**caí**	caeré	caería	**caiga**	**cayera**	
	caes	caías	**caiste**	caerás	caerías	**caigas**	**cayeras**	cae tú (no **caigas**)
	cae	caía	**cayó**	caerá	caería	**caiga**	**cayera**	**caiga** Ud. (no **caiga**)
	caemos	caíamos	**caimos**	caeremos	caeríamos	**caigamos**	**cayéramos**	**caigamos**
Participles:	caéis	caíais	**caisteis**	caeréis	caeríais	**caigáis**	**cayerais**	caed (no **caigáis**)
cayendo	caen	caían	**cayeron**	caerán	caerían	**caigan**	**cayeran**	**caigan** Uds.
caído								
6 conducir	**conduzco**	conducía	**conduje**	conduciré	conduciría	**conduzca**	**condujera**	
(c:zc)	conduces	conducías	**condujiste**	conducirás	conducirías	**conduzcas**	**condujeras**	conduce tú (no **conduzcas**)
	conduce	conducía	**condujo**	conducirá	conduciría	**conduzca**	**condujera**	**conduzca** Ud. (no **conduzca**)
	conducimos	conducíamos	**condujimos**	conduciremos	conduciríamos	**conduzcamos**	**condujéramos**	**conduzcamos**
Participles:	conducís	conducíais	**condujisteis**	conduciréis	conduciríais	**conduzcáis**	**condujerais**	conducid (no **conduzcáis**)
conduciendo	conducen	conducían	**condujeron**	conducirán	conducirían	**conduzcan**	**condujeran**	**conduzcan** Uds.
conducido								

7 dar
Participles: dando, dado

	INDICATIVE					SUBJUNCTIVE		IMPERATIVE
	Present	Imperfect	Preterite	Future	Conditional	Present	Past	
	doy	daba	di	daré	daría	dé	diera	
	das	dabas	diste	darás	darías	des	dieras	da tú (no des)
	da	daba	dio	dará	daría	dé	diera	dé Ud.
	damos	dábamos	dimos	daremos	daríamos	demos	diéramos	demos
	dais	dabais	disteis	daréis	daríais	deis	dierais	dad (no deis)
	dan	daban	dieron	darán	darían	den	dieran	den Uds.

8 decir (e:i)
Participles: diciendo, dicho

	Present	Imperfect	Preterite	Future	Conditional	Present	Past	IMPERATIVE
	digo	decía	dije	diré	diría	diga	dijera	
	dices	decías	dijiste	dirás	dirías	digas	dijeras	di tú (no digas)
	dice	decía	dijo	dirá	diría	diga	dijera	diga Ud.
	decimos	decíamos	dijimos	diremos	diríamos	digamos	dijéramos	digamos
	decís	decíais	dijisteis	diréis	diríais	digáis	dijerais	decid (no digáis)
	dicen	decían	dijeron	dirán	dirían	digan	dijeran	digan Uds.

9 estar
Participles: estando, estado

	Present	Imperfect	Preterite	Future	Conditional	Present	Past	IMPERATIVE
	estoy	estaba	estuve	estaré	estaría	esté	estuviera	
	estás	estabas	estuviste	estarás	estarías	estés	estuvieras	está tú (no estés)
	está	estaba	estuvo	estará	estaría	esté	estuviera	esté Ud.
	estamos	estábamos	estuvimos	estaremos	estaríamos	estemos	estuviéramos	estemos
	estáis	estabais	estuvisteis	estaréis	estaríais	estéis	estuvierais	estad (no estéis)
	están	estaban	estuvieron	estarán	estarían	estén	estuvieran	estén Uds.

10 haber
Participles: habiendo, habido

	Present	Imperfect	Preterite	Future	Conditional	Present	Past	IMPERATIVE
	he	había	hube	habré	habría	haya	hubiera	
	has	habías	hubiste	habrás	habrías	hayas	hubieras	
	ha	había	hubo	habrá	habría	haya	hubiera	
	hemos	habíamos	hubimos	habremos	habríamos	hayamos	hubiéramos	
	habéis	habíais	hubisteis	habréis	habríais	hayáis	hubierais	
	han	habían	hubieron	habrán	habrían	hayan	hubieran	

11 hacer
Participles: haciendo, hecho

	Present	Imperfect	Preterite	Future	Conditional	Present	Past	IMPERATIVE
	hago	hacía	hice	haré	haría	haga	hiciera	
	haces	hacías	hiciste	harás	harías	hagas	hicieras	haz tú (no hagas)
	hace	hacía	hizo	hará	haría	haga	hiciera	haga Ud.
	hacemos	hacíamos	hicimos	haremos	haríamos	hagamos	hiciéramos	hagamos
	hacéis	hacíais	hicisteis	haréis	haríais	hagáis	hicierais	haced (no hagáis)
	hacen	hacían	hicieron	harán	harían	hagan	hicieran	hagan Uds.

12 ir
Participles: yendo, ido

	Present	Imperfect	Preterite	Future	Conditional	Present	Past	IMPERATIVE
	voy	iba	fui	iré	iría	vaya	fuera	
	vas	ibas	fuiste	irás	irías	vayas	fueras	ve tú (no vayas)
	va	iba	fue	irá	iría	vaya	fuera	vaya Ud.
	vamos	íbamos	fuimos	iremos	iríamos	vayamos	fuéramos	vamos
	vais	ibais	fuisteis	iréis	iríais	vayáis	fuerais	id (no vayáis)
	van	iban	fueron	irán	irían	vayan	fueran	vayan Uds.

13 oír (y)
Participles: oyendo, oído

	Present	Imperfect	Preterite	Future	Conditional	Present	Past	IMPERATIVE
	oigo	oía	oí	oiré	oiría	oiga	oyera	
	oyes	oías	oíste	oirás	oirías	oigas	oyeras	oye tú (no oigas)
	oye	oía	oyó	oirá	oiría	oiga	oyera	oiga Ud.
	oímos	oíamos	oímos	oiremos	oiríamos	oigamos	oyéramos	oigamos
	oís	oíais	oísteis	oiréis	oiríais	oigáis	oyerais	oíd (no oigáis)
	oyen	oían	oyeron	oirán	oirían	oigan	oyeran	oigan Uds.

14 poder (o:ue) — Participles: pudiendo, podido

	INDICATIVE					SUBJUNCTIVE		IMPERATIVE
	Present	Imperfect	Preterite	Future	Conditional	Present	Past	
	puedo	podía	pude	podré	podría	pueda	pudiera	
	puedes	podías	pudiste	podrás	podrías	puedas	pudieras	puede tú (no puedas)
	puede	podía	pudo	podrá	podría	pueda	pudiera	pueda Ud.
	podemos	podíamos	pudimos	podremos	podríamos	podamos	pudiéramos	podamos
	podéis	podíais	pudisteis	podréis	podríais	podáis	pudierais	poded (no podáis)
	pueden	podían	pudieron	podrán	podrían	puedan	pudieran	puedan Uds.

15 poner — Participles: poniendo, puesto

	INDICATIVE					SUBJUNCTIVE		IMPERATIVE
	Present	Imperfect	Preterite	Future	Conditional	Present	Past	
	pongo	ponía	puse	pondré	pondría	ponga	pusiera	
	pones	ponías	pusiste	pondrás	pondrías	pongas	pusieras	pon tú (no pongas)
	pone	ponía	puso	pondrá	pondría	ponga	pusiera	ponga Ud.
	ponemos	poníamos	pusimos	pondremos	pondríamos	pongamos	pusiéramos	pongamos
	ponéis	poníais	pusisteis	pondréis	pondríais	pongáis	pusierais	poned (no pongáis)
	ponen	ponían	pusieron	pondrán	pondrían	pongan	pusieran	pongan Uds.

16 querer (e:ie) — Participles: queriendo, querido

	INDICATIVE					SUBJUNCTIVE		IMPERATIVE
	Present	Imperfect	Preterite	Future	Conditional	Present	Past	
	quiero	quería	quise	querré	querría	quiera	quisiera	
	quieres	querías	quisiste	querrás	querrías	quieras	quisieras	quiere tú (no quieras)
	quiere	quería	quiso	querrá	querría	quiera	quisiera	quiera Ud.
	queremos	queríamos	quisimos	querremos	querríamos	queramos	quisiéramos	queramos
	queréis	queríais	quisisteis	querréis	querríais	queráis	quisierais	quered (no queráis)
	quieren	querían	quisieron	querrán	querrían	quieran	quisieran	quieran Uds.

17 saber — Participles: sabiendo, sabido

	INDICATIVE					SUBJUNCTIVE		IMPERATIVE
	Present	Imperfect	Preterite	Future	Conditional	Present	Past	
	sé	sabía	supe	sabré	sabría	sepa	supiera	
	sabes	sabías	supiste	sabrás	sabrías	sepas	supieras	sabe tú (no sepas)
	sabe	sabía	supo	sabrá	sabría	sepa	supiera	sepa Ud.
	sabemos	sabíamos	supimos	sabremos	sabríamos	sepamos	supiéramos	sepamos
	sabéis	sabíais	supisteis	sabréis	sabríais	sepáis	supierais	sabed (no sepáis)
	saben	sabían	supieron	sabrán	sabrían	sepan	supieran	sepan Uds.

18 salir — Participles: saliendo, salido

	INDICATIVE					SUBJUNCTIVE		IMPERATIVE
	Present	Imperfect	Preterite	Future	Conditional	Present	Past	
	salgo	salía	salí	saldré	saldría	salga	saliera	
	sales	salías	saliste	saldrás	saldrías	salgas	salieras	sal tú (no salgas)
	sale	salía	salió	saldrá	saldría	salga	saliera	salga Ud.
	salimos	salíamos	salimos	saldremos	saldríamos	salgamos	saliéramos	salgamos
	salís	salíais	salisteis	saldréis	saldríais	salgáis	salierais	salid (no salgáis)
	salen	salían	salieron	saldrán	saldrían	salgan	salieran	salgan Uds.

19 ser — Participles: siendo, sido

	INDICATIVE					SUBJUNCTIVE		IMPERATIVE
	Present	Imperfect	Preterite	Future	Conditional	Present	Past	
	soy	era	fui	seré	sería	sea	fuera	
	eres	eras	fuiste	serás	serías	seas	fueras	sé tú (no seas)
	es	era	fue	será	sería	sea	fuera	sea Ud.
	somos	éramos	fuimos	seremos	seríamos	seamos	fuéramos	seamos
	sois	erais	fuisteis	seréis	seríais	seáis	fuerais	sed (no seáis)
	son	eran	fueron	serán	serían	sean	fueran	sean Uds.

20 tener (e:ie) — Participles: teniendo, tenido

	INDICATIVE					SUBJUNCTIVE		IMPERATIVE
	Present	Imperfect	Preterite	Future	Conditional	Present	Past	
	tengo	tenía	tuve	tendré	tendría	tenga	tuviera	
	tienes	tenías	tuviste	tendrás	tendrías	tengas	tuvieras	ten tú (no tengas)
	tiene	tenía	tuvo	tendrá	tendría	tenga	tuviera	tenga Ud.
	tenemos	teníamos	tuvimos	tendremos	tendríamos	tengamos	tuviéramos	tengamos
	tenéis	teníais	tuvisteis	tendréis	tendríais	tengáis	tuvierais	tened (no tengáis)
	tienen	tenían	tuvieron	tendrán	tendrían	tengan	tuvieran	tengan Uds.

21 traer

Infinitive	Present	Imperfect	Preterite	Future	Conditional	Present	Past	IMPERATIVE
traer	**traigo**	traía	**traje**	traeré	traería	**traiga**	**trajera**	
	traes	traías	**trajiste**	traerás	traerías	**traigas**	**trajeras**	trae tú (no **traigas**)
Participles:	trae	traía	**trajo**	traerá	traería	**traiga**	**trajera**	**traiga** Ud.
trayendo	traemos	traíamos	**trajimos**	traeremos	traeríamos	**traigamos**	**trajéramos**	**traigamos**
traído	traéis	traíais	**trajisteis**	traeréis	traeríais	**traigáis**	**trajerais**	traed (no **traigáis**)
	traen	traían	**trajeron**	traerán	traerían	**traigan**	**trajeran**	**traigan** Uds.

22 venir (e:ie)

Infinitive	Present	Imperfect	Preterite	Future	Conditional	Present	Past	IMPERATIVE
venir (e:ie)	**vengo**	venía	**vine**	**vendré**	**vendría**	**venga**	**viniera**	
	vienes	venías	**viniste**	**vendrás**	**vendrías**	**vengas**	**vinieras**	**ven** tú (no **vengas**)
Participles:	**viene**	venía	**vino**	**vendrá**	**vendría**	**venga**	**viniera**	**venga** Ud.
viniendo	venimos	veníamos	**vinimos**	**vendremos**	**vendríamos**	**vengamos**	**viniéramos**	**vengamos**
venido	venís	veníais	**vinisteis**	**vendréis**	**vendríais**	**vengáis**	**vinierais**	venid (no **vengáis**)
	vienen	venían	**vinieron**	**vendrán**	**vendrían**	**vengan**	**vinieran**	**vengan** Uds.

23 ver

Infinitive	Present	Imperfect	Preterite	Future	Conditional	Present	Past	IMPERATIVE
ver	**veo**	**veía**	vi	veré	vería	**vea**	**viera**	
	ves	**veías**	viste	verás	verías	**veas**	**vieras**	**ve** tú (no **veas**)
Participles:	ve	**veía**	vio	verá	vería	**vea**	**viera**	**vea** Ud.
viendo	vemos	**veíamos**	vimos	veremos	veríamos	**veamos**	**viéramos**	**veamos**
visto	veis	**veíais**	visteis	veréis	veríais	**veáis**	**vierais**	ved (no **veáis**)
	ven	**veían**	vieron	verán	verían	**vean**	**vieran**	**vean** Uds.

Stem changing verbs

24 contar (o:ue)

Infinitive	Present	Imperfect	Preterite	Future	Conditional	Present	Past	IMPERATIVE
contar (o:ue)	**cuento**	contaba	conté	contaré	contaría	**cuente**	contara	
	cuentas	contabas	contaste	contarás	contarías	**cuentes**	contaras	**cuenta** tú (no **cuentes**)
	cuenta	contaba	contó	contará	contaría	**cuente**	contara	**cuente** Ud.
Participles:	contamos	contábamos	contamos	contaremos	contaríamos	contemos	contáramos	contemos
contando	contáis	contabais	contasteis	contaréis	contaríais	contéis	contarais	contad (no **contéis**)
contado	**cuentan**	contaban	contaron	contarán	contarían	**cuenten**	contaran	**cuenten** Uds.

25 dormir (o:ue)

Infinitive	Present	Imperfect	Preterite	Future	Conditional	Present	Past	IMPERATIVE
dormir (o:ue)	**duermo**	dormía	dormí	dormiré	dormiría	**duerma**	**durmiera**	
	duermes	dormías	dormiste	dormirás	dormirías	**duermas**	**durmieras**	**duerme** tú (no **duermas**)
	duerme	dormía	**durmió**	dormirá	dormiría	**duerma**	**durmiera**	**duerma** Ud.
Participles:	dormimos	dormíamos	dormimos	dormiremos	dormiríamos	**durmamos**	**durmiéramos**	**durmamos**
durmiendo	dormís	dormíais	dormisteis	dormiréis	dormiríais	**durmáis**	**durmierais**	dormid (no **durmáis**)
dormido	**duermen**	dormían	**durmieron**	dormirán	dormirían	**duerman**	**durmieran**	**duerman** Uds.

26 empezar (e:ie) (c)

Infinitive	Present	Imperfect	Preterite	Future	Conditional	Present	Past	IMPERATIVE
empezar (e:ie) (c)	**empiezo**	empezaba	**empecé**	empezaré	empezaría	**empiece**	empezara	
	empiezas	empezabas	empezaste	empezarás	empezarías	**empieces**	empezaras	**empieza** tú (no **empieces**)
	empieza	empezaba	empezó	empezará	empezaría	**empiece**	empezara	**empiece** Ud.
Participles:	empezamos	empezábamos	empezamos	empezaremos	empezaríamos	**empecemos**	empezáramos	**empecemos**
empezando	empezáis	empezabais	empezasteis	empezaréis	empezaríais	**empecéis**	empezarais	empezad (no **empecéis**)
empezado	**empiezan**	empezaban	empezaron	empezarán	empezarían	**empiecen**	empezaran	**empiecen** Uds.

Infinitive	INDICATIVE Present	Imperfect	Preterite	Future	Conditional	SUBJUNCTIVE Present	Past	IMPERATIVE
27 entender (e:ie) Participles: entendiendo, entendido	entiendo entiendes entiende entendemos entendéis entienden	entendía entendías entendía entendíamos entendíais entendían	entendí entendiste entendió entendimos entendisteis entendieron	entenderé entenderás entenderá entenderemos entenderéis entenderán	entendería entenderías entendería entenderíamos entenderíais entenderían	entienda entiendas entienda entendamos entendáis entiendan	entendiera entendieras entendiera entendiéramos entendierais entendieran	entiende tú (no entiendas) entienda Ud. entendamos entended (no entendáis) entiendan Uds.
28 jugar (u:ue) (gu) Participles: jugando, jugado	juego juegas juega jugamos jugáis juegan	jugaba jugabas jugaba jugábamos jugabais jugaban	jugué jugaste jugó jugamos jugasteis jugaron	jugaré jugarás jugará jugaremos jugaréis jugarán	jugaría jugarías jugaría jugaríamos jugaríais jugarían	juegue juegues juegue juguemos juguéis jueguen	jugara jugaras jugara jugáramos jugarais jugaran	juega tú (no juegues) juegue Ud. juguemos jugad (no juguéis) jueguen Uds.
29 pedir (e:i) Participles: pidiendo, pedido	pido pides pide pedimos pedís piden	pedía pedías pedía pedíamos pedíais pedían	pedí pediste pidió pedimos pedisteis pidieron	pediré pedirás pedirá pediremos pediréis pedirán	pediría pedirías pediría pediríamos pediríais pedirían	pida pidas pida pidamos pidáis pidan	pidiera pidieras pidiera pidiéramos pidierais pidieran	pide tú (no pidas) pida Ud. pidamos pedid (no pidáis) pidan Uds.
30 pensar (e:ie) Participles: pensando, pensado	pienso piensas piensa pensamos pensáis piensan	pensaba pensabas pensaba pensábamos pensabais pensaban	pensé pensaste pensó pensamos pensasteis pensaron	pensaré pensarás pensará pensaremos pensaréis pensarán	pensaría pensarías pensaría pensaríamos pensaríais pensarían	piense pienses piense pensemos penséis piensen	pensara pensaras pensara pensáramos pensarais pensaran	piensa tú (no pienses) piense Ud. pensemos pensad (no penséis) piensen Uds.
31 reír(se) (e:i) Participles: riendo, reído	río ríes ríe reímos reís ríen	reía reías reía reíamos reíais reían	reí reíste rio reímos reísteis rieron	reiré reirás reirá reiremos reiréis reirán	reiría reirías reiría reiríamos reiríais reirían	ría rías ría riamos riáis rían	riera rieras riera riéramos rierais rieran	ríe tú (no rías) ría Ud. riamos reíd (no riáis) rían Uds.
32 seguir (e:i) (gu) Participles: siguiendo, seguido	sigo sigues sigue seguimos seguís siguen	seguía seguías seguía seguíamos seguíais seguían	seguí seguiste siguió seguimos seguisteis siguieron	seguiré seguirás seguirá seguiremos seguiréis seguirán	seguiría seguirías seguiría seguiríamos seguiríais seguirían	siga sigas siga sigamos sigáis sigan	siguiera siguieras siguiera siguiéramos siguierais siguieran	sigue tú (no sigas) siga Ud. sigamos seguid (no sigáis) sigan Uds.
33 sentir (e:ie) Participles: sintiendo, sentido	siento sientes siente sentimos sentís sienten	sentía sentías sentía sentíamos sentíais sentían	sentí sentiste sintió sentimos sentisteis sintieron	sentiré sentirás sentirá sentiremos sentiréis sentirán	sentiría sentirías sentiría sentiríamos sentiríais sentirían	sienta sientas sienta sintamos sintáis sientan	sintiera sintieras sintiera sintiéramos sintierais sintieran	siente tú (no sientas) sienta Ud. sintamos sentid (no sintáis) sientan Uds.

34

Infinitive	INDICATIVE					SUBJUNCTIVE		IMPERATIVE
	Present	Imperfect	Preterite	Future	Conditional	Present	Past	
volver (o:ue)	**vuelvo**	volvía	volví	volveré	volvería	**vuelva**	volviera	
	vuelves	volvías	volviste	volverás	volverías	**vuelvas**	volvieras	**vuelve** tú (no **vuelvas**)
	vuelve	volvía	volvió	volverá	volvería	**vuelva**	volviera	**vuelva** Ud.
Participles:	volvemos	volvíamos	volvimos	volveremos	volveríamos	volvamos	volviéramos	volvamos
volviendo	volvéis	volvíais	volvisteis	volveréis	volveríais	volváis	volvierais	volved (no **volváis**)
vuelto	**vuelven**	volvían	volvieron	volverán	volverían	**vuelvan**	volvieran	**vuelvan** Uds.

Verbs with spelling changes only

35

Infinitive	INDICATIVE					SUBJUNCTIVE		IMPERATIVE
	Present	Imperfect	Preterite	Future	Conditional	Present	Past	
conocer	**conozco**	conocía	conocí	conoceré	conocería	**conozca**	conociera	
(c:zc)	conoces	conocías	conociste	conocerás	conocerías	**conozcas**	conocieras	conoce tú (no **conozcas**)
	conoce	conocía	conoció	conocerá	conocería	**conozca**	conociera	**conozca** Ud.
Participles:	conocemos	conocíamos	conocimos	conoceremos	conoceríamos	**conozcamos**	conociéramos	**conozcamos**
conociendo	conocéis	conocíais	conocisteis	conoceréis	conoceríais	**conozcáis**	conocierais	conoced (no **conozcáis**)
conocido	conocen	conocían	conocieron	conocerán	conocerían	**conozcan**	conocieran	**conozcan** Uds.

36

Infinitive	INDICATIVE					SUBJUNCTIVE		IMPERATIVE
	Present	Imperfect	Preterite	Future	Conditional	Present	Past	
creer (y)	creo	creía	**creí**	creeré	creería	crea	**creyera**	
	crees	creías	**creíste**	creerás	creerías	creas	**creyeras**	cree tú (no creas)
	cree	creía	**creyó**	creerá	creería	crea	**creyera**	crea Ud.
Participles:	creemos	creíamos	**creímos**	creeremos	creeríamos	creamos	**creyéramos**	creamos
creyendo	creéis	creíais	**creísteis**	creeréis	creeríais	creáis	**creyerais**	creed (no creáis)
creído	creen	creían	**creyeron**	creerán	creerían	crean	**creyeran**	crean Uds.

37

Infinitive	INDICATIVE					SUBJUNCTIVE		IMPERATIVE
	Present	Imperfect	Preterite	Future	Conditional	Present	Past	
cruzar (c)	cruzo	cruzaba	**crucé**	cruzaré	cruzaría	**cruce**	cruzara	
	cruzas	cruzabas	cruzaste	cruzarás	cruzarías	**cruces**	cruzaras	cruza tú (no **cruces**)
	cruza	cruzaba	cruzó	cruzará	cruzaría	**cruce**	cruzara	**cruce** Ud.
Participles:	cruzamos	cruzábamos	cruzamos	cruzaremos	cruzaríamos	**crucemos**	cruzáramos	**crucemos**
cruzando	cruzáis	cruzabais	cruzasteis	cruzaréis	cruzaríais	**crucéis**	cruzarais	cruzad (no **crucéis**)
cruzado	cruzan	cruzaban	cruzaron	cruzarán	cruzarían	**crucen**	cruzaran	**crucen** Uds.

38

Infinitive	INDICATIVE					SUBJUNCTIVE		IMPERATIVE
	Present	Imperfect	Preterite	Future	Conditional	Present	Past	
destruir (y)	**destruyo**	destruía	destruí	destruiré	destruiría	**destruya**	**destruyera**	
	destruyes	destruías	destruiste	destruirás	destruirías	**destruyas**	**destruyeras**	**destruye** tú (no **destruyas**)
	destruye	destruía	**destruyó**	destruirá	destruiría	**destruya**	**destruyera**	**destruya** Ud.
Participles:	destruimos	destruíamos	destruimos	destruiremos	destruiríamos	**destruyamos**	**destruyéramos**	**destruyamos**
destruyendo	destruís	destruíais	destruisteis	destruiréis	destruiríais	**destruyáis**	**destruyerais**	destruid (no **destruyáis**)
destruido	**destruyen**	destruían	**destruyeron**	destruirán	destruirían	**destruyan**	**destruyeran**	**destruyan** Uds.

39

Infinitive	INDICATIVE					SUBJUNCTIVE		IMPERATIVE
	Present	Imperfect	Preterite	Future	Conditional	Present	Past	
enviar	**envío**	enviaba	envié	enviaré	enviaría	**envíe**	enviara	
(envío)	**envías**	enviabas	enviaste	enviarás	enviarías	**envíes**	enviaras	**envía** tú (no **envíes**)
	envía	enviaba	envió	enviará	enviaría	**envíe**	enviara	**envíe** Ud.
Participles:	enviamos	enviábamos	enviamos	enviaremos	enviaríamos	**enviemos**	enviáramos	enviemos
enviando	enviáis	enviabais	enviasteis	enviaréis	enviaríais	**enviéis**	enviarais	enviad (no **enviéis**)
enviado	**envían**	enviaban	enviaron	enviarán	enviarían	**envíen**	enviaran	**envíen** Uds.

40 graduarse (gradúo)
Participles: graduando, graduado

	INDICATIVE					SUBJUNCTIVE		IMPERATIVE
Infinitive	Present	Imperfect	Preterite	Future	Conditional	Present	Past	
	gradúo	graduaba	gradué	graduaré	graduaría	gradúe	graduara	
	gradúas	graduabas	graduaste	graduarás	graduarías	gradúes	graduaras	gradúa tú (no gradúes)
	gradúa	graduaba	graduó	graduará	graduaría	gradúe	graduara	gradúe Ud.
	graduamos	graduábamos	graduamos	graduaremos	graduaríamos	graduemos	graduáramos	graduemos
	graduáis	graduabais	graduasteis	graduaréis	graduaríais	graduéis	graduarais	graduad (no graduéis)
	gradúan	graduaban	graduaron	graduarán	graduarían	gradúen	graduaran	gradúen Uds.

41 llegar (gu)
Participles: llegando, llegado

	INDICATIVE					SUBJUNCTIVE		IMPERATIVE
Infinitive	Present	Imperfect	Preterite	Future	Conditional	Present	Past	
	llego	llegaba	llegué	llegaré	llegaría	llegue	llegara	
	llegas	llegabas	llegaste	llegarás	llegarías	llegues	llegaras	llega tú (no llegues)
	llega	llegaba	llegó	llegará	llegaría	llegue	llegara	llegue Ud.
	llegamos	llegábamos	llegamos	llegaremos	llegaríamos	lleguemos	llegáramos	lleguemos
	llegáis	llegabais	llegasteis	llegaréis	llegaríais	lleguéis	llegarais	llegad (no lleguéis)
	llegan	llegaban	llegaron	llegarán	llegarían	lleguen	llegaran	lleguen Uds.

42 proteger (j)
Participles: protegiendo, protegido

	INDICATIVE					SUBJUNCTIVE		IMPERATIVE
Infinitive	Present	Imperfect	Preterite	Future	Conditional	Present	Past	
	protejo	protegía	protegí	protegeré	protegería	proteja	protegiera	
	proteges	protegías	protegiste	protegerás	protegerías	protejas	protegieras	protege tú (no protejas)
	protege	protegía	protegió	protegerá	protegería	proteja	protegiera	proteja Ud.
	protegemos	protegíamos	protegimos	protegeremos	protegeríamos	protejamos	protegiéramos	protejamos
	protegéis	protegíais	protegisteis	protegeréis	protegeríais	protejáis	protegierais	proteged (no protejáis)
	protegen	protegían	protegieron	protegerán	protegerían	protejan	protegieran	protejan Uds.

43 tocar (qu)
Participles: tocando, tocado

	INDICATIVE					SUBJUNCTIVE		IMPERATIVE
Infinitive	Present	Imperfect	Preterite	Future	Conditional	Present	Past	
	toco	tocaba	toqué	tocaré	tocaría	toque	tocara	
	tocas	tocabas	tocaste	tocarás	tocarías	toques	tocaras	toca tú (no toques)
	toca	tocaba	tocó	tocará	tocaría	toque	tocara	toque Ud.
	tocamos	tocábamos	tocamos	tocaremos	tocaríamos	toquemos	tocáramos	toquemos
	tocáis	tocabais	tocasteis	tocaréis	tocaríais	toquéis	tocarais	tocad (no toquéis)
	tocan	tocaban	tocaron	tocarán	tocarían	toquen	tocaran	toquen Uds.

Guide to Vocabulary

Note on alphabetization

Formerly, **ch**, **ll**, and **ñ** were considered separate letters in the Spanish alphabet, **ch** appearing after **c**, **ll** after **l**, and **ñ** after **n**. In current practice, for purposes of alphabetization, **ch** and **ll** are not treated as separate letters, but **ñ** still follows **n**. Therefore, in this glossary you will find that **año**, for example, appears after **anuncio**.

Abbreviations used in this glossary

adj.	adjective	*interj.*	interjection	*poss.*	possessive
adv.	adverb	*i.o.*	indirect object	*prep.*	preposition
conj.	conjunction	*m.*	masculine	*pron.*	pronoun
d.o.	direct object	*n.*	noun	*ref.*	reflexive
f.	feminine	*obj.*	object	*sing.*	singular
fam.	familiar	*p.p.*	past participle	*sub.*	subject
form.	formal	*pl.*	plural	*v.*	verb

Spanish-English

A

a *prep.* at; to 1
  ¿A qué hora...? At what time...? 1, 9
  a bordo aboard 1
  a dieta on a diet 15
  a la derecha de to the right of 2
  a la izquierda de to the left of 2
  a la plancha grilled 8
  a la(s) + *time* at + *time* 1
  a menos que unless 13
  a menudo often 10
  a mi nombre in my name 5
  a nombre de in the name of 5
  a plazos in installments 14
  A sus órdenes. At your service. 11
  a tiempo on time 10
  a veces sometimes 10
  a ver let's see 2
¡Abajo! *adv.* Down!
abeja *f.* bee
abierto/a *adj.* open 5; *p.p.* opened 15
abogado/a *m., f.* lawyer 16
abrazar(se) *v.* to hug; to embrace (each other)
abrazo *m.* hug
abrigo *m.* coat 6
abril *m.* April 5
abrir *v.* to open 3
abuelo/a *m., f.* grandfather; grandmother 3
abuelos *pl.* grandparents 3
aburrido/a *adj.* bored; boring 5
aburrir *v.* to bore 7
aburrirse *v.* to get bored
acabar de (+ inf.) *v.* to have just (*done something*) 6

acampar *v.* to camp 5
accidente *m.* accident 10
acción *f.* action
aceite *m.* oil 8
ácido/a *adj.* acid 13
acompañar *v.* to go with; to accompany 14
aconsejar *v.* to advise 12
acontecimiento *m.* event
acordarse (de) (o:ue) *v.* to remember 7
acostarse (o:ue) *v.* to lie down; to go to bed 7
activo/a *adj.* active 15
actor *m.* actor 16
actriz *f.* actress 16
actualidades *f., pl.* news; current events
acuático/a *adj.* aquatic 4
adelgazar *v.* to lose weight; to slim down 15
además (de) *adv.* furthermore; besides 10; in addition (to)
adicional *adj.* additional
adiós *m.* goodbye 1
adjetivo *m.* adjective
administración de empresas *f.* business administration 2
adolescencia *f.* adolescence 9
¿adónde? *adv.* where (to)? (*destination*) 2, 9
aduana *f.* customs 5
aeróbico/a *adj.* aerobic 15
aeropuerto *m.* airport 5
afectado/a *adj.* affected 13
afeitarse *v.* to shave 7
aficionado/a *adj.* fan 4
afirmativo/a *adj.* affirmative
afueras *f., pl.* suburbs; outskirts 12
agencia de bienes raíces *f.* real estate agency 12
agencia de viajes *f.* travel agency 5
agente de viajes *m., f.* travel agent 5
agosto *m.* August 5

agradable *adj.* pleasant
agrio/a *adj.* sour 8
agua *f.* water 8
  agua mineral mineral water 8
ahora *adv.* now
  ahora mismo right now 5
ahorrar *v.* to save money 14
ahorros *m., pl.* savings 14
aire *m.* air 6
ajo *m.* garlic
al (*contraction of* **a** + **el**) 4
  al aire libre open-air 6
  al contado in cash 14
  (al) este (to the) east 14
  al fondo (de) at the end (of) 12
  al lado de next to; beside 2
  (al) norte (to the) north 14
  (al) oeste (to the) west 14
  (al) sur (to the) south 14
alcoba *f.* bedroom 12
alcohol *m.* alcohol 15
alcohólico/a *adj.* alcoholic 15
alegrarse (de) *v.* to be happy 13
alegre *adj.* happy; joyful 5
alegría *f.* happiness 9
alemán, alemana *adj.* German 3
alérgico/a *adj.* allergic 10
alfombra *f.* rug 12; carpet
algo *pron.* something; anything 7
algodón *m.* cotton 6
alguien *pron.* someone; anyone 7
algún, alguno/a(s) *adj.* any; some 7
aliviar *v.* to relieve 15
  aliviar el estrés/la tensión to relieve stress/tension 15
allí *adv.* there 5
  allí mismo right there 14
almacén *m.* department store 6
almohada *f.* pillow 12
almorzar (o:ue) *v.* to have lunch 8
almuerzo *m.* lunch 8
¿Aló? *interj.* Hello? (*on the telephone*) 11
alojamiento *m.* lodging 5

alquilar *v.* to rent 12
alquiler *m.* rent 12
alternador *m.* alternator 11
altillo *m.* attic 12
alto/a *adj.* tall 3
aluminio *m.* aluminum 13
amable *adj.* nice; friendly 5
ama *m., f.* **de casa** houseekeeper; caretaker 12; housewife
amarillo/a *adj.* yellow 6
amigo/a *m., f.* friend 3
amistad *f.* friendship 9
amor *m.* love 9
anaranjado/a *adj.* orange 6
animal *m.* animal 13
aniversario (de bodas) *m.* (wedding) anniversary 9
anoche *adv.* last night 6
anteayer *adv.* the day before yesterday 6
antes *adv.* before 7
  antes de *prep.* before 7
  antes (de) que *conj.* before 13
antibiótico *m.* antibiotic 10
antipático/a *adj.* unpleasant 3
anunciar *v.* to announce; to advertise
anuncio *m.* advertisement 16
año *m.* year 5
  el año pasado last year 6
apagar *v.* to turn off 11
aparato *m.* appliance 12
apartamento *m.* apartment 12
apellido *m.* last name 9
apenas *adv.* hardly; scarcely; just 10
aplaudir *v.* to applaud
apreciar *v.* to appreciate
aprender *v.* to learn 3
apurarse *v.* to hurry; to rush 15
aquel, aquella *adj.* that; those (over there) 6
aquél, aquélla *pron.* that; those (over there) 6
aquello *neuter, pron.* that; that thing; that fact 6
aquellos/as *pl. adj.* that; those (over there) 6
aquéllos/as *pl. pron.* those (ones) (over there) 6
aquí *adv.* here 1
  Aquí está... Here it is... 5
    Aquí estamos en... Here we are at/in... 2
    aquí mismo right here 11
árbol *m.* tree 13
archivo *m.* file 11
armario *m.* closet 12
arqueólogo/a *m., f.* archaeologist 16
arquitecto/a *m., f.* architect 16
arrancar *v.* to start (*a car*) 11
arreglar *v.* to fix; to arrange 11; to neaten; to straighten up 12
arriba *adv.* up
arroz *m.* rice 8

arte *m.* art 2
artes *f., pl.* arts
artesanía *f.* craftsmanship; crafts
artículo *m.* article
artista *m., f.* artist 3
artístico/a *adj.* artistic
arveja *m.* pea 8
asado/a *adj.* roasted 8
ascenso *m.* promotion 16
ascensor *m.* elevator 5
así *adj.* like this; so (*in such a way*) 10
  así así so-so
asistir (a) *v.* to attend 3
aspiradora *f.* vacuum cleaner 12
aspirante *m., f.* candidate; applicant 16
aspirina *f.* aspirin 10
atún *m.* tuna 8
aumentar *v.* **de peso** to gain weight 15
aumento *m.* increase 16
  aumento de sueldo pay raise 16
aunque *conj.* although
autobús *m.* bus 1
automático/a *adj.* automatic 14
auto(móvil) *m.* auto(mobile) 5
autopista *f.* highway
ave *f.* bird
avenida *f.* avenue
aventura *f.* adventure
avergonzado/a *adj.* embarrassed 5
avión *m.* airplane 5
¡Ay! *interj.* Oh!
  ¡Ay, qué dolor! Oh, what pain!
ayer *adv.* yesterday 6
ayudar *v.* to help 12
ayudarse *v.* to help each other
azúcar *m.* sugar 8
azul *adj.* blue 6

B

bailar *v.* to dance 2
bailarín/bailarina *m., f.* dancer 16
baile *m.* dance
bajar *v.* to go down 11
bajar(se) de *v.* to get off of/out of (*a vehicle*) 11
bajo/a *adj.* short (*in height*) 3
  bajo control under control
balcón *m.* balcony 12
ballet *m.* ballet
baloncesto *m.* basketball 4
banana *f.* banana 8
banco *m.* bank 14
banda *f.* band
bandera *f.* flag
bañarse *v.* to bathe; to take a bath 7
baño *m.* bathroom 7
barato/a *adj.* cheap 6
barco *m.* boat 5

barrer *v.* to sweep 12
  barrer el suelo to sweep the floor 12
barrio *m.* neighborhood 12
bastante *adv.* enough; quite 10; pretty
basura *f.* trash 12
baúl *m.* trunk 11
beber *v.* to drink 3
bebida *f.* drink 8
  bebida alcohólica alcoholic beverage 15
béisbol *m.* baseball 4
bellas artes *f., pl.* fine arts
belleza *f.* beauty 14
beneficio *m.* benefit 16
besar(se) *v.* to kiss (each other)
beso *m.* kiss 6
biblioteca *f.* library 2
bicicleta *f.* bicycle 4
bien *adj.* good; well 1
bienestar *m.* well-being 15
¡Bienvenido(s)/a(s)! *adj.* Welcome! 12
billete *m.* paper money 8
billón trillion 6
biología *f.* biology 2
bistec *m.* steak 8
bizcocho *m.* biscuit
blanco/a *adj.* white 6
bluejeans *m., pl.* jeans 6
blusa *f.* blouse 6
boca *f.* mouth 10
boda *f.* wedding 9
boleto *m.* ticket
bolsa *f.* bag; purse 6
bombero/a *m., f.* firefighter 16
bonito/a *adj.* pretty 3
borrador *m.* eraser 2
bosque *m.* forest 13
  bosque tropical tropical forest; rainforest 13
bota *f.* boot 6
botella *f.* bottle 9
  botella de vino bottle of wine 9
botones *m., f., sing.* bellhop 5
brazo *m.* arm 10
brindar *v.* to toast (*drink*) 9
bucear *v.* to scuba dive 4
bueno *adv.* well 2
buen, bueno/a *adj.* good 3, 6
  ¡Buen viaje! Have a good trip! 1
  buena forma good shape (*physical*) 15
  ¡Buena idea! Good idea! 4
  Buenas noches. Good evening; Good night. 1
  Buenas tardes. Good afternoon. 1
  buenísimo extremely good
  ¿Bueno? Hello? (*on telephone*) 11
  Buenos días. Good morning. 1
bulevar *m.* boulevard

buscar *v.* to look for 2
buzón *m.* mailbox 14

C

caballo *m.* horse 5
cabaña *f.* cabin 5
cabe: no cabe duda de there's no doubt 13
cabeza *f.* head 10
cada *adj.* each 6
caerse *v.* to fall (down) 10
café *m.* café 4; *adj.* brown 6; coffee 8
cafetera *f.* coffee maker
cafetería *f.* cafeteria 2
caído/a *p.p.* fallen 15
caja *f.* cash register 6
cajero/a *m., f.* cashier
    cajero automático automatic teller machine (ATM) 14
calcetín *m.* sock 6
calculadora *f.* calculator 11
caldo *m.* soup 8
    caldo de patas beef soup 8
calentarse (e:ie) *v.* to warm up 15
calidad *f.* quality 6
calle *f.* street 11
calor *m.* heat 3
caloría *f.* calorie 15
calzar *v.* to take size ... shoes 6
cama *f.* bed 5
cámara *f.* camera 11
    cámara de video videocamera 11
camarero/a *m., f.* waiter 8
camarón *m.* shrimp 8
cambiar (de) *v.* to change 9
cambio *m.* **de moneda** currency exchange
caminar *v.* to walk 2
camino *m.* route 11
camión *m.* truck; bus
camisa *f.* shirt 6
camiseta *f.* t-shirt 6
campo *m.* countryside 5
canadiense *adj.* Canadian 3
canal *m.* channel (TV)
canción *f.* song
candidato/a *m., f.* candidate
cansado/a *adj.* tired 5
cantante *m., f.* singer 16
cantar *v.* to sing 2
capital *f.* capital city 1
capó *m.* (car) hood 11
cara *f.* face 7
caramelo *m.* caramel
carne *f.* meat 8
    carne de res beef 8
carnicería *f.* butcher shop 14
caro/a *adj.* expensive 6
carpintero/a *m., f.* carpenter 16
carrera *f.* career 16
carretera *f.* highway

carro *m.* car; automobile 11
carta *f.* letter 4; (playing) card
cartel *m.* poster
cartera *f.* wallet 6
cartero *m.* mail carrier 14
casa *f.* house 4; home
casado/a *adj.* married 9
casarse (con) *v.* to get married (to) 9
casi *adv.* almost 10
catorce *adj., pron.* fourteen 1
cebolla *f.* onion 8
celebrar *v.* to celebrate 9
celular *adj.* cellular 11
cena *f.* dinner 8
cenar *v.* to have dinner 8
centro *m.* downtown 4
    centro comercial shopping mall 6
cepillarse los dientes/el pelo *v.* to brush one's teeth/one's hair 7
cerámica *f.* pottery
cerca de *prep.* near 2
cerdo *m.* pork 8
cereales *m., pl.* cereal; grains 8
cero *m.* zero 1
cerrado/a *adj.* closed 5
cerrar (e:ie) *v.* to close 4
cerveza *f.* beer 8
césped *m.* grass
ceviche *m.* lemon-marinated fish dish 8
    ceviche de camarón lemon-marinated shrimp 8
chaleco *m.* vest
champán *m.* champagne 9
champiñón *m.* mushroom 8
champú *m.* shampoo 7
chaqueta *f.* jacket 6
chau *fam., interj.* bye 1
cheque *m.* (bank) check 14
    cheque de viajero traveler's check 14
chévere *adj., fam.* terrific
chico/a *m., f.* boy/girl 1
chino/a *adj.* Chinese
chocar (con) *v.* to run into; to crash 11
chocolate *m.* chocolate
choque *m.* collision
chuleta *f.* chop (food) 8
    chuleta de cerdo pork chop 8
ciclismo *m.* cycling 4
cielo *m.* sky 13
cien(to) *adj., pron.* one hundred 2, 6
ciencia *f.* science
    ciencia ficción science fiction
científico/a *m., f.* scientist 16
cierto *m.* certain; true 13
    es cierto it's true/certain 13
    no es cierto it's not true/certain 13
cifra *f.* figure
cinco *adj., pron.* five 1
cincuenta *adj., pron.* fifty 2

cine *m.* movie theater 4
cinta *f.* (audio) tape 11
cinturón *m.* belt 6
circulación *f.* traffic
cita *f.* date; appointment 9
ciudad *f.* city 4
ciudadano/a *adj.* citizen
claro que sí *fam.* of course
clase *f.* class 2
    clase de ejercicios aeróbicos aerobics class 15
clásico/a *adj.* classical
cliente/a *m., f.* client 6
clínica *f.* clinic 10
cobrar *v.* to cash a check 14; to charge for a product or service 14
coche *m.* car; automobile 11
cocina *f.* kitchen 12; stove
cocinar *v.* to cook 12
cocinero/a *m., f.* cook, chef 16
cola *f.* line 14
colesterol *m.* cholesterol 15
color *m.* color 6
comedia *f.* comedy; play
comedor *m.* dining room 12
comenzar (e:ie) *v.* to begin 4
comer *v.* to eat 3
comercial *adj.* commercial; business-related 16
comida *f.* food; meal 8
como *prep.* like, as 8
¿cómo? what?; how? 1, 9
    ¿Cómo es...? What's... like? 3
    ¿Cómo está usted? How are you? *(form.)* 1
    ¿Cómo estás? How are you? *(fam.)* 1
    ¿Cómo les fue...? *pl.* How did... go for you? 15
    ¿Cómo se llama usted? What's your name? *(form.)* 1
    ¿Cómo te llamas (tú)? What's your name? *(fam.)* 1
cómoda *f.* chest of drawers 12
cómodo/a *adj.* comfortable 5
compañero/a de clase *m., f.* classmate 2
compañero/a de cuarto *m., f.* roommate 2
compañía *f.* company; firm 16
compartir *v.* to share 3
completamente *adv.* completely
compositor(a) *m., f.* composer
comprar *v.* to buy 2
compras *f., pl.* purchases
    ir de compras go shopping
comprender *v.* to understand 3
comprobar *v.* to check
comprometerse (con) *v.* to get engaged (to) 9
computación *f.* computer science 2
computadora *f.* computer 1, 11

computadora portátil *f.* laptop 11; portable computer
comunicación *f.* communication
comunicarse (con) *v.* to communicate (with)
comunidad *f.* community 1
con *prep.* with 2
 Con él/ella habla. This is he/she. (*on telephone*) 11
 con frecuencia *adv.* frequently 10
 Con permiso. Pardon me., Excuse me. 1
 con tal (de) que provided that 13
concierto *m.* concert
concordar *v.* to agree
concurso *m.* contest; game show
conducir *v.* to drive 8, 11
conductor(a) *m., f.* driver, chauffeur 1
confirmar *v.* to confirm 5
confirmar *v.* **una reservación** *f.* to confirm a reservation 5
congelador *m.* freezer
congestionado/a *adj.* congested; stuffed-up 10
conmigo *pron.* with me 4
conocer *v.* to know; to be acquainted with 8
conocido/a *adj.* known
conseguir (e:i) *v.* to get; to obtain 4
consejero/a *m., f.* counselor; advisor 16
consejo *m.* advice 9
conservación *f.* conservation 13
conservar *v.* to conserve 13
construir *v.* to build
consultorio *m.* doctor's office 10
consumir *v.* to consume 15
contabilidad *f.* accounting 2
contador(a) *m., f.* accountant 16
contaminación *f.* pollution 13; contamination
 contaminación del aire/del agua air/water pollution 13
contaminado/a *adj.* polluted 13
contaminar *v.* to pollute 13
contar (con) *v.* to count (on) 12
contento/a *adj.* happy; content 5
contestadora *f.* answering machine 11
contestar *v.* to answer 2
contigo *pron.* with you
contratar *v.* to hire 16
control *m.* control
 control remoto remote control 11
controlar *v.* to control 13
conversación *f.* conversation 1
conversar *v.* to talk; to chat 2
copa *f.* wineglass; goblet 12
corazón *m.* heart 10
corbata *f.* tie 6
corredor(a) *m., f.* **de bolsa** stockbroker 16
correo *m.* post office; mail 14

correo electrónico e-mail 4
correr *v.* to run 3
cortesía *f.* courtesy
cortinas *f., pl.* curtains 12
corto/a *adj.* short (*in length*) 6
cosa *f.* thing 1
costar (o:ue) *f.* to cost 6
cráter *m.* crater 13
creer *v.* to believe 13
 creer (en) *v.* to believe (in) 3
creído/a *p.p.* believed 15
crema de afeitar *f.* shaving cream 7
crimen *m.* crime; murder
cruzar *v.* to cross 14
cuaderno *m.* notebook 1
cuadra *f.* city block 14
cuadro *m.* painting 12; picture
cuadros *m., pl.* plaid 6
¿cuál(es)? which?; which one(s)? 2; what? 9
 ¿Cuál es la fecha de hoy? What is today's date? 5
cuando *conj.* when 7
¿cuándo? *adv.* when? 2, 9
¿cuánto(s)/a(s)? *adv.* how much?, how many? 1, 9
 ¿Cuánto cuesta...? How much does... cost? 6
 ¿Cuántos años tienes? How old are you? 3
cuarenta *adj., pron.* forty 2
cuarto *m.* room
cuarto/a *adj.* fourth 5
 menos cuarto quarter to (*time*)
 y cuarto quarter after (*time*)
cuarto de baño *m.* bathroom
cuatro *adj., pron.* four 1
cuatrocientos/as *adj., pron.,* four hundred 6
cubiertos *m., pl.* silverware
cubierto/a *p.p.* covered
cubrir *v.* to cover
cuchara *f.* spoon 12
cuchillo *m.* knife 12
cuello *m.* neck 10
cuenta *f.* bill 9; account 14
 cuenta corriente *f.* checking account 14
 cuenta de ahorros *f.* savings account 14
cuento *m.* story
cuerpo *m.* body 10
cuidado *m.* care 3
cuidar *v.* to take care of 13
¡Cuídense! Take care! 15
cultura *f.* culture
cumpleaños *m., sing.* birthday 9
cumplir años *v.* to have a birthday 9
cuñado/a *m., f.* brother-in-law; sister-in-law 3
currículum *m.* résumé 16; curriculum vitae
curso *m.* course 2

D

danza *f.* dance
dañar *v.* to damage; to breakdown 11
dar *v.* to give 6
 dar direcciones to give directions 14
 dar un consejo to give advice
 darse con *v.* to bump into; to run into
 darse prisa to hurry; to rush 15
de *prep.* of; from 1
 ¿de dónde? from where? 9
 ¿De dónde eres? *fam.* Where are you from? 1
 ¿De dónde es usted? *form.* Where are you from? 1
 ¿De parte de quién? Who is calling? (*on telephone*) 11
 ¿de quién...? whose...? (*sing.*) 1
 ¿de quiénes...? whose...? (*pl.*) 1
 de algodón (made of) cotton 6
 de aluminio (made of) aluminum 13
 de compras shopping
 de cuadros plaid 6
 de excursión hiking 4
 de hecho in fact
 de ida y vuelta round-trip 5
 de la mañana in the morning; A.M. 1
 de la noche in the evening; at night; P.M. 1
 de la tarde in the afternoon; in the early evening; P.M. 1
 de lana (made of) wool 6
 de lunares polka-dotted 6
 de mi vida of my life 15
 de moda in fashion 6
 De nada. You're welcome. 1
 de ninguna manera no way
 de niño/a as a child 10
 de parte de on behalf of 11
 de plástico (made of) plastic 13
 de rayas striped 6
 de repente suddenly 6
 de seda (made of) silk 6
 de vaqueros western (genre)
 de vez en cuando from time to time 10
 de vidrio (made of) glass 13
debajo de *prep.* below; under 2
deber (+ inf.) *v.* to have to (*do something*), should (*do something*) 3
 Debe ser... It must be... 6
deber *m.* responsibility; obligation
debido a due to; the fact that
débil *adj.* weak 15
decidido/a *adj.* decided
decidir *v.* to decide 3
décimo/a *adj.* tenth 5
decir *v.* to say; to tell 6

declarar *v.* to declare; to say
dedo *m.* finger 10
deforestación *f.* deforestation 13
dejar *v.* to let 12; to quit; to leave
behind 16
  dejar de (*+ inf.*) to stop
    (*doing something*) 13
  dejar una propina to leave a tip 9
del (*contraction of* de + el) of the;
from the
delante de *prep.* in front of 2
delgado/a *adj.* thin; slender 3
delicioso/a *adj.* delicious 8
demás *pron.* the rest
demasiado *adv.* too much 6
dentista *m., f.* dentist 10
dentro de *adv.* within 16
dependiente/a *m., f.* clerk 6
deporte *m.* sport 4
deportista *m.* sports person
deportivo/a *adj.* sports-related 4
depositar *v.* to deposit 14
derecha *f.* right 2
derecho *adj.* straight 14
derechos *m., pl.* rights
desarrollar *v.* to develop 13
desastre natural *m.* natural disaster
desayunar *v.* to have breakfast 8
desayuno *m.* breakfast 8
descafeinado/a *adj.* decaffeinated 15
descansar *v.* to rest 2
descompuesto/a *adj.* not working;
out of order 11
describir *v.* to describe 3
descrito/a *p.p.* described 15
descubierto/a *p.p.* discovered 15
descubrir *v.* to discover 13
desde *prep.* from; since 6
desear *v.* to want; to wish 2; to desire
12
desempleo *m.* unemployment
desierto *m.* desert 13
desigualdad *f.* inequality
desordenado/a *adj.* disorderly; messy
5
despacio *adj.* slowly
despedida *f.* farewell; goodbye
despedir (e:i) *v.* to fire 16
despedirse (de) (e:i) *v.* to say goodbye
(to) 7
despejado/a *adj.* clear (*weather*)
despertador *m.* alarm clock 7
despertarse (e:ie) *v.* to wake up 7
después *adv.* afterwards; then 7
  después de after 7
  después (de) que *conj.* after 13
destruir *v.* to destroy 13
detrás de *prep.* behind 2
día *m.* day 1
  día de fiesta holiday 9
diario *m.* diary 1; newspaper
  diario/a *adj.* daily 7
dibujar *v.* to draw 2

dibujo *m.* drawing
  dibujos animados *m., pl.* cartoons
diccionario *m.* dictionary 1
dicho/a *p.p.* said 15
diciembre *m.* December 5
dictadura *f.* dictatorship
diecinueve *adj., pron.* nineteen 1
dieciocho *adj., pron.* eighteen 1
dieciséis *adj., pron.* sixteen 1
diecisiete *adj., pron.* seventeen 1
diente *m.* tooth 7
dieta *f.* diet 15
  dieta equilibrada balanced diet 15
diez *adj., pron.* ten 1
difícil *adj.* difficult; hard 3
¿Diga? Hello? (*on telephone*) 11
diligencia *f.* errand 14
dinero *m.* money 6
dirección *f.* address 14
direcciones *f., pl.* directions 14
director(a) *m., f.* director; (*musical*)
conductor
disco *m.* disk 11
disco compacto compact disc (CD)
11
discriminación *f.* discrimination
discurso *m.* speech
diseñador(a) *m., f.* designer 16
diseño *m.* design
disfrutar (de) *v.* to enjoy; to reap the
benefits (of) 15
diversión *f.* entertainment; fun
activity 4
divertido/a *adj.* fun 7
divertirse (e:ie) *v.* to have fun 9
divorciado/a *adj.* divorced 9
divorciarse (de) *v.* to get divorced
(from) 9
divorcio *m.* divorce 9
doblar *v.* to turn 14
doce *adj., pron.* twelve 1
doble *adj.* double
doctor(a) *m., f.* doctor 10
documental *m.* documentary
documentos de viaje *m., pl.* travel
documents
doler (o:ue) *v.* to hurt 10
dolor *m.* ache; pain 10
dolor de cabeza *m.* headache 10
doméstico/a *adj.* domestic
domingo *m.* Sunday 2
don/doña title of respect used with a
person's first name 1
donde *prep.* where
  ¿dónde? where? 1, 9
  ¿Dónde está...? Where is...? 2
dormir (o:ue) *v.* to sleep 4
dormirse (o:ue) *v.* to go to sleep; to
fall asleep 7
dos *adj., pron.* two 1
  dos veces twice; two times 6
doscientos/as *adj., pron.* two
hundred 6

drama *m.* drama; play
dramático/a *adj.* dramatic
dramaturgo/a *m., f.* playwright
droga *f.* drug 15
drogadicto/a *m., f.* drug addict 15
ducha *f.* shower
ducharse *v.* to shower; to take a
shower 7
duda *f.* doubt 13
dudar *v.* to doubt 13
dueño/a *m., f.* owner 8; landlord
dulce *adj.* sweet 8
dulces *m., pl.* sweets; candy 9
durante *prep.* during 7
durar *v.* to last

E

e *conj.* (*used instead of* **y** *before words
beginning with* **i** *and* **hi**) and
echar *v.* to throw
  echar una carta al buzón to put a
letter in the mailbox; to mail a
letter 14
ecología *f.* ecology 13
economía *f.* economics
ecoturismo *m.* ecotourism 13
Ecuador *m.* Ecuador 1
ecuatoriano/a *adj.* Ecuadorian 3
edad *f.* age
edificio *m.* building 12
  edificio de apartamentos
apartment building 12
efectivo *m.* cash
ejercicio *m.* exercise 15
  ejercicios aeróbicos aerobic
exercises 15
  ejercicios de estiramiento
stretching exercises 15
ejército *m.* army
el *m., sing., def. art.* the 1
él *sub. pron.* he 1; *adj. pron.* him
elección *f.* election
electricista *m., f.* electrician 16
electrodoméstico *m.* electric
appliance 12
elegante *adj. m., f.* elegant 6
elegir *v.* to elect
ella *sub. pron.* she 1; *obj. pron.* her
ellos/as *sub. pron.* they 1; them
embarazada *adj.* pregnant 10
emergencia *f.* emergency 10
emitir *v.* to broadcast
emocionante *adj.* exciting
empezar (e:ie) *v.* to begin 4
empleado/a *m., f.* employee 5
empleo *m.* job; employment 16
empresa *f.* company; firm 16
en *prep.* in; on; at 2
  en casa at home 7
  en caso (de) que in case (that) 13
  en cuanto as soon as 13
  en efectivo in cash

en exceso in excess; too much **15**
en línea in-line **4**
¡En marcha! Let's get going! **15**
en mi nombre in my name
en punto on the dot; exactly; sharp (*time*) **1**
en qué in which; in what; how **2**
¿En qué puedo servirles? How can I help you? **5**
enamorado/a *adj.* (de) in love (with) **5**
enamorarse (de) *v.* to fall in love (with) **9**
encantado/a *adj.* delighted; pleased to meet you **1**
encantar *v.* to like very much; to love (*inanimate objects*) **7**
encima de *prep.* on top of **2**
encontrar (o:ue) *v.* to find **4**
encontrar(se) *v.* to meet (each other); to find (each other)
encuesta *f.* poll; survey
energía *f.* energy **13**
    energía nuclear nuclear energy **13**
    energía solar solar energy **13**
enero *m.* January **5**
enfermarse *v.* to get sick **10**
enfermedad *f.* illness; sickness **10**
enfermero/a *m., f.* nurse **10**
enfermo/a *adj.* sick **10**
enfrente de *adv.* opposite; facing; in front of **14**
engordar *v.* to gain weight **15**
enojado/a *adj.* mad; angry **5**
enojarse (con) *v.* to get angry (with) **7**
ensalada *f.* salad **8**
enseguida *adv.* right away **9**
enseñar *v.* to teach **2**
ensuciar *v.* to get (something) dirty **12**; to dirty
entender (e:ie) *v.* to understand **4**
entonces *adv.* then **7**
entrada *f.* entrance **12**; ticket
entre *prep.* between; among **2**
entremeses *m., pl.* hors d'oeuvres **8**; appetizers
entrenarse *v.* to practice; to train **15**
entrevista *f.* interview **16**
entrevistador(a) *m., f.* interviewer **16**
entrevistar *v.* to interview **16**
envase *m.* container **13**
enviar *v.* to send **14**; to mail
equilibrado/a *adj.* balanced **15**
equipado/a *adj.* equipped **15**
equipaje *m.* luggage **5**
equipo *m.* team **4**
equivocado/a *adj.* wrong; mistaken **5**
eres you are *fam.* **1**
es you are *form.* ; he/she/it is **1**
    Es una lástima... It's a shame... **13**
    Es bueno que... It's good that... **12**

Es de... He/She is from . . . **1**
Es extraño... It's strange... **13**
Es importante que... It's important that . . . **12**
Es imposible... It's impossible... **13**
Es improbable... It's improbable... **13**
Es la una. It's one o'clock. **1**
Es malo que... It's bad that... **12**
Es mejor que... It's better that... **12**
Es necesario que... It's necessary that... **12**
Es obvio... It's obvious... **13**
Es ridículo... It's ridiculous... **13**
Es seguro... It's sure... **13**
Es terrible... It's terrible... **13**
Es triste... It's sad... **13**
Es urgente que... It's urgent that... **12**
Es verdad... It's true... **13**
esa(s) *f., adj.* that; those **6**
ésa(s) *f., pron.* those (ones) **6**
escalar *v.* to climb **4**
    escalar montañas *f., pl.* to climb mountains **4**
escalera *f.* stairs; stairway **12**
escoger *v.* choose
escribir *v.* to write **3**
    escribir una carta to write a letter **4**
    escribir un mensaje electrónico to write an e-mail message **4**
    escribir una (tarjeta) postal to write a postcard **4**
escrito/a *p.p.* written **15**
escritor(a) *m., f.* writer **16**
escritorio *m.* desk **2**
escuchar *v.* to listen **2**
    escuchar la radio to listen to the radio
    escuchar música to listen to music
escuela *f.* school **1**
esculpir *v.* to sculpt
escultor(a) *m., f.* sculptor **16**
escultura *f.* sculpture
ese *m., sing., adj.* that **6**
ése *m., sing., pron.* that (one) **6**
eso *neuter, pron.* that; that thing **6**
esos *m., pl., adj.* those **6**
ésos *m., pl., pron.* those (ones) **6**
España *f.* Spain **1**
español *m.* Spanish (*language*) **2**
español(a) *m., f., adj.* Spanish **3**
espárragos *m., pl.* asparagus
especialización *f.* field of study **16**; specialization
espectacular *adj.* spectacular **15**
espectáculo *m.* show
espejo *m.* mirror **7**

esperar *v.* to wait (for); to hope **2**; to wish **13**
esposo/a *m., f.* husband/wife; spouse **3**
esquí (acuático) *m.* (water) skiing **4**
esquiar *v.* to ski **4**
esquina *m.* corner **14**
está he/she/it is, you are *form.* **1**
    Está despejado. It's clear. (*weather*) **5**
    Está (muy) nublado. It's (very) cloudy. (*weather*) **5**
    Está bien. That's fine. **11**
esta(s) *f., adj.* this; these **6**
    esta noche tonight **4**
ésta(s) *f., pron.* this (one); these (ones) **6**
    Ésta es... *f.* This is... (*introducing someone*) **1**
establecer *v.* to establish
estación *f.* station; season **5**
    estación de autobuses bus station **5**
    estación del metro subway station **5**
    estación del tren train station **5**
estacionar *v.* to park **11**
estadio *m.* stadium **2**
estado civil *m.* marital status **9**
Estados Unidos *m.* (EE.UU.; E.U.) United States **1**
estadounidense *adj.* from the United States **3**
estampado/a *adj.* print
estampilla *f.* stamp **14**
estante *m.* bookcase; bookshelf **12**
estar *v.* to be **2**
    estar a (veinte kilómetros) de aquí to be (20 kilometers) from here **11**
    estar a dieta to be on a diet **15**
    estar aburrido/a to be bored **5**
    estar afectado/a (por) to be affected (by) **13**
    estar bajo control to be under control
    estar cansado/a to be tired **5**
    estar contaminado/a to be polluted **13**
    estar de acuerdo to agree
    estar de moda to be in fashion **6**
    estar de vacaciones to be on vacation **5**
    estar en buena forma to be in good shape **15**
    estar enfermo/a to be sick **10**
    estar listo/a to be ready **15**
    estar perdido/a to be lost **14**
    estar roto/a to be broken **10**
    estar seguro/a (de) to be sure (of) **5, 13**
    estar torcido/a to be twisted; to be sprained **10**

estatua *f.* statue

este *m.* east 14; umm

este *m., sing., adj.* this 6

éste *m., sing., pron.* this (one) 6

   Éste es... *m.* This is...
    (*introducing someone*) 1

estéreo *m.* stereo 11

estilo *m.* style

estiramiento *m.* stretching 15

esto *neuter pron.* this; this thing 6

estómago *m.* stomach 10

estornudar *v.* to sneeze 10

estos *m., pl., adj.* these 6

éstos *m., pl., pron.* these (ones) 6

estrella *f.* star 13

   estrella de cine *m., f.* movie star

estrés *m.* stress 15

estudiante *m., f.* student 1

estudiantil *adj. m., f.* student

estudiar *v.* to study 2

estufa *f.* stove 12

estupendo/a *adj.* stupendous 5

etapa *f.* stage 9; step

evitar *v.* to avoid 13

examen *m.* test; exam 2

   examen médico physical exam 10

excelente *adj.* excellent 5

exceso *m.* excess; too much 15

excursión *f.* hike; tour; excursion 4

excursionista *m., f.* hiker 4

éxito *m.* success 16

experiencia *f.* experience

explicar *v.* to explain 2

explorar *v.* to explore

   explorar un pueblo to explore a
    town

   explorar una ciudad to explore a
    city

expresión *f.* expression

extinción *f.* extinction 13

extranjero/a *adj.* foreign

extraño/a *adj.* strange 13

F

fabuloso/a *adj* fabulous 5

fácil *adj.* easy 3

   facilísimo extremely easy 8

falda *f.* skirt 6

faltar *v.* to lack; to need 7

familia *f.* family 3

famoso/a *adj.* famous 16

farmacia *f.* pharmacy 10

fascinar *v.* to fascinate 7

favorito/a *adj.* favorite 4

fax *m.* fax (machine) 11

febrero *m.* February 5

fecha *f.* date 5

feliz *adj.* happy 5

   ¡Felicidades! Congratulations!
    (*for an event such as a birthday
    or anniversary*) 9

   ¡Felicitaciones!

   Congratulations! (*for an event
   such as an engagement or a good
   grade on a test*) 9

   ¡Feliz cumpleaños! Happy
    birthday! 9

fenomenal *adj.* great 5; phenomenal

feo/a *adj.* ugly 3

festival *m.* festival

fiebre *f.* fever 10

fiesta *f.* party 9

fijo/a *adj.* set, fixed 6

fin *m.* end 4

   fin de semana weekend 4

finalmente *adv.* finally

firmar *v.* to sign (*a document*) 14

física *f.* physics 2

flan *m.* baked custard 9

flexible *adj.* flexible 15

flor *f.* flower 13

folklórico/a *adj.* folk; folkloric

folleto *m.* brochure

fondo *m.* end 12

forma *f.* shape 15

formulario *m.* form 14

foto(grafía) *f.* photograph 1

francés, francesa *adj.* French 3

frecuentemente *adv.* frequently 10

frenos *m., pl.* brakes 11

fresco/a *adj.* cool

frijoles *m., pl.* beans 8

frío/a *adj.* cold

fritada *f.* fried dish (pork, fish, etc.)

frito/a *adj.* fried 8

fruta *f.* fruit 8

frutería *f.* fruit store 14

frutilla *f.* strawberry 8

fuente de fritada *f.* platter of fried
   food

fuera *adv.* outside

fuerte *adj.* strong 15

fumar *v.* to smoke 15

   no fumar not to smoke 15

funcionar *v.* to work 11; to function

fútbol *m.* soccer 4

   fútbol americano football 4

futuro/a *adj.* future 16

   en el futuro in the future 16

G

gafas (de sol) *f., pl.* (sun)glasses 6

gafas (oscuras) *f., pl.* (sun)glasses 14

galleta *f.* cookie 9

ganar *v.* to win 4; to earn (*money*) 16

ganga *f.* bargain 6

garaje *m.* mechanic's shop 11;
   garage 12

garganta *f.* throat 10

gasolina *f.* gasoline 11

gasolinera *f.* gas station 11

gastar *v.* to spend (*money*) 6

gato/a *m., f.* cat 13

gente *f.* people 3

geografía *f.* geography 2

gerente *m., f.* manager 16

gimnasio *m.* gym, gymnasium 4

gobierno *m.* government 13

golf *m.* golf 4

gordo/a *adj.* fat 3

grabadora *f.* tape recorder 1

gracias *f., pl.* thank you; thanks 1

   Gracias por todo. Thanks for
    everything. 9

   Gracias una vez más. Thanks once
    again. 9

graduarse (de) *v.* to graduate
   (from) 9

gran, grande *adj.* big; large; great 3

grasa *f.* fat 15

gratis *adj.* free of charge 14

grave *adj.* grave; serious 10

gravísimo/a *adj.* extremely
   serious 13

grillo *m.* cricket

gripe *f.* flu 10

gris *adj.* gray 6

gritar *v.* to scream

guantes *m., pl.* gloves 6

guapo/a *adj.* handsome;
   good-looking 3

guardar *v.* to save (on a computer) 11

guerra *f.* war

guía *m., f.* guide

gustar *v.* to be pleasing to; to like 7

   Me gustaría(n)... I would like 7

gusto *m.* pleasure 1

   El gusto es mío. The pleasure
    is mine. 1

   Gusto de (*+ inf.*) It's a pleasure
    to...

   Mucho gusto. Pleased to meet
    you. 1

H

haber (*aux.*) *v.* to have (*done
   something*) 15

   ha sido un placer it's been a
    pleasure 15

habitación *f.* room 5

   habitación doble double room 5

   habitación individual single
    room 5

habitantes *m., pl.* inhabitants 13

hablar *v.* to talk; to speak 2

hacer *v.* to do; to make 4

   Hace buen tiempo. It's nice weather.
    5; The weather is good.

   Hace (mucho) calor. It's (very) hot.
    (*weather*) 5

   Hace fresco. It's cool. (*weather*) 5

   Hace (mucho) frío. It's (very) cold.
    (*weather*) 5

   Hace mal tiempo. It's bad weather.
    5; The weather is bad.

   Hace sol. It's sunny. (*weather*) 5

Hace (mucho) viento. It's (very) windy. (*weather*) 5
hacer cola to stand in line 14
hacer diligencias to do errands; to run errands 14
hacer ejercicio to exercise 15
hacer ejercicios aeróbicos to do aerobics 15
hacer ejercicios de estiramiento to do stretching exercises 15
hacer el papel to play a role
hacer gimnasia to work out 15
hacer juego (con) to match 6
hacer la cama to make the bed 12
hacer las maletas to pack (one's suitcases) 5
hacer los quehaceres domésticos to do household chores 12
hacer turismo to go sightseeing 5
hacer un viaje to take a trip 5
hacer una excursión to go on a hike; to go on a tour 5
hacha *f.* ax
hacia *prep.* toward 14
hambre *f.* hunger 3
hamburguesa *f.* hamburger 8
hasta *prep.* until 6; toward
Hasta la vista. See you later. 1
Hasta luego. See you later. 1
Hasta mañana. See you tomorrow. 1
hasta que until 13
Hasta pronto. See you soon. 1
hay there is; there are 1
Hay (mucha) contaminación. It's (very) smoggy.
Hay (mucha) niebla. It's (very) foggy. 5
Hay que It is necessary that 14
No hay duda de There's no doubt 13
No hay de qué. You're welcome. 1
hecho/a *p.p.* done 15
heladería *f.* ice cream shop 14
helado/a *adj.* iced 8
helado *m.* ice cream 9
hermanastro/a *m., f.* stepbrother/ stepsister 3
hermano/a *m., f.* brother/sister 3
hermano/a mayor/menor *m., f.* older/younger brother/sister 3
hermanos *m., pl.* siblings (brothers and sisters) 3
hermoso/a *adj.* beautiful 6
hierba *f.* grass 13
hijastro/a *m., f.* stepson/stepdaughter 3
hijo/a *m., f.* son/daughter 3
hijo/a único/a only child 3
hijos *m., pl.* children 3
historia *f.* history 2; story
hockey *m.* hockey 4
hogar *m.* home 12

hola *interj.* hello; hi 1
hombre *m.* man 1
hombre de negocios businessman 16
hora *f.* hour 1
horario *m.* schedule 2
horno *m.* oven 12
horno de microondas microwave oven 12
horror *m.* horror
hospital *m.* hospital 10
hotel *m.* hotel 5
hoy *adv.* today 2
hoy día nowadays
Hoy es... Today is... 2
huelga *f.* strike (labor)
hueso *m.* bone 10
huésped *m., f.* guest 5
huevo *m.* egg 8
humanidades *f., pl.* humanities
huracán *m.* hurricane

I

ida *f.* one way (*travel*)
idea *f.* idea 4
iglesia *f.* church 4
igualdad *f.* equality
igualmente *adv.* likewise 1
impermeable *m.* raincoat 6
importante *adj.* important 3
importar *v.* to be important (to); to matter 7, 12
imposible *adj.* impossible 13
impresora *f.* printer 11
imprimir *v.* to print 11
improbable *adj.* improbable 13
impuesto *m.* tax
incendio *m.* fire
increíble *adj.* incredible 5
individual *adj.* private (*room*) 5
infección *f.* infection 10
informar *v.* to inform
informe *m.* report; paper (*written work*)
ingeniero/a *m., f.* engineer 3
inglés *m.* English (*language*) 2
inglés, inglesa *adj.* English 3
insistir (en) *v.* to insist (on) 12
inspector(a) de aduanas *m., f.* customs inspector 5
inteligente *adj.* intelligent 3
intercambiar *v.* exchange
interesante *adj.* interesting 3
interesar *v.* to be interesting to; to interest 7
internacional *adj.* international
Internet *m.* Internet 11
inundación *f.* flood
invertir (e:ie) *v.* to invest 16
invierno *m.* winter 5
invitado/a *m., f.* guest (*at a function*) 9

invitar *v.* to invite 9
inyección *f.* injection 10
ir *v.* to go 4
ir a (+ inf.) to be going to do something 4
ir a la playa to go to the beach 5
ir de compras to go shopping 6
ir de excursión (a las montañas) to go for a hike (in the mountains) 4
ir de pesca to go fishing 5
ir de vacaciones to go on vacation 5
ir en autobús to go by bus 5
ir en auto(móvil) to go by car 5; to go by auto(mobile)
ir en avión to go by plane 5
ir en barco to go by ship 5
ir en metro to go by subway
ir en motocicleta to go by motorcycle 5
ir en taxi to go by taxi 5
ir en tren to go by train
irse *v.* to go away; to leave 7
italiano/a *adj.* Italian 3
izquierdo/a *adj.* left 2
a la izquierda de to the left of 2

J

jabón *m.* soap 7
jamás *adv.* never; not ever 7
jamón *m.* ham 8
japonés, japonesa *adj.* Japanese 3
jardín *m.* garden; yard 12
jefe, jefa *m., f.* boss 16
joven *adj.* young 3
joven *m., f.* youth; young person 1
joyería *f.* jewelry store 14
jubilarse *v.* to retire (*from work*) 9
juego *m.* game
jueves *m., sing.* Thursday 2
jugador(a) *m., f.* player 4
jugar (u:ue) *v.* to play 4
jugar a las cartas to play cards
jugo *m.* juice 8
jugo de fruta fruit juice 8
julio *m.* July 5
jungla *f.* jungle
junio *m.* June 5
juntos/as *adj.* together 9
juventud *f.* youth 9

K

kilómetro *m.* kilometer 11

L

la *f., sing., d.o. pron.* her, it, *form.* you 5
la *f., sing., def. art.* the 1
laboratorio *m.* laboratory 2

lago *m.* lake 13
lámpara *f.* lamp 12
lana *f.* wool 6
langosta *f.* lobster 8
lápiz *m.* pencil 1
largo/a *m.* long (*in length*) 6
las *f., pl., def. art.* the 1
las *f., pl., d.o. pron.* them; *form.* you 5
lástima *f.* shame 13
lastimarse *v.* to injure oneself 10
   lastimarse el pie to injure one's foot 10
lata *f.* (*tin*) can 13
lavabo *m.* sink
lavadora *f.* washing machine 12
lavandería *f.* laundromat 14
lavaplatos *m., sing.* dishwasher 12
lavar *v.* to wash 12
lavarse *v.* to wash oneself 7
   lavarse la cara to wash one's face 7
   lavarse las manos to wash one's hands 7
le *sing., i.o. pron.* to/for him, her, you *form.* 6
Le presento a... I would like to introduce... to you. *form.* 1
lección *f.* lesson 1
leche *f.* milk 8
lechuga *f.* lettuce 8
leer *v.* to read 3
   leer el correo electrónico to read e-mail 4
   leer un periódico to read a newspaper 4
   leer una revista to read a magazine 4
leído/a *p.p.* read 15
lejos de *prep.* far from 2
lengua *f.* language 2
   lenguas extranjeras *f., pl.* foreign languages 2
lentes de contacto *m., pl.* contact lenses
   lentes de sol sunglasses
lento/a *adj.* slow 11
les *pl., i.o. pron.* to/for them, you *form.* 6
letrero *m.* sign 14
levantar *v.* to lift 15
   levantar pesas to lift weights 15
levantarse *v.* to get up 7
ley *f.* law 13
libertad *f.* liberty; freedom
libre *adj.* free 4
librería *f.* bookstore 2
libro *m.* book 2
licencia de conducir *f.* driver's license 11
limón *m.* lemon 8
limpiar *v.* to clean 12
   limpiar la casa to clean the house 12

limpio/a *adj.* clean 5
línea *f.* line 4
listo/a *adj.* smart; ready 5
literatura *f.* literature
llamar *v.* to call 11
   llamar por teléfono to call on the phone
   llamarse to be called; to be named 7
llanta *f.* tire 11
llave *f.* key 5
llegada *f.* arrival 5
llegar *v.* to arrive 2
llenar *v.* to fill
   llenar el tanque to fill up the tank 11
   llenar un formulario to fill out a form 14
lleno/a *adj.* full 11
llevar *v.* to carry 2; to take; to wear 6
   llevar una vida sana to lead a healthy lifestyle 15
   llevarse bien/mal (con) to get along well/badly (with) 9
llover (o:ue) *v.* to rain 5
   Llueve. It's raining. 5
lluvia *f.* rain 13
   lluvia ácida acid rain 13
lo *m., sing. d.o. pronoun.* him, it, you *form.* 5
   lo mejor the best (thing)
   Lo pasamos de película. We had a great time.
   lo peor the worst (thing)
   lo que what; that; which 9
   Lo siento. I'm sorry. 1
   Lo siento muchísimo. I'm so sorry.
loco/a *adj.* crazy 6
locutor(a) *m., f.* TV or radio announcer
lomo a la plancha *m.* grilled flank steak 8
los *m., pl., do. pron.* them, you *form.* 5
los *m., pl., def. art.* the 1
luchar (contra), (por) *v.* to fight; to struggle (against), (for)
luego *adv.* afterwards, then 7; *adv.* later 1
lugar *m.* place 4
luna *f.* moon 13
lunar *m.* polka dot 6; mole
lunes *m., sing.* Monday 2
luz *f.* light 12; electricity

M

madrastra *f.* stepmother 3
madre *f.* mother 3
madurez *f.* maturity; middle age 9
maestro/a *m., f.* teacher (*elementary school*) 16
magnífico/a *adj.* magnificent 5
maíz *m.* corn 8

mal, malo/a *adj.* bad 3; sick 5
   malísimo very bad 8
maleta *f.* suitcase 1
mamá *f.* mom 3
mandar *v.* to order 12; to send 14; to mail
manejar *v.* to drive 11
manera *f.* way
mano *f.* hand 1
   ¡Manos arriba! Hands up!
manta *f.* blanket 12
mantener *v.* to maintain 15
   mantenerse en forma to stay in shape 15
mantequilla *f.* butter 8
manzana *f.* apple 8
mañana *f.* morning, A.M. 1; tomorrow 1
mapa *m.* map 1
maquillaje *m.* makeup 7
maquillarse *v.* to put on makeup 7
mar *m.* ocean; sea 5
maravilloso/a *adj.* marvelous 5
mareado/a *adj.* dizzy; nauseated 10
margarina *f.* margarine 8
mariscos *m., pl.* seafood 8
marrón *adj. m., f.* brown
martes *m., sing.* Tuesday 2
marzo *m.* March 5
más *adj.* more 2
   el/la/los/las más the most 8
   más de (+ número) more than (+ *number*) 8
   más tarde later 7
   más... que more... than 8
masaje *m.* massage 15
matemáticas *f., pl.* mathematics 2
materia *f.* course
matrimonio *m.* marriage; married couple 9
máximo/a *m., f.* maximum 11
mayo *m.* May 5
mayonesa *f.* mayonnaise 8
mayor *adj.* older 3; bigger 8
   el/la mayor *adj.* the oldest; the biggest 8
me *pron.* me 5
   Me duele mucho. It hurts me a lot. 10
   Me gusta... I like... 2
   No me gustan nada. I don't like... at all. 2
   Me gustaría(n)... I would like... 7
   Me llamo... My name is... 1
   Me muero por... I'm dying to (for)...
mecánico/a *m., f.* mechanic 11
mediano/a *adj.* medium
medianoche *f.* midnight 1
medias *f., pl.* pantyhose, stockings 6
medicamento *m.* medication 10
medicina *f.* medicine 10
médico/a *m., f.* doctor; physician 3;

adj. medical **10**

medio/a *m. adj.* half **3**

  medio ambiente environment **13**

  medio/a hermano/a

    half-brother/half-sister **3**

  medios de comunicación *m., pl.*

    means of communication; media

  y media thirty minutes past the

    hour (*time*) **1**

mediodía *m.* noon **1**

mejor *adj.* better **8**

  el/la mejor *m., f.* the best **8**

mejorar *v.* to improve **13**

melocotón *m.* peach

menor *adj.* younger **3**; smaller **8**

  el/la menor *m., f.* the youngest;

    the smallest **8**

menos *adv.* less **10**

  el/la/los/las menos the least **8**

  menos cuarto/menos quince

    quarter to (*time*) **1**

  menos de (+ *number*) less

    than (+ *number*) **8**

  menos... que less... than **8**

mensaje electrónico *m.* e-mail

  message **4**

mentira *f.* lie

menú *m.* menu **8**

mercado *m.* market **6**

  mercado al aire libre open-air

    market **6**

merendar (e:ie) *v.* to snack in the

  afternoon; to have a(n) (afternoon)

  snack **15**

merienda *f.* (afternoon) snack **15**

mes *m.* month **5**

mesa *f.* table **2**

mesita *f.* side/end table **12**

  mesita de noche night stand **12**

metro *m.* subway **5**

mexicano/a *adj.* Mexican **3**

México *m.* Mexico **1**

mí *pron. obj. of prep.* me

mi(s) *poss. adj.* my **3**

microonda *f.* microwave **12**

  horno de microondas

    microwave oven **12**

miedo *m.* fear **3**

mientras *adv.* while **10**

miércoles *m., sing.* Wednesday **2**

mil *adj., pron.* one thousand

  mil millones billion

  Mil perdones. I'm so sorry. (*lit.* A

    thousand pardons.) **4**

milla *f.* mile **11**

millón million **6**

millones (de) millions (of) **6**

mineral *m.* mineral **15**

minuto *m.* minute **1**

mío(s)/a(s) *poss.* my; (of) mine **11**

mirar *v.* to look (at); to watch **2**

  mirar (la) televisión to watch

    television **2**

mismo/a *adj.* same **3**

mochila *f.* backpack **1**

moda *f.* fashion **6**

módem *m.* modem **11**

moderno/a *adj.* modern

molestar *v.* to bother; to annoy **7**

monitor *m.* monitor **11**

monitor(a) *m., f.* trainer **15**

montaña *f.* mountain **4**

montar *v.* **a caballo** to ride a horse **5**

monumento *m.* monument **4**

mora *f.* blackberry **8**

morado/a *adj.* purple **6**

moreno/a *adj.* dark-haired **3**

morir (o:ue) *v.* to die **8**

mostrar (o:ue) *v.* to show **4**

moto(cicleta) *f.* motorcycle **5**

motor *m.* motor **11**

muchacho/a *m., f.* boy; girl **3**

mucho/a *adj., adv.* many; a lot of;

  much **2, 3**

  muchas veces a lot; many

    times **10**

  Muchísimas gracias. Thank you

    very, very much. **9**

  muchísimo *adj., adv.* very much

    2, 8

  Mucho gusto. Pleased to meet

    you. **1**

  (Muchas) gracias. Thank you

    (very much); Thanks (a lot). **1**

mudarse *v.* to move (from one house

  to another) **12**

muebles *m., pl.* furniture **12**

muela *f.* tooth **10**

muerte *f.* death **9**

muerto/a *p.p.* died **15**

mujer *f.* woman **1**

  mujer de negocios business

    woman **16**

  mujer policía female police

    officer **11**

multa *f.* fine **11**

mundial *adj.* worldwide

mundo *m.* world **13**

municipal *adj.* municipal

músculo *m.* muscle **15**

museo *m.* museum **4**

música *f.* music

musical *adj.* musical

músico/a *m., f.* musician

muy *adv.* very **1**

  Muy amable. That's very kind of

    you. **5**

  (Muy) bien, gracias. (Very) well,

    thanks. **1**

N

nacer *v.* to be born **9**

nacimiento *m.* birth **9**

nacional *adj.* national

nacionalidad *f.* nationality **1**

nada *pron., adv.* nothing **1**; not

  anything **7**

  nada mal not bad at all **5**

nadar *v.* to swim **4**

nadie *pron.* no one, not anyone **7**

naranja *m.* orange **8**

nariz *f.* nose **10**

natación *f.* swimming **4**

natural *adj.* natural **13**

naturaleza *f.* nature **13**

navegar en Internet *v.* to surf the

  Internet **11**

Navidad *f.* Christmas **9**

necesario/a *adj.* necessary **12**

necesitar *v.* to need **2, 12**

negar (e:ie) *v.* to deny **13**

negativo/a *m.* negative **7**

negocios *m., pl.* business; commerce

  16

negro/a *adj.* black **6**

nervioso/a *adj.* nervous **5**

nevar (e:ie) *v.* to snow **5**

  Nieva. It's snowing. **5**

ni...ni *conj.* neither... nor **7**

niebla *f.* fog

nieto/a *m., f.* grandson/granddaughter

  3

nieve *f.* snow

ningún, ninguno/a(s) *adj.* no; none;

  not any **7**

  Ningún problema. No problem. **7**

niñez *f.* childhood **9**

niño/a *m., f.* child; boy/girl **3**

no *adv.* no; not **1**

  No cabe duda de There is no

    doubt **13**

  No es así. That's not the way it is.

  No es para tanto. It's not a big

    deal. **12**

  No es seguro... It's not sure... **13**

  No es verdad... It's not true... **13**

  No está. It's not here. **5**

  No está nada mal. It's not bad

    at all. **5**

  no estar de acuerdo to disagree

  no estar seguro/a (de) not to be

    sure (of) **13**

  No estoy seguro. I'm not sure.

  no hay there is not; there are

    not **1**

  No hay de qué. You're

    welcome. **1**

  No hay duda de There

    is no doubt **13**

  ¡No me diga(s)! You don't

    say! **11**

  No me gustan nada. I don't

    like them at all. **2**

  no muy bien not very well **1**

  ¿no? right? **1**

  no quiero I don't want to **4**

  no sé I don't know

  No te/se preocupe(s). Don't

worry. 7

no tener razón to be wrong 3

noche *f.* night 1

nombre *m.* name 5

norte *m.* north 14

norteamericano/a *adj.* (North) American 3

nos *pron.* us 5

Nos vemos. See you. 1

nosotros/as *sub. pron.* we 1; *ob. pron.* us 8

noticias *f., pl.* news

noticiero *m.* newscast

novecientos/as *adj, pron.* nine hundred 6

noveno/a *adj.* ninth 5

noventa *adj., pron.* ninety 2

noviembre *m.* November 5

novio/a *m., f.* boyfriend/girlfriend 3

nube *f.* cloud 13

nublado/a *adj.* cloudy

Está (muy) nublado. It's (very) cloudy.

nuclear *adj.* nuclear 13

nuera *f.* daughter-in-law 3

nuestro(s)/a(s) *poss. adj.* our 3; of ours 11

nueve *adj., pron.* nine 1

nuevo/a *adj.* new 6

número *m.* number 1

número (shoe) size 6

nunca *adj.* never; not ever 7

nutrición *f.* nutrition 15

O

o *conj.* or 7

o... o *conj.* either ... or 7

obedecer (c:zc) *v.* to obey

obra *f.* work (*of art, literature, music, etc.*)

obra maestra masterpiece

obtener *v.* to obtain; to get 16

obvio/a *adj.* obvious 13

océano *m.* ocean 13; sea

ochenta eighty 2

ocho *m.* eight 1

ochocientos/as *adj., pron.* eight hundred 6

octavo/a *adj.* eighth 5

octubre *m.* October 5

ocupación *f.* occupation 16

ocupado/a *adj.* busy 5

ocurrir *v.* to occur; to happen

odiar *v.* to hate 9

oeste *m.* west 14

oferta *f.* offer 12

oficina *f.* office 12

oficio *m.* trade 16

ofrecer (c:zc) *v.* to offer 8

oído *m.* sense of hearing; inner ear

oído *p.p.* heard 15

oír *v.* to hear 4

oigan *form., pl.* listen (*in conversation*)

Oye. *fam., sing.* Listen. (*in conversation*) 1

ojalá (que) *interj.* I hope (that); I wish (that) 13

ojo *m.* eye 10

olvidar *v.* to forget 10

once *adj., pron.* eleven 1

ópera *f.* opera

operación *f.* operation 10

ordenado/a *adj.* orderly 5; well organized

ordinal *adj.* ordinal (*number*)

oreja *f.* (outer) ear 10

orquesta *f.* orchestra

ortográfico/a *adj.* spellling

os *fam., pl. pron.* you 5

otoño *m.* fall, autumn 5

otro/a *adj.* other; another 6

otra vez again

P

paciente *m., f.* patient 10

padrastro *m.* stepfather 3

padre *m.* father 3

padres *m., pl.* parents 3

pagar *v.* to pay 9

pagar a plazos to pay in installments 14

pagar al contado to pay in cash 14

pagar en efectivo to pay in cash

pagar la cuenta to pay the bill 9

página *f.* page 11

página principal home page 11

país *m.* country 1

paisaje *m.* landscape 13; countryside

pájaro *m.* bird 13

palabra *f.* word 1

pan *m.* bread 8

pan tostado toasted bread 8; toast

panadería *f.* bakery 14

pantalla *f.* screen 11

pantalones *m., pl.* pants 6

pantalones cortos shorts 6

papa *f.* potato 8

papas fritas *f., pl.* French fries 8

papá *m.* dad 3

papás *m., pl.* parents 3

papel *m.* paper 2; role

paquete *m.* package 14

par *m.* pair 6

para *prep.* for; in order to; toward; in the direction of; by; used for; considering 11

para que so that 13

parabrisas *m., sing.* windshield 11

parar *v.* to stop 11

parecer *v.* to seem; to appear 8

pared *f.* wall 12

pareja *f.* couple; partner 9

parientes *m., pl.* relatives 3

parque *m.* park 4

párrafo *m.* paragraph

parte: de parte de on behalf of 11

partido *m.* game 4; match (*sports*)

pasado/a *adj.* last; past 6

pasado *p.p.* passed

pasaje *m.* ticket 5

pasaje de ida y vuelta *m.* round-trip ticket 5

pasajero/a *m., f.* passenger 1

pasaporte *m.* passport 5

pasar *v.* to go through 5; to pass

pasar la aspiradora to vacuum 12

pasar por el banco to go by the bank 14

pasar por la aduana to go through customs 5

pasar el tiempo to spend time 4

pasarlo bien/mal to have a good/bad time 9

pasatiempo *m.* pastime, hobby 4

pasear *v.* to take a walk; to stroll 4

pasear en bicicleta to ride a bicycle 4

pasear por la ciudad/el pueblo to walk around the city/town 4

pasillo *m.* hallway 12

pastel *m.* cake 9

pastel de chocolate chocolate cake

pastel de cumpleaños birthday cake 9

pastelería *f.* pastry shop 14

pastilla *f.* pill; tablet 10

patata *f.* potato 8

patatas fritas *f., pl.* French fries 8

patinar (en línea) *v.* to skate (in-line) 4

patio *m.* patio 12; yard

pavo *m.* turkey 8

paz *f.* peace

pedir (e:i) *v.* to ask for; to request 4, 12; to order (*food*) 8

pedir prestado to borrow 14

pedir un préstamo to apply for a loan 14

peinarse *v.* to comb one's hair 7

película *f.* movie 4

peligro *m.* danger 13

peligroso/a *adj.* dangerous

pelirrojo/a *adj.* red-haired 3

pelo *m.* hair 7

pelota *f.* ball 4

peluquería *f.* hairdressing salon 14

peluquero/a *m., f.* hairdresser 16

penicilina *f.* penicillin 10

pensar (e:ie) *v.* to think 4

pensar (+ inf.) to intend; to plan (*to do something*) 4

pensar en to think about 4

pensión *f.* boarding house 5

peor *adj.* worse 8

el/la peor the worst 8

pequeño/a *adj.* small 3

pera *f.* pear
perder (e:ie) *v.* to lose; to miss 4
perdido/a *adj.* lost
Perdón. Pardon me.; Excuse me. 1
perezoso/a *adj.* lazy
perfecto/a *adj.* perfect 5
periódico *m.* newspaper 4
periodismo *m.* journalism 2
periodista *m., f.* journalist 3
permiso *m.* permission
pero *conf.* but 2
perro *m.* dog 13
persona *f.* person 3
personaje *m.* character
  personaje principal main
    character
pesas *f., pl.* weights 15
pesca *f.* fishing 5
pescadería *f.* fish market 14
pescado *m.* fish (*cooked*) 8
pescador(a) *m., f.* fisherman/
  fisherwoman
pescar *v.* to fish 5
peso *m.* weight 15
pez *m.* fish (*live*) 13
picante *adj.* hot, spicy 8
pie *m.* foot 10
piedra *f.* rock; stone 13
pierna *f.* leg 10
pimienta *f.* pepper 8
piña *f.* pineapple 8
pintar *v.* to paint
pintor(a) *m., f.* painter 16
pintura *f.* painting; picture 12
piscina *f.* swimming pool 4
piso *m.* floor (*of a building*) 5
pizarra *f.* blackboard 2
placer *m.* pleasure 15
  Ha sido un placer. It's been a
    pleasure. 15
planchar la ropa *v.* to iron clothes 12
planes *m., pl.* plans 4
planta *f.* plant 13
  planta baja ground floor 5
plástico *m.* plastic 13
plato *m.* dish (*in a meal*) 8; *m.* plate
  12
  plato principal main dish 8
playa *f.* beach 5
plazos *m., pl.* periods; time
pluma *f.* pen 2
población *f.* population 13
pobre *adj.* poor 6
pobreza *f.* poverty
poco/a *adj.* little 5, 10; few
poder (o:ue) *v.* to be able to; can 4
poema *m.* poem
poesía *f.* poetry
poeta *m., f.* poet 16
policía *f.* police (force) 11; *m.* (*male*)
  police officer 11
política *f.* politics
político/a *m., f.* politician 16

pollo *m.* chicken 8
  pollo asado roast chicken 8
ponchar *v.* to deflate; to get a flat
  (*tire*)
poner *v.* to put; to place 4; to turn on
  (*electrical appliances*) 11
  poner la mesa to set the table 12
  poner una inyección to give an
    injection 10
ponerse (+ *adj.*) to become (+ *adj.*) 7;
  to put on 2
por *prep.* in exchange for; for; by; in;
  through; by means of; along;
  during; around; in search of; by way
  of; per 11
  por aquí around here 11
  por avión by plane
  por ejemplo for example 11
  por eso that's why; therefore 11
  Por favor. Please. 1
  por fin finally 11
  por la mañana in the morning 7
  por la noche at night 7
  por la tarde in the afternoon; in
    the (early) evening 7
  por lo menos at least 10
  ¿por qué? why? 2
  por supuesto of course
  por teléfono by phone; on the
    phone
  por último finally 7
porque *conj.* because 2
portátil *adj.* portable 11
porvenir *m.* future 16
posesivo/a *adj.* possessive 3
posible *adj.* possible 13
  es posible it's possible 13
  no es posible it's not possible 13
postal *f.* postcard 4
postre *m.* dessert 9
practicar *v.* to practice 2
  practicar deportes *m., pl.* to play
    sports 4
precio (fijo) *m.* (fixed, set) price 6
preferir (e:ie) *v.* to prefer 4, 12
pregunta *f.* question
preguntar *v.* to ask (*a question*) 2
premio *m.* prize; award
prender *v.* to turn on 11
prensa *f.* press
preocupado/a (por) *adj.* worried
  (about) 5
preocuparse (por) *v.* to worry
  (about) 7
preparar *v.* to prepare 2
preposición *f.* preposition
presentación *f.* introduction
presentar *v.* to introduce; to put on
  (*a performance*)
presiones *f., pl.* pressure 15
prestado/a *adj.* borrowed
préstamo *m.* loan 14
prestar *v.* to lend 6

primavera *f.* spring 5
primer, primero/a *adj.* first 5
primo/a *m., f.* cousin 3
principal *adj.* main 8
prisa *f.* haste 3
probable *adj. m., f.* probable 13
  es probable it's probable 13
  no es probable it's not probable
    13
probar (o:ue) *v.* to taste; to try 8
probarse (o:ue) *v.* to try on 7
problema *m.* problem 1
profesión *f.* profession 3, 16
profesor(a) *m., f.* teacher 1; professor
  2
programa *m.* 1
  programa de computación
    software 11
  programa de entrevistas talk show
programador(a) *m., f.* programmer 3
prohibir *v.* to prohibit 10, 12; to forbid
pronombre *m.* pronoun 8
pronto *adj.* soon 10
propina *f.* tip 9
propio/a *adj.* own
proteger *v.* to protect 13
proteína *f.* protein 15
próximo/a *adj.* next 16
prueba *f.* test; quiz 2
psicología *f.* psychology 2
psicólogo/a *m., f.* psychologist 16
publicar *v.* to publish
público *m.* audience
pueblo *m.* town 4
puerta *f.* door 2
Puerto Rico *m.* Puerto Rico 1
puertorriqueño/a *adj.* Puerto Rican 3
pues *conj.* well 2; then 15
puesto *m.* position; job 16
puesto/a *p.p.* put 15
puro/a *adj.* pure 13

Q

que *pron.* that; who; which 9
  ¡Qué…! How…! 3
  ¡Qué dolor! What pain!
  ¡Qué gusto (+ *inf.*)! What a
    pleasure to… !
  ¡Qué ropa más bonita!
    What pretty clothes! 6
  ¡Qué sorpresa! What a surprise!
  ¿qué? what? 1; which? 9
  ¿Qué día es hoy? What day is it?
  ¿Qué es? What is it? 1
  ¿Qué hay de nuevo? What's
    new? 1
  ¿Qué hicieron ellos/ellas? What
    did they do? 6
  ¿Qué hicieron ustedes? What did
    you (*form., pl.*) do? 6
  ¿Qué hiciste? What did you
    (*fam., sing.*) do? 6

¿Qué hizo él/ella? What did he/she do? **6**
¿Qué hizo usted? What did you (*form., sing.*) do? **6**
¿Qué hora es? What time is it? **1**
¿Qué les parece? What do you guys think? **9**
¿Qué pasa? What's happening?; What's going on? **1**
¿Qué pasó? What happened? **11**; What's wrong?
¿Qué precio tiene? What is the price?
¿Qué tal? How are you?; How is it going? **1**; How is/are…? **2**
¿Qué talla lleva/usa? What size do you wear? **6**
¿Qué tiempo hace? How's the weather?, What's the weather like? **5**
quedar *v.* to be left over; to fit (*clothing*) **7**; to be left behind **10**; to be located **14**
quedarse *v.* to stay; to remain **7**
quehaceres domésticos *m., pl.* household chores **12**
quemado/a *adj.* burned (out) **11**
querer (e:ie) *v.* to want; to love **4**
queso *m.* cheese **8**
quien(es) *pron.* who **1**; whom; that **9**
¿Quién es…? Who is…? **1**
¿Quién habla? Who is speaking? (*telephone*) **11**
¿quién(es)? who?; whom? **1, 9**
química *f.* chemistry **2**
quince *adj., pron.* fifteen **1**
menos quince quarter to (time) **1**
y quince quarter after (time) **1**
quinceañera *f.* young woman's fifteenth birthday celebration **9**
quinientos/as *adj.* five hundred **6**
quinto/a *adj.* fifth **5**
quisiera *v.* I would like **8**
quitar la mesa *v.* to clear the table **12**
quitarse *v.* to take off **7**
quizás *adv.* maybe **5**

R

racismo *m.* racism
radio *f.* radio (*medium*)
radio *m.* radio (set) **11**
radiografía *f.* X-ray **10**
rápido/a *adj.* fast
ratón *m.* mouse **11**
ratos libres *m., pl.* spare time **4**
raya *f.* stripe **6**
razón *f.* reason **3**
rebaja *f.* sale **6**
recado *m.* (telephone) message **11**
receta *f.* prescription **10**
recetar *v.* to prescribe **10**
recibir *v.* to receive **3**

reciclaje *m.* recycling **13**
reciclar *v.* to recycle **13**
recién casado/a *m., f.* newlywed **9**
recoger *v.* to pick up **13**
recomendar (e:ie) *v.* to recommend **8, 12**
recordar (o:ue) *v.* to remember **4**
recorrer *v.* to tour an area
recurso *m.* resource **13**
recurso natural natural resource **13**
red *f.* the Web; the Internet **11**
reducir *v.* to reduce **13**
refresco *m.* soft drink **8**
refrigerador *m.* refrigerator **12**
regalar *v.* to give (*as a gift*) **9**
regalo *m.* gift **6**
regatear *v.* to bargain **6**
región *f.* region; area **13**
regresar *v.* to return **2**
regular *adj. m., f.* so-so; OK **1**
reído *p.p.* laughed **15**
reírse (e:i) *v.* to laugh **9**
relaciones *f., pl.* relationships
relajarse *v.* to relax **9**
reloj *m.* clock; watch **2**
renunciar (a) *v.* to resign (from) **16**
repetir (e:i) *v.* to repeat **4**
reportaje *m.* report
reportero/a *m., f.* reporter **16**; journalist
representante *m., f.* representative
resfriado *m.* cold (*illness*) **10**
residencia estudiantil *f.* dormitory **2**
resolver (o:ue) *v.* to resolve; to solve **13**
respirar *v.* to breathe **13**
respuesta *f.* answer **9**
restaurante *m.* restaurant **4**
resuelto/a *p.p.* resolved **15**
reunión *f.* meeting **16**
revisar *v.* to check **11**
revisar el aceite to check the oil **11**
revista *f.* magazine **4**
rico/a *adj.* rich **6**; *adj.* tasty; delicious **8**
ridículo *adj.* ridiculous **13**
río *m.* river **13**
riquísimo/a *adj.* extremely delicious **8**
rodilla *f.* knee **10**
rogar (o:ue) *v.* to beg; to plead **12**
rojo/a *adj.* red **6**
romántico/a *adj.* romantic
romper (con) *v.* to break up (with) **9**
romper(se) *v.* to break **10**
romperse la pierna to break one's leg **10**
ropa *f.* clothing; clothes **6**
ropa interior underwear **6**
rosado/a *adj.* pink **6**
roto/a *adj.* broken **10**; *p.p.* broken **15**
rubio/a *adj.* blond(e) **3**

ruso/a *adj.* Russian
rutina *f.* routine **7**
rutina diaria daily routine **7**

S

sábado *m.* Saturday **2**
saber *v.* to know; to know how **8**
sabrosísimo/a *adj.* extremely delicious
sabroso/a *adj.* tasty; delicious **8**
sacar *v.* to take out **12**
sacar fotos to take pictures **5**
sacar la basura to take out the trash **12**
sacar(se) una muela to have a tooth pulled **10**
sacudir *v.* to dust **12**
sacudir los muebles dust the furniture **12**
sal *f.* salt **8**
sala *f.* living room **12**; room
sala de emergencia(s) emergency room **10**
salado/a *adj.* salty **8**
salario *m.* salary **16**
salchicha *f.* sausage **8**
salida *f.* departure; exit **5**
salir *v.* to leave **4**; to go out
salir con to leave with; to go out with **4**; to date (*someone*) **9**
salir de to leave from **4**
salir para to leave for (*a place*) **4**
salmón *m.* salmon **8**
salón de belleza *m.* beauty salon **14**
salud *f.* health **10**
saludable *adj.* healthy **10**
saludar(se) *v.* to greet (each other) **1**
saludo *m.* greeting **1**
saludos a… greetings to… **1**
sandalia *f.* sandal **6**
sándwich *m.* sandwich **8**
sano/a *adj.* healthy **10**
se *ref.pron.* himself, herself, itself, *form.* yourself, themselves, yourselves **7**
se *impersonal* one **10**
Se nos dañó… The… broke down. **11**
Se hizo… He/she/it became…
Se nos pinchó una llanta. We got a flat tire. **11**
secadora *f.* clothes dryer **12**
sección de (no) fumadores *f.* (non) smoking section **8**
secretario/a *m., f.* secretary **16**
secuencia *f.* sequence
sed *f.* thirst **3**
seda *f.* silk **6**
sedentario/a *adj.* sedentary **15**; related to sitting
seguir (e:i) *v.* to follow; to continue; to keep (doing something) **4**

según *prep.* according to

segundo/a *adj.* second 5

seguro/a *adj.* sure; safe 5

seis *adj., pron.* six 1

seiscientos/as *adj., pron.* six hundred 6

sello *m.* stamp 14

selva *f.* jungle 13

semáforo *m.* traffic light 11

semana *f.* week 2

    fin *m.* **de semana** weekend 4

    la semana pasada last week 6

semestre *m.* semester 2

sendero *m.* trail 13; trailhead

sentarse (e:ie) *v.* to sit down 7

sentir(se) (e:ie) *v.* to feel 7; to be sorry; to regret 13

señor (Sr.) *m.* Mr.; sir 1

señora (Sra.) *f.* Mrs.; ma'am 1

señorita (Srta.) *f.* Miss 1; young woman 2

separado/a *adj.* separated 9

separarse (de) *v.* to separate (from) 9

septiembre *m.* September 5

séptimo/a *adj.* seventh 5

ser *v.* to be 1

    ser aficionado/a (a) to be a fan (of) 4

    ser alérgico/a (a) to be allergic (to) 10

    ser gratis to be free of charge 14

serio/a *adj.* serious

servilleta *f.* napkin 12

servir (e:i) *v.* to help 5; to serve 8

sesenta *adj., pron.* sixty 2

setecientos/as *adj., pron.* seven hundred 6

setenta *adj., pron.* seventy 2

sexismo *m.* sexism

sexto/a *adj.* sixth 5

sí *adv.* yes 1

si *conj.* if 13

SIDA *m.* AIDS

sido *p.p.* been 15

siempre *adv.* always 7

siete *adj., pron.* seven 1

silla *f.* chair 2

sillón *m.* armchair 12

similar *adj. m., f.* similar

simpático/a *adj.* nice; likeable 3

sin *prep.* without 13, 15

    sin duda without a doubt

    sin embargo *adv.* however

    sin que *conj.* without 13

sino *conj.* but

síntoma *m.* symptom 10

sitio *m.* **Web** website 11

situado/a *p.p.* located

sobre *m.* envelope 14; *prep.* on; over 2

sobrino/a *m., f.* nephew/niece 3

sociología *f.* sociology 2

sofá *m.* couch; sofa 12

sois *fam.* you are 1

sol *m.* sun 4, 13

solar *adj.* solar 13

solicitar *v.* to apply (*for a job*) 16

solicitud (de trabajo) *f.* (job) application 16

sólo *adv.* only 3

soltero/a *adj.* single 9; unmarried

solución *f.* solution 13

sombrero *m.* hat 6

somos we are 1

son you/they are 1

Son las... It's... o'clock. 1

sonar (o:ue) *v.* to ring 11

sonreído *p.p.* smiled 15

sonreír (e:i) *v.* to smile 9

sopa *f.* soup 8

sorprender *v.* to surprise 9

sorpresa *f.* surprise 9

sótano *m.* basement; cellar 12

soy I am 1

    Soy yo. That's me. 1

    soy de... I'm from... 1

su(s) *poss. adj.* his; her; its; *form.* your; their; 3

subir *v.* to go up 11

subir(se) a to get on/into (a vehicle) 11

sucio/a *adj.* dirty 5

sucre *m.* former Ecuadorian currency 6

sudar *v.* to sweat 15

suegro/a *m., f.* father-in-law; mother-in-law 3

sueldo *m.* salary 16

suelo *m.* floor 12

sueño *n.* sleep 3

suerte *f.* luck 3

suéter *m.* sweater 6

sufrir *v.* to suffer 13

    sufrir muchas presiones to be under a lot of pressure 15

    sufrir una enfermedad to suffer (from) an illness 13

sugerir (e:ie) *v.* to suggest 12

supermercado *m.* supermarket 14

suponer *v.* to suppose 4

sur *m.* south 14

sustantivo *m.* noun

suyo(s)/a(s) *poss.* (of) his/her; (of) hers; (of) its; (of) *form.* your, (of) yours, (of) theirs; their 11

T

tal vez *adv.* maybe 5

talentoso/a *adj.* talented

talla *f.* size 6

    talla grande large 6

taller *m.* **(mecánico)** (mechanic's) garage; repairshop 11

también *adv.* also; too 2; 7

tampoco *adv.* neither; not either 7

tan *adv.* so 5

    tan pronto como as soon as 13

    tan... como as... as 8

tanque *m.* tank 11

tanto *adv.* so much

    tanto... como as much... as 8

    tantos/as... como as many... as 8

tarde *adv.* late 7

tarde *f.* afternoon; evening; P.M. 1

tarea *f.* homework 2

tarjeta *f.* (post) card 4

    tarjeta de crédito credit card 6

    tarjeta postal postcard 4

taxi *m.* taxi(cab) 5

taza *f.* cup 12

te *fam. pron.* you 5

    Te presento a... I would like to introduce... to you. (*fam.*) 1

    ¿Te gustaría? Would you like to?

    ¿Te gusta(n)... ? Do you like...? 2

té *m.* tea 8

    té helado iced tea 8

teatro *m.* theater

teclado *m.* keyboard 11

técnico/a *m., f.* technician 16

tejido *m.* weaving

teleadicto/a *m., f.* couch potato 15

teléfono (celular) *m.* (cellular) telephone 11

telenovela *f.* soap opera

teletrabajo *m.* telecommuting 16

televisión *f.* television 11

    televisión por cable cable television 11

televisor *m.* television set 11

temer *v.* to be afraid; to fear 13

temperatura *f.* temperature 10

temprano *adv.* early 7

tenedor *m.* fork 12

tener *v.* to have 3

    tener... años to be... years old 3

    Tengo... años. I'm... years old. 3

    tener (mucho) calor to be (very) hot 3

    tener (mucho) cuidado to be (very) careful 3

    tener dolor de to have a pain in

    tener éxito to be successful 16

    tener fiebre to have a fever 10

    tener (mucho) frío to be (very) cold 3

    tener ganas de (+ *inf.*) to feel like (*doing something*) 3

    tener (mucha) hambre *f.* to be (very) hungry 3

    tener (mucho) miedo to be (very) afraid/scared of 3

    tener miedo (de) que to be afraid that

    tener planes to have plans 4

tener (mucha) prisa to be in a (big) hurry **3**

tener que (+ *inf.*) *v.* to have to (*do something*) **3**

tener razón to be right **3**

tener (mucha) sed to be (very) thirsty **3**

tener (mucho) sueño to be (very) sleepy **3**

tener (mucha) suerte to be (very) lucky **3**

tener tiempo to have time

tener una cita to have a date; an appointment **9**

tenis *m.* tennis **4**

tensión *f.* tension

tercer, tercero/a *adj.* third **5**

terminar *v.* to end; to finish **2**

terminar de (+ *inf.*) to finish (*doing something*)

terremoto *m.* earthquake

terrible *adj.* terrible **13**

ti *prep., obj. of prep., fam.* you

tiempo *m.* time **4**; weather

tiempo libre free time **4**

tienda *f.* shop; store **6**

tienda de campaña *f.* tent **5**

tierra *f.* land; soil **13**

tinto/a *adj.* red (wine) **8**

tío/a *m., f.* uncle/aunt **3**

tíos *m.* aunts and uncles **3**

título *m.* title

tiza *f.* chalk **2**

toalla *f.* towel **7**

tobillo *m.* ankle **10**

tocadiscos compacto *m.* compact-disc player **11**

tocar *v.* to play (*a musical instrument*); to touch **13**

todavía *adv.* yet; still **5**

todo *m.* everything **5**

en todo el mundo throughout the world **13**

Todo está bajo control. Everything is under control.

(todo) derecho straight ahead **14**

¡Todos a bordo! All aboard! **1**

todo/a *adj.* all **4**; whole

todos *m., pl.* all of us; *m., pl.* everybody; everyone

todos los días every day **10**

tomar *v.* to take; to drink **2**

tomar clases to take classes **2**

tomar el sol to sunbathe **4**

tomar en cuenta to take into account **8**

tomar fotos to take pictures **13**

tomar(le) la temperatura (a alguien) to take (someone's) temperature **10**

tomate *m.* tomato **8**

tonto/a *adj.* silly; foolish **3**

torcerse (el tobillo) *v.* to sprain (one's ankle) **10**

torcido/a *adj.* twisted; sprained **10**

tormenta *f.* storm

tornado *m.* tornado

tortilla *f.* tortilla **8**

tortillas de maíz tortilla made of corn flour **8**

tos *f., sing.* cough **10**

toser *v.* to cough **10**

tostado/a *adj.* toasted **8**

tostadora *f.* toaster

trabajador(a) *adj.* hardworking **3**

trabajar *v.* to work **2**

trabajo *m.* job; work **16**; written work

traducir *v.* to translate **8**

traer *v.* to bring **4**

tráfico *m.* traffic **11**

tragedia *f.* tragedy

traído/a *p.p.* brought **15**

traje *m.* suit **6**

traje de baño bathing suit **6**

tranquilo/a *adj.* calm; quiet **15**

¡Tranquilo! Stay calm!

transmitir to broadcast

tratar de (+ *inf.*) *v.* to try (*to do something*) **15**

Trato hecho. It's a deal.

trece *adj., pron.* thirteen **1**

treinta *adj., pron.* thirty **1**

y treinta thirty minutes past the hour (time) **1**

tren *m.* train **5**

tres *adj., pron.* three **1**

trescientos/as *adj., pron.* three hundred **6**

trimestre *m.* trimester; quarter **2**

triste *adj.* sad **5**

tú *fam. sing. sub. pron.* you **1**

Tú eres… You are… **1**

tu(s) *fam. poss. adj. fam.* your **3**

turismo *m.* tourism **5**

turista *m., f.* tourist **1**

turístico/a *adj.* touristic

tuyo(s)/a(s) *fam.poss. pron.* your; (of) yours **11**

Ud. *form., sing. sub. pron.* you **1**

Uds. *form., pl. sub. pron.* you **1**

último/a *adj.* last

un, uno/a *indef. art.* a; one **1**

una vez once; one time **6**

una vez más once again **9**

único/a *adj.* only **3**

universidad *f.* university **2**; college

unos/as *pron.* some **1**

urgente *adj.* urgent **12**

usar *v.* to wear; to use **6**

usted *form., sing. sub. pron.* you **1**

ustedes *form., pl. sub. pron.* you **1**

útil *adj.* useful

uva *f.* grape **8**

vaca *f.* cow **13**

vacaciones *f., pl.* vacation **5**

valle *m.* valley **13**

vamos let's go **4**

vaquero *m.* cowboy

de vaqueros *m., pl.* western

varios/as *adj., pl.* several **8**

vaso *m.* glass **12**

veces *f., pl.* times **6**

vecino/a *m., f.* neighbor **12**

veinte *adj., pron.* twenty **1**

veinticinco *adj., pron.* twenty-five **1**

veinticuatro *adj., pron.* twenty-four **1**

veintidós *adj., pron.* twenty-two **1**

veintinueve *adj., pron.* twenty-nine **1**

veintiocho *adj., pron.* twenty-eight **1**

veintiséis *adj., pron.* twenty-six **1**

veintisiete *adj., pron.* twenty-seven **1**

veintitrés *adj., pron.* twenty-three **1**

veintiún, veintiuno/a *adj., pron.* twenty-one **1**

vejez *f.* old age **9**

velocidad *f.* speed **11**

velocidad máxima speed limit **11**

vendedor(a) *m., f.* salesperson **6**

vender *v.* to sell **6**

venir *v.* to come **3**

ventana *f.* window **2**

ver *v.* to see **4**

ver películas *f., pl.* to see movies **4**

a ver let's see **2**

verano *m.* summer **5**

verbo *m.* verb

verdad *f.* truth **6**

¿verdad? right? **1**

verde *adj.,* green; ripe **5**

verduras *pl., f.* vegetables **8**

vestido *m.* dress **6**

vestirse (e:i) *v.* to get dressed **7**

vez *f.* time **6**

viajar *v.* to travel **2**

viaje *m.* trip **5**

viajero/a *m., f.* traveler **5**

vida *f.* life **9**

video *m.* video **1**

videocasete *m.* video cassette **11**

videocasetera *f.* VCR **11**

videoconferencia *f.* video conference **16**

vidrio *m.* glass **13**

viejo/a *adj.* old **3**

viento *m.* wind

viernes *m., sing.* Friday **5**

vinagre *m.* vinegar **8**

vino *m.* wine **8**

vino blanco white wine **8**

vino tinto red wine **8**

violencia *f.* violence
visitar *v.* to visit 4
   visitar un monumento to visit a
     monument 4
visto/a *p.p.* seen 15
vitamina *f.* vitamin 15
viudo/a *adj.* widowed 9
vivienda *f.* housing 12
vivir *v.* to live 3
vivo/a *adj.* lively; alive 5; bright
volante *m.* steering wheel 11
volcán *m.* volcano 13
vóleibol *m.* volleyball 4
volver (o:ue) *v.* to return 4
volver a ver(te, lo, la) *v.* to see (you)
   again
vos *pron.* you
vosotros/as *fam., pl. sub. pron.* you 1
votar *v.* to vote
vuelta *f.* return trip
vuelto/a *p.p.* returned 15
vuestro(s)/a(s) *poss. adj.* your 3;
   (of) yours 11

W

walkman *m.* Walkman

Y

y *conj.* and 1
   y cuarto quarter after (time) 1
   y media half-past (time) 1
   y quince quarter after (time) 1
   y treinta thirty (minutes past
     the hour) 1
   ¿Y tú? *fam.* And you? 1
   ¿Y usted? *form.* And you? 1
ya *adv.* already 6
yerno *m.* son-in-law 3
yo *sub. pron.* I 1
   Yo soy… I'm… 1
yogur *m.* yogurt

Z

zanahoria *f.* carrot 8
zapatería *f.* shoe store 14
zapatos *m., pl.* shoes 6
   zapatos de tenis sneakers 6

English-Spanish

A

A.M. **mañana** *f.*1
able: be able to **poder (o:ue)** *v.* 4
aboard **a bordo** 1
accident **accidente** *m.* 10
accompany **acompañar** *v.* 14
account **cuenta** *f.* 14
accountant **contador(a)** *m., f.* 16
accounting **contabilidad** *f.* 2
ache **dolor** *m.* 10
acid **ácido/a** *adj.* 13
   acid rain **lluvia ácida** 13
acquainted: be acquainted with
   conocer *v.* 8
action **acción** *f.*
active **activo/a** *adj.* 15
actor **actor** *m.* 16
actress **actriz** *f.* 16
addict (*drug*) **drogadicto/a** *adj.* 15
additional **adicional** *adj.*
address **dirección** *f.* 14
adjective **adjetivo** *m.*
adolescence **adolescencia** *f.* 9
adventure **aventura** *f.*
advertise **anunciar** *v.*
advertisement **anuncio** *m.* 16
advice **consejo** *m.* 9
   give advice **dar** *v.* **un consejo**
advise **aconsejar** *v.* 12
advisor **consejero/a** *m., f.* 16
aerobic **aeróbico/a** *adj.* 15
   aerobic exercises **ejercicios**
      aeróbicos 15
   aerobics class **clase de**
      ejercicios aeróbicos 15
affected **afectado/a** *adj.* 13
   be affected (by) **estar** *v.*
      afectado/a (por) 13
affirmative **afirmativo/a** *adj.*
afraid: be (very) afraid **tener (mucho)**
   miedo 3
   be afraid **temer** *v.* 13
after **después de** *prep.* 7; **después**
   (de) que *conj.* 13
afternoon **tarde** *f.* 1
afterward **después** *adv.* 7; **luego** *adv.*7
again **otra vez** *adv.*
age **edad** *f.*
agree **concordar** *v.* agree; **estar** *v.* **de**
   acuerdo
agreement **acuerdo** *m.*
AIDS **SIDA** *m.*
air **aire** *m.* 6
   air pollution **contaminación del**
      aire 13
airplane **avión** *m.* 5
airport **aeropuerto** *m.* 5
alarm clock **despertador** *m.* 7

alcohol **alcohol** *m.* 15
alcoholic **alcohólico/a** *adj.* 15
   alcoholic beverage **bebida**
      alcohólica 15
all **todo/a** *adj.* 4
   All aboard! **¡Todos a bordo!** 1
   all of us **todos**
   all over the world **en todo el**
      mundo
allergic **alérgico/a** *adj.* 10
   be allergic (to) **ser alérgico/a (a)**
      10
alleviate **aliviar** *v.*
almost **casi** *adv.* 10
alone **solo/a** *adj.*
along **por** *prep.* 11
already **ya** *adv.* 6
also **también** *adv.* 2; 7
alternator **alternador** *m.* 11
although **aunque** *conj.*
aluminum **aluminio** *m.* 13
   (made of) aluminum **de aluminio**
      13
always **siempre** *adv.* 7
American (*North*)
   norteamericano/a *adj.* 3
among **entre** *prep.* 2
amusement **diversión** *f.*
and **y** 1, **e** (*before words beginning*
   with **i** *or* **hi**)
   And you? **¿Y tú?** *fam.* 1;
      ¿Y usted? *form.* 1
angry **enojado/a** *adj.* 5
   get angry (with) **enojarse** *v.* **(con)** 7
animal **animal** *m.* 13
ankle **tobillo** *m.* 10
anniversary **aniversario** *m.* 9
   wedding anniversary **aniversario**
      de bodas 9
announce **anunciar** *v.*
announcer (*TV/radio*) **locutor(a)** *m., f.*
annoy **molestar** *v.* 7
another **otro/a** *adj.* 6
answer **contestar** *v.* 2; **respuesta** *f.* 9
answering machine **contestadora** *f.* 11
antibiotic **antibiótico** *m.* 10
any **algún, alguno/a(s)** *adj.* 7
anyone **alguien** *pron.* 7
anything **algo** *pron.* 7
apartment **apartamento** *m.*12
apartment building **edificio de**
   apartamentos 12
appear **parecer** *v.* 8
appetizers **entremeses** *m., pl.*
applaud **aplaudir** *v.*
apple **manzana** *f.* 8
appliance (*electric*) **electrodoméstico**
   m. 12
applicant **aspirante** *m., f.* 16
application **solicitud** *f.* 16
   job application **solicitud de**
      trabajo 16

apply (*for a job*) **solicitar** *v.* 16
   apply for a loan **pedir** *v.* **un**
      préstamo 14
appointment **cita** *f.* 9
   have an appointment **tener** *v.*
      una cita 9
appreciate **apreciar** *v.*
April **abril** *m.* 5
aquatic **acuático/a** *adj.* 4
archaeologist **arqueólogo/a** *m., f.* 16
architect **arquitecto/a** *m., f.* 16
area **región** *f.* 13
arm **brazo** *m.* 10
armchair **sillón** *m.* 12
army **ejército** *m.*
around **por** *prep.* 11
around here **por aquí** 11
arrange **arreglar** *v.* 11
arrival **llegada** *f.* 5
arrive **llegar** *v.* 2
art **arte** *m.* 2
   fine arts **bellas artes** *f., pl.*
article *m.* **artículo**
artist **artista** *m., f.* 3
artistic **artístico/a** *adj.*
arts **artes** *f., pl.*
as **como** *conj.* 8
   as… as **tan… como** 8
   as a child **de niño/a** 10
   as many… as **tantos/as… como** 8
   as much… as **tanto… como** 8
   as soon as **en cuanto** *conj.* 13;
      tan pronto como *conj.* 13
ask (*a question*) **preguntar** *v.* 2
   ask for **pedir (e:i)** *v.* 4, 12
asparagus **espárragos** *m., pl.*
aspirin **aspirina** *f.* 10
at **a** *prep.* 1; **en** *prep.* 2
   at + *time* **a la(s)** + *time* 1
   at home **en casa** 7
   at least **por lo menos** 10
   at night **por la noche** 7
   at the end (of) **al fondo (de)** 12
   At what time… ? **¿A qué hora…?**
      1, 9
   At your service. **A sus órdenes.** 11
attend **asistir (a)** *v.* 3
attic **altillo** *m.* 12
attract **atraer** *v.*
audience **público** *m.*
August **agosto** *m.* 5
aunt **tía** *f.* 3
   aunts and uncles **tíos** *m., pl.* 3
automatic **automático/a** *adj.* 14
   automatic teller machine (ATM)
      cajero automático 14
automobile **automóvil** *m.* 5; **carro** *m.*;
   coche *m.* 11
autumn **otoño** *m.* 5
avenue **avenida** *f.*
avoid **evitar** *v.* 13
award **premio** *m.*

B

backpack **mochila** *f.* 1
bad **mal, malo/a** *adj.* 3
  It's bad that… **Es malo que…** 12
  It's not bad at all. **No está nada mal.** 5
bag **bolsa** *f.* 6
bakery **panadería** *f.* 14
balanced **equilibrado/a** *adj.* 15
  balanced diet **dieta equilibrada** 15
balcony **balcón** *m.* 12
ball **pelota** *f.* 4
ballet **ballet** *m.*
banana **banana** *f.* 8
band **banda** *f.*
bank **banco** *m.* 14
bargain **ganga** *f.* 6; **regatear** *v.* 6
baseball (*game*) **béisbol** *m.* 4
basement **sótano** *m.* 12
basketball (*game*) **baloncesto** *m.* 4
bath **baño** *m.*
  take a bath **bañarse** *v.* 7
bathe **bañarse** *v.* 7
bathing suit **traje** *m.* **de baño** 6
bathroom **baño** *m.* 7; **cuarto de baño** *m.*
be **ser** *v.* 1; **estar** *v.* 2
be… years old **tener… años** 3
beach **playa** *f.* 5
  go to the beach **ir a la playa** 5
beans **frijoles** *m., pl.* 8
beautiful **hermoso/a** *adj.* 6
beauty **belleza** *f.* 14
  beauty salon **peluquería** *f.*; **salón** *m.* **de belleza** 14
because **porque** *conj.* 2
  because of **por** *prep.*
become (+ *adj.*) **ponerse (+ adj.)** 7; **convertirse** *v.*
bed **cama** *f.* 5
  go to bed **acostarse (o:ue)** *v.* 7
bedroom **alcoba** *f.* 12; **cuarto** *m.*; **recámara** *f.*
beef **carne** *f.* **de res** 8
  beef soup **caldo** *m.* **de patas** 8
been **sido** *p.p.* 15
beer **cerveza** *f.* 8
before **antes** *adv.* 7; **antes de** *prep.* 7; **antes (de) que** *conj.* 13
beg **rogar (o:ue)** *v.* 12
begin **comenzar (e:ie)** *v.* 4; **empezar (e:ie)** *v.* 4
behalf: on behalf of **de parte de** 11
behind **detrás de** *prep.* 2
believe **creer** *v.* 13
  believe (in) **creer** *v.* **(en)** 3
  believed **creído** *p.p.* 15
bellhop **botones** *m., f., sing.* 5
beloved **enamorado/a** *adj.*
below **debajo de** *prep.* 2
belt **cinturón** *m.* 6

benefit **beneficio** *m.* 16
beside **al lado de** *prep.* 2
besides **además (de)** *adv.* 10
best **mejor** *adj.* 8
  the best **el/la mejor** *m., f.* 8; **lo mejor** *neuter*
better **mejor** *adj.* 8
  It's better that… **Es mejor que…** 12
between **entre** *prep.* 2
bicycle **bicicleta** *f.* 4
big **gran, grande** *adj.* 3
  bigger **mayor** *adj.* 8
  biggest, (the) **el/la mayor** *m., f.* 8
bill **cuenta** *f.* 9
billion **mil millones** 6
biology **biología** *f.* 2
bird **pájaro** *m.* 13; **ave** *f.*
birth **nacimiento** *m.* 9
birthday **cumpleaños** *m., sing.* 9
  birthday cake **pastel de cumpleaños** 9
  have a birthday **cumplir** *v.* **años** 9
biscuit **bizcocho** *m.*
black **negro/a** *adj.* 6
blackberry **mora** *f.* 8
blackboard **pizarra** *f.* 2
blanket **manta** *f.* 12
block (city) **cuadra** *f.* 14
blond **rubio/a** *adj.* 3
blouse **blusa** *f.* 6
blue **azul** *adj.* 6
boarding house **pensión** *f.* 5
boat **barco** *m.* 5
body **cuerpo** *m.* 10
bone **hueso** *m.* 10
book **libro** *m.* 2
bookcase **estante** *m.* 12
bookshelves **estante** *m.* 12
bookstore **librería** *f.* 2
boot **bota** *f.* 6
bore **aburrir** *v.* 7
bored **aburrido/a** *adj.* 5
  be bored **estar** *v.* **aburrido/a** 5
  get bored **aburrirse** *v.*
boring **aburrido/a** *adj.* 5
born: be born **nacer** *v.* 9
borrow **pedir prestado** 14
borrowed **prestado/a** *adj.*
boss **jefe** *m.*, **jefa** *f.* 16
bottle **botella** *f.* 9
  bottle of wine **botella de vino** 9
bother **molestar** *v.* 7
bottom **fondo** *m.*
boulevard **bulevar** *m.*
boy **chico** *m.* 1; **muchacho; niño** *m.* 3
boyfriend **novio** *m.* 3
brakes **frenos** *m., pl.* 11
bread **pan** *m.* 8
break **romper(se)** *v.* 10
  break (one's leg) **romperse (la pierna)** 10

breakdown **dañar** *v.* 10
  The bus broke down. **Se nos dañó el autobús.** 11
  break up (with) **romper** *v.* **(con)** 9
breakfast **desayuno** *m.* 8
  have breakfast **desayunar** *v.* 8
breathe **respirar** *v.* 13
bring **traer** *v.* 4
broadcast **transmitir** *v.*; **emitir** *v.*
brochure **folleto** *m.*
broken **roto/a** *adj.* 10; **roto/a** *p.p.* 15
  be broken **estar roto/a** 10
brother **hermano** *m.* 3
  brother-in-law **cuñado** *m., f.* 3
  brothers and sisters **hermanos** *m., pl.* 3
brought **traído/a** *p.p.* 15
brown **café** *adj.* 6; **marrón** *adj.*
brunet(te) **moreno/a** *adj.*
brush **cepillar** *v.* 7
  brush one's hair **cepillarse el pelo** 7
  brush one's teeth **cepillarse los dientes** 7
build **construir** *v.*
building **edificio** *m.* 12
bullfight **corrida** *f.* **de toros**
bump into (*meet accidentally*) **darse con**
burned (out) **quemado/a** *adj.* 11
bus **autobús** *m.* 1
  bus station **estación** *f.* **de autobuses** 5
business **negocios** *m., pl.* 16
  business administration **administración** *f.* **de empresas** 2
  business-related **comercial** *adj.* 16
businessman **hombre** *m.* **de negocios** 16
businesswoman **mujer** *f.* **de negocios** 16
busy **ocupado/a** *adj.* 5
but **pero** *conj.* 2; **sino** *conj.* (*in negative sentences*)
butcher shop **carnicería** *f.* 14
butter **mantequilla** *f.* 8
buy **comprar** *v.* 2
by **por** *conj.* 11; **para** *prep.* 11
  by means of **por** *prep.* 11
  by phone **por teléfono**
  by plane **en avión** 5
  by way of **por** *prep.* 11
bye **chau** *interj. fam.* 1

C

cabin **cabaña** *f.* 5
cable television **televisión** *f.* **por cable** *m.* 11
café **café** *m.* 4

cafeteria **cafetería** *f.* 2
cake **pastel** *m.* 9
calculator **calculadora** *f.* 11
call **llamar** *v.* 11
  call on the phone **llamar por teléfono**
  be called **llamarse** *v.* 7
calm **tranquilo/a** *adj.* 15
  Stay calm! **¡Tranquilo/a!**
calorie **caloría** *f.* 15
camera **cámara** *f.* 11
camp **acampar** *v.* 5
can **lata** *f.* 13
can **poder (o:ue)** *v.* 4
Canadian **canadiense** *adj.* 3
candidate **aspirante** *m. f.* 16;
  candidate **candidato/a** *m., f.*
candy **dulces** *m., pl.* 9
capital city **capital** *f.* 1
car **coche** *m.* 11; **carro** *m.* 11;
  auto(móvil) *m.* 5
caramel **caramelo** *m.*
card **tarjeta** *f.* 4; (*playing*) **carta** *f.*
care **cuidado** *m.* 3
  take care of **cuidar** *v.* 13
career **carrera** *f.* 16
careful: be (very) careful **tener** *v.*
  (mucho) cuidado 3
caretaker **ama** *m., f.* **de casa** 12
carpenter **carpintero/a** *m., f.* 16
carpet **alfombra** *f.*
carrot **zanahoria** *f.* 8
carry **llevar** *v.* 2
cartoons **dibujos** *m., pl.* **animados**
case: in case (that) **en caso (de) que**
  13
cash (a check) **cobrar** *v.* 14; **efectivo** *m.*
  cash register **caja** *f.* 6
  pay in cash **pagar** *v.* **al contado**
    pagar en efectivo
cashier **cajero/a** *m., f.*
cat **gato/a** *m., f.* 13
celebrate **celebrar** *v.* 9
cellar **sótano** *m.* 12
cellular **celular** *adj.* 11
  cellular telephone **teléfono** *m.*
    celular 11
cereal **cereales** *m., pl.* 8
certain **cierto** *m.*; **seguro** *m.* 13
  it's (not) certain **(no) es**
    seguro/cierto 13
chair **silla** *f.* 2
chalk **tiza** *f.* 2
champagne **champán** *m.* 9
change **cambiar** *v.* **(de)** 9
channel (*TV*) **canal** *m.*
character (*fictional*) **personaje** *m.*
  main character **personaje principal**
charge (for a product or service)
  cobrar *v.* 14
chauffeur **conductor(a)** *m., f.* 1
chat **conversar** *v.* 2
cheap **barato/a** *adj.* 6

check **comprobar** *v.; **revisar** *v.* 11;
  (*bank*) **cheque** *m.* 14
  check the oil **revisar el aceite** 11
checking account **cuenta** *f.* **corriente**
  14
cheese **queso** *m.* 8
chef **cocinero/a** *m., f.* 16
chemistry **química** *f.* 2
chest of drawers **cómoda** *f.* 12
chicken **pollo** *m.* 8
child **niño/a** *m., f.* 3
childhood **niñez** *f.* 9
children **hijos** *m., pl.* 3
Chinese **chino/a** *adj.*
chocolate **chocolate** *m.*
  chocolate cake **pastel** *m.* **de**
    chocolate
cholesterol **colesterol** *m.* 15
choose **escoger** *v.*
chop (*food*) **chuleta** *f.* 8
Christmas **Navidad** *f.* 9
church **iglesia** *f.* 4
citizen **ciudadano/a** *m., f.*
city **ciudad** *f.* 4
class **clase** *f.* 2
  take classes **tomar** *v.* **clases** 2
classical **clásico/a** *adj.*
classmate **compañero/a** *m., f.* **de**
  clase 2
clean **limpio/a** *adj.* 5; **limpiar** *v.* 12
  clean the house *v.* **limpiar la casa**
  12
clear (*weather*) **despejado/a** *adj.* 5
  clear the table **quitar** *v.* **la mesa** 12
  It's clear. (*weather*) **Está**
    despejado. 5
clerk **dependiente/a** *m., f.* 6
client **cliente/a** *m., f.* 6
climb **escalar** *v.* 4
  climb mountains **escalar**
    montañas 4
clinic **clínica** *f.* 10
clock **reloj** *m.* 2
close **cerrar (e:ie)** *v.* 4
closed **cerrado/a** *adj.* 5
closet **armario** *m.* 12
clothes **ropa** *f.* 6
  clothes dryer **secadora** *f.* 12
clothing **ropa** *f.* 6
cloud **nube** *f.* 13
cloudy **nublado/a** *adj.* 5
  It's (very) cloudy. **Está (muy)**
    nublado. 5
coat **abrigo** *m.* 6
coffee **café** *m.* 8
  coffee maker **cafetera** *f.*
cold **frío** *m.* 3; (*disease*) **resfriado** *m.*
  10
  be (very) cold (*feel*) **tener (mucho)**
    frío 3
  It's (very) cold. (*weather*) **Hace**
    (mucho) frío. 5
college **universidad** *f.*

collision **choque** *m.*
color **color** *m.* 6
comb one's hair **peinarse** *v.* 7
come **venir** *v.* 3
comedy **comedia** *f.*
comfortable **cómodo/a** *adj.* 5
commerce **negocios** *m., pl.* 16
commercial **comercial** *adj.* 16
communicate (with) **comunicarse** *v.*
  (con)
communication **comunicación** *f.*
  means of communication
    medios *m., pl.* **de comunicación**
community **comunidad** *f.* 1
compact disc (CD) **disco** *m.* **compacto**
  11
  compact disc player **tocadiscos** *m.*
    sing. **compacto** 11
company **compañía** *f.* 16; **empresa** *f.*
  16
comparison **comparación** *f.*
completely **completamente** *adv.*
composer **compositor(a)** *m., f.*
computer **computadora** *f.* 1, 11
  computer disc **disco** *m.* 11
  computer monitor **monitor** *m.* 11
  computer programmer
    programador(a) *m., f.* 3
  computer science **computación** *f.* 2
concert **concierto** *m.*
conductor (*musical*) **director(a)** *m., f.*
confirm **confirmar** *v.* 5
  confirm a reservation **confirmar**
    una reservación 5
congested **congestionado/a** *adj.* 10
Congratulations! (*for an event such as*
  a birthday or anniversary)
    ¡Felicidades! 9; (*for an event*
    such as an engagement or a good
    grade on a test) *f., pl.*
    ¡Felicitaciones! 9
conservation **conservación** *f.* 13
conserve **conservar** *v.* 13
considering **para** *prep.* 11
consume **consumir** *v.* 15
contact lenses **lentes** *m. pl.* **de**
  contacto
container **envase** *m.* 13
contamination **contaminación** *f.*
content **contento/a** *adj.* 5
contest **concurso** *m.*
continue **seguir (e:i)** *v.* 4
control **control** *m.*; **controlar** *v.* 13
  be under control **estar bajo control**
conversation **conversación** *f.* 2
converse **conversar** *v.*
cook **cocinar** *v.* 12; **cocinero/a** *m., f.*
  16
cookie **galleta** *f.* 9
cool **fresco/a** *adj.* 5
  It's cool. (*weather*) **Hace fresco.** 5
corn **maíz** *m.*
corner **esquina** *m.* 14

cost **costar (o:ue)** *v.* 6
cotton **algodón** *m.* 6
  (made of) cotton **de algodón** 6
couch **sofá** *m.* 12
couch potato **teleadicto/a** *m., f.* 15
cough **tos** *f.* 10; **toser** *v.* 10
counselor **consejero/a** *m., f.* 16
count (on) **contar** *v.* **(con)** 12
country (*nation*) **país** *m.* 1
countryside **campo** *m.* 5; **paisaje** *m.*
couple **pareja** *f.* 9
  couple (married) **matrimonio** *m.* 9
course **curso** *m.* 2; **materia** *f.*
courtesy **cortesía** *f.*
cousin **primo/a** *m., f.* 3
cover **cubrir** *v.*
covered **cubierto** *p.p.*
cow **vaca** *f.* 13
cowboy **vaquero** *m.*
crafts **artesanía** *f.*
craftsmanship **artesanía** *f.*
crash **chocar** *v.* **(con)** 11
crater **cráter** *m.* 13
crazy **loco/a** *adj.* 6
create **crear** *v.*
credit **crédito** *m.* 6
  credit card **tarjeta** *f.* **de crédito** 6
crime **crimen** *m.*
cross **cruzar** *v.* 14
culture **cultura** *f.*
cup **taza** *f.* 12
currency exchange **cambio** *m.* **de moneda**
current events **actualidades** *f., pl.*
curriculum vitae **currículum** *m.*
curtains **cortinas** *f., pl.* 12
custard (*baked*) **flan** *m.* 9
custom **costumbre** *f.*
customer **cliente/a** *m., f.*
customs **aduana** *f.* 5
  customs inspector **inspector(a)** *m., f.* **de aduanas** 5
cycling **ciclismo** *m.* 4

D

dad **papá** *m.* 3
daily **diario/a** *adj.* 7
  daily routine **rutina** *f.* **diaria** 7
damage **dañar** *v.* 10
dance **bailar** *v.* 2; **danza** *f.* **baile** *m.*
dancer **bailarín/bailarina** *m., f.* 16
danger **peligro** *m.* 13
dangerous **peligroso/a** *adj.*
dark-haired **moreno/a** *adj.* 3
date (*appointment*) **cita** *f.* 9;
  (*calendar*) **fecha** *f.* 5; (*someone*)
  salir *v.* **con (alguien)** 9
  date: have a date **tener** *v.* **una cita** 9
daughter **hija** *f.* 3
  daughter-in-law **nuera** *f.* 3
day **día** *m.* 1
  day before yesterday **anteayer**

adv. 6
deal **trato** *m.*
  It's a deal. **Trato hecho.**
  It's not a big deal. **No es para tanto.** 12
death **muerte** *f.* 9
decaffeinated **descafeinado/a** *adj.* 15
December **diciembre** *m.* 5
decide **decidir** *v.* 3
decided **decidido/a** *adj.*
declare **declarar** *v.*
deforestation **deforestación** *f.* 13
delicious **delicioso/a** *adj.* 8; **rico/a** *adj.* 8; **sabroso/a** *adj.* 8
delighted **encantado/a** *adj.* 1
dentist **dentista** *m., f.* 10
deny **negar (e: ie)** *v.* 13
department store **almacén** *m.* 6
departure **salida** *f.* 5
deposit **depositar** *v.* 14
describe **describir** *v.* 3
described **descrito/a** *p.p.* 15
desert **desierto** *m.* 13
design **diseño** *m.*
designer **diseñador(a)** *m., f.* 16
desire **desear** *v.* 12
desk **escritorio** *m.* 2
dessert **postre** *m.* 9
destroy **destruir** *v.* 13
develop **desarrollar** *v.* 13
diary **diario** *m.* 1
dictatorship **dictadura** *f.*
dictionary **diccionario** *m.* 1
die **morir (o:ue)** *v.* 8
died **muerto/a** *p.p.* 15
diet **dieta** *f.* 15
  balanced diet **dieta equilibrada** 15
  be on a diet **estar** *v.* **a dieta** 15
difficult **difícil** *adj.* 3
dining room **comedor** *m.* 12
dinner **cena** *f.* 8
  have dinner **cenar** *v.* 8
direction: in the direction of **para** *prep.* 11
directions **direcciones** *f., pl.* 14
  give directions **dar direcciones** 14
director **director(a)** *m., f.*
dirty **ensuciar** *v.*; **sucio/a** *adj.* 5
  get (something) dirty **ensuciar** *v.* 12
disagree **no estar de acuerdo**
disaster **desastre** *m.*
discover **descubrir** *v.* 13
discovered **descubierto** *p.p.* 15
discrimination **discriminación** *f.*
dish **plato** *m.* 8
  main dish **plato principal** 8
dishwasher **lavaplatos** *m., sing.* 12
disk **disco** *m.* 11
disorderly **desordenado/a** *adj.* 5
dive **bucear** *v.* 4
divorce **divorcio** *m.* 9
divorced **divorciado/a** *adj.* 9

get divorced (from) **divorciarse** *v.* **(de)** 9
dizzy **mareado/a** *adj.* 10
do **hacer** *v.* 4
  do aerobics **hacer ejercicios aeróbicos** 15
  do errands **hacer diligencias**
  do household chores **hacer quehaceres domésticos** 12
  do stretching exercises **hacer ejercicios de estiramiento** 15
doctor **médico/a** *m., f.* 3; **doctor(a)** *m., f.* 10
documentary (*film*) **documental** *m.*
dog **perro/a** *m., f.* 13
domestic **doméstico/a** *adj.*
  domestic appliance **electrodoméstico** *m.* 12
done **hecho/a** *p.p.* 15
door **puerta** *f.* 2
dormitory **residencia** *f.* **estudiantil** 2
double **doble** *adj.* 5
  double room **habitación** *f.* **doble** 5
doubt **duda** *f.* 13; **dudar** *v.* 13
  There is no doubt... **No cabe duda de...** 13; **No hay duda de...** 13
Down with... ! **¡Abajo el/la...!**
downtown **centro** *m.* 4
drama **drama** *m.*
dramatic **dramático/a** *adj.*
draw **dibujar** *v.* 2
drawing **dibujo** *m.*
dress **vestido** *m.* 6
  get dressed **vestirse (e:i)** *v.* 7
drink **beber** *v.* 3; **bebida** *f.* 8; **tomar** *v.* 2
  Do you want something to drink? **¿Quieres algo de tomar?**
drive **conducir** *v.* 8; **manejar** *v.* 11
driver **conductor(a)** *m., f.* 1
drug *f.* **droga** 15
  drug addict **drogadicto/a** *adj.* 15
due to **por** *prep.*
  due to the fact that **debido a**
during **durante** *prep.* 7; **por** *prep.* 11
dust **sacudir** *v.* 12
  dust the furniture **sacudir los muebles** 12
dying: I'm dying to (for)... **me muero por...**

E

each **cada** *adj.* 6
eagle **águila** *f.*
ear (outer) **oreja** *f.* 10
early **temprano** *adv.* 7
earn **ganar** *v.* 16
earthquake **terremoto** *m.*
ease **aliviar** *v.*
east **este** *m.* 14
  to the east **al este** 14
easy **fácil** *adj.* 3

extremely easy **facilísimo** 8
eat **comer** *v.* 3
ecology **ecología** *f.* 13
economics **economía** *f.*
ecotourism **ecoturismo** *m.* 13
Ecuador **Ecuador** *m.* 1
Ecuadorian **ecuatoriano/a** *adj.* 3
effective **eficaz** *adj. m., f.*
egg **huevo** *m.* 8
eight **ocho** 1
eight hundred **ochocientos/as** 6
eighteen **dieciocho** 1
eighth **octavo/a** 5
eighty **ochenta** 2
either… or **o… o** *conj.* 7
elect **elegir** *v.*
election **elecciones** *f., pl.*
electrician **electricista** *m., f.* 16
electricity **luz** *f.*
elegant **elegante** *adj.* 6
elevator **ascensor** *m.* 5
eleven **once** 1
e-mail **correo** *m.* **electrónico** 4
   e-mail message **mensaje** *m.*
     electrónico 4
   read e-mail **leer** *v.* **el correo**
     electrónico 4
embarrassed **avergonzado/a** *adj.* 5
embrace (each other) **abrazar(se)** *v.*
emergency **emergencia** *f.* 10
   emergency room **sala** *f.* **de**
     emergencia(s) 10
employee **empleado/a** *m., f.* 5
employment **empleo** *m.* 16
end **fin** *m.* 4; **terminar** *v.* 2
   end table **mesita** *f.*12
energy **energía** *f.*13
engaged: get engaged (to)
   comprometerse *v.* **(con)** 9
engineer **ingeniero/a** *m., f.* 3
English (*language*) **inglés** *m.* 2;
   inglés, inglesa *adj.* 3
enjoy **disfrutar** *v.* **(de)** 15
enough **bastante** *adj.* 10
entertainment **diversión** *f.* 4
entrance **entrada** *f.* 12
envelope **sobre** *m.*14
environment **medio ambiente** *m.* 13
equality **igualdad** *f.*
equipped **equipado/a** *adj.* 15
eraser **borrador** *m.* 2
errand *f.* **diligencia** 14
establish **establecer** *v.*
evening **tarde** *f.* 1
event **acontecimiento** *m.*
every day **todos los días** 10
everybody **todos** *m., pl.*
everything **todo** *m.* 5
   Everything is under control. **Todo**
     está bajo control.
exactly **en punto** *adv.* 1
exam **examen** *m.* 2
excellent **excelente** *adj.* 5

excess **exceso** *m.* 15
   in excess **en exceso** 15
exchange **intercambiar** *v.*
   in exchange for **por** 11
exciting **emocionante** *adj. m., f.*
excursion **excursión** *f.* 4
excuse **disculpar** *v.*
Excuse me. (*May I?*) **Con permiso.** 1;
   (*I beg your pardon.*) **Perdón.** 1
exercise **ejercicio** *m.* 15
   hacer *v.* **ejercicio** 15
exit **salida** *f.* 5
expensive **caro/a** *adj.* 6
experience **experiencia** *f.*
explain **explicar** *v.* 2
explore **explorar** *v.*
   explore a city/town **explorar una**
     ciudad/pueblo
expression **expresión** *f.*
extinction **extinción** *f.* 13
eye **ojo** *m.* 10

F

fabulous **fabuloso/a** *adj* 5
face **cara** *f.* 7
facing **enfrente de** *prep.* 14
fact: in fact **de hecho**
fall (down) **caerse** *v.* 10
   fall asleep **dormirse (o:ue)** *v.* 7
   fall in love (with) **enamorarse** *v.*
     (de) 9
fall (season) **otoño** *m.* 5
fallen **caído/a** *p.p.* 15
family **familia** *f.* 3
famous **famoso/a** *adj.* 16
fan **aficionado/a** *adj.* 4
   be a fan (of) **ser aficionado/a (a)** 4
far from **lejos de** *prep.* 2
farewell **despedida** *f.*
fascinate **fascinar** *v.* 7
fashion **moda** *f.* 6
   be in fashion **estar** *v.* **de moda** 6
fast **rápido/a** *adj.*
fat **gordo/a** *adj.* 3; **grasa** *f.* 15
father **padre** *m.* 3
father-in-law **suegro** *m.* 3
favorite **favorito/a** *adj.* 4
fax (machine) **fax** *m.* 11
fear **miedo** *m.* 3; **temer** *v.* 13
February **febrero** *m.* 5
feel *v.* **sentir(se) (e:ie)** 7
   feel like (*doing something*) **tener**
     ganas de (+ *inf.*) 3
festival **festival** *m.*
fever **fiebre** *f.* 10
   have a fever **tener** *v.* **fiebre** 10
few **pocos/as** *adj. pl.*
field: field of study **especialización** *f.*
   16
fifteen **quince** 1
   young woman's fifteenth birthday

celebration **quinceañera** *f.* 9
fifth **quinto/a** *adj.* 5
fifty **cincuenta** 2
fight **luchar** *v.* **(por)**
figure (*number*) **cifra** *f.*
file **archivo** *m.* 11
fill **llenar** *v.*
   fill out a form **llenar un formulario**
     14
   fill up the tank **llenar el tanque** 11
finally **finalmente** *adv*; **por último** 7;
   por fin 11
find **encontrar (o:ue)** *v.* 4
   find (each other) **encontrar(se)** *v.*
fine arts **bellas artes** *f., pl.*
fine **multa** *f.* 11
   That's fine. **Está bien.** 11
finger **dedo** *m.* 10
finish **terminar** *v.* 4
   finish (*doing something*)
     terminar *v.* **de (+ *inf.*)**
fire **incendio** *m.*; **despedir (e:i)** *v.* 16
firefighter **bombero/a** *m., f.* 16
firm **compañía** *f.* 16; **empresa** *f.* 16
first **primer, primero/a** *adj.* 5
fish (*food*) **pescado** *m.* 8; **pescar** *v.* 5;
   (*live*) **pez** *m.* 13
   fish market **pescadería** *f.* 14
fisherman **pescador** *m.*
fisherwoman **pescadora** *f.*
fishing **pesca** *f.* 5
fit (*clothing*) **quedar** *v.* 7
five **cinco** *adj., pron.* 1
five hundred **quinientos/as** 6
fix (*put in working order*) **arreglar** *v.*
   11
fixed **fijo/a** *adj.* 6
flag **bandera** *f.*
flank steak **lomo** *m.* 8
flat tire: We got a flat tire. **Se nos**
   pinchó una llanta. 11
flexible **flexible** *adj.* 15
flood **inundación** *f.*
floor (*story in a building*) **piso** *m.* 5;
   suelo *m.*12
   ground floor **planta** *f.* **baja** 5
   top floor **planta** *f.* **alta**
flower **flor** *f.* 13
flu **gripe** *f.* 10
fog **niebla** *f.*
foggy: It's (very) foggy. **Hay (mucha)**
   niebla. 5
folk **folklórico/a** *adj.*
follow **seguir (e:i)** *v.* 4
food **comida** *f.* 8
foolish **tonto/a** *adj.* 3
foot **pie** *m.* 10
football **fútbol** *m.* **americano** 4
for **para** *prep.* 11; **por** *prep.* 11
   for example **por ejemplo** 11
   for me **para mí**
forbid **prohibir** *v.*
foreign **extranjero/a** *adj.*

Vocabulario   English-Spanish

foreign languages **lenguas**
  f., pl. **extranjeras** 2
forest **bosque** *m.* 13
forget **olvidar** *v.* 10
fork **tenedor** *m.* 12
form **formulario** *m.* 14
forty **cuarenta** *m.* 2
forward **en marcha** *adv.*
four **cuatro** *adj., pron.* 1
four hundred **cuatrocientos/as** *adj.,*
  pron. 6
fourteen **catorce** *adj., pron.* 1
fourth **cuarto/a** *adj.* 5
free **libre** *adj.* 4
  be free of charge **ser gratis** 14
  free time **tiempo** *m.* **libre** 4;
    ratos *m., pl.* **libres**
freedom **libertad** *f.*
freezer **congelador** *m.*
French **francés, francesa** *adj.* 3
  French fries **papas** *f., pl* **fritas** 8;
    patatas *f., pl* **fritas** 8
frequently **frecuentemente** *adv.* 10;
  con frecuencia 10
Friday **viernes** *m., sing.* 2
fried **frito/a** *adj.*8
  fried potatoes **papas** *f., pl.* **fritas**;
    patatas *f., pl.* **fritas**
friend **amigo/a** *m., f.* 3
friendly **amable** *adj.* 5
friendship **amistad** *f.* 9
from **de** *prep.* 1; **desde** *prep.* 6
  from where? **¿de dónde?** 9
  from the United States
    estadounidense *adj.* 3
  from time to time **de vez en**
    cuando 10
  He/She/It is from… **Es de…** 1
  I'm from… **Soy de…** 1
fruit **fruta** *f.* 8
  fruit juice **jugo** *m.* **de fruta** 8
  fruit store **frutería** *f.* 14
full **lleno/a** *adj.*11
fun **divertido/a** *adj.* 7
  fun activity **diversión** *f.* 4
  have fun **divertirse (e:ie)** *v.* 9
function **funcionar** *v.*
furniture **muebles** *m., pl.* 12
furthermore **además (de)** *adv.* 10
future **futuro** *m.* 16; **porvenir** *m.* 16
  in the future **en el futuro** 16

G

gain weight **aumentar** *v.* **de peso** 15;
  engordar *v.* 15
game (*match*) **partido** *m.* 4; **juego** *m.* 5
  game show **concurso** *m.*
garage **garaje** *m.* 12
garden **jardín** *m.* 12
garlic **ajo** *m.* 8
gas station **gasolinera** *f.* 11

gasoline **gasolina** *f.* 11
geography **geografía** *f.* 2
German **alemán, alemana** *adj.* 3
get **conseguir (e:i)** *v.* 4; **obtener** *v.* 16
  get along well/badly (with)
    llevarse bien/mal (con) 9
  get bored **aburrirse** *v.*
  get off of/out of (a vehicle)
    bajar(se) *v.* **de** 11
  get on/into (a vehicle) **subir(se)** *v.* **a**
    11
  get up **levantarse** *v.* 7
gift **regalo** *m.* 6
girl **chica** *f.* 1; **muchacha; niña** *f.* 3
girlfriend **novia** *f.* 3
give **dar** *v.* 6; (*as a gift*) **regalar** 9
glass (*drinking*) **vaso** *m.* 12; **vidrio** *m.*
  13
  (made of) glass **de vidrio** 13
glasses **gafas** *f., pl.* 6
  sunglasses **gafas de sol** 6
gloves **guantes** *m., pl.* 6
go **ir** *v.* 4
  go away **irse** 7
  go by boat **ir en barco** 5
  go by bus **ir en autobús** 5
  go by car **ir en auto(móvil)** 5
  go by motorcycle **ir en**
    motocicleta 5
  go by plane **ir en avión** 5
  go by subway **ir en metro**
  go by taxi **ir en taxi** 5
  go by the bank **pasar por el banco**
    14
  go by train **ir en tren**
  go by **pasar** *v.* **por**
  go down; **bajar** *v.* 11
  go fishing **ir de pesca** 5
  go for a hike (in the mountains) **ir**
    de excursión (a las montañas)
    4
  go out **salir** *v.* 9
  go out with **salir con** 4, 9
  go through customs **pasar por la**
    aduana 5
  go up **subir** *v.* 11
  go with **acompañar** *v.* 14
  Let's get going. **En marcha.** 15
  Let's go. **Vamos.** 4
goblet **copa** *f.* 12
going to: be going to (*do something*) **ir**
  a (+ *inf.*) 4
golf **golf** *m.* 4
good **buen, bueno/a** *adj.* 1, 3
  Good afternoon. **Buenas tardes.** 1
  Good evening. **Buenas noches.** 1
  Good idea! **¡Buena idea!** 4
  Good morning. **Buenos días.** 1
  Good night. **Buenas noches.** 1
  I'm good, thanks. **Bien, gracias.**
  It's good that… **Es bueno que…**
    12
goodbye **adiós** *m.* 1

say goodbye (to) **despedirse** *v.*
  (de) (e:i) 7
good-looking **guapo/a** *adj.* 3
government **gobierno** *m.* 13
graduate (from) **graduarse** *v.* **(de)** 9
grains **cereales** *m., pl.* 8
granddaughter **nieta** *f.* 3
grandfather **abuelo** *m.* 3
grandmother **abuela** *f.* 3
grandparents **abuelos** *m., pl.* 3
grandson **nieto** *m.* 3
grape **uva** *f.* 8
grass **hierba** *f.* 13; **césped** *m.*
grave **grave** *adj.* 10
gray **gris** *adj. m., f.* 6
great **gran, grande** *adj.* 3;
  fenomenal *adj.* 5
green **verde** *adj. m., f.* 5
greet (each other) **saludar(se)** *v.*
greeting **saludo** *m.* 1
  Greetings to… **Saludos a…** 1
grilled (*food*) **a la plancha** 8
  grilled flank steak **lomo a la**
    plancha 8
ground floor **planta** *f.* **baja** 5
guest (*at a house/hotel*) **huésped** *m., f.*
  5; (*invited to a function*) **invitado/a**
  m., f. 9
guide **guía** *m., f.*
gym **gimnasio** *m.* 4
gymnasium **gimnasio** *m.* 4

H

hair **pelo** *m.* 7
hairdresser **peluquero/a** *m., f.* 16 hairdressing salon **peluquería** *f.* 14;
half **medio/a** *adj.* 3
  half-brother **medio hermano** 3;
  half-sister **media hermana** 3
  half-past (*time*) **y media** 1
hallway **pasillo** *m.* 12
ham **jamón** *m.* 8
hamburger **hamburguesa** *f.* 8
hand **mano** *f.* 1
Hands up! **¡Manos arriba!**
handsome **guapo/a** *adj.* 3
happen **ocurrir** *v.*
happiness **alegría** *f.* 9
Happy birthday! **¡Feliz cumpleaños!** 9
happy **alegre** *adj.* 5; **contento/a** *adj.* 5;
  feliz *adj.* 5
  be happy **alegrarse** *v.* **(de)** 13
hard **difícil** *adj.* 3
hard-working **trabajador(a)** *adj.* 3
hardly **apenas** *adv.* 10
haste **prisa** *f.* 3
hat **sombrero** *m.* 6
hate **odiar** *v.* 9
have **tener** *v.* 3
  Have a good trip! **¡Buen viaje!** 1
  have a tooth pulled **sacar(se) una**

muela 10

have to (*do something*) **tener
que (+ *inf.*)** 3; **deber (+ *inf.*)** 3

he **él** *sub. pron.* 1

he is **él es** 1

he/she/it is, you (*form., sing.*) are **está**
2

head **cabeza** *f.* 10

headache **dolor de cabeza** *m.* 10

health **salud** *f.* 10

healthful **saludable** *adj.*

healthy **sano/a, saludable** *adj.* 10

lead a healthy life **llevar** *v.* **una
vida sana** 15

hear **oír** *v.* 4

heard **oído/a** *p.p.* 15

hearing: sense of hearing **oído** *m.*

heart **corazón** *m.* 10

heat **calor** *m.* 3

Hello. **Hola.** *interj.* 1; (*on the
telephone*) **Aló.** 11; **¿Bueno?** 11;
Diga. 11

help **ayudar** *v.* 12; **servir (e:i)** *v.* 5

help each other **ayudarse** *v.*

her **su(s)** *poss. adj.* 3; **la** *pron.* 5; **le**
pron. 6;

hers **suyo(s)/a(s)** *poss. pron.* 11

here **aquí** *adv.* 1

Here it is… **Aquí está…** 5

Here we are at/in… **Aquí estamos
en…** 2

It's not here. **No está.** 5

Hi. **Hola.** *interj.* 1

highway **autopista** *f.*; **carretera** *f.*

hike **excursión** *f.* 4

go on a hike **hacer una excursión**
5; **ir de excursión** 4

hiker **excursionista** *m., f.* 4

hiking **de excursión** 4

him **lo** *pron.* 5; **le** *pron.* 6

hire **contratar** *v.* 16

his **su(s)** *poss. adj.* 3; **suyo(s)/a(s)**
poss. pron. 11

history **historia** *f.* 2

hobby **pasatiempo** *m.* 4

hockey **hockey** *m.* 4

holiday **día** *m.* **de fiesta** 9

home **hogar** *m.* 12

home page **página** *f.* **principal** 11

homework **tarea** *f.* 2

hood (car) **capó** *m.* 11

hope **esperar** *v.* 2, 13

I hope (that) **Ojalá (que)** *interj.* 13

horror **horror** *m.*

hors d'oeuvres **entremeses** *m., pl.* 8

horse **caballo** *m.* 5

hospital **hospital** *m.* 10

hot **picante** *adj.* 8

hot: be (very) hot (*feel*) **tener
(mucho) calor** 3; (*weather*) **hacer
(mucho) calor** 5

hotel **hotel** *m.* 5

hour **hora** *f.* 1

house **casa** *f.* 4

household chores **quehaceres** *m., pl.*
domésticos 12

housekeeper **ama** *m., f.* **de casa** 12

housing **vivienda** *f.* 12

How…! **¡Qué…!** 3

how **¿cómo?** *adv.* 1, 9

How are you? **¿Qué tal?** 1

How are you? **¿Cómo estás?**
fam. 1

How are you? **¿Cómo está usted?**
form. 1

How can I help you? **¿En qué
puedo servirles?** 5

How did… go for you? **¿Cómo les
fue…?** 15

How is it going? **¿Qué tal?** 1

How is/are … ? **¿Qué tal…?** 2

How much/many?
¿Cuánto(s)/a(s)? 1, 9

How much does… cost? **¿Cuánto
cuesta…?** 6

How old are you? **¿Cuántos
años tienes?** *fam.* 3

How's the weather? **¿Qué tiempo
hace?** 5

however **sin embargo** *adv.*

hug (each other) **abrazar(se)** *v.*

humanities **humanidades** *f., pl.*

hunger **hambre** *f.* 3

hundred **cien, ciento** *m.* 2

hungry: be (very) hungry **tener** *v.*
(mucha) hambre 3

hurricane **huracán** *m.*

hurry **apurarse; darse prisa** *v.* 15

be in a (big) hurry **tener** *v.*
(mucha) prisa 3

hurt **doler (o:ue)** *v.* 10

It hurts me a lot. **Me duele mucho.**
10

husband **esposo** *m.* 3

I

I **yo** *sub. pron.* 1

I am… **Yo soy…** 1

I don't like them at all. **No me
gustan nada.** 2

I hope (that) **Ojalá (que)** *interj.* 13

I wish (that) **Ojalá (que)** *interj.* 13

I would like… **me gustaría(n)…** 7

I would like to introduce… to you.
Le presento a… *form.* 1;
Te presento a… *fam.* 1

ice cream **helado** *m.* 9

ice cream shop **heladería** *f.* 14

iced **helado/a** *adj.* 9

iced tea **té helado** 8

idea **idea** *f.* 4

if **si** *conj.* 13

illness **enfermedad** *f.* 10

important **importante** *adj.* 3

be important to **importar** *v.* 7, 12

It's important that… **Es
importante que…** 12

impossible **imposible** *adj.* 13

It's impossible… **Es imposible…**
13

improbable **improbable** *adj.* 13

It's improbable… **Es improbable…**
13

improve **mejorar** *v.* 13

in **en** *prep.* 2; **por** *prep.* 11

in the afternoon **de la tarde** 1;
por la tarde 7

in the evening **de la noche** 1;
(*early*) **por la tarde** 7

in the morning **de la mañana** 1;
por la mañana 7

in love (with) **enamorado/a (de)** 5

in which **en qué** 2

in front of **delante de** *prep.* 2;
enfrente 14

increase **aumento** *m.* 16

incredible **increíble** *adj.* 5

inequality **desigualdad** *f.*

infection **infección** *f.* 10

inform **informar** *v.*

inhabitants **habitantes** *m., pl* 13

injection **inyección** *f.* 10

give an injection **poner** *v.* **una
inyección** 10

injure (oneself) **lastimarse** *v.* 10

injure (one's foot) **lastimarse
(el pie)** 10

inner ear **oído** *m.*

insist (on) **insistir** *v.* **(en)** 12

installments: pay in installments
pagar *v.* **a plazos** 14

intelligent **inteligente** *adj.* 3

intend **pensar** *v.* **(+ *inf.*)** 4

interest **interesar** *v.* 7

interesting **interesante** *adj.* 3

be interesting to **interesar** *v.* 7

international **internacional** *adj. m., f.*

Internet **red** *f.*; **Internet** *m.* 11

interview **entrevista** *f.* 16; interview
entrevistar *v.* 16

interviewer **entrevistador(a)** *m., f.* 16

introduction **presentación** *f.*

invest **invertir (e:ie)** *v.* 16

invite **invitar** *v.* 9

iron clothes **planchar** *v.* **la ropa** 12

it **lo/la** *pron.* 5

Italian **italiano/a** *adj.* 3

its **su(s)** *poss. adj.* 3 , **suyo(s)/a(s)**
poss. pron. 11

J

jacket **chaqueta** *f.* 6

January **enero** *m.* 5

Japanese **japonés, japonesa** *adj.* 3

jeans **bluejeans** *m., pl.* 6

jewelry store **joyería** *f.* 14

job **empleo** *m.* 16; **puesto** *m.* 16; **trabajo** *m.* 16

   job application **solicitud** *f.* **de trabajo** 16

jog **correr** *v.*

journalism **periodismo** *m.* 2

journalist **periodista** *m., f.* 3; **reportero/a** *m., f.*

joy **alegría** *f.*

   give joy **dar** *v.* **alegría**

joyful **alegre** *adj.* 5

juice **jugo** *m.* 8

July **julio** *m.* 5

June **junio** *m.* 5

jungle **selva** *f.* 13, **jungla** *f.*

just **apenas** *adv.* 10

   have just done something **acabar de (+ inf.)** 6

K

keep (doing something) **seguir (e:ie)** *v.* 4

key **llave** *f.* 5

keyboard **teclado** *m.* 11

kilometer **kilómetro** *m.* 11

kind: That's very kind of you. **Muy amable.** *adj.* 5

kiss (each other) **besar(se)** *v.*; **beso** *m.* 6

kitchen **cocina** *f.* 12

knee **rodilla** *f.* 10

knife **cuchillo** *m.* 12

know **saber** *v.* 8; **conocer** *v.* 8

know how **saber** *v.* 8

L

laboratory **laboratorio** *m.* 2

lack **faltar** *v.* 7

lake **lago** *m.* 13

lamp **lámpara** *f.* 12

land **tierra** *f.* 13

landlord **dueño/a** *m., f.*

landscape **paisaje** *m.* 13

language **lengua** *f.* 2

laptop (computer) **computadora** *f.* **portátil** 11

large **gran, grande** *adj.* 3

large (*clothing size*) **talla** *f.* **grande** *adj.* 6

last **durar** *v.*; **pasado/a** *adj.* 6; **último/a** *adj.*

   last name **apellido** *m.* 9

   last night **anoche** *adv.* 6

   last week **la semana pasada** 6

   last year **el año pasado** 6

late **tarde** *adv.* 7

later **más tarde** *adv.* 7

   See you later. **Hasta la vista.** 1; **Hasta luego.** 1

laugh **reírse (e:i)** *v.* 9

laughed **reído** *p.p.* 15

laundromat **lavandería** *f.* 14

law **ley** *f.* 13

lawyer **abogado/a** *m., f.* 16

lazy **perezoso/a** *adj.*

learn **aprender** *v.* 3

least, (the) **el/la/los/las menos** 8

leave **salir** *v.* 4; **irse** *v.* 7

   leave a tip **dejar una propina** 9

   leave for (*a place*) **salir para** 4

   leave from **salir de** 4

   leave behind **dejar** *v.* 16

left **izquierdo/a** *adj.* 2

   be left behind **quedar** *v.* 10

   be left over **quedar** *v.* 7

   to the left of **a la izquierda de** 2

leg **pierna** *f.* 10

lemon **limón** *m.* 8

lend **prestar** *v.* 6

less **menos** *adv.* 10

   less… than **menos… que** 8

   less than (*+ number*) **menos de (+ *number*)** 8

lesson **lección** *f.* 1

let **dejar** *v.* 12

   let's see **a ver** 2

letter **carta** *f.* 4

lettuce **lechuga** *f.* 8

liberty **libertad** *f.*

library **biblioteca** *f.* 2

license (*driver's*) **licencia** *f.* **de conducir** 11

lie **mentira** *f.* 6

lie down **acostarse (o:ue)** *v.* 7

life **vida** *f.* 9

   of my life **de mi vida** 15

lifestyle: lead a healthy lifestyle **llevar una vida sana** 15

lift **levantar** *v.* 15

   lift weights **levantar pesas** 15

light **luz** *f.* 12

like **como** *prep.* 8; **gustar** *v.* 7

   like this **así** *adv.* 10

   like very much **encantar** *v.* 7

   I like… **me gusta(n)…** 2

   I like… very much *v.* **Me encanta…**

   Do you like…? **¿Te gusta(n)…?** 2

likeable **simpático/a** *adj.* 3

likewise **igualmente** *adv.* 1

line **línea** *f.* 4; **cola** (*queue*) *f.* 14

listen to **escuchar** *v.* 2

   Listen! (*command*) **¡Oye!** *fam., sing.*1; **¡Oigan!** *form., pl.*

   listen to music **escuchar música**

   listen to the radio **escuchar la radio**

literature **literatura** *f.*

little (*quantity*) **poco/a** *adj.* 5; **poco** *adv.* 10

live **vivir** *v.* 3

living room **sala** *f.* 12

loan **préstamo** *m.* 14; **prestar** *v.* 6

lobster **langosta** *f.* 8

located **situado/a** *adj.*

   be located **quedar** *v.* 14

lodging **alojamiento** *m.* 5

long **largo/a** *adj.* 6

look (at) **mirar** *v.* 2

look for **buscar** *v.* 2

lose **perder (e:ie)** *v.* 4

   lose weight **adelgazar** *v.* 15

lost **perdido/a** *adj.* 14

   be lost **estar perdido/a** 14

lot, a **muchas veces** 10

lot of, a **mucho/a** *adj.* 2

love (*another person*) **querer (e:ie)** *v.* 4; (*things*) **encantar** *v.* 7; **amor** *m.* 9

   in love (with) **enamorado/a (de)** *adj.* 5

luck **suerte** *f.* 3

lucky: be (very) lucky **tener (mucha) suerte** 3

luggage **equipaje** *m.* 5

lunch **almuerzo** *m.* 8

   have lunch **almorzar (o:ue)** *v.* 8

M

ma'am **señora (Sra.)** *f.* 1

mad **enojado/a** *adj.* 5

magazine **revista** *f.* 4

   read a magazine **leer una revista** 4

magnificent **magnífico/a** *adj.* 5

mail **correo** *m.* 14; **enviar** *v.*, **mandar** *v.* mail a letter **echar una carta al buzón** 14

   mail carrier **cartero/a** *m.* 14

mailbox **buzón** *m.* 14

main **principal** *adj. m., f.* 8

maintain **mantener** *v.* 15

make **hacer** *v.* 4

   make the bed **hacer la cama** 12

makeup **maquillaje** *m.* 7

man **hombre** *m.* 1

manager **gerente** *m., f.* 16

many **mucho/a** *adj.* 3

   many times **muchas veces** 10

map **mapa** *m.* 1

March **marzo** *m.* 5

margarine **margarina** *f.* 8

marinated fish **ceviche** *m.* 8

   lemon-marinated shrimp **ceviche de camarón** 8

marital status **estado** *m.* **civil** 9

market **mercado** *m.* 6

   open-air market **mercado al aire libre** 6

marriage **matrimonio** *m.* 9

married **casado/a** *adj.* 9

   get married (to) **casarse** *v.* **(con)** 9

marvelous **maravilloso/a** *adj.* 5

marvelously **maravillosamente** *adv.*

massage **masaje** *m.* 15

masterpiece **obra** *f.* **maestra**
match (*sports*) **partido** *m.*
   match **hacer** *v.* **juego (con)** 6
mathematics **matemáticas** *f., pl.* 2
matter **importar** *v.* 7, 12
maturity **madurez** *f.* 9
maximum **máximo/a** *m.* 11
May **mayo** *m.* 5
maybe **tal vez** *adv.* 5; **quizás** *adv.* 5
mayonnaise **mayonesa** *f.* 8
me **me** *pron.* 5
meal **comida** *f.* 8
means of communication **medios**
   m., pl. **de comunicación**
meat **carne** *f.* 8
mechanic **mecánico/a** *m., f.* 11
   mechanic's garage/repair shop
      taller *m.* **mecánico** 11
   mechanic's shop **garaje** *m.* 11
media **medios** *m., pl.* **de**
   comunicación
medical **médico/a** *adj.* 10
medication **medicamento** *m.* 10
medicine **medicina** *f.* 10
medium **mediano/a** *adj.*
meet (each other) **encontrar(se)** *v.*
meeting **reunión** *f.* 16
menu **menú** *m.* 8
message (*telephone*) **recado** *m.* 11
messy **desordenado/a** *adj.* 5
Mexican **mexicano/a** *adj.* 3
Mexico **México** *m.* 1
microwave **microonda** *f.* 12
   microwave oven **horno** *m.* **de**
      microondas 12
middle age **madurez** *f.* 9
midnight **medianoche** *f.* 1
mile **milla** *f.* 11
milk **leche** *f.* 8
million **millón** 6
   million of **millón de** 6
mine **mío/a(s)** *poss. pron.* 11
mineral **mineral** *m.* 15
   mineral water **agua** *f.* **mineral** 8
minute **minuto** *m.* 1
mirror **espejo** *m.* 7
Miss **señorita (Srta.)** *f.* 1
miss **perder (e:ie)** *v.* 4
mistaken **equivocado/a** *adj.* 5
modem **módem** *m.* 11
modern **moderno/a** *adj.*
mom **mamá** *f.* 3
Monday **lunes** *m., sing.* 2
money **dinero** *m.* 6
monitor **monitor** *m.* 11
month **mes** *m.* 5
monument **monumento** *m.* 4
moon **luna** *f.* 13
more **más** *adj.* 2
   more… than **más… que** 8
   more than (+ *number*) **más de**
      (+ *number*) 8

morning **mañana** *f.* 1
most, (the) **el/la/los/las más** 8
mother **madre** *f.* 3
mother-in-law **suegra** *f.* 3
motor **motor** *m.* 11
motorcycle **moto(cicleta)** *f.* 5
mountain **montaña** *f.* 4
mouse **ratón** *m.* 11
mouth **boca** *f.* 10
move (*to another house/city/country*)
   mudarse *v.* 12
movie **película** *f.* 4
   movie star **estrella** *f.* **de cine**
   movie theater **cine** *m.* 4
Mr. **señor (Sr.)** *m.* 1
Mrs. **señora (Sra.)** *f.* 1
much **mucho/a** *adj.* 2, 3
municipal **municipal** *adj.*
murder **crimen** *m.*
muscle **músculo** *m.* 15
museum **museo** *m.* 4
mushroom **champiñón** *m.* 8
music **música** *f.*
musical **musical** *adj.*
musician **músico/a** *m., f.*
must: It must be … **Debe ser…** 6
my **mi(s)** *poss. adj.* 3; **mío(s)/a(s)**
   poss. pron. 11

N

name **nombre** *m.* 5
   in my name **a mi nombre** 5
   in the name of **a nombre de** 5
   last name **apellido** *m.* 9
   My name is… **Me llamo…** 1
   be named **llamarse** *v.* 7
napkin **servilleta** *f.* 12
national **nacional** *adj., m., f.*
nationality **nacionalidad** *f.* 1
natural **natural** *adj., m., f.* 13
   natural disaster **desastre** *m.*
      natural
   natural resource **recurso** *m.*
      natural 13
nature **naturaleza** *f.* 13
nauseated **mareado/a** *adj.* 10
near **cerca de** *prep.* 2
neaten **arreglar** *v.* 12
necessary **necesario/a** *adj.* 12
   It's necessary that… **Es necesario**
      que… 12; **Hay que…** 14
neck **cuello** *m.* 10
need **faltar** *v.* 7; **necesitar** *v.* 2, 12
negative **negativo/a** *adj.*
neighbor **vecino/a** *m., f.* 12
neighborhood **barrio** *m.* 12
neither… nor **ni… ni** *conj.* 7; neither
   tampoco *adv.* 7
nephew **sobrino** *m.* 3
nervous **nervioso/a** *adj.* 5

network **red** *f.*
never **nunca** *adv.* 7; **jamás** *adv.* 7
new **nuevo/a** *adj.* 6
newlywed **recién casado/a** *m., f.* 9
news **noticias** *f., pl.*; **actualidades** *f.,*
   pl.
newscast **noticiero** *m.*
newspaper **periódico** *m.* 4; **diario** *m.*
   read a newspaper **leer un periódico**
      4
next **próximo/a** *adj.* 16
next to **al lado de** 2
nice **simpático/a** *adj.* 3; **amable** *adj.* 5
niece **sobrina** *f.* 3
night **noche** *f.* 1
   night stand **mesita** *f.* **de noche** 12
nine **nueve** 1
nine hundred **novecientos/as** 6
nineteen **diecinueve** 1
ninety **noventa** 2
ninth **noveno/a** 5
no **no** 1; **ningún, ninguno/a(s)** *adj.* 7
   no one **nadie** *pron.* 7
   No problem. **Ningún problema.** 7
   no way **de ninguna manera**
none **ningún, ninguno/a(s)** *adj.* 7
noon **mediodía** *m.* 1
nor **ni** *conj.* 7
north **norte** *m.* 14
   to the north **al norte** 14
nose **nariz** *f.* 10
not **no** 1
   not any **ningún, ninguno/a(s)** *adj.* 7
   not anyone **nadie** *pron.* 7
   not anything **nada** *pron.* 7
   not bad at all **nada mal** 5
   not either **tampoco** *adv.* 7
   not ever **nunca** *adv.* 7; **jamás** *adv.* 7
   not very well **no muy bien** 1
   not working **descompuesto/a** *adj.*
      11
notebook **cuaderno** *m.* 1
nothing **nada** *pron.* 1; 7
noun **sustantivo** *m.*
November **noviembre** *m.* 5
now **ahora** *adv.*
nowadays **hoy día** *adv.*
nuclear energy **energía nuclear** 13
number **número** *m.* 1
nurse **enfermero/a** *m., f.* 10
nutrition **nutrición** *f.* 15

O

o'clock: It's… o'clock **Son las…** 1
   It's one o'clock. **Es la una.** 1
obey **obedecer (c:zc)** *v.*
obligation **deber** *m.*
obtain **conseguir (e:i)** *v.* 4; **obtener** *v.* 16
obvious **obvio** *adj.* 13
   it's obvious **es obvio** 13

occupation **ocupación** *f.* 16
occur **ocurrir** *v.*
ocean **mar** *m.* 5; **océano** *m.* 13
October **octubre** *m.* 5
of **de** *prep.* 1
   of course **claro que sí; por
      supuesto**
offer **oferta** *f.* 12; **ofrecer (c:zc)** *v.* 8
office **oficina** *f.* 12
   doctor's office **consultorio** *m.* 10
often **a menudo** *adv.* 10
Oh! **¡Ay!**
oil **aceite** *m.* 8
okay **regular** *adj.* 1
   It's okay. **Está bien.**
old **viejo/a** *adj.* 3; old age **vejez** *f.* 9
older **mayor** *adj.*, *m.*, *f.* 3
   older brother, sister **hermano/a
      mayor** *m.*, *f.* 3
oldest **el/la mayor** 8
on **en** *prep.* 2; **sobre** *prep.* 2
   on behalf of **de parte de** *prep.* 11
   on the dot **en punto** *adv.* 1
   on time **a tiempo** *adv.* 10
   on top of **encima de** *prep.* 2
once **una vez** 6
once again **una vez más** 9
one **un, uno/a** *adj.*, *pron.* 1
   one hundred **cien(to)** 2
   one million **un millón**
   one thousand **mil**
   one time **una vez** 6
   one way *(travel)* **ida** *f.*
onion **cebolla** *f.* 8
only **sólo** *adv.* 3; **único/a** *adj.* 3
   only child **hijo/a único/a** *m.*, *f.* 3
open **abrir** *v.* 3; **abierto/a** *adj.* 5
open-air **al aire libre** 6
opened **abierto/a** *p.p.* 15
opera **ópera** *f.*
operation **operación** *f.* 10
opposite **en frente de** *prep.* 14
or **o** *conj.* 7
orange **anaranjado/a** *adj.* 6; **naranja** *f.*
   8
orchestra **orquesta** *f.*
order **mandar** 12; *(food)* **pedir (e:i)** *v.* 8
   in order to **para** *prep.* 11
orderly **ordenado/a** *adj.* 5
ordinal *(numbers)* **ordinal** *adj.*
other **otro/a** *adj.* 6
our **nuestro(s)/a(s)** *poss. adj.* 3; *poss.
   pron.* 11
out of order **descompuesto/a** *adj.* 11
outside **fuera** *adv.*
outskirts **afueras** *f., pl.* 12
oven **horno** *m.* 12
over **sobre** *prep.* 2
own **propio/a** *adj.*
owner **dueño/a** *m., f.* 8

P

P.M. **tarde** *f.* 1
pack (one's suitcases) **hacer** *v.* **las
   maletas** 5
package **paquete** *m.* 14
page **página** *f.* 11
pain **dolor** *m.* 10
   have a pain in the (knee) **tener** *v.*
      dolor de (rodilla)
paint **pintar** *v.*
painter **pintor(a)** *m., f.* 16
painting **cuadro** *m.* 12; **pintura** *f.* 12
pair **par** *m.* 6
pants **pantalones** *m., pl.* 6
pantyhose **medias** *f., pl.* 6
paper **papel** *m.* 2; *(report)* **informe** *m.*
   paper money **billete** *m.*
paragraph **párrafo** *m.*
Pardon me. *(May I?)* **Con permiso.** 1;
   (Excuse me.) Pardon me. **Perdón.** 1
parents **padres** *m., pl.* 3; **papás** *m., pl.*
   3
park **parque** *m.* 4; **estacionar** *v.* 11
partner *(one of a couple)* **pareja** *f.* 9
party **fiesta** *f.* 9
pass **pasar** *v.*
passed **pasado/a** *p.p.*
passenger **pasajero/a** *m., f.* 1
passport **pasaporte** *m.* 5
past **pasado/a** *adj.* 6
pastime **pasatiempo** *m.* 4
pastry shop **pastelería** *f.* 14
patient **paciente** *m., f.* 10
patio **patio** *m.* 12
pay in cash **pagar** *v.* **al contado** 14;
   pagar en efectivo
pay in installments **pagar** *v.* **a plazos**
   14
pay the bill **pagar** *v.* **la cuenta** 9
pea **arveja** *m.* 8
peace **paz** *f.*
peach **melocotón** *m.*
pear **pera** *f.*
pen **pluma** *f.* 2
pencil **lápiz** *m.* 1
penicillin **penicilina** *f.* 10
people **gente** *f.* 3
pepper **pimienta** *f.* 8
per **por** *prep.* 11
perfect **perfecto/a** *adj.* 5
perhaps **quizás** *adv.*; **tal vez** *adv.*
periods **plazos** *m., pl.*
permission **permiso** *m.*
person **persona** *f.* 3
pharmacy **farmacia** *f.* 10
phenomenal **fenomenal** *adj.*
photograph **foto(grafía)** *f.* 1
physical *(exam)* **examen** *m.* **médico** 10
physician **médico/a** *m., f.* 3;
   doctor(a) *m., f.*
physics **física** *f., sing.* 2

pick up **recoger** *v.* 13
picture **foto** *f.* 5; **pintura** *f.*
pie **pastel** *m.*
pill (tablet) **pastilla** *f.* 10
pillow **almohada** *f.* 12
pineapple **piña** *f.* 8
pink **rosado/a** *adj.* 6
place **lugar** *m.* 4; **poner** *v.* 4
plaid **de cuadros** *adj.* 6
plan *(to do something)* **pensar** *v.*
   (+ inf.) 4
plane **avión** *m.* 5
plans **planes** *m., pl.* 4
   have plans **tener** *v.* **planes** 4
plant **planta** *f.* 13
plastic **plástico** *m.* 13
   (made of) plastic **de plástico** 13
plate **plato** *m.* 12
   platter of fried food **fuente** *f.*
      de fritada
play **drama** *m.*; **comedia** *f.*;
   jugar (u:ue) *v.* 4; *(a musical
   instrument)* **tocar** *v.*; *(a role)* **hacer**
   v. **el papel**; *(cards)* **jugar** *v.* **a (las
   cartas)**; *(sports)* **practicar** *v.*
   deportes 4
player **jugador(a)** *m., f.* 4
playwright **dramaturgo/a** *m., f.*
plead **rogar (o:ue)** *v.* 12
pleasant **agradable** *adj.*
Please. **Por favor.** 1
Pleased to meet you. **Mucho gusto.** 1;
   Encantado/a. *adj.* 1
pleasing: be pleasing to **gustar** *v.* 7
pleasure **gusto** *m.* 1; **placer** *m.* 15
   It's a pleasure to… **Gusto de (+
      inf.)**
   It's been a pleasure. **Ha sido un
      placer.** 15
   The pleasure is mine. **El gusto
      es mío.** 1
poem **poema** *m.*
poet **poeta** *m., f.* 16
poetry **poesía** *f.*
police (force) **policía** *f.* 11
   police officer **policía** *m.*, **mujer** *f.*
      policía 11
political **político/a** *adj.*
politician **político/a** *m., f.* 16
politics **política** *f.*
polka-dotted **de lunares** *adj.* 6
poll **encuesta** *f.*
pollute **contaminar** *v.* 13
polluted **contaminado/a** *adj.* 13
   be polluted **estar contaminado/a**
     13
pollution **contaminación** *f.* 13
pool **piscina** *f.* 4
poor **pobre** *adj.* 6
population **población** *f.* 13
pork **cerdo** *m.* 8
   pork chop **chuleta** *f.* **de cerdo** 8

portable **portátil** *adj.* 11
  portable computer **computadora**
    f. **portátil**
position **puesto** *m.* 16
possessive **posesivo/a** *adj.* 3
possible **posible** *adj.* 13
  it's (not) possible **(no) es posible** 13
post office **correo** *m.* 14
postcard **postal** *f.* 4; **tarjeta** *f.* **postal** 4
poster **cartel** *m.*
potato **papa** *f.* 8; **patata** *f.* 8
pottery **cerámica** *f.*
practice **entrenarse** *v.* 15;
  practicar *v.* 2
prefer **preferir (e:ie)** *v.* 4, 12
pregnant **embarazada** *adj. f.* 10
prepare **preparar** *v.* 2
preposition **preposición** *f.*
prescribe (*medicine*) **recetar** *v.* 10
prescription **receta** *f.* 10
present **regalo** *m.*; **presentar** *v.*
press **prensa** *f.*
pressure: be under a lot of pressure
  sufrir *v.* **muchas presiones** 15
pretty **bonito/a** *adj.* 3; **bastante** *adv.*
price **precio** *m.* 6
  fixed price **precio** *m.* **fijo** 6
print **estampado/a** *adj.*; **imprimir** *v.*
  11
printer **impresora** *f.* 11
private (*room*) **individual** *adj.* 5
prize **premio** *m.*
probable **probable** *adj.* 13
  it's (not) probable **(no) es**
    probable 13
problem **problema** *m.* 1
profession **profesión** *f.* 3, 16
professor **profesor(a)** *m., f.* 2
program **programa** *m.* 1
programmer **programador(a)** *m., f.* 3
prohibit **prohibir** *v.* 10, 12
promotion (*career*) **ascenso** *m.* 16
pronoun **pronombre** *m.*
protect **proteger** *v.* 13
protein **proteína** *f.* 15
provided that **con tal (de) que** *conj.*
  13
psychologist **psicólogo/a** *m., f.* 16
psychology **psicología** *f.* 2
publish **publicar** *v.*
Puerto Rican **puertorriqueño/a** *adj.* 3
Puerto Rico **Puerto Rico** *m.* 1
pull a tooth **sacar** *v.* **una muela**
purchases **compras** *f., pl.*
pure **puro/a** *adj.* 13
purple **morado/a** *adj.* 6
purse **bolsa** *f.* 6
put **poner** *v.* 4; **puesto/a** *p.p.* 15
  put a letter in the mailbox **echar** *v.*
    una carta al buzón 14
  put on (*a performance*) **presentar** *v.*
  put on (*clothing*) **ponerse** *v.* 7
  put on makeup **maquillarse** *v.* 7

Q

quality **calidad** *f.* 6
quarter **trimestre** *m.* 2
  quarter after (*time*) **y cuarto** 1;
    y quince 1
  quarter to (*time*) **menos cuarto** 1;
    menos quince 1
question **pregunta** *f.*
quickly **rápido** *adv.*
quiet **tranquilo/a** *adj.* 15
quit **dejar** *v.* 16
quite **bastante** *adv.* 10
quiz **prueba** *f.* 2

R

racism **racismo** *m.*
radio (*medium*) **radio** *f.*;
  radio (*set*) **radio** *m.* 11
rain **llover (o:ue)** *v.* 5; **lluvia** *f.* 13
  It's raining. **Llueve.** 5
raincoat **impermeable** *m.* 6
rainforest **bosque** *m.* **tropical** 13
raise (*salary*) **aumento** *v.* **de sueldo**
  16
read **leer** *v.* 3; **leído/a** *p.p.* 15
ready **listo/a** *adj.* 15
real estate agency **agencia** *f.* **de**
  bienes raíces 12
reap the benefits (of) **disfrutar** *v.* **(de)**
  15
reason **razón** *f.* 3
receive **recibir** *v.* 3
recommend **recomendar (e:ie)** *v.* 8,
  12
recycle **reciclar** *v.* 13
recycling **reciclaje** *m.* 13
red **rojo/a** *adj.* 6
red-haired **pelirrojo/a** *adj.* 3
reduce **reducir** *v.* 13
  reduce stress/tension **aliviar** *v.* **el**
    estrés/la tensión
refrigerator **refrigerador** *m.* 12
region **región** *f.* 13
regret **sentir (e:ie)** *v.* 13
related to sitting **sedentario/a** *adj.*
relationships **relaciones** *f., pl.*
relatives **parientes** *m., pl.* 3
relax **relajarse** *v.* 9
relieve stress/tension **aliviar el**
  estrés/la tensión 15
remain **quedarse** *v.* 7
remember **recordar (o:ue)** *v.* 4;
  acordarse (o:ue) *v.* **(de)** 7
remote control **control** *m.* **remoto** 11
rent **alquilar** *v.* 12; **alquiler** *m.* 12
repeat **repetir (e:i)** *v.* 4
report **informe** *m.*; **reportaje** *m.*
reporter **reportero/a** *m., f.* 16
representative **representante** *m., f.*
request **pedir (e:i)** *v.* 4

reservation **reservación** *f.* 5
resign (from) **renunciar (a)** *v.* 16
resolve **resolver (o:ue)** *v.* 13
resolved **resuelto/a** *p.p.* 15
resource **recurso** *m.* 13
responsibility **deber** *v.*
rest **descansar** *v.* 2
  the rest **lo/los/las demás** *pron.*
restaurant **restaurante** *m.* 4
résumé **currículum** *m.* 16
retire (from work) **jubilarse** *v.* 9
return **regresar** *v.* 2; **volver (o:ue)** *v.* 4
  return trip **vuelta** *f.*
returned **vuelto/a** *p.p.* 15
rice **arroz** *m.* 8
rich **rico/a** *adj.* 6
ride **pasear** *v.* 4
  ride a bicycle **pasear en bicicleta** 4
  ride a horse **montar a caballo** 5
ridiculous **ridículo/a** *adj.* 13
  it's ridiculous **es ridículo** 13
right **derecha** *f.* 2
  right away **enseguida** *adv.* 9
  right here **aquí mismo** 11
  right now **ahora mismo** 5
  right there **allí mismo** 14
  be right **tener** *v.* **razón** 3
  to the right of **a la derecha de** 2
  right? (*question tag*) **¿no?** 1;
    ¿verdad? 1
rights **derechos** *m., pl.*
ring (*a doorbell*) **sonar (o:ue)** *v.* 11
river **río** *m.* 13
road **camino** *m.*
roast chicken **pollo** *m.* **asado** 8
roasted **asado/a** *adj.* 8
rock **piedra** *f.* 13
role **papel** *m.*
rollerblade **patinar** *v.* **en línea**
romantic **romántico/a** *adj.*
room **habitación** *f.* 5; **cuarto** *m.*;
  (*large, living*) **sala** *f.*
roommate **compañero/a** *m., f.*
  de cuarto 2
round-trip **de ida y vuelta** 5
  round-trip ticket **pasaje** *m.* **de**
    ida y vuelta 5
route **camino** *m.* 11
routine **rutina** *f.* 7
rug **alfombra** *f.* 12
run **correr** *v.* 3
  run errands **hacer diligencias** 14
  run into (*have an accident*)
    chocar *v.* **(con)** 11; (*meet*
    accidentally) **darse con** *v.*
rush **apurarse; darse prisa** *v.* 15
Russian **ruso/a** *adj.*

S

sad **triste** *adj.* 5
  it's sad **es triste** 13

safe **seguro/a** *adj.* 5

said **dicho/a** *p.p.* 15

sake: for the sake of **por** *prep.*

salad **ensalada** *f.* 8

salary **salario** *m.* 16; **sueldo** *m.* 16

sale **rebaja** *f.* 6

salesperson **vendedor(a)** *m., f.* 6

salmon **salmón** *m.* 8

salt **sal** *f.* 8

salty **salado/a** *adj.* 8

same **mismo/a** *adj.* 3

sandal **sandalia** *f.* 6

sandwich **sándwich** *m.* 8

Saturday **sábado** *m.* 2

sausage **salchicha** *f.* 8

save (*on a computer*) **guardar** *v.* 11; save (money) **ahorrar** *v.* 14

savings **ahorros** *m., pl.* 14

savings account **cuenta** *f.* **de ahorros** 14

say **decir** *v.* 6; **declarar** *v.*

scarcely **apenas** *adv.* 10

scared: be (very) scared **tener** *v.* **(mucho) miedo** 3

schedule **horario** *m.* 2

school **escuela** *f.* 1

science **ciencia** *f.*

science fiction **ciencia ficción** *f.*

scientist **científico/a** *m., f.* 16

scream **gritar** *v.*

screen **pantalla** *f.* 11

scuba dive **bucear** *v.* 4

sculpt **esculpir** *v.*

sculptor **escultor(a)** *m., f.* 16

sculpture **escultura** *f.*

sea **mar** *m.* 5; **océano** *m.*

seafood **mariscos** *m., pl.* 8

search: in search of **por** *prep.* 11

season **estación** *f.* 5

seat **silla** *f.*

second **segundo/a** *adj.* 5

secretary **secretario/a** *m., f.* 16

sedentary **sedentario/a** *adj.* 15

see **ver** *v.* 4

see (you) again **volver** *v.* **a ver(te, lo, la)**

see movies **ver películas** 4

See you. **Nos vemos.** 1

See you later. **Hasta la vista.** 1; **Hasta luego.** 1

See you soon. **Hasta pronto.** 1

See you tomorrow. **Hasta mañana.** 1

seem **parecer** *v.* 8

seen **visto/a** *p.p.* 15

sell **vender** *v.* 6

semester **semestre** *m.* 2

send **enviar** *v.*; **mandar** *v.* 14

separate (from) **separarse** *v.* **(de)** 9

separated **separado/a** *adj.* 9

September **septiembre** *m.* 5

sequence **secuencia** *f.*

serious **grave** *adj.* 10

extremely serious **gravísimo/a** *adj.* 13

serve **servir (e:i)** *v.* 8

set (*fixed*) **fijo** *adj.* 6

set the table **poner** *v.* **la mesa** 12

seven **siete** *adj., pron.* 1

seven hundred **setecientos/as** *adj., pron.* 6

seventeen **diecisiete** *adj., pron.* 1

seventh **séptimo/a** *adj.* 5

seventy **setenta** *adj., pron.* 2

several **varios/as** *adj., pl.* 8

sexism **sexismo** *m.*

shame **lástima** *f.* 13

It's a shame. **Es una lástima.** 13

shampoo **champú** *m.* 7

shape **forma** *f.* 15

be in good shape **estar en buena forma** 15

share **compartir** *v.* 3

sharp (*time*) **en punto** 1

shave **afeitarse** *v.* 7

shaving cream **crema** *f.* **de afeitar** 7

she **ella** *sub. pron.* 1

she is **ella es** 1

shellfish **mariscos** *m., pl.*

ship **barco** *m.*

shirt **camisa** *f.* 6

shoe **zapato** *m.* 6

shoe size **número** *m.* **de zapato** 6

shoe store **zapatería** *f.* 14

tennis shoes **zapatos** *m., pl.* **de tenis**

shop **tienda** *f.* 6

shopping, to go **ir** *v.* **de compras** 6

shopping mall **centro** *m.* **comercial** 6

short (*in height*) **bajo/a** *adj.* 3; (*in length*) **corto/a** *adj.* 6

short story **cuento** *m.*

shorts **pantalones cortos** *m., pl.* 6

should (*do something*) **deber** *v.* **(+ *inf.*)** 3

show **mostrar (o:ue)** *v.* 4; **espectáculo** *m.*

shower **ducha** *f.*; **ducharse** *v.* 7; **bañarse** *v.*

shrimp **camarón** *m.* 8

siblings **hermanos** *m., pl.* 3

sick **mal, malo/a** 5; **enfermo/a** *adj.* 10

be sick **estar enfermo/a** 10

get sick **enfermarse** *v.* 10

sickness **enfermedad** *f.* 10

side table **mesita** *f.* 12

sightseeing: go sightseeing **hacer** *v.* **turismo** 5

sign **firmar** *v.* 14; **letrero** *m.* 14

silk **seda** *f.* 6; (made of) **de seda** 6

silly **tonto/a** *adj.* 3

silverware **cubierto** *m.*

similar **similar** *adj. m., f.*

since **desde** *prep.*

sing **cantar** *v.* 2

singer **cantante** *m., f.* 16

single **soltero/a** *adj.* 9

single room **habitación** *f.* **individual** 5

sink **lavabo** *m.*

sir **señor (Sr.)** *m.* 1

sister **hermana** *f.* 3

sister-in-law **cuñada** *f.* 3

sit down **sentarse (e:ie)** *v.* 7

six **seis** *adj., pron.* 1

six hundred **seiscientos/as** *adj., pron.* 6

sixteen **dieciséis** *adj., pron.* 1

sixth **sexto/a** *adj.* 5

sixty **sesenta** *adj., pron.* 2

size **talla** *f.* 6

shoe size **número** *m.* **de zapato** 6

skate (in-line) **patinar** *v.* **(en línea)** 4

ski **esquiar** *v.* 4

skiing **esquí** *m.* 4

water-skiing **esquí acuático** 4

skirt **falda** *f.* 6

sky **cielo** *m.* 13

sleep **dormir (o:ue)** *v.* 4; **sueño** *m.* 3

go to sleep **dormirse (o:ue)** *v.* 7

sleepy: be (very) sleepy **tener** *v.* **(mucho) sueño** 3

slender **delgado/a** *adj.* 3

slim down **adelgazar** *v.* 15

slow **lento/a** *adj.* 11

slowly **despacio** *adv.*

small **pequeño/a** *adj.* 3

smaller **menor** *adj.* 8

smallest, (the) **el/la menor** *m., f.* 8

smart **listo/a** *adj.* 5

smile **sonreír (e:i)** *v.* 9

smiled **sonreído** *p.p.* 15

smoggy: It's (very) smoggy. **Hay (mucha) contaminación.**

smoke **fumar** *v.* 15

not to smoke **no fumar** *v.* 15

smoking section **sección** *f.* **de fumadores** 8

(non) smoking section **sección de (no) fumadores** 8

snack (in the afternoon) **merendar** *v.* 15; (afternoon snack) **merienda** *f.* 15

have a snack **merendar** *v.* 15

sneakers **zapatos de tenis** 6

sneeze **estornudar** *v.* 10

snow **nevar (e:ie)** *v.* 5; **nieve** *f.*

snowing: It's snowing. **Nieva.** 5

so (*in such a way*) **así** *adv.* 10; **tan** *adv.* 5

so much **tanto** *adv.*

so-so **regular** 1; **así así**

so that **para que** *conj.* 13

soap **jabón** *m.* 7

soap opera **telenovela** *f.*

soccer **fútbol** *m.* 4

sociology **sociología** *f.* 2

sock **calcetín** *m.* 6

sofa **sofá** *m.* 12

soft drink **refresco** *m.* 8

software **programa** *m.* **de computación** 11

soil **tierra** *f.* 13

solar energy **energía solar** 13

solution **solución** *f.* 13

solve **resolver (o:ue)** *v.* 13

some **algún, alguno/a(s)** *adj.* 7; **unos/as** *pron.* 1; **unos/as** *m., f., pl. indef. art.* 1

somebody **alguien** *pron.*

someone **alguien** *pron.* 7

something **algo** *pron.* 7

sometimes **a veces** *adv.* 10

son **hijo** *m.* 3

song **canción** *f.*

son-in-law **yerno** *m.* 3

soon **pronto** *adj.* 10

See you soon. **Hasta pronto.** 1

sorry: be sorry **sentir (e:ie)** *v.* 13

I'm sorry. **Lo siento.** 1

I'm so sorry. **Mil perdones.; Lo siento muchísimo.** 4

soup **caldo** *m.* 8; **sopa** *f.* 8

sour **agrio/a** *adj.* 8

south **sur** *m.* 14

to the south **al sur** 14

Spain **España** *f.* 1

Spanish (*language*) **español** *m.* 2; **español(a)** *adj.; m., f.* 3

spare time **ratos** *m., pl.* **libres** 4

speak **hablar** *v.* 2

specialization **especialización** *f.*

spectacular **espectacular** *adj.* 15

speech **discurso** *m.*

speed **velocidad** *f.* 11

speed limit **velocidad máxima** 11

spelling **ortográfico/a** *adj.*

spend (*money*) **gastar** *v.* 6

spend time **pasar** *v.* **el tiempo** 4

spicy **picante** *adj.* 8

spoon (*table or large*) **cuchara** *f.* 12

sport **deporte** *m.* 4

sports-loving **deportivo/a** *adj.*

sports-related **deportivo/a** *adj.* 4

spouse **esposo/a** *m., f.* 3

sprain (one's ankle) **torcerse** *v.* **(el tobillo)** 10

sprained **torcido/a** *adj.* 10

be sprained **estar** *v.* **torcido/a** 10

spring **primavera** *f.* 5

stadium **estadio** *m.* 2

stage **etapa** *f.* 9

stairs **escalera** *f.* 12

stairway **escalera** *f.* 12

stamp **estampilla** *f.* 14; **sello** *m.* 14

stand in line **hacer** *v.* **cola** 14

star **estrella** *f.* 13

start (*a vehicle*) **arrancar** *v.* 11

state **estado** *m.*

station **estación** *f.* 5

statue **estatua** *f.*

status: marital status **estado** *m.* **civil** 9

stay **quedarse** *v.* 7

Stay calm! **¡Tranquilo/a!** *adj.*

stay in shape **mantenerse** *v.* **en forma** 15

steak **bistec** *m.* 8

steering wheel **volante** *m.* 11

step **etapa** *f.*

stepbrother **hermanastro** *m.* 3

stepdaughter **hijastra** *f.* 3

stepfather **padrastro** *m.* 3

stepmother **madrastra** *f.* 3

stepsister **hermanastra** *f.* 3

stepson **hijastro** *m.* 3

stereo **estéreo** *m.* 11

still **todavía** *adv.* 5

stock broker **corredor(a)** *m., f.* **de bolsa** 16

stockings **medias** *f., pl.* 6

stomach **estómago** *m.* 10

stone **piedra** *f.* 13

stop **parar** *v.* 11

stop (*doing something*) **dejar** *v.* **de (+ inf.)** 13

store **tienda** *f.* 6

storm **tormenta** *f.*

story **cuento** *m.;* **historia** *f.*

stove **estufa** *f.* 12

straight **derecho** *adj.* 14

straight ahead **(todo) derecho** 14

straighten up **arreglar** *v.* 12

strange **extraño/a** *adj.* 13

It's strange… **Es extraño…** 13

strawberry **frutilla** *f.;* **fresa** *f.* 8

street **calle** *f.* 11

stress **estrés** *m.* 15

stretching **estiramiento** *m.* 15

stretching exercises **ejercicios** *m., pl.* **de estiramiento** 15

strike (*labor*) **huelga** *f.*

stripe **raya** *f.* 6

striped **de rayas** *adj.* 6

stroll **pasear** *v.* 4

strong **fuerte** *adj.* 15

struggle (for) **luchar** *v.* **(por)**

student **estudiante** *m., f.* 1; **estudiantil** *adj.*

study **estudiar** *v.* 2

stuffed up (*sinuses*) **congestionado/a** *adj.* 10

stupendous **estupendo/a** *adj.* 5

style **estilo** *m.*

suburbs **afueras** *f., pl.* 12

subway **metro** *m.* 5

subway station **estación** *f.* **del metro** 5

success **éxito** *m.* 16

successful: be successful **tener** *v.* **éxito** 16

such as **tales como**

suddenly **de repente** *adv.* 6

suffer **sufrir** *v.* 13

suffer from an illness **sufrir una enfermedad** 13

sufficient **bastante** *adj.*

sugar **azúcar** *m.* 8

suggest **sugerir (e:ie)** *v.* 12

suit **traje** *m.* 6

suitcase **maleta** *f.* 1

summer **verano** *m.* 5

sun **sol** *m.* 4, 13

sunbathe **tomar** *v.* **el sol** 4

Sunday **domingo** *m.* 2

sunglasses **gafas** *f., pl.* **de sol** 6; **gafas oscuras** 14; **lentes** *m., pl.* **de sol**

sunny: It's (very) sunny. **Hace (mucho) sol.** 5

supermarket **supermercado** *m.* 14

suppose **suponer** *v.* 4

sure **seguro/a** *adj.* 5

be sure (of) **estar** *v.* **seguro/a (de)** 5, 13

surf the Internet **navegar** *v.* **en Internet** 11

surprise **sorprender** *v.* 9; **sorpresa** *f.* 9

survey **encuesta** *f.*

sweat **sudar** *v.* 15

sweater **suéter** *m.* 6

sweep the floor **barrer** *v.* **el suelo** 12

sweet **dulce** *adj.* 8

sweets **dulces** *m., pl.* 9

swim **nadar** *v.* 4

swimming **natación** *f.* 4

swimming pool **piscina** *f.* 4

symptom **síntoma** *m.* 10

T

table **mesa** *f.* 2

tablespoon **cuchara** *f.* 12

tablet (*pill*) **pastilla** *f.* 10

take **tomar** *v.* 2, 8; **llevar** *v.*

Take care! **¡Cuídense!** 15

take care of **cuidar** *v.* 13

take (someone's) temperature **tomar(le)** *v.* **la temperatura (a alguien)** 10

take (*wear*) a shoe size **calzar** *v.* 6

take a bath **bañarse** *v.* 7

take a shower **ducharse** *v.* 7

take into account **tomar** *v.* **en cuenta**

take off **quitarse** *v.* 7

take out the trash **sacar** *v.* **la basura** 12

take pictures **sacar** *v.* **fotos** 5; **tomar fotos** 13

talented **talentoso/a** *adj.*

talk **hablar** *v.* 2; **conversar** *v.* 2

talk show **programa** *m.* **de entrevistas**

tall **alto/a** *adj.* 3

tank **tanque** *m.* 11

tape (*audio*) **cinta** *f.* 11

tape recorder **grabadora** *f.* 1

taste **probar (o:ue)** *v.* 8

tasty **rico/a** *adj.* 8; **sabroso/a** *adj.* 8
tax **impuesto** *m.*
taxi(cab) **taxi** *m.* 5
tea **té** *m.* 8
teach **enseñar** *v.* 2
teacher **profesor(a)** *m., f.* 1; (*elementary school*) **maestro/a** *m., f.* 16
team **equipo** *m.* 4
technician **técnico/a** *m., f.* 16
telecommuting **teletrabajo** *m.* 16
teleconference **videoconferencia** *f.*
telephone **teléfono** *m.* 11
    cellular telephone **teléfono celular** 11
television **televisión** *f.* 11
    television set **televisor** *m.* 11
tell **decir** *v.* 6
temperature **temperatura** *f.* 10
ten **diez** *adj., pron.* 1
tennis **tenis** *m.* 4
    tennis shoes **zapatos** *m., pl.* **de tenis**
tension **tensión** *f.* 15
tent **tienda** *f.* **de campaña** 5
tenth **décimo/a** *adj.* 5
terrible **terrible** *adj. m., f.* 13
    it's terrible **es terrible** 13
terrific **chévere** *adj.*
test **prueba** *f.* 2; **examen** *m.* 2
Thank you. **Gracias.** *f., pl.* 1
    Thank you (very much). **(Muchas) gracias.** 1
    Thank you very, very much. **Muchísimas gracias.** 9
    Thanks (a lot). **(Muchas) gracias.** 1
    Thanks for everything. **Gracias por todo.** 9
    Thanks once again. **Gracias una vez más.** 9
that **que; quien(es); lo que** *rel. pron.* 9
    that (one) **ése, ésa, eso** *pron.* 6; **ese, esa,** *adj.* 6
    that (over there) **aquél, aquélla, aquello** *pron.* 6; **aquel, aquella** *adj.* 6
    that which **lo que** *conj.* 9
    That's me. **Soy yo.** 1
    that's why **por eso** 11
the **el** *m.,* **la** *f. sing., def. art.;* **los** *m.,* **las** *f. pl., def. art.* 1
theater **teatro** *m.*
their **su(s)** *poss., adj.* 3; **suyo(s)/a(s)** *poss., pron.* 11
them **los/las** *pron.* 5; **les** *pron.* 6
then **después** (*afterward*) *adv.* 7; **entonces** (*as a result*) *adv.* 7; **luego** (*next*) *adv.* 7; **pues** *adv.* 15
there **allí** *adv.* 5
    There is/are… **Hay…** 1;
    There is/are not… **No hay…** 1
therefore **por eso** *adv.* 11

these **éstos, éstas** *pron.* 6; **estos, estas** *adj.* 6
they **ellos/as** *sub. pron.* 1
    they are **ellos/as son** 1
thin **delgado/a** *adj.* 3
thing **cosa** *f.* 1
think **pensar (e:ie)** *v.* 4; (*believe*) **creer** *v.* think about **pensar en** 4
third **tercer, tercero/a** *adj.* 5
thirst **sed** *f.* 3
thirsty: be (very) thirsty **tener** *v.* **(mucha) sed** 3
thirteen **trece** *adj., pron.* 1
thirty **treinta** *adj., pron.* 1; thirty (*minutes past the hour*) **y treinta** 1; **y media** 1
this **este, esta** *adj.;* **éste, ésta, esto** *pron.* 6
    This is… (*introduction*) **Éste/a es…** 1
    This is he/she. (*on telephone*) **Con él/ella habla.** 11
those **ésos, ésas** *pron.* 6; **esos, esas** *adj.* 6
those (over there) **aquéllos, aquéllas** *pron.* 6; **aquellos, aquellas** *adj.* 6
thousand **mil** *m.* 6
three **tres** 1
three hundred **trescientos/as** 6
throat **garganta** *f.* 10
through **por** *prep.* 11
throughout: throughout the world **en todo el mundo** 13
throw **echar** *v.*
Thursday **jueves** *m., sing.* 2
thus (*in such a way*) **así** *adj.*
ticket **boleto** *m;.* **entrada** *f.;* **pasaje** *m.* 5
tie **corbata** *f.* 6
time **vez** *f.* 6; time **tiempo** *m.* 4
    buy on time **comprar** *v.* **a plazos** *m., pl.* have a good/bad time **pasar lo** *v.* **bien/mal** 9
    We had a great time. **Lo pasamos de película.**
times **veces** *f., pl.*
    many times **muchas veces** 10
tip **propina** *f.* 9
tire **llanta** *f.* 11
tired **cansado/a** *adj.* 5
    be tired **estar** *v.* **cansado/a** 5
title **título** *m.*
to **a** *prep.* 1
toast (*drink*) **brindar** *v.* 9
    toast **pan** *m.* **tostado**
toasted **tostado/a** *adj.* 8
toaster **tostadora** *f.*
today **hoy** *adv.* 2
    Today is … **Hoy es…** 2, 5
together **juntos/as** *adj.* 9
tomato **tomate** *m.* 8
tomorrow **mañana** *adv.* 1
    See you tomorrow. **Hasta mañana.** 1

tonight **esta noche** *adv.* 4
too **también** *adv.* 2; 7
    too much **demasiado** *adv.* 6; **en exceso** 15
tooth **diente** *m.* 7; tooth **muela** *f.* 10
tornado **tornado** *m.*
tortilla **tortilla** *f.* 8
touch **tocar** *v.* 13
tour an area **recorrer** *v.;* **excursión** *f.* go on a tour **hacer** *v.* **una excursión** 5
tourism **turismo** *m.* 5
tourist **turista** *m., f.* 1; **turístico/a** *adj.*
toward **para** *prep.* 11; **hacia** *prep.* 14
towel **toalla** *f.* 7
town **pueblo** *m.* 4
trade **oficio** *m.* 16
traffic **circulación** *f.;* **tráfico** *m.* 11
    traffic light **semáforo** *m.* 11
tragedy **tragedia** *f.*
trail **sendero** *m.* 13
    trailhead **sendero** *m.*
train **entrenarse** *v.* 15; **tren** *m.* 5
    train station **estación** *f.* **del tren** *m.* 5
trainer **monitor(a)** *m., f.* 15
translate **traducir** *v.* 8
trash **basura** *f.* 12
travel **viajar** *v.* 2
    travel agency **agencia** *f.* **de viajes** 5
    travel agent **agente** *m., f.* **de viajes** 5
    travel documents **documentos** *pl.; m.* **de viaje**
traveler **viajero/a** *m., f.* 5
    traveler's check **cheque** *m.* **de viajero** 14
tree **árbol** *m.* 13
trillion **billón** 6
trimester **trimestre** *m.* 2
trip **viaje** *m.* 5
    take a trip **hacer** *v.* **un viaje** 5
tropical forest **bosque** *m.* **tropical** 13
truck **camión** *m.*
true **cierto/a; verdad** *adj.* 13
    it's (not) true **(no) es cierto/verdad** 13
trunk **baúl** *m.* 11
truth **verdad** *f.* 6
try **intentar** *v.;* **probar (o:ue)** *v.* 8
    try (*to do something*) **tratar** *v.* **de (+ inf.)** 15
    try on **probarse (o:ue)** *v.* 7
t-shirt **camiseta** *f.* 6
Tuesday **martes** *m., sing.* 2
tuna **atún** *m.* 8
turkey **pavo** *m.* 8
turn **doblar** *v.* 14
    turn off (*electricity/appliance*) **apagar** *v.* 11
    turn on (*electricity/appliance*) **poner** *v.* 11; **prender** *v.* 11
twelve **doce** 1

twenty **veinte** 1
twenty-eight **veintiocho** 1
twenty-five **veinticinco** 1
twenty-four **veinticuatro** 1
twenty-nine **veintinueve** 1
twenty-one **veintiún, veintiuno/a** 1
twenty-seven **veintisiete** 1
twenty-six **veintiséis** 1
twenty-three **veintitrés** 1
twenty-two **veintidós** 1
twice **dos veces** 6
twisted **torcido/a** *adj.* 10
   be twisted **estar** *v.* **torcido/a** 10
two **dos** 1
two hundred **doscientos/as** 6
   two times **dos veces** 6

U

ugly **feo/a** *adj.* 3
uncle **tío** *m.* 3
under **debajo de** *prep.* 2; **bajo** *prep.*
understand **comprender** *v.* 3;
   entender (e:ie) *v.* 4
underwear **ropa** *f.* **interior** 6
unemployment **desempleo** *m.*
United States **Estados Unidos** *m., pl.* 1
university **universidad** *f.* 2
unless **a menos que** *adv.* 13
unmarried **soltero/a** *adj.* 9
unpleasant **antipático/a** *adj.* 3
until **hasta** *prep.* 6; **hasta que** *conj.* 13
up **arriba** *adv.*
urgent **urgente** *adj.* 12
   It's urgent that… **Es urgente que…**
   12
us **nos** *pron.* 5
use **usar** *v.* 6
used for **para** *prep.* 11
useful **útil** *adj.*

V

vacation **vacaciones** *f., pl.* 5
   be on vacation **estar** *v.* **de**
     vacaciones 5
   go on vacation **ir** *v.* **de vacaciones**
     5
vacuum **pasar** *v.* **la aspiradora** 12
   vacuum cleaner **aspiradora** *f.* 12
valley **valle** *m.* 13
various **varios/as** *adj., pl.*
VCR **videocasetera** *f.* 11
vegetables **verduras** *f., pl.* 8
verb **verbo** *m.*
very **muy** *adv.* 1
   very bad **malísimo** 8
   very much **muchísimo** *adv.* 2
   Very good, thank you. **Muy bien,**
     gracias.
   (Very) well, thanks. **(Muy) bien,**
     gracias. 1

vest **chaleco** *m.*
video **video** *m.* 1
   videocassette **videocasete** *m.* 11
   video conference
     videoconferencia *f.* 16
   videocamera **cámara** *f.* **de video** 11
vinegar **vinagre** *m.* 8
violence **violencia** *f.*
visit **visitar** *v.* 4
   visit a monument **visitar un**
     monumento 4
vitamin **vitamina** *f.* 15
volcano **volcán** *m.* 13
volleyball **vóleibol** *m.* 4
vote **votar** *v.*

W

wait (for) **esperar** *v.* 2
waiter **camarero/a** *m., f.* 8
wake up **despertarse (e:ie)** *v.* 7
walk **caminar** *v.* 2
   take a walk **pasear** *v.* 4
   walk around the city/town **pasear**
     por la ciudad/el pueblo 4
Walkman **walkman** *m.*
wall **pared** *f.* 12
wallet **cartera** *f.* 6
want **desear** *v.* 2; **querer (e:ie)** *v.* 4, 12
   I don't want to **no quiero** 4
war **guerra** *f.*
warm (oneself) up **calentarse** *v.* 15
wash **lavar** *v.* 12
   wash one's face/hands **lavarse** *v.*
     la cara/las manos 7
   wash oneself **lavarse** 7
washing machine **lavadora** *f.* 12
watch **mirar** *v.* 2; **reloj** *m.* 2
   watch television **mirar (la)**
     televisión 2
water **agua** *f.* 8
   water pollution **contaminación**
     del agua 13
   water-skiing **esquí** *m.* **acuático** 4
way **manera** *f.*
we **nosotros/as** *sub. pron.* 1
   we are **nosotros/as somos** 1
weak **débil** *adj.* 15
wear **llevar** *v.* 6; **usar** *v.* 6;
   calzar *v.* (shoes) 6
weather **tiempo** *m.* 5
   It's bad weather. **Hace mal tiempo.**
     5
   It's nice weather. **Hace buen**
     tiempo. 5
weaving **tejido** *m.*
Web **red** *f.* 11
website **sitio** *m.* **Web** 11
wedding **boda** *f.* 9
Wednesday **miércoles** *m., sing.* 2
week **semana** *f.* 2
weekend **fin** *m.* **de semana** 4

weight **peso** *m.* 15
   lift weights **levantar** *v.* **pesas** *f.,*
     pl. 15
Welcome! **¡Bienvenido(s)/a(s)!** *adj.* 12
well **pues** *adv.* 2; **bueno** *adv.* 2
well-being **bienestar** *m.* 15
well organized **ordenado/a** *adj.*
west **oeste** *m.* 14
   to the west **al oeste** 14
western (*genre*) **de vaqueros** *adj.*
what **lo que** 9
   what? **¿qué?** *adj., pron.* 1, 9;
     ¿cuál(es)? 9
   At what time…? **¿A qué hora…?** 1
   What a… ! **¡Qué…!**
   What a pleasure to . . . ! **¡Qué**
     gusto (+ *inf.***)…**
   What a surprise! **¡Qué sorpresa!**
   What day is it? **¿Qué día es hoy?**
   What did he/she do? **¿Qué hizo**
     él/ella? 6
   What did they do? **¿Qué hicieron**
     ellos/ellas? 6
   What did you do? **¿Qué hiciste?**
     fam., sing.; **¿Qué hizo usted?**
     form., sing.; **¿Qué hicieron**
     ustedes? *form., pl.* 6
   What did you say? **¿Cómo?**
   What do you guys think? **¿Qué les**
     parece? 9
   What happened? **¿Qué pasó?** 11
   What is it? **¿Qué es?** 1
   What is the date (today)? **¿Cuál es**
     la fecha (de hoy)?
   What is the price? **¿Qué precio**
     tiene?
   What is today's date? **¿Cuál es la**
     fecha de hoy? 5
   What pain! **¡Qué dolor!**
   What pretty clothes! **¡Qué ropa**
     más bonita! 6
   What size do you wear? **¿Qué talla**
     lleva (usa)? 6
   What time is it? **¿Qué hora es?** 1
   What's going on? **¿Qué pasa?** 1
   What's happening? **¿Qué pasa?** 1
   What's… like? **¿Cómo es…?** 3
   What's new? **¿Qué hay de nuevo?**
     1
   What's the weather like? **¿Qué**
     tiempo hace? 5
   What's wrong? **¿Qué pasó?**
   What's your name? **¿Cómo se**
     llama usted? *form.* 1
   What's your name? **¿Cómo te**
     llamas (tú)? *fam.* 1
when **cuando** *conj.* 7
   When? **¿Cuándo?** 2, 9
where **donde** *adj., conj.*
   where? (*destination*) **¿adónde?** 2, 9;
     (*location*)**¿dónde?** 1, 9
   Where are you from? **¿De dónde**
     eres? *fam.* 1; **¿De dónde es usted?**

form. 1
Where is…? **¿Dónde está…?** 2
(to) where? **¿adónde?** 2
which **que; lo que** *rel. pron.* 9
which? **¿cuál(es)?** *adj., pron.;* **¿qué?**
2, 9
which one(s)? **¿cuál(es)?** 2
while **mientras** *adv.* 10
white **blanco/a** *adj.* 6
white wine **vino** *m.* **blanco** 8
who **que; quien(es)** *rel. pron.* 9
who? **¿quién(es)?** 1, 9
Who is…? **¿Quién es…?** 1
Who is calling? (*on telephone*)
¿De parte de quién? 11
Who is speaking? (*on telephone*)
¿Quién habla? 11
whole **todo/a** *adj.*
whom **quien(es)** *rel. pron.* 9
whose…? **¿de quién(es)…?** 1
why? **¿por qué?** *adv.* 2
widowed **viudo/a** *adj.* 9
wife **esposa** *f.* 3
win **ganar** *v.* 4
wind **viento** *m.*
window **ventana** *f.* 2
windshield **parabrisas** *m., sing.* 11
windy: It's (very) windy. **Hace**
(mucho) viento. 5
wine **vino** *m.* 8
red wine **vino tinto** 8
white wine **vino blanco** 8
wineglass **copa** *f.* 12
winter **invierno** *m.* 5
wish **desear** *v.* 2; **esperar** *v.* 13
I wish (that) **Ojalá que** 13
with **con** *prep.* 2
with me **conmigo** 4
with you **contigo** *fam.*
within **dentro de** *prep.* 16
without **sin** *prep.* 13, 15; **sin que** *conj.*
13
without a doubt **sin duda**
woman **mujer** *f.* 1
wool **lana** *f.* 6
(made of) wool **de lana** 6
word **palabra** *f.* 1
work **trabajar** *v.* 2; **funcionar** *v.* 11;
trabajo *m.* 16
work (*of art, literature, music, etc.*)
obra *f.*
work out **hacer** *v.* **gimnasia** 15
world **mundo** *m.* 13
worldwide **mundial** *adj. m., f.*
worried (about) **preocupado/a (por)**
adj. 5
worry (about) **preocuparse** *v.* **(por)** 7
Don't worry. **No se preocupe.**
form. 7; **No te preocupes.** *fam.* 7
worse **peor** *adj. m., f.* 8
worst **el/la peor** 8; **lo peor**

Would you like to? **¿Te gustaría?**
write **escribir** *v.* 3
write a letter/post card/e-mail
message **escribir una carta/**
(tarjeta) postal/mensaje *m.*
electrónico 4
writer **escritor(a)** *m., f.* 16
written **escrito/a** *p.p.* 15
wrong **equivocado/a** *adj.* 5
be wrong **no tener** *v.* **razón** 3

X

X-ray **radiografía** *f.* 10

Y

yard **jardín** *m.* 12; **patio** *m.*
year **año** *m.* 5
be… years old **tener** *v.* **… años** 3
yellow **amarillo/a** *adj.* 6
yes **sí** *interj.* 1
yesterday **ayer** *adv.* 6
yet **todavía** *adv.* 5
yogurt **yogur** *m.*
you **tú** *sub. pron. fam. sing.* 1; **usted**
sub. pron. form. sing. 1; **vosotros/as**
sub. pron. fam. pl. 1; **ustedes** *sub.*
pron. form. pl. 1; **te** *d. o. pron. fam.*
sing. 5; **lo** *d. o. pron. m. form. sing.* 5;
la *d. o. pron. f. form. sing.* 5; **os** *d. o.*
pron. fam. pl. 5; **los** *d. o. pron. m.*
form. pl. 5; **las** *d. o. pron. f. form. pl.*
5; **le(s)** *i. o. pron. form.* 6;
you are **tú eres** *fam. sing.* 1; **usted**
es *form. sing.* 1; **vosotros/as**
sois *fam. pl.* 1; **ustedes son**
form. pl. 1
You don't say! **¡No me digas!** *fam.;*
¡No me diga! *form.* 11
You're welcome. **De nada.** 1; **No**
hay de qué. 1
young **joven** *adj.* 3
young person **joven** *m., f.* 1
young woman **señorita** *f.* 2
younger **menor** *adj. m., f.* 3
younger brother, sister **hermano/a**
menor *m., f.* 3
youngest **el/la menor** *m., f.* 8
your **su(s)** *poss., adj., form.* 3
your **tu(s)** *poss., adj., fam. sing.* 3
your **vuestro(s)/a(s)** *poss., adj.*
form., pl.
your(s) *form.* **suyo(s)/a(s)**
poss. pron., form. 11
your(s) **tuyo(s)/a(s)** *poss.,*
fam., sing. 11
youth **juventud** *f.* 9; (young person)
joven *m., f.* 1

Z

zero **cero** *m.* 1

Índice

Credits

Text Credits

376-377 © Carlos Fuentes, un fragmento de *La Muerte de Artemio Cruz*, 1962, reprinted by permission of Carmen Ballcels Agencia Literaria.

404-405 © Cristina Peri Rossi, "14," de *Indicios Pánicos*, 1970, reprinted by permission of the author.

428-429 © Augusto Monterroso, *Imaginación y destino*, Santiago, Mosquito, 1999, reprinted by permission of International Editors' Co. Barcelona.

Fine Art

107 *Triptych of the Rains: Part 3, To Turn Green Again* by Tomás Sánchez.

110 *Sugar Cane* by Diego Rivera.

433 *Las Mininas* by Diego Rodríguez de Silva y Velázquez.

Illustration Credits

Sophie Casson: 14, 16, 17, 18, 19, 42, 43, 68, 70, 86, 88, 118, 126, 127, 143, 144, 157, 173, 186, 199, 208, 212, 213, 236, 256, 282, 292, 307, 319, 344, 350, 394, 397.

Debra Spina Dixon: 3, 28, 29, 59, 84 (r), 85, 94, 114, 115, 140, 141, 151, 159, 170, 171, 196, 197, 226, 252, 253, 280, 281, 304, 305, 332, 333, 356, 357, 384, 385, 408.

Herman Mejía: 265, 322.

Sebastia Serra: 84 (bl).

Pere Virgili: 58, 60, 62, 74, 76, 79, 124, 125, 128, 129, 131, 134, 142, 156, 192, 193, 206, 214, 215, 227, 269, 314, 320, 348, 387, 398, 401.

Yayo: 7, 33, 63, 89, 119, 145, 175, 201, 231, 257, 285, 309, 337, 352–353, 361, 389, 413.

Photography Credits

AGEfotostock: 324

Martin Bernetti: 1, 2 (t, bl), **3, 4, 5, 6** (l, m), **11** (tl, tr), **12, 13** (all but t), **16** (left panel), **17** (tr), **22, 23** (t), **28, 29, 30, 32, 37** (l), **38, 39** (l panel: t, ml, bl, br) r panel **40, 41, 42, 45** (t), **46, 48** (tr, b), **49** (tr), **57, 58, 59** (t, b), **61** (t, mm, bl, bm, br), **67** (tr, tl), **68** (tr, bm, br), **70, 71** (m, b), **72** (t, tml, bml, bmr), **73** (l), **78** (b, tr), **79, 80** (tl), **83, 86, 87** (tl, tmr, tr, br), **96, 98, 100** (tl, tr, bl), **103** (l), **104** (tl, tr), **105, 113, 114, 115** (t, bl), **116** (l, m), **122, 123** (b), **124, 130, 141, 142** (r), **149** (tr, b), **153, 156** (tl, ml, bl), **161, 162, 163, 169, 170, 171** (tl, bl), **172** (tr, ml, bl,bmr), **174, 179, 180** (tl, tr, ml, bl), **181, 183** (t, m), **184, 187, 190, 195, 196** (tr), **197** (tl, tr, br), **211** (mm, bl, br), **216, 226** (tr), **228, 230, 236, 239** (tr, bm), **240, 243** (ml, mr, br), **248, 249, 251, 252, 253, 254, 261** (tr, bl), **272, 280, 281, 289** (tl), **291** (l), **294, 298, 304** (tl), **305, 306** (l), **308, 313** (tr), **331, 332** (tl, br), **333** (tr, bl), **335, 336** (m, r), **343, 345, 346, 347** (l), **355, 356** (tr, mr, bl), **357** (tl, br), **358, 359, 365** (bl), **375, 384** (tr, b), **385, 393** (tr), **394** (r), **395** (l), **399, 403** (t), **404, 407, 408** (tr, bl, br), **409** (b), **410, 412, 420, 423**.

Corbis Images: cover: Philippe Giraud. **16** right panel: (tl, ml) Mitchell Gerber, (tmr) Ray Stubblebine. **17** (bl) Reuters NewMedia, Inc. **21** Daniel Aguilar/Reuters. **23** (b) Sandy Felsenthal. **31** (t) Bettmann. **37** (tr) Jon Hicks. **45** (br) Reuters/Marc Serota. **47** Pascal Le Segretain. **53** Schwarz, Shaul. **54** (tl) Buddy Mays, (tr) Patrick Ward, (bl) Mitchell Gerber, (bcl) Rufus F. Folkks, (bcr) Reuters NewMedia, Inc. Jim Ruymen, (br). **55** (tr) Danny Lehman, (tl) Richard Cummins. **61** (mr) Dann Tardiff. **68** (bl) Catherine Karnow. **69** (tl) Manuel Zambrana, (ml) Steve Azzara, (bl) Mark E. Gibson, (tr) Ted Spiegel, (br) Reuters / Juergen Schwarz. **77** Rafael Roa. **84** (b) Jeffrey L. Rotman. **85** (tl) Galen Rowell, (tr) Neal Preston. **93** (tl) Reuters/Desmond Boylan, (tr) Tim de Waele. **97** (tl, tr) Chris Trotman, (bl) Warren Morgan. **99** (tl) Jose Luis Pelaez. **102** Henry Romero. **110** (t) Morton Beebe, (bl) Bettmann. **111** (bl) Brian A. Vikander. **123** (tr) Nik Wheeler, (ml) Danny Lehman. **127** (tr) Duomo/Chris Trotman, (ml) Sergio Carmona, (mm) Reuters/Allen Fredrickson, (mr, bl) Duomo/ Steven E. Sutton, (bm) Henry Diltz, (br) Reuters/Gary Hershorn. **133** Henry Romero/Reuters. **165** Dave G. Houser. **166** (bl) Mike Segar, (br) Michael Kim. **143** (tl, br) Jeremy Horner, (ml) Steve Chenn. **159** Armando Arorizo/Zuma. **189** Henry Romero/Reuters. **196** (b) Lois Ellen Frank. **205** (tl) Owen Franken, (tr) Reuters/Ricky Rogers. **221** Galen Rowell. **223** (t) Francoise de Mulder, (br) Moshe Shai. **193** Gabe Palmer. **235** (tr) Patrick Ward, (ml) Danny Lehman, (br) Reuters/Enrique Shore. **244** (l) Lew Robertson, (r) Hurewitz Creative. **245** (l) Patrick Ward, (r) Alberto Lowe/Reuters. **269** Howard Yanes/Reuters. **271** Stephanie Maze. **275** William Sallaz. **276** (t) Javier Pierini. **277** (tl, br) Owen Franken, (tr) Miki Kratsman. **279** PictureNet. **289** (mr) Abilio Lope. **297** Bettmann. **300** Najlah Feanny-Hicks. **313** (tl) Owen Franken, (b) K. M. Westermann. **321** Sam Mircovich/ Reuters. **323** Tony Arruza. **327** Owen Franken. **328** (l) Dave G. Houser, (r) Craig Lovell. **329** (tl) Kevin Schafer, (tr) Tony Arruza, (bl) Buddy Mays, (b) Yann Arthus-Bertrand. **332** (tr) Kevin Schafer. **334** (tr) Stephanie Maze, (br) Roger Tidman. **336** (l) Joel W. Rogers. **341** (br) Hubert Stadler. **349** Daniel Aguilar/Reuters. **365** (tr) Patrick Ward. **370** (bl) R. W. Jones. **373** Henry Romano/Reuters. **376** Randy Faris. **377** Keith Dannemiller. **379** Bettmann. **380** (t) Jaques M. Chenet, (br) Bettmann. **381** (t) Bernard Bisson, (b) Bill Gentile. **393** (tl) Joel W. Rogers, (b) Pablo San Juan. **395** (r) Westlake Stock-Oz Productions. **401** Dan Eagler/Reuters. **417** (tl) Sergio Dorantes, (tr) Steve Azzara, (b) Bill Gentile. **425** Henry Romers/Reuters. **428** Catherine Karnow. **431** Elke Stolzenberg. **432** (t) Patrick Ward, (b) Heino Kalis.

Dominicanada: 55 (b).

Doren Spinner: 149 (tl), 166 (tl, tr), 333 (tl), 351, 403 (b), 371 (b).

Carlos Gaudier: 136, 137.

Linde Gee: 85 (bl), 365 (tl).

Getty Images: 84 (tl) John Kelly. 103 Matt Campbell. 106 (t) Phil Hunt, (b) Ghislain & Marie David de Lossy. 222 (b) Ken Fisher.

Latin Focus: 16 right panel: (bl, tr) Jimmy Dorantes, (bmr) Vince Bucci, (br) John Castillo. 69 (bmr) Jimmy Dorantes. 210 Moises Castillo. 341 (tl) Scott Sady.

Antonio Contreras Martinez: 93 (bl).

Carolina Patino Andrade: 78 (tl), 320.

Diana Patiño de Gee: 205 (m).

Gloria Elena Restrepo: 59 (m), 60 (b), 243 (bl).

Alejandro Isaza Saldarriaga: 72 (r).

Darío Eusse Tobón: 1 (br), 6 (r), 11 (br), 13 (t), 14, 27, 39 (mr), 48 (tl), 61 (ml), 67 (b), 68 (tl, tm), 71 (t), 72 (tmr, b), 80 (br), 84 (tr), 85 (br), 87 (tml, bl), 100 (br), 101, 104 (b), 115 (br), 116 (r), 139, 142 (l), 154, 156 (tr), 160, 171 (tr), 172 (tl, mr, bml, br), 180 (mr, br), 183 (b), 207, 211 (mr, bl), 217, 226 (tl, br), 239 (tl), 243 (t), 261 (tl), 267 (l), 270, 283, 299, 303, 304 (br), 306 (r), 317, 347 (r), 349 (l), 356 (br), 357 (tr), 369, 370 (r), 374, 383, 384 (mr), 386, 394 (l), 402, 408 (tl), 409 (t), 427.

215 © www.diesis.it/ufficistampa/comunicato.php?id=139

About the Authors

Philip Redwine Donley received his M.A. in Hispanic Literature from the University of Texas at Austin in 1986 and his Ph.D. in Foreign Language Education from the University of Texas at Austin in 1997. Dr. Donley taught Spanish at Austin Community College, Southwestern University, and the University of Texas at Austin. He published articles and conducted workshops about language anxiety, language anxiety management, and the development of critical thinking skills, and was involved in research about teaching languages to the visually impaired. Dr. Donley was also the co-author of three other introductory college Spanish textbook programs published by Vista Higher Learning, **VISTAS**, **PANORAMA**, and **¡VIVA!**.

José Luis Benavides received his Ph.D. in Interdisciplinary Studies at the University of Texas at Austin in 1997 and currently holds a dual appointment as Assistant Professor in the Department of Modern and Classical Languages and Literatures and the Department of Journalism at California State University, Northridge. In addition to teaching Spanish, journalism, and communications, Dr. Benavides has worked as a writer, editor, and translator for several major publishers in the United States.

José A. Blanco founded Vista Higher Learning in 1998. A native of Barranquilla, Colombia, Mr. Blanco holds degrees in Literature and Hispanic Studies from Brown University and the University of California, Santa Cruz. He has worked as a writer, editor, and translator for Houghton Mifflin and D.C. Heath and Company and has taught Spanish at the secondary and university levels. Mr. Blanco is also the co-author of several other Vista Higher Learning programs: **VISTAS** and **PANORAMA** at the introductory level, **VENTANAS**, **FACETAS**, and **ENFOQUES** at the intermediate level, and **REVISTA** at the advanced conversation level.